SOUVENIRS

DU

TROISIÈME CENTENAIRE

DE LA MORT DE SAINTE THÉRÈSE

CÉLÉBRÉ EN 1882

> « *Sicut qui thesaurizat, ita et qui honorificat matrem suam.* »
>
> « Celui qui honore sa mère s'amasse un trésor. »
>
> (Ecclésiastique, III, 5.)

POITIERS

TYPOGRAPHIE OUDIN

4, RUE DE L'ÉPERON, 4

1883

Oo
960

SOUVENIRS

DU

TROISIÈME CENTENAIRE

DE LA MORT DE SAINTE THÉRÈSE

CÉLÉBRÉ EN 1882.

IMPRIMATUR :

Pictav., 12 novemb. 1883.

† HENRICUS, *Ep. Pict.*

SOUVENIRS

DU

TROISIÈME CENTENAIRE

DE LA MORT DE SAINTE THÉRÈSE

CÉLÉBRÉ EN 1882

> « *Sicut qui thesaurizat, ita et qui honorificat matrem suam.* »
> « Celui qui honore sa mère s'amasse un trésor. »
>
> (ECCLÉSIASTIQUE, III, 5.)

POITIERS

TYPOGRAPHIE OUDIN

4, RUE DE L'ÉPERON, 4

1883

LES ARMOIRIES DE SAINTE THÉRÈSE

Les armes de sainte Thérèse, que l'on retrouve encore sur la porte même de la maison d'Avila où naquit la Sainte, sont :

Ecartelé : au Ier d'argent, au lion de gueules, lampassé du même, à la bordure de gueules chargée de huit flanchis d'argent; au 2e d'argent, au lion de gueules, lampassé du même; au 3e d'argent à trois fasces d'azur; au 4e d'or, à 6 tourteaux d'azur. L'écu sommé d'une tour donjonnée de 3 pièces; celle du milieu terminée par une croix; les deux autres de flammes; la porte de gueules, surmontée de trois étoiles d'argent mal ordonnées.

Voici maintenant l'interprétation généalogique et historique.

Les deux premiers quartiers sont des *Cepéda*, ascendance paternelle de la Sainte. Ils reçurent le lion dans leurs armes, après avoir vaillamment secouru les rois de Léon contre les Maures. Une branche des Cepéda prit la bordure aux 8 croix de Saint-André, comme on le voit au premier quartier, après une victoire remportée le jour de la fête de ce saint et à laquelle ils avaient contribué. Le 3e est des *Sanchez de Tolède;* le 4e des *Davila,* du chef de la mère Béatrix Davila y Ahumada; la tour du cimier de *Ahumada,* du même chef, pour un fait d'armes, qui fut la prise d'une place forte.

Le Carmel de la réforme de sainte Thérèse a pour armes *mantelé : arrondi d'argent et de couleur tannée (non de sable, comme peut-être les Grands Carmes), ce dernier terminé en croix, accompagné de trois étoiles de l'un en l'autre, deux en chef et une en pointe; l'écu timbré d'une couronne ducale d'où sort un bras vêtu d'une étoffe de couleur tannée, ayant en main une épée à laquelle est attaché un rouleau, avec cette devise:* Zelo zelatus sum pro Domino Deo exercituum; *la couronne surmontée de dix étoiles d'or, disposées de manière qu'elles forment la couronne.*

†

J. M. J. T.

AUX TRÈS RÉVÉRENDES MÈRES CARMÉLITES DE FRANCE,
DE BELGIQUE, ETC...

AMOUR A JÉSUS!

L'histoire montre tous les peuples attentifs à honorer leurs grands hommes, mais elle donne la palme au peuple chrétien, dont la générosité envers les saints ne connaît pas de limites. A vrai dire, les œuvres des saints sont le monument réel de leur gloire; elles leur survivent dans le temps et les accompagnent dans l'éternité. Mais, à ces amis de Dieu et des hommes, la terre, comme le ciel, prodigue tous les honneurs avec toutes les tendresses, et pendant qu'ils goûtent là-haut la récompense infinie, la religieuse piété des fidèles prend un soin jaloux de leur culte; l'éloquence et les lettres, la science et les arts travaillent à célébrer leur mémoire, un si beau sujet les inspire, une tâche si haute les élève et les ennoblit.

C'est pourquoi l'Espagne et la catholicité veulent élever à sainte Thérèse des autels et des temples nouveaux; et nul ne s'étonnera de voir son culte grandi, surtout s'il a vu ses fêtes du centenaire ou s'il vient à lire ce recueil, œuvre modeste des filles du Carmel, qui sera déposé sur le tombeau de leur Mère avant de prendre place dans leurs archives. Il sera un monument de l'amour filial plutôt que de la science et de l'art de bien dire; pourtant, s'il est vrai que le cœur aide à l'éloquence, les habiles lui trouveront peut-être quelque charme, parce qu'ici le cœur a tout fait; et les savants y pourront découvrir, cachée sous sa simple enveloppe, la science puissante de l'amour. Il suffit toutefois que Dieu en tire sa gloire, lui « dont la folie est plus sage que les hommes, et dont la faiblesse est plus puissante que les forts ». (I Cor.) Ce livre est un cantique de louange à Jésus, la Sagesse incarnée; à Marie

Immaculée, Reine du Carmel; à saint Joseph, Patron de l'Ordre, et à Thérèse de Jésus, vierge Séraphique, Docteur céleste, Fondatrice immortelle.

    Cet ouvrage est loin de contenir la relation universelle des fêtes du centenaire; un travail aussi considérable ne sera probablement point réalisé, quoique l'évêque diocésain de sainte Thérèse, S. G. Monseigneur de Salamanque, eût désiré voir chaque nation écrire et envoyer à Albe sa chronique complète, car rien ne saurait pleinement réussir sur la terre. Seul, le ciel aura pu contempler tous ces triomphes et apprécier tant d'actes intérieurs et extérieurs d'amour offerts à l'une des plus grandes saintes de la cité éternelle. Mais ces pages donnent la peinture exacte, quoique partielle, des fêtes du centenaire en France; encore le tableau n'est-il pas exclusivement français, car les autres nations y ont apporté chacune quelque trait avec son coloris particulier. Pour l'embellir et le rendre plus vivant, on l'a accompagné de plusieurs allocutions, choisies parmi celles qui ont retenti si éloquentes et dans tant de chaires à la fois.

    Le premier rang et une large part appartiennent de droit à l'Espagne, patrie de la Sainte, où Thérèse a vécu, où elle a écrit ses livres et fondé ses monastères; à l'Espagne qui possède son corps virginal et son cœur transverbéré.

    Vient ensuite l'Italie où est Rome, Siège de Pierre et centre de la patrie catholique. L'Italie a préparé avec un grand zèle les fêtes du centenaire.

    Puis la France, fille aînée de l'Eglise, de toutes les nations la plus riche en monastères de Carmélites.

    La Belgique, sœur de la France, qui, ayant reçu en même temps qu'elle les filles de sainte Thérèse, conserve les reliques des deux compagnes préférées de la sainte Mère.

    La Hollande, la Pologne et l'Angleterre, qui, elles aussi, voient refleurir le Carmel.

    L'Afrique, avec son monastère d'Alger, arbre encore solitaire, mais cherchant à pousser des rejetons capables de donner des fruits de grâce au plus délaissé des continents.

    L'Asie, avec les fleurs de la Ville Sainte, nous apporte les prémices des Indes, du pays d'Annam et de la Chine.

    L'Amérique enfin, où s'étend rapidement le culte de sainte Thérèse, nous laissera entrevoir un peu de son horizon.

Les soixante-dix Carmels qui ont réuni leurs récits dans ce livre n'ignoraient pas que toutes ces fêtes, parce qu'elles sont de la terre, ne diffèrent que dans les détails et par les circonstances de lieux et de personnes ; mais ils ont voulu consigner dans leurs archives, pour en perpétuer le souvenir, les témoignages d'un sentiment universel à la gloire de leur Mère bien-aimée ; ils ont pensé que ces diamants, égaux en limpidité et en prix, formeraient un joyau digne d'enrichir leur écrin historique et spirituel. Si les *Ave Maria*, qui pourtant se ressemblent, sont les roses dont Marie a voulu qu'on formât sa couronne, on peut dire aussi que chacune de ces pages, quelle que soit leur similitude, saluera Thérèse de Jésus et transmettra en quelque sorte aux générations qui suivent, la couronne d'or pur que ses enfants et les fidèles offrirent à la Réformatrice du Carmel en l'année 1882, ouvrant le quatrième siècle de l'avènement de Thérèse de Jésus au trône de son divin Epoux.

LES DEUX BREFS DU SAINT-PÈRE

RELATIFS

AU TROISIÈME CENTENAIRE DE SAINTE THÉRÈSE

LÉON XIII, PAPE.

A tous les fidèles du Christ qui verront les présentes Lettres Salut et Bénédiction Apostolique.

A l'occasion du troisième centenaire du jour où la Séraphique vierge sainte Thérèse, affranchie des liens du corps, prit son essor vers le ciel, en vertu d'un décret par nous approuvé à la Congrégation préposée à la conservation des rites sacrés, il a été permis à la religieuse famille des Carmes déchaussés de célébrer dans toutes les églises de leur Ordre un *Triduum* solennel en l'honneur de la sainte Législatrice, à partir du quinze octobre prochain jusqu'au trente et un du même mois de la présente année, inclusivement. Or, pour que cette heureuse circonstance serve au plus grand profit des âmes, notre bien-aimé fils Bernardin de Sainte-Thérèse, Procureur général de l'Ordre susdit, Nous a instamment supplié de daigner ouvrir avec bonté les trésors célestes de l'Eglise.

C'est pourquoi, appliqué avec une pieuse charité à augmenter la dévotion des fidèles et leurs moyens de salut par des largesses spirituelles, Nous accordons miséricordieusement à tous et à chacun des fidèles du Christ de l'un et de l'autre sexe, qui, dans toute église ou chapelle publique des Frères, des Sœurs ou même des Tertiaires dudit Ordre, auront, chaque jour du *Triduum*, pris part pendant quelque espace de temps aux exercices solennels, de pouvoir, l'un des trois jours à leur choix, obtenir la pleine indulgence et rémission de leurs péchés, pourvu que, vraiment pénitents, confessés et réconfortés par la sainte communion, ils aient visité l'église ou la chapelle publique dont nous parlons plus haut, et, là, aient répandu devant Dieu de pieuses prières pour la concorde entre les princes chrétiens, l'extirpation des hérésies, la conversion des pécheurs et l'exaltation de notre sainte Mère l'Eglise.

En outre, aux mêmes fidèles qui, à tout le moins contrits de cœur, auront, un jour ou l'autre, assisté dévotement et pendant quelque espace de temps aux solennités saintes du *Triduum* dans n'importe laquelle des églises ou chapelles dénommées et y auront prié ainsi que nous le disions tout à l'heure, nous remettons en la forme accoutumée de l'Église sept années et autant de quarantaines sur les pénitences enjointes ou dont ils seraient redevables à tout autre titre.

Toutes ces indulgences, rémissions des péchés et relaxations de pénitences, Nous concédons aussi la faculté de les appliquer par manière de suffrage aux âmes des fidèles du Christ qui ont émigré de cette vie dans l'union avec Dieu par la charité.

Et ce, nonobstant, etc., etc.

Donné à Saint-Pierre de Rome, sous l'anneau du Pêcheur, le 17 mars de l'année 1882, la cinquième de notre Pontificat.

L. † A. P.   TH. CARDINALIS MERTEL.

Le Bref pontifical du 7 février concerne la neuvaine préparatoire dont on ferait immédiatemment précéder la fête de sainte Thérèse. Il accorde aux fidèles les mêmes indulgences, et d'abord :

1° L'indulgence plénière, pourvu qu'ils aient assisté au moins cinq fois à cette neuvaine et fait la visite d'église, des premières vêpres au coucher du soleil du jour de la fête ;

2° L'indulgence de sept ans et de sept quarantaines pour chaque jour de ladite neuvaine ;

L'une et l'autre aux mêmes conditions que ci-dessus de sacrements, de prières, d'intentions, etc.

D'après un Rescrit de la Sacrée Congrégation des Rites, en date du 9 février 1882, du 15 au 31 octobre, à l'occasion du troisième centenaire de la mort de sainte Thérèse, et du *Triduum* accordé pour solenniser ce centenaire, on pourra, *chaque* jour du *Triduum*, et ce dans toutes les églises de l'Ordre des Carmes déchaussés, célébrer la messe de la Sainte comme au jour de sa fête, pourvu, s'il s'agit de messes basses, qu'il n'y ait pas occurrence d'un double de première ou de seconde classe, et s'il s'agit de la messe *chantée*, que l'occurrence ne soit pas celle d'un double de première classe. Il sera néanmoins permis dans les deux cas d'ajouter à la messe concordant avec l'office la commémoration de sainte Thérèse.

Du reste, Sa Sainteté met pour condition expresse de ne pas omettre la messe *conventuelle* répondant à l'office du jour, là où existe l'obligation de la célébrer et d'observer les rubriques.

LETTRE-CIRCULAIRE

DU

TRÈS RÉVÉREND PÈRE COMMISSAIRE GÉNÉRAL

DES CARMES DÉCHAUSSÉS

J.†M.

A NOS BIEN-AIMÉS DANS LE CHRIST LES PÈRES PROVINCIAUX, PRIEURS, VICAIRES, LES FRÈRES ET LES SŒURS DE L'ORDRE DES DÉCHAUSSÉS DE LA BIENHEUREUSE VIERGE MARIE DU MONT-CARMEL,

Salut.

Nous sentons notre cœur inondé d'une immense joie et animé des plus douces espérances, au moment où nous profitons de l'occasion si heureuse de nous adresser à vous, pour nous exhorter à organiser des fêtes solennelles dans un esprit de vertu et de ferveur, au moyen d'œuvres de piété, par des prières publiques, par des hymnes d'actions de grâces et de louanges. Car voici l'année de ces fêtes, l'année où nous honorons le troisième centenaire de notre séraphique Mère Thérèse, de son passage de l'exil à la patrie, du vaillant combat où Dieu lui avait ménagé le succès à la possession de la couronne qui ne saurait se flétrir dans les sublimités de la gloire. De là notre joie, de là notre espérance ; de là ces chants de triomphe et de salut dont retentit le Carmel ; de *triomphe* à cause de la gloire de l'illustre Mère, de *salut* eu égard à la protection spéciale que nous avons sujet d'en attendre pour l'accroissement de l'Ordre dans les pays où il est en vigueur, pour sa restauration dans ceux où l'injustice des temps et des hommes en a causé la ruine.

Assurément, selon le texte même de la parole divine, il est comme celui qui thésaurise l'enfant qui honore sa mère. Efforçons-nous donc, cette année, ainsi qu'il convient à notre séraphique Mère, avec un zèle plus ardent, avec une piété plus marquée, avec une pompe plus éclatante. C'est pourquoi nous désirons que, dans la mesure permise par les temps et les lieux, ainsi que par les ressources de chaque maison religieuse, un *Triduum* solennel soit célébré dans les églises de notre Ordre, du 15 au 31 octobre de l'année courante, avec tout l'appareil possible des actes de religion et de piété, d'une décoration et d'une ornementation exceptionnelles ; sinon, plus modestement, mais d'une façon convenable, propre à exciter la dévotion et la vénération envers la séraphique Vierge, de telle sorte que notre louange, à nous tous, soit agréable et belle pour Dieu et sa chère épouse Thérèse.

Notre très saint pape et seigneur Léon XIII (que Dieu nous conserve longtemps !), dans son éminente piété envers sainte Thérèse, dans sa paternelle bienveillance pour notre Ordre, a daigné enrichir le *Triduum* solennel, dont nous venons de parler, de faveurs particulières et de privilèges d'un grand prix. Il a bien voulu aussi ouvrir les trésors de l'Eglise, nous accorder, avec une libéralité apostolique, à nous et à tous les fidèles, des indulgences tant plénières que partielles.

Partant, sanctifions dans l'exultation du cœur nos offrandes d'œuvres pies, de prières et de louanges. Vénérons notre très sainte Réformatrice et Mère, prions-la de regarder du haut du ciel et de voir, de visiter la vigne mystique de son Ordre et de la parfaire, cette vigne que sa main droite a plantée. Oui, qu'elle fasse avancer dans l'ardent amour de l'observance ceux qui sont réunis dans les cloîtres ! Qu'elle rassemble ceux que la violence a dispersés ! Qu'elle multiplie les enfants du Carmel ! qu'elle envoie des ouvriers dans nos Missions, c'est-à-dire dans le champ de Jésus-Christ, son Epoux ! Qu'elle abaisse un regard attendri de maternelle affection sur tant d'églises de sa Réforme qui pleurent parce qu'elles sont fermées, parce que personne ne peut y venir célébrer sa fête !

Implorons aussi la vertu de son patronage pour l'exaltation de l'Église, pour le Pontife suprême, pour notre salut et le salut de tous les hommes, afin que les justes persévèrent dans la grâce, afin que les pécheurs soient excités à la pénitence, afin que ceux qui s'égarent reviennent à l'unité dans la vérité. Enfin, avec une vénération et une confiance toute filiale, prions notre séraphique *Mère* pour que, du trône si élevé qu'elle occupe au sein de la gloire céleste, elle poursuive son œuvre, accomplisse son ministère que le Fils unique de Dieu lui a confié quand il daigna lui dire avec un accent d'indicible affection : *Désormais tu auras soin de mon honneur en véritable épouse.*

Priez pour nous, et que la paix et la joie de l'Esprit-Saint soient toujours dans vos cœurs.

Rome, au jour anniversaire de la naissance de N. S. M. Thérèse, 28 mars 1882.

Fr. JÉRÔME MARIE DE L'IMMACULÉE CONCEPTION,
C. Général des Carmes déchaussés.

CHAPITRE PREMIER.

ESPAGNE.

L'Espagne, appelée le royaume très catholique, parce que l'hérésie n'y entra jamais, reconnaît l'apôtre saint Jacques et sainte Thérèse pour ses patrons. Il est donc naturel que le culte de la Vierge séraphique y soit, plus que partout ailleurs, une dévotion populaire et nationale. Léon XIII, recevant les pèlerins espagnols l'année même du centenaire, leur rappela avec quelle énergique persévérance leurs ancêtres avaient combattu les ennemis de la croix ; et il ajouta que « la Séraphine du Carmel, cette femme virile et invincible », devait être à la fois pour eux un modèle et une protectrice.

En effet, deux victoires célèbres ont, à six siècles d'intervalle et presque jour pour jour, décidé deux fois du sort de l'Espagne. En 1212, trois cents ans avant la naissance de sainte Thérèse, le roi de Castille Alphonse VIII, affligé de voir les Maures plus insolents et plus forts que jamais, demanda au Pape la croix militaire pour ses soldats. L'armée chrétienne, ayant pour étendards la croix et l'image de Marie, rencontra à Las Navas de Tolosa les forces immenses du croissant. La croix traversa les lignes ennemies sans que le chanoine qui la portait pût être renversé, et lorsque la bannière de Marie approcha à son tour, les infidèles commencèrent à plier ; tous leurs efforts ne purent conjurer leur perte, deux cent mille d'entre eux mordirent la poussière, et un nombre presque égal se rendit prisonnier, quand il ne périt que vingt-cinq chrétiens seulement. La puissance des Maures ne se releva jamais de ce désastre, qui arriva le 16 juillet, jour où l'Eglise devait plus tard célébrer la fête de Notre-Dame du Mont-Carmel.

En 1812, trois cents ans après la naissance de la Sainte, l'Espagne défendait encore ses foyers et ses autels ; la bravoure et le sang de nos soldats, dépensés pour une cause injuste, ne sauraient nous faire oublier ce que le patriotisme et la piété des Espagnols eurent à souffrir dans cette guerre. Or, le 30 juin, les cortès assemblés à Cadix ayant proclamé sainte Thérèse leur généralissime, moins de quinze jours après, le 13 juillet, fête de la Translation des reliques de la Sainte, à deux lieues d'Albe, presque en vue de son tombeau, la bataille des Arapiles contraignit les Français à abandonner graduellement leur conquête.

Mais, le 15 octobre 1882, ceux qui aiment l'Eglise ont combattu sous l'égide de sainte Thérèse, trois siècles après sa mort, avec la plus redoutable de toutes les armes, la prière d'un cœur fervent. Cette date, nous devons le croire, sera mémorable pour la cause de Dieu et pour le salut des nations catholiques. L'Espagne elle-même a besoin d'être puissamment aidée : la Révolution cherche à lui inoculer son poison, quoiqu'elle rencontre dans les évêques d'intrépides adversaires, témoin le discours fameux que Mgr de Salamanque (et d'Albe de Tormès) prononça, l'an dernier, au sénat de Madrid pour défendre les droits du Pontife Romain, et la condamnation récente que Mgr l'évêque d'Avila a encourue pour avoir condamné comme fausse et scandaleuse une ordonnance royale subversive de la doctrine de l'Eglise touchant le sacrement de mariage. On a vu la franc-maçonnerie réussir à donner une nuance libre-penseuse au centenaire du grand poète espagnol Calderon, prêtre recommandable par sa piété, qui écrivit, dans ce palais des ducs d'Albe où logea sainte Thérèse, ses tragédies composées toutes à la gloire de Jésus-Christ et remplies d'une théologie si élevée. La même secte voulut s'immiscer au centenaire de sainte Thérèse, mais elle dut reculer en présence de la foi et de la piété nationales ; le peuple qui célèbre ces fêtes séculaires est toujours celui qui chassait les Maures en se confessant et en communiant le matin du combat. Que l'Espagne espère ; agenouillée aux pieds de sa patronne, elle n'aura pas imploré en vain sa maternelle protection.

Les documents qui composent ce chapitre sont presque tous extraits de *la Estrella de Alba*, bulletin spécial du centenaire. Des pèlerinages au tombeau de la Sainte, les quatre premiers pris par ordre de date, sont racontés en détail ; on a dû se borner à indiquer seulement le nom et le trait principal des autres. Le récit des fêtes d'Albe est suivi de deux lettres intéressantes, l'une du Carmel du Prado (Madrid), et l'autre du Carmel de Jaën, au midi de l'Espagne.

§ Ier. — TRIDUUM SOLENNEL POUR L'OUVERTURE DU JUBILÉ DU CENTENAIRE A ALBE DE TORMÈS. — PÈLERINAGES AU TOMBEAU DE SAINTE THÉRÈSE.

Monseigneur Narciso Martinez Izquierdo, évêque du diocèse de Salamanque, dont Albe de Tormès fait partie, ouvrit le jubilé du centenaire par un

Triduum-mission, près du tombeau de la Sainte, les 3, 4 et 5 février. Une grande foule de peuple attendait Sa Grandeur, qu'accompagnaient le clergé, les religieux carmes, l'ayuntamiento et une nombreuse délégation de la junte générale du centenaire. Les cloches de l'église, la musique, les vivats annoncèrent leur arrivée ; ils furent reçus par les autorités de la ville d'Albe. On se rendit dans le plus grand ordre à l'église des Mères carmélites; le silence n'était interrompu que par les cantiques des Thérésiennes. Arrivés à l'église, on chanta le *Te Deum*, une salutation amoureuse à la Vierge docteur mystique, son antienne et son oraison. Le *Triduum*, dont les RR. PP. Jésuites avaient été chargés, fut prêché par le P. Urrutia. Il y eut des chants et des illuminations ; on fit des processions qui, partant de l'église Saint-Pierre, se rendaient au saint tombeau. Pendant les trois jours, Monseigneur distribua la communion aux fidèles, fit une homélie à la messe du dernier jour, où plus de 1,500 personnes s'approchèrent de la table sainte.

Une junte centrale du centenaire était constituée à Madrid sous la présidence de Mgr l'Archevêque de Tolède et de Mgr l'Evêque d'Aréopolis, coadjuteur de Madrid. Albe et Avila se préparaient à célébrer magnifiquement les fêtes. Mgr de Salamanque écrivit une lettre pastorale pour inviter ses diocésains à solenniser avec ferveur le centenaire de la Sainte, afin d'obtenir par son intercession la délivrance du Saint-Siège et les grâces dont l'Église et la société tout entière ont si grand besoin. Sa Grandeur établit sur une large base la Confrérie Thérésienne pour tous les fidèles du monde catholique. Un journal, paraissant tous les quinze jours, fut fondé spécialement pour relater tout ce qui concernait le centenaire et envoyé gratuitement à tous les associés correspondants.

Deux concours littéraires et scientifiques furent ouverts aux théologiens, écrivains, poètes et artistes de toutes les nations, pour défendre les intérêts, pour chanter, propager et exalter les gloires de Thérèse de Jésus. Des prix magnifiques furent offerts aux concurrents, et un jury fut choisi parmi les sommités savantes et littéraires pour examiner les travaux.

Le *Triduum* du mois de février avait ouvert la série des visites et des pèlerinages au tombeau de la patronne de l'Espagne. On y vint en foule témoigner son amour à la Sainte, vénérer ses reliques et faire ses dévotions pour gagner l'indulgence plénière accordée par le Souverain Pontife. Il est impossible d'énumérer ici les visites continuelles dont Albe fut chaque jour l'objet ; nous parlerons seulement des pèlerinages qui se firent avec une solennité particulière et officielle.

1. A la ville de Hornillos (Arabayona de Mogica) revient la gloire d'avoir fait le premier pèlerinage solennel. Profitant de ce que son pasteur, Don Blas Perez Sanchez, était chargé de prêcher à Albe le sermon de la fête du 15 avril (car le 15 de chaque mois y est fêté à partir d'octobre dernier 1881), la population de Hornillos voulut organiser une visite solennelle et accompagner son pasteur au saint tombeau. La veille du 15, à la nuit, au son de la cloche, 250 personnes se réunirent à l'église paroissiale pour le départ. On bénit d'abord un étendard portant l'image de sainte Thérèse, œuvre des jeunes filles de la ville. Mais parce que le temps était affreux et qu'il fallait faire à pied presque toute la route, c'est-à-dire à peu près six lieues dans de mauvais chemins, et traverser à gué une petite rivière, ce qui était périlleux en cette saison de l'année, les directeurs du pèlerinage durent refuser toutes les personnes trop âgées ou trop jeunes, ou même d'une santé délicate. Le sacrifice imposé par les circonstances était bien dur, mais il fallut s'y résoudre, et la pieuse phalange se vit réduite à 131 pèlerins. Le voyage fut très pénible, spécialement dans sa première moitié. Comme il n'y avait pas assez de chariots ou de voitures, cinquante d'entre eux firent tout le voyage à pied, partagés en petits groupes qu'une lanterne ou deux guidaient à peine dans les ténèbres d'une nuit pluvieuse, à travers les rafales d'un vent furieux.

Il était 8 heures et demie du matin quand le pèlerinage entra à Albe, précédé de la croix paroissiale ; les pèlerins marchaient sur deux files, un cierge allumé à la main ; le juge municipal de Hornillos tenait haut l'étendard de Notre-Dame du Saint-Rosaire, et un autre magistrat portait les présents que l'on voulait offrir à sainte Thérèse. Le digne curé, revêtu de la chape, fermait la marche, et tous, chantant les litanies des Saints, se dirigèrent vers l'église des Carmélites. En entrant, on s'agenouilla devant le tombeau de la Sainte, rendant grâces d'être arrivés sans accident ; puis tous se confessèrent et communièrent ensuite à la messe de leur pasteur.

La fête solennelle du 15 commença un quart d'heure après. D. Blas Perez fit le panégyrique de la Vierge Docteur (les Espagnols disent toujours la Mystique Docteur). Il exposa que sainte Thérèse, ayant prouvé son amour pour Jésus par la pratique de l'oraison et de toutes les vertus chrétiennes, avait pu goûter dès cette vie les délices de l'amour divin. Il divisa la vie de la

Sainte en deux phases, la première où elle se fit Thérèse de Jésus, la seconde où Jésus se fit Jésus de Thérèse ; et il conclut que par l'oraison et par les vertus chrétiennes nous méritons la vraie paix en cette vie et la gloire éternelle dans l'autre. Il termina par une invocation à la Sainte, demandant pour ses paroissiens les grâces qu'ils étaient venus chercher près d'elle, tous les cœurs vibrant à l'unisson du sien sous l'action de son éloquente parole.

Peu de temps après, les pèlerins, se réunissant dans l'église de Saint-Pierre, se rendirent de nouveau à la Basilique où l'on attendait les RR. PP. Carmes et les chapelains du saint tombeau. Une seconde fois, le curé de Hornillos, dans une improvisation pleine de sentiment, fit les adieux à la Sainte et annonça que le pèlerinage allait quitter Albe dans le même ordre qu'il y était entré ; ce qui fut fait. Une grande partie de la population les suivit jusqu'à un kilomètre hors de la ville, et on se sépara au milieu d'un enthousiasme indescriptible.

2. Les traces des pèlerins de Hornillos n'étaient pas effacées que, le 19 avril, dès le point du jour, les Dominicains du très célèbre monastère de Saint-Esteban de Salamanque venaient prier auprès du tombeau de celle qui fut, à la fois, très dévote au Saint-Rosaire et cliente très privilégiée de l'Ordre des Frères-Prêcheurs.

En les voyant entrer dans la Basilique, la pensée se portait d'elle-même aux grands faits qui dominent les temps modernes, et qui se résument en deux noms : Lépante, Colomb ! Ces religieux de Salamanque, prosternés devant l'héroïque religieuse qui contribua si puissamment au triomphe du catholicisme sur le protestantisme, gardent en leur reliquaire les insignes trophées de la mémorable bataille de Lépante qui décida la victoire définitive du christianisme sur le mahométisme. Ces descendants du savant Frère Diego de Deza, du même monastère de Saint-Esteban, à l'aide et à la protection duquel Colomb dut de pouvoir réaliser son entreprise, venaient solenniser le centenaire de sainte Thérèse et demander de pouvoir fêter dignement, dix ans plus tard, le centenaire non moins mémorable de la découverte du nouveau monde, qui devait donner tant d'âmes à Jésus-Christ.

Les saints pèlerins étaient au nombre d'environ 60. Beaucoup célébrèrent le saint sacrifice dans la chapelle où fut autrefois la sépulture de la Mère du Carmel. Le T. R. P. Prieur officia ensuite solennellement à l'autel où est actuellement le tombeau. La communauté dominicaine chanta la messe à l'unisson, avec une gravité imposante. A la communion, les Pères entonnèrent une belle hymne à quatre voix. Enfin, ils chantèrent le *Salve*, vénérèrent le cœur transverbéré de la Vierge Docteur mystique et la relique de son bras, puis ils se retirèrent au chant du *Magnificat*. En retournant à Salamanque, ils prirent leur récréation en faisant un frugal repas à la fontaine de sainte Thérèse. Cette fontaine se trouve sur le chemin; selon la tradition, la Sainte avait coutume de s'y arrêter quand elle venait à Albe. La légende raconte que Thérèse s'étant égarée dans la forêt voisine, Jésus envoya ses anges pour la conduire, mais que, son épouse souffrant beaucoup de la soif, Il eut soin de faire jaillir la fontaine qui devait la secourir et conserver son nom.

Ce pèlerinage n'eut pas le caractère populaire et expansif de celui de Hornillos. Tout y fut majestueux et solennel. D'aucuns parmi les religieux, exilés depuis peu, vinrent consoler leur douleur au tombeau de la Sainte en y priant pour leur patrie trop éloignée, mais toujours chère.

3. Le 27 avril, dès l'aube, un groupe de vingt-cinq jeunes filles, portant le costume du peuple de la contrée et conduites par leur curé, arrivaient au monastère des PP. Carmes d'Albe de Tormès. C'étaient les Thérésiennes de Macachon qui venaient pour gagner l'indulgence du centenaire. Assurément, ce pèlerinage, diminué de beaucoup par un accident arrivé au départ, était le plus petit de tous ceux qui devaient venir, mais Celui qui récompense les humbles et donne aux siens le nom de petit troupeau ne veut pas qu'il soit oublié dans ce livre. Les habitants d'Albe en jugèrent de la même façon et les aidèrent à improviser une procession qui se rendit immédiatement au tombeau de la séraphique Vierge. Après avoir assisté à une messe chantée et fait leurs dévotions, ces pieuses jeunes filles reprirent dans la soirée le chemin de leur paroisse.

4. La nouvelle qu'un pèlerinage général des étudiants de Salamanque se préparait pour le 15 mai excita dans la ville d'Albe cet enthousiasme qu'inspire toujours la jeunesse en laquelle la patrie met ses espérances, surtout la jeunesse de cette Université de Salamanque d'où sont sortis tant d'hommes illustres dans les sciences et dans les arts. Cette nouvelle, d'abord incertaine, fut bientôt confirmée : le 12, la junte organisatrice du centenaire d'Albe de Tormès reçut avis que les étudiants de Salamanque sollicitaient son concours pour recevoir et loger les écoliers qui devaient passer en cette ville la nuit du 14, annonçant aussi qu'une commission des étudiants serait députée le 13, pour préparer ce qui était nécessaire à la réception du pèlerinage, et pour régler tous les détails propres à en assurer le succès.

En effet, dans la soirée du 13 et pendant la nuit et la matinée suivantes, les commissaires accomplirent leur tâche avec l'aide de la junte organisatrice ; mais non sans avoir vaincu bien des obstacles dont nous signalons les deux principaux, parce que ces deux questions avaient tout d'abord préoccupé les habitants de la ville et les pèlerins. La première difficulté se rapportait à la réception que l'on devait faire aux pèlerinages. La junte du centenaire désirait que cette réception fût aussi solennelle que possible et sans préférence pour aucun, tous étant également dignes d'être accueillis avec le même empressement ; mais on pouvait craindre de manquer de fonds parce que cette dépense devait se renouveler souvent. La population tout entière résolut la difficulté, en exprimant son désir de recevoir elle-même officiellement tous les pèlerinages. Il fut convenu qu'on sortirait au-devant de chacun d'eux, sans exception, une demi-heure avant leur arrivée, et que leur approche serait signalée par trois coups sonnés par la cloche de la ville. Cet accord produisit les meilleurs résultats, puisque tous les pèlerinages furent reçus avec enthousiasme et par une foule de peuple. La seconde question était plus importante et plus compliquée ; il faut, pour s'en rendre compte, être au courant de certains détails connus ici de tout le monde, mais que nos lecteurs peuvent ignorer. Comme on vénère dans la Basilique des Mères Carmélites déchaussées de cette ville les restes précieux de sainte Thérèse, il n'est pas besoin, pour que la Sainte y reçoive l'honneur qui lui revient, que sa statue y soit exposée. C'est pourquoi celle que les religieuses possèdent et qui, sans être un œuvre d'art remarquable, est ornée des plus riches habits et des bijoux les plus précieux, n'est offerte à la vénération publique que durant l'octave de la Sainte ; à cet effet, l'image sort processionnellement du couvent le 14 octobre de chaque année, pour rentrer dans la clôture le jour de l'octave. Mais, cette année étant plus spécialement consacrée à la Vierge Docteur mystique, on avait sorti l'image, pour l'exposer à la vénération, lors du Triduum solennel qui avait ouvert le jubilé. La commission des étudiants demandait donc aux RR. Mères de permettre de nouveau la sortie de la sainte image, privilège qui leur fut accordé. A neuf heures de la matinée du 14, la statue fut conduite hors du couvent et placée à la Basilique par la commission des étudiants avec la plus grande solennité.

Or, à midi de ce même jour, arrivèrent en avant-garde ceux des étudiants qui avaient voulu faire leur pèlerinage à pied depuis Salamanque (20 kilomètres) ; et, à six heures du soir, la cloche de la ville et l'explosion de plusieurs pièces d'artifice annonçaient que les voitures amenant le reste des pèlerins stationnaient à l'Ermitage de la Guia, à l'entrée du pont qui traverse la rivière du Tormès. Immédiatement, de l'église Saint-Pierre sortirent à leur rencontre les Thérésiennes avec leur étendard, la junte directrice du centenaire, la commission des étudiants et un grand nombre de personnes présidées par le R. Archiprêtre revêtu de la chape; le cortège était précédé de la croix paroissiale et suivi de la musique de la ville sous la direction du professeur D. Armaldo Moyer. En même temps, les pèlerins s'organisaient en procession, ayant à leur tête une magnifique bannière improvisée, en satin blanc très riche avec une bordure d'or, ayant au milieu un cœur transverbéré avec des rayons d'or: elle était portée par le docteur Don Henrique Almaraz, chanoine de la cathédrale de Salamanque. La procession était présidée par le Docteur Don Pedro Garcia Repila, membre du même chapitre et pro-secrétaire de S. G. Mgr l'Evêque du diocèse ; il était accompagné par le Docteur Don Balthazar Barba, curé de Saint-Marc et professeur de théologie morale à l'Ecole Normale de cette ville, et par bon nombre de très dignes ecclésiastiques. Les pèlerins entonnèrent une hymne d'une grande simplicité, composée pour la circonstance par un étudiant, Don Ramon Barco. Les deux processions, s'étant unies à l'Ermitage, se dirigèrent par le pont et par la rue de Saint-Pierre vers la Basilique, où se vénère le corps de la Sainte, au milieu d'une foule fort animée et enthousiaste. Quatre étudiants avaient pris les devants pour sortir la sainte image, à laquelle les PP. Carmes faisaient cortège. Lorsque, aux abords de l'église, ils se mêlèrent à la procession chargés de leur précieux fardeau, il y eut un moment de véritable délire.

Mais la Basilique ne pouvait contenir toute cette foule dans son enceinte tapissée de tentures de soie. Le pèlerinage lui-même, qui s'avançait en chantant toujours son hymne, traversa à grand'peine le nombre relativement petit de ceux qui y étaient déjà entrés. On récita le Rosaire; de brillantes litanies, composées par Don Mariano Garcia, furent chantées par Don Henrique Rache, ténor, Don Fédro Larranoga, basse, D. Juan José Junquitu, baryton, et par une autre très belle voix, baryton dont nous n'avons pu connaître le nom; ils étaient accompagnés sur l'harmonium par l'étudiant D. Nicolas Briar, sous la direction de leur compagnon D. Fidel Pueyo.

Les litanies étant terminées, le R. chanoine Almaraz monta en chaire; avec la facilité d'élocution qu'on lui connaît, il parla du jubilé accordé par SS. Léon XIII et inauguré par l'illustre évêque du diocèse, du désir que partout les fidèles manifestaient de venir à Albe de Tormès vénérer les reliques de Thérèse de Jésus, Docteur mystique; il dit que les étudiants, reçus avec tant d'enthousiasme par la ville, venaient, eux aussi, se prosterner devant le tombeau de la Sainte, y chercher la lumière pour leur intelligence et la flamme de la charité pour leur cœur; que, pour être l'espérance de la religion et de la patrie, la jeunesse des écoles avait besoin de s'inspirer des pensées et des sentiments très catholiques si savamment exprimés par sainte Thérèse, dont la doctrine admirable pouvait se résumer en ce mot: « la connaissance de Jésus », connaissance qui sera pratique si elle nous fait travailler à produire dans nos âmes les effets merveilleux qu'elle a produits dans l'âme de la Sainte. Il conclut en montrant la nécessité de puiser la vraie connaissance de Jésus-Christ dans son sacrement d'amour qu'ils devaient recevoir dans leurs cœurs le lendemain, après s'être purifiés dans la piscine sacrée de la Pénitence, et en les engageant à prier tous pour le triomphe de l'Église si ardemment aimée par l'illustre Réformatrice du Carmel.

Après ce discours, les étudiants dont nous avons donné les noms tout à l'heure chantèrent à trois voix, avec accompagnement d'harmonium, un *Salve* véritablement inspiré du maëstro Eslava; l'exécution en fut si parfaite qu'elle ne pouvait être le fait que d'artistes consommés.

Le 15, à sept heures et demie du matin, le pèlerinage se réunit dans l'église de Sainte-Thérèse. L'Université y comptait 170 élèves des grands cours, et les élèves de l'École Normale des maîtres. Tous reçurent la sainte communion avec une ferveur et un recueillement des plus grands. Plusieurs motets ayant trait à la solennité furent chantés pendant la messe; puis on fit les pieux exercices requis pour gagner l'indulgence plénière.

A dix heures, commença la messe solennelle célébrée par le R. chanoine Almaraz, assisté par d'autres prêtres du pèlerinage, le Saint-Sacrement étant exposé. Les étudiants exécutèrent une magnifique messe à trois voix du maëstro Andrevy. Après l'évangile, Don Pedro Garcia Repila, secrétaire de Mgr de Salamanque, fit le sermon. Il serait difficile de donner des extraits, ou même une analyse exacte de ce panégyrique de sainte Thérèse, dans lequel l'orateur, plein de modestie, s'effaça le plus possible pour en laisser toute la gloire à la Sainte qu'il voulait louer, s'appliquant à fondre chacune de ses idées principales avec des passages tirés textuellement des œuvres de la Sainte, et lui offrant ainsi un précieux bouquet des fleurs qu'elle-même avait produites. Don Repila n'est pas un de ces orateurs fougueux et passionnés qui cherchent à éblouir leur auditoire; son style est calme sans monotonie, son langage châtié sans affectation, sa parole nourrie de doctrine mais exempte de prétention, et son action est si bien mesurée qu'elle ne perd jamais le caractère grave et sérieux qui convient à la chaire sacrée.

L'orateur commença par exposer que toutes les grâces et tous les dons que Dieu peut accorder à une âme, il en avait ennobli et enrichi l'âme de Thérèse de Jésus : Foi, espérance, amour, force, humilité, sagesse..., elle les possédait tous à un dégré éminent, mais que sa charité merveilleuse était le caractère dominant dans la grande Sainte. Il dit que cette âme séraphique cherchait Jésus, et que, pour aller à lui, elle ne choisissait pas le chemin des gloires du Thabor, mais les traces de sang qui marquaient la route du Calvaire, voulant donner à son sacrifice la force et l'intensité de son amour, et vivant toujours dans cette sublime alternative, si ardemment formulée, de souffrir ou de mourir. Il montra ensuite la science de la Sainte, prouvant que, dans ses communications avec Dieu, elle avait découvert des vérités psychologiques que les plus profonds penseurs n'avaient jamais pu imaginer, et qu'elle avait une science en comparaison de laquelle tout savoir humain n'est qu'ignorance. Il conclut en exhortant la jeunesse des écoles à aller à la science en prenant pour guide Thérèse de Jésus, en suivant comme elle les sentiers de la foi et de l'humilité, Dieu ne pouvant bénir une science accompagnée d'orgueil et de superbe, et le soleil de la vérité ne pouvant éclairer un esprit obscurci par les vapeurs épaisses qui s'élèvent d'un cœur rebelle. A la fin de la solennité, les pèlerins vénérèrent avec un ordre parfait le bras et le cœur transverbéré de la Sainte, pendant que l'on répétait le *Salve* chanté le soir précédent.

A quatre heures, les pieux écoliers vinrent prendre congé de la Sainte en chantant avec beaucoup d'expression le *Te Deum* à quatre voix du P. Lambillote. Puis, tous s'étant rangés en procession, quatre étudiants se placèrent à la porte du couvent, portant sur leurs épaules la statue de la Sainte, dont le visage était tourné vers le peuple, qui assistait avec émotion au défilé des étudiants devant l'image vénérée. Ceux-ci l'acclamaient en passant devant elle, agitant avec enthousiasme leurs sombreros. Le bruit avait couru que la sainte image resterait désormais dans l'église pour y recevoir à l'avenir les hommages des pèlerins ; on s'en était même grandement réjoui ; aussi le désappointement fut-il général lorsqu'on la vit entrer de nouveau au monastère. Il est certain que dans la Basilique qui possède le vrai corps de la Sainte, le peuple pourrait aller de préférence à l'image qui la représente ravie en extase et négliger d'autant son tombeau.

Quoique cette chronique doive être toute religieuse, puisqu'elle ne traite que des pèlerinages, nous ne pouvons terminer notre récit sans remarquer ici en passant la réception si empressée que les étudiants reçurent dans cette ville ; ils furent largement hébergés par les anciens élèves de l'Université, qui leur offrirent collectivement un café au moment du départ. Ce rafraîchissement fut servi au théâtre de l'Hôpital ; et la réunion y fut aussi pleine de retenue qu'animée par le sentiment de la plus franche cordialité.

Triduum de Burgos. — Nous pouvons le dire sans interrompre sensiblement le récit des pèlerinages, les religieuses Carmélites déchaussées de Burgos célébrèrent dans leur église un Triduum solennel, les 17, 18 et 19 avril, en mémoire du troisième centenaire de la fondation de leur monastère par la sainte Réformatrice, peu de mois avant sa mort. La communauté des religieux carmes assista aux exercices de ce Triduum solennel, qui fut prêché par trois professeurs du séminaire de San-Geronimo. Le dernier jour, on porta l'image de la Sainte en procession à l'église des religieuses de la Mère de Dieu, où sainte Thérèse avait coutume de prier et d'entendre la messe pendant qu'elle travaillait à sa dernière fondation. Une foule considérable de fidèles prit part à ces pieuses manifestations.

---

5 et 6. Le 15 mai, les pèlerinages de la Maya et d'Aldeatejada vinrent à Albe, où ils se trouvèrent en même temps que celui de l'Université. Tous deux célébrèrent leurs offices ensemble, le matin entre les deux messes des étudiants, et le soir avant la dernière de leurs réunions. La Maya avait envoyé 200 pèlerins, parmi lesquels un grand nombre avaient fait pour venir leurs trois lieues nu-pieds. Parmi les 100 personnes qui représentaient Aldeatejada, on voyait des vieillards âgés de plus de 70 ans. Partis à deux heures de la nuit, tous avaient fait quatre lieues de chemin à pied.

7. Le 19, la paroisse de Terradillos vint pour gagner l'indulgence du jubilé. Ses 240 pèlerins ne partirent que dans la soirée du 20.

8. Le 21, le séminaire et le collège des Nobles Irlandais de Salamanque, conduits par les PP. Jésuites, vinrent offrir leurs hommages à sainte Thérèse. Ce pèlerinage, tout à fait solennel et vraiment admirable, fut aussi calme et aussi édifiant que celui des étudiants avait été enthousiaste ; les détails en sont nombreux et pleins d'intérêt.

9. Le plus important et le plus beau de tous les pèlerinages fut celui des chanoines et des docteurs de la cathédrale de Salamanque, au nombre de 50, qui eut lieu le 30 mai, sous la présidence de Mgr l'Évêque. Une commission avait été envoyée à Albe le 27 pour tout préparer à l'avance.

La cathédrale y déploya tout son luxe de cérémonies, d'ornements et de musiciens. Le sermon fut donné par Sa Grandeur, et il y eut une autre allocution faite par le Recteur de l'Université. Le dîner qui suivit la solennité religieuse avait été préparé à l'école municipale des filles. A la fin de ce banquet, les docteurs Manuel Elena, natif d'Albe, Ramon Losada, Vasquez de Parga et le R. chanoine Déan prononcèrent tour à tour un discours de circonstance en l'honneur de Doña Thérèse Sanchez de Cépéda et de Ahumada, Docteur de l'Université de Salamanque, en l'honneur de Thérèse de Jésus, gloire de l'Eglise catholique.

10. Le 12 juin, pèlerinage de Navalès, comptant 200 personnes sous la conduite de leur ayuntamiento et de leur curé. Les Pères Carmes chantèrent la messe.

11. Le 16, pèlerinage de Pedrosillo de Alba, de Turra, de Gajatès et Galleguillos réunis : l'alcade de Pedrosillo portait l'étendard. Les PP. Carmes leur chantèrent solennellement la messe.

12 et 13. La Communauté des Filles de Jésus de Salamanque, avec son nombreux pensionnat de jeunes filles, eurent à Albe une fête magnifique, toute parfumée de la plus douce piété et édifiante de ferveur. Le récit qu'en donne le Bulletin est plein de détails touchants. Le même jour, les pèlerins de Penaranda de Bracamonte firent leurs dévotions au saint tombeau. Leur bourg est séparé d'Albe par une distance de cinq lieues, et la route à suivre est très mauvaise. C'était le 7 juillet.

14. Le 15, le Tiers-Ordre de Saint-François de Salamanque et de Penaranda est venu en pèlerinage au tombeau de sainte Thérèse. Les pieux tertiaires, dont beaucoup avaient fait le chemin à pied, entendirent la messe de Mgr l'Evêque et reçurent la sainte communion de la main de Sa Grandeur, qui leur adressa ensuite une très belle instruction, dans laquelle il fit le rapprochement entre Thérèse de Jésus et François d'Assise, montrant que tous deux ont pratiqué les mêmes vertus et ont eu les mêmes destinées.

15. Le 23, l'Archiconfrérie du Bel-Amour, les Congrégations du Sacré-Cœur de Jésus, les filles de Marie et de sainte Thérèse, l'Association de Saint-Joseph et le Tiers-Ordre du Carmel, tous de Salamanque, ont formé un pèlerinage qui fut peut-être le plus beau de tous avec celui du chapitre et des Docteurs de Salamanque, et le plus édifiant avec celui des Séminaires. 400 pèlerins, dont 300 dames et demoiselles, en grande partie des plus nobles familles, traversèrent les rues d'Albe au milieu du plus grand concours de peuple, avec une gravité toute religieuse, un silence absolu, une attitude

parfaitement modeste, et ne se laissant distraire par aucun objet. Ils offrirent à la Sainte une bannière dont l'art seul pouvait égaler la richesse. Albe gardera longtemps le souvenir de leur passage.

16. Le 9 août, les pauvres de Salamanque firent leur pèlerinage au tombeau de celle qui aimait à servir les pauvres ; ce fut le pèlerinage de la charité. On leur procura la faculté de venir en voiture, et ils furent reçus à Albe avec toute la solennité possible. Le R. curé de Saint-Martin de Salamanque leur fit un sermon, prenant pour texte ces paroles de la Sainte : « A celui qui possède Dieu rien ne saurait manquer ».

Interrompons encore un instant la liste des visites au saint tombeau pour dire un mot des fêtes de la Transverbération et du concours des *poétesses* espagnoles.

Le très fervent prélat de sainte Thérèse voulant célébrer dignement la fête de la Transverbération de son cœur séraphique, avait ordonné un Triduum solennel pour les 25, 26 et 27 août, invitant le clergé de la cathédrale de Ciudad-Rodrigo à venir y prendre part avec toute la pompe possible, ce qui eut lieu. Pendant ces trois jours il ne se passa pas un instant où la Basilique d'Albe ne fût remplie de fidèles empressés à suivre les exercices et à prier. Le 27, Monseigneur officia solennellement, il y eut un nombre considérable de communions. Les prédicateurs furent les Docteurs Don José Martin Bolao, Don Juan José Calvo, le R. curé de Lumbrales, et le licencié Don Sebastian Gomez.

Le même jour, eut lieu à Albe de Tormès la séance des prix du concours des *poétesses*. Les dames espagnoles seules étaient admises à ce tournoi de la poésie en l'honneur de sainte Thérèse. A cette séance solennelle, la réunion était considérable et des plus distinguées ; par ailleurs les rues d'Albe étaient pleines. A une heure de l'après-midi, l'orchestre de Salamanque exécuta la symphonie de Jeanne d'Arc, de Verdi. Le président du jury fit lire par le secrétaire le rapport constatant le mérite des poésies présentées au nombre de 82. Puis on proclama le nom des lauréats :

Doña Josefa Estevez de Garcia del Canto. Prix : Une magnifique épingle d'or en filigrane avec brillants, représentant un cœur transverbéré.

Doña Joaquina Balmaseda (Madrid). Prix : Œuvres de Louis de Grenade.

Doña Purificacion Camelia Cocina Llanso (Tarragone). Prix : Un objet d'art.

Doña Victoria Penna de Amer (Barcelone). Prix : Un exemplaire photographié des œuvres de sainte Thérèse.

Doña Francisca Sarasete de Mena (Pampelune). Prix : Une plume d'or et d'agate.

Doña Theresa de Gusman el Bueno (Bejar). Prix : Une écritoire d'argent.

L'orchestre, dont les brillants intermèdes avaient embelli la séance, la termina par un morceau digne de la Sainte et de celles qui avaient su la louer avec tant de talent et de piété.

---

17. Le 25 août, eut lieu le pèlerinage des orphelins de Salamanque, qui chantèrent l'hymne à la Sainte avec accompagnement de 32 instruments de musique. Ce pèlerinage fut très fervent, et concorda avec le premier jour du *Triduum*.

18. Le 27, les congrégations de Jésus de Nazareth, de la Vraie Croix, de Jésus Rédempteur, et les professeurs des écoles publiques de Salamanque firent leur pieux voyage au sanctuaire d'Albe ; les pèlerins assistèrent à la messe pontificale célébrée en ce jour de la Transverbération.

19. Le 30, dix-neuf paroisses, dont il n'est pas nécessaire de donner ici les noms, présidées par le R. Archiprêtre Don Juan Sanchez, et conduites chacune par son curé, ont fait leur pèlerinage au nombre de 3,000 pèlerins. Les confesseurs ne pouvaient suffire à la tâche ; le nombre des communions dépassa 2,800. Mgr l'Évêque s'est dépensé lui-même en faveur de ce pèlerinage. Tous ne pouvant assister au sermon dans la basilique, une partie se réunit dans l'église des Pères Carmes, qui est tout proche, pour entendre le sermon d'un des fils de sainte Thérèse.

20. Le 31, El-Manzano avait envoyé à Albe ses pèlerins, qui furent remarqués à cause de leur foi et de leur costume tout à fait patriarcals.

21. Le 1er septembre, l'Association de Notre-Dame des Douleurs de Salamanque était attendue. Comme les dames de la plus haute aristocratie font partie de cette association, beaucoup s'attendaient à la voir déployer un grand luxe et une pompe extraordinaire ; mais les membres de cette pieuse famille spirituelle comprenaient mieux l'attitude qui convient aux âmes obligées de méditer sur les douleurs de Marie, et leur entrée dans la ville fut aussi simple que recueillie. Mgr l'Évêque célébra la messe et donna la sainte communion aux pèlerins, auxquels il fit ensuite une belle exhortation sur les

douleurs de Marie que Thérèse sut partager. La grand'messe du maëstro Prado fut chantée et accompagnée par l'orchestre de la ville. Après les offices du soir, tous se retirèrent avec silence et recueillement.

22. Le 3, la députation de Macotera au tombeau de la Sainte fit ses quatre lieues à pied; plusieurs avaient quitté leur chaussure, de ce nombre était une bonne femme âgée de 80 ans.

23. Le 4, seize paroisses formèrent un pèlerinage de 800 personnes sous la conduite de leurs curés et sous la présidence du R. Archiprêtre D. Geronimo Sanchez.

24. Le 5, pèlerinage de Martinadoz et de Valdemierque, composé de 200 personnes ; plusieurs firent la route nu-pieds.

25. Les 5 et 6, les pèlerins de 20 paroisses, au nombre de plus de 800, conduits par leurs pasteurs et présidés par le Révérend Archiprêtre d'Armuna-Alta, sont venus pour gagner l'indulgence et honorer sainte Thérèse.

26. Le 24, pèlerinage de Santiago de la Puebla, comptant plus de 200 personnes ; une partie firent le chemin à pied (17 kilomètres).

27. Le 25, huit paroisses, formant un nombre de 800 pèlerins au moins, ont édifié Albe par leur grande piété.

28. Le 26, Peñaranda, bourg où la Sainte tomba malade, et Aldeaseca de la Frontera ont eu leur pèlerinage au tombeau de sainte Thérèse. C'est le dernier dont le bulletin ait donné la relation.

§ II. — GRANDES FÊTES DU CENTENAIRE A ALBE DE TORMÈS ET A SALAMANQUE. — LETTRES DU CARMEL DE MADRID ET DU CARMEL DE JAEN.

L'Espagne, qui a prodigué les splendeurs de son culte à la plus grande de ses filles, l'incomparable sainte Thérèse de Jésus, est naturellement en droit de demander compte au diocèse de Salamanque, et spécialement à sa ville d'Albe de Tormès, heureuse dépositaire du tombeau de la *Mystique Docteur*, de la manière dont a été rempli l'engagement pris à la face du monde entier de célébrer dignement le jour heureux qui nous rappelle, après trois siècles, la précieuse mort de cette femme dont la gloire éclipse celle de mille célébrités, de cette grande figure qui suffirait à ennoblir une nation et à illustrer le siècle où elle a vécu.

Nous allons répondre à cette pieuse exigence, non pour la satisfaction d'une vaine curiosité, mais pour la gloire qui doit en revenir à Dieu et à son épouse très chérie la Réformatrice du Carmel, aussi pour l'édification, la consolation et la joie des fidèles, qui doivent voir en ces événements comme un triomphe de l'Église catholique sur tous ses ennemis, comme un augure de la restauration qui est réservée à notre pauvre société, si elle persévère dans l'heureuse voie où elle est entrée, à mettre exclusivement sa confiance en Dieu et en son Église, à combattre avec les armes puissantes et vraiment invincibles de l'oraison et des bonnes œuvres.

Mais parce que nous nous proposons de faire un simple compte rendu et qu'un travail de ce genre ne demande pas un plus long exorde, nous nous bornons à raconter les faits.

Dès les premiers jours d'octobre, Salamanque vit une affluence considérable d'étrangers ; ils ne s'arrêtaient pas, comme à l'ordinaire, à considérer les monuments remarquables que cette ville renferme, mais ils semblaient réserver l'attention de leur esprit et les sentiments de leur cœur pour contempler et admirer des grandeurs d'un ordre plus élevé. Albe en effet les attirait impérieusement, et ils se dirigeaient avec empressement de ce côté. Ceux qui ont lu le récit des nombreux pèlerinages qui visitèrent sans interruption le tombeau de sainte Thérèse dans le cours de cette année, peuvent s'imaginer tout l'intérêt qu'offraient les fêtes du 14 et du 15, dates correspondantes du 4 et du 5, anniversaires de la mort et de la sépulture de la Vierge castillane. Dans ce temple, l'âme la plus dissipée se recueille sans effort ; après que les yeux du pèlerin ont contemplé, à travers sa grille d'argent massif, l'urne qui renferme le corps virginal de Thérèse de Jésus, son attention est bientôt attirée et fixée par de nouveaux objets. Nous ne nous arrêterons pas à décrire les riches décorations qui ornent les murailles, la multitude des bannières dont les corniches sont déjà couronnées, avec leurs inscriptions inspirées par l'amour de ceux qui les ont laissées comme souvenir de leur visite ; ni même les lampes si artistement travaillées qu'on a récemment offertes pour remplacer celles qui pendaient aux voûtes en des temps plus heureux, ni les ornements magnifiques qui rehaussent la beauté du maître-autel ; la contemplation des âmes dévotes se concentrait sur un autre objet, *la cellule où mourut sainte Thérèse.*

Que de fois, sans oublier pourtant les saintes lois de l'Eglise, n'avons-nous pas pieusement regretté que la clôture, en renfermant ce trésor, ne permît pas de le montrer au monde si anxieusement désireux de le vénérer !

Enfin, la difficulté a été si sagement résolue que les filles de sainte Thérèse n'ont rien perdu et que les fidèles ont tout gagné. Une fenêtre, pratiquée dans la muraille qui sépare de l'église cette intéressante demeure, permet de contempler son enceinte, objet de tant de désirs ; et pour que l'imagination n'eût rien à y ajouter, mais qu'elle laissât à l'esprit toutes ses forces et l'énergie de réflexion dont il est capable, on installa, dans l'endroit même qu'occupait le lit mortuaire, une couche luxueusement recouverte, sur laquelle reposait une image de la Sainte, la représentant dans tout le calme de sa bienheureuse mort. Un court moment de méditation devant cette représentation si belle rappelle ou plutôt fait passer sous les yeux la brillante cour des martyrs qui entrèrent en ce lieu même pour assister au trépas glorieux de la séraphique Mère. On subit cette illusion que la Sainte vient d'expirer, que son âme encore présente dans cet étroit espace va franchir cet humble toit, et on la supplie qu'avant de partir elle emporte nos supplications vers le trône de Dieu. En vain essaierait-on de décrire le sentiment qu'on y éprouve, ceux-là seuls le pourront comprendre qui viendront le goûter sur les lieux.

Le 14 octobre, à midi, sous l'éclat d'un soleil qui semblait vouloir ajouter par sa splendeur à celle des fêtes qui se préparaient, notre bien-aimé prélat faisait son entrée à Albe, accompagné de plusieurs chanoines de sa cathédrale. Le clergé paroissial, précédé par la croix, l'attendait sur le pont, ainsi que la communauté des religieux carmes, toutes les autorités de la ville et une foule innombrable. Les voix joyeuses des cloches, les éclats des pièces d'artifice, les accords des instruments de musique, les cris enthousiastes de la multitude augmentaient la beauté de ce spectacle. Peu après, le vénérable cortège entrait dans l'église des Mères carmélites et, derrière lui, semblable à la houle de la mer qui ne rencontre pas d'obstacle, arrivait la foule qui, tout à l'heure si bruyante, se recueillait maintenant pour prier en silence. Les fêtes du centenaire étaient inaugurées.

A la chute du jour, se frayant à grand'peine un passage à travers le flot qui remplit les rues, arrive le pèlerinage de Bilbao, précédé d'un étendard justement admiré pour sa richesse et son bon goût ; mais nous ne pouvons nous arrêter à ces détails d'ailleurs intéressants, et les religieux carmes commencent à chanter matines avec une solennité imposante. On sent, à pareil moment plus qu'en tout autre, combien le culte catholique est grand sous toutes ses formes et dans toutes ses manifestations. Avec quelle sagesse prodigieuse tout est ordonné par l'Eglise dans l'office des saints, et qu'elle paraît admirable dans celui de la fête de sainte Thérèse célébrée auprès de son tombeau ! Vraiment ! on croirait l'entendre parler elle-même ! La belle voix qui chanta : *Optavi, et datus est mihi sensus, et invocavi, et venit in me spiritus sapientiæ*, semblait venir moins du chœur de l'église que du milieu de l'autel, de l'urne qui cachait notre Séraphine. — Peu d'instants auparavant, entendant ces mots : *Vulnerasti cor meum, Domine, ardenti cuspide caritatis tuæ*, nous voyions matériellement la vérité de ces sublimes paroles dans le cœur consumé par l'amour qui était sous nos yeux. Avec quel accent recueilli les austères et saints religieux chantaient : *Lætare, Theresia, in eo qui te fecit, quoniam benedixit Dominus filiis tuis !* Prononcées en présence de sainte Thérèse par les lèvres de ses enfants qui se reconnaissaient bénis de Dieu, ces paroles avaient une valeur inconcevable. Un fils de sainte Thérèse, Monseigneur Moreno, évêque de Chiapas (Californie), présidait l'office, auquel assistait Sa Grandeur Monseigneur de Salamanque. La foule passa la nuit et les nuits suivantes dans la Basilique, priant, suppliant à haute voix et récitant le rosaire en commun jusqu'à deux heures de la matinée, où les messes commencèrent. A partir de ce moment jusqu'à onze heures, ce jour et les jours suivants, tous les autels furent occupés et les communions se succédèrent ; on en compta jusqu'à vingt mille et plus.

A onze heures, la Messe Pontificale fut célébrée par notre vénéré et aimé prélat, si connu sous le nom d'évêque de Sainte Thérèse, assisté de tous les dignitaires et chanoines de sa cathédrale, qui ne voulurent céder cet honneur à personne en ce grand jour. Le R. P. et Docteur Don Maria Solla, supérieur des Dominicains de Salamanque, donna le sermon. Ce serait une tâche considérable et périlleuse pour celui qui écrit cette relation, de chercher à rendre compte des sermons qui furent prononcés dans ces solennités. En outre qu'il serait difficile de comparer les mérites des différents orateurs, nous offenserions leur modestie par les éloges que nous devrions leur donner à si juste titre. Mais pour que nos lecteurs se fassent une idée de la hauteur que durent atteindre ces prédications pendant toute l'octave, nous dirons que les sujets désignés furent les huit béatitudes, une pour chaque jour, appliquées à sainte Thérèse, et que les panégyristes furent choisis parmi ceux qui jouissaient de la réputation la plus méritée.

A l'offertoire de la messe, le brillant orchestre suspendit ses douces mélodies, et le Docteur Don Vicente de la Fuente, savant professeur de l'Université de Madrid, si connu par la pureté de sa doctrine comme par son zèle infatigable à faire connaître les écrits originaux de *la Mystique Docteur*, monta au sanctuaire, accompagné de Monseigneur de Stacpoole, prélat domestique de Sa Sainteté, noble gentilhomme belge (1), apportant sur un plateau d'argent ciselé le riche présent offert par les dames catholiques belges à sainte Thérèse de Jésus. Il consiste en un précieux cœur d'or verticalement transverbéré par une flèche, jetant des flammes et des rayons de lumière, placé au milieu d'un cercle du même métal, embelli par huit rubis et par un grand nombre de saphirs et d'émeraudes. Sur ce cercle, au-dessus du cœur, l'écusson pontifical du Pape Léon XIII, très richement émaillé et surmonté de la tiare ornée de rubis et d'émeraudes, avec les clefs de saint Pierre, l'une d'or et l'autre d'argent. Pour lui faire pendant, au-dessous du cœur est l'écusson royal de Belgique, avec son lion rampant, surmonté de la couronne ornée de pierres précieuses comme la tiare pontificale. A droite et à gauche, se partageant le reste du cercle à des intervalles égaux, se voient les six blasons de Monseigneur l'Archevêque de Malines et de ses cinq suffragants, NN. SS. les évêques de Gand, Namur, Bruges, Tournai et Liège, magnifiquement émaillés, avec les insignes épiscopaux, qui sont d'un travail exquis. Des trèfles en style gothique, feuilles de vigne et raisins, complètent l'ornement, avec vingt-quatre grosses perles, six émeraudes et autant de rubis d'une égale grosseur, et en plus une très belle perle en forme de cœur. Au bas, sur une sorte de tablette, on lit la dédicace suivante : *Sancta Teresia, ut integra et catholica in Regno Belgico Fides servetur intercedere digneris.*

Eloquent fut le discours que prononça Don La Fuente au nom des donateurs et en son propre nom en offrant ce présent magnifique ; émouvante et enthousiaste fut la réponse de notre savant Prélat. L'unité de la foi et la prédominance de la foi dans l'enseignement tant public que privé, en Belgique comme en Espagne, furent les vœux ardemment exprimés et la supplication adressée à la *Mystique Docteur* par les deux orateurs. A la fin de la messe pontificale, à laquelle assistait Mgr l'Evêque de Chiapas, notre excellentissime Prélat donna la bénédiction papale, après la lecture des lettres Apostoliques qui l'autorisaient à dispenser cette faveur inestimable.

Une heure s'est à peine écoulée depuis cette solennité qu'on nous invite à une autre non moins splendide: c'est la procession, à laquelle tout le diocèse de Salamanque et tout l'Ordre du Carmel sont représentés.

---

(1) Mgr de Stacpoole, Duc de Stacpoole, est de nationalité anglaise, domicilié en France, camérier secret du Pape et chanoine de Sainte-Marie du Transtevère. Sa famille a été titrée jadis par le Saint-Siège, en reconnaissance de libéralités vraiment princières. Le prélat représentait en quelque sorte auprès de sainte Thérèse les trois nations anglaise, française et belge.

Ce fut un travail pénible que l'organisation de cette procession dans une ville qui regorgeait de pèlerins : une partie se mit en ordre dans l'immense église de Saint-Pierre, et l'autre partie dans les rues et sur les places. Énumérer brièvement les éléments qui la composaient suffira à donner une idée de sa magnificence. Un piquet de cavalerie de la garde civile ouvrait la marche, pendant que la garde à pied contenait la foule : suivaient les bannières et les étendards des sanctuaires les plus vénérés du diocèse ; puis quinze croix paroissiales, toutes précieuses, plusieurs d'un travail artistique remarquable, représentant les différents archiprêtrés du diocèse, lesquels étaient représentés personnellement, chacun par trois prêtres revêtus de riches ornements; les croix des quatre paroisses de la ville ; quatorze bannières envoyées par plusieurs provinces de l'Ordre du Carmel et d'autres offertes par les divers couvents de l'Ordre en Espagne, toutes d'un travail et d'une richesse admirables ; l'étendard qui servit à Rome pour l'acte de Béatification de la Sainte ; sa charmante statue, revêtue des insignes de docteur et chargée de bijoux, portée par les Pères carmes; la relique du Saint-Bras portée sur un brancard surmonté d'un gracieux pavillon, escortée par des cavaliers en costume du seizième siècle ; d'interminables files de pieux fidèles suivant la statue et la relique avec des torches allumées ; la communauté des religieux carmes ; des centaines de prêtres ; et enfin, pour fermer dignement un si brillant cortège, notre excellentissime Prélat, suivi de l'Illustrissime évêque de Chiapas, de Leurs Excellences les gouverneurs civil et militaire, avec les députés de la province, l'Alcade, la municipalité et le Juge de la ville d'Albe.

Il semblait que ce spectacle grandiose était destiné à laisser dans les esprits la dernière et suprême impression de cette journée, mais un autre tout aussi émouvant et non moins beau nous était encore réservé. La procession ayant fait son entrée dans la Basilique illuminée avec profusion, nous vîmes notre évêque assis sur un fauteuil dans le sanctuaire, et devant lui le Révérendissime évêque de Chiapas qui réclamait le silence pour se faire entendre. L'ayant obtenu aussitôt, il prit un étendard dans ses mains et, se plaçant en face de ses frères les religieux carmes qui portaient aussi chacun une bannière, il fit livraison solennelle de tous les étendards à S. E. Illustrissime, la priant de donner une place d'honneur à ces sacrés insignes devant le tombeau de la Sainte, chacun d'eux représentant une province ou un monastère des fils de la bienheureuse Mère. Qu'il fut tendre le discours du prélat carme qui venait d'un pays si lointain prier sur le tombeau de la grande Réformatrice, et avec quelle ferveur véhémente notre pasteur lui répondit ! « Jamais, dit-il, les fleurs du Carmel ne se faneront, parce que ceux qui y habitent ne manqueront jamais à leur mission sublime. » Certes, le Prélat de Salamanque pouvait faire cette promesse en toute sécurité, en présence de celle dont la protection puissante suffisait à en assurer la réalisation dans l'avenir. Puis, d'une voix tremblante d'émotion, il ajouta : Elle doit être immense la joie avec laquelle la Sainte de nos cœurs contemple du haut du ciel les nombreux représentants de tous les monastères de l'Ordre qu'elle a réformé, et de ses couvents d'Espagne heureusement rétablis, entourant son tombeau pour lui offrir le tribut de leur amour filial. Je placerai ces étendards auprès de son sépulcre, mais entendez bien que l'acte que je vais accomplir aura pour tous une signification très élevée, il équivaut à planter la bannière, et cette bannière, désormais toujours levée, obligera les fils du Carmel à l'observance très fidèle qui leur assurera les bénédictions du ciel et la vénération des peuples ; elle obligera en même temps tous les fidèles à favoriser et à défendre dans les circonstances difficiles, et par amour pour Thérèse de Jésus, son Ordre vénérable et ses saints monastères.

Certains tableaux nous offrent des scènes d'un si haut intérêt, ils sont enrichis d'une si belle lumière et d'un si brillant coloris, qu'il est impossible de les oublier. Ainsi la scène dont nous étions témoins revêtait une multitude de caractères. Elle était éminemment religieuse, elle paraissait à la fois patriotique et, qu'on nous permette le mot, presque guerrière. Une expédition de croisés jurant devant l'autel de mourir ou de vaincre en sa sainte entreprise, ou le retour heureux d'une armée victorieuse, sont les seuls épisodes qui puissent être comparés à ce que nous racontons.

Là, on parlait du règne de la foi, du bonheur de la patrie, de la fraternité entre tous les hommes, de l'abnégation, du sacrifice ; à ces discours enthousiastes succédaient des hymnes ravissantes ; à la parole et aux cantiques se joignait la prière ; puis, comme fond de ce tableau si animé, le tabernacle et, au-dessus, rayonnant des lumières qui changeaient la nuit en un jour éclatant, le tombeau de l'héroïne, qui mérite à tant de titres cette magnifique apothéose.

Une grande partie de l'assistance, craignant de ne pas retrouver sa place le jour suivant, passa la nuit dans l'église, goûtant encore la douceur des impressions reçues.

Les fêtes du 16 n'eurent rien à envier à celles du jour précédent. A deux heures du matin les messes commençaient, et le silence n'était interrompu que par les clochettes annonçant le moment de l'elévation et par les soupirs qui révélaient de temps en temps la ferveur de ceux qui assistaient au saint sacrifice.

A la messe pontificale que célébra notre aimé prélat assisté du chapitre cathédral de Ciudad-Rodrigo, le sermon fut donné par le R. chanoine prébendier de Salamanque ; nous nous abstiendrons d'en faire l'éloge, pour les raisons que nous avons déjà données plus haut.

Dans la soirée, on distribua aux dames *poétesses* espagnoles, lauréats du concours dont les noms avaient été proclamés le 27 août, les prix qu'elles avaient mérités. Don Ramon Escalada Caravias, promoteur de ce concours, juge d'Albe, lut un discours aussi intéressant par l'élégance de son style que par l'étendue de son érudition.

Les vêpres très solennelles qui suivirent la récitation du rosaire de la neuvaine, le sermon prononcé par un Père Carme, des litanies et des hymnes magistralement exécutées, telle fut la fête de la soirée et de la nuit de ce jour.

Le 17 fut semblable au 16. L'Excellentissime Évêque de Plasencia célébra la messe pontificale, et le R. P. Martinez Vigil, de l'Ordre des FF. Prêcheurs, occupa la chaire. Dans la soirée, un événement très agréable vint augmenter l'intérêt des fêtes, s'il est possible de parler ainsi : c'était le pèlerinage madrilène présidé par l'Excellentissime Patriarche des Indes et organisé par le R. Curé de la paroisse de Saint-Joseph de la Cour ; pèlerinage remarquable moins par le nombre que par la qualité des personnes qui le composaient. Nous hésitions quelque peu à parler du nombre relativement petit de ses pèlerins à cause des raisons qui ont empêché la splendeur qu'il devait avoir ; mais parce qu'elles sont connues et pleurées de tous les bons, nous jetterons un voile sur des misères qui pourraient scandaliser la postérité.

L'appareil religieux avec lequel on accueillit cet important pèlerinage émut profondément ceux qui le composaient, et fut un digne exorde pour les fêtes du jour suivant. Il faisait nuit quand il entra processionnellement dans la Basilique, sur le seuil de laquelle notre infatigable pontife l'attendait revêtu des ornements pontificaux ; l'évêque de Plasencia adressa aux pèlerins de très bonnes paroles de bienvenue dans un discours plein d'onction, dans lequel il fit ressortir avec quelle sainte simplicité et avec quelle constance les vrais catholiques doivent accomplir leur devoir dans ces temps de luttes inexplicables et de défiances sans fondement.

Le jour suivant, les pèlerins reçurent la sainte communion de la main de notre Seigneur l'Évêque qui leur adressa la parole ; et pendant la messe les

Thérésiennes de Madrid chantèrent des motets pleins de sentiment. A la messe pontificale que célébra l'Excellentissime Patriarche des Indes, Don Joaquin Torrès Asensio, Prélat des chanoines de Grenade, remit entre les mains de Monseigneur de Salamanque les deux étendards du pèlerinage, et les prélats prononcèrent chacun un éloquent discours. Dans la soirée du même jour, on répéta la procession déjà faite le 15 ; vingt paroisses du pays d'Albe y prirent part, et le nombre des fidèles venus à la cérémonie était si considérable que tous les bourgs et villages de l'archiprêtré étaient déserts. Leurs Seigneuries le comte de Cépéda, parent de la Sainte, le duc de Castro-Enriquez et le R. abbé Carus portèrent tour à tour l'étendard qui avait servi lors de la béatification ; la procession était présidée par les trois illustres Prélats Nosseigneurs le Patriarche des Indes, l'Archevêque de Valladolid et l'Evêque de Salamanque.

L'Archevêque de Valladolid officia pontificalement le 19 et prêcha dans la nuit du même jour. Le P. Marcelin Paz, de la Compagnie de Jésus, avait porté la parole dans la matinée.

Les fêtes du 20 présentèrent une plus grande nouveauté. Véritable aimant à l'attraction puissante, le tombeau de sainte Thérèse, comme s'il n'avait pas encore prouvé suffisamment la force et l'étendue de son action en l'exerçant sur les régions qui l'avoisinent, fit venir aussi des représentants des pays les plus lointains encore plongés dans les ténèbres de la barbarie. Cette représentation ne laissa rien à désirer, personnifiée qu'elle était dans un intrépide Évêque Missionnaire, jeune encore, plein de foi et avide de la gloire du martyre. Il y avait vingt-trois ans que, le jour de la fête de sainte Thérèse de Jésus, Monseigneur Siméon Volonteri, Vicaire Apostolique de Ho-han, s'était embarqué à Marseille pour la Chine ; au bout de ce temps il revenait en Europe avec une foi on ne peut plus ardente, mais avec un visage dont les rides précoces annoncent tout ce qu'il dut endurer de fatigues et de souffrances, ne voulant s'arrêter nulle part jusqu'à ce qu'il fût arrivé au saint tombeau pour y verser les larmes précieuses de sa profonde gratitude, attribuant à la *Mystique Docteur* le fruit de ses travaux apostoliques et la conservation de sa vie dans un pays qui compte 15 millions d'habitants et seulement 14 prêtres et six mille catholiques. Attendu et affectueusement accueilli par nos prélats, l'autel désiré étant libre, il officia avec une pompe et une magnificence toutes nouvelles pour lui, en présence d'un peuple où non seulement il n'y avait pas un infidèle, mais où l'on n'eût pu trouver une seule âme dissipée et froide pendant le Saint-Sacrifice. Le Docteur Don Vicente Sanchez de Castro, chanoine théologal de Léon, venait de prêcher, et l'écho de sa parole éloquente résonnait encore, lorsque s'éleva la voix si autorisée de l'évêque de la Chine. Connaissant à peine notre langue, il y mêlait des mots latins, italiens et français; chose admirable ! il parvint à se faire entendre et mieux encore à toucher les cœurs et à faire couler les larmes. Le vénérable Évêque se dépensait à nous faire comprendre l'immense différence qu'il y a entre vivre sur la terre classique de la foi et mourir dans les ténèbres de l'infidélité, nous exhortant à apprécier toute la grandeur de la faveur que Dieu nous a accordée en nous faisant naître dans un pays catholique, et à lui en rendre d'incessantes actions de grâces. Il nous supplia ardemment de favoriser la propagation de la foi par nos prières et nos efforts à faciliter les vocations pour les missions; mais, par un sentiment d'exquise délicatesse, il s'est abstenu de réclamer nos aumônes dont il avait si grand besoin. Sur les instances de notre évêque bien-aimé, Monseigneur de Valladolid monta en chaire pour suppléer à cette omission. Il révéla éloquemment ce que son illustre frère lui avait raconté des nécessités de son vaste diocèse, des dettes et des engagements d'honneur qu'il avait contractés pendant la famine pour délivrer de la mort un grand nombre de ses chers fidèles, et il termina en demandant une aumône pour nos frères de la Chine. La compassion faisait palpiter tous les cœurs, les larmes brillaient dans tous les yeux, et la charité chrétienne ainsi que la générosité castillane répondirent dignement à cet appel; une bonne collecte augmenta la sainte joie de notre évêque missionnaire.

Dans la soirée de ce jour arrivèrent à Albe de Tormès les illustres évêques de Zamora et de Palencia, le premier porteur du magnifique présent qu'offrait la dévotion de Sa Sainteté Léon XIII à sainte Thérèse de Jésus. Nos seigneurs étaient accompagnés de plusieurs représentants du chapitre cathédral et de la Députation de la province; le diocèse et toute la province, sans y être excités par aucun avertissement, avaient jugé du premier coup qu'il était de leur devoir de montrer leur gratitude au Saint-Père pour l'hommage qu'il avait voulu rendre à la *Mystique Docteur*.

Ce fut un beau spectacle que cette offrande solennelle du don pontifical, qui consistait en un calice et une patène d'or, de style byzantin, couverts de fins émaux représentant des scènes de la Bible et de pieuses allégories. Les précieux objets ayant été déposés sur l'autel, Monseigneur de Zamora, avant de commencer la messe pontificale, s'acquittant du mandat dont Sa Sainteté l'avait chargé, remit officiellement le pieux présent à Monseigneur de Salamanque qui, après avoir remercié avec effusion son vénérable frère, le pria d'exprimer aux fidèles les sentiments du Souverain Pontife qui envoyait à la Vierge Castillane un tel témoignage de son amour.

Se rendant avec joie à une si juste demande, au milieu d'un silence qui révélait la sainte avidité de l'auditoire et l'importance des communications qu'on attendait de lui, Mgr l'Evêque de Zamora exprima la jubilation indicible avec laquelle le Saint-Père s'associait aux Espagnols dans la célébration du troisième centenaire de sainte Thérèse, les vœux ardents que Sa Sainteté adressait au ciel, par l'intercession puissante de la grande Réformatrice, pour l'union de tous les catholiques, union qui serait le plus grand sujet de consolation pour son cœur affligé, et qui devait amener le triomphe de la foi sur l'erreur, de la justice sur l'iniquité, ces résultats devant être principalement l'objet des prières de sainte Thérèse pour les nobles fils de la catholique Espagne. L'assistance entra dans le plus grand recueillement, et la grande Réformatrice dut certainement offrir à Dieu les nombreuses et très ferventes prières qui s'élevèrent alors de tous les cœurs en faveur du Souverain Pontife et de sa cause mille fois sainte. Mgr de Zamora célébra ensuite la messe pontificale en se servant du calice offert avec tant de pompe, et le P. Urrutia, de la Compagnie de Jésus, fit le sermon.

Nous voici arrivés au 22, octave de la fête et dernier jour des solennités d'Albe. L'Excellentissime évêque de Palencia officie en cette matinée, où le sermon fut donné par le Docteur Antonio Roblès, chanoine théologal du chapitre de Coria. Dans la soirée on fit pour la troisième fois la splendide procession du 15, qui fut présidée pontificalement par le même prélat et suivie par les populations de toute la contrée.

Il faudrait un gros volume pour raconter tout ce qui a été fait à Albe dans le cours de cette année, et l'âme pieuse qui réaliserait ce projet rendrait un notable service à la cause de notre sainte religion.

Salamanque, la ville aux illustres annales, où sainte Thérèse vint consulter les hommes les plus savants et les plus saints d'un siècle qui compta en si grand nombre les uns et les autres, la ville des belles églises et des facultés savantes, dont le nom, aujourd'hui encore et malgré les cruels revers qu'elle a éprouvés, est prononcé avec un profond respect dans le monde entier, Salamanque, en sa qualité de chef-lieu du diocèse, était dans l'obligation et tenait à honneur d'honorer sa *Mystique Docteur* dont il a plu à Dieu de lui confier les saintes reliques, elle voulait y mettre le zèle qu'exigeaient son glorieux passé et sa piété proverbiale. Non contents d'avoir visité Albe pendant toute l'année et d'avoir déjà gagné l'indulgence plénière, ses habitants ont voulu célébrer des fêtes somptueuses et faire une pieuse manifestation, non seulement de leur foi et de leur dévotion, mais aussi des immenses ressources dont dispose leur cité pour solenniser un si grand événement. De plus, l'immense multitude qu'elle avait reçue, s'acheminant vers Albe, n'avait pu généralement jouir des fêtes brillantes qu'on y avait célébrées, à cause de l'insuffisance de la Basilique, ni même se mouvoir librement dans une ville de si peu d'étendue. Salamanque se chargea de les dédommager, elle accueillit avec autant d'empressement que d'enthousiasme les pèlerins à leur retour d'Albe de Tormès. Il n'est pas possible de dépeindre la magnificence de ces superbes fêtes qui commencèrent le samedi soir, 21 ; on ne peut en faire qu'un tableau très pâle et décoloré.

A quatre heures du soir, toutes les cloches de la ville annonçaient que le chapitre et le personnel de l'Université sortaient de la cathédrale, se dirigeant vers l'église des Mères Carmélites pour conduire processionnellement à l'immense Basilique la statue de la *Sainte Docteur*. La cité entière attendait depuis longtemps aux alentours du couvent, et la procession ne put qu'à grand'peine traverser la foule et pénétrer dans l'église de la Sainte. L'image sortit peu de temps après, portée sur les épaules de quatre Docteurs ; son apparition fut saluée par une hymme enthousiaste chantée par cent voix qu'accompagnait la musique de l'Hospice, dont les puissants accords dominaient les acclamations joyeuses poussées par des milliers de cœurs. Ce fut un rude travail que d'organiser cette procession, qui dépassa tout ce qu'on peut imaginer et tout ce qu'on avait pu prévoir. Heureusement que le chemin qu'elle devait parcourir lui permettait de se developper avec ordre. Un piquet de la garde civile à cheval ouvrait la marche et était suivi d'une foule innombrable, disposée comme il suit. Tous les enfants des écoles tant publiques que particulières ; les confréries de la Vraie Croix, de Jésus de Nazareth, de Jésus Rédempteur, de Saint-Joseph, des Sacrements ; les associations de Saint-Vincent de Paul, de la Vierge-des-Douleurs, de Saint-Louis, de Sainte-Thérèse, des Filles-de-Marie, du Cœur-de-Jésus ; les Tertiaires de Saint-François et du Carmel, toutes avec leurs insignes respectifs ; les Séminaristes de Salamanque et de Zamora, le collège des nobles Irlandais, la communauté des Religieux Dominicains, la Chapelle royale de Saint-Marc, le Chapitre des Curés, l'Université, le Chapitre de la cathédrale, au milieu duquel marchait l'Excellentissime évêque de Zamora; la procession était fermée par les Excellentissimes Gouverneurs civil et militaire, la municipalité, avec tous les fonctionnaires, toutes les autorités et officiers de la garnison. Quand la procession traversa la place Mayor, qui est sans contredit la plus belle de l'Espagne et la plus symétrique peut-être du monde entier, nous admirâmes une chose dont nous n'avions pu tout d'abord nous rendre compte, c'est qu'après ce défilé, toute la population suivait en files interminables, et que personne n'avait cru pouvoir se dispenser d'accompagner, un cierge à la main, dans sa marche triomphale, la très aimée autant que très grande Thérèse de Jésus. On put alors juger à peu près de l'ensemble de cette procession qu'il n'était donné à personne de contempler tout entière, et satisfaire autant que possible la légitime curiosité du public.

La procession fit son entrée dans l'immense Basilique, qui contient trente mille personnes; en vain tripla-t-on les lignes et emplit-on les nefs latérales, les multitudes restèrent dans les rues et firent le tour de l'église en chantant des hymnes. Quand on a vu un spectacle si grandiose, il est impossible de l'oublier. A l'intérieur, les galeries sculptées à jour étaient éclairées par sept mille lumières, la coupole et les corniches avaient leurs courants de feu, et tout ce qui avait pu pénétrer tenait son cierge à la main. La sainte image fut placée sur l'autel, du côté de l'évangile, auprès de la riche châsse d'argent qui contient les reliques de saint Jean de Sahagun.

Le jour suivant, 22 octobre, qui était celui de l'octave, la solennité dépassa encore toutes les espérances qu'on avait pu concevoir. Mgr l'évêque de Zamora officia pontificalement à la messe, et notre bien-aimé pontife fit l'homélie. Personne n'ignore la grandeur avec laquelle se font les cérémonies de notre cathédrale, grâce aux nombreux éléments dont elle dispose, et l'on peut se faire une idée de ce qu'elles furent ce jour-là au milieu d'un peuple innombrable. Dans la soirée, matines étant terminées, on chanta le *Te Deum*, chef-d'œuvre inspiré entre tous de notre immortel Doyagüé ; on répéta la superbe illumination de la veille, et la procession se mit en ordre pour conduire l'image de la Sainte à la Basilique de Saint-Marc, éclairée par les feux d'une illumination fantastique.

Jusque-là les honneurs avaient été décernés spécialement à la Sainte; la fête du 23 avait pour but d'honorer la *Mystique Docteur*. On allait proclamer les lauréats et distribuer les prix aux écrivains qui avaient concouru au tournoi littéraire et scientifique annoncé l'année d'auparavant. Il est difficile de dire toute la beauté de cette solennité, qui fera époque parmi les fêtes de ce genre, même en y comprenant les fêtes scientifiques et littéraires de l'Université de Salamanque, dans le temps où son luxe et sa magnificence faisaient tout pâlir autour d'elle. Elle eut lieu dans la sacristie de la chapelle de Saint-Marc, salle aux dimensions colossales et à l'ornementation sévère. Elle était présidée principalement par l'image de la Sainte placée sur un élégant autel, et en second lieu par les Excellentissimes Prélats de Salamanque et de Zamora, les gouverneurs civil et militaire de la province, les Recteurs de l'Université et du Séminaire, le professorat des deux établissements, les commissions du chapitre cathédral et de l'Académie Royale d'Espagne, les Alcades de Salamanque et d'Albe, les Religieux Carmes, les Pères de la Compagnie de Jésus, les RR. PP. Augustins et Dominicains, tous siégeant sur de riches et artistiques fauteuils. Derrière, les corporations et les personnes notables, assises sur des bancs tapissés de velours rouge, complétaient cette réunion distinguée. Du haut d'une tribune ornée de luxueuses tentures, un chœur nombreux de voix choisies inaugura la séance par l'exécution de la Letrilla *Veante mis ojos*, Que mes yeux vous voient, ô bon Jésus ! à l'occasion de laquelle la Sainte avait composé, dans cette même cité, sa célèbre poésie *Vivo sin vivir en mi*, je vis sans vivre en moi. Cette musique, fille de l'inspiration de Don Jesu Monasterio, fut écoutée au milieu d'un silence imposant, et ses dernières notes furent suivies d'un tonnerre d'applaudissements. Le Docteur Don Elias Alvarez de Castro, curé de Saint-Barthélemy, et le Père Louis Martin, de la Compagnie de Jésus, supérieur du Séminaire de cette ville, prononcèrent chacun un discours, le premier d'un caractère historique et le second d'un caractère doctrinal, lesquels furent imprimés et distribués à un grand nombre d'exemplaires. L'avidité avec laquelle on a cherché à se procurer ces différents écrits montre, mieux que toute description, combien dignement la savante Salamanque a honoré la savante femme du XVIe siècle. Un très remarquable mémoire, lu par son auteur, Don Henrique Almaraz, chanoine théologal et secrétaire du jury, a révélé toute l'importance du concours scientifique, littéraire et artistique qui couronnait ces fêtes, et le mouvement produit dans le monde de la science, des lettres et des arts par le troisième centenaire de sainte Thérèse de Jésus. Cette fête du concours a coûté de grandes fatigues, de notables sacrifices, un travail pénible et d'amères contrariétés à notre Excellentissime et savant Prélat ; mais, grâce à Dieu et à la Sainte de son cœur, il a vu cette entreprise, qu'il considérait comme sienne, couronnée du plus brillant succès ; et ceux qui sont à même de connaître combien ce concours fut excellent par le nombre et le mérite des travaux présentés, affirment qu'à lui seul il suffirait à imprimer un caractère incomparablement grandiose au centenaire, et à en perpétuer à jamais la mémoire.

Cet acte important entre tant d'autres fut terminé par un beau discours de notre bien-aimé Prélat déclarant que les magnifiques résultats du centenaire devaient être attribués d'abord à Sa Sainteté le Souverain Pontife qui, en accordant de grandes grâces spirituelles à ceux qui visiteraient le saint tombeau, avait vivement intéressé à cet événement les consciences et les cœurs de ceux qui aiment la *Savante Docteur*. Il dit aussi qu'il avait eu le bonheur, à nul autre comparable, de recevoir une lettre de Sa Sainteté exprimant toute la joie que lui faisait éprouver cette manifestation de la foi en Espagne, et spécialement dans ce diocèse; il excita le courage de tous ceux qui voudraient voir revenir ces temps glorieux où nos ancêtres vivaient heureux dans la même foi et dans l'union parfaite des volontés, exhortant spécialement la classe des travailleurs à aimer la religion. Enfin il réclama le remerciement qui était si bien dû au Saint-Père et termina par un enthousiaste : Vive Léon XIII !

Ce qui est vraiment beau et grand ne fatigue jamais, c'est pourquoi une affluence distinguée assista à une nouvelle séance littéraire qui eut lieu le lendemain, en la même salle et à la même heure. On y récita de très belles poésies, on y entendit avec un égal plaisir les chants dirigés par le señor Monasterio et les notes mystérieuses de son prodigieux violon.

Le 29 octobre, pour finir, on remena avec la même pompe l'image de sainte Thérèse à l'église de la Clercia, ou du Clergé, fermant par cette troisième procession les honneurs enthousiastes et grandioses que la ville avait rendus à la Réformatrice du Carmel.

Ce serait une injustice criante et une coupable ingratitude de ne pas consigner ici le noble et généreux concours que toutes les autorités de la Province apportèrent à ces fêtes, tant pour les exigences de l'ordre public que pour l'exemple donné par elles à la population, demeurant à Albe pendant toute l'octave, et présidant les inoubliables fêtes de notre capitale. Ont droit au même tribut de louanges : la municipalité d'Albe, qui a dû faire de grands sacrifices pour être à la hauteur de sa mission, pour subvenir aux frais des fêtes célébrées à la Basilique, et particulièrement à l'entretien de l'orchestre venu de Madrid pour les embellir ; les RR. Pères Carmes, qui ont déployé une activité prodigieuse pour disposer à la hâte, mais aussi grandement et confortablement que possible, leur couvent à demi ruiné, afin d'y donner une hospitalité gracieuse et commode aux évêques, aux prêtres et aux personnes distinguées ; les Religieuses Carmélites, propriétaires du grand trésor du Corps et du Cœur de sainte Thérèse, en se prêtant autant qu'il était nécessaire aux fêtes solennelles de cette année ; les Dames de Salamanque et d'Albe, qui, avec une générosité admirable, ont fourni des sommes considérables à mesure qu'on avait besoin de ressources ; et par-dessus tous, notre infatigable Prélat, qui, pendant deux années, a consacré tous ses instants, toute sa prodigieuse activité, son argent, toute son âme enfin, pour arriver à célébrer dignement le centenaire de sainte Thérèse de Jésus.

Lettre d'une Carmélite Déchaussée du Couvent du Prado, près de Madrid, à la R. M. Prieure de Bruxelles.

MA RÉVÉRENDE MÈRE,

Nous avons eu un Triduum très solennel pour célébrer le troisième centenaire de Notre Séraphique Mère Thérèse.

Les messes ont été chantées en très belle musique, avec piano et harmonium tenus par le frère de Notre Révérende Mère Prieure, Don Gregorio de Neira, qui a chanté à toutes nos fêtes en ces jours avec ses enfants : trois demoiselles, dont l'aînée a 17 ans, et deux petits garçons ; tous chantaient, et leurs si belles voix ressemblaient à un chœur des anges. Le Saint-Sacrement était exposé pendant les exercices, le matin et le soir, et le 15 octobre durant toute la journée. Son Eminence le Cardinal de Tolède accorda 100 jours d'indulgence pour tout acte pieux accompli dans notre église pendant ces trois jours. Monsieur le frère de notre Mère a voulu prendre soin de tout ce qui regarde les fêtes du centenaire, afin d'orner l'église à son goût. Il y fit mettre de grands candelabres tout le long des murailles. L'église entière était tapissée ; dans le sanctuaire on plaça six couronnes ardentes très jolies, qui donnaient un éclat extraordinaire. Le maître-autel était décoré de grands et magnifiques bouquets de fleurs artificielles, et autour de la niche où est l'image de notre Sainte Mère, en haut du maître-autel, comme Patronne de notre église, il y avait un arc de fleurs blanches et roses ; devant la Statue, on mit sept grands bouquets de fleurs argentées.

Devant les quatre autres autels de l'église, on plaça d'énormes bouquets de fleurs naturelles faits par les jardiniers du Palais, car il y a, vis-à-vis du couvent, de grands jardins qui appartiennent au roi d'Espagne.

A l'extérieur, le porche et les murailles étaient ornés de grands arcs d'un goût exquis, faits aussi par les jardiniers du Palais en fleurs et verdure naturelles. Dans le trajet que devaient suivre la procession et la statue de sainte Thérèse, on avait dressé un quatrième arc d'une beauté ravissante. La façade en était couverte de rideaux, de bannières et de lanternes en toutes couleurs; il y eut chaque soir une grande illumination. Toute cette ornementation extérieure fut faite sous la direction du commissaire préposé à ces lieux qui sont propriété royale; il avait reçu l'ordre de Monsieur l'Intendant du Palais pour faire tout ce que Notre Révérende Mère Prieure demanderait en l'honneur de sainte Thérèse.

Nous avons une belle statue de la Sainte dans une cellule qui se nomme la cellule de Notre Sainte Mère, et qui est un petit ciel par la multitude de reliques qui s'y trouvent. Cette statue est sculptée et de grandeur naturelle ; nous avons cependant licence pour l'habiller avec notre habit Carmélitain, mais en soie et toile très précieuse ; elle est assise dans une chaise, et pour cette fête nous lui avons mis de très riches habits. Par une disposition particulière, elle devait être portée à l'église et même dans la rue pour cette année seulement, car elle ne sort jamais du couvent. Elle portait un magnifique scapulaire brodé en or et en perles fines, dont voici l'histoire. Mme la Princesse de Beira avait résolu de broder elle-même ce scapulaire, mais à peine avait-elle commencé son ouvrage qu'elle dut quitter le pays ; et la Sainte a voulu qu'une de ses filles, Américaine, vînt finir cet ouvrage justement à l'occasion des fêtes du centenaire. Ce fut donc la sœur Isabelle du Cœur de Marie, chassée de son couvent de Caracas (Venezuela), qui, ayant eu le bonheur d'être reçue dans cette communauté, saisit cette occasion de témoigner sa reconnaissance à notre sainte Mère. Elle réussit parfaitement ce travail délicat, et parvint même à enchâsser dans la broderie une signature, de la main de sainte Thérèse, que nous avons le bonheur de posséder. L'image de notre sainte Mère est assise sur un beau fauteuil, et tient une belle plume à la main ; le fauteuil est placé sur un grand piédestal, assuré avec des clous à vis ; aux deux côtés du fauteuil étaient deux écussons de notre Ordre qui formaient en même temps deux pots de fleurs, et qui soutenaient les deux bouts d'un grand arc de fleurs qui s'élevait au-dessus de la Statue. L'arc se composait de plusieurs couronnes de roses, lis et jasmins, toutes en fleurs artificielles faites par une autre Sœur américaine, la Sœur Rita de la Passion, venue aussi de Caracas. Au milieu de l'arc pendait une grande magnolie entourée de lis, et d'où sortait une blanche colombe qui touchait presque du bec la statue de la Sainte.

Tout le tour du piédestal était garni de fleurs faites aussi avec le bon goût des sœurs américaines. Nous avons une belle relique du Corps de notre Sainte Mère placée dans un reliquaire d'argent en forme d'un grand cœur, en tout semblable à celui d'Alba de Tormès. Ce reliquaire fut mis dans une grande urne de cristal, ornée à l'extérieur de fleurs argentées, et surmontée d'une belle couronne impériale. En dedans de l'urne, tout près de la relique, nous avons mis 21 petites colombes qui regardaient le cœur : c'est le nombre de religieuses qu'il peut y avoir dans un Carmel. Le tout fut placé sur un coussin de satin rouge et puis sur un brancard que portaient à la procession quatre demoiselles en costume blanc avec ceinture bleue. Puis venait la statue de la Sainte portée par quatre militaires et suivie d'une magnifique musique militaire du régiment de chasseurs de Madrid, envoyée par le Capitaine Général, à la demande de la famille de Notre Mère Prieure. Suivaient cinq étendards de différentes confréries, et une bannière brodée par nous, portant d'un côté le portrait de la Sainte, et de l'autre celui du Saint-Père Léon XIII ; puis, venaient quatre petits garçons vêtus, l'un en saint Michel, un autre figurant le Séraphin et portant le dard ardent, ensuite l'ange Gabriel portant une médaille avec un portrait de la Sainte. Derrière les anges marchait une petite fille de dix ans, en costume de Carmélite Déchaussée, et portant entre ses mains un riche livre du *Chemin de la Perfection* sur un beau coussin en satin bleu à houppes d'or. Cette petite représentait l'Ordre réformé par sainte Thérèse.

A peine la procession fut-elle entrée à l'église, que Mgr le Nonce arriva. Comme tout le monde était encore à l'église, Sa Grandeur donna la bénédiction Papale ; l'enceinte était comble. Le soir, il y eut des feux d'artifice et de la musique.

Gloire à Jésus de Thérèse et à Thérèse de Jésus !

Extrait d'une lettre de la Mère Maniëla, du couvent de Jaën, à la R. Mère Prieure de Bruxelles.

Chère Mère,

J'ai tardé à vous écrire, voulant vous adresser en même temps le programme de notre neuvaine et de la fête de notre sainte Mère Thérèse ; mais je ne vous l'envoie pas parce que les fêtes ont été beaucoup plus solennelles que ne l'indiquait le programme. Mgr l'Evêque disposa que le 15, jour de la fête, tout se ferait à la Cathédrale, et le jour octave tout chez nous. On dit qu'on n'a jamais vu une fête plus belle. Elle commença la veille à midi, toutes les églises de la ville sonnant leurs cloches en carillon ; puis on chanta vêpres à la Cathédrale avec l'assistance de tout le clergé de la ville ; la même chose eut lieu pour matines, et le lendemain jour de la fête. En outre, ce jour-là, il y eut procession, toutes les autorités de la ville présentes, ainsi que toutes les troupes militaires en gala. La Cathédrale était ornée de draperies, ainsi que le palais épiscopal, et toute la ville pavoisée. La nuit, il y eut grande illumination et musique. Monseigneur ordonna que dans toutes les églises de son diocèse on fît le Triduum avec la plus grande solennité. Le 15, Sa Grandeur fit faire une distribution de pain à tous les pauvres qui se présenteraient à l'Evêché.

Ici, dans notre couvent, nous avons fait la neuvaine très solennelle ; pendant cinq soirs tout a été chanté par les religieuses, et les quatre autres tout fut chanté à l'extérieur : nous eûmes le salut en musique et les sermons furent donnés par les meilleurs orateurs. Le dernier soir, Monseigneur vint officier lui-même, et voulut payer les musiciens. La foule fut extraordinaire, animée de la plus grande ferveur. Veuille la Sainte nous obtenir le triomphe de la sainte Église, comme nous le lui demandons de tout cœur !

Nous avons appris le magnifique cadeau que les Dames de votre Royaume ont fait. Quelle merveilleuse dévotion !!! et quel exemple pour tout l'univers catholique !!! Que fera la Sainte bénie ? Elle qui était si reconnaissante pendant sa vie mortelle, le sera sans doute infiniment plus maintenant qu'elle règne dans la gloire.

CHAPITRE DEUXIÈME

ITALIE.

Ce compte rendu des fêtes du centenaire en Italie a été écrit spécialement pour être offert à Sa Grandeur Monseigneur de Salamanque, et pour être inséré dans le présent volume.

Ferrare, 20 Janvier 1883.

Il est loin d'être encore éteint, en Italie, l'écho des fêtes centenaires données en l'honneur du trépas bienheureux de sainte Thérèse de Jésus! Aussi prenons-nous la plume, l'âme pleine de joie, pour transmettre ce souvenir aux années et peut-être aux siècles à venir. Nous ne pensions nullement à cette relation qui aurait pu être considérée, comme une offense à la modestie chrétienne et sacerdotale. Mais le désir qui nous en a été exprimé en premier lieu par un ecclésiastique français, puis par Monseigneur l'Evêque de Salamanca, nous a semblé être comme un signe de la volonté de Dieu.

En exposant brièvement et avec concision ce qu'a fait l'Italie catholique en l'honneur de sainte Thérèse, nous n'avons l'intention ni de faire l'éloge des promoteurs de ces fêtes honorifiques, ni de mettre en relief la piété et la religion des Italiens par des comparaisons hors de propos. Ce qui importe dans ce récit, c'est la glorification de sainte Thérèse, c'est la preuve qu'en Italie sainte Thérèse est connue, est vénérée, est invoquée, est aimée. Le fait tout récent, public et splendide des fêtes du centenaire, met la chose en évidence.

Pour que ce travail bref et concis soit clair et ordonné, nous le diviserons en quelques paragraphes et points principaux.

§ I. — QUELQUES PARTICULARITÉS DU CENTENAIRE THÉRÉSIEN.

En Italie, la célébration du centenaire de sainte Thérèse a produit quelques particularités réellement dignes d'attention.

La première consiste en ce que les promoteurs, prêtres et Evêques n'appartiennent pas à l'Ordre des Déchaussés, auquel ils sont tout au plus affiliés comme Tertiaires. Pas un seul Religieux Déchaussé n'a publié, à cette occasion, le plus petit travail historique, scientifique, hagiographique ou ascétique sur sainte Thérèse. Tout ce qui a été fait, à cet égard, en Italie, pendant les années 1881 et 1882, a été l'œuvre exclusive de personnes n'appartenant pas à la famille de sainte Thérèse (1). Quelle que soit la cause de ce fait singulier, il est certain qu'il tourne tout à la gloire de la grande Sainte, laquelle, bien que n'étant pas Italienne, compte néanmoins beaucoup de fidèles dévoués à sa gloire, tant en dehors des couvents des Carmes que des cloîtres des Carmélites. On peut donc dire de sainte Thérèse ce que saint Jérôme écrit de sainte Agnès : qu'elle était louée dans les écrits et par les paroles de tout le monde : *Omnium gentium litteris atque linguis præcipuè in Ecclesiis laudata est*. Sainte Thérèse a des admirateurs et des amis sans nombre en Italie.

C'est pour cela que le mouvement produit en Italie en faveur de la grande Sainte n'a pas été l'œuvre personnelle des Déchaussés, mais bien celle des partisans de la Sainte. Il est bien entendu toutefois, ainsi que nous le verrons plus loin, que les Carmes et les Carmélites, dans leurs villes et localités respectives, se sont employés plus que jamais pour la glorification de leur Sainte Mère, et cela à la plus grande édification de tous.

Une autre particularité encore plus remarquable a été que les promoteurs des fêtes du Centenaire, en Italie, furent ces deux mêmes ecclésiastiques, Tertiaires de Sainte-Thérèse, qui se firent les promoteurs, auprès du concile du Vatican et dans tout l'univers catholique, de la très heureuse proclamation de saint Joseph comme Patron de l'Eglise Universelle, dans l'année 1870 et dans les précédentes. Un de ces ecclésiastiques est Monseigneur Antoine-Marie Chanoine Franchini, Prévôt de l'Eglise Métropolitaine de Ferrare ; l'autre est l'écrivain de ces lignes, et il importe peu que son nom soit connu. Tout cela n'a pu avoir lieu sans une volonté spéciale de Dieu qui, considérant la glorification de sainte Thérèse comme intimement liée à celle de saint Joseph, a voulu que les mêmes personnes, dans la même ville de Ferrare, à 12 ans d'intervalle, entreprissent l'une et l'autre œuvre : *A Domino factum est istud*.

Une troisième particularité qui, à dire vrai, se retrouve dans toutes les bonnes œuvres, fut la nécessité, pour les deux promoteurs, et spécialement pour

---

(1) Tandis que, pour le centenaire de la naissance de saint François célébré en Italie, un grand nombre d'écrivains franciscains publièrent des livres de tous genres sur la vie et sur les vertus du séraphin d'Assise.

l'un d'eux, de lutter contre les plus grandes et parfois contre les plus insurmontables difficultés. Non seulement la charité, mais la plus élémentaire prudence nous interdisait de nous adresser aux particuliers qui pouvaient trouver peu opportunes aujourd'hui certaines publications qui leur paraîtront avoir été bien faites dans quelques années d'ici. La haine dont le démon avait fait preuve contre sainte Thérèse, pendant toute sa vie, pour l'empêcher, par tous les moyens, d'accomplir les merveilleux desseins que Dieu avait formés sur elle, il la fit encore éclater avec la même ardeur contre les fêtes du centenaire. Lui toujours, Dieu le permettant ainsi, fermait le chemin, obstruait la voie, suscitait mille difficultés, mille obstacles et oppositions de tout genre, dans le but de nous faire perdre patience et de nous décourager profondément. Toutes ces entraves précédèrent, accompagnèrent et suivirent la célébration du centenaire: aujourd'hui encore, au moment où nous traçons ces lignes, nous en ressentons les douloureuses conséquences. Le démon, ennemi de Jésus-Christ, et ennemi mortel de son épouse sainte Thérèse, poursuit aussi d'une haine implacable tous ceux qui concourent à sa glorification. En cela Dieu nous a aidé, nous a soutenu plusieurs fois et nous a puissamment protégé. Puis, la Sainte Mère dont le cœur a toujours été si sensible à la reconnaissance, par onze apparitions merveilleuses, à Ferrare, du 23 août 1882 au 25 octobre, apparitions toujours accompagnées de prodiges et circonstances mystérieuses, quant à la personne qui les reçut et quant au fait et à sa nature même, fit entendre à l'un des promoteurs des choses telles qu'il en fut grandement consolé au moment le plus cruel de la lutte. Il est déjà loin le temps où le fait devait être publié avec toutes ses particularités, et aujourd'hui, à Ferrare même, on n'en sait absolument rien ou presque rien.

En plus de ces secrètes et formidables oppositions et de la guerre du démon, nous rencontrâmes de sérieux obstacles publics en Italie pour la complète réussite du centenaire. Le premier fut la célébration, au même moment, non seulement dans cette même année, mais encore dans ce même mois d'octobre, du septième centenaire de la naissance de saint François d'Assise. Ce grand Saint, soit parce qu'il est Italien, soit parce qu'il est le père et le fondateur d'une famille religieuse encore plus répandue en Italie que celle de sainte Thérèse, soit aussi parce qu'il compte parmi nous un nombre infiniment plus considérable de tertiaires et d'églises sous son vocable, ne se prêtait que trop bien à une manifestation de ce genre. De plus, le Très Saint-Père, par la publication toute spéciale d'une lettre Encyclique en l'honneur du grand Saint, sans y dire un seul mot sur sainte

Thérèse, contribua beaucoup à entraîner les masses vers saint François.

L'autre obsctacle fut, principalement dans la Haute Italie, la catastrophe épouvantable arrivée peu avant les fêtes du centenaire thérésien ; par suite de la rupture des digues de plusieurs rivières, de riches et fertiles provinces furent et sont encore inondées et ravagées par l'eau, des milliers de personnes privées de tout et réduites à la plus profonde misère. L'Etat, les Provinces les Communes, les Diocèses, les Sociétés de bienfaisance, puis encore la charitable sollicitude des Révérendissimes Evêques durent venir au secours des pauvres inondés. Et c'était dans des jours aussi néfastes, aussi douloureux que devait se célébrer le centenaire de sainte Thérèse : il n'était donc pas à supposer que ceux qui avaient prêté leur assistance pour saint François et pour les inondés en feraient autant pour notre Sainte.

Le comité, d'ailleurs favorablement établi pour exciter les Italiens à célébrer cette grande fête, s'était proposé de procurer, à cette occasion, aux Religieux opprimés d'Italie, une recrudescence de charité de la part des fidèles ; mais, par suite de cet immense désastre, la chose n'eut lieu, et encore après de vives et nombreuses insistances, que d'une façon très restreinte.

§ 2. — LE COMITÉ ITALIEN DES FÊTES DU CENTENAIRE DE SAINTE THÉRÈSE.

En Italie, la première impulsion pour la célébration du centenaire vint d'un pieux et docte écclésiastique de Turin, Monsieur Jean Bonetti, hagiographe émérite, qui dans *l'Unità cattolica*, le principal journal catholique d'Italie, et néanmoins très répandu, adressait à son Directeur, le 21 octobre 1880, une lettre dans laquelle il disait, entre autres choses : « Deux ans nous séparent « du jour bienheureux, mais ce temps n'est pas trop long pour préparer le « peuple italien à le fêter avec tout l'éclat qui lui est dû, pour en retirer le « plus de fruit possible. » Qui le croira ? Une telle proposition, aussi innocente qu'opportune, causa la plus grande irritation chez une quantité d'impies qui adressèrent à Monsieur Bonetti une lettre de manaces, sans toutefois la signer de leurs noms propres. Cette nouvelle preuve de la piété catholique agaçait les nerfs de ces individus, problablement franc-maçons, qui parlaient sous l'inspiration du grand ennemi de sainte Thérèse, le démon. Cette étrange lettre de menaces qui n'eurent aucune suite fut publiée dans la *Stella del Carmelo*.

Un résultat certain de l'appel fait par M. l'abbé Bonetti fut la formation d'un comité catholique Italien pour la fête de sainte Thérèse. Ce comité se forma à Ferrare, centre du mouvement thérésien, sous la présidence de Mgr Louis Vaccari, évêque de Sinope, *in partibus infidelium*, de l'Ordre de Saint-Benoît, Congrégation du Mont-Cassin, administrateur, avec future succession, des deux diocèses réunis de Tropéa et de Nicotera en Calabre, ancien curé de Saint-Paul ou Basilique d'Ostie à Rome, et auteur de plusieurs écrits, principalement d'un remarquable ouvrage théologique sur l'Assomption de la Très Sainte Vierge et sur la possibilité de sa définition. Ce travail très apprécié de Mgr Vaccari peut être considéré comme le plus beau et le plus complet dans ce genre.

A cause de cela, on ne peut se défendre d'admirer le singulier dessein de Dieu voulant que les glorificateurs de Marie montée au ciel et de saint Joseph se rencontrassent pour la glorification de sainte Thérèse, cette grande fille de Marie, cette grande dévote de saint Joseph. En effet, Mgr Vaccari ne se contenta pas, lors du concile du Vatican (il était alors simple religieux), de publier un travail théologique sur l'Assomption de Marie, mais il prépara le vote de nombreux évêques pour que ce sujet fût discuté au concile et défini, comme cela se fit au même moment pour saint Joseph ; et voici que douze ans plus tard, et de même que la première fois, les promoteurs de la gloire de Marie et de saint Joseph s'unirent de nouveau pour promouvoir la glorification de sainte Thérèse. L'on sait de cette Sainte que, se trouvant, le jour de l'Assomption de Marie, dans l'église des Dominicains pour y entendre la messe, elle eut une sublime vision dans laquelle les deux célestes époux la revêtirent d'un vêtement blanc et la ceignirent d'un collier splendidement riche. Cela présageait en quelque sorte, il y a trois siècles, ce qui devait avoir lieu en Italie en 1882.

Plusieurs Archevêques et Évêques envoyèrent leur adhésion au nouveau comité, tels que Mgr Michel-Ange Cebesia, Bénédictin, archevêque de Palerme en Sicile, et Mgr Camille Sorgente, archevêque de Reggio en Calabre, et bon nombre d'autres membres du haut clergé.

Les autres membres de ce comité, indépendamment de quelques religieux déchaussés, furent : à Ferrare, Mgr Antoine Marie, chanoine Franchini, doyen de l'église Métropolitaine ; à Turin, le précité abbé Jean Bonetti, prêtre Salésien ; à Florence, le R. P. Raphaël Ballerini, de la Compagnie de Jésus, célèbre dans l'Italie catholique par son apostolat de charité en faveur des Religieux pauvres de 250 monastères, secourus par lui ; à Sienne, l'excellent directeur de la *Stella del Carmelo*, Mgr Léopold Buffalini, dont nous aurons à parler plus loin. Avec ce peu d'éléments, chacun acceptant sa part entière de travail, on arriva à faire quelque chose. Qu'à Dieu seul en revienne la gloire !

§ 3. — MONUMENTS DU CENTENAIRE.

Les zélateurs de sainte Thérèse pensaient que ce serait peu de chose que de borner à une fête centenaire la célébration plus ou moins splendide de cette grande solennité dont le souvenir se serait bientôt effacé. On songea donc à perpétuer la mémoire du 3e centenaire de la mort de sainte Thérèse par des monuments qui le rappelleraient aux siècles futurs.

Le premier devait être un couvent de Carmes, fils de sainte Thérèse, dans l'intérieur duquel devaient retentir continuellement les louanges de Dieu et être professée la règle carmélite primitive. C'est à cela que travailla le R. P. Raphaël Ballerini, Jésuite, qui se mit immédiatement à l'œuvre avec la plus entière confiance en Dieu, et qui réussit. Il est vrai que le monastère n'est pas encore complètement payé ; mais, de ce côté, tout fait espérer que le vendeur sera totalement désintéressé.

Le deuxième monument devait être un nouveau temple élevé à Plaisance à Notre-Dame-du-Carmel, il devait être terminé et inauguré en octobre 1882 pendant les fêtes du centenaire de sainte Thérèse. Le promoteur principal de cette œuvre fut le pieux et dévoué carme R. P. Gérard de Saint-Joseph, qui y apporta tout son cœur et toute son âme. Mais l'homme propose et Dieu dispose. L'inauguration de ce monument se fera, espérons-le, en juillet 1883, pour la fête de la Très Sainte Mère du Carmel.

Le troisième monument qui, réellement, a été inauguré en cette année 1882, a été élevé par le directeur de la *Stella del Carmelo*, à Sienne, M. Léopold Buffalini, courageux et ardent ecclésiastique de cette ville de Toscane. Ce monument est une maison d'éducation pour les jeunes filles, dirigée par des maîtresses, Tertiaires de Sainte-Thérèse, vivant en communauté. Cet établissement est divisé en deux parties, selon la condition des enfants qui y sont admises, pauvres, et de bonne famille. L'inauguration en eut lieu pendant les fêtes Thérésiennes. Des faits extraordinaires facilitèrent l'admission d'enfants pauvres dans les mois précédant les fêtes ; et on en reçut quinze, en mémoire des *quinze derniers jours* de sainte Thérèse, dont nous reparlerons.

Dieu bénira, nous l'espérons, les trois généreux promoteurs de ces trois monuments, et sainte Thérèse les aidera à terminer leur œuvre et à faire face à toutes les nécessités.

Nous pouvons dire, aussi, avec toute vérité, que bon nombre d'églises de Carmes et de Carmélites, en Italie, peuvent être considérés comme des monuments parlants du centenaire par suite de leur restauration, embellissement, décoration ou agrandissement. En voici un exemple dont nous fûmes témoin à Ferrare, où les Pères de San-Girolamo ont, à grands frais, tellement embelli leur église, qu'aujourd'hui sa laideur passée a disparu sous les plus beaux marbres, et qu'elle brille comme un diamant. De même les Carmélites de Sainte-Monique, dans la même ville, avec plusieurs milliers de livres, quoique pauvres, refirent en marbre le grand autel, embellissant et restaurant leur église en entier, tant à l'intérieur qu'à l'extérieur. Puis, à Turin, les restaurations de l'église paroissiale de Sainte-Thérèse furent les choses les plus considérables qui aient été faites avec le concours du comité. Même les pauvres Carmélites de Bologne ont fait repeindre toute leur église à l'aide, comme celles de Ferrare, des quêtes et des largesses de pieux bienfaiteurs.

§ 4. — LA MÉDAILLE COMMÉMORATIVE DU CENTENAIRE.

Un des moyens les plus usités et les plus anciens pour perpétuer le souvenir de quelque grand ou heureux événement a toujours été de faire frapper une médaille commémorative. Cela ne pouvait s'oublier pour le troisième centenaire de la mort de sainte Thérèse de Jésus. Dans ce but, un des membres du comité Ferrarais prit les mesures nécessaires pour que la maison Johnson, de Milan, en frappât de divers modèles. En effet, cette maison en créa six séries, et chacune était dorée ou argentée, au gré de l'acheteur. C'est ainsi qu'il y eut une douzaine de modèles ou de catégories de médailles de divers dessins et à prix divers. Bien que la gravure n'en fût pas très bien réussie et laissât quelque peu à désirer, elles n'en furent pas moins bien accueillies et d'un écoulement facile. L'écrivain de ces lignes, à lui seul, en a placé plus de trente mille.

La médaille représente d'un côté sainte Thérèse, les mains jointes, avec la colombe traditionnelle, et autour de la Sainte ces mots : *Centenaire de sainte Thérèse de Jésus, octobre 1882;* de l'autre côté, le cœur de sainte Thérèse percé par un ange, et tout autour la légende : *Blessure du cœur de sainte Thérèse, année 1559.*

Cette médaille eut un grand succès et se répandit beaucoup, non seulement en Italie, mais elle fut expédiée en grandes quantités à l'étranger et surtout en France. Qu'il suffise de dire qu'à Ferrare un des deux Carmels trouva de grandes ressources pour la célébration des fêtes centenaires dans la vente de ces médailles organisée par une pieuse dame qui en consacrait le produit aux bonnes Religieuses. Et non seulement l'Italie, mais la France, l'Autriche, la Hongrie, la Pologne et même la lointaine Bagdad, en Orient, possédèrent de ces médailles. Nous pensions aussi que les pèlerins espagnols se trouvant à Rome au commencement de la fête Thérésienne n'avaient pas manqué d'en acheter dans la Ville Eternelle, pour les emporter en Espagne; mais notre correspondant ne nous a donné aucun renseignement à ce sujet. Toutefois, ce que nous savons, c'est qu'une très pieuse princesse romaine, à peine en possession d'une de ces médailles, la mit à son cou, s'écriant qu'elle la porterait sur la terre pendant toute sa vie.

Le temps viendra où une seule de ces médailles commémoratives du centenaire sera non seulement très recherchée, mais payée un grand prix, ainsi qu'il arrive pour toutes les médailles anciennes.

§ 5. — BIBLIOGRAPHIE DU CENTENAIRE.

Il serait impossible et peut-être inutile de pouvoir donner une description détaillée de toutes les variétés d'images, lithographies, oléographies, photographies et gravures qui, en Italie comme ailleurs, furent répandues à pleines mains en l'honneur de sainte Thérèse. Et il serait encore moins possible de donner le total, même approximatif, de toutes ces choses qui échappent à la plus vigilante statistique. Nous parlerons cependant des gravures publiées en Italie, à cette occasion, en l'honneur de sainte Thérèse : elles furent peu nombreuses si on les compare à la quantité considérable de celles que répandirent les Franciscains en l'honneur de leur saint Patriarche. La raison de cette différence en Italie est due au silence complet des Carmes, qui n'ont pas publié (en dehors de quelques poésies) le plus petit écrit en l'honneur de sainte Thérèse. Puis, saint François, pour les Italiens comme pour l'Église entière, prête plus que sainte Thérèse aux considérations historiques. De toute façon, si quelque chose a été fait, c'est spécialement par les membres du comité Thérésien.

Tout d'abord un confrère de Némésius Cardellach a publié en Italie son ouvrage : *Merveilles anciennes et nouvelles du Cœur de sainte Thérèse de Jésus*; il n'y en eut pas deux éditions. Le but de ce livre, accompagné d'une belle gravure double des frères Bertola, est de mettre en relief toutes ou du moins les principales merveilles qui, depuis trois siècles jusqu'à nos jours, s'opèrent dans le cœur incorruptible de sainte Thérèse à Albe de Tormès. Nous ne saurions dire les difficultés contre lesquelles dut lutter l'auteur de ce petit travail qui eut les honneurs d'une traduction française, laquelle rencontra également des embarras et des obstacles qui paraissaient insurmontables. D'après le texte français de cet opuscule, on fit en Amérique une traduction anglaise pour les Etats-Unis. A Bagdad, en Orient, quelqu'un songea à le faire traduire en arabe, mais les dernières nouvelles semblent indiquer que le projet n'a pas eu de suite. Quatre éditions successives de ce petit ouvrage compensèrent les oppositions et les difficultés suscitées.

Un grand et plus considérable succès en Italie fut obtenu par une nouvelle Vie populaire abrégée de sainte Thérèse, publiée par un membre de notre comité dont nous avons parlé plus haut, le prêtre Salésien, M. Jean Bonetti. Son livre, recommandable sous tous les rapports, portait pour titre: *La Rose du Carmel;* l'approbation fut générale parmi tous ceux qui lurent ce volume, agréé et béni par Sa Sainteté Léon XIII.

Il y eut encore de nombreuses éditions et vente à plusieurs milliers d'exemplaires d'un petit livre composé par Mgr Henri Chanoine Graziali, chancelier du Tribunal archiépiscopal de Ferrare et tertiaire de Sainte-Thérèse. Cet opuscule contenait en poésies de vers libres les sept maximes connues de la sainte Mère : *Que rien ne te trouble! que rien ne t'effraie!* maximes que les promoteurs des fêtes centenaires eurent si grand besoin de pratiquer.

Trois éditions en Italie, une en Espagne et une en Amérique, répandirent, ainsi que nous le verrons, un livret publié par Mgr le chanoine Franchini sur les *derniers quinze jours* et les *dernières quinze heures de sainte Thérèse;* et il en sera certainement fait une réimpression cette année aux approches de la fête principale.

D'autres brochures furent imprimées ainsi qu'une traduction de l'œuvre connue de Don Némésius Cardellach, de la Congrégation des Missions, sur les épines du Cœur de sainte Thérèse; mais ne les ayant pas vues ni examinées, nous nous contentons de les mentionner.

Enfin, le comité, au mois d'octobre 1882, consacré à la grande solennité du centenaire, publia un Album Thérésien aux frais de chacun de ses membres, offert en don à tous les abonnés de la *Stella del Carmelo* et mis aussi en vente. Cet Album se divisait en trois parties : la première comprenait quelques cadres historiques concernant la vie et les œuvres de sainte Thérèse; la seconde résumait l'histoire du centenaire; la troisième contenait bon nombre de poésies de versifications variées et de divers auteurs, exaltant la gloire de sainte Thérèse. L'Album Thérésien fut dédié au Vicaire Général des Carmes, comme au représentant de sainte Thérèse et des deux grandes familles.

§ 6. — LES AGAPES THÉRÉSIENNES.

En l'honneur du grand patriarche saint François d'Assise, lors du septième anniversaire de sa naissance, le R. P. Louis de Casoria proposa qu'en Italie, conjointement aux fêtes religieuses, on servît un repas aux pauvres de Jésus-Christ. Cette proposition eut en Italie le plus heureux succès. Les fils et les tertiaires de Saint-François, aidés de personnes des deux sexes, de prêtres et d'évêques, servirent ces repas de charité, accompagnés de pieuses oraisons, de musique et de chants.

Un membre du comité Thérésien proposa, en place, que dans toute l'Italie, l'Espagne, la France, l'Amérique et ailleurs, eussent lieu des agapes eucharistiques, proposition qui fut bien accueillie partout. Il demanda d'honorer les quinze derniers jours et les quinze dernières heures de sainte Thérèse, à partir du 20 septembre, jour où la Sainte tomba malade à Albe de Tormès, jusqu'au 4 octobre, date exacte de sa mort, ou à partir du 1er octobre jusqu'à la fin de la journée du 15, époque à laquelle l'Église honore son trépas. Quinze personnes devaient se réunir pour s'approcher des sacrements, chacune en l'un des quinze jours régulièrement désignés. Puis, le dernier jour de la quinzaine, le 4 ou le 15 octobre, les mêmes personnes devaient s'entendre pour se partager les quinze dernières heures de la vie de la Sainte, à partir de sept heures du matin, heure à laquelle commença sa dernière extase, jusqu'à dix heures du soir, moment avant lequel elle rendit paisiblement le dernier soupir.

A cause de cela parut un petit livre donnant une courte mais fidèle relation des derniers quinze jours de sainte Thérèse et des faits admirables qui précédèrent, accompagnèrent et suivirent sa mort; il renfermait en outre l'indication de pratiques pieuses et quelques prières qui devaient être récitées à cette occasion. Ce livre eut de suite, en Italie, trois éditions, et il s'en écoula environ 10,000 exemplaires. Dans toutes les parties de la Péninsule, dans les grandes et dans les petites villes se formèrent des quinzaines de personnes accomplissant les dévotions proposées. L'Album Thérésien a perpétué le souvenir de ce fait admirable, enregistrant le nom des villes et des personnes engagées, le nombre des exemplaires distribués. Il va sans dire que, dans chaque localité, les quinze jours furent accompagnés de prédications quotidiennes. Les Carmélites de Bari, dans la Pouille, réunirent à elles seules jusqu'à soixante-dix quinzaines et distribuèrent environ 500 livrets.

Monseigneur l'Evêque de Salamanque écrivit d'Espagne à Monseigneur Vaccari, président du comité Italien, que, là-bas aussi, le livre fut traduit, et qu'il ne s'en distribua pas moins de 6000 exemplaires; ce qui donne à supposer que les pieux exercices y étaient également pratiqués. En France, l'ouvrage n'eut pas de traduction; mais, d'après les Annales du Carmel de Paris, on voit que là aussi les exercices furent mis en pratique. Ce livre fut encore traduit en anglais, et imprimé à la Nouvelle-Orléans, dans les Etats-Unis d'Amérique : on a cru également qu'une traduction allemande en avait été faite, mais nous ignorons si la chose a réellement eu lieu.

Nous avons quelque espoir que la pieuse pratique ne s'éteindra pas avec le centenaire, mais qu'elle sera continuée encore pendant plusieurs années, et qu'elle sera sinon le premier, du moins un des meilleurs fruits de la solennité. Aussi ne saurions-nous trop engager les fidèles qui liront ces lignes à l'exercer autant qu'il sera en leur pouvoir. A Albe de Tormès, monastère principal des Carmélites, les derniers quinze jours de sainte Thérèse sont honorés depuis longtemps. Une statue accompagnée de deux Pères déchaussés se présente le 20 septembre à la porte du monastère, et pendant deux semaines s'accomplit en représentation tout ce qui se passa il y a trois siècles, du 20 septembre au 4 octobre 1582.

§ 7. — LES FÊTES THÉRÉSIENNES DANS LES MÉTROPOLES DE LA CHRÉTIENTÉ.

Si Jésus-Christ a glorifié dans le ciel sainte Thérèse son épouse, les Papes, ses vicaires, l'ont glorifiée sur la terre, approuvant les statuts de sa double famille, instruisant la cause de sa béatification et poursuivant jusqu'au bout son accomplissement par une solennelle et triomphale canonisation.

Il était donc convenable que Rome, ville et résidence du Souverain Pontife, ne laissât pas passer l'occasion de son centenaire sans lui rendre de nouveaux et splendides honneurs; ce qui eut lieu. Nous en parlerons rapidement.

La principale fête, à Rome, eut lieu dans l'église de Sainte-Marie de la Scala, appartenant aux Pères déchaussés, aujourd'hui opprimés, et chez lesquels se conserve religieusement un *pied* de la sainte Mère. Le prince romain

Alexandre Torlonia, un des plus riches seigneurs de toute l'Italie, a dépensé, avec sa munificence habituelle, des sommes considérables pour le nouveau grand autel. La solennité qui eut lieu les 13, 14 et 15 octobre, fut précédée d'une pieuse neuvaine. Le saint temple était splendidement décoré : des draperies de soie et d'or descendaient du haut des chapelles, s'harmonisant d'une façon merveilleuse avec les parures du grand autel. Le portrait de la Sainte, peint à la détrempe par Frère Sylvestre de Saint-Louis de Gonzague, carme déchaussé, connu par d'autres travaux du même genre, se détachait tout en haut, au milieu de reflets lumineux et d'une brillante auréole. Sur l'autel était exposé le précieux reliquaire contenant le pied droit de la Sainte qui est resté constamment incorruptible. Des tentures, des fleurs, des emblèmes, des décorations dues au pinceau de l'habile Frère Sylvestre, de nombreux lustres formant comme trois grandes couronnes à la Sainte et s'étendant ensuite en tous sens dans toute l'église, simultanément avec des centaines de bougies, tout concourait à rendre la fête encore plus brillante et plus somptueuse.

Les panégyriques prononcés par le P. Dominicain Bansa, Maître du Sacré Palais, et par le P. Caterini, jésuite, eurent un succès complet. Le discours du troisième jour fut prêché, aux applaudissements et à la satisfaction d'un auditoire très nombreux, par S. E. le Cardinal Lucien-Marie Parrochi, ancien archevêque de Bologne et tertiaire de l'Ordre. Son discours avait pour but de mettre en lumière la grande doctrine de la sainte Réformatrice; son Eminence le cardinal Losagni, titulaire de l'Église, assistait à la cérémonie en *cappa magna*.

Pendant les fêtes du Triduum, plusieurs messes furent dites par Leurs Eminences les cardinaux Ricci et Louis Sanbini, secrétaire d'Etat, protecteur de l'Ordre, par Mgr Jules Lenti, Vice-Régent de Rome et par grand nombre d'autres Prélats et Supérieurs d'ordres religieux : parmi ces derniers, citons en premier lieu le Révérendissime P. Angèle Savini, vicaire général des Carmes déchaussés, lequel, dans son église de Sainte-Marie-à-la-Traspontine, célébrait également un Triduum solennel en l'honneur de sainte Thérèse. Et, à ce propos, disons, en passant, qu'en Italie les Carmes chaussés s'empressèrent, eux aussi, d'honorer et de faire honorer cette Sainte qui, pendant tant d'années, appartint à leur ordre très ancien.

La musique était dirigée avec grand succès par le maëstro Capocci, et l'on remarqua tout particulièrement les antiennes et l'hymne à la Sainte composées expressément pour la circonstance. Le dimanche 15, un pèlerinage français assista à la cérémonie. Pendant ces trois grands jours, le peuple accouru en foule a prouvé par son empressement combien le culte de sainte Thérèse est cher aux Romains. L'ordre fut toujours parfaitement maintenu, grâce au concours vigilant de la questure et de surveillants spécialement convoqués. L'épigraphe avait été composée par le poète P. Théodore de Marie, carme déchaussé, qui, à cette heureuse occasion, composa un poème dedié à sainte Thérèse, lequel fut distribué avec le portrait de la Sainte aux prêtres célébrant la messe. Le programme de cette fête avait été réglé par le Recteur de l'église, ancien Définiteur général de l'Ordre, aujourd'hui Provincial de Rome. Le Frère Sylvestre avait, en outre, reproduit au-dessus de la porte de l'église le portrait que l'on admirait tant; et, la veille de la fête, dans la soirée, ce portrait fut splendidement éclairé par l'illumination de la façade et de plusieurs maisons voisines.

A Rome, les Carmes déchaussés honorèrent et firent honorer sainte Thérèse. Dans l'église des Saints Pierre et Marcelin, dont Pie IX était titulaire pendant son Cardinalat, et à côté de laquelle existe un pauvre monastère Thérésien, le *Triduum* eut lieu les 24, 25 et 26 octobre. Le 1er jour, Mgr l'Archevêque de Nekere officia pontificalement, et le soir, aux vêpres qui furent chantées par le Révérendissime P. Salvado, abbé bénédictin de Saint-Calixte, le panégyrique fut prononcé par le Chanoine Porrardi. Le 2e jour, la messe fut célébrée par Mgr Marinelli, évêque de l'Ordre des Augustins, sacriste de Sa Sainteté. Aux vêpres présidées par Mgr Kerby, recteur du Collège Irlandais, le panégyrique fut fait par le Révérend Henri Gessi. Enfin le jeudi, dernier jour, les solennités pontificales de la matinée furent célébrées par Mgr Bianchi ; et le soir, après le discours du P. Augustin, carme, la bénédiction fut donnée par S. E. le cardinal De Pietro, doyen du Sacré Collège. La musique était également de Capocci ; on admira surtout le graduel et l'hymne qui était un morceau très remarquable. Les décorations de l'église avaient été dessinées par l'ingénieur chevalier Jean Bruni. Au Révérend Pierre Romanini ainsi qu'au Recteur de l'église avait été confié l'ordonnancement de la solennité.

De même les Thérésiennes de Saint-Joseph-Capole-Case, à Rome, aidées de généreux bienfaiteurs, firent de belles fêtes pendant les journées des 27, 28 et 29 octobre. Sur la porte de leur église on lisait :

— *A la Séraphine du Carmel*   — *Ses filles de la stricte Observance* —
— *Célébrant le troisième centenaire*   — *De sa bienheureuse Mort* —
— *Rendent un hommage solennel*   — *De vœux et de prières.* —

Le saint temple était orné de riches draperies en soie, en or et en argent, disposées avec art, sans surcharger les lignes ni nuire à l'élégance de la décoration. De nombreux lampadaires brillaient tout autour de l'église et en rehaussaient l'éclat. Le plan de ces décorations est dû à M. Raphaël Vinciguerra.

Le premier jour, Mgr Bianchi Elia officia pontificalement, et, le soir, la bénédiction fut donnée par S. E. le cardinal Laurent Nina, ancien secrétaire d'Etat. Le 2ᵉ jour, grand'messe solennelle par Mgr Placide Schiffino, olivetain, et bénédiction donnée par le cardinal Angele Sacoleni. Le 3ᵉ jour, messe pontificale par Mgr Gandolfi, et clôture de la fête avec bénédiction donnée par le cardinal Howard. Un seul panégyrique fut prononcé, pendant ces trois jours, par le vénérable Archiprêtre Centi, curé de Saint-Nicolas *in Carcere*, à Rome. Durant le *Triduum*, un grand nombre de prêtres célébrèrent la messe, à laquelle une foule de fidèles assista avec un parfait recueillement.

C'est ainsi que la capitale du monde catholique, avec la coopération des premiers dignitaires de l'Eglise, des cardinaux, des évêques, des prêtres et des fidèles, honora dignement sainte Thérèse lors du troisième centenaire de sa mort. Le Saint-Père lui-même, dans son allocution aux pèlerins espagnols, avait fait un éloge public et solennel de cette héroïque vierge.

Les environs de la Ville Éternelle honorèrent également la très humble et très glorieuse héroïne, comme il advint, par exemple, à Monte-Virginio, où les Carmes de ce couvent célébrèrent solennellement le centenaire pendant les journées des 20, 21 et 22 octobre. Leur église, déjà riche de ses inestimables peintures, fut décorée de draperies, de guirlandes de fleurs, d'ornements, de lustres, de candelabres qui donnèrent au temple saint un aspect des plus splendides. Le soir du 2ᵉ jour, les premières vêpres furent chantées solennellement et pontificalement par Mgr Constantini, évêque diocésain. Le jour suivant, messe pontificale du même Prélat avec la remarquable maîtrise de la basilique cathédrale de Sutri. On y remarqua beaucoup l'édifiante piété de Son Excellence Don Paul Altiéri, prince romain, et de Son Altesse sa femme. Un chanoine de Sutri fit un éloquent et ardent éloge de sainte Thérèse, la montrant arrivée à l'apogée de la grandeur par la réforme du Carmel. La fête fut égayée par la musique de Sutri pendant l'ascension d'un ballon et les illuminations somptueuses de l'édifice. L'affluence des populations voisines, Manziana, Oriol, Canale, Monte-Virginio, Quadroni et Bracciana fut telle, que depuis midi jusqu'à un moment très avancé de la soirée, des flots de fidèles se succédaient sans interruption dans l'église, pour se prosterner devant la sainte Mère, et sur le mont qui la domine pour y jouir d'un admirable panorama. Pour donner satisfaction à cette foule de fidèles, le panégyriste dut prêcher en plein air, sur la place de l'église, du haut d'une tribune improvisée. Ainsi que les jours précédents, le concours alla toujours en augmentant, et nombreuses furent les confessions et les communions.

Les 10, 11 et 12 novembre suivant, les Carmes déchaussés célébrèrent, eux aussi, la fête dans leur église de Saint-Sylvestre à Montecomprati. Décors, lampes, lumières, musique de Capocci sous la direction du professeur Alexandre Moreschi, messe solennelle pontificale le 3e jour par Mgr Léonardi, évêque de Bertinero, deux panégyriques de la Sainte, le troisième ne put être prononcé, le prédicateur étant tombé malade : tel est le résumé de ces fêtes. Très nombreuses également les confessions et les communions, ainsi que l'affluence des populations voisines. La musique de la ville, les détonations des bombes, les illuminations de la façade du couvent, les feux d'artifice enthousiasmaient les fidèles qui avaient montré tant de recueillement pendant les magnifiques cérémonies de la matinée. Quelques-uns s'écriaient n'avoir jamais rien vu de semblable et qu'ils n'étaient pas faits pour le voir. A Viterbe également, les Carmes de Sainte-Marie *in Carbonari* célébrèrent une grande fête en l'honneur de leur sainte Mère, mais nous n'en connaissons aucun détail particulier,

Ainsi, en dedans comme en dehors de son enceinte, Rome a donné une preuve éclatante de sa vénération pour la Mère du Carmel.

§ 8. — FERRARE. — TROPEA. — BARI DANS LA POUILLE.

Il nous est tout à fait impossible de nous mettre à raconter en détail toutes les fêtes qui ont eu lieu en Italie en l'honneur de sainte Thérèse, soit parce que nous n'avons aucun renseignement sur le plus grand nombre d'entre elles, soit parce qu'elles se ressemblent toutes, plus ou moins. A Genève et à Turin par exemple, les fêtes ont dû être magnifiques, ainsi qu'il nous revient de divers côtés ; mais nous ne saurions en parler en connaissance de cause, ne sachant rien de précis sur ce qui s'est passé.

Nous dirons cependant quelques mots de ce qui s'est fait à Ferrare, centre du mouvement Thérésien, à Tropea, siège du président du comité, et à Bari, où les Carmélites firent le *nec plus ultrà* en l'honneur de leur sainte Mère.

A Ferrare, ville de l'apôtre des pieux exercices du mois de Mai, le P.

Alphonse Muzarelli, de la Compagnie de Jésus, les fêtes Thérésiennes furent célébrées dans quatre églises, dont l'une suburbaine. Les Carmélites de l'église de la Transverbération célébrèrent ces fêtes avec un zèle et un empressement extraordinaires, très considérables même pour les dimensions restreintes de leur petite mais charmante église, pendant les journées des 13, 14 et 15 octobre : le soir du 3ᵉ jour, l'écrivain de ces lignes prononça le panégyrique devant une foule compacte d'auditeurs. Les Carmes de l'église San-Geronimo, après avoir fait, ainsi que nous l'avons dit, de grandes dépenses pour restaurer et embellir leur église, célébrèrent leur fête les 27, 28 et 29 octobre. Le saint temple étant entièrement remis à neuf, ils n'y firent pas de décoration spéciale, mais de distance en distance, de beaux ornements, des fleurs offraient aux regards un agréable spectacle. Un Père provincial de la Moindre Observance, un Vicaire provincial des Carmes et le Vicaire général du diocèse furent les panégyristes. Sa Grandeur Monseigneur Louis Giordani, archevêque de Ferrare, officia pontificalement à la messe le troisième jour. Il y eut musique pendant toute la durée du Triduum, et particulièrement la 3ᵉ journée, où un nombre considérable de fidèles se pressaient dans l'église.

Les Carmélites du monastère près sainte Monique imitèrent leurs sœurs des autres couvents les 24, 25 et 26 novembre. Leur église, ainsi que nous le savons, avait été réparée à grands frais, grâce au concours presque exclusif de pieux bienfaiteurs qui ne faisaient défaut ni aux Fils ni aux Filles de sainte Thérèse. Des panégyriques furent prononcés les 1ᵉʳ et 3ᵉ jours. L'écrivain de ce livre fit le premier, et un prêtre de campagne, remarquable par son talent de panégyriste, parla la deuxième fois. A la fin de la cérémonie du premier jour consacré à saint Jean-de-la-Croix, sous le vocable duquel est placé le monastère, une jeune carmélite, après une longue maladie supportée avec une entière et édifiante résignation, rendit son âme bénie entre les mains du Seigneur (1).

De Ferrare passons à Tropea, en Calabre, siège de l'Evêque administrateur avec future succession, lequel mit en œuvre tous les moyens possibles pour être réellement un président actif de notre comité. Dès le mois d'octobre, se trouvant dans sa résidence de Nicotera, préparant également la fête de sainte

---

(1) A Pontelagrosucro, sur le Pô, à peu de distance de Ferrare, il y eut également des fêtes solennelles en l'honneur de la Patronne sainte Thérèse, sous la protection de qui les habitants ne manquent jamais de se mettre chaque fois que le Pô menace de rompre ses digues. La fête annuelle, très populaire, précédée d'un *Triduum*, eut lieu le 15 octobre, au milieu des démonstrations habituelles de l'allégresse générale.

Thérèse, Sa Grandeur fit donner, au grand profit des fidèles, dix jours d'exercices spirituels qui furent terminés par une édifiante communion générale et par l'inauguration du Tiers-Ordre de François d'Assise, ce qui fut la plus belle façon d'honorer la Sainte. A l'autre résidence de Tropea, tout le mois d'octobre fut consacré au culte de sainte Thérèse et se termina par un *Triduum* solennel. En outre, dans toutes les paroisses du diocèse, chose peut être unique en Italie, on célébra un *Triduum* solennel.

Ensuite, à Bari, dans la Pouille, dans quelques églises, mais principalement dans celle des Carmélites, des fêtes solennelles eurent lieu les 13, 14 et 15 octobre et se prolongèrent pendant toute la durée de l'Octave; c'est à Bari surtout que les Thérésiennes de cette ville se distinguèrent d'une façon remarquable.

Dans ce diocèse les pieuses pratiques des *quinze jours de sainte Thérèse* furent suivies avec beaucoup d'empressement et de dévotion, ainsi que nous l'avons déjà écrit. Aussi, parmi les témoignages merveilleux donnés par la Mère dans ses apparitions, n'y en a-t-il pas de plus formels que l'assurance de son affection pour cette ville et pour ses filles qui encourageaient ainsi toutes les Carmélites de la province à suivre leur exemple. Nous résumerons un article de l'*Echo catholique* de Bari et des lettres particulières venues de ce monastère dans lequel demeuraient également des Sœurs d'autres Ordres qui s'y sont refugiées de divers point du royaume.

Le 13 octobre, au matin, l'église était pleine d'une foule émerveillée de son splendide aspect. L'infatigable ordonnateur François Avallone l'avait entièrement transformée. De la voûte de l'église se détachait une colombe d'or resplendissante de rayons dorés. Durant l'office solennel pontifical célébré par Mgr l'Archevêque, D. Stanislas de Lecca, archidiacre de Polegnano, après l'évangile, prononça l'éloge de la Sainte sur ce texte: *Ecce signum magnum in Cœlo: Mulier amicta sole*, divisé en trois parties successives, considérant Thérèse comme *Prodige* de vertus, comme *Modèle* dans les souffrances, comme *Etendard* des soldats du Christ. Dans une quatrième partie, il parla du Cœur transpercé de la Mère Séraphique. L'office pontifical du 14 fut célébré par Mgr l'archevêque Rossini, évêque de Mosfetta.

L'affluence, très considérable pendant les deux jours 13 et 14, augmenta encore le dimanche 15, où Mgr Pedicenni devait officier pontificalement de nouveau, et faire à l'évangile un admirable panégyrique de la sainte héroïne. L'auditoire était ému jusqu'aux larmes, et des milliers de personnes stationnant à la porte de l'église, pleine à déborder, ne purent recueillir que quelques phrases ou quelques paroles. Dans l'après-midi de ce jour si solennel, le R.P. maëstro Rossini, dominicain, mit en relief, dans son sermon, la grande abnégation de sainte Thérèse, sa haute doctrine et son incomparable amour pour son divin Epoux. La musique, pendant ces trois jours, fut dirigée par le maëstro chanoine Gallo; elle fut trouvée harmonieuse et suave. Les lumières d'une infinité de cierges se reflétant sur les ornements argentés et sur les innombrables coraux avec lesquels les Sœurs avaient construit de magnifiques reliquaires, la richesse des ornements sacrés, la majesté du service divin, tout en somme concourait à rendre la fête splendide. Les Sœurs trouvèrent à Bari et au dehors des bienfaiteurs pour les aider, principalement quelques personnes napolitaines. Ces mêmes Sœurs, au moyen de grands sacrifices depuis plusieurs années, à force de travail, de privations et d'épargnes, se préparaient de longue main à cette solennité extraordinaire.

Ajoutant à cette pâle et rapide relation, Sœur Angélique Thérèse de la Sainte-Famille, carmélite déchaussée, nous écrivait, à la date du 3 novembre : « Je vous dirai quelques mots de nos fêtes qui, gloire à Dieu ! ont été
« magnifiquement réussies. Vous l'avez déjà appris par le journal que je
« vous ai envoyé, mais il n'en dit rien ou presque rien. Nos fêtes commen-
« cèrent le 4 octobre et se terminèrent le 22 avec un nouveau panégyrique,
« office pontifical, musique excellente, etc. On voulut faire un *Tri-*
« *duum* solennel commençant le 19, en actions de grâces à la
« Sainte, et toute l'octave fut célébrée avec grande pompe.
« Aussi le *Te Deum* du 22 octobre 1882 demeurera gravé dans notre cœur
« et la mémoire en sera encore célébrée par-delà notre tombe. Comme, d'après
« la règle de notre Ordre, nous n'avions à l'église qu'une grille à travers la-
« quelle on ne pouvait rien voir, afin de nous permettre d'admirer la décora-
« tion nouvelle, Mgr l'Archevêque obtint du Pape, pour nous, la permission
« de pénétrer dans l'église, dont les portes étaient fermées. Le 14, nous y en-
« trâmes et nous y sommes restées plus d'une heure, examinant et voyant
« tout. Puis on me demanda de jouer de l'harmonium, les Sœurs chantèrent
« l'hymne à la Sainte, le *Tantum ergo*, des cantiques à la Sainte Vierge et à
« saint Joseph, puis nous rentrâmes dans notre cher nid. Les embarras du
« centenaire et les paiements ne sont pas encore terminés, mais nous ne
« nous en inquiètons pas trop, remerciant toujours la sainte Mère qui a fait
« que tout ait si bien réussi. Une très belle grâce nous fut accordée, le 23,
« jour où une sœur converse, remarquable par sa taille élevée et sa grosseur,
« sentant tout à coup céder sous elle le plancher de la chambre où elle se

« trouvait, se vit précipitée au milieu des décombres, dans l'appartement de
« l'étage inférieur. Pendant que nous la croyions morte ou tout au moins
« blessée, nous la vîmes se relever d'elle-même, parfaitement saine et sauve;
« si bien que, sans ressentir aucun malaise, elle se rendit à l'église pour
« remercier la sainte Mère. A Bari, le centenaire a été fêté dans quatre
« églises. Nous commençâmes, puis ce fut le tour de la Congrégation
« del Carmine, ensuite de l'église Sainte-Thérèse dei Marchi, où étaient
« installés autrefois nos Pères déchaussés, puis de la paroisse Sainte-Claire.
« Toutes les cérémonies ont eu lieu avec grande pompe, et c'est là le motif
« pour lequel je vous ai de nouveau un peu importuné. A la fin de septembre,
« les Thérésiennes de Gravina s'occupèrent du centenaire, et je leur ai écrit
« pour en obtenir quelques détails; mais je vous renvoie à elles pour tous ren-
« seignements concernant les livres, médailles, etc... »

D'après ce qu'on vient de lire, on voit qu'à Bari, quatre églises ont fêté le centenaire; en y ajoutant celle de Gravina, nous avons le beau chiffre de 5. C'est pour cela que la sainte Mère montre une prédilection particulière pour cette ville, dans laquelle on a prédit plusieurs fois qu'elle opérerait un grand miracle.

§ 9. — FÊTES THÉRÉSIENNES EN TOSCANE.

La Toscane est une terre privilégiée de Dieu, patrie d'illustres Souverains Pontifes, d'artistes et de littérateurs sans rivaux, comme de saints innombrables. C'est aussi la patrie de sainte Marie-Madeleine de Pazzi, noble Florentine, ornement remarquable de l'Ordre carmélite, et contemporaine de sainte Thérèse. Il n'est donc pas surprenant que, dans ce pays fortuné, sa fête centenaire ait été solennellement célébrée. Disons-en quelques mots en passant.

A Florence, la capitale, les Carmes de Saint-Paulin fêtèrent la Sainte les 15 et 17 octobre. Le soir du 5 octobre commença la neuvaine préparatoire de la fête avec plusieurs sermons sur les vertus de la Sainte. L'église était ornée de la plus splendide décoration. Le matin du 1er jour, Mgr Eugène Cecconi, archevêque de Florence, officia pontificalement à la messe. L'après-midi, après les vêpres solennelles, il y eut récitation des prières, panégyrique et bénédiction. Les cérémonies du jour suivant furent célébrées dans le même ordre. Le 17, dernier jour de la solennité, à 10 heures du matin, grand'-

messe solennelle en musique; dans l'après-midi, après le chant des vêpres, le panégyrique, l'hymne à la Sainte et le *Te Deum*, suivi de la bénédiction. Avec la même pompe, les 19, 20 et 21, se tinrent les *Quarante Heures*, célébrées grâce aux pieuses générosités et offrandes des Tertiaires et des fidèles. Enfin, le dimanche 22, il y eut exposition solennelle du Très Saint-Sacrement.

Aux environs de Florence, les pauvres Thérésiennes d'Arietri honorèrent dans leur petite église leur sainte Mère d'une façon remarquable, les 15, 16 et 17 novembre. La chapelle était si bien ornée qu'elle semblait un petit paradis. Plusieurs messes y furent aussi célébrées par des Evêques, des Généraux d'Ordres et des chanoines de la Métropole Florentine. L'un d'eux prêcha les 1er et 3e jours: le prédicateur du 2e jour ayant fait défaut, un Curé fut prié à l'improviste de faire le panégyrique. Dans le court espace d'une heure, il sut en préparer un tellement beau que nous fûmes tous émerveillés de sa doctrine et de son éloquence. Malgré le temps pluvieux et l'éloignement de la ville, la petite église fut presque toujours trop étroite, surtout au moment des cérémonies. Les Religieuses furent aidées par les curés voisins, et l'on ne peut se faire idée de leur joie et de leur reconnaissance à propos de l'heureux succès de leur fête.

Les Carmes de Prato, en Toscane, célébrèrent également le centenaire de leur sainte Mère, les 12, 13, 14 et 15 octobre. L'après-midi du 12, veille du Triduum, il y eut vêpres solennelles et panégyrique; les 13 et 14, grand'messe en musique, et après les vêpres, également en musique, panégyrique de la Sainte. Dans la journée solennelle du 15, il y eut, à 7 h. 1/2, communion générale; trois heures après, messe pontificale par Mgr Nicolas Sozzifanti. Le soir, vêpres en musique et chant du *Te Deum*.

A Pise, les Carmes firent leur fête dans leur église de Saint-Torpete, les 14, 15, 16 et 17. Le 14, à 4 heures de l'après-midi, les premières vêpres, présidées pontificalement par Mgr Ferdinand Capponi, coadjuteur de l'archevêque, furent chantées en musique sous la direction du maëstro Victor Castrucci. Le 15, au matin, il y eut communion générale à la messe de Mgr Mazzanti, évêque de Colle; puis messe pontificale, en musique, par Mgr Capponi, sous la direction du même maëstro Castrucci. L'après-midi, vêpres en plain-chant et panégyrique par le chanoine Silvio Villorossi. Le 16, autre messe pontificale par Mgr Mazzanti, et musique par le maëstro Menichetti. Dans l'après-midi, vêpres en plain-chant et panégyrique par le professeur Don Pietro Marcani. Enfin, le 17, dernier jour, messe pontificale solennelle par Mgr Dommio Donnini, évêque de Montalcino, avec musique du maëstro

Georges Quercioli. Le soir, vêpres comme les jours précédents, panégyrique par le R. P. Angelo, Carme déchaussé, puis chant en musique du *Te Deum* et du *Tantum Ergo*, Mgr Capponi officiant pontificalement. De tout cela on peut conclure que le programme des fêtes fut exécuté à l'extrême satisfaction des assistants.

De même les Carmélites de Camajore, en Toscane, province de Lucques, firent des choses extraordinaires en l'honneur de leur sainte Mère. Nous extrayons ce qui suit de la relation exacte qui nous en a été adressée. La décoration de leur église, la majesté des saintes cérémonies, le concours considérable de fidèles, le secours spécial de la Providence, rendirent les fêtes des 15, 16, 17 et 18 octobre véritablement mémorables. Le principal promoteur en fut le P. Hyacinthe Pellegrinetti, d'une grande réputation, et en quelque sorte le fondateur du monastère. La fête du *Triduum* fut précédée d'une neuvaine préparatoire, et, en attendant, l'église se décorait splendidement. Cierges, lumières, draperies, décors, ornements aux autels, donnaient encore plus d'éclat à la statue de la sainte Mère qui, revêtue des habits du Carmel, tenait en main son cœur flamboyant. A l'extérieur, l'église était décorée d'ornements, de guirlandes et d'une épigraphe prise dans les poésies faites à cette occasion. Le 15, il y eut bon nombre de messes ; vers 10 heures, le Chapitre de l'insigne collégiale de la ville de Camajore vint spontanément en procession pour honorer la Sainte. Mgr le Prieur du chapitre officia pontificalement à la messe en musique dirigée par deux maëstri. L'après-midi, vêpres, panégyrique, hymne à la Sainte, en musique, puis après le *Pange lingua*, bénédiction solennelle. D'autres cérémonies eurent encore lieu les jours suivants, avec panégyrique et musique. A ce sujet, on nous écrit que l'affluence des fidèles fut indescriptible, l'église et ses dépendances regorgeaient de monde. Pour donner satisfaction à cette foule immense, il fallut, ce jour-là, ne fermer l'église qu'à une heure très avancée. On distribua 2,000 images de la Sainte, des prières, des souvenirs, des médailles, des livres *Agapes Thérésiennes*, des poésies, etc. Le dimanche soir, non seulement l'église et le couvent, mais aussi les maisons des habitants furent illuminés. En un mot, la fréquentation des sacrements, la dévotion et l'enthousiasme furent portés à leur comble.

A Sienne aussi, de grandes fêtes eurent lieu, dans plusieurs églises, en l'honneur de sainte Thérèse. Mais la principale fut célébrée dans l'église paroissiale des Saints-Martin, Cyr et Julitte, les 20, 21 et 22 octobre, par les soins du directeur de la *Stella del Carmelo*. L'église avait été ornée splendidement par le décorateur Squanei de Florence. Chaque jour, *soixante-dix* messes étaient dites, et la solennelle chantée en musique du professeur-chevalier Gaëtan Capocci, maître de chapelle de la basilique de Latran, à Rome, et exécutée par des chanteurs choisis dans diverses chapelles romaines. Chaque jour, à la messe, des panégyriques furent prononcés par de remarquables orateurs Toscans. Le 22, dernier jour de la fête, il y eut communion générale extrêmement nombreuse, avec un sermon par le Théologal de la métropole de Sienne ; musique pendant les trois jours, et jamais la même.

On nous écrit qu'il est difficile de se faire une idée de la magnificence extraordinaire de ces solennités et de l'enthousiasme des Siennois qui y participèrent. Ainsi que nous l'avons dit, cette fête fut rendue encore plus magnifique par l'inauguration d'une maison d'éducation pour les jeunes filles, dirigée par des Tertiaires Thérésiennes. On fit aussi une large distribution de pain aux familles pauvres de la paroisse. La musique de Capocci et les panégyriques furent très goûtés : aussi Sienne put-elle dire qu'elle rivalisait avec Bari pour honorer sainte Thérèse.

§ 10. — FÊTES THÉRÉSIENNES DANS PLUSIEURS AUTRES VILLES DE L'ITALIE.

Le manque complet de renseignements sur les fêtes célébrées par les Carmes et les Carmélites à Turin, à Palerme, à Gênes et à Venise, nous oblige à ne donner que le nom de ces villes. Des fêtes de Gênes, un évêque carme qui y a assisté et officié nous a dit que l'église Saint-Charles avait été transformée en un paradis. Pendant les trois jours, il y eut offices pontificaux et panégyriques. Pour les fêtes de Turin, nous pouvons affirmer hardiment qu'elles ont dû être splendides, étant donnés les somptueux préparatifs qui avaient été faits. On peut également avoir l'assurance que les fêtes de Venise furent magnifiques, puisque, nous trouvant dans cette ville en octobre 1880, il nous fut prouvé combien et comment sainte Thérèse était honorée dans une des plus belles églises de cette grande cité.

Les Carmélites de Plaisance célébrèrent une splendide fête pour le Triduum des 15, 16 et 17 octobre, avec messe en musique et panégyrique chaque jour. Les Carmes ne purent rien faire, faute d'église.

Nous savons qu'à Rovigo et à Castel-Bolognesi, on célébra des fêtes en l'honneur de la Sainte, comme aussi à Codogno ; mais nous manquons de détails, du moins, si nous avons eu ceux de Codogno, diocèse de Lodi, nous ne les possédons plus ; nous pouvons dire toutefois que ce fut une chose splendide. A Ravenne, les Carmélites déchaussées et une pieuse Confrérie Thérésienne érigée dans l'église Saint-Jean-Baptiste honorèrent leur Sainte les 13, 14 et 15. Et dans cette dernière église, érigée par l'impératrice Galla Placidia, l'auteur de ce livre prononça des panégyriques les deux premiers jours. Mais le 3ᵉ fut un véritable triomphe pour sainte Thérèse, par la grande quantité et la richesse des images qu'on y vit de la Sainte, triomphe d'autant plus beau et plus inattendu, que Ravenne est de beaucoup la ville la plus révolutionnaire de toute l'Italie.

Dans la haute Italie, à Côme, dans les faubourgs de cette ville, à l'église archipresbytérale de Saint-Georges, notre Sainte fut également fêtée le 15 octobre avec une messe solennelle en musique, procession pendant laquelle le Saint-Sacrement était porté; fête encore plus animée, embellie par les concerts de la musique de Cernoblio et un panégyrique prononcé dans l'après-midi par le R. P. Dom Abbondio Ballerini, vice-recteur du Séminaire théologique.

A Lodi également, les fêtes célébrées en l'honneur de sainte Thérèse furent très solennelles.

A Bologne, où fleurit la religion, le centenaire de sainte Thérèse fut solennisé dans plusieurs églises. Il y eut Triduum avec messe chantée, et les instruments étaient tellement sonores, en raison des dimensions restreintes du saint temple, qu'il semblait sur le point de s'écrouler. Il y eut des panégyriques partout, les 15, 16 et 17 octobre. Le nouvel archevêque de la ville et d'autres prélats célébrèrent, pendant le Triduum, les messes de communion. « Nous sommes persuadées, écrit une des religieuses de cette « ville, qu'aucun monastère de Carmélites n'a fait autant que le nôtre pour les « fêtes ; le pauvre état de nos finances en est peut être la cause, car nous réus- « sîmes, à force de quêtes et grâce aux exhortations des confesseurs. » Il suffit de dire que la cérémonie, commencée le matin, ne se terminait qu'à 2 heures de l'après-midi.

L'évêque de Bielle, en Piémont, Mgr Basile Leto, écrit à la date du 5 janvier : « J'ai vu, dit-il, dans le diocèse et dans la ville de Bielle, heureuse- « ment fêté *d'une façon extraordinaire* le souvenir centenaire de la mort de « sainte Thérèse. Je m'empresse de vous informer que, particulièrement à « Bielle, dans l'église de l'Oratoire de Saint-Philippe de Néri, les solenni- « tés furent très *édifiantes*, et *remarquables* par le grand nombre de per-

« sonnes des deux sexes qui firent la communion générale distribuée par
« l'évêque lui-même, par la neuvaine et le Triduum très solennels, par un
« sermon magnifique et, après les vêpres chantées en musique, par un ad-
« mirable panégyrique prononcé par le professeur théologien avocat Dom
« Élisée Maïa, pro-vicaire-général et pro-recteur du Séminaire épis-
« copal. »

Nous savons qu'à Pérouse il y eut une fête splendide en l'honneur de
sainte Thérèse, célébrée par les quelques Carmes qui s'y trouvent, mais les
détails nous font défaut. Comme aussi à Cento, diocèse de Bologne, à l'é-
glise Sainte-Marie-Madeleine, adossée au Conservatoire Berti, la fête annuelle en l'honneur de sainte Thérèse fut solennisée avec pompe. La place
nous manque pour en donner les détails.

A Brescia, dans la haute Italie, les 17, 18 et 19 novembre, on célébra une
fête remarquable qui mérita les applaudissements et l'admiration universels.
L'église des Carmes est en dehors de la ville, sur une colline appelée
Cidneo. Grande fut la foule et très applaudis les orateurs sacrés faisant
l'éloge de la Séraphine du Carmel. Le 3e jour, Mgr l'évêque coadjuteur tint
chapelle pontificale et prononça une très belle homélie. Le célèbre ténor
François Pasini dirigeait la musique. M. Antoine Manzzati, de Vérone, décora
l'église bâtie par le Sansovino, et disposa tout autour de l'image de la Sainte
une gloire avec des anges et des nuages d'un effet remarquable. La foule
fut nombreuse, et il ne se produisit aucun désordre. Les cérémonies terminées, les gens s'écriaient : Nous n'avons jamais vu et nous ne reverrons jamais rien d'aussi beau !

A Savigliano, en Piémont, fut célébrée une belle fête centenaire en l'honneur de sainte Thérèse, ainsi que nous l'apprend une lettre adressée de cet
endroit par M. le chanoine Davicino, ex-Thérésien. On y remarque qu'à Savigliano, où il n'y a ni Carmes ni Carmélites, toute la fête fut l'œuvre de personnes pieuses. Le petit livre *Les Agapes Thérésiennes* fut répandu parmi le
peuple et éveilla en lui le désir de fêter le centenaire avec encore plus de
solennité que les anniversaires précédents. Il y eut neuvaine avec l'hymne
à la Sainte chantée en musique chaque jour. Pendant le Triduum précédant
la fête, les vêpres solennelles furent aussi chantées en musique avec un excellent orchestre. Enfin, le jour de la Sainte, grand fut l'enthousiasme qui s'empara des braves Saviglianais pour célébrer la fête avec le plus d'éclat possible.
Le matin, messes nombreuses, communion générale et grand'messe en
musique ; l'après-midi, vêpres solennelles et panégyrique par M. l'abbé le

théologien Caballero, curé de la ville; chant de l'hymne à la Sainte et bénédiction. L'église ne pouvait contenir la foule considérable qui s'y pressait et stationnait au dehors, sur la place, et à de grandes distances. Dans la même ville de Savigliano, on fit auprès d'un petit Institut religieux dirigé par une Tertiaire Thérésienne une autre fête en l'honneur de la Sainte, avec neuvaine préparatoire.

Dans le diocèse de Turin, encore, indépendamment des grandes fêtes des Carmes de la ville, le Centenaire fut célébré à Santena. Les *Agapes Thérésiennes* y furent pratiquées par plusieurs quinzaines de personnes, et l'on y fit pour les religieuses pauvres d'Italie une quête dont le montant fut envoyé au directeur de l'*Unita Cattolica*. Les fêtes durèrent trois jours.

Les Carmes de Concesa, en Lombardie, non loin de Milan, firent de grandes solennités les 15, 16 et 17 octobre : la fête de la Sainte y est célébrée tous les ans d'une façon remarquable. Le 1er jour, un évêque carme officia pontificalement, le 2e ce fut Mgr l'archiprêtre mitré de Monza, et le 3e jour un patriarche. Il y fut prononcé trois panégyriques, par un Père jésuite, par un Vicaire provincial des Déchaussés, et par un évêque coadjuteur. Affluence considérable de fidèles pour assister aux cérémonies sacrées et pour s'approcher des saints sacrements.

A Verduno, diocèse d'Alba, patrie du B. Sébastien Valfré, de l'Oratoire de Saint-Philippe, le centenaire fut également fêté avec les *Agapes Thérésiennes*, neuvaine, nombreuses communions le jour de la solennité. De même dans la ville voisine, Cherasso en Piémont : les fidèles y célébrèrent dans l'église des Pères carmes un Triduum extraordinaire en l'honneur de sainte Thérèse, et ils obtinrent la faveur tant désirée de la *sérénité du ciel* nécessaire aux vendanges et aux semailles.

Jusqu'à l'extrémité de la Péninsule et dans les îles voisines de Sicile et de Sardaigne, sainte Thérèse fut honorée ; nous en dirons donc quelque chose, d'après les renseignements particuliers qui nous sont parvenus.

A Nice, terre italienne passée à la France, le centenaire fut fêté dans la paroisse Saint-Jacques le 15 octobre. Le curé, Don Paul Caisson, eut l'heureuse inspiration d'en proposer aux fidèles la célébration, en se servant de la chapelle de Notre-Dame du Rosaire, déjà décorée pour la solennité, et dans laquelle fut exposé un tableau représentant sainte Thérèse, envoyé par les Filles de la Providence. Ce même bon pasteur chanta la messe et fit le panégyrique, à la grande satisfaction de ses dévoués paroissiens.

Les Siciliens aussi fêtèrent sainte Thérèse. Nous avons été informé qu'une cérémonie a eu lieu à Misterbranco, province de Catane, par les soins d'un grand admirateur de la Sainte; à Chiaramonte Gulfi, province de Noto, grâce aux Carmélites de cette localité; à Castrogiovanni, province de Caltanissetta, par les RR. PP. Carmes. Et même en Sardaigne, nous avons quelques vagues informations que les Carmes déchaussés ne manquèrent pas d'honorer dignement sainte Thérèse à Cagliari, à Sassari et à Nuovo : nous n'en avons pas les détails.

En résumé, l'Italie, si elle honora grandement saint François au 7e centenaire de sa naissance, fêta aussi splendidement sainte Thérèse. Nous espérons que la sainte Mère daignera, du haut de son céleste séjour, bénir cette terre qui a donné tant de saints au Ciel, tant de docteurs à l'Église et tant d'illustres citoyens à la patrie (1).

Ferrare, 3 février 1883.

Un Serviteur de sainte Thérèse.

(1) Pour bien montrer que les localités citées par nous, comme ayant honoré sainte Thérèse, sont très peu nombreuses en comparaison de tant d'autres sur lesquelles nous n'avons aucun détail, nommons dans la seule Sicile : Caltagirone, Monte San Pruliano, Cormido, Messine, Modica, Scidi, Vizzini ; et dans la Péninsule : Camerino, Fano, Gallipoli di Lecce, Modène, Parme, Moncalieri, Reggio de Calabre, Ripogrande de Basilicate, Pionciglione, etc. Même à Malte, île italienne, on fit des fêtes en l'honneur de sainte Thérèse.

CHAPITRE TROISIÈME

FRANCE.

Avant de donner les récits particuliers qui vont peindre en détail nos fêtes du centenaire, il est bon d'apprécier sommairement ce que la France a su faire pour sainte Thérèse en cette circonstance solennelle. Une étude en ce sens s'impose à un cœur français, mais elle sera simple, fidèle et libre de l'exagération, innocente pourtant, qui naît souvent de l'enthousiasme.

La France est le royaume de Marie, et la Vierge Immaculée l'a affirmé plus magnifiquement que jamais dans ce siècle de défaillance, où l'ennemi croit pouvoir s'attaquer sans péril aux institutions les plus dignes de respect. Célèbre par les merveilles sans nombre dont elle est le théâtre, la grotte de Lourdes non seulement est devenue le point de mire et le rendez-vous du monde entier, mais elle s'est en quelque sorte multipliée d'elle-même, rapidement et presque à l'infini sur tous les points du globe, pour être la consolation de ceux qui demeurent au loin et pour accroître la dévotion de tous. Marie encourage cette reproduction, elle en consacre l'authenticité, en accordant généreusement les miracles aux pieuses imitations de son rocher béni : Constantinople l'atteste chaque jour ; Celle dont le pied écrase toute erreur et dont la bannière rejeta les musulmans hors de l'Espagne, leur envoie de France sa statue et sa grotte pour les guérir et les éclairer en Orient.

Devenues ainsi le trône de Marie, bien loin de séparer la France de l'Espagne, les Pyrénées unissent plus que jamais ces deux nations. L'Immaculée, qui, le 16 juillet, abattit la puissance des Maures, apporte le salut à la France : le 16 juillet, elle fait à Bernadette son apparition suprême, et l'autorité ecclésiastique choisit ce même jour pour célébrer les fêtes jubilaires de l'intervention salutaire de Marie ; la France est le royaume de Notre-Dame du Mont-Carmel (1).

---

(1) C'est également le 16 juillet que le Concordat, qui devait relever les autels du culte catholique, fut signé par les phénipotentiaires du Pape et du gouvernement français ; il fut ratifié par Pie VII le 15 août, adopté comme loi de l'Etat le 8 avril, fête de saint Albert, patron de l'Ordre, et solennellement inauguré à Notre-Dame de Paris le 18, fête de la B. Marie de l'Incarnation.

Marie avait suscité Thérèse; l'ayant d'abord choisie pour être, avec elle, Mère de son Ordre, elle dirigea vers la France les regards et le cœur de cette généreuse vierge; elle mit sur ses lèvres des accents de douleur ineffables pour exprimer nos malheurs, et dans tout son être un désir sans égal de les conjurer par les plus héroïques sacrifices. Thérèse a des droits certains sur notre nation qui, lorsqu'elle sera juste, l'appellera hautement sa sainte Mère : pour la France, en effet, cette vierge a eu des entrailles maternelles, elle l'a en quelque sorte enfantée à nouveau, et non sans douleur, à la foi catholique. La fille aînée de l'Église, veuve de ses monastères, vit les filles de sainte Thérèse venir à son secours et restaurer chez elle la vie religieuse. Par leur moyen, Marie et Thérèse, toutes deux Mères du Carmel, appliquant sur tous les points du royaume leur action surnaturelle, rendirent la vie et la lumière à tant d'âmes déjà mortes ou profondément aveuglées.

La Vérité éternelle nous apprend qu'on connaît l'arbre par ses fruits : « *à fructibus eorum cognoscetis eos* ». Non seulement l'arbre était franc et greffé sur Jésus-Christ, mais encore il est impossible de ne pas reconnaître qu'une main vraiment compétente et divinement choisie a implanté le Carmel en France; car ce rameau, cueilli à la souche maternelle, a trouvé dans ses conditions de vie sur notre sol les éléments d'une fécondité vraiment extraordinaire, et d'autant plus admirable qu'elle n'altéra en rien ni la pureté de la sève, ni la saveur des fruits. Depuis la fondation de Notre-Dame-des-Champs jusqu'au sacrifice des victimes de Compiègne et jusqu'aux pieuses manifestations du dernier centenaire, les vertus et l'esprit de sainte Thérèse ont régné dans le Carmel de France. C'est pourquoi, témoins de cette perfection native sans cesse renouvelée, des évêques, que la beauté de la ruche a charmés, sollicitent souvent, au profit de leurs lointains diocèses, quelque essaim français qui aille distiller parmi les infidèles le miel doux et amer de la prière et de la pénitence du Carmel réformé.

Il était donc impossible qu'en France, les filles de sainte Thérèse n'éprouvassent pas un saint frémissement à la pensée de célébrer le triomphe trois fois séculaire de leur séraphique Mère. « L'Esprit-Saint, dit l'Époux des vierges, souffle où il veut. » On verra que sa flamme a passé irrésistible sur tous les monastères; et si tous ne racontent pas ici leurs empressements et leurs joies, on y trouvera répété jusqu'à cinquante fois, et sous toutes les formes, le cri d'amour qui fut unanimement poussé et partout entendu.

Dans ces récits empreints d'une dévotion et d'une simplicité suaves, deux mots, qui résument tout, reviennent sans cesse pour rendre l'impression caractéristique de nos fêtes : « On se croyait au ciel ». Ce ciel transitoire mais délicieux n'était-il pas en partie votre ouvrage, Très Révérées Mères? Cette douceur s'épanchant du cœur de Jésus et du cœur de Thérèse sur tous ceux qui venaient prendre part à votre allégresse, n'était-elle pas surtout la récompense des sacrifices quotidiens qui composent votre vie ? Bien plus que les décorations ingénieuses et charmantes, Jésus, accordant tout à Thérèse et à ses filles, avait formé ce paradis pour les âmes de bonne volonté.

La pauvreté des Carmélites aurait dû, ce semble, entraver les projets de leur zèle, mais il n'en fut pas ainsi. A part quelques couvents obligés de payer tout d'abord le toit qui les abrite avec Notre-Seigneur, tous ont fait relativement des merveilles, les uns en s'imposant généreusement des sacrifices pour l'avenir, d'autres en obtenant par la prière des ressources inattendues, souvent considérables. Partout dans les chapelles l'œil était ravi, et l'admiration la plus vraie donnait son témoignage à ces nombreux chefs-d'œuvre de l'amour filial. Mais pour fêter Thérèse il fallait des âmes, on en voulait beaucoup qui vinssent entendre ses louanges, demander sa protection et chanter ses grandeurs ; voyons dans quelle mesure ce désir a été satisfait.

Les relations n'ont qu'une voix pour regretter que l'église du monastère n'ait pas été plus vaste ; pour recevoir la foule avide de goûter les joies du centenaire, il eût fallu des cathédrales. La piété a été entraînante, les communions nombreuses, l'émotion générale, et l'on a vécu pendant ces jours comme dans une atmosphère de grâce. Cette affluence et cet élan des cœurs, la plus grande beauté des fêtes et la plus douce consolation du Carmel, sont d'un grand prix, si l'on considère la tiédeur générale et les temps difficiles où nous vivons. Il faut pourtant avouer, sans en être surpris, que les honneurs rendus à sainte Thérèse n'ont pas eu, sinon dans certains lieux privilégiés, le caractère vraiment populaire que le culte de la séraphique Vierge devrait avoir en France en raison des bienfaits reçus. Bien peu, en effet, connaissent sainte Thérèse, l'instruction religieuse est très incomplète, même chez ceux qui pratiquent, et la masse, qui trop souvent vit oublieuse de Dieu, ne pense guère à s'attacher aux saints. Devant ces esprits légers, les ouvrages religieux disparaissent submergés par le torrent des feuilles quotidiennes et des livres peu sérieux qui surgissent par milliers ; la vie et les écrits des saints ne sont goûtés que par les fervents, minorité trop petite dans laquelle se trouvent les amis et les dévots de sainte Thérèse. Ceux-là avaient leur place marquée d'avance au Triduum ; d'autres, attirés par la grâce et par une pieuse curiosité, ont facilement partagé leur enthousiasme et ils en ont recueilli le fruit.

Une part principale des heureux effets du centenaire revient à ceux qui ont porté la parole à la gloire de Jésus et de Thérèse ; ce qu'ils ont dit de la vie et des œuvres de la Sainte a été pour bon nombre de leurs auditeurs une véritable révélation. Le Verbe incarné et son épouse ont, à la fois, fourni le thème et donné l'inspiration à ces discours dont l'onction et l'éloquence charmèrent si efficacement les esprits et les cœurs en les rapprochant du ciel. Dans un grand nombre de chaires, l'auditoire attendri a vu les fils de la Réformatrice du Carmel faire le panégyrique de leur Mère le cœur brûlant, mais les yeux pleins de larmes, ces jours de joie et de triomphe rendant leur douleur plus vive que jamais, la France seule, parmi les nations catholiques, leur refusant de pouvoir louer chez eux la grande Sainte et de vivre selon la règle qu'elle leur donna avec tant d'amour ; mais cette souffrance passera et sera suivie d'une grande joie. Daigne notre Dieu, fléchi par tant de prières, faire enfin sonner l'heure des réparations et de la paix !

Il eût été convenable de réunir dans un volume spécial la plupart des sermons donnés en langue française, mais très peu ont pu être recueillis, et il eût été difficile de couvrir les frais de cette nouvelle publication ; au moins, ceux qui ont été mis à la fin de cet ouvrage sont-ils dignes de représenter avantageusement tous les autres.

La France a donné son aumône pour racheter la maison paternelle de sainte Thérèse, mais elle n'a pas su former un pèlerinage national pour Albe de Tormès. Il est vrai que les plus ardents amis de la sainte Mère, se dépensant chez nous pour procurer sa gloire, ont pu offrir cette excuse ; mais le jour viendra de combler largement une lacune si regrettée : la basilique d'Albe, splendidement restaurée, verra les restes de sainte Thérèse prendre place dans une tombe nouvelle. Ce sera l'occasion favorable pour la France catholique d'aller rendre ses hommages à celle qui, avec Clotilde, Radégonde et Bathilde, doit être considérée chez nous comme Mère de la patrie.

Pour le moment, le succès du centenaire devrait suggérer à tous cette résolution pratique : d'abord, faire revivre plus que jamais en chacun de nous l'esprit d'oraison, de sacrifice et de zèle pour le salut des âmes qui remplissait le cœur de la sainte Mère ; puis travailler à faire connaître davantage la grande Réformatrice, à propager son culte par les livres, par les images et les médailles, et en cela la famille du Tiers-Ordre peut être d'un grand secours ; mais spécialement en donnant toujours la plus grande solennité possible aux fêtes de sainte Thérèse, Mère de la France et du Carmel.

16 juillet 1883.

CARMEL DE PONTOISE

(FONDÉ EN 1605)

Notre antique cité de Pontoise, si déchue de ses grandeurs historiques et religieuses des siècles passés, dépouillée de ses célèbres abbayes et de ses nombreux couvents par la Révolution de 1793, a néanmoins conservé jusqu'à nos jours deux de ses plus beaux joyaux, auxquels semblent s'attacher, comme à un talisman céleste, la gloire, la prospérité et le salut de ce pays. C'est tout d'abord sa Vierge miraculeuse qui, portée par ses pieux habitants sur les remparts de la ville aux jours de l'insurrection, la garda contre l'invasion révolutionnaire, comme autrefois le Chérubin aux portes de l'Éden. Puis c'est son humble Carmélite, surnommée l'Ange de l'humilité : la bienheureuse Marie de l'Incarnation qui, après avoir enrichi la France de ce trésor inépuisable des Filles de sainte Thérèse, dota cette ville du même trésor, et lui fit sentir souvent la protection sensible de ses précieuses reliques conservées dans ce Carmel de Pontoise, si fécond déjà en souvenirs de sainteté.

Notre petite colonie carmélitaine, presque sœur jumelle de celle du couvent de l'Incarnation à Paris, quitta ce berceau commun de l'Ordre en France alors que son aînée n'avait encore que trois mois d'existence, et vint s'établir ici le 13 janvier 1605, ayant à sa tête pour fondatrice et prieure la Vénérable Mère Anne de Saint-Barthélemy, fille chérie de la grande Réformatrice du Carmel qui, après se l'être associée comme compagne inséparable dans les pénibles voyages de ses dernières fondations, voulut aussi que ce fût d'entre ses bras et d'auprès de son cœur que son âme s'envolât vers son unique Bien-Aimé dans une extase d'amour.

La Vénérable Mère Anne de Jésus, qui venait de fonder à Paris, vécut aussi quelque temps à Pontoise, afin de donner aux jeunes novices, destinées à devenir les pierres fondamentales de ce nouveau temple, le complément d'une formation religieuse telle que la pouvaient concevoir et exécuter son génie supérieur et sa remarquable piété.

Madame Acarie, qui entra au Carmel d'Amiens, fondé plus tard, et qui y fit sa profession solennelle, ne vint à Pontoise que peu d'années avant sa bienheureuse mort pour nous léguer, avec l'immortel souvenir de ses rares vertus, le dépôt non moins sanctifiant de son saint corps, duquel s'échappe parfois encore un suave parfum.

Or, du 8 au 24 octobre, ce monastère presque trois fois séculaire, et dont les nombreuses générations furent encore plus saintes devant Dieu que nobles selon le monde, a su dignement glorifier sainte Thérèse, et a été témoin d'édifiantes manifestations à l'occasion du troisième centenaire de la grande Réformatrice du Carmel.

La neuvaine préparatoire, le Triduum et les fêtes durèrent trois semaines, en donnant une série de trois dimanches consécutifs. La menace permanente d'une expulsion ne permit pas aux Carmélites de mettre à exécution tous les beaux projets conçus par leur amour filial; mais ce qui dut être retranché sous le rapport de la quantité fut, dans la décoration, merveilleusement compensé par le fini des détails et par la parfaite exécution que tous ont remarqués.

Le dévouement affectueux de bienfaiteurs insignes avait su découvrir dans les ressources qu'offre la capitale un Béséléel et un Ooliab pour orner le temple et l'arche sainte, et les Religieuses n'eurent plus qu'à imiter Moïse en leur abandonnant presque entièrement le soin des embellissements et des parures.

Au-dessus du tabernacle du maître-autel, à une hauteur de plus de trois mètres, reposait sur un trône de pourpre et de blanches dentelles, étincelant le soir du feu de 700 lumières, la séraphique Vierge d'Avila dans l'attitude de l'extase, pendant qu'avec son dard, un séraphin, petit et beau, lui transperçait le cœur. Ce groupe, vrai chef-d'œuvre artistique, fut fort admiré et apprécié pour la pureté de ses lignes et la beauté de son expression.

. . . .

Au-dessus de ce trône triomphal s'élevait un immense baldaquin de velours cramoisi, broché d'or, doublé en damas blanc avec crépine d'or, dont les plis drapés avec un goût exquis ondulaient autour de Jésus de Thérèse et de Thérèse de Jésus qui, en ce lit nuptial, symbole de celui de l'Épouse des Cantiques, semblaient continuer leur colloque plein de grâce et d'amour. Et parce que l'Épouse avait dit qu'elle repose avec son bien-aimé au milieu des fleurs, on les avait semées à profusion de la base au sommet du trône; elles dissimulaient presque entièrement l'autel du sacrifice, qui devenait une représentation de cette fertile montagne du Carmel sur laquelle l'Ordre de Marie, naissant avec le sacrifice et les vertus d'Élie, devait renaître par l'immolation et les vertus de Thérèse.

Le fond du sanctuaire cachait ses murs vénérables sous d'épaisses tentures de satin cramoisi frangé d'or, et de chaque côté de l'autel s'encadraient dans ces mêmes tentures les armoiries ornées de palmes de Sa Sainteté Léon XIII et de Mgr de Versailles. Encore dans le sanctuaire, mais à l'entrée, près de la grille de communion, deux peintures représentant, l'une le portrait de sainte Thérèse, l'autre sa Transverbération, se faisaient face. Envoyés tout exprès d'Italie, ces tableaux, enchâssés dans de fraîches couronnes de roses, produisaient le plus bel effet.

La petite grille de communion des Religieuses, ornée de tresses de roses blanches, attendait toute parée l'heure quotidienne du banquet divin, plus abondant et plus délicieux encore en ces jours de grâce.

La chaire disparaissait à demi sous une spirale de roses rouges et blanches, et la grande grille du chœur, dissimulant en partie pour ces temps de réjouissance ses noirs piquants de fer, soutenait gracieusement une immense banderole où se lisait cette filiale application: *Sancta Mater Teresia, ora pro nobis*.

Toute la voûte de l'église était pavoisée de guirlandes innombrables qui, festonnant délicatement sur le contour des fenêtres et le long des murailles, traversaient d'une courbe légère et aérienne les arceaux de la nef, s'entrelaçant et reliant entre elles des oriflammes multiples chargées de sentences glorieuses rappelant les principales vertus de la Mère du Carmel.

La chapelle de la très sainte Vierge, petite mais bien ornée, gardait au milieu de son buisson de fleurs naturelles dans une auréole lumineux la superbe châsse contenant les reliques de sainte Thérèse, et entre autres son voile de carmélite. Ce joyau avait été offert par le comité annuel du pèlerinage au tombeau de la B. Marie de l'Incarnation. Parmi les noms des donateurs se trouve celui du marquis de Campo-Fertil, descendant de l'illustre famille des Cépéda et des Ahumada par ses deux aïeules qui portaient ces deux noms de famille de notre sainte Mère. Le sanctuaire privilégié de la Bienheureuse Marie de l'Incarnation, si richement décoré en tout temps avec ses belles peintures murales et son magnifique autel sculpté, n'exigeait rien de plus pour se trouver en harmonie avec la parure générale; aussi n'y ajouta-t-on qu'un parterre fleuri et odoriférant autour de la chère Sainte couchée dans son sépulcre aux pieds de son Jésus.

La façade extérieure avait aussi ses guirlandes gigantesques de mousse, de lierre et de roses, faites par les pauvres prisonniers de Pontoise. Au centre un immense cartouche portait l'écusson de l'Ordre. La cour extérieure, transformée en annexe, agrandissait l'église devenue trop petite; une immense toile avait été dressée, et du sol avait surgi en peu d'heures une forêt de sapins odoriférants, dont la fraîcheur tempérait quelque peu la chaleur des milliers de feux qui brûlaient dans le sanctuaire.

Ce que fut la journée du 8 octobre, les trois cents Parisiens venus à Pontoise, à l'appel du comité, le sentent mieux assurément qu'aucun d'eux ne saurait l'exprimer. L'aumônier du monastère les attendait, au seuil de la chapelle; les pèlerins se pressèrent nombreux à la table sainte, désireux de gagner la bénédiction apostolique toute spéciale accordée par N. S. Père le Pape. La grand'messe solennelle, au cours de laquelle M. l'aumônier souhaita la bienvenue aux pieux voyageurs, fut suivie de la vénération des reliques de la Bienheureuse Marie de l'Incarnation.

Le ciel récompensait leur confiance par une de ces superbes journées dont octobre fut si avare cette année. Aussi beaucoup de pèlerins se dirigèrent-ils, après le déjeuner, vers le magnifique jardin public qui domine la ville et offre le si beau panorama de la vallée de l'Oise. Mais beaucoup aussi n'avaient pas attendu les vêpres pour retourner aux pieds de la Bienheureuse et demander, par son intermédiaire, à sainte Thérèse les vertus qui font les forts.

M. l'abbé Combel, curé de l'Ile-Saint-Denis, chanoine du chapitre pontifical d'Anagni, qui avait bien voulu présider les exercices du soir, monta en chaire et développa, dans un magistral discours, cette pensée profondément juste : *Seuls les saints sont vraiment grands;* au salut du Très Saint-Sacrement succéda la vénération des importantes reliques de sainte Thérèse que possède le monastère, et parmi lesquelles on distingue le voile de la grande martyre de l'amour divin.

La procession se forma ensuite; en tête, l'étendard de Notre-Dame, porté et escorté par les jeunes filles de la paroisse Saint-Méri, accompagnées de leurs bonnes maîtresses, ces chères Sœurs de Saint-Vincent de Paul, auxquelles il semble que l'odieuse expulsion de l'école de la rue de la Lune donne un regain de popularité; puis, les châsses contenant les reliques de sainte Thérèse, parmi lesquelles se faisait remarquer celle de son précieux voile; la bannière du comité organisateur des pèlerinages de Pontoise, représentant la ville de Paris sous les traits d'une jeune femme agenouillée, couronne murale en tête, prononçant son vœu de pèlerinage annuel, gage de sa reconnaissance pour la guérison d'une peste qui décimait ses enfants; la chorale, enlevant les cantiques du pèlerinage avec le noble entrain qui distingue les fils de lumière; enfin, un nombreux clergé, au milieu duquel marchait le vénérable curé de la paroisse Saint-Maclou, supérieur du monastère. L'église Notre-Dame était le but de notre station; son digne curé, qui, du haut de la chaire, pouvait reconnaître la plupart de ses pèlerins annuels, les invita, dans une allocution émue, à honorer cette *terre des saints*, dont il énuméra les titres insignes, et les exhorta à se montrer les fidèles exécuteurs du vœu de leurs pères. La consécration à la Vierge miraculeuse, placée au seuil du vénéré sanctuaire, marqua le retour de la procession au Carmel de Pontoise. Et les pèlerins du 8 octobre rapportèrent à Paris les plus féconds souvenirs d'une journée qui scelle à jamais dans les âmes le vœu de 1580. Jamais vœu exigea-t-il une plus constante fidélité, aux sinistres jours où la peste envahit de nouveau la cité!

Le dimanche 15 octobre, dès le matin, des prêtres offrirent le saint sacrifice jusqu'à la messe solennelle, qui fut chantée par le chœur de la paroisse de l'archiprêtré. La foule se pressait au pied de l'image de la sainte Mère. Le pèlerinage d'Herblay, petite ville voisine de Pontoise, qui avait sollicité avec beaucoup d'instance la faveur de passer ce jour de fête au Carmel, enthousiasma par la beauté de ses chants les pèlerins venus de toutes parts, qui, ne pouvant trouver place dans l'église ou dans son annexe, stationnaient au dehors, rendant impossible la circulation des voitures.

Après les vêpres, le sermon fut donné par M. l'archiprêtre de Pontoise, chanoine honoraire et supérieur des Carmélites, vénérable vieillard dont la parole sympathique et paternelle attendrit bien des âmes, en leur faisant regretter de n'avoir pas assez aimé le Jésus de Thérèse par qui Thérèse de Jésus vécut et mourut en séraphin. Le lundi 16, Monsieur l'abbé Davin, chanoine titulaire de Versailles, célébra la sainte messe; puis, avec sa haute science, son âme ardente et généreuse, il prononça un discours sur l'amour, qui est plus fort que la mort, appliquant ces paroles du Cantique à l'amour que Thérèse avait eu pour Dieu et pour le prochain, avec un grand profit spirituel pour tous ceux qui eurent le bonheur de l'entendre.

Le dimanche 22 vit s'ouvrir le *Triduum*, qui fut solennisé avec plus de splendeur encore. La pieuse directrice de l'Institut normal catholique de Paris avait bien voulu prêter pour tout ce jour le concours de ses nombreux et si remarquables professeurs de l'art musical; l'harmonium fut tenu par une maîtresse qui est des premières parmi les élèves du Conservatoire. Ainsi guidées et accompagnées, leurs élèves exécutèrent des morceaux admirables de sentiment religieux. Pontoise n'avait jamais rien entendu de pareil. Il eût manqué quelque chose à ces fêtes si elles n'eussent été animées par la parole d'un religieux du Carmel. Le R. P. Grégoire, des Carmes de Passy, commença par remercier avec des sanglots dans la voix et des larmes dans les yeux ces Carmélites de Pontoise, ses sœurs en Religion, de l'avoir appelé pour participer avec elles aux joies et aux grâces de ces fêtes, afin que lui, pauvre expulsé sans couvent, sans habit religieux, car il n'avait revêtu le sien que pour ce temps de *Triduum*, et presque sans autel, ne restât pas seul sans réjouissance et sans bénédiction. Dans ses trois solides instructions, il exposa à son digne auditoire l'excellence de la réforme de sainte Thérèse et les fruits abondants qu'elle a produits ; son désir d'expiation, son esprit de prière et son humilité. C'était une consolation pour les Carmélites d'entendre dans cette circonstance un fils de sainte Thérèse parlant le langage de vénération et d'amour que la famille religieuse ressent pour sa Mère. Il est inutile de détailler la magnificence et l'éclat du salut solennel. Le lundi 23 et le mardi 24, la messe et le salut furent chantés par les jeunes pensionnaires des religieuses de la Compassion de notre ville. Il ne manquait plus à la gloire de la séraphique Mère que la louange de ces chants presqu'enfantins. Elle avait eu ceux des hommes à la voix mâle et sonore, ceux des jeunes filles, si suaves et si mélodieux, puis la symphonie religieuse avec ses merveilleuses délicatesses ; il lui fallait encore les accents des enfants avec leur simplicité ; et c'est notre petite ville qui lui réservait ce dernier hommage.

Seule, l'absence de Sa Grandeur Mgr de Versailles, alors éloigné de son diocèse, laissa une lacune dans ces jours de si béatifiantes joies qui, s'échappant à flots du Cœur de Jésus et du Cœur de Thérèse, se déversèrent sur ceux qui participèrent aux fêtes du centenaire. Tous en conserveront le précieux et bien doux souvenir ; et le bien spirituel qu'ils en ont recueilli sera un germe qui se développera et grandira jusqu'à l'éternelle gloire. Puissent grandir en même temps et se resserrer les liens d'amour et de reconnaissance qui unissent le monde chrétien au Carmel, les âmes à Jésus et à Thérèse, et la terre au ciel !

Nous donnons ici quelques passages seulement du discours de M. l'abbé Davin.

Fortis est ut mors dilectio.
L'amour est fort comme la mort.
(Cant. VIII, 6.)

« La mort est réputée la reine du monde ; et il n'est rien, du brin d'herbe à l'homme, qui ne plie et ne paraisse s'anéantir sous son sceptre. Le Sage, cependant, Salomon, éclairé par l'Esprit-Saint, a trouvé quelque chose qui reste debout quand notre corps tombe en poussière, quand notre âme s'envole : c'est l'amour, qu'il a célébré dans le Cantique des cantiques si richement commenté par sainte Thérèse, l'amour divin. *Posez-moi*, dit l'Epouse à l'Époux, *comme un sceau sur votre cœur, comme un sceau sur votre bras, car l'amour est fort comme la mort, et les fleuves ne le submergeront pas.* C'est le feu du ciel dominant tous les torrents du ciel et de la terre. Faisant raison à cette affirmation de l'Épouse, l'Époux, le Christ, dira, en face même du cadavre de quatre jours de Lazare : *Quiconque vit et croit en moi*, de cette foi vivante qui est l'amour, *il ne mourra de l'éternité*; et son grand Apôtre ajoutera : *Ce dernier ennemi, la mort, sera détruite, novissima autem inimica destructur mors ;* mais *l'amour ne passe jamais, charitas nunquam excidit.* De ces deux forts, la mort et l'amour, le vainqueur final, c'est donc l'amour, l'amour qui est la vie, *l'amour qui est Dieu*, dit saint Jean, *Deus charitas est;* si bien que non seulement nous devons dire : *L'amour est fort comme la mort, fortis ut mors dilectio*, mais que nous pouvons dire, la main sur l'Évangile : *L'amour est plus fort que la mort.*

« Comment ne pas se rappeler ces grandes, ces triomphantes vérités des Saints-Livres en ce troisième jour séculaire de la mort de celle à qui l'Église ne cesse de chanter dans la liturgie : *O Victime de l'amour, o charitatis victima*, qu'elle montre, victorieuse de la mort dans la mort même, s'élevant au ciel en *blanche colombe*, symbole de l'amour éternel, *symbole de l'esprit de Thérèse, candidæ instar columbæ... spiritus Theresiæ*, à qui elle entend l'Époux dire les paroles de l'ineffable Cantique, où le rocher de la colombe prophétisait le Carmel : *Viens, ma sœur, de la cime du Carmel aux noces de l'Agneau ; Veni, soror, de vertice Carmeli ad Agni nuptias.* Oui, l'amour est plus fort que la mort, puisqu'en cet anniversaire d'un trépas, non seulement il n'y a plus rien de funèbre, mais que l'humilité même du Carmel revêt le saint temple des splendeurs de la terre pour rappeler celles des cieux, et qu'à la voix du Vicaire du Christ, toute l'Église acclame, pendant trois jours, celle qui monte dans la gloire, portée sur un nouveau et plus merveilleux char d'Élie, sur les ailes de *l'amour*, de son *feu*, de ses *flammes, fortis ut mors dilectio... lampades ejus, lampades ignis atque flammarum.*

« Pour bien parler de cet amour qui fut la vie sublime de Thérèse avant d'être sa bienheureuse mort, il faudrait avoir sur les lèvres, à l'adresse de vos cœurs, quelques rayons de cette flèche d'or dont l'ange traversa le cœur de la plus séraphique des stigmatisées. Je n'ai que des paroles pauvres et improvisées.

L'orateur parle ensuite de l'amour de Dieu qui est infus dans l'âme de l'enfant par le baptême. *Charitas Dei diffusa est in cordibus nostris*, puis par la confirmation, *per Spiritum Sanctum*. Il montre que le cœur pur de l'enfant chrétien a naturellement des vues surnaturelles. Thérèse enfant en est un exemple admirable:

« J'ai eu le bonheur d'entendre le curé d'Ars citant sainte Thérèse, et inspiré par elle, dire de ses lèvres amaigries, avec son filet de voix éteinte, sous le feu doux de ses deux gros yeux brillants comme deux astres dans une tête de mort : « L'amour de Dieu, oh! c'est comme une outre ! Il se servait d'un mot plus rustique. Quand on la tient dans sa main, au bout des doigts, ce n'est rien, mais quand on souffle dedans, elle se dilate, elle grossit, elle grossit, elle monte au ciel! » Ainsi se dilatait et montait sous le souffle du divin amour fort comme la mort, sous le souffle de l'Esprit-Saint, bien conservé et bien laissé libre, le cœur de la petite Thérèse. . . . .

« Dieu lui laissa ensuite entrevoir le monde et ses vanités, les lui laissa déguster même, non goûter, afin qu'elle pût dire à jamais, dans les larmes de son cœur, le mot du jeune exilé de Babylone: *Averte oculos meos ne videant vanitatem; in viâ tuâ vivifica me : Détournez mes yeux pour qu'ils ne voient pas la vanité ; faites-moi trouver la vie dans vos voies.* Mais , ayant perdu sa mère à douze ans, elle avait dit à Marie: « Vous serez ma mère » ; et Marie envoyait à sa fille ces deux bons conseils, Madeleine, Augustin, la reine des pénitentes et des extatiques, le grand pénitent et le grand docteur ; et, après l'avoir tirée de la maison paternelle seigneuriale, à Avila, pour la faire entrer là-même dans un monastère de son Ordre, dit de l'Incarnation, elle la revêtait, à vingt ans, de ses livrées et, avec le titre d'Epouse de son Fils, lui donnait le nom de son Fils lui-même, l'appelant Thérèse de Jésus.

« Les ravissements des Séraphins seront donnés à cette Madeleine innocente comme ils le furent à Madeleine pénitente. Les anges reverront avec ivresse les grands jours de l'Amante évangélique du Christ. Le Père céleste dira à Thérèse: « Ma fille, je t'ai donné mon Fils, le Saint-Esprit et cette Vierge, » lui montrant Marie; le Christ lui présentera sa main droite percée d'un clou, et lui dira de ce dur mais sublime anneau : « Regarde bien ce clou, c'est le signe du mariage sacré que je contracte avec toi ». Un jour, après la sainte communion d'où elle sortait si souvent illuminée, selon le mot de saint Augustin : « En mangeant et buvant le Crucifix, nous sommes illuminés, *Nos manducando Crucifixum et bibendo illuminamur* », le Christ lui prendra les mains, les portera vers son côté ouvert et lui dira qu'il l'a toujours dans son cœur, et qu'il ne l'oubliera jamais. Un autre jour, mettant tous ses biens en commun avec elle, lui à qui *le Père a tout donné entre les mains*, il dira : « Désormais tu es toute à moi et moi je suis tout à toi » ; et les anges, sinon les hommes, entendront ces mots de l'Epouse des Cantiques, non plus de la bouche du prophète, mais de celle de l'Epouse elle-même, ne pouvant ne pas répondre : « *Mon bien-aimé est à moi et moi à lui, Dilectus meus mihi et ego illi. — Moi à mon bien-aimé et mon bien-aimé à moi, Ego dilecto meo et dilectus meus mihi*. La flèche d'or de l'ange qui viendra une autre fois traverser le cœur de l'Epouse sera le symbole de cet amour, elle n'en sera point la cause : la cause en est dans le cœur de Jésus, d'où elle part, elle en est dans le cœur de Thérèse où elle aboutit ; elle est dans ces deux cœurs éternellement unis en un seul : *Jam tota mea es et ego totus tuus sum*. »

Dans son second point, M. Davin parle de l'amour de Thérèse pour le prochain.

« L'amour de Thérèse pour Dieu devient, en Dieu même, son amour pour le prochain. C'est assez dire que là aussi il est *fort comme la mort*.

« *Nous devons donner nos âmes pour nos frères !* Thérèse a donné son âme pour ses sœurs........ Mais c'est *pour des frères* qu'elles toutes doivent *donner leurs âmes* maintenant. Le Christ veut que ses Épouses attachées avec lui à la croix, sur ce Calvaire de l'amour qui est le Carmel, sauvent avec lui le monde des pécheurs. Marie, qui l'a sauvé avec son Fils, au Calvaire même, offrant, nouvel Abraham, le sang de son Isaac jusqu'à la dernière goutte, celle du cœur, demande que ses filles continuent cette rédemption. Thérèse y applique ses saintes cohortes. »

A propos des crimes sacrilèges dont les fauteurs de l'hérésie couvrent la terre, l'orateur dit :

« Thérèse, avec le sang chevaleresque qui circulait dans ses veines, songea un moment à les combattre les armes à la main. Comme cette grande comtesse Mathilde, souveraine de la Toscane et d'une partie de la Lombardie, qui pendant quarante ans revêtit de la cuirasse sa poitrine nourrie de la communion fréquente, et fut le soldat de saint Grégoire VII, de ses trois successeurs et de l'Église, cette Mathilde qu'on voit debout sur son tombeau, à Saint-Pierre, tenant la tiare d'une main et l'épée de l'autre, elle aurait voulu se précipiter dans les rangs ennemis et arrêter la mort des corps et des âmes des fidèles au prix de sa vie. Mais Dieu la retint, lui réservant d'autres combats, non moins laborieux, non moins riches de l'honneur du sang, et plus féconds encore, ceux de l'amour le plus fort qui est le plus pur. C'est avec les armes spirituelles seules qu'elle luttera, se mesurant non pas avec les suppôts des esprits de ténèbres, mais avec ces esprits eux-mêmes. Elles et ses filles *revêtiront la panoplie de Dieu... contre les esprits de méchanceté répandus dans l'air,* selon le mot de guerre de l'Apôtre : *Induite vos armaturam,* etc. »

L'orateur parle du Carmel de France.

« Le Carmel sera l'enseignement divin le plus éloquent, il sera le salut le plus efficace de la France penchant aux abîmes pendant deux siècles. Quand Versailles rappellera Babylone, le Carmel de Paris lui opposera trente-six ans une nouvelle Madeleine en Louise de la Miséricorde ; et le Grand-Roi mourra en roi très chrétien. Quand Louis XV sera même Sardanapale, sa fille prendra le chemin du Carmel de Saint-Denis ; et les larmes et le sang expiateur de Thérèse de Saint-Augustin obtiendront à son père la brève mais éclatante pénitence de Manassé. Quand Louis XVI, dont la vertu n'est que faiblesse, aura signé le 24 août 1790, la veille de saint Louis, la Constitution civile du clergé, et assisté avec la reine, le 24 avril suivant, le jour de Pâques, à la messe du curé assermenté de Saint-Germain-l'Auxerrois, Pie VI, le 24 mai, signera le décret de béatification de Marie de l'Incarnation, le 5 juin il lui rendra les honneurs solennels des bienheureux dans la basilique de Saint-Pierre, en présence des tantes de Louis XVI qui ont préféré la *messe de Rome* à *celle de Paris,* l'exil au schisme ; et vous savez le repentir royal, la mort du roi martyr, titre que Pie VI lui donnera devant le Sacré-Collège, vous savez ces deux martyres royales aussi, Marie-Antoinette et Madame Élisabeth. L'apparition dans la gloire de Marie de l'Incarnation a été le signal du redressement des âmes, et des légions de Machabées de l'échafaud et du champ de bataille vont recommencer la France. »

CARMEL DE DIJON

(fondé en 1605).

Parmi les villes de France, Dijon est la troisième qui eut à se glorifier de posséder les filles de Sainte-Thérèse. Elle les vit arriver dans ses murs au mois de septembre 1605, conduites par la Vénérable Mère Anne de Jésus, digne héritière de l'esprit et des vertus de l'Illustre Réformatrice. Notre cité dijonnaise ne pouvait donc rester en arrière dans les témoignages d'amour et de vénération que le monde catholique devait rendre à la plus aimable des Saintes, à l'occasion du troisième centenaire de sa glorieuse mort. Aussi fût-ce avec le plus vif empressement que les amis de Dieu et de sainte Thérèse se mirent à l'œuvre, et les fêtes qui viennent d'être célébrées au Carmel laisseront-elles dans les âmes un précieux souvenir. Le vendredi 6 octobre, s'ouvrait la neuvaine préparatoire; elle avait été précédée d'une pieuse quarantaine, pendant laquelle la prière, la pénitence, les bonnes œuvres de toute sorte avaient été offertes, comme un bouquet d'amour, à la Séraphique Mère afin qu'il lui plût de disposer les cœurs aux grâces et aux bénédictions qu'elle voulait verser sur eux.

Chaque soir de la neuvaine, le T. R. P. Hébrard, prieur des FF. Prêcheurs, rompait le pain de la parole divine. Un auditoire pieux et recueilli se pressait au pied de la chaire sacrée, avide de recueillir les féconds enseignements de la doctrine, à la fois si profonde et si pratique, du pieux fils de saint Dominique.

Monsieur le supérieur du grand séminaire eût été heureux de faire chanter chaque soir le salut solennel par les élèves du sanctuaire, objets si particuliers de la prière et du zèle de la glorieuse Mère du Carmel ; mais la coïncidence de leur retraite avec les exercices de la neuvaine ne le lui permit pas. Le dimanche 8 octobre seulement, directeurs et élèves purent déposer aux pieds de la protectrice du clergé leur tribut de louange et d'amour : on exécuta des chants pleins d'harmonie et de piété, pendant que bien des cœurs fidèles demandaient, par l'intercession de Thérèse, le secours divin contre la persécution qui menace la milice sacrée.

Un chœur fut organisé pour les jours suivants par des dames de la ville qui, avec autant d'amabilité que de zèle, mirent pendant la neuvaine tout leur talent musical à chanter dignement les louanges de la Sainte.

Tandis que la prière et la prédication ouvraient les âmes aux grâces du *Triduum*, la chapelle des Carmélites revêtait une décoration d'un goût parfait. Construit dans le style du XIIIe siècle qui tire sa beauté de la simplicité et de la pureté des lignes, cet édifice offre un ensemble très gracieux. Sa nef est spacieuse, hardie et magnifiquement éclairée par des vitraux aux teintes adoucies, qui atténuent la lumière sans trop l'affaiblir, et dont les sujets représentent les gloires du Carmel avec une grande beauté de dessin et d'expression.

Au milieu du sanctuaire s'élève un magnifique autel gothique en bois polychrômé et sculpté, vrai chef-d'œuvre de l'art chrétien, sorti des ateliers de Munich.

Mais la piété filiale avait besoin d'ajouter à cet ensemble et d'en rehausser encore les charmes pour témoigner tout son amour à la Séraphique Thérèse de Jésus.

Sans vouloir entrer dans de trop minutieux détails, nous devons pourtant tracer un tableau plus ou moins complet de la chapelle carmélite pendant ces fêtes du centenaire. Hommage tout d'abord et merci au bon goût de l'habile décorateur qui sut sauver les lignes architecturales du naufrage où elles disparaissent trop souvent sous les tapisseries et les fleurs.

De belles tentures de laine blanche frangées d'or se drapaient artistement autour des arcades, retenues çà et là par des branches de liserons. Une draperie semblable, mais plus large, accompagnée d'un léger cordon de pivoines blanches légèrement teintées, bordait la grande ogive du transept, et descendait orner dans leur longueur les piliers d'où part la grille de communion. Un feston de guirlandes semées de roses, courant au-dessus de la frise, entourait les colonnes ; la verdure abondamment semée de fleurs ne paraissait que pour faire ressortir la fraîcheur de ces roses blanc-neige, crême ou rosé, dont la multitude attestait le zèle aussi empressé qu'habile des amis de sainte Thérèse; de guirlandes de lys, heureusement disposées au-dessus de la grille du chœur des religieuses, encadraient gracieusement les portraits de la Sainte et de ses deux plus chères compagnes, les Vénérables Mères Anne de Jésus et Anne de Saint-Barthélemy, l'une fondatrice du premier monastère de Dijon, l'autre entre les bras de laquelle la Bienheureuse Mère rendit son âme à Dieu. Douze grands écussons s'appuyaient aux piliers, outre les armes du Saint-Père, de Monseigneur l'Evêque, de sainte Thérèse et du Carmel ; ils représentaient des emblèmes formant autant d'allusions aux œuvres et aux prérogatives de la Sainte. Ici un livre, au-dessus duquel planait la colombe, symbole de l'Esprit-Saint, représentait les écrits inspirés du Docteur mystique ; là les insignes du doctorat rappelaient le jugement qu'a porté la Sainte Eglise, lorsque, invitant les fidèles à se nourrir de la lecture des livres de Thérèse, elle déclara qu'ils contenaient une doctrine toute céleste ; plus loin, une croix au milieu des épines, avec la devise si chère à la vierge d'Avila : « Ou souffrir ou mourir » ; puis, les trois emblèmes de l'apostolat, de la virginité et du martyre, rappelant que la Sainte mérite nos hommages à tous ces titres. Un magnifique monogramme de Marie proclamait la dévotion spéciale de Thérèse à la très sainte Vierge. Une niche, spécialement préparée, signifiait la fondation de ces monastères où elle réunit les vierges comme autant d'abeilles mystiques. Deux autres médaillons enfin représentaient la copie des magnifiques reliquaires où l'on conserve et la main de Thérèse qui écrivit de si beaux ouvrages à la gloire de Jésus, et le cœur transpercé par l'amour qui en fut l'inspirateur. Ces écussons étaient l'œuvre d'une jeune novice récemment revêtue des livrées du Carmel, qui s'estima trop heureuse de consacrer ainsi à la gloire de sa Mère le précieux talent qu'elle a reçu de Dieu.

Un grand nombre d'oriflammes blanches et bleues, disposées en élégants faisceaux, flottaient au-dessus des piliers, et ornaient aussi le sanctuaire. Sur les blanches, garnies de fleurs d'or artistement découpées, se lisaient des sentences de la Sainte Écriture et les Béatitudes évangéliques dont Thérèse avait goûté les prémices sur la terre, et dont elle recueille depuis trois siècles les fruits dans le ciel. Les oriflammes bleues portaient en lettres argentées des invocations à la Séraphique Épouse de Jésus.

Un trône de lys et de lumière avait été préparé sous l'arcade d'une des chapelles latérales. Sur une colonne, haute de 4 mètres, se dressait une magnifique statue de Thérèse de Jésus. Cette statue, œuvre d'art remarquable, est en bois polychromé et sculpté, comme le maître-autel. Elle est de grandeur naturelle et représente la Sainte portant sur l'humble robe de bure et le blanc manteau du Carmel les insignes du doctorat. Une colombe repose sur son épaule et paraît l'inspirer encore. Le regard de Thérèse est fixé au ciel dont elle semble pénétrer les secrets divins; la plume et le livre qu'elle tient nous disent qu'aujourd'hui comme autrefois, son cœur est prêt à nous verser le lait de la doctrine céleste. Une illumination habilement ménagée et surmontée d'une croix qui en complétait heureusement l'effet suivait le contour de l'ogive, formant comme une gloire au-dessus de la Bienheureuse Mère.

Le soir, l'autel était resplendissant ; un cordon de feu entourait le sanctuaire et quatre grands lustres versaient dans la nef leurs flots de lumière, en sorte que tout avait été disposé pour préparer les cœurs et pour charmer les yeux.

EXERCICES DU TRIDUUM.

Le dimanche 15, Monseigneur l'Evêque voulut célébrer la messe pontificalement. Une musique choisie relevait la pompe de cette imposante cérémonie. M. Charles Poisot, l'une des sommités musicales de notre ville, fit exécuter, avec le concours de MM. les Professeurs du Conservatoire, une messe de sa composition, déjà chantée à la cathédrale, et qui avait valu à son auteur les nombreux témoignages d'une admiration méritée. L'éminent artiste se chargea d'organiser aussi la musique du salut de clôture.

Une foule pieuse et recueillie se pressa sans interruption aux pieds du Jésus de Thérèse pendant les heures qui s'écoulèrent jusqu'à l'office du soir. De nombreuses députations des communautés religieuses et des divers pensionnats de la ville vinrent tour à tour rendre leurs hommages à l'aimable Sainte, et réclamer sa puissante intercession.

L'exercice du soir fut présidé par Sa Grandeur Monseigneur l'Évêque. Un nombreux clergé, tant de la ville que de différents points du diocèse, remplissait le chœur et la chapelle de la Sainte-Vierge, tandis qu'un auditoire choisi occupait la nef, les bas-côtés et les tribunes. Le R. P. Roulet, de la Compagnie de Jésus, dont la parole chaleureuse et sympathique est si appréciée dans notre ville, exalta la sainteté de Thérèse. Il montra que l'accomplissement parfait de la volonté divine est le caractère de la sainteté, et le moyen d'atteindre la perfection nécessaire pour tous et accessible à tous. Faire toujours ce que Dieu veut, lutter et souffrir toujours pour ne point faillir à ce que Dieu veut, puis persévérer dans le travail et dans la lutte jusqu'à la fin, tel est l'idéal que Thérèse a réalisé dans son entier. Le pieux orateur nous fit voir la Réformatrice du Carmel fidèle dans son œuvre, invincible dans le combat et persévérante jusqu'à la mort; puis, avec une délicatesse exquise, il appliqua ces trois pensées à notre vénéré Pontife auquel un long et laborieux épiscopat donne le droit de dire comme l'apôtre: » *Bonum certamen certavi, Cursum consummavi, Fidem servavi...* ».

Le salut fut chanté avec un ensemble et un entrain remarquables par les élèves du Pensionnat des Frères des Ecoles chrétiennes, dont le pieux et zélé concours ne pouvait faire défaut aux fêtes du centenaire.

Lundi 16.

Les offices du second jour eurent le caractère de solennité et de pompe religieuse qu'apporte toujours à nos fêtes l'assistance du grand séminaire. Monsieur le Supérieur chanta la grand'messe, et les directeurs y assistèrent avec les élèves. Une belle messe de L. Diestch fut exécutée, sous l'habile direction de M. l'abbé Sehwach, par la maîtrise et les séminaristes. Il en fut ainsi du salut au soir de ce même jour.

Le sermon eut lieu à 4 h. 1/2, comme la veille. Le R. P. Roulet, abordant son sujet sous une autre face, révéla le principe spécial de la sainteté de la Vierge Séraphique. « Thérèse parvint au sommet de la perfection évangéli-
« que.... elle opéra des œuvres merveilleuses.... elle reçut les dons les plus
« rares de la munificence divine; le secret de son éminente sainteté, c'est la
« grandeur de son amour. Elle aima beaucoup, et son amour la rendit capable
« de tout; car, selon la parole de l'Ecriture : « l'amour est fort comme la
« mort! » Mais la mort, n'est-ce point la faiblesse ? N'est-ce point l'inertie
« du néant ? Comment donc l'Esprit-Saint dit-il que l'amour est fort comme la
« mort ? C'est que la mort opère tout à la fois une séparation et une réunion; elle
« arrache l'âme au monde visible et la réunit à son Dieu. L'amour possède
« aussi cette action séparante de la créature, et seul il a le pouvoir d'unir
« avec Dieu. » Avec une onction touchante et une communicative chaleur le pieux orateur nous fit suivre son héroïne à travers toutes les phases de sa vie mortelle, il montra comment l'amour jaloux du divin Maître allait toujours séparant l'âme de Thérèse de toute affection qui aurait entravé son ascension vers le ciel, et comment, cette œuvre accomplie, Dieu se l'unit dans les délices de l'oraison la plus sublime. « C'est alors que le Séraphin, regardant sa sœur en pureté et en amour égarée parmi les ombres de ce séjour mortel, la perça du dard enflammé de l'amour séraphique. A partir de ce jour, la vie de Thérèse ne fut plus qu'un long martyre; elle mourait du regret de ne pouvoir mourir et s'écriait comme l'Epouse des Cantiques : « Si vous voyez mon bien-aimé, dites-lui que je languis d'amour ! » Dans ce martyre où la joie égalait la douleur, la colombe s'épurait toujours; la divine jalousie de son Dieu semblait la poursuivre encore, et le glaive mystique, dont parle l'apôtre, allait toujours la séparant d'elle-même et opérant jusque dans les dernières fibres de son cœur la division des sens d'avec l'esprit, jusqu'à ce que la pureté de l'épouse étant parfaite et l'amour au plus haut degré de sa force, il rompit le dernier fil qui retenait Thérèse à la terre. Alors la colombe s'envola vers les cieux, emportant non l'olivier de la paix, mais la palme de l'amour et le lys de la virginité. »

Monsieur l'abbé Dard, vicaire général, donna le salut solennel.

Mardi 17.

Le mardi, les saints offices se renouvelèrent, comme la veille, avec la même pompe et la même assistance. Monsieur le curé de la paroisse chanta la grand'messe, MM. ses vicaires l'assistaient. Les élèves des Frères, avec le concours de leurs dévoués instituteurs, exécutèrent les chants les mieux choisis. Leur joyeuse fanfare retentit dans les avenues du monastère et aux portes de l'église avant et après l'office : c'était pieux et charmant !

Le discours de clôture était réservé à un prédicateur de l'Ordre de Saint-Dominique, le R. P. Etourneau, qui donna une biographie de la Sainte, aussi complète que le permettaient les limites du temps consacré à cet exercice. Le panégyrique, nourri de faits intéressants, de réflexions judicieuses et solides, et de citations bien choisies des écrits de Thérèse, captiva au plus haut degré l'attention d'une assistance venue pour la glorifier, lui faisant emporter comme souvenir de ces solennités le tableau habilement présenté de la vie de cette grande Sainte.

Monsieur l'abbé Joly, l'un des grands vicaires, donna le salut. Nous avons nommé plus haut l'organisateur de la musique et des chants pour ce dernier soir, nous n'avons donc pas besoin de dire avec quel talent et quel sentiment profondément religieux tout y fut choisi et exécuté. Le *Sancta Mater Theresia* fut surtout remarqué dans ce concert religieux. La fête se termina, comme les jours précédents, par la vénération de la précieuse relique de la Sainte. Les grandes solennités du centenaire étaient passées. Cependant la chapelle garda sa parure de fête durant toute l'octave. Chaque matin, le trône de l'Epouse de Jésus s'illuminait pendant le divin sacrifice, et, le jour octaval, un salut en musique fut un dernier hommage rendu à la Séraphique Mère par les dévots amis du Carmel.

CARMEL D'AMIENS

(fondé en 1606).

Les hommes ont toujours aimé à célébrer l'anniversaire des grands événements ; nulle époque plus que la nôtre, peut-être, n'a vu rechercher avec plus d'attention ces sortes de commémorations : faits de guerre, naissance ou mort d'hommes célèbres sont fréquemment rappelés à grand bruit, et malgré l'infatuation des hommes du jour qui affectent souvent de mépriser le passé, il semble, à voir leur soin de rappeler la mémoire de certains faits et de certains héros, qu'ils espèrent, à l'aide du souvenir des gloires d'autrefois, faire oublier les hontes et les tristesses d'à présent.

L'Eglise, qu'on imite souvent sans s'en douter, en cela comme en tout ce qui est noble, beau et grand, nous a toujours donné l'exemple : chaque année elle rappelle, au jour anniversaire de leur mort, la mémoire de ses plus glorieux enfants qu'elle propose à notre admiration et à notre imitation. Seulement, ces anniversaires ont une tout autre portée morale que ceux des événements de l'histoire profane : en effet, au souvenir de la mort d'un grand homme, d'une victoire nationale ou de tout autre fait, quelle que soit la gloire que l'homme ou le fait puisse rappeler, se mêle toujours le souvenir du tombeau, c'est-à-dire de la fin humaine de toutes choses. L'Eglise, au contraire, regarde par-delà la tombe, et si elle nous montre un sépulcre, c'est pour y trouver d'immortelles espérances ; si elle célèbre l'anniversaire de la mort de ses Saints, c'est parce que ce jour fut pour eux le commencement d'une gloire et d'un bonheur sans fin ; de même, si on rappelle l'anniversaire d'une naissance, c'est parce que cette naissance, fut le commencement d'une sainte vie, couronnée par une mort plus sainte encore. Si l'Eglise nous convie à solenniser ces anniversaires, c'est donc pour nous apprendre à imiter les saints et pour leur demander de nous obtenir de Dieu de partager un jour leur gloire et leur bonheur. Les anniversaires profanes, quoi qu'on fasse, nous courbent vers la terre et laissent toujours une douloureuse impression de deuil ; les anniversaires religieux seuls élèvent l'âme au-dessus des tristesses de ce monde, et laissent après eux un doux souvenir d'allégresse et d'espérance.

Parmi ces anniversaires, ceux qui terminent certaines périodes d'années : vingt-cinq ans, cinquante ans, cent ans surtout, sont généralement fêtés avec une solennité exceptionnelle. Ainsi, on a vu, il y a quinze ans, l'auguste Pie IX appeler autour de lui les évêques du monde entier pour célébrer le dix-huit centième anniversaire du martyre de saint Pierre ; il y a deux ans l'Ordre de Saint-Benoît solennisait le quatorzième centenaire de la naissance du patriarche des moines d'Occident ; il y a quinze jours à peine, toutes les branches de la grande famille franciscaine acclamaient, dans le monde entier, le sept-centième anniversaire de la naissance du séraphique François d'Assise, et hier, le Carmel fêtait le troisième centenaire de sa glorieuse réformatrice sainte Thérèse.

Avons-nous besoin de rappeler que sainte Thérèse, née à Avila, le 28 mars 1515, entra au monastère de l'Incarnation des Carmélites de cette ville le

2 novembre 1533, où elle fit profession le 3 novembre 1534. Le 24 août 1562, elle fonda dans la même ville le monastère de Saint-Joseph, où elle établissait la réforme, c'est-à-dire le retour à la primitive observance de l'Ordre du Carmel. Sainte Thérèse fonda ensuite un grand nombre d'autres monastères du même Ordre, et mourut, dans celui d'Albe, le soir du 4 octobre 1582, date mémorable par la réforme du calendrier. On sait, en effet, qu'en vertu d'un décret du pape Grégoire XIII on supprima dix jours au mois d'octobre 1582, et que le lendemain du 4 fut compté pour le 15. La mort de sainte Thérèse arriva précisément dans la nuit qui sépara ces deux jours; c'est pourquoi sa fête, placée au jour anniversaire du lendemain de son décès, est célébrée le 15 octobre.

L'année 1882 ramenait donc le troisième centenaire de cette mort précieuse, et tout l'Ordre des Carmes a voulu dignement le célébrer. Notre Saint-Père le Pape, qui, tout récemment encore, faisait un si bel éloge de la vierge d'Avila, daigna ouvrir, à cette occasion, les trésors spirituels de l'Eglise, et partout, en Espagne, sa patrie, comme dans le monde entier, les fidèles s'empressèrent à l'envi d'honorer la mémoire de la Séraphique Thérèse de Jésus et d'implorer son intercession.

La France ne devait point rester en retard dans cette circonstance. Si, malheureusement, les religieux qui invoquent sainte Thérèse comme leur mère y sont maintenant dispersés comme les autres, ses filles sont toujours dans leurs cloîtres, priant pour le monde qui ne prie plus. Le Carmel de France est toujours une des branches les plus verdoyantes du grand arbre que Thérèse de Jésus a planté au sommet de la montagne, et ses filles ne pouvaient laisser passer ces grands jours sans témoigner à leur Mère leur filial amour et leur fidèle reconnaissance.

Le monastère d'Amiens, le quatrième de France suivant l'ordre chronologique, fondé vingt-quatre ans seulement après la mort de sainte Thérèse, et qui compte parmi ses professes la bienheureuse Marie de l'Incarnation, ne pouvait rester en arrière, et nous ne voulons point passer sous silence les belles fêtes célébrées, dimanche, lundi et mardi derniers, dans sa chapelle où elles avaient attiré une affluence pieuse et empressée. Cette chapelle avait reçu à cette occasion une décoration aussi gracieuse que possible. Une tenture de velours rouge bordée d'or garnissait le haut des murs de la nef, dont les fenêtres, ainsi que les statues de la sainte Vierge et de saint Joseph, étaient environnées d'une guirlande de roses, emblème de la virginité. Une bannière portant l'image du Sacré-Cœur et cette inscription : *Rome —*

France, était attachée, à l'intérieur, au-dessus de la porte d'entrée, et contre les murs se voyaient dix cartouches ovales également encadrés chacun d'une guirlande de roses offrant aux regards, en lettres d'or, des invocations à sainte Thérèse, rappelant quelques-uns des caractères ou des vertus les plus remarquables de l'illustre réformatrice du Carmel : *Sainte Thérèse, épouse très fidèle de Jésus-Christ, priez pour nous.* — *Sainte Thérèse, apôtre de la dévotion au glorieux saint Joseph..., amie de la Croix, voulant souffrir ou mourir..., Oracle de science parmi les docteurs,* etc.

L'arcade qui sépare le chœur de la nef était également ornée de riches et élégantes tentures, et on lisait au-dessus cette inscription : IIIe CENTENAIRE DE SAINTE THÉRÈSE.

Le chœur était, comme de raison, encore plus splendidement décoré que la nef de tentures rouges et or, et de fleurs. L'autel surtout frappait les regards : des guirlandes de roses entouraient de spirales gracieuses les deux colonnes qui supportent le fronton placé au-dessus du retable. Ce fronton, dont le milieu est orné des armoiries de l'Ordre des Carmes, était lui-même bordé d'une guirlande de fleurs. Le tableau du retable avait été recouvert d'une toile, sur laquelle étaient figurés des rayons partant d'un centre plus lumineux : cette toile, fort ingénieusement éclairée au moyen de lampes placées au bas, formait comme un fonds radieux sur lequel se détachait la statue de sainte Thérèse placée devant, immédiatement derrière l'autel. Cette statue, lorsque le soleil l'éclairait pendant le jour, et le soir, quand les réflecteurs des lampes placées dans les angles du sanctuaire la mettaient en pleine lumière, était d'un effet vraiment ravissant.

Deux bannières, à droite et à gauche de l'autel, celle du côté de l'Evangile aux armes du Saint-Père, et celle du côté de l'Epître aux armes de Monseigneur l'Évêque d'Amiens, complétaient la décoration au sanctuaire, à la voûte étoilée duquel était toujours suspendue la colombe dorée, emblème du Saint-Esprit, patron du monastère des Carmélites d'Amiens.

Toute parée ainsi de la pauvreté du Carmel et de la richesse de la charité, l'humble chapelle, si chère à la piété des fidèles Amiénois, offrait un coup d'œil à la fois simple et gracieux, de bon goût sans recherche et d'une véritable élégance, qui fait honneur à ceux qui ont exécuté cette décoration, comme à celui qui en a donné le plan. Nous devons féliciter MM. Birchler et Richard d'avoir aussi habilement suivi les indications de M. le chanoine

Dahiez, dont le zèle pour la beauté de la maison de Dieu n'a pas besoin d'éloges.

Pendant la durée du *Triduum*, de nombreux fidèles remplirent presque constamment la chapelle, priant avec ferveur, surtout pour l'Eglise et pour la France, celle qui, au moment de sa mort, disait que sa plus grande joie était d'être fille de l'Église, et qui, pendant sa vie, a tant prié et fait prier pour la France. Aux heures des offices, l'affluence était telle que, bien que la chapelle fût augmentée de la cour d'entrée, tendue et couverte, il devenait presque impossible d'y pénétrer, et notamment dimanche, au salut, un grand nombre de personnes durent se retirer, la chapelle étant comble plus d'une heure avant celle du sermon.

Pendant les neuf jours précédant la fête de sainte Thérèse, une neuvaine d'exercices pieux avait réuni chaque matin les fidèles au pied de l'autel. Une instruction était donnée chaque jour après la messe de communauté par le R. P. Gaudet et suivie de la bénédiction.

Non moins bienveillant pour les filles de sainte Thérèse que ne le fût, il y a 276 ans, son illustre prédécesseur, Geoffroy de la Marthonie, que les mémoires du temps nous montrent si édifié des vertus et de la piété des Carmélites à leur arrivée dans notre ville, Monseigneur l'Évêque d'Amiens daigna venir présider tous les exercices le jour de la fête de sainte Thérèse.

Dimanche, à 8 heures du matin, Sa Grandeur célébra la messe de communauté, et distribua la sainte communion à un grand nombre de fidèles. Monseigneur était assisté par M. l'abbé Boucher, chanoine archiprêtre de Notre-Dame, et par M. l'abbé Deschamps, secrétaire de l'Evêché. Durant le saint sacrifice, des chants harmonieux furent habilement exécutés par le chœur des cantiques de Sainte-Anne, sous la direction de Mlle Pattenotte, et par M. l'abbé Millant, qui, de cette voix brillante si admirée des habitués de la cathédrale, chanta plusieurs strophes du célèbre cantique composé par la Sainte et connu sous le nom de *Glose de sainte Thérèse*.

Le sermon devait être prêché à cinq heures par M. l'abbé Fallières, vicaire général. Dès trois heures, la chapelle était remplie, et à quatre, nous l'avons déjà dit, il était impossible de pénétrer dans la cour du monastère, à tel point que la foule déborda dans la rue, et que ce ne fut qu'à grand'peine que Mgr l'Evêque et les ecclésiastiques, parvinrent à entrer.

A cinq heures et quelques minutes, Monseigneur ayant pris place dans le sanctuaire où se trouvaient plusieurs chanoines, des curés de la ville et un grand nombre d'autres membres du clergé séculier et régulier, M. l'abbé

Fallières monta en chaire. Nous sommes heureux de pouvoir reproduire le début de son discours :

Gloriam ejus quis enarrabit?
Qui pourra raconter sa gloire ?

« MONSEIGNEUR, MES FRÈRES,

« Si je n'avais eu la crainte de contrister par un refus des âmes qui sont et qu'il faut laisser tout à la joie de leurs fêtes, j'aurais décliné l'honneur de parler aujourd'hui de Thérèse de Jésus. J'ai pour sainte Thérèse une admiration si grande, un goût si vif, un culte si respectueux, qu'aucune parole ne me paraît capable de rendre ce que j'éprouve. Je sens que si j'essayais de crayonner un portrait, d'esquisser une figure, de risquer un éloge, de tenter un panégyrique, je le détruirais, par respect pour ma Sainte, et pour ne pas encourir le reproche qu'elle fit, en voyant son portrait, au Frère Jean de la Misère : Oh ! Frère Jean, vous m'avez faite laide et chassieuse ! C'est pourquoi, renonçant à trouver une forme de discours qui ne soit pas absolument au-dessous de la pure et chère gloire que nous célébrons, je vous demande la permission de me laisser aller, dans un simple entretien, au courant des pensées qui se sont présentées à mon esprit, à l'occasion du troisième centenaire de l'illustre vierge d'Avila.

« Comment se fait-il que Thérèse de Jésus soit si sympathique aux âmes ? Ah ! c'est que Thérèse de Jésus est avant tout une âme, une âme qui se révèle, qui se dévoue, qui se raconte, et qui, en se révélant, en se dévoilant, en se racontant elle même, avec une incomparable candeur, ouvre à des multitudes d'autres âmes les routes mystérieuses qui conduisent à la possession du divin amour.

« Ame transparente et translucide, Thérèse de Jésus est, pour les autres âmes, un *miroir*, un *docteur* et un *sauveur*.

« Monseigneur, votre présence est un grand honneur et une grande consolation pour les filles de sainte Thérèse. Si elle leur avait manqué, elles vous auraient écrit peut-être, comme autrefois Thérèse à l'évêque d'Avila : « *Depuis que vous avez tant de Saintes, vous avez appris à connaître celles qui ne le sont pas, et voilà pourquoi vous nous oubliez..* » Mais loin de songer, Monseigneur, à vous adresser un pareil reproche, elles ont hâte de vous exprimer, par ma bouche, les sentiments de respect et de reconnaissance dont elles sont pénétrées. Si l'évêque d'Avila fut pour la réformatrice du Carmel un appui providentiel, les Carmélites de France ont toujours trouvé dans nos Evêques des pères et des protecteurs. Continuez à celles d'Amiens votre indulgente bonté, et, empruntant de nouveau le langage de leur séraphique Mère, elles aimeront à vous dire : « *Que le divin Maître, Monseigneur, vous soutienne toujours de sa main* ».

Sainte Thérèse, âme transparente et miroir des âmes; sainte Thérèse, guide et docteur des âmes; sainte Thérèse, sauveur des âmes, tels sont les trois points développés par M. l'abbé Fallières dans cette conférence, où, sans parler de l'élévation des pensées, de l'élégance et de l'onction qui la caractérisaient, on entendait les accents émus d'une âme sacerdotale, heureuse de célébrer les vertus et les exemples d'un modèle des âmes chrétiennes.

Nous n'essaierons point de donner une analyse complète de ces éloquentes paroles : il nous suffira de dire que l'orateur, après avoir rappelé les premiers élans de l'âme de sainte Thérèse vers Dieu, sans cacher ses refroidissements momentanés dans l'amour divin, la montra ensuite dans le cloître, signala ses épreuves, même ses résistances à la grâce, alors que cette âme était encore partagée entre le ciel et la terre, suivies de cette neuvaine au Saint-Esprit, à la fin de laquelle Thérèse comprit qu'elle ne devait plus être qu'à Dieu seul, s'élança d'un vol rapide vers les célestes hauteurs, et désormais put dire :

> Je vis, mais hors de moi ravie ;
> J'attends en Dieu si haute vie,
> Que je meurs de ne point mourir (1) !

« Sainte Thérèse fut un docteur ; l'Eglise, si elle ne lui a point décerné ce titre, a néanmoins déclaré dans son office qu'elle a écrit de nombreux ouvrages remplis d'une céleste sagesse qui excitent beaucoup les cœurs au désir de la céleste patrie, et, dans l'oraison du jour de sa fête, elle demande que *nous soyons nourris de l'aliment de sa doctrine céleste*. Ces livres admirables, Thérèse ne les écrivit que par l'ordre de ses confesseurs et à la prière de ses filles. Elle appelle son *Chemin de la perfection* « un petit écrit touchant l'oraison » ; et dans la préface de son *Château de l'âme*, entrepris sur l'ordre de ses supérieurs, elle dit avec simplicité : « Quand mon travail ne devrait être d'aucune utilité à personne, j'en retirerais du moins le profit de m'être

---

(1) Ces vers sont ce qu'on appelle le *texte*, ou le début, de la *Glose de sainte Thérèse*.

fatiguée et d'avoir augmenté mon mal de tête pour satisfaire à l'obéissance ». Or, ce sont des livres admirables, véritables itinéraires de l'âme à Dieu! »

L'orateur a ensuite donné une analyse d'une lucidité parfaite de ces chefs-d'œuvre, qu'il a vivement engagé à lire et à mettre en pratique.

Sainte Thérèse ne fut pas seulement un docteur des âmes, elle fut aussi un *Sauveur des âmes :* en effet, elle n'a établi sa réforme du Carmel que pour sauver les âmes qui se perdent, et elle eut surtout en vue la France, que l'hérésie menaçait et que les guerres de religion mettaient à fer et à sang. Prier pour les défenseurs de l'Eglise, pour les prédicateurs et les savants qui combattent pour elle, sauver des âmes par la prière et la pénitence, telle fut sa vocation. Avoir la soif des âmes, prier, pleurer, souffrir pour les sauver, c'est là sainte Thérèse et c'est là le Carmel.

Sainte Thérèse fut donc un sauveur des âmes et un apôtre, et son apostolat fut fécond.

M. l'abbé Fallières a rappelé à grands traits l'extension du Carmel en Espagne d'abord, puis en France, où il est encore si florissant. Il n'a pas oublié le monatère d'Amiens, qui a reçu dans son cloître la grande dame qui avait été chercher en Espagne les compagnes et les filles de sainte Thérèse, Madame Acarie, la Bienheureuse Marie de l'Incarnation.

Comme conclusion de son discours, l'orateur, après avoir rappelé, avec l'un de ses historiens, la double mission de sainte Thérèse, la réforme du Carmel et le triomphe de l'Eglise sur l'erreur, s'est demandé quels sont les desseins de Dieu en ramenant l'attention du monde contemporain sur la grande figure de la vierge d'Avila? « Aujourd'hui, le Carmel n'a plus besoin de réforme, il est toujours animé de l'esprit de sainte Thérèse. Mais l'erreur envahit le monde, bien plus encore qu'au siècle de sainte Thérèse. A tous de combattre à la suite de Thérèse, en la priant pour l'Eglise, pour la France, objet pour elle de tant de sollicitudes, et le mal reculera, et l'Eglise brillera sur le monde d'un grand et nouvel éclat... »

Ces lignes ne peuvent donner qu'une idée insuffisante d'un discours aussi nourri des écrits de sainte Thérèse qu'animé de son esprit. Nous espérons du moins en avoir reproduit les principales pensées.

Le sermon fut suivi du salut solennel, donné par Monseigneur. Les chants furent exécutés en musique avec une grande perfection. Outre les choristes que nous avons déjà cités, on entendit encore plusieurs des plus belles voix du chœur de la Cathédrale qui, avec un empressement digne d'éloges, avaient bien voulu rehausser de leur talent la beauté de la fête.

Les solennités de lundi et de mardi continuèrent dignement celles de dimanche. L'affluence des fidèles ne diminua guère. La messe de communauté fut dite et le salut donné, le lundi, par M. l'abbé Fallières, vicaire-général, et, le mardi, par l'abbé Boucher, archiprêtre de la Cathédrale; supérieur du Monastère. Les deux jours, on entendit, pendant la messe, le chant de strophes de la Glose de sainte Thérèse par M. l'abbé Millant, et au salut les chants admirés le jour précédent.

L'espace nous manque pour faire connaître, comme nous l'aurions souhaité, le sermon prêché lundi par le R. P. de Geyer, de la Compagnie de Jésus, et mardi par le R. P. Devoucoux, des Frères-Prêcheurs. Nous le regrettons vivement ; l'un et l'autre orateur s'est montré à la hauteur de son sujet. Le P. de Geyer a donné un manifique panégyrique de la réformatrice du Carmel, dans lequel la perfection de la forme s'unissait à la richesse du fond : il a montré sainte Thérèse épouse de Jésus Christ, mère d'innombrables enfants, et docteur éclairé par l'amour divin qui l'a embrasée tout entière, et a été la source de toutes ses vertus, de tous ses privilèges, de toute sa gloire.

Le P. Devoucoux, dans un style nerveux, imagé et concis, a fait voir comment sainte Thérèse avait combattu l'hérésie qui se répandait sur le monde, à son époque : en opposant à l'esprit de révolte de Luther la pratique de l'obéissance la plus parfaite et la plus absolue ; à la froideur de l'hérésie, l'ardeur qui enflammait son âme ; à l'ingratitude de l'hérésie, cette reconnaissance qui la portait à désirer la souffrance pour l'amour de son divin Maître et lui faisait pousser ce cri, sublime expression des sentiments de son âme : *Ou souffrir ou mourir !* L'éloquent prédicateur a terminé par une invocation de sainte Thérèse qui a trouvé un écho profond et sincère dans toutes les âmes de son nombreux auditoire.

A la fin du salut qui termina ce troisième jour, le *Te Deum* exprima la joie et la reconnaissance qui remplissaient tous les cœurs. Après la bénédiction du Saint-Sacrement, on entendit une dernière fois le chant mélodieux de la Glose de sainte Thérèse ; puis, la foule s'écoula lentement, doucement émue, emportant de ces jours de fête une de ces impressions qui semblent venir d'une échappée de vue de la fête éternelle et d'une apparition de l'immortalité.

CARMEL DE TOURS

(FONDÉ EN 1608).

Elles sont passées ces belles fêtes du centenaire de sainte Thérèse, mais elles laissent dans nos âmes un souvenir ineffaçable. Dieu soit béni! rien n'a manqué aux hommages rendus à cette grande Sainte pendant ce mois que nous appellerons volontiers désormais le mois de sainte Thérèse. La ville de saint Martin a prouvé, une fois de plus, quelles étaient sa foi et sa piété.

La chapelle du Carmel avait été richement décorée ; les fleurs, les guirlandes, les lumières, tout disait que dans ce sanctuaire on fêtait une Mère ; les grilles elles-mêmes, ordinairement si sombres, brillaient d'un éclat inaccoutumé, et l'on sentait que derrière ces remparts élevés entre le monde et elles, les dignes filles de sainte Thérèse tressaillaient d'une joie toute céleste. Le pieux monument avait changé d'aspect. Sur le tableau du maître-autel paraissait sainte Thérèse entrant dans la gloire soutenue par les Anges ; deux autres Anges de dix pieds de haut et supportant des pyramides de lumières accompagnaient ce triomphe. Un riche couronnement en fleurs et en gaze rose dorée abritait le sanctuaire. Près de la grille, devant la chaire, on voyait le grand tableau de la Sainte en extase ; au-dessus, un écusson au blason de sa famille ; au-dessous la belle châsse de ses reliques placée sur une élégante console garnie d'or, de gaze et de fleurs. Tout autour de la chapelle régnait une draperie en gaze rose dorée comme dans le sanctuaire ; puis des écussons, des oriflammes au chiffre de sainte Thérèse et des guirlandes ornaient depuis le haut de la voûte jusqu'aux dalles de la chapelle. Les lustres et les candélabres multipliés répandaient des flots de lumière et faisaient briller les six grandes lumières qui tapissaient les murs de la nef. Sur ces bannières étaient représentés six anges portant chacun des emblèmes avec ces invocations : *Colombe de l'arche, flambeau de doctrine, vigne féconde, étoile brillante du Carmel, lys de pureté, rose de charité, priez pour nous.* Sur ces bannières encore figuraient les armes et le nom de chacune des trente-deux villes d'Espagne où sainte Thérèse avait fait ou vu faire pendant sa vie des fondations de sa réforme. Une gracieuse tribune avait été construite pour la circonstance ; elle était destinée au chœur des musiciens qui devaient célébrer les louanges de la Sainte.

Elles ont retenti souvent dans l'enceinte sacrée : des artistes bien connus de tous par leur dévouement avaient offert le concours de leur talent ; aidés de plusieurs amateurs de la ville, ils ont rehaussé l'éclat des fêtes par des chants exécutés avec une perfection qui ne laissait rien à désirer ; aussi plus d'une prière qu'ils ont contribué à rendre fervente est montée pour eux vers la sainte réformatrice du Carmel.

Que dirons-nous de la neuvaine prêchée par le révérend Père Soyer ? De l'avis de tout le monde, le pieux et savant orateur s'est surpassé en nous expliquant la doctrine de la Croix. Quel sujet pouvait-il mieux choisir pour disposer nos âmes à fêter la sainte Amante de Jésus dont la devise était : *Ou souffrir ou mourir !* La chapelle était insuffisante pour contenir la foule avide de recueillir d'une bouche si autorisée les grandes et consolantes vérités qui découlent du Crucifix.

Dans le sermon d'ouverture, le révérend Père nous a montré que le Crucifix, c'est-à-dire Jésus sur la croix, nous appartenait à un double titre, parce qu'il est notre ouvrage et aussi notre héritage. Mais si Jésus crucifié est à nous, nous sommes à lui. Il est notre bien et nous sommes sa propriété par la vertu d'un divin contrat qui le livre à nous et nous donne à lui.

La Passion !... elle a été présentée à nos méditations pendant toute cette neuvaine avec une élévation de pensées qu'il nous est impossible de reproduire, mais dont le souvenir est gravé au fond de nos âmes encore tout imprégnées de cette céleste doctrine. Ouvrant devant nous ce grand livre de la Croix, le révérend Père nous y a fait lire avec Madeleine pénitente la page de la Justice ; contemplé sous ce point de vue, le Crucifix inspire une sainte terreur.... Qu'elle est inexorable et terrible en effet la justice de notre Dieu !..... Oui, c'est une chose terrible de tomber entre les mains du Dieu vivant !... A la page de la Justice a succédé celle de la Sagesse, et avec saint Jean nous avons contemplé cette divine Sagesse, nous apprenant dans le mystère de la Croix l'excellence de l'âme rachetée à un si haut prix ; nous avons admiré les martyrs et les apôtres s'immolant pour la gloire de Dieu et le salut des âmes. Enfin, avec Marie, il nous a été donné de lire la page de l'éternel amour dans le Crucifix. La hauteur, la largeur et la profondeur de cet amour nous ont été montrées, et il a été prouvé que Jésus-Christ nous aime sans *réserve*, sans *exclusion*, et sans *retour ;* qu'Il se donne à *tous*, tout *entier* et pour *toujours*..... Que ferons-nous en retour ?... Un magnifique sermon nous montrant les différents degrés dans l'amour de la Croix est venu nous l'apprendre. Le premier degré, c'est l'amour de soumission.

Le pécheur dit avec Jésus au jardin de l'agonie : « Mon Père, s'il est possible que ce calice passe loin de moi.... non... pas ma volonté, mais la vôtre..... » Le juste fait un pas de plus, il regarde la main qui tient le calice, il sait qu'elle est conduite par le cœur du meilleur des pères qui lui présente *toujours* ce qui est pour son plus grand bien. L'amour de dévotion lui fait dire avec son divin Maître : « Eh ! quoi ! ne boirai-je pas le calice que mon Père m'a préparé ? » Il y a le sommet de cette échelle mystérieuse, il s'appelle l'amour de passion, les Saints seuls y parviennent.... C'est la sainte folie de la Croix ; c'est elle qui faisait jeter à Notre-Seigneur expirant dans le plus affreux supplice ce cri sublime...... *Sitio*... j'ai soif !... et qui faisait dire à Thérèse de Jésus : Ou souffrir ou mourir....... Pourquoi la souffrance a-t-elle été tant aimée par les Saints ? Oh ! c'est qu'elle est la plus grande expression de l'amour, et par conséquent le meilleur emploi de notre vie sur la terre. Hélas ! nous ne savons plus aimer, parce que nous ne savons plus souffrir. Chaque douleur cependant dépose un rayon de gloire sur nos fronts ; à l'heure de l'épreuve ne l'oublions pas.

Pendant les trois derniers jours, avec un tact et un à-propos qui n'ont échappé à personne, le révérend Père a parlé de la réparation, œuvre de justice et d'amour ; il nous a montré quel en était le but, la nécessité, et quelle part en revient à la France : la première part, c'est-à-dire la plus large et la plus lourde, parce qu'elle est tout à la fois la nation la plus favorisée de Dieu et la plus coupable envers Lui. Puis, étudiant les fondements de la dévotion à la sainte Face (le lieu ne pouvait être mieux choisi), le révérend Père nous en a expliqué les devoirs indiqués par Notre-Seigneur lui-même à la sœur Saint-Pierre dans ce Carmel où elle est morte en odeur de sainteté. Les devoirs consistent à *essuyer* par nos hommages, avec sainte Véronique, la Face adorable de Jésus, et à la *parfumer* comme d'autres Madeleines par les plus tendres hommages de nos cœurs.

En nous quittant, le R. Père nous a laissés avec ces paroles de Notre-Seigneur si nécessaires à méditer à l'heure présente : « Que votre cœur ne se trou-« ble pas, je vous laisse ma paix.... Ayez confiance, j'ai vaincu le monde.... » Oui, gardons toujours, à l'exemple de sainte Thérèse, le calme dans la foi, le courage dans l'épreuve, la confiance dans l'amour, et soyons sûrs que l'heure du triomphe viendra.... le passé répond de l'avenir.

Le jour de la fête est arrivé, nous sommes au 15 octobre ; les messes se succèdent dans le pieux sanctuaire, l'assistance est nombreuse et profondément recueillie, presque tous les fidèles s'approchent de la sainte table ;

à neuf heures, messe pontificale célébrée par Sa Grandeur ; belle et excellente musique qui fait penser aux harmonies célestes. Ce jour-là chacun veut payer un tribut d'hommages à sainte Thérèse : la chapelle ne désemplit pas, et le soir, à l'heure des vêpres, elle est littéralement assiégée, il y a autant de monde à l'extérieur qu'à l'intérieur. Le chœur a été réservé aux hommes. Monseigneur, malgré les fatigues inséparables des offices de la journée, veut bien remplacer le prédicateur empêché au dernier moment par la maladie. La parole du premier Pasteur porte toujours avec elle une grâce particulière ; celle que nous avons entendue le 15 octobre a trouvé écho dans tous les cœurs. Sainte Thérèse inspirait et soutenait visiblement les forces de Sa Grandeur. Que mille actions de grâces lui soient rendues, et puisse sa protection s'étendre sur nous et nous conserver longtemps encore notre saint Archevêque !

Cependant tout n'est pas terminé. Les différents patronages de la ville viennent tour à tour avec leurs joyeuses fanfares célébrer les louanges et demander la protection de la sainte Mère. Tous les établissements religieux prennent aussi part à ces fêtes et s'empressent d'apporter leurs hommages et leurs prières à la Vierge séraphique.

Il était réservé au R. Père Labrosse, dont on connaît le dévouement pour le Carmel, de nous redire les gloires et les grandeurs de Thérèse de Jésus ; il l'a fait les 28, 29 et 30 octobre, avec cette sûreté de doctrine et cette parole pleine d'onction qui portent toujours la lumière dans les âmes. Sainte Thérèse nous a été montrée : 1° comme la *vierge* incomparable qui a mérité les saintes préférences de Jésus, et dont la fécondité merveilleuse a rempli les cloîtres d'âmes héroïques ; 2° comme le *docteur* dont la plume dirigée par Notre-Seigneur lui-même nous a laissé une doctrine que l'Église appelle *céleste* ; 3° enfin, sainte Thérèse est *apôtre ;* son zèle, allumé au foyer de l'amour le plus ardent, ne connaît ni bornes, ni mélange. « Rendez gloire et honneur au Seigneur votre Dieu », voilà ce qu'elle voudrait redire à toutes les créatures. La perfection de son zèle ira jusqu'à s'oublier elle-même pour procurer cette gloire de Dieu qui a été la sainte passion de sa vie. Puissions-nous recueillir quelques étincelles de ce feu divin !

Le 30 au soir, jour de la clôture du *Triduum*, le salut solennel du Saint-Sacrement a été donné de nouveau par Monseigneur l'Archevêque. Jusqu'à neuf heures du soir, les voûtes ont retenti de pieux cantiques ; et la foule compacte semblait quitter à regret le sanctuaire de sainte Thérèse. Disons en terminant que la musique, les illuminations et la piété de l'assistance ont magnifiquement complété ces belles solennités.

Espérons que celle qui a reçu tant d'hommages exaucera les prières qui lui ont été adressées pour tous les grands intérêts de l'heure présente, et que la Mère du Carmel, vierge, docteur et apôtre, étendra sa protection sur l'Eglise toute entière et sur notre chère France qu'elle aimait tant !

P. S. *La Glose de sainte Thérèse mise en musique.*

« Je meurs de ne pouvoir mourir. »

Le cantique de sainte Thérèse est connu sous le nom de *Glose*, et cette dénomination est exacte. Dans la poétique du temps, en effet, on donnait le nom de *Glose* à une suite de stances destinées à commenter, en langage rythmé, une pensée ou sentence reproduite dans chaque strophe sous une forme différente, et rappelée sous une forme invariable à la fin de tous les couplets.

Tel est bien le genre littéraire du cantique de Thérèse de Jésus. — Mais que dire de cette poésie en elle-même, de ces stances plaintives qui ont été si longtemps et si démesurément souffertes avant d'être chantées ? Que dire de cette lutte d'une âme qui se débat contre la vie comme nous nous débattons contre la mort, et qui voudrait se déprendre du périssable, pour atteindre la « haute vie » ?

.... Il n'y a qu'un mot pour définir la *Glose*, et ce mot a été dit avant nous : « C'est l'agonie du saint amour ». Heureux qui peut, je ne dis pas la subir, mais à peu près la comprendre !

Quoi qu'il en soit, c'est cette agonie aux délicieux et redoutables mystères, c'est ce frémissement séraphique, ce tourment divin, que M. l'abbé Rastier a essayé de traduire dans la langue de l'art musical. Ce que Thérèse chantait sur la lyre divine de son cœur, ce qui la faisait vivre, ce qui la faisait mourir, l'artiste a voulu le chanter à sa manière, et il y a réussi, puisqu'il nous a tous si profondément émus et charmés. Certes, l'entreprise ne manquait point de hardiesse ; il fallait se mesurer avec une grande parole : le succès, au dire des plus compétents, a pleinement répondu au talent de l'auteur.

Sa composition est sobre, comme il convient à un sujet où le grand et le sublime se rencontrent, où le surnaturel et le divin éclatent de toutes parts, où la vie et la mort se disputent une âme plus grande que le monde. Ce qu'il faut à l'expression d'une pareille scène, c'est la mélodie simple et large; c'est l'accent spontané de la passion sainte, le cri pénétrant de l'âme. Ce que réclament les variations du thème unique de la *Glose*, c'est le mouvement varié d'une même idée musicale, qui suive dans toutes ses vicissitudes, dans ses triomphes, ses surprises, ses désespoirs, ses langueurs, ses revanches sublimes, l'âme dont il s'agit de rendre sensible à tous le mystérieux combat. C'est le son de cette âme que je veux entendre, dans un écho affaibli, sans doute, mais fidèle pourtant. Et tandis que la constante progression de l'idée mystique me conduit de strophe en strophe, m'entraîne, et, par la poésie du langage, me fait voir dans l'âme de la Sainte le dernier degré du transport, je veux que la progression de la mélodie, l'intensité croissante du sentiment, la cadence et la mobilité du rythme épuisent toutes les ressources de l'art, et poussent, elle aussi, l'expression jusqu'à son degré suprême. Cette page musicale survivra aux fêtes du centenaire et parlera aux âmes une langue trop peu connue aujourd'hui; elle en aidera plusieurs à s'élever plus facilement vers les régions du saint amour.

CARMEL DE ROUEN

(FONDÉ EN 1608).

Le *Triduum* du 3e centenaire de sainte Thérèse a été célébré, dans le Carmel de Rouen, avec la plus édifiante et la plus mémorable solennité. Dès la porte d'entrée et dans l'escalier, des fleurs et des inscriptions annonçaient cette aimable fête, et le Carmel s'était revêtu de beauté pour célébrer son auguste patronne. La chapelle, transformée par des décorations d'un goût exquis, resplendissait du plus radieux éclat. Un grand dais de satin blanc ombrageait tout le sanctuaire, et s'harmonisait avec les tentures de soie blanche et les fleurs naturelles, toutes blanches également, qui, ressortant des masses de feuillages et d'arbustes répandues partout, formaient un parterre du plus gracieux symbolisme. On remarquait surtout dans la chapelle l'autel dressé à gauche en l'honneur de sainte Thérèse. Sa statue, charmante image de la Vierge séraphique d'Avila, aux traits rayonnants, à la figure extatique, apparaissait au milieu des lumières et des fleurs comme une vision céleste. Tout était suave, aimable, mélodieux dans l'appareil et la dispositions de ces fêtes, qui ont laissé dans les âmes chrétiennes les plus profondes et les plus douces impressions.

Nous aimons à relever ici les belles et éloquentes inscriptions répandues dans la chapelle, et qui composaient à elles seules le plus parfait panégyrique de la sainte :

De chaque côté du Maître-Autel.

Ave, Mater ; Ave, Magistra Theresia.
Felix te Alba
Huic mundo nascentem vidit.
Felix te Incarnationis domus
In Christo latentem sanctificavit.
Felix te Beati Josephi cella
Reformantem audivit.

Felix te Alba civitas
Mortuam prophetantem sensit.
Nostris renascere mentibus
Tuo claustra refove spiritu.
Filiabus semper esto præsens
Et in discrimine temporis
Protectio fortis ad custodiam.

Près de l'Autel.

O cœlestis Norma vitæ
Doctor et dux Theresia !

Gregem tuum mater alma serva,
Tua prece corrobora.

Sur l'Autel de Sainte Thérèse.

Sancta Mater Theresia,
Respice de cœlo et vide et

Visita vineam istam et perfice
Eam quam plantavit dextera tua.

De chaque côté du même Autel.

Hæc est dies
Quâ sub columbæ specie
Ad sacra templa se
Transtulit Theresia.

Veni, soror, de vertice
Carmeli,
Ad Agni nuptias,
Veni ad coronam gloriæ.

Au-dessus de la grille des religieuses.

Florete, flores, quasi lilium | Et date odorem et frondete in gratiam.

Au-dessus de la porte de la chapelle (extérieur).

Christum vulnerantem Theresiam | Amore languentem, venite, adoremus.

Dans l'escalier.

Mons Carmeli exsultet
In conspectu Domini

Quia mirabilia fecit in Theresia.

Au-dessus de la porte principale du cloître.

Justitia in Carmelo sedebit	Et habitavit populus meus in
Et erit opus justitia pax.	pulchritudine pacis.

Le *Triduum* s'est ouvert le lundi soir 23 octobre par un salut solennel, célébré par M. l'abbé Isaac, vicaire général, doyen du Chapitre, supérieur du Carmel. Les offices ont été présidés : le mardi 24, par M. l'abbé Cayez, chanoine honoraire, curé de Saint-Patrice ; le mercredi 25, par M. l'abbé Régneaux, chanoine, archiprêtre de la Métropole ; le jeudi 26, par M. l'abbé Isaac, vicaire général, doyen du Chapitre, et les sermons du *Triduum* prêchés par M. l'abbé Loth, chanoine honoraire, professeur à la Faculté de théologie, qui a consacré ses trois discours au siècle, à la vie, à l'œuvre de sainte Thérèse.

Chaque soir, une couronne de prêtres entouraient le sanctuaire. On y voyait des membres du vénérable Chapitre, des curés de la ville et de la banlieue, les chapelains des différentes communautés religieuses, les vicaires des paroisses, et cet hommage empressé du clergé de notre cité n'a pas été l'un des spectacles les moins édifiants de ces solennités. Des députations des religieuses non cloîtrées de notre ville se sont rendues tour à tour auprès de l'autel de sainte Thérèse, et lui ont offert les louanges et les vœux de leurs communautés.

Les offices, chantés par un chœur parfaitement organisé, ont répondu à la solennité. Les fidèles joignaient leurs voix à celle des chantres, et formaient un concert admirable de louanges et de bénédictions. Le cantique final en l'honneur de sainte Thérèse était répété par une foule vibrante de tendresse et de foi. On sentait que le cœur enflammait les louanges et les supplications proférées par toutes ces voix émues. Du fond de leur cloître, les saintes Carmélites silencieuses répondaient par leurs larmes à l'enthousiasme des fidèles, et leur méritaient, par leurs prières, de nouvelles bénédictions,

Il eût fallu dilater les murs de la chapelle pour contenir l'assistance qui se pressait aux pieux exercices. Le corridor qui précède la chapelle et l'escalier étaient remplis eux-mêmes de fidèles. Toute cette assemblée ne faisait qu'un cœur et qu'une âme dans les témoignages de dévotion qu'elle rendait à l'incomparable servante de Dieu, dont la gloire, comme la renommée, ont été grandissantes depuis trois siècles. La vénération et la sympathie qu'inspire à tous le Carmel de Rouen, qui édifie depuis 1608 par ses vertus et entoure notre ville de sa protection, n'ont pas peu contribué aussi à l'élan et à la splendeur de cette manifestation religieuse.

Nous devons donner ici une courte analyse des sermons que M. l'abbé Loth a prêchés pour le *Triduum*.

L'orateur avait divisé son sujet en trois parties, qu'il a dû renfermer dans les bornes d'un discours : le siècle, la vie et l'œuvre de sainte Thérèse. Chacune d'elles est traitée à grands traits, sommairement, mais avec force et pénétration, et constitue une de ces hautes synthèses oratoires qui sont le triomphe des prédicateurs. Cette belle trilogie de discours a l'intérêt de la piété et de l'histoire, le charme du style et de la vraie éloquence, celle qui vient du cœur et qui s'alimente aux sources doctrinales. En voici le cadre très réduit.

Premier jour. — Le siècle de sainte Thérèse. Influence profonde des saints sur leur temps et sur les temps qui ont suivi, sensible surtout pour les grands saints. Au XVIe siècle, les sectateurs de Mahomet quittent enfin l'Espagne ; mais en prenant Constantinople ils avaient poussé vers l'Occident le monde grec qui, nous apportant les restes de l'art antique, provoque la renaissance des lettres et des arts, réveille le goût païen et l'esprit d'indépendance ; les fidèles, les religieux eux-mêmes vont s'en ressentir. Mais voici venir les saints. Après avoir énuméré la brillante pléiade de ces amis de Dieu au XVIe siècle, l'orateur déclare qu'entre tous, Thérèse a exercé la plus grande influence sur son siècle et sur ceux qui ont succédé, par sa réforme et par ses livres : elle a réformé les religieux et enseigné à tous la vraie piété qu'elle a su rendre aimable. C'est pourquoi l'Espagne et le monde catholique la fêtent avec plus d'enthousiasme que les autres saints du même pays et du même temps.

Deuxième jour. — La vie de sainte Thérèse. L'orateur prend la Sainte dès son enfance et la suit jusqu'à la tombe, ou plutôt jusqu'à la gloire. Il tire de chacune des différentes époques de sa vie, dont il fait l'émouvant tableau, un enseignement plein d'édification, et termine par une prière à la Sainte en faveur de l'Église, de la France et du Carmel.

Troisième jour. — L'œuvre de sainte Thérèse. L'œuvre de sainte Thérèse est le Carmel réformé. L'amour de soi poussé jusqu'à l'oubli de Dieu, c'est Luther ; l'amour de Dieu poussé jusqu'à l'oubli de soi, c'est Thérèse. Thérèse voit de loin venir l'impiété avec ses progrès successifs ; elle veut combattre par elle-même et par ses filles en qui elle se survit, puis aider les capitaines de la milice de l'Église : elles prieront et souffriront pendant que les impies boiront l'iniquité comme l'eau. Thérèse, qui veut avoir des filles en France, ordonne à Madame Acarie d'y fonder le Carmel avec l'aide de ses filles préférées; elle est obéie, et Rouen doit être compté dans les premières fondations. L'Église, la Papauté et la France, trois causes pour lesquelles les Carmélites s'immoleront, trois douleurs de notre époque, symbolisées peut-être par les trois épines principales qui ont germé au pied de la relique du cœur de sainte Thérèse et qui meurtrissent les cœurs chrétiens. Sachons souffrir et prier avec Thérèse pour mériter sa protection et régner avec elle.

CARMEL DE CHALON-SUR-SAONE

(FONDÉ EN 1609).

Encouragée par la plus auguste des autorités, favorisée de précieuses indulgences, attendue par les âmes pieuses avec une religieuse avidité, annoncée par la presse et par des affiches apposées aux portes de toutes les églises et chapelles de la ville, la fête du troisième centenaire de la mort de sainte Thérèse ne pouvait manquer d'attirer un grand concours de fidèles.

En prévision de cette affluence qui, du reste, ne fait jamais défaut aux fêtes du Carmel, des tentures tapissées intérieurement de lierre naturel fleuri de roses avaient été disposées dans la cour du couvent. Elles se déployaient sur des boiseries ornées de motifs d'architecture et formaient ainsi une véritable chapelle, se reliant à la chapelle proprement dite par d'heureuses décorations.

A l'intérieur, deux magnifiques candélabres, étincelants de feux et de pierreries, étaient placés, de chaque côté, sur les degrés du sanctuaire. Les lumières prodiguées aux autels de la sainte Vierge et de saint Joseph, et plus encore au maître-autel, faisaient ressortir les reliquaires, les riches peintures et les marbres dorés.

A droite et à gauche de l'entrée de la chapelle principale, les statues de sainte Thérèse et de saint Jean de la Croix. L'ornementation des socles était faite par les armes du Carmel et des encadrements habilement dessinés.

Sur le tympan de la chapelle improvisée, le monogramme du Christ entouré d'une gloire et surmonté de la croix. Sur les pilastres de la façade, les armes du Souverain-Pontife et de Monseigneur l'Évêque d'Autun, puis des oriflammes aux couleurs de la virginité, de l'Église et du Sacré-Cœur et au chiffre de sainte Thérèse, des cartouches héraldiques redisant ses œuvres et ses vertus : MODÈLE DE SAINTETÉ, PUISSANTE PROTECTRICE, ZÉLATRICE DES AMES, MAÎTRESSE DE LA VIE SPIRITUELLE, VIERGE SÉRAPHIQUE, TOUTE DÉVOUÉE A L'EGLISE, GLOIRE DU CARMEL, ZÉLÉE RÉFORMATRICE, DOCTEUR MYSTIQUE, FOYER DE CHARITÉ. La lecture de tous ces titres, écrits en lettres d'or sur les différentes couleurs usitées dans le blason, était déjà comme une préparation aux sermons que l'on venait écouter.

Trois longs cordons de guirlandes, tressées par les élèves du petit séminaire de Rimont, prenaient à la porte d'entrée du monastère et, courant le long des massifs d'arbustes, conduisaient le visiteur, par une gracieuse avenue, jusqu'au vestibule de la chapelle. En avançant entre ces haies de fleurs et de verdure, le souvenir se reportait sans effort vers le vrai Carmel, cette montagne toujours verdoyante et fleurie, et dont la splendeur a mérité d'être classée par l'Esprit-Saint au rang des beautés les plus remarquables de la création, *decor Carmeli et Saron.*

La neuvaine de prières préparatoires se terminant, tous les soirs, par la bénédiction du Très-Saint-Sacrement, avait été commencée le 6 octobre. Les Jeunes-Economes et les Orphelines des Sœurs de Saint-Vincent de Paul, dirigées par M. Heckmann, le très sympathique et très méritant organiste de Saint-Vincent, ont fait entendre, aux saluts, leurs plus belles voix et leurs meilleurs morceaux de chant.

On a beaucoup remarqué le *Quam dilecta*, le duo d'*O salutaris*, plusieurs cantiques du P. Hermann et de Lambillote, l'antienne *Sancta mater Theresia* et divers *Tantum ergo* des grands maîtres.

De tous les cantiques qui, pendant la neuvaine, ont été dits en l'honneur de sainte Thérèse, celui dont les paroles ont produit le plus d'effet est incontestablement le chant d'amour traduit de l'espagnol en vers français et composé dans sa langue originale par la Sainte elle-même.

Le voici en entier :

> Dieu de paix et d'amour, lumière de lumière,
> Verbe dont les splendeurs éblouissent les cieux,
> Je t'adore, caché sous l'ombre du mystère
>   Qui te voile à mes yeux.   (*Bis.*)

REFRAIN.

Oh ! qui me donnera des paroles ardentes,
Des paroles du ciel, une langue de feu,
Une angélique voix et des lèvres brûlantes,
    Pour te bénir, mon Dieu !   (*Bis.*)

Ton sang de Rédempteur a coulé dans mes veines,
Tes anges et tes saints ont envié mon sort,
Et tu m'unis à toi par d'amoureuses chaînes,
    Plus fortes que la mort.   (*Bis.*)

Oh ! depuis que mon âme à ton âme est unie,
Je ne suis plus qu'amour, espérance et désirs,
Ton cœur est tout mon cœur et ta vie est ma vie,
    Tes soupirs mes soupirs.   (*Bis.*)

Maintenant, ô Seigneur, les choses de la terre
Sont vaines à mes yeux comme une ombre qui fuit ;
C'est un vaste désert que tristement éclaire
    Le flambeau de la nuit.   (*Bis.*)

Que ne puis-je habiter toujours en ta présence
Comme le Séraphin qui te contemple au ciel,
Comme la lampe d'or qui la nuit se balance
    Devant ton saint autel !   (*Bis.*)

Enlève-moi, mon Dieu, de la terre où l'on pleure,
Montre-moi ta beauté, cache-moi dans ton sein,
Les siècles pour t'aimer, les siècles sont une heure,
    Mais une heure sans fin !   (*Bis.*)

Refrain et couplets, tout a été chanté avec l'entrain et le sentiment que donne la vraie piété.

A partir du samedi, veille de la clôture de la neuvaine, il y a eu sermon, pendant sept jours, par deux Pères dominicains, le R. P. Cannot et le R. P. Jouin, prieur de la maison de Paris.

Le premier jour, le R. P. Cannot a indiqué la fidélité de sainte Thérèse à ses vœux comme le grand moyen par lequel elle est arrivée à la sainteté.

Le lendemain 15, jour de la fête de la Sainte, il a prononcé son panégyrique en exposant les phases principales et les faits les plus saillants de sa vie.

Le troisième et le quatrième jour, il a montré, dans son ardente charité, le principe générateur de son dévouement et de son amour pour la souffrance.

L'auditoire, attentif à la parole claire et instructive du jeune prédicateur, s'est particulièrement intéressé aux rapprochements historiques qu'il a établis entre les grandes familles religieuses de saint Ignace, saint Dominique, saint François et sainte Thérèse.

On aurait pu craindre que la prolongation des fêtes ne finît par fatiguer et épuiser la ferveur des fidèles. Bénédictions, prédications, offices solennels, et tout cela durant quinze jours pleins, au sein d'une population affairée comme celle de Chalon, pendant qu'à deux pas de là, dans une autre enceinte, devant le Christ qui reste encore dans nos prétoires, les débats du drame sacrilège de Montceau-les-Mines attiraient et passionnaient le public, n'était-ce pas beaucoup ? Oui, c'était beaucoup, mais ce n'était pas trop ; les nombreuses âmes dévouées au Carmel l'ont abondamment prouvé. Un jour, le 15, la foule a même été si grande, non seulement dans la chapelle, mais aussi dans la cour du couvent, que bon nombre de personnes, ne pouvant trouver place, malgré les précautions qui avaient été prises, ont dû s'en aller, sans avoir pu entendre la parole de Dieu.

L'intérêt des fêtes, industrieusement ménagé dès le commencement, s'est encore accru pendant le *Triduum* de la fin. Fête des yeux éblouis par les lumières et les reflets d'or ! Fête de l'ouïe charmée par la musique des plus grands maîtres ! Fête de l'esprit et du cœur s'abreuvant aux sources de l'éloquence sacrée ! Rien n'a manqué.

Les messes basses se succédaient, le matin, depuis 6 heures jusqu'à 9 heures. La grand'messe, célébrée avec la même pompe que dans nos cathédrales, a été dite pendant les jours du *Triduum* par MM. les Curés des trois paroisses de la ville : le premier jour, par M. le Curé de Saint-Cosme ; le second, par M. le Curé de Saint-Pierre ; le troisième, par M. le Curé de Saint-Vincent. Le diacre et le sous-diacre ont revêtu les mêmes dalmatiques qui avaient servi lors du dernier centenaire.

Les cérémonies ont été faites, matin et soir, par les enfants des bons Frères de la doctrine chrétienne, toujours prêts à seconder ce qui se rapporte à la gloire de Dieu et à l'honneur de ses saints. Les élèves de leur pensionnat ont chanté deux messes, celles du mercredi et du vendredi. Les solos de basse ont été très goûtés. Le chœur était conduit par le frère Paulin, l'organisateur de soirées artistiques justement appréciées.

Le jeudi 19, la maîtrise de Saint-Pierre nous a donné une messe entière,

Credo compris, de Gounod. C'est une œuvre de grand mérite et de grand effet.

On se demandait, après ces délicieuses harmonies, si la messe de clôture du lendemain, vendredi, n'offrirait pas un intérêt médiocre ; mais on comptait sans MM. Heckmann et Dupuis, deux artistes chalonnais qui se comprennent et font parler, l'un à son orgue et l'autre à son violoncelle, un langage qu'on ne se lasserait point d'écouter.

M. Dupuis, après vous avoir élevé aux plus hautes sphères de l'inspiration musicale, a de ces notes finales qui laissent l'âme comme suspendue et font rêver du ciel. Quelqu'un disait en sortant de la cérémonie : « Cet homme n'a pas cinq doigts, mais cinq esprits au bout de la main ».

Le 18, le R. Père Jouin, prieur des Dominicains de Paris, couvent de Saint-Jacques, montait en chaire. Reprenant la pensée présentée la veille par le Père Cannot, il montra sainte Thérèse dans les trois degrés du sacrifice *involontaire*, *volontaire* et *désiré*.

Dès le début, bien que fatigué par une série déjà longue de prédications données de tous côtés, le R. Père fit pressentir un talent d'orateur qui saisit et enchanta son auditoire. Le lendemain, le succès devait être plus complet encore.

Le 19, le Très R. Père nous montra sainte Thérèse couronnée de l'auréole des Docteurs, sinon officiellement, du moins dans le sentiment même de l'Eglise. Ouvrant saint Thomas d'Aquin, le Docteur par excellence, il y trouva la définition des trois qualités essentielles au docteur, c'est-à-dire : l'esprit de tradition, d'invention et d'intuition. Les développements furent magnifiques, la hauteur des pensées, le choix des expressions, l'élégance du style, la sobriété et la beauté des images, tout fut admirable. Il serait difficile de traiter mieux ce grand sujet. Le sermon dura une heure, mais l'âme, sous le charme de cette parole, échappait à la pression du temps, et n'avait conscience que de la rapidité de son vol.

Le 20, jour de la clôture des fêtes, le R. Père représenta la Sainte comme un modèle du dévouement *aux âmes, à son pays et à l'Eglise*.

Tandis qu'il parlait du dévouement à la patrie, les accents de voix du R. Père trahissaient les déchirements de son cœur. Lui qui, aumônier volontaire pendant cette guerre de trop durable et néfaste mémoire, a été blessé deux fois pour son pays, décoré par le gouvernement de son pays, se voit maintenant, par une étrange et douloureuse inconséquence, persécuté et bientôt peut-être chassé de son pays.

Il montra sainte Thérèse réalisant dans sa vie propre, et dans la forme spéciale donnée par elle à la réforme du Carmel, le type le plus excellent et le plus parfait de toute perfection ici bas, par l'imitation de la vie du Fils de Dieu, Notre-Seigneur Jésus-Christ. Ce que saint Thomas définit *excellentior* et *perfectior* : l'union de la vie contemplative à la vie active, c'est-à-dire à l'apostolat. Ce fut encore un discours d'une éloquence remarquable.

Les reliques de sainte Thérèse, richement enchâssées et exposées depuis le commencement de la neuvaine sur un trône en bronze doré, étaient présentées, chaque soir du *Triduum*, à la vénération des fidèles. Le dernier soir, après la bénédiction du Très-Saint-Sacrement, la fanfare des Frères a exécuté un morceau de circonstance, et toutes les voix se sont unies pour chanter un *Te Deum* bien motivé d'actions de grâces.

Une médaille commémorative a été frappée pour perpétuer le souvenir de toutes ces bonnes et belles fêtes. D'un côté est représentée la très sainte Vierge entre saint Joseph et saint Jean de la Croix, avec cette inscription de nos saints Livres que nous avons déjà citée : *Decor Carmeli*. De l'autre côté, sainte Thérèse est couronnée par la Reine de tous les saints. On lit autour du trône le nom de *Thérèse de Jésus d'Avila*, et la date du troisième centenaire : *15 octobre 1882*.

Un autre souvenir plus intime a été distribué à quelques privilégiés. C'est un recueil de douze sonnets relatifs à la vie de sainte Thérèse et imprimés sur papier de luxe. On trouvera deux de ces sonnets à la fin du volume.

Pendant ces jours de grâce si vite écoulés, l'affluence et la dévotion des fidèles ont été au delà de ce que l'on avait prévu, relativement à la mauvaise saison et au temps des vacances.

Les communions ont été nombreuses dans notre chapelle ; il y en avait à toutes les messes, ce n'était cependant que le petit nombre ; un saint prêtre nous a dit que dans les trois paroisses de la ville et celles des campagnes environnantes, il y en a bien eu quatre fois autant que dans notre chapelle, trop petite pour contenir toutes les personnes qui voulaient se nourrir du pain des Anges, à l'occasion des fêtes, et pour gagner l'Indulgence. Nous ne saurions préciser un nombre, n'ayant pas assez remarqué les communions qui ont eu lieu aux messes célébrées dans notre église.

Les communautés de la ville ont rivalisé de zèle et de piété pour solenniser notre grande fête. Toutes les Religieuses non cloîtrées venaient par groupe faire leur visite au Dieu caché dans son tabernacle et prier au pied de la statue de notre Sainte Mère. Les Enfants de l'Ouvroir de Saint-Vincent de Paul ont été d'un dévouement sans bornes pour les chants ; ce sont elles qui, unies aux demoiselles de la société des Jeunes-Economes, ont rehaussé l'éclat des saluts par des chants qui ont été très beaux.

Les Orphelines de l'Asile de Marie au nombre de 60, conduites par leurs ferventes maîtresses, vinrent faire des stations les deux dimanches inclus dans la célébration des fêtes ; après la récitation du chapelet à haute voix, suivi de cantiques, elles récitèrent encore plusieurs autres prières entremêlées de chants. D'autres pensionnats religieux amenèrent aussi leurs enfants faire des stations.

Il avait été projeté, dans plusieurs communautés enseignantes des environs, distantes de notre ville de 3 à 4 kilomètres, d'amener leurs élèves en grande cérémonie, accomplir une sorte de pèlerinage en l'honneur de sainte Thérèse ; mais le temps, constamment pluvieux, empêcha cet élan de se réaliser ; les pieuses maîtresses vinrent seules par groupes satisfaire leur dévotion envers la sainte réformatrice du Carmel.

Dès le matin, aussitôt l'ouverture des portes de la cour de nos sœurs tourières et de la chapelle, il y avait constamment, prosternées aux pieds des statues de notre Mère sainte Thérèse et de notre Père saint Jean de la Croix, des personnes de tout âge et de toutes conditions, priant avec ferveur ; on apportait des fleurs que l'on déposait devant la séraphique Sainte, et que l'on emportait ensuite avec piété et dévotion ; on demandait aussi à emporter les fleurs qui ornaient les guirlandes dans la cour, afin de les conserver comme de précieux souvenirs.

Qu'il me soit permis de faire ici une petite digression, dont notre aimable Mère ne sera pas fâchée, puisqu'elle est non seulement en sa faveur, mais aussi en faveur de notre glorieux Père saint Jean de la Croix, son émule, son fidèle et saint collaborateur dans l'œuvre de sa réforme.

Afin de placer à droite et à gauche de l'entrée de la chapelle principale les statues de sainte Thérèse et de saint Jean de la Croix, deux ouvriers entrèrent les prendre dans l'intérieur du monastère ; l'un d'eux fut tellement impressionné en voyant le visage austère et amaigri de saint Jean de la Croix, qu'il n'osait s'approcher. Comment donc faire ? dit-il, en se retournant vers les Sœurs qui étaient là, couvertes de leur grand voile. Mais en même temps l'autre ouvrier, s'approchant aussi très respectueusement et le prenant par le bras, conduisit pour ainsi dire sa main jusqu'à l'épaule de la statue qui est d'un certain poids, et, la faisant glisser entre leurs bras, ils l'emportèrent avec une sorte de vénération. Lorsque les deux statues furent placées sur les piédestaux qui leur avaient été préparés, le bon ouvrier dont j'ai parlé en premier lieu se hâta d'aller chercher à l'atelier, chez son patron, un compagnon de travail, et lui dit : « Viens donc voir des saints comme je n'en ai jamais vus ! » A partir de ce moment, ce brave homme fut d'un dévouement sans exemple tout le temps que durèrent les fêtes ; il vint offrir ses services à nos sœurs tourières pour les aider à nettoyer et mettre tout en ordre dans la chapelle improvisée de la cour.

Environ deux mois après les fêtes, ce bon ouvrier eut la douleur de perdre son unique enfant, encore au berceau ; il vint nous demander, comme une consolation, si nous n'avions pas encore quelques guirlandes de la fête des saints à lui donner pour orner le cercueil de son cher petit ange !...

Nous aimons à croire que l'impression qu'il reçut et les marques de respect dont il entoura les saints protecteurs du Carmel ont fait descendre dans son âme quelques grâces spéciales qui auront une heureuse et sainte influence sur tout le cours de sa vie...

Puisse sainte Thérèse, qui a été honorée et priée ici avec tant zèle et un si grand amour, donner à tous et à chacun, à l'Eglise, à la France et au Carmel, des témoignages éclatants de sa puissante protection !

CARMEL D'AVIGNON

(FONDÉ EN 1613).

Sapientiam ejus enarrabunt gentes, et laudem ejus enuntiabit Ecclesia.

Cette grande parole de l'Ecclésiastique, où est prédite la gloire des âmes qui auront pendant leur vie aimé et recherché la Sagesse, ne vient-elle pas d'avoir son entier accomplissement dans ces fêtes centenaires à l'honneur de l'immortelle Vierge sainte Thérèse de Jésus, qui n'aspira jamais ici-bas qu'après la Sagesse incarnée sur terre et conversant parmi les hommes? « Comme tu as été enflammée de zèle pour mon honneur, lui avait dit le céleste Époux, ainsi moi-même je prendrai à cœur ta gloire... » Depuis trois siècles cette promesse divine semble s'être de plus en plus vérifiée: l'Espagne la France, l'Europe entière retentissent des louanges de la séraphique Sainte, et ce 3ᵉ anniversaire centenaire de sa bienheureuse mort vient d'en être une des plus énergiques expressions.

Il n'est pas une ville, où son esprit encore vivant anime quelqu'un de ses monastères, qui soit restée en arrière dans ces joyeuses et entrainantes démonstrations de piété et d'amour envers la sainte Mère ; et il semble que pour la dédommager d'avoir vu naguère se fermer sur ses fils tant de chères solitudes, les maisons de ses filles aient redoublé de zèle...

Avignon, l'une des plus anciennes fondations du Carmel réformé en France (1), a eu sa place et même ses traits particuliers dans cette sainte rivalité. Comme partout, il y a eu des décorations, des chants, des magnificences dont nous tâcherons tout à l'heure de donner un aperçu ; mais ce qui lui est propre, et ce qui fait depuis près de deux siècles l'admiration de tous ceux qui viennent vénérer sainte Thérèse, dans son église, aux jours de ses fêtes, ce sont de riches et superbes tentures, ouvrage sans prix parce qu'il a été fait par les mains mêmes de ses filles, conçu avec leur cœur, et assidûment exécuté pendant plus de vingt années consécutives. Ces tapisseries, qui ont conservé toute leur fraicheur, recouvrent entièrement les murs de la chapelle aux grandes solennités ; des médaillons représentant les traits principaux de la vie de la Sainte sont entourés de riches arabesques où l'imagination la plus brillante et la plus féconde a su semer et parfaitement travailler, sous mille et mille couleurs, des fleurs, des fruits, des plantes étrangères et même des animaux de toute sorte, qui semblent rappeler les figures et les comparaisons dont elle a su si adroitement parsemer ses traités mystiques.

Au-dessus de ces tentures, se balançaient et s'élevaient plus de vingt oriflammes, portant des sujets emblématiques, les armoiries de l'Ordre, du Saint-Père, de Mgr l'Archevêque d'Avignon, le portrait de la Sainte... et

---

(1) Les Carmélites ont été fondées à Avignon, en 1613, par Mᵐᵉ de la Fare et ses deux filles. Trois Carmélites venues de Gênes commencèrent ce monastère, qui fut mis sous la juridiction immédiate de l'Ordre, Avignon appartenant alors aux Papes.

La Mère Madeleine de Jésus-Maria, l'une des trois fondatrices, fit en 1634, avec le concours de Mᵐᵉ la duchesse de Ventadour, la fondation de Chambéry. — On lit quelque part que cette dame, qui s'est sanctifiée dans l'Ordre sous le nom de Sœur Marie Liesse de Sainte-Thérèse, avait répandu ses bienfaits dans la ville de Chambéry. Mais cette ville ne fut pas la première qui profita de ses pieuses largesses et s'édifia de ses vertus ; Avignon, dans le monastère duquel elle entra d'abord, en eut les prémices.—Elle fit aussi bâtir à Chambéry un couvent de Pères carmes déchaussés. Toutes ces choses sont décrites bien au long dans sa Vie......

autres sujets différents. Des transparents roses aux lettres d'or disant les paroles les plus sublimes et les secrets les plus admirables de la vie de la séraphique Mère, telles que : Ou souffrir ou mourir ! — *Vulnerasti cor meum, Domine, ardenti cuspide charitatis tuæ,* — décoraient les murs et les chapelles latérales.

Mais ce qu'il y avait de plus remarquable et qui parlait le plus au cœur, c'était la statue, modelée en cire, de sainte Thérèse de Jésus à genoux dans l'attitude de l'extase, recevant la céleste blessure du dard enflammé du séraphin que l'on voyait suspendu dans les airs au-dessus d'elle et environné de têtes d'anges parmi les nuages ; le tout exécuté par les mains de ses filles du Carmel d'Avignon, dont le talent bien connu dans ces sortes d'ouvrages avait su donner à celui-ci l'expression la plus pure et la plus pieuse. Dans le fond, on voyait une gloire en or avec ces mots : *Misericordias Domini in æternum cantabo.* Des bouquets de fleurs naturelles étaient journellement apportés au pied de l'autel de sainte Thérèse ; l'un d'eux mesurait environ un mètre et demi de circonférence.

Nous n'oublierons pas la parure éclatante du maître-autel que rehaussait majestueusement un ornement complet en drap d'or, don d'une âme dévouée et généreuse, fait et bénit pour la circonstance. Le soir, toutes ces magnificences religieuses étincelaient sous une brillante illumination : onze lustres étaient répartis dans le sanctuaire et dans l'église ; celui du milieu de la nef était entouré d'une guirlande de lys et de roses. Deux magnifiques palmiers s'élevaient de chaque côté de l'autel, et quantité d'autres arbustes ou fleurs garnissaient le sanctuaire.

L'ornementation de la chapelle s'étendait jusqu'à la cour d'entrée, qui avait été recouverte d'une tente. Sur la porte de l'église, des draperies rouges étaient ornées de branchages de verdure et de fleurs, et sur le milieu une gloire faite de roses et de mousse verte apparaissait portant le millésime de la mort de sainte Thérèse : *15 octobre 1582*, avec cette inscription au-dessus : *Habebitis hunc diem in monumentum.* — De chaque côté de la porte, les décrets accordés par Sa Sainteté Léon XIII en faveur du *Triduum* se lisaient encadrés dans deux vastes tableaux. On avait eu l'ingénieuse idée de donner à ces deux Brefs la forme du cœur transpercé de la Sainte : la large blessure apparaissait en noir sur le côté, et en bas surgissaient les épines.

Que l'on joigne à tout cela les accords de l'harmonium pendant tout le temps des exercices, les chants parfaitement exécutés par dix-sept chœurs différents, se remplaçant successivement pour faire entendre des hymnes et des cantiques choisis et appropriés à la circonstance solennelle que l'on célébrait, et l'on aura une idée de cette petite chapelle transformée pour ces heureuses journées comme en un petit paradis. La parure en a été trouvée pieuse, de bon goût et presque céleste.

Or, parmi ces cantiques, celui du glorieux trépas de la Sainte : Cieux, ouvrez-vous ; accourez, Séraphins, a été journellement chanté, ainsi que l'hymne de l'Office : *Regis supernis nuntia*, dont la strophe : *O charitatis victima*, était répétée comme refrain par toute l'assistance. Mais par-dessus tout retentissait comme une éternelle louange à la mémoire illustre de la grande Réformatrice du Carmel cette antienne sacrée, à la mélodie vraiment inspirée : *Sapientiam ejus enarrabunt gentes*..... alternée avec le psaume *Lauda, Jérusalem, Dominum*.

C'est par ce chant majestueux que la neuvaine préparatoire s'est ouverte et s'est continuée. Elle s'est terminée, ou plutôt les fêtes ont commencé le lundi 14 octobre au soir, par un premier panégyrique de sainte Thérèse, donné par le Père Antoine, récollet d'Avignon. Le texte de son discours fut : *Bonum est adhærere Deo*. — C'est en s'attachant à Dieu que sainte Thérèse a pu produire tant de grandes œuvres. — L'influence de la vie active et du bien que nous pouvons faire au dehors est en rapport de la vie contemplative au dedans et de la fidélité qui tient l'âme unie à Dieu. — Telles furent les principales pensées qui furent comme l'introduction à la grande fête du lendemain et au *Triduum* qui devait suivre.

Le dimanche 15 se trouvait placé, indépendamment de la neuvaine et du *Triduum*, comme pour dominer ces saintes et heureuses journées. Il fut digne de l'attente générale et de la piété des fidèles. Sa Grandeur Mgr Hasley, archevêque d'Avignon, vint comme en consacrer l'aurore en célébrant la messe de 7 heures. — A 9 heures, une magnifique grand'messe fut solennellement chantée par le Petit-Séminaire. Un accompagnement parfait et de brillants morceaux d'harmonium furent exécutés par un jeune élève de 12 à 13 ans. — Le soir, à 4 heures, les vêpres furent chantées par les mêmes élèves du Petit-Séminaire. L'église, qui n'avait pas cessé d'être visitée toute la journée, se remplissait, et il était à craindre que la plupart des personnes qui arrivaient avec empressement ne pussent avoir place. En effet, la chapelle et la cour se trouvèrent trop petites, et l'on évalue à près de mille le nombre de celles qui étaient tristement obligées de s'en retourner. Un éloquent et chaleureux discours donné par M. l'abbé Marrel, archiprêtre, curé de la première paroisse, vint ajouter au charme de la fête en nous montrant Thérèse, ainsi que l'âme sainte, comme l'arche de Dieu, le miroir de Dieu, le jardin de Dieu, enfin la fournaise de Dieu. — Une mystique et parfaite description du cœur blessé de Thérèse et des épines qui l'environnent servit de péroraison de ce touchant discours qui fit une profonde impression sur l'auditoire.

Comme les jours précédents, cette journée se termina par la vénération de la sainte relique. Parmi la foule pieuse qui s'approchait pour la baiser on remarqua deux militaires qui avaient assisté à tous les exercices.

Les trois jours suivants, des messes furent célébrées depuis 5 heures 1/2 jusqu'à 9 heures, véritables messes de pèlerinage pendant lesquelles les élèves des divers pensionnats religieux de la ville, les jeunes filles des congrégations ou des établissements de charité ont tour à tour fait entendre leurs voix à la louange de la sainte Mère du Carmel. Les religieuses cloîtrées, Ursulines, Sacramentines, dames du Bon-Pasteur n'avaient pas hésité, pour cette circonstance exceptionnelle, à laisser sortir leurs pensionnaires accompagnées de leurs aumôniers respectifs qui célébraient la sainte messe pendant laquelle elles chantaient. Les divers chœurs se succédaient ainsi dans le plus grand ordre, grâce à la surveillance active et pleine de zèle du digne aumônier du Carmel.

La grand'messe fut chantée, le lundi 16, par le vénérable chapitre métropolitain en manteaux rouges (*cappa magna*). Dans le sanctuaire, des bancs garnis de rouge avaient été disposés pour ces très dignes vétérans du sacerdoce qui formaient une couronne d'honneur autour de l'autel, en donnant à la chapelle du Carmel, pour ce jour-là, l'air d'une petite cathédrale.

Une heureuse et reconnaissante inspiration avait fait choisir pour panégyristes de la Sainte les religieux des divers ordres qui l'avaient le plus assistée dans ses travaux : Franciscains, Jésuites, Dominicains, Carmes.

En conséquence, le troisième sermon a été donné le lundi par un jésuite, le R. P. Defour, qui a parlé d'une manière très solide et très intérieure de l'apostolat de sainte Thérèse par le sacrifice. — La prière répare, délivre et unit à Dieu. — Elle est toute faite d'humilité, et c'est par par la prière que l'âme parvient à guérir les blessures qui lui ont été faites. Mais la prière ne monte au ciel que lorsqu'elle s'élance de l'autel du sacrifice. — Il n'y aura plus que deux choses dans les profondeurs sanglantes de l'âme, l'amour et la croix.

Le mardi 17, la grand'messe fut chantée par le noviciat des Frères. Le R. P. Marie-Eugène, prieur des Dominicains de Carpentras, fit le panégyrique du soir. Comparant Thérèse à saint Dominique : Elle fut, a-t-il dit, à trois siècles de distance, comme cet illustre fondateur, le soutien de l'Eglise par la triple colonne de la prière, de la doctrine et de la pénitence. Le siècle où elle vécut fut grand par ses ruines et par ses résurrections. Du fond d'un cloître, le mot de Réforme, s'élançant comme une étincelle, avait allumé un grand incendie… Dans les profondeurs de la solitude, dans l'obscurité d'un cloître également, ce même mot de Réforme était médité et mis en pratique dans son vrai sens. Le prédicateur a ensuite, par des traits bien choisis, montré la puissance de la prière sur laquelle Thérèse a basé sa Réforme. — Il a parlé de la doctrine céleste, comme la qualifie l'Eglise, contenue dans ses Livres ; puis de la pénitence, condition essentielle de la vie du Carmel, que l'héroïque Vierge semble encore prêcher après son trépas, par ces épines qui croissent autour de son cœur, « obéissant à on ne sait quelle sève que la mort n'a pu éteindre… ».

Le dernier jour enfin, la grand'messe, chantée solennellement et avec un entrain admirable par les élèves du pensionnat des Frères, termina dignement cette série de messes dont le chiffre s'est élevé en ces quatre jours à près de cinquante. — On a compté en tout neuf cent communions. — L'antienne *Sapientiam ejus* était chantée à toutes les grand'messes au lieu d'Offertoire.

Sa Grandeur Monseigneur l'Archevêque d'Avignon a bien voulu venir faire la clôture du *Triduum,* en assistant aux vêpres chantées par le Grand-Séminaire qui avait déjà chanté le matin à la messe célébrée par son digne supérieur, et en présidant le dernier exercice du soir.

Il appartenait à un fils de sainte Thérèse (1) aussi de clore dignement cette série de louanges à l'honneur de l'illustre Réformatrice, et de donner le dernier panégyrique. C'est de cette tâche que s'est heureusement acquitté le R. P. Basile, prieur du Carmel d'Agen. Il a fait admirablement ressortir le mérite et les grandeurs de la Réforme du Carmel, en appliquant à cette sainte œuvre les paroles de la liturgie sacrée : *Mirabiliter condidisti, mirabilius reformasti.* — Parlant de l'influence religieuse et sociale de Thérèse par sa Réforme, toujours permanente malgré les persécutions, il a ému plus d'une fois son auditoire par des applications relatives au temps présent et aux cir-

---

(1) Il semble qu'on ait voulu offrir une bien légitime compensation à ces religieux exilés, en les appelant, dans un grand nombre d'églises du Carmel, à donner eux-mêmes le panégyrique de leur sainte Mère, et à participer ainsi à des fêtes qu'ils ne pouvaient plus célébrer dans leur propre monastère.

constances douloureuses où se trouve le Carmel, ainsi que les autres Ordres religieux. — Dans cette chaleureuse allocution, toute de famille, on a noté cet aperçu touchant les monastères des Carmélites en France : « Si Paris a été la tête de la Réforme, Avignon en a été le cœur ».

Le *Te Deum* fut ensuite entonné par Monseigneur l'Archevêque, entouré de ses grands vicaires et d'un grand nombre de prêtres, et continué par les voix de ses soixante-dix séminaristes qui remplissaient le sanctuaire. Ce chant toujours si sublime et si imposant, les parures éclatantes de l'autel, les chapes en drap d'or, les illuminations éblouissantes de l'église et du sanctuaire se reflétant sur tous ces ornements, donnèrent à cette dernière heure de la fête quelque faible idée de la Jérusalem céleste.

Monseigneur félicita et remercia ensuite l'assistance, puis il se retira processionnellement avec son clergé. Tandis que la foule s'écoulait, après avoir une dernière fois baisé et vénéré la sainte relique, on entendait encore au dehors, comme dans les murs du cloître, les derniers échos de l'antienne qui terminait ces fêtes qu'elle avait commencées : *Sapientiam ejus enarrabunt gentes, et laudem ejus enuntiabit Ecclesia.*

CARMEL DE TOULOUSE

(FONDÉ EN 1616).

Ce fut au commencement de l'année 1616 que Mgr le cardinal de Bérulle, étant à Bordeaux, proposa à la Vénérable Mère Isabelle des Anges, l'une des six religieuses espagnoles que la Reine-Mère avait fait appeler pour établir en France l'Ordre du Mont-Carmel selon la Réforme de sainte Thérèse, la fondation d'un monastère à Toulouse, y ayant engagé sa parole sur les instances de plusieurs personnes de haute piété ; ce qui s'effectua au mois de juin de la même année. La relation de notre fondation constate que le 3 du mois de juin se fit la translation des religieuses, et le 4, qui était un samedi dans l'octave du Saint-Sacrement, le Saint-Sacrement y fut posé par M. de Budelle, vicaire général du diocèse, dont l'Archevêque était alors Mgr le cardinal de la Valette.

Un an après, la fondation étant encore dans une maison provisoire, la Vénérable Mère Isabelle s'occupa de rechercher un emplacement pour y bâtir un monastère régulier ; on lui en présenta plusieurs, mais elle choisit préférablement la place qu'on lui indiqua près l'église de Saint-Sernin où reposent les corps saints, espérant que leur voisinage porterait bénédiction au nouveau monastère.

C'est environ deux ans après que l'on demanda à Limoges, avec beaucoup d'instances, la fondation d'un couvent de l'Ordre. Les supérieurs choisirent pour cet effet la Vénérable Mère Isabelle des Anges. Elle ne voulut point quitter ses filles qu'elle ne les eût mises entre les mains de la Mère Marie de la Sainte-Trinité, l'une des douze premières religieuses du premier couvent de Paris, laquelle avait été sa sous-prieure aux fondations d'Amiens et de Rouen.

Dieu bénit le zèle de cette digne Mère, qui poursuivit le projet de bâtir un monastère sous le patronage des Corps saints, dans la paroisse Saint-Sernin, selon l'intention de la Mère Isabelle des Anges. Le 1er juillet 1622, Louis XIII, d'heureuse mémoire, se trouvant à Toulouse, pour les affaires des Calvinistes durant le siège de Montauban, voulut, par la bienveillance qu'il portait aux Carmélites, leur faire l'honneur de poser la première pierre de leur église, le jour même où l'on solennisait en France la fête de la canonisation de sainte Thérèse. Après avoir entendu l'office dans leur église provisoire, Sa Majesté, accompagnée de la reine Anne d'Autriche et de toute la cour, posa la première pierre du nouvel édifice, et dédia de son propre mouvement l'église à sainte Thérèse ; ce fut la première dédiée en son honneur. Le roi se rendait ainsi patron et fondateur du monastère, auquel il fit don de vingt-cinq mille livres. La lettre royale en fut expédiée le 25 juillet. Nous tenions à donner cette notice sur notre fondation avant d'aborder le récit abrégé de nos fêtes du centenaire que Dieu a bénies, et dans lequelles il a glorifié notre sainte Mère, même au delà de nos espérances.

La neuvaine préparatoire a été prêchée par le Rév. Père Chaix Bryan, Dominicain, qui a pris pour sujet unique de ses instructions : l'amour pour Dieu de sainte Thérèse. Ces instructions, caractérisées par une éminente piété, ont attiré un tel concours, que l'église déjà pleine présageait les heureuses suites de ce commencement.

Le dimanche 15, jour de la fête, a ouvert le *Triduum* ; notre vénéré Cardinal avait depuis longtemps choisi ce jour pour apporter son tribut d'honneur à la mémoire de sainte Thérèse en venant officier pontificalement dans notre chapelle, le matin et le soir, accompagné de tout le clergé de la cathédrale et de son Grand-Séminaire pour exécuter les chants. Il n'est pas possible d'exprimer l'éclat et l'enthousiasme religieux qui ont accompagné ces fêtes. L'église, richement parée depuis la voûte jusqu'au pavé, présentait un coup d'œil saisissant et presque céleste. Imaginez, suspendu à une hauteur de 17 mètres, un magnifique baldaquin en gaze légère bleue, semée d'étoiles d'or, dont les draperies se relevaient au-dessus de la corniche. Celle-ci était cachée par un large ruban de 60 à 80 centimètres, sur lequel se déroulait avec art, en lettres d'or, sur blanc et bleu, cette inscription tout autour du sanctuaire: Sainte Thérèse, intercédez pour la France. Au-dessus se découpait celle-ci, brillante de lumière : *Sancta Theresia, decor Carmeli, ora pro nobis.* — Parmi les écussons immenses du Pape, de Son Eminence et du Carmel, se relevaient les plus riches draperies en bleu et en blanc, pleines de chiffres et d'arabesques d'or, qui étincelaient de lumière. Le trône pontifical, également bleu et blanc, était magnifique; sous le chapeau de cardinal, les armes de Mgr l'Archevêque en garnissaient tout le fond.

On n'en finirait pas s'il fallait faire en détail la description de la voûte et du reste de l'église. Quand on y entrait, on se sentait saisi; jamais, disait-on, Toulouse n'avait vu décoration pareille, et tous se demandaient quel était l'artiste qui l'avait dirigée.

Le soir du premier jour, aux vêpres pontificales, il y eut un concours immense de prêtres; religieux, chanoines, curés de principales paroisses et vicaires généraux étaient présents, ainsi que MM. de Saint-Sulpice, supérieur et directeur du Grand-Séminaire, qui venaient chanter l'office. La parole fut portée par le R. P. Ramière, de la Compagnie de Jésus; son discours plein d'onction, de piété et de haute science, a été publié dans le numéro du *Messager du Sacré-Cœur*, qui a paru en novembre. Le salut fut digne de la solennité; les chants électrisaient tout le monde; il fallut ouvrir toutes les portes, l'enceinte ne pouvant contenir le nombre des fidèles qui étaient accourus pour vénérer la relique de notre sainte Mère.

Les offices du second jour furent présidés par notre digne supérieur, M. l'abbé Dencausse, grand-vicaire de Mgr le Cardinal. Les chants, exécutés par des artistes distingués, ne le cédèrent pas aux chants ecclésiastiques de la veille. Les messes, depuis l'aurore, se succédaient sans interruption à tous les autels. Que de communions ont été faites! C'était dans la ville un entrain merveilleux, et malgré les distances tout se transportait au Carmel. Le soir, aux vêpres, le R. P. Garaud, de l'Ordre de saint Dominique a ravi l'auditoire qui se pressait autour de lui pour recueillir avec avidité les flots d'une éloquence que nous eussions souhaité pouvoir reproduire, parce que, pour nous, ce discours surpasse tout ce qu'on a jamais dit sur sainte Thérèse. Malheureusement, l'orateur n'ayant rien écrit, le moment de rédiger cette relation est venu avant les notes sollicitées sur le sermon qu'il est plus facile de déflorer que d'analyser. Au salut, l'église était en feu comme la veille, et toute l'assistance éprouvait avec nous les impressions célestes.

Le troisième jour du *Triduum*, M. le curé, avec toute la paroisse, dont notre sainte Mère Thérèse est seconde patronne, présida la solennité. Dès le matin, les messes furent encore plus nombreuses. De tous les points du diocèse, les prêtres accouraient offrir par la célébration des saints mystères leur tribut d'hommage à l'héroïne de ce glorieux centenaire. Nous étions émues jusqu'au fond de l'âme de toutes les sympathies qu'il réveillait pour le Carmel. Cette journée eut la même pompe que les précédentes. Le panégyrique fut prêché par un ecclésiastique éminent, M. l'abbé Baron, curé d'une des paroisses de la ville, connu de tous pour sa science et sa haute piété. Il eut tout le succès que l'on attendait. Le salut fut plus splendide que la veille, on eût dit que le Ciel voulait prolonger la transfiguration de ce Thabor.

L'église demeura parée toute l'Octave, pendant laquelle les hommages rendus à notre sainte Mère n'ont pas cessé. Le dimanche 22, fête de l'Adoration perpétuelle dans notre église, fut une nouvelle solennité. M. le vicaire général Andrieu présida les offices. Les chants, décorations, illuminations, furent une continuation des fêtes du *Triduum*. La prédication du R. P. Mangenut, Dominicain, laissa des impressions saisissantes, et le 29, dernier dimanche d'octobre, termina ce beau mois consacré tout entier à la glorieuse mémoire de notre séraphique Mère. Il y eut chant des vêpres et sermon par le P. Ramière, avec un salut solennel.

Voici quels furent le sujet et les points principaux du sermon que prononça le R. P. Ramière pour la fête du 15 :

L'apostolat de sainte Thérèse, source de salut. Similitude des temps où vécurent Élie et Thérèse qui prirent en main la cause de Dieu. 1° Préparation de l'apostolat de sainte Thérèse, ayant pour appui la droiture et la générosité de son cœur, deux qualités essentielles pour répondre à la grâce. 2° Exercice de cet apostolat visant l'Église et la France. Elle l'exerce sur ses filles et sur tous ceux qui l'approchent au moyen de ses paroles et de ses exemples, et sur ceux qui ne l'approchent pas, au moyen de ses prières. — Que chacun l'imite ! — Tout pour Jésus !

CARMEL DE LYON

(FONDÉ EN 1616).

Mme d'Halincourt de Villeroi, allant quelquefois visiter sa sœur, religieuse carmélite, au premier couvent de l'Incarnation, à Paris, fut touchée du genre de vie et de la sainteté des religieuses ; elle résolut de fonder à Lyon un couvent du même Ordre. Le gouverneur de Lyon, son mari, voulut partager avec elle le titre de Fondateur.

Les supérieurs de l'Ordre donnèrent, pour jeter les fondements spirituels de cette œuvre, la Révérende Mère Madeleine de Saint-Joseph, la Mère Marie de Jésus, sœur de la Fondatrice, avec cinq autres religieuses de chœur, et une sœur converse, toutes du premier couvent de Paris.

A Lyon, comme partout ailleurs, la révolution de 93 à laissé de sanglantes traces. Parmi les vénérables Mères qui composaient la communauté et qui toutes refusèrent de prêter serment à la Constitution, l'une mérita de recevoir sur l'échafaud la couronne du martyre ; d'autres, jetées en prison, furent miraculeusement délivrées ; quelques-unes dispersées, et d'autres qui purent, à travers bien des dangers et au prix de mille sacrifices, se reconstituer dans l'ombre.

Le 25 juin 1855, la communauté vint s'établir sur la colline de Fourvières, sous le manteau béni de la très sainte Vierge.

A l'époque des préparatifs du troisième centenaire de la mort de sainte Thérèse, un nuage de tristesse pesait sur les cœurs. Désirer ardemment fêter une Mère bien-aimée et ne pouvoir le faire, faute de ressources, étaient une chose bien dure pour ses enfants. La communauté eut la pensée d'implorer, par une neuvaine générale, le secours de saint Joseph, et de placer un tronc avec une inscription à la porte de l'église et du monastère.

Le secours imploré ne fit pas défaut. Saint Joseph ménageait à ses filles du Carmel d'agréables surprises ; le dimanche, jour fixé pour l'ouverture des troncs, tous les cœurs s'épanouissaient de joie et de reconnaissance, et bientôt la communauté se mit à l'œuvre avec un joyeux entrain. Les amis de la maison apportèrent leur concours, soit en aidant aux travaux, soit en prêtant pour l'illumination les objets nécessaires. Les RR. PP. Carmes, empêchés par les circonstances de célébrer le centenaire dans leur chapelle, trouvèrent un adoucissement à leurs regrets en envoyant tout ce qui était de nature à embellir la solennité.

Le R. P. Marie Léon du Saint-Esprit, gardien actuel de l'immeuble des R. P., se chargea de la direction des travaux. Habilement secondé par une généreuse bienfaitrice, il disposa les décorations qui, dans leur simplicité, présentaient un coup d'œil tout à fait gracieux. Notre église hélas! inachevée se prêtait peu aux décorations. Néanmoins les lignes sévères de son architecture romane et l'éclat des mille jets de lumière qui éclairait tout l'ensemble saisissaient l'âme. Une impression de bien-être, de recueillement, faisait éprouver un avant-goût des joies du Ciel, dont tout le bonheur de la terre n'est qu'un faible rayonnement.

Au milieu du sanctuaire, séparé de la nef par une galerie et s'élevant de plusieurs marches au-dessus du sol, se détache le maître-autel aux vastes dimensions et en marbre blanc. Il est en outre richement sculpté et montre dans son sujet principal la très sainte Vierge tenant Notre-Seigneur mort entre ses bras. Derrière l'autel un tableau immense représente sainte Thérèse en extase. La très sainte Vierge et saint Joseph lui apparaissent. Marie lui donne le collier d'or, comme gage de la promesse que Jésus avait faite à son épouse de prendre ses monastères sous sa protection. On prie avec une dévotion délicieuse devant cette toile pleine de vie et de sentiment.

Des deux côtés du tableau, entouré lui-même d'une guirlande de roses blanches et de verdure, partent deux lignes de feu qui viennent rejoindre l'autel. Au-dessus, une tenture rouge recouverte de guipure et d'enlacés dorés forme festons ; deux gerbes de lumières encadrent le foyer étincelant qui domine l'autel. Toutes ces flammes distribuées avec le meilleur goût charment la vue.

Notre-Seigneur, exposé sur son trône d'amour, semble sourire à la foule et promettre à chacun la gloire du triomphe dont il honore sa fidèle épouse Thérèse de Jésus.

Aux chapiteaux qui surmontent les quatre colonnes du sanctuaire, d'autres enlacés roses ; au-dessus de la grande grille des religieuses, un écusson aux armoiries du Carmel, et portant légende, fait pendant à un magnifique vitrail représentant la Sainte-Famille. La grille elle-même est entourée d'une guirlande de verdure parsemée de roses de diverses nuances. La galerie qui sépare le sanctuaire de la nef termine par une épaisse ligne de feu, de guirlandes et d'arbustes naturels tout le détail de la décoration. Le

R. P. Théodore Marie du Saint-Sacrement avait bien voulu se charger de faire les honneurs extérieurs de la chapelle pendant le *Triduum*.

Ce n'était là que le côté matériel de la fête. Le plus beau était bien de voir la foule recueillie prier avec ferveur au pied de l'autel. Elle avait dû braver, pour assister au saint sacrifice de la messe, une pluie diluvienne et gravir la hauteur des Fourvières.

Le nombre des personnes qui sont venues faire la sainte communion dans la chapelle, eu égard aux circonstances, est relativement considérable et très consolant. L'après-midi, une éclaircie du temps permettait à un plus grand nombre de fidèles de gravir la sainte colline. Plusieurs fois l'enceinte de la chapelle, qui a pourtant d'assez vastes proportions, n'a pu contenir la foule empressée.

Un grand nombre de personnes ont été heureuses de pouvoir se placer sur le perron et dans le jardin qui est devant la chapelle. Beaucoup aussi, à cause du mauvais temps, se sont retirés en exprimant tout haut, à la séraphique Mère, leur amour et leur regret.

Les exercices du *Triduum* ont eu lieu les 20, 21 et 22 octobre; mais déjà, le jour de la fête de sainte Thérèse, plusieurs messes avaient été célébrées dans la chapelle des Carmélites depuis six heures jusqu'à huit heures. Les jours du *Triduum*, les messes ont été bien plus nombreuses.

Messieurs les Chapelains de la Primatiale, sur l'invitation qui leur en a été faite, ont bien voulu prêter le concours de leurs belles voix pour chanter la messe. Monsieur l'abbé Neyrat, l'éminent musicien qui dirige la maîtrise de la cathédrale avec tant d'éclat, a voulu prêter son beau talent d'artiste à l'accompagnement, et nous a fait entendre des mélodies religieuses embellies par la plus riche harmonie.

La grand'messe a été célébrée par le R. Père Evariste, capucin, ayant pour diacre et sous-diacre les RR. PP. Carmes Théodore-Marie du Saint-Sacrement, prieur à Lyon lors de l'expulsion, et Marie-Léon du Saint-Esprit. La réunion de ces vénérables Pères, que la proscription a chassés de leurs saints asiles, imprimait au cœur de tous les assistants le respect le plus profond et le plus sympathique.

Tous les jours, les vêpres chantées par les religieuses étaient suivies d'un sermon et d'un salut solennel.

Le chœur de chant du célèbre pèlerinage de Notre-Dame de Fourvières a contribué, par son concours, à toutes nos fêtes.

Des larmes de joie exprimaient le bonheur que l'on éprouvait. Chaque jour, de nouveaux morceaux ménageaient de nouvelles émotions. Pendant que la foule pieuse vénérait les reliques de la Sainte, un cantique à sa louange faisait retentir les voûtes du sanctuaire. Les mots, souvent répétés : « Par la souffrance ou par la mort ! » électrisaient. L'amour de la séraphique Vierge passait comme un souffle sur toutes les âmes.

Le dernier jour du *Triduum*, Son Eminence le cardinal Caverot, archevêque de Lyon, a voulu, malgré ses nombreuses occupations, célébrer le Saint-Sacrifice et apporter une nouvelle bénédiction aux bénédictions de ces jours de grâces.

Le chœur de chant de la paroisse de Saint-Polycarpe a fait entendre pendant la messe de Son Eminence des morceaux du meilleur goût. Quelques-uns, pris dans les recueil du R. Père Hermann, une des gloires du Carmel, entre autres la Glose de sainte Thérèse, ont été accueillis avec une faveur marquée.

Le Noviciat de la Maison-Mère des religieuses de Saint-Joseph a tenu aussi à offrir à l'illustre Réformatrice l'hommage de son amour et de ses chants. Ce chœur, composé de voix d'une remarquable beauté, a vivement remué les âmes. Tous les meilleurs morceaux en l'honneur du Saint-Sacrement et de sainte Thérèse ont été admirablement exécutés. Enfin un magnifique « *Laudate Dominum in sanctis ejus* » a couronné cette fête, qui n'était pas de la terre, et qu'on n'aurait pas voulu voir finir. Mais, hélas ! ces jours si heureux devaient comme toute chose ici bas avoir un terme; l'heure approchait où il fallait dire adieu au sanctuaire vénéré qui, pendant quelques jours, avait abrité tant de douces joies, où quelques âmes avaient senti renaître en elles la force et l'espérance.

Un *Magnificat* solennel fut chanté en action de grâces pour tant de bienfaits accordés et reçus avec un si grand amour. C'était l'hommage rendu à Dieu par Marie !... Ce chant entre tous ne convient-il pas à la séraphique Mère Thérèse de Jésus ?... Comme Marie, dont elle est la fille privilégiée, ne peut-elle pas redire après Elle : *Mon âme glorifie le Seigneur, et mon esprit est ravi de joie en Dieu mon Sauveur : Qui a regardé sa servante, et voici que les générations l'appellent Bienheureuse.*

Rempli de ces pensées et tournant un dernier regard vers ce sanctuaire béni, chacun s'est retiré emportant dans son cœur un plus tendre amour pour la sainte Réformatrice, une plus ferme résolution d'imiter ses exemples, et un souvenir impérissable de ces heureux jours.

Nous donnerons ici l'analyse des sermons que nous avons eu le bonheur d'entendre.

Le 15 octobre, jour de la fête de sainte Thérèse, le R. P. Desribes, de la Compagnie de Jésus, a prononcé le panégyrique.

L'orateur nous a montré sainte Thérèse, vierge, apôtre, victime pour la France. — *Vierge*, aimant la France et se disposant par la prière à la grande œuvre à laquelle Dieu la prédestinait.

Apôtre, évangélisant la France par les travaux de la réforme qui devait un jour faire tant de bien dans ce royaume, par ses éminents écrits, par les œuvres si multiples de ses fils et de ses filles spirituels.

Victime, expiant pour la France, par ses maladies, par ses souffrances volontaires, par ses souffrances intimes, et par la nombreuse postérité spirituelle, qui continue son œuvre parmi nous.

Les accents de cette parole sympathique ont fixé l'attention d'un nombreux auditoire. Une étincelle du feu divin qui embrasait sainte Thérèse a rallumé dans bien des âmes l'amour de l'expiation et le désir de sauver par la prière et les bonnes œuvres notre pauvre chère patrie.

Le premier jour du *Triduum*, Monseigneur de Charbonnel, capucin, archevêque de Josopolis, *in partibus*, a occupé la chaire.

Ce digne prélat, dont le mérite et la réputation égalent la sainteté, possède l'estime et la vénération de tous ceux qui le connaissent.

Sa parole pleine de simplicité et de charme, réunissant la double autorité du sacerdoce et de l'expérience, a laissé dans les âmes des fruits de grâce et de salut.

Le sujet du sermon était de montrer l'aversion que sainte Thérèse portait au péché. Dans le premier point, les moyens qu'elle a pris pour éviter les plus petites fautes lui ont mérité une grâce de prédilection qui, s'élevant de degré en degré, l'a fait arriver au sommet de la perfection religieuse.

Le second point nous a montré la Vierge séraphique parvenue à cet état sublime dans lequel son âme, illuminée par la grâce, évite non seulement ce qui est faute, mais aussi toute imperfection volontaire. Elle s'engage par un vœu héroïque à accomplir toujours ce qui lui paraîtra le plus parfait.

Eclairées d'une nouvelle lumière, les âmes de bonne volonté chercheront, comme l'illustre Thérèse de Jésus, à purifier de plus en plus leur cœur pour mériter, comme l'héroïque Vierge d'Avila, de goûter dans l'éternité les joies que Dieu réserve *à ceux qui ont le cœur pur*.

Ces pensées, développées d'une manière claire et précise, ont vivement impressionné.

Le second jour du *Triduum*, le R. Père Théodore-Marie du Saint-Sacrement, fils de sainte Thérèse, a célébré les louanges de sa Mère bien aimée. Le nombreux auditoire s'est ému en voyant monter en chaire une victime des violences de l'impiété moderne.

L'ardente parole qui débordait de son cœur a communiqué à tous le feu divin qui l'embrasait.

Le sujet de son discours a été : 1° l'amour de Jésus pour sainte Thérèse ; 2° l'amour de sainte Thérèse pour Jésus. Ce riche sujet a été traité avec une délicatesse de pensées et d'expressions des plus heureuses.

Dans le premier point l'orateur nous a montré Notre-Seigneur s'emparant de l'âme de Thérèse encore enfant, embrasant son cœur des plus vifs élans d'amour, jusqu'à lui faire désirer le martyre ; puis la comblant des plus insignes faveurs au jour de sa première communion, la suivant pas à pas au moment où, privée de l'appui de sa mère, elle commençait à glisser à travers les écueils du monde ; enfin l'attirant à *Lui dans la solitude et là parlant à son cœur*, la détachant graduellement de toutes les créatures, et l'abîmant dans l'immensité de son amour.

Nous l'avons suivie ensuite traversant la période de son existence extraordinaire, recevant de son céleste Epoux les grâces les plus signalées, les plus insignes faveurs : telles que révélations, extases, ravissements, et terminant sa précieuse existence dans un transport d'amour.

Le second point nous a montré l'amour de Thérèse pour Notre-Seigneur : amour qui se traduisait dans notre Sainte par la générosité et son courage à accomplir de grandes œuvres ;

Amour agissant, se consumant et brûlant sans cesse sur l'autel de l'holocauste ;

Amour souffrant dans les maladies, les épreuves de tout genre qui ont traversé ses entreprises, dans les voyages qu'elle a dû faire pour établir la Réforme ;

Amour souffrant jusque dans les plus insignes faveurs du ciel, comme lorsque l'ange lui transperça le cœur avec un dard enflammé ;

Amour plein de zèle pour la gloire de Dieu et le salut des âmes, s'offrant sans cesse comme victime et ne trouvant d'adoucissement à l'ardeur qui la consumait que dans ces mots sublimes : « Ou souffrir ou mourir » !

Le R. P. a terminé son discours en nous montrant le côté pratique de la vie de son illustre Mère, qui est de l'imiter : 1° dans sa générosité, et dans sa fidélité qui lui a attiré sans cesse de nouvelles grâces ; 2° dans sa patience à souffrir les plus cruelles maladies et les plus sensibles épreuves ; 3° dans son humilité qui la tenait si abjecte à ses propres yeux, tandis que le ciel et la terre l'exaltaient à l'envi.

La dernière parole du R. P. a été une ardente prière à la Séraphique Sainte, lui demandant de réunir ses enfants dispersés et de les rétablir dans leurs solitudes pour y pratiquer dans la paix ses divins enseignements.

Le troisième jour du *Triduum*, le R. P. Mathieu-Joseph, Dominicain, a offert à sainte Thérèse un bouquet pris dans une vue d'ensemble de la vie de la séraphique Vierge, sur sa mission, ses écrits et ses œuvres.

Nous ne ferons point l'éloge du P. Mathieu-Joseph, son humilité ne nous le pardonnerait pas ; disons seulement, pour l'édification de ceux qui n'ont pas eu le bonheur de l'entendre, que son zèle apostolique, son expérience, sa science théologique et mystique font de lui un des religieux qui honorent davantage la Province d'Occitanie, dont le siège est à Lyon.

Tous les points de son discours ont été développés avec une profondeur de pensées, une hauteur de vues, une richesse d'expressions vraiment remarquables.

Le texte a été pris dans l'office du jour, *Veni, sponsa Christi, accipe coronam quam tibi Dominus præparavit in æternum.*

Dans l'union de Thérèse avec Notre-Seigneur l'orateur a considéré deux choses : l'intimité et la fécondité.

1er *Point.* Notre-Seigneur appelle Thérèse à cette union par un triple appel :

Du monde à l'état religieux, d'une vie religieuse très ordinaire à une vie plus surnaturelle et plus fervente, d'une vie plus fervente à une vie d'union tout à fait extraordinaire et presque exceptionnelle.

Comment s'est faite et s'est réalisée cette union ?

Par la sainte humanité de Notre-Seigneur qui est le *chemin* pour arriver à la *divinité :* « Personne ne va au Père que par Lui... » Sainte Thérèse a donc commencé, en se détournant du monde, par *s'attacher et s'appliquer fortement à cette humanité,* afin de monter par Elle, comme par une échelle, jusqu'à la divinité.

Il y a trois degrés successifs dans cette union : L'union à l'*extérieur* et comme à l'écorce de ses mystères ;

L'union à l'*intérieur,* c'est-à-dire au Cœur de Jésus et à toutes les dispositions dont Il animait ses mystères : Jésus faisant lire Thérèse dans son cœur ;

Enfin, l'union à cette humanité, non plus cherchée au *dehors*, mais trouvée dans le fond intime de sainte Thérèse elle-même.

Après que sainte Thérèse eut pénétré bien avant dans les profondeurs et les intimités de la sainte humanité de Jésus son Époux, vint un moment où le divin Maître lui dit : « Montez plus haut, *ascende superius* ». De l'humanité et par l'humanité, elle passa à l'union avec la divinité, qui est la fin de toute perfection.

Développant cette pensée, le Révérend Père nous a fait suivre sainte Thérèse dans la voie de cette union avec la divinité. Il nous a montré cette âme d'élite, se perdant, s'abîmant dans la divinité, comme une goutte d'eau dans l'immense Océan.

Puis, revenant vers son auditoire, il a considéré quel fond de dispositions cette union avec la divinité avait créé dans l'âme de la Sainte. Ces dispositions étaient :

Vis-à-vis de Dieu, une grande idée de son être et de ses perfections infinies : le tout de Dieu. Vis-à-vis des créatures, une vive lumière et un profond sentiment de leur petitesse et de leur néant : le rien des créatures. Vis-à-vis d'elle-même, l'humilité et l'anéantissement : car le moyen de se croire encore quelque chose en présence de l'Infini de Dieu !... Puis la magnanimité, fondée sur la conviction du *Tout* de Dieu et du *rien* de tout le reste, s'exprimant en sainte Thérèse par le courage à entreprendre de grandes choses, et à en poursuivre l'exécution malgré toutes les oppositions du monde et de l'enfer... Tout cela peut être beau en soi ; mais, dira le monde, à quoi sert-il pour la société... !

2ᵉ *Point*. Fécondité de cette union. Ici le Révérend Père nous a retracé avec une éloquence entraînante et persuasive toute la beauté de cette fécondité pour le monde.

L'union de Thérèse avec Jésus a produit des fruits de deux sortes : des fruits tout à fait particuliers à sainte Thérèse ; des fruits communs à sainte Thérèse et aux autres vierges épouses aimées de Jésus.

Les fruits particuliers à sainte Thérèse sont : la réforme de l'Ordre du Carmel... Elle compte autant d'enfants qu'il y a eu, depuis près de trois siècles, de religieux et de religieuses dans toutes ces saintes maisons.

Puis, l'incomparable doctrine de la sainte et ses *immortels écrits*. *Caractère* de ces écrits... Leur *autorité*... Leur *utilité* dans l'Église... Thérèse docteur, leur *actualité*. Outre ces fruits tout à fait particuliers à sainte Thérèse, il y a d'autres fruits qui sont communs à elle-même et aux autres vierges consacrées à Dieu. La Carmélite épouse de Jésus est associée à l'œuvre de la

Rédemption. A ce point de vue, elle remplit vis-à-vis du monde trois sortes de ministères : celui de l'*adoration et de la louange,* pour le monde qui n'adore plus, qui *oublie,* qui *nie,* qui *combat* les droits de Dieu... le ministère de l'*expiation,* pour le monde qui offense Dieu...; nécessité de l'expiation, à côté du péché, de la victime à côté du coupable. Plus grands sont les péchés, plus nécessaires sont les expiations ; il faut une sorte d'*équilibre,* autrement le monde chancelle. Enfin, le ministère de la *prière,* pour le monde qui ne prie plus : la prière, condition pour recevoir la grâce, dans le plan divin. Sans prière, pas de grâce : qui donc attirera la grâce sur tout ce monde qui ne prie pas ?... La vie de la religieuse contemplative est de plus, pour le monde, la grande affirmation de tout l'ordre surnaturel... Quelle nécessité de cette affirmation, en face du matérialisme et du naturalisme qui menacent de tout envahir, même notre société chrétienne !... Après avoir fait avec le plus brillant coloris l'exposé des bienfaits que sainte Thérèse et ses filles répandent sur la société, le R. Père a dit un mot des fausses idées du monde, et même de certains chrétiens, sur la vie des religieuses contemplatives, un mot aussi de ses haines sataniques ; et il a terminé son discours en remerciant Dieu d'avoir donné au monde sainte Thérèse, et en priant la Vierge séraphique de prendre sous sa protection tous ces ordres religieux en butte à la persécution, elle qui, étant sur la terre, les a tant aimés et a tant travaillé pour eux.

Telle est l'analyse de ce magnifique discours qui a captivé l'attention des nombreux fidèles qui ont eu le bonheur de l'entendre. Puisse notre sainte Mère exaucer l'ardente prière de ce digne fils de saint Dominique, en retour des conseils qu'elle sollicita autrefois du Patriarche lui-même et de ses enfants !

CARMEL DE BOURGES

(FONDÉ EN 1617).

Le Carmel de Bourges, l'un des plus anciens parmi ceux qui ont été fondés sur le sol de notre France, accueillit avec la joie la plus vive l'annonce que, dans toutes les parties du monde chrétien, de grandes fêtes seraient célébrées à l'occasion du centenaire de sainte Thérèse. Cette joie devait se traduire, le jour venu, en un solennel élan de reconnaissance et d'amour, et tous étaient en droit de concevoir à ce sujet les plus belles espérances.

Ces espérances ne se sont pas seulement réalisées, elles ont été de beaucoup dépassées. Du fond du cloître où il prit naissance, le mouvement gagna bientôt la ville entière, et, pendant plusieurs jours, la chapelle du monastère devint le pieux rendez-vous de toutes les âmes ferventes que Bourges possède encore en si grand nombre.

Mais ces solennités eurent des préludes dont il faut avant tout parler, puisqu'ils préparèrent la fête et en assurèrent l'éclat.

Dès que l'on put avoir l'espérance qu'aucun événement imprévu n'entraverait les efforts, on se préoccupa au Carmel de préparer la pieuse chapelle du couvent à ces extraordinaires solennités. Après des réflexions qu'inspirait le désir, non de surpasser les autres, mais de se surpasser soi-même, on s'arrêta au dessein de donner à ce sanctuaire, au lieu de décors passagers, une ornementation définitive. Malgré le malheur des temps et les menaces de l'avenir, l'occasion parut favorable pour réaliser un projet depuis longtemps arrêté, celui de faire représenter, sur les murailles elles-mêmes de la chapelle, les principaux événements de la vie de sainte Thérèse. Une date solennelle dont l'histoire des Carmels de France consacrerait ainsi ce travail et les tableaux seraient comme un souvenir durable et toujours présent du centenaire. — Un artiste distingué est aussitôt appelé, les sujets sont choisis de concert, et, sans plus tarder, l'exécution commence. Outre les motifs pleins de grâce qui durent orner les piliers du sanctuaire, les voûtes et les surfaces unies des murailles, quatre scènes furent préférablement choisies.

La première retrace la faveur si touchante que Notre-Seigneur daigna accorder à sainte Thérèse quand, la choisissant pour son épouse, il daigna lui confier en cette qualité le soin de son honneur. Au-dessous de ce premier tableau, d'une belle exécution, sont reproduites en lettres d'or les paroles mêmes adressées par le Sauveur à sainte Thérèse : *Deinceps, ut sponsa mea, meum zelabis honorem.*

En face de ce tableau, et pour lui faire pendant, notre Sainte est représentée dans l'une des apparitions dont elle-même a fait le récit. C'est dans une église, à Avila, que la scène se passe. Il y a là l'autel sur lequel les saints mystères viennent d'être célébrés, la table sainte où Thérèse a reçu la communion. — Après cette communion, la très sainte Vierge daigne lui apparaître, elle la félicite de la confiance qu'elle a en saint Joseph, et, en gage de la protection dont ils la couvrent, elle et son glorieux époux, elle lui donne un collier de perles précieuses. — L'inscription qui accompagne le second tableau est le passage de la vie de sainte Thérèse où elle-même raconte cette apparition.

Deux autres sujets ont tenté le pinceau de l'artiste, et, bien que de plus petite dimension, ils n'en ont pas moins un véritable mérite. Dans l'un, placé au-dessus de la grille où les religieuses du couvent se présentent pour la communion, sainte Thérèse apparaît recevant la sainte hostie des mains de saint Jean de la Croix ; dans l'autre, elle rend le dernier soupir, entourée de ses religieuses à la fois tristes et ravies.

Certes, ces faits eux-mêmes parlent assez à l'âme pieuse qui veut les méditer, mais il est juste de reconnaître qu'en présence de ces scènes, telles que le pinceau de l'artiste a su les représenter, une pareille méditation devient plus facile. Le ton général des tableaux, l'attitude recueillie des personnages, l'expression si pieuse de leurs visages, tout respire la paix, cette paix que l'on goûte au cloître plus complètement que nulle part ailleurs, et dont beaucoup, nous le savons, ont déjà ressenti la douce impression.

Mais là ne se bornèrent pas les préparatifs du centenaire au Carmel de Bourges. Il importait que l'image de sainte Thérèse fût mise en pleine lumière, exposée aux regards de tous d'une manière qui saisît l'attention et les cœurs, et qu'enfin elle-même, du haut d'un trône élevé, pût apparaître dans tout l'éclat de sa gloire pour recevoir les hommages, écouter les prières et accorder des grâces. Pénétrées de ces pensées, les religieuses carmélites, qui ne pouvaient présider par elles-mêmes à l'organisation des fêtes, prièrent M. l'abbé Grandhomme, chanoine de la Métropole, leur digne aumônier, qui, dans cette circonstance comme toujours, avait bien voulu se mettre à leur disposition avec un entier dévouement, de se charger de tout ce qui concernait l'honneur et la gloire de leur séraphique Mère. Le digne Père, heureux de répondre à la confiance qu'on lui témoignait, y consacra son temps, son bon goût et sa piété ; et depuis le premier instant jusqu'au dernier moment, on le vit saintement préoccupé de contenter à la fois son amour pour sainte Thérèse, son dévouement pour ses filles, et l'ardent désir qu'il avait que tous retirassent de ces solennités des fruits de grâces et de salut. Aussi les religieuses carmélites, qui gardent, nous le savons, un bon souvenir de reconnaissance à toutes les personnes qui ont contribué d'une manière quelconque à la pompe de leurs cérémonies, n'ont-elles pas manqué d'implorer d'une manière toute spéciale la maternelle bénédiction de leur puissante Mère en faveur de leur dévoué et pieux aumônier.

Une belle statue de la Sainte fut donc commandée à Paris. On la fit peindre pour que le costume religieux parût à tous les yeux dans sa grâce sévère et son austère beauté, puis enfin on lui assigna dans la belle chapelle du Carmel une place choisie. Au-dessus et un peu en arrière du maître-autel se trouve une grande fenêtre romane que remplit ordinairement un beau vitrail représentant Notre-Dame du Mont-Carmel. Ce fut là que M. l'aumônier eut l'heureuse pensée de placer la sainte image. Il lui sembla que, pour les fêtes du centenaire, la très sainte Vierge céderait volontiers à sainte Thérèse cette place privilégiée ; et le vitrail étant enlevé, on disposa au dehors une exposition où fut installée la statue dont nous venons de parler. Il y eut même cela de particulier que des ouvertures cachées furent ménagées au-dessus et dans les côtés de cette exposition, en telle façon que l'image bénite de notre Sainte se trouvait toujours en pleine lumière. Des rayons de soleil illuminaient son front tout radieux, mettaient en relief tous les détails de son vêtement, se jouaient enfin à travers les feuillages disposés à ses pieds, et, des lampes heureusement placées produisant pendant la nuit le même effet, la Sainte se détachait dans une sorte de lointain mystérieux avec une grâce toute céleste. C'était comme une apparition de cette Mère séraphique, elle saisissait dès l'entrée de la chapelle, et nous savons des personnes qui ne purent la regarder sans sentir leurs yeux se mouiller aussitôt de larmes involontaires ; d'autres, ressentant dans leurs âmes des impressions de grâce et de paix toute céleste, seraient, disaient-elles, volontiers demeurées à ses pieds le jour et la nuit. L'impression était telle que de tous côtés l'on entendait dire : C'est magnifique ! c'est ravissant ! c'est vraiment quelque chose du ciel !

Quand ces préparatifs et quelques autres qu'il serait trop long de rappeler en détail furent achevés, les jours consacrés au centenaire étaient arrivés. Ces fêtes commencèrent le jeudi matin pour finir le dimanche au soir, et ce temps fut au gré de tous trop vite écoulé.

Chaque jour du *Triduum*, les messes furent dites depuis le grand matin jusqu'à l'heure de la messe solennelle, et, pour célébrer, les prêtres les plus recommandables par leur situation dans la hiérarchie sacrée accoururent avec un saint empressement. M. l'Archiprêtre de la cathédrale et les principaux curés de la ville, des vicaires généraux et des membres du chapitre métropolitain, le R. P. supérieur de la Compagnie de Jésus et le R. P. gardien des Religieux Franciscains, d'autres encore se succédèrent sans interruption à l'autel de sainte Thérèse ; et un seul sentiment de vénération envers cette admirable Mère semblait animer les prêtres, les religieux et fidèles.

Les cérémonies de chaque soir n'étaient pas moins édifiantes, ni moins dignes par conséquent d'être mentionnées en cette relation.— Après le chant des vêpres et avant le salut du Très-Saint-Sacrement, on avait réservé, selon les usages liturgiques, la place du sermon. Ne fallait-il pas une voix qui précisât le sens de ces solennités extraordinaires ? La chaire eût-elle pu rester muette alors que tout parlait si haut aux âmes pieusement recueillies en ce saint lieu ? L'éloquence chrétienne ne devait-elle pas mêler ses accents à ceux de la prière, et, comme la prière, aller du ciel à la terre et de la terre au ciel ? Pour remplir cette tâche, nous redire les vertus de sainte Thérèse, ses mérites et ses grandeurs, se faire ensuite l'interprète de nos sentiments de reconnaissance et d'amour, on recourut à un pieux religieux de l'Ordre de saint Dominique ; le R. P. Ségonzac, des Frères-Prêcheurs, accéda aux désirs qui lui furent exprimés à ce sujet. Successivement, il nous montra en Thérèse de Jésus celle que l'Eglise a honorée du beau titre de Docteur, tant fut élevée et sûre sa science des choses divines ; la Réformatrice du Carmel, et, par le Carmel, la bienfaitrice de tant d'autres ordres religieux ; enfin la Sainte transfigurée dès ici-bas par l'effet d'un amour séraphique.— Ces sujets traités séparément pendant les trois jours du *Triduum*, et plus particulièrement appliqués à notre Sainte dans le grand sermon de clôture, prêtèrent, on le conçoit sans peine, aux plus beaux développements. L'auditoire devenant, chaque jour, sinon plus nombreux, puisque, dès le commencement des exercices, la chapelle était remplie, au moins plus empressé et plus attentif, prouva au pieux orateur à quel point il l'avait su charmer et édifier.

Ce fut ainsi que l'on arriva au dernier jour des fêtes du centenaire, au 15 octobre, pour lequel on avait réservé les manifestations les plus solennelles.

Certes, rien n'avait été épargné jusque-là : les parures de l'autel et les ornements admirables de richesse et de bon goût, les chants exécutés avec un ensemble parfait par les jeunes enfants de la maîtrise et par les dames qui habituellement composent le chœur de l'Association de Saint-Joseph, les cérémonies sacrées enfin revêtant un caractère tout particulier de piété et de grandeur. Cependant quelque chose pouvait encore ajouter à l'éclat de ces fêtes, c'était l'auguste présence d'un évêque et la pompe incomparable d'une cérémonie pontificale. Sa Grandeur Mgr Marchal, archevêque de Bourges, selon ce que depuis longtemps il avait daigné promettre, voulut bien nous apporter ce complément inappréciable.

Il vint, assisté de ses trois vicaires généraux. Plusieurs membres du vénérable chapitre l'accompagnèrent ainsi que les prêtres du clergé paroissial que ne retenaient pas dans leurs églises les offices du dimanche. Les élèves du Grand-Séminaire furent eux-mêmes représentés par quelques-uns d'entre eux qui s'employèrent aux cérémonies sacrées ; et rien ne manqua de ce que dans notre chapelle, hélas ! trop étroite pour de pareilles solennités, nous pouvions désirer.

Ce fut donc en ce grand jour un vrai triomphe pour sainte Thérèse, triomphe auquel tous, Evêque, prêtres, religieuses et fidèles concoururent à l'envi, et qui là-haut dut réjouir son cœur. — Puisse-t-elle, en retour de ces hommages que nous avons été si heureux de lui rendre, nous donner toujours et de plus en plus des marques de sa maternelle protection ! — Ce fut la pensée qui, à la fin de ces saints exercices, fut présente à tous les esprits. En l'exprimant avec sa forte éloquence, le R. P. prédicateur fut l'interprète fidèle des sentiments qui remplissaient tous les cœurs. Que sainte Thérèse veille, du haut du ciel, sur tous ceux qui ont ici-bas célébré avec tant de piété son troisième centenaire ; qu'elle protège surtout les cloîtres bénis où souffrent et prient celles qui sont plus particulièrement ses filles ; qu'elle éloigne loin d'elles les dangers qui les menacent, et les garde enfin dans cette solitude qu'elles ont choisie après elle, et qui leur apparait toujours comme le vestibule du ciel !

CARMEL D'ORLÉANS

(fondé en 1800).

Le centenaire de sainte Thérèse, d'après les renseignements qui nous arrivent de tous côtés, a été un véritable triomphe en France aussi bien qu'en Espagne. Orléans, qui reste une ville si chrétienne, n'est pas demeuré au dernier rang dans cette joie et dans cet élan général de piété. Tout a contribué à rehausser parmi nous l'éclat de cette belle fête : l'élégante décoration de la chapelle des Carmélites, l'éloquence des prédicateurs qui ont tour à tour célébré les louanges de la Sainte, la beauté des offices et des chants sacrés, surtout le concours et la piété des fidèles.

J'ai eu le bonheur de prendre part à ces solennités : je vais essayer de dire mes impressions.

Dans mes promenades à travers les vieux quartiers d'Orléans, j'avais quelquefois visité la chapelle des Carmélites. Sa pauvreté et son aspect austère m'avaient toujours frappé. On m'avait bien montré, il n'y a pas longtemps encore, des objets et des ornements qui paraissent avoir une très grande valeur : sur l'autel, deux reliquaires, précieux non seulement parce qu'ils ont été donnés au Carmel d'Orléans par une reine de France, Marie-Thérèse, épouse de Louis XIV, mais aussi à cause de leurs ornements d'orfévrerie en or et en argent ciselés avec une rare délicatesse ; — au fond du sanctuaire, deux grandes et belles statues qui représentent, l'une Notre-Dame du Mont-Carmel, l'autre saint Joseph, dont sainte Thérèse a si puissamment contribué à populariser le culte. Toutes les deux, m'a-t-on dit, sont un présent et le témoignage d'une amitié dont la générosité ne se lasse point, et à qui les Carmélites d'Orléans gardent la plus pieuse reconnaissance. Dans la sacristie, j'avais admiré un très beau crucifix en ivoire, et une magnifique toile de Carle Vanloo, don tout récent d'une noble Orléanaise, et qui représente sainte Thérèse transpercée par la flèche du Séraphin.

Mais ces richesses artistiques n'ôtent presque rien de leur nudité aux murailles de la chapelle et ne pouvaient empêcher de lui trouver une physionomie grave, sévère, je dirai même un peu triste, comme l'est pour nous, hélas ! la pénitence qui habite en ces lieux, derrière ces grilles noires.

Je viens de la revoir, cette humble et pauvre chapelle, et je l'ai trouvée transfigurée, toute éclatante de tentures, de lumières et de fleurs ; un air de joie et de triomphe qui semblait dire comme le Psalmiste, ou plutôt comme Thérèse entrant dans le ciel : *Seigneur, vous avez déchiré mon cilice, et vous m'avez revêtue d'allégresse.*

La cour qui précède la chapelle est devenue un vestibule en forme de tente. Les parois en sont décorées de guirlandes de roses rouges et blanches. A l'entrée de la chapelle, de chaque côté de la porte qui demeure toujours ouverte, sont suspendus deux riches étendards ; sur l'un d'eux, des marguerites d'argent au feuillage d'or et entrelacées encadrent ces paroles de sainte Thérèse : *Régnez, Seigneur; que je sois votre captive, je ne veux point d'autre liberté ;* l'autre porte ces mots entourés de lis : *Je chanterai éternellement les miséricordes du Seigneur.*

La chapelle elle-même est tout entière revêtue de tentures blanches, gazes et soieries, sur lesquelles scintillent en nombre presque infini, et les étoiles d'or et le chiffre de sainte Thérèse également en or. C'est un ensemble plein de beauté et de grâce, où tout est pur et rayonnant, où tout respire une sorte d'allégresse et de sérénité divines, qui de suite s'emparent de l'âme, et dont la première impression a plusieurs fois provoqué ce cri naïf : C'est quelque chose du ciel, une image du paradis.

Mais arrêtons nos regards d'abord sur l'autel que surmonte un magnifique baldaquin de damas blanc. Dans le tympan qui domine et l'autel et le baldaquin, se déploient les armes de l'Ordre du Carmel avec sa devise : *J'ai brûlé de zèle pour vous, Seigneur, Dieu des armées*. Un peu plus bas pend une bannière, couleur de pourpre, au centre de laquelle se trouve un médaillon en tapisserie. Notre-Seigneur y est représenté couronnant sainte Thérèse d'un diadème de pierreries. Cinq têtes d'anges complètent la scène. Ce travail, d'un fini merveilleux, est un vieux souvenir de famille. Il est l'œuvre des premières Carmélites orléanaises qui durent, si l'on en croit la tradition, le broder pour quelque grande solennité, pour un autre centenaire peut-être.

A la naissance des voûtes, de chaque côté de la chapelle, de nombreuses oriflammes, d'une étoffe blanche brodée d'or, sont suspendues et flottent légèrement, étalant aux regards en lettres d'or, les unes des paroles de sainte Thérèse, d'autres de pieuses invocations, celle-ci entre autres : *Sainte Thérèse, qui avez tant aimé la France, secourez-nous !*

Les mots : *Ou souffrir ou mourir*, dont les lettres grandes de cinquante centimètres sont composées avec de belles roses blanches et rouges, forment à l'entrée du chœur un arc de triomphe qui domine toute la chapelle.

Entre les bannières et les oriflammes qui pavoisent avec tant de grâce les deux côtés de l'édifice, sur le fond clair et brillant de la décoration générale, se détachent, dans une harmonie parfaite de couleurs, des écussons qui rappellent, sous les plus gracieux emblèmes, les principales circonstances de la vie de sainte Thérèse et de l'histoire de sa réforme en France.

Du côté de l'épître, se trouvent d'abord les armes du Souverain Pontife auxquelles répondent, du côté opposé, celles de Mgr l'Evêque d'Orléans.

Vient ensuite un écusson dont le cartouche supérieur porte cette inscription : *Entrée de sainte Thérèse au Carmel, 1533.*

En bas, un champ de fleurs, au milieu desquelles un serpent se glisse en dressant la tête, figure le monde avec ses plaisirs et ses dangers. Une montagne élève, à droite, sa cime austère, dans laquelle sont creusées des cavernes : c'est la solitude du Carmel, voisine du ciel. Au milieu du tableau, dans l'espace azuré, une blanche colombe, échappant à la fascination du serpent, vole à tire-d'ailes et cherche un abri dans les antres de la sainte montagne : c'est Thérèse qui fuit le monde.

Sur le second écusson nous lisons ce titre : *Réforme : Saint Joseph d'Avila, 1562.*

La partie inférieure du tableau représente la façade de l'église du premier monastère fondé par sainte Thérèse. Dans le ciel, au-dessus de la Réforme naissante, brille une magnifique étoile ; d'autres, plus petites, surgissent en foule autour d'elle et semblent pulluler dans l'espace. Dieu disait au patriarche : « Je multiplierai ta postérité comme les étoiles du ciel ».

Le troisième écusson rappelle la *mort de sainte Thérèse en 1582.*

La cime du Carmel, où nous avons vu, dans le premier tableau, Thérèse chercher un refuge, se trouve au bas de celui-ci ; dans le haut, brille de tout l'éclat du soleil le triangle rayonnant, image de la Trinité glorieuse. Les ailes déployées et déjà tout inondée des clartés divines, une colombe s'élance dans la gloire, au sein de Dieu : *Elevez-vous, ma colombe, et venez.*

Les trois écussons du côté de l'évangile ont trait à l'histoire de la Réforme du Carmel en France.

Le premier représente un vieil olivier, dont le tronc mourant donne naissance à deux puissants rejetons, image des deux principales branches de la Réforme, en Espagne et en France. Les armes de la ville de Paris à gauche, et les tours de Notre-Dame à droite, rappellent plus particulièrement la *fondation du monastère de l'Incarnation, à Paris.*

Le second écusson nous met sous les yeux le *Carmel d'Orléans fondé en 1617.*

D'un côté, les armes de notre ville avec ses abeilles et ses lis ; de l'autre, la silhouette bien connue de Sainte-Croix, ses deux tours et son ancien clocher, plus petit que le nouveau. Entre les deux, une touffe de lis s'élève, superbe, éblouissante, et semble vouloir tout couvrir de ses grâces, tout vivifier de ses parfums : *Elles fleuriront comme le lis dans la cité du Seigneur.*

Pendant la tempête révolutionnaire, nos Carmélites dispersées durent abandonner leur premier asile ; mais elles purent se réunir de nouveau en 1803. C'est cette *restauration du Carmel d'Orléans* que rappelle le dernier écusson.

Une vigne gît à terre, mutilée, mais de sa vieille souche sortent des sarments vigoureux qui montent le long d'une croix, s'enlacent à ses bras et laissent ensuite retomber et pendre leurs branches feuillues et toutes chargées de grappes vermeilles. *Soutenez-la toujours,* lit-on au-dessous de cette peinture.

Les décorations de la chapelle rappelaient gracieusement les vertus et le triomphe de sainte Thérèse. Les deux panégyristes, M. l'abbé Mesuré et M. l'abbé Chapon, vicaires de la Cathédrale, les célébrèrent avec toute l'éloquence qu'on avait droit d'attendre d'eux et nous montrèrent successivement dans Thérèse : la Sainte, la Réformatrice et le Docteur.

« Le trait saillant de la sainteté de Thérèse, nous a dit M. Mesuré le 15, premier jour du *Triduum,* c'est l'amour. Il semble que, dans les temps modernes, Thérèse et François d'Assise aient porté l'amour aux dernières limites.

Prendre l'*amour* dans le cœur de Thérèse à son premier épanouissement ; le suivre à travers ses ascensions laborieuses ; le contempler enfin sur les sommets où il plane, dans les années de sa perfection : telle est la marche qu'a suivie M. le prédicateur.

Dès l'enfance de Thérèse, l'amour divin pousse en elle une fleur ravissante ; on sait comment, à six ans, elle partit avec son frère Rodrigue, âgé de dix ans, pour aller chercher la palme du martyre. Privée de ce bonheur, elle se rejette vers la vie érémitique et construit avec ce même frère de petites cellules dans le jardin de ses parents.

Mais bientôt viennent les crises ; on en distingue deux principales dans la vie de Thérèse, celle de la vocation et celle de la perfection. A quatorze ans, la lecture de romans de chevalerie dérobés à sa mère et les amitiés mondaines qu'elle trouve dans sa famille jettent Thérèse du côté de la vanité et de la parure. Son père l'arrache à ce grand péril en la plaçant comme pensionnaire dans un couvent. Là, Thérèse retrouve son âme ; Notre-Seigneur lui fait entendre distinctement le doux appel de la vie religieuse.

Alors s'ouvre une nouvelle crise, celle de la *perfection :* crise qui ne dure pas moins de vingt ans. Le lien qui retient Thérèse, c'est surtout son attache à certaines relations, pures mais de nature à la distraire de Dieu. Enfin, Notre-Seigneur s'empare définitivement de son âme, en se servant d'une image qui le représente couvert de plaies.

C'est la conversion ; à partir de ce moment, l'œuvre de la perfection se poursuit dans le cœur de Thérèse avec une activité extraordinaire. Notre-Seigneur l'attire à une oraison plus fréquente ; d'autre part, il brise impitoyablement toutes ses attaches, et force son âme à mourir entièrement à elle-même, en la faisant passer par les épreuves intérieures les plus cruelles.

En peu de temps, Thérèse monte la pente escarpée du Carmel et arrive enfin au sommet de l'amour : elle met le sceau à sa perfection par le vœu du plus parfait, qu'elle inaugure dans l'Eglise.

C'est sur ces hauteurs sublimes qu'il faut maintenant contempler son amour. Rien de grand comme la parfaite liberté de cette âme qui domine toute chose créée. Cette indépendance la rend admirablement propre à l'union avec Notre-Seigneur.

Aussi Jésus et Thérèse se cherchent avec une ardeur inexprimable et entrent dans des rapports d'intimité et de familiarité qui jettent dans la stupeur. Les écrits de Thérèse sont pleins de cris d'amour qui font pâlir tout ce que l'imagination des romanciers a jamais pu ajouter aux folies du cœur humain. Mais le trait le plus mystérieux et le plus divin de l'amour, c'est la souffrance. Nous ne connaissons pas de cœur à qui l'absence de Dieu ait fait d'aussi profondes blessures qu'à Thérèse : elle a chanté dans un sublime cantique sa langueur intolérable et sa douleur de ne pouvoir mourir. Et Notre-Seigneur se plaît à lui laisser savourer l'amertume de cette privation, afin d'en faire une victime parfaite et de l'associer ainsi dans le plus haut degré à son sacrifice. Thérèse entre si pleinement dans les désirs de Jésus, que souffrir devient pour elle la seule consolation de ne pas mourir.

Mais ce martyre ébranle son corps et finit par lui donner la mort, mort admirable, dont on ne peut lire le récit sans émotion. Thérèse brise ses liens, et, après avoir monté sur la terre les degrés de l'amour, elle gravit dans l'éternité les degrés de la gloire. »

Le 16, dans le second panégyrique, M. l'abbé Mesuré a d'abord montré à son auditoire quel a été l'esprit et la portée de la *réforme* accomplie par sainte Thérèse dans l'Ordre du Carmel.

« Thérèse fut suscitée pour la réforme du Carmel ; et par cette œuvre dont l'étendue paraît restreinte, elle exerça sur son siècle et sur les siècles suivants une influence incalculable, car elle fit de son Ordre réformé l'auxiliaire invisible du clergé et des ordres religieux militants. Ce point de sa réforme est digne d'être mis en lumière : il en fait véritablement l'âme, comme l'ancienne règle restaurée en fait le corps.

« La fille de sainte Thérèse n'a plus de rapports avec le monde ; sa conversation est avec Dieu et les anges, par une oraison que n'interrompt même pas le travail de la cellule ; elle joint à la prière une pénitence d'une rigueur extrême ; elle jeûne huit mois de l'année et son abstinence est perpétuelle ; voilà le *corps* de la réforme. Mais cette prière et cette pénitence, elle les dirige vers un but unique, l'apostolat : voilà son *esprit*. Plan admirable, qui est le plan même de Dieu : la contemplation s'harmonise avec l'action ; la prière et la pénitence viennent en aide à l'apostolat ; les mains levées vers le ciel frappent dans la mêlée à côté de celles qui tiennent le glaive ; toutes les forces de l'Eglise réunies par la charité présentent à l'ennemi un front immense et compact.

« Mais, après avoir étudié la pensée qui a inspiré la réforme du Carmel, il faut voir ce qu'elle a coûté à celle qui l'avait entreprise.

« Ce n'est pas un petit ouvrage que de réformer un Ordre religieux ; réformer paraît même plus difficile que fonder. Tous les fondateurs ou réformateurs ont eu, au point de vue simplement humain, une grandeur extraordinaire. Les éminentes qualités de Thérèse la préparaient à cette vocation : caractère d'une énergie indomptable ; prudence consommée ; élévation sublime de l'intelligence, jointe aux aptitudes pratiques les plus éminentes. Les difficultés viennent de tous côtés à la fois, des hommes, des éléments, de l'enfer. Thérèse les attaque avec une valeur chevaleresque ; les traits de son courage abondent ; son intrépidité lui inspire des saillies, comme on en trouve sur les lèvres des héros. Toutefois sa grande force vient de sa défiance d'elle-même, et de son union parfaite avec Notre-Seigneur.

« Mais renverser les obstacles et acheter quelques pauvres maisons n'est que la moitié de l'œuvre d'un réformateur ; il faut attirer dans ces maisons des âmes d'élite et les former à la vie parfaite. Thérèse est merveilleusement propre à cette tâche ; le charme supérieur de la vertu s'unit en elle à la séduction du génie et de la bonté ; aussi voit-on des multitudes de vierges évangéliques se grouper autour d'elle. Son ascendant est tel que des hommes mêmes, tels qu'un Jean de la Croix, se font ses disciples. Elle est un maître éminent dans la science des saints, car elle a tout vu et tout éprouvé ; et Dieu lui a donné, pour expliquer sa doctrine, une clarté merveilleuse, jointe à l'éloquence la plus communicative. Ses filles font, sous sa direction, les plus rapides progrès dans l'oraison et dans la pénitence. Elle meurt à 67 ans, laissant trente-deux couvents ; le Carmel réformé compte trois cents religieux et deux cents religieuses. »

Le 17, le troisième panégyrique, donné par M. l'abbé Chapon, met le dernier trait à cette grande physionomie, en nous montrant en elle le docteur.

« Le docteur de la vie mystique.

« Dieu habite dans l'âme sainte, c'est l'enseignement de l'Ecriture et de la théologie ; il y habite comme il est en lui-même, dans une ineffable intimité.

C'est la loi qu'ici-bas cette union s'accomplisse dans le mystère et dans l'obscurité, jusqu'au jour où la mort, révélant à l'âme son trésor, la rend bienheureuse par la vision du Dieu qu'elle possède.

« Toutefois, entre cette réunion béatifique et les ombres de la foi, il est pour les âmes un autre état. Dieu en choisit quelques-unes pour se révéler à elles, non pas encore dans la plénitude de sa lumière, mais dans une clarté surnaturelle qui n'est déjà plus de la terre. Ce n'est pas encore le grand jour, mais c'est déjà l'aurore et comme les prémices de l'immortalité. Ce sont ces états extraordinaires que Thérèse a décrits. »

S'inspirant de son enseignement, M. le prédicateur nous montre l'âme soustraite au commerce des créatures, attirée vers Dieu, se rapprochant de Dieu, s'unissant à lui, et parfois se perdant en lui jusqu'à s'écrier avec saint Paul: « Je vis, ou plutôt ce n'est plus moi qui vis, c'est Jésus-Christ qui vit en moi ». Il raconte les joies, les douleurs des âmes contemplatives, l'héroïsme de leur amour, et retrouve dans ces traits la céleste physionomie de Thérèse.

« Il importe d'établir l'autorité de cette doctrine.

« Le premier mouvement des esprits à la révélation de ce monde surnaturel est la défiance, défiance souvent légitime ; car l'imagination humaine, aidée d'infernales illusions, peut contrefaire l'œuvre divine. Cette crainte ne peut subsister devant la doctrine de Thérèse. L'Église s'en porte garant en proclamant qu'elle est céleste ; personne, d'ailleurs, plus que Thérèse n'est en garde contre le faux mysticisme : elle le connaît, le discerne sous les apparences les plus trompeuses ; elle le dénonce et le proscrit avec énergie. La connaissance approfondie qu'elle a de l'âme, du jeu de ses facultés, suffirait seule à la protéger contre l'hallucination. Enfin, elle demande des vertus extraordinaires en témoignage de grâces extraordinaires, et la profonde transformation morale, les vertus héroïques des âmes contemplatives attestent à quelles sources divines elles ont été trempées. L'on pourrait récuser leur parole, l'on ne peut récuser leur vie.

« Quelle est l'influence de cette doctrine sur les âmes ?

« Elle les élève, en leur dévoilant l'idéal de l'amour et du bonheur. Cette âme descendue des pures régions de la lumière et venue un instant s'asseoir au rivage de l'exil, entre deux visions célestes, nous remet au cœur nos meilleures joies et nos meilleures espérances.

« Mais sainte Thérèse n'est pas seulement une contemplative qui épanche son amour dans un cantique divin et charme les âmes qui l'écoutent, c'est un apôtre qui les provoque à monter vers les hauteurs d'où elle leur parle, stimule leur générosité, ranime leur courage et les mène au combat. Elle les aide de sa lumière, de son énergie et de sa compassion. Tour à tour elle apparaît impitoyable à leur amour-propre, pleine de tendresse pour leurs tentations et leurs épreuves. Défendant contre les scrupules leur liberté et leur paix par la sagesse, la largeur et l'humble intrépidité de ses décisions, elle établit en elles cette parfaite harmonie des vertus dont rien n'égale ici-bas le charme et la beauté. Enfin, ce qu'il y a de plus divin en Thérèse, c'est la condescendance autant que les plus sublimes élans : elle sait guider et soutenir les premiers pas de l'âme dans la vie spirituelle et donner le lait aux enfants aussi bien que le pain aux forts.

« Que puis-je souhaiter, s'écrie en finissant M. le prédicateur, sinon que le trésor de cette doctrine s'ouvre plus largement et que les âmes y puisent chaque jour davantage ! Notre génération y trouverait un noble aliment ; elle y retrouverait cet idéal divin qui, en se voilant à elle, l'a laissée dans une irrémédiable tristesse et une mortelle langueur ; l'âme de Thérèse, l'accent et le cri de son amour lui rendraient le courage, l'espérance et la joie. Qu'elle se fasse donc entendre à tant de douleurs et de désespoirs ! »

Le zèle des pieuses carmélites pour orner leur modeste chapelle, celui des prédicateurs qui célébrèrent si dignement la sainte et glorieuse Réformatrice trouvèrent un écho dans le cœur des fidèles.

Pendant les trois jours qu'ont duré les fêtes du centenaire, la chapelle a été presque constamment remplie.

Depuis cinq heures et demie jusqu'à neuf heures du matin, les messes basses se sont succédé sans interruption. A chacune de ces messes, les communions étaient toujours en très grand nombre ; le recueillement et la ferveur dans la prière, admirables.

M. l'abbé de la Taille, vicaire général et doyen du chapitre, officia d'abord, puis l'archiprêtre de la cathédrale, M. Tranchau, vicaire général, enfin Mgr l'Évêque d'Orléans, qui, à la grand'messe, malgré l'heure avancée, eut encore la joie de donner la sainte communion à bon nombre de fidèles.

Le premier jour, ce furent les élèves du pensionnat de Saint-Euverte qui chantèrent la messe, les vêpres et le salut ; les pieux disciples du Vénérable J.-B. de la Salle n'avaient rien négligé pour assurer une brillante exécution, désireux d'honorer, eux aussi, cette illustre sainte, « cette âme séraphique, pour laquelle leur saint fondateur, nous dit l'auteur de son *Esprit*, avait une affection incomparable ».

Le second jour, la maîtrise de la cathédrale fit entendre, avec son bon goût ordinaire, les accords de sa savante harmonie.

Mais nous ne craignons pas de dire que les offices du troisième jour empruntèrent à la présence de Monseigneur, à l'assistance d'un grand nombre de prêtres, et au concours du Grand-Séminaire, un éclat tout particulier.

Oui, il était beau de voir, autour de leur évêque bien-aimé, ces vétérans du sacerdoce, ces lévites qui se préparent à combattre à leurs côtés, cette foule que la foi et la piété animaient si visiblement, s'unir dans un même élan d'amour, pour chanter l'humble et glorieuse héroïne du Carmel, pour célébrer avec les paroles saintes sa sagesse inspirée.

Il faut avoir entendu les élèves du Grand-Séminaire, il faut savoir avec quelle précision et quelle habileté ils sont exercés à rendre les mélodies grégoriennes, pour se faire une idée de l'élan avec lequel furent chantées ces paroles.

J'aurais voulu dire ce qu'a été le centenaire de sainte Thérèse à Orléans ; je me reproche presque d'en avoir tracé cette esquisse, tant je la trouve faible, décolorée, au-dessous de la réalité dont je voulais donner l'idée.

A ce récit dû à la plume habile d'un ami du Carmel, les Révérendes Mères veulent ajouter quelques lignes :

« Depuis longtemps nous nous efforcions à préparer nos décorations pour les grandes fêtes. Sept à huit cents mètres de guirlandes de roses blanches et rouges au verdoyant feuillage leur donnaient une fraîcheur qui rappelait le paradis terrestre. Onze lustres fort gracieux faisaient scintiller les milliers d'étoiles d'or et les chiffres de la sainte Mère.

« Nous avions le Saint-Sacrement exposé pendant le *Triduum*. Le doux Jésus devait être le premier invité à fêter son épouse bien-aimée, et, de son autel radieux, son Cœur divin projetait sur les âmes des flots de grâces et d'amour. »

Les fêtes continuèrent du 18 au 25. Chaque jour la précieuse relique fut vénérée par les fidèles qui venaient y aspirer l'amour divin ; et tous les soirs le salut était chanté par les Enfants de Marie de la cathédrale.

Le 25 enfin, M. le chanoine Pasty, notre aumônier, nous donna un dernier et délicieux sermon sur la sainteté. Puis le chant du *Te Deum* couronna ces solennités trop courtes, que nous sommes condamnés à voir finir en attendant les fêtes éternelles.

Donnons, en terminant, un souvenir de gratitude à notre vénéré Père supérieur, vicaire général du diocèse, qui, dans son amour pour notre incomparable Mère, avait offert un joyau royal pour renfermer la relique que nous possédons. Ce travail de prix est orné de douze superbes diamants, de perles fines et de trente-six pierres précieuses, remarquables par leur beauté, leur variété et leur grosseur.

Deo gratias!

CARMEL DE LIMOGES

(FONDÉ EN 1618).

Nous lisons dans le journal l'*Univers*, du 31 octobre :

« Hier, dimanche, s'est terminé solennellement le *Triduum* que les Carmélites ont célébré en l'honneur de leur séraphique Mère sainte Thérèse. Mgr Lamazou a officié pontificalement le matin et le soir. Nous ne parlerons pas de la chapelle, qui était magnifique ; ni des chants exécutés par d'habiles artistes, ni des belles cérémonies qui se sont succédé pendant ces trois jours : la grande *attraction* de la fête, c'étaient les prédications de Mgr Gay, évêque d'Anthédon. Pendant ces trois jours, le pieux et éloquent prélat a attiré dans la chapelle des Carmélites une foule compacte, que l'enceinte, trop étroite, ne pouvait contenir, et à travers laquelle il était fort difficile de se frayer un passage.

« Les deux premiers jours, Mgr Gay a parlé des vertus de sainte Thérèse, de son humilité, de son oraison, de sa force, puis de son amour pour Dieu et de son amour pour le prochain ; hier dimanche, il a parlé de ses œuvres, c'est-à-dire de son œuvre principale, la réforme du Carmel. Il a montré ce que c'est que le Carmel, et, à cette occasion, il a fait un éloquent panégyrique de l'état religieux, dont il a fait ressortir toutes les excellences, tous les mérites au point de vue de la foi, et même l'utilité au point de vue social. Ses prédications ont produit sur l'auditoire d'élite l'impression la plus profonde.

« Le diocèse de Limoges est, après celui de Poitiers, le diocèse de France où l'évêque d'Anthédon est le plus aimé. Il y a plus de trente ans (1851), Mgr Gay a prêché à la cathédrale, et son éloquence, d'une élégance sobre, pleine de sève théologique et de piété, a laissé parmi nous d'impérissables souvenirs. La ville de Limoges a tenu, *dans les circonstances présentes*, à témoigner à Mgr d'Anthédon un redoublement de sympathie et à lui payer un tribut d'admiration. »

La *Semaine religieuse* de Limoges ajoute : « Quel touchant spectacle que celui qu'offraient, dès les heures les plus matinales jusqu'au déclin du jour, ces foules qui se succédaient d'heure en heure dans l'humble chapelle du Carmel, si splendidement décorée pour la circonstance : communautés, écoles, pensionnats, sociétés religieuses d'hommes et de femmes, tous ont pris part à ce magnifique *Triduum,* tous sont venus successivement chanter les louanges et proclamer la gloire de la séraphique Mère Thérèse de Jésus. »

Suit le récit des Révérendes Mères :

« Les fêtes du troisième centenaire de sainte Thérèse ont été célébrées dans l'Église des Carmélites de notre bonne ville de Limoges avec une pompe et un enthousiasme vraiment remarquables.

« Grâce au concours bienveillant et empressé des artistes distingués, et des nombreuses personnes aussi aimables que dévouées qui se sont fait un plaisir de prêter leur talent pour glorifier la séraphique patronne du Carmel, on peut dire que le *Triduum* solennel des 27, 28 et 29 octobre restera, dans le souvenir de tous ceux qui ont eu le bonheur d'y assister, comme un écho des fêtes du ciel.

Essayons, dans un compte rendu aussi exact que possible, de donner au lecteur une idée de la décoration charmante de la chapelle et des cérémonies imposantes qui s'y sont accomplies durant ces trois jours :

La très modeste église des Mères carmélites avait subi pour la circonstance une transformation qui la rendait méconnaissable. Les murs disparaissaient sous les festons gracieux de guirlandes et de couronnes de verdure semées de fleurs, dont la virginale blancheur et l'éclatant vermillon rappelaient la pureté angélique et la charité ardente de la grande sainte Thérèse, tandis que des médaillons entourés d'un feuillage d'or faisaient briller dans leurs inscriptions ses nombreux titres de gloire. Des faisceaux d'oriflammes légères, aux fleurs de lis et aux étoiles d'or, décoraient jusqu'à la voûte l'humble chapelle et achevaient avec d'autres guirlandes non moins délicates l'ornementation la plus heureuse.

Une tribune avait été dressée au fond de l'église pour remédier autant que possible à l'exiguïté du local et servir à placer les musiciens exécutants, dont les chants devaient se succéder sans interruption pendant toute la durée des fêtes. Cette tribune, soutenue par des colonnes enguirlandées, élégamment ornées de draperies rouges et blanches et d'un lambrequin découpé, pouvait contenir plus de cent personnes.

Le sanctuaire mérite une mention spéciale : sa décoration était vraiment charmante. Les grilles épaisses qui, s'élevant derrière l'autel, le séparent du chœur des religieuses, et dont l'aspect sévère et la sombre couleur saisissent d'ordinaire le visiteur et jettent dans l'âme mondaine je ne sais quels sentiments d'indéfinissable frayeur et de religieux respect, avaient revêtu par une ingénieuse combinaison une parure blanc et or qui pouvait leur faire appliquer la gracieuse métaphore de « *fenêtres du paradis* ». Au-dessus, sous un portique étincelant d'or et de découpures brillantes, apparaissait dans un grand tableau la séraphique Thérèse s'élevant, portée sur les nuages, dans les hauteurs de la gloire céleste, les mains étendues et le visage perdu dans les ravissements de l'extase. Deux lustres placés à la même hauteur projetaient leurs feux scintillants et faisaient ressortir la riche décoration dont le portique était accompagné. Quatre autres lustres et deux lampes suspendus dans la chapelle, avec une multitude de candélabres et de chandeliers d'or et d'argent dont l'autel était chargé, complétaient l'illumination.

Deux magnifiques bannières de velours rouge, représentant les armes du Carmel brodées en relief, faisaient briller la devise célèbre du grand prophète: « *Zelo zelatus sum pro Domino Deo exercituum* ». Comme dans la chapelle les oriflammes et les guirlandes ornaient les murs, mais toute couleur avait fait place à l'or et à la pourpre. Le trône pontifical et la chaire se faisaient également admirer par leur riche et gracieuse parure. L'autel avec ses bouquets de pampres d'or étincelait de mille feux, revêtu des plus beaux ornements. Enfin, sur l'autel de la Sainte-Vierge, au milieu d'une véritable forêt de cierges, un petit trône drapé de velours vert, au chiffre brodé d'or de la Sainte, soutenait entre les deux rameaux symboliques de laurier et de chêne la gracieuse châsse de bronze doré contenant la relique de la séraphique vierge d'Avila offerte à la pieuse vénération des fidèles. Aux coins du sanctuaire, quatre écussons peints et dorés portaient les armes pontificales, celles de la cité de saint Martial et les blasons des deux prélats: Mgr Pierre-Henri Lamazou, évêque de Limoges, et Mgr Charles Gay, évêque d'Anthédon, dont la présence allait donner un si grand éclat à ces belles solennités.

Le vendredi 27, dès cinq heures du matin, les messes commençaient et avec elles les chants les plus harmonieux. C'étaient en premier lieu les petites voix d'anges des jeunes orphelins de Saint-Etienne qui venaient offrir à la grande sainte Thérèse le tribut empressé de leurs louanges matinales, puis les jeunes filles du Bon-Pasteur, qui se firent entendre jusqu'à la messe pontificale.

A 8 heures, S. G. Mgr Charles Gay, évêque d'Anthédon, officiant au fauteuil, montait à l'autel pour célébrer le saint sacrifice, pendant que la maîtrise de la cathédrale, sous l'habile direction de M. Blanchard, exécutait une messe en musique avec l'ensemble, l'ampleur et la perfection qui lui sont ordinaires. Après cette imposante cérémonie qui transportait dans l'humble chapelle toute la pompe des cathédrales, les messes continuèrent sans interruption jusqu'à 11 heures. Les chœurs de chants des divers pensionnats, confréries et paroisses de la ville se cédaient à tour de rôle la tribune et l'excellent harmonium, pour qu'un concert perpétuel accompagnât l'immolation de l'auguste Victime et fît retentir les louanges de la glorieuse patronne du Carmel.

Parmi tous les cantiques, celui dont la répétition fréquente n'a cessé de ravir les auditeurs pendant les trois jours du *Triduum* est bien assurément le beau chant composé tout exprès pour la circonstance: « Gloire à vous, ô vierge séraphique, etc. ». Le chœur à trois parties exprimait bien l'enthousiasme qui était dans tous les cœurs, tandis que la mélodie du solo et du duo rendait d'une manière ravissante la virginale fraîcheur et la délicieuse naïveté de la poésie. Interprété de la façon la plus heureuse, ce cantique restera dans toutes les mémoires.

Longtemps avant l'heure des vêpres solennelles, la chapelle était comble. Bon nombre de personnes, que la dévotion attirait autant que le désir d'entendre l'éloquent prélat dont la parole allait célébrer les gloires de sainte Thérèse, durent se retirer, à leur grand regret, après avoir vainement tenté de se frayer un passage à travers la foule qui s'écrasait dans l'église.

Les vêpres, chantées par les mêmes exécutants que ceux de la messe pontificale, furent suivies des complies et du sermon si impatiemment attendu. A 4 heures, le vénérable Mgr Gay, évêque d'Anthédon, paraissait en chaire pour faire entendre une de ces pages suaves et brûlantes dont il possède si bien le secret. Nous n'entreprendrons certes pas de donner une timide louange à cet admirable discours. Ceux qui connaissent Mgr Gay, soit par ses œuvres, soit par sa parole, savent que le nommer c'est faire de lui tout l'éloge qu'une sincère mais discrète admiration se puisse permettre.

Monseigneur d'Anthédon parla le premier jour des vertus de sainte Thérèse, qu'il nomme le fondement de sa perfection : l'humilité, l'oraison et la force, réservant au lendemain la tâche d'exalter son incomparable amour pour Dieu et les hommes, et, au dernier soir, de faire briller à tous les yeux la grandeur de son œuvre capitale, en entretenant son auditoire du Carmel et de son utilité parmi nous.

Le salut solennel suivit le sermon : nous ne mentionnerons les chants qui furent exécutés que pour dire qu'ils étaient dignes des précédents et de l'éminent artiste qui les dirige si bien.

Sa Grandeur Monseigneur l'évêque de Limoges, arrivée avant le sermon, accompagnée d'un nombreux clergé, était venue donner par sa présence un nouvel éclat à la fête.

Le second jour, samedi 28, fut une gracieuse répétition de la veille pour l'ordre des messes et des exercices. Les noms seuls des officiants et des chanteurs différaient. Quoique tous eussent voulu prêter leurs voix et leur talent pendant les trois jours consécutifs, il avait bien fallu faire un choix et assigner à chacun son heure, pour que personne ne fût privé de la douce joie de célébrer les grandeurs de sainte Thérèse.

Dans la matinée, pendant les messes, les orphelins de Saint-Etienne, les jeunes filles orphelines du Bon-Pasteur, de Saint-Michel et de Saint-Pierre se sont successivement partagé les moments toujours trop courts.

A 8 heures, Mgr Gay célébrait sa messe, à laquelle assistaient, pieusement recueillis, les Messieurs de la Conférence de Saint-Vincent de Paul.

Puis les Dames de charité et les Demoiselles de Sainte-Valérie apportèrent le tribut de leurs voix harmonieuses pendant la messe de M. l'archiprêtre de la cathédrale.

Enfin la grand'messe solennelle, célébrée par M. l'abbé Thézard, vicaire général et supérieur des carmélites, fut chantée d'une manière remarquable par les élèves des Filles de Notre-Dame, sous la direction et avec le concours de MM. Maupetit. Comme la veille, les chœurs de chant se succédèrent pour offrir à l'héroïne de la fête le mélodieux hommage de leurs plus beaux cantiques jusqu'aux vêpres.

Le sermon, comme le jour précédent, eut lieu à 4 heures, et toujours en la présence de S. G. Monseigneur de Limoges. La foule était peut-être encore plus compacte que la veille : ceux qui avaient entendu l'éminent orateur ne voulaient pour rien céder leurs places, et ceux qui n'avaient pu l'entendre étaient doublement désireux de profiter de cette nouvelle faveur.

Ainsi qu'il l'avait annoncé, Mgr d'Anthédon parla de l'amour de sainte Thérèse pour Dieu et le prochain, et, naturellement, il entretint son auditoire des mystères de la divine charité dans les âmes. La plume se refuse absolument à exprimer ce qu'était un pareil sermon. Quand on a lu Mgr Gay, on rêve de l'entendre, mais l'entendre parler du saint amour est une grâce de choix qu'on ne saurait oublier.

Au moment où le vénérable prélat montait en chaire, les nombreux élèves des Frères qui devaient chanter le salut entonnèrent un cantique à l'Esprit-Saint avec des voix mâles et vibrantes, dont les accents pleins de foi, entraînant toute la foule, transportèrent un moment l'assistance et firent souvenir des belles manifestations catholiques de nos grands pèlerinages. Le salut solennel, chanté avec une rare perfection, termina cette heureuse journée, et chacun, en s'en allant, se demandait vraiment ce que le lendemain réservait de plus à la piété et à l'admiration.

Dimanche 29, dernier jour du *Triduum*, le saint sacrifice fut offert, comme précédemment, dès cinq heures du matin, toujours accompagné des plus beaux chants. Nos chères orphelines des Sœurs de charité, dont les voix ravissantes sont connues et louées de tous, se sont pour ainsi dire surpassées. Cependant, malgré le charme qu'on trouvait à cette musique et aux savantes ressources d'une partition bien exécutée, rien ne pouvait approcher de la pieuse émotion qu'on éprouva à la messe de 8 heures, célébrée, comme les premiers jours, par S. G. Monseigneur Gay. Nos braves ouvriers du cercle catholique, au grand complet, sous la direction habile et zélée de M. Maupetit, firent entendre de leurs voix mâles et sonores des cantiques populaires qui arrachèrent des larmes à tous les yeux. Il était beau de voir ces hommes à la foi héroïque, bravant les fausses hontes du respect humain, se glorifier de leur plus beau titre et s'écrier :

« Je suis chrétien, voilà ma gloire,
« Mon espérance et mon soutien,
« Mon chant d'amour et de victoire.
« Je suis chrétien ! Je suis chrétien ! »

Au moment de la communion, au chant plus doux et plus suave de : « l'Encens divin », bon nombre d'entre eux s'approchaient pieusement de la sainte table. Puis le patriotique refrain à la Vierge Marie : « Catholique et Français toujours », un nouveau cantique à sainte Thérèse, terminèrent cette messe si remplie d'édification. Mgr Gay, profondément ému, voulut, dans la journée, témoigner lui-même ses sentiments à nos braves ouvriers. Ils étaient pressés dans les couloirs avoisinant la chapelle, ravis et heureux de la parole toute paternelle que leur adressait Mgr d'Anthédon, lorsque notre vénéré pasteur, Mgr Lamazou, arrivant pour les vêpres solennelles, les trouva ainsi rassemblés. Ce fut une nouvelle fête de part et d'autre : les deux prélats s'unirent pour donner leur bénédiction à ces vaillants chrétiens qui garderont comme un de leurs meilleurs souvenirs la pensée de ce moment de grâce.

Il est temps de parler de la messe pontificale au trône, célébrée par S. G. Mgr de Limoges avec toute la pompe des grands jours. Le modeste sanctuaire était à peine suffisant pour contenir le nombreux clergé assistant Sa Grandeur, revêtu des ornements les plus riches. Les cérémonies imposantes, qu'on pouvait d'autant mieux suivre qu'elles s'accomplissaient dans un local étroit, captivaient pieusement les regards, tandis que les oreilles étaient ravies par l'harmonie majestueuse de la belle messe en musique exécutée par les élèves des Frères dirigés par l'habile maëstro que tout Limoges connaît et admire, M. Cécilio Charreire. La fanfare du même pensionnat fit entendre trois morceaux, qui donnèrent un charme de plus et un nouvel éclat à la solennité.

Messes et chants continuèrent ensuite.

Dès les premiers instants de l'après-midi, la foule commença à remplir la chapelle et peu à peu se mit à en faire véritablement le siège. Le dimanche donnait à beaucoup le loisir qu'ils n'avaient pu dérober à leurs occupations les jours précédents, et le désir d'entendre une dernière fois Mgr d'Anthédon était plus vif chez tous. Malgré les efforts des bedeaux chargés de maintenir l'ordre, il fut impossible d'empêcher quelques moments de trouble : ce fut un assaut en règle. A la voix énergique du vénérable chanoine aumônier des carmélites, qui dut se faire entendre par trois fois, on s'apaisa cependant, et tribune, chapelle, couloirs, petite cour extérieure, tout étant comble, force fut bien aux derniers venus de s'en retourner à regret. Il faut avouer qu'ils étaient en grand nombre. Les plus heureux s'écrasaient littéralement dans l'église, et le lendemain on les voyait venir ramasser les morceaux de leurs vêtements arrachés qu'ils avaient dû laisser dans la foule. Tout ceci se passait environ deux heures avant les vêpres pontificales, que devait présider, comme le matin, S. G. Mgr Lamazou, et qui furent suivies, comme les deux jours précédents, des complies et du sermon. Un *Ave Maria* chanté par une admirable voix de soprano avec accompagnement de flûte enchanta l'assistance, pendant que le vénérable orateur montait en chaire. Ce beau morceau était dû, comme toute la musique du salut, au précoce génie de M. Joseph Baju, dont l'incontestable talent fait déjà l'admiration de tous les connaisseurs, et qui s'était fait un bonheur de composer exprès pour le *Triduum* : l'*O Salutaris*, l'*Ecce Panis Angelorum*, l'*Ave verum* et le *Tantum ergo*.

Nous voudrions dire quelque chose du sermon, mais comment parler de ce qui est intraduisible ? Rien ne saurait rendre les accents que nous avons entendus ce soir-là. Il faut nous contenter de dire que si, le premier jour, Monseigneur fut admirable, le second, enlevant par un feu tout divin et une onction merveilleuse, il s'éleva, dans ce dernier discours, à une sublimité de langage et à une chaleur d'élocution tout à fait inénarrables. Heureux ceux qui ont pu l'ouïr, car, quoique le vénérable prélat, cédant au vœu général, vienne de publier ces trois chefs-d'œuvre, on trouve ces éloquentes pages bien froides quand on a entendu la parole brûlante de leur auteur. L'émouvante péroraison du dernier soir surtout ne sortira d'aucune mémoire. Ceux qui pouvaient se souvenir des débuts de l'orateur dans la chaire de la cathédrale, alors que, jeune prêtre, il prêchait d'une manière si remarquable le carême de 1851, n'étaient sans doute pas les moins touchés en entendant Mgr Gay s'écrier que son âme d'évêque ne pouvait oublier ce que Limoges avait été pour lui.

On se figure aisément ce que devait être le salut solennel, si l'on se représente au milieu du sanctuaire éblouissant de dorures, sous les mille feux des lustres et des candélabres, les deux évêques, tous les chanoines et un nombreux clergé revêtu des plus riches ornements former une cour magnifique à l'adorable Hostie qui allait bénir tous les pieux assistants.

Les chants furent exécutés par les élèves des cours de Mme Thionville, le professeur distingué dont l'excellente méthode pour former les voix, le goût parfait et le beau talent sont depuis longtemps appréciés dans notre ville. M. Baju, avec le concours d'un excellent violoncelle et d'une flûte du plus grand mérite, accompagnait lui-même à l'harmonium ce chœur choisi.

Nous laissons à des autorités plus compétentes en cette matière le soin de louer comme il convient la musique, l'exécution et le beau talent des solistes. Disons seulement que tout l'auditoire ravi pouvait se croire vraiment au ciel.

Après la bénédiction solennelle, donnée par Monseigneur de Limoges, un *Te Deum* fut chanté avec l'enthousiasme qui était dans toutes les âmes, et termina par l'action de grâces le dernier soir de ces jours bénis.

Détail curieux et probablement unique en son genre, que tous les vrais amis du Carmel seront heureux de savoir : le magnifique ornement revêtu par Mgr Gay pour la célébration des saints mystères pendant le *Triduum* est l'ouvrage entier et vraiment merveilleux de la vénérable Mère Isabelle des Anges, une des premières filles de sainte Thérèse, compagne de la Mère Anne de Jésus dans la fondation du Carmel de France, et qui, après avoir établi plusieurs monastères, vint fonder dans notre cité celui que nous possédons avec bonheur. Après une longue vie remplie d'éminentes vertus, seule des six carmélites venues d'Espagne, elle mourut en France, et dans notre ville, en odeur de sainteté.

Ce riche ornement, admirablement conservé malgré plus de deux siècles d'existence, possède donc à tous les titres une inappréciable valeur.

Il serait difficile d'exprimer à quel point ces belles fêtes ont touché les nombreux assistants et le bien réel qu'elles ont produit dans les âmes. Deux exemples pourtant pris parmi bien d'autres pourront en donner quelque idée : un de ces indifférents, comme, hélas ! il y en a tant de nos jours, vraiment bouleversé au sortir d'un de ces soirs de grâce, ne put que tendre la main, les larmes aux yeux, à un jeune prêtre que, la veille sans doute, il n'aurait pas voulu saluer, Sainte Thérèse l'avait peut-être entièrement vaincu.

Un autre s'écriait, après chaque sermon, qu'il se sentait devenir meilleur rien qu'à la vue de pareils spectacles.

Nous n'énumérerons pas tous les personnages marquants et distingués par leur position qui se sont fait un honneur de suivre assidûment les exercices du *Triduum* et de rehausser de leur présence l'éclat des fêtes ; mais comment passer sous silence la profonde édification qu'a donnée à Limoges le digne et vénérable général de Sonis, arrivant en grand costume, avec sa ponctualité militaire et sa noble piété de vaillant chrétien, assister chaque soir au sermon et au salut ?...

Nous croyons être l'interprète des sentiments de tous en adressant ici les remercîments les plus chaleureux aux personnes qui, par leur pieux empressement à organiser et à embellir ces brillantes fêtes, ont procuré à notre ville de si grands sujets d'édifiante admiration.

Pour leur témoigner notre sincère gratitude, nous ne pouvons rien faire de mieux, en terminant, que de prier la grande sainte Thérèse, dont le cœur était si reconnaissant, d'épancher du haut du ciel le trésor de ses plus douces faveurs, comme une divine rosée, sur tous ceux qui, de près ou de loin, ont contribué aux solennités de son troisième centenaire dans la cité de saint Martial.

CARMEL DE NANTES

(FONDÉ EN 1618).

L'année 1882, anniversaire séculaire de la bienheureuse mort de notre sainte Mère Thérèse de Jésus, permet aux annales du Carmel d'enregistrer des souvenirs qui prouvent que le culte de cette vierge séraphique ne vieillit point dans le cœur de ses enfants.

Partout où il s'en trouve, dans toutes les parties du monde, ils ont tressailli de bonheur à la pensée d'une manifestation solennelle de leurs sentiments de respect, d'amour, de vénération, de reconnaissance pour la sainte Réformatrice du Carmel.

Partout aussi les évêques, le clergé et les fidèles se sont associés à cette manifestation avec une piété et un dévouement qui ont augmenté la joie des enfants du Carmel. Plusieurs évêques ont donné cours à leurs sentiments dans des mandements qui resteront comme un monument élevé à la louange de cette grande religieuse, pour la gloire de Dieu.

Ce Carmel de Nantes, qui compte 264 années d'existence, où tant d'âmes, qui sont venues s'y abriter, ont béni le zèle, la générosité de la sainte Réformatrice dont les travaux leur avaient préparé les biens qu'elles recueillaient, ce Carmel devait célébrer dignement le triomphe, la gloire de son illustre Mère. Ses heureuses habitantes n'ont rien négligé pour atteindre ce but. Elles ont eu la joie de voir la ville de Nantes participer à l'élan général pour solenniser son troisième centenaire. Bien que leur monastère soit très retiré, et que le mauvais temps concourût à rendre les abords de la chapelle difficiles, la piété des fidèles ne parut point reconnaître ces obstacles : une foule empressée et recueillie la remplit tous les jours pour les exercices de la neuvaine préparatoire à la fête du 15 octobre.

Neuf ecclésiastiques, dont plusieurs religieux, avaient été invités à faire, chacun des jours de la neuvaine, le panégyrique des vertus de sainte Thérèse, en montrant l'oraison comme la source vivifiante de ces vertus. Les bornes que nous devons nous prescrire ne nous permettent point d'analyser les fortes et belles pensées qui firent le charme de ces discours ; mais nous voulons conserver dans ces modestes pages les noms des dignes prêtres qui prêtèrent leur concours à notre Carmel, et qui se montrèrent heureux de s'associer aux hommages rendus à sainte Thérèse:

Le 1er jour, M. l'abbé Gaboriau, aumônier des Dames de Nazareth, parla dignement de l'humilité de la Sainte. Il nous la montra pénétrant dans l'oraison l'abîme de son néant et celui des grandeurs de Dieu, et parvenant ainsi à un profond mépris d'elle-même et à une parfaite confiance dans son Créateur.

Le 2e jour, le Révérend Père Gahier, supérieur des missionnaires diocésains de l'Immaculée-Conception, nous montra les sommets qu'atteignit chez la Sainte l'amour de la souffrance, et l'héroïsme de la patience.

Le 3e jour, le Révérend Père Cérisier, missionnaire diocésain de l'Immaculée-Conception, nous parla éloquemment de l'esprit de pénitence de la Sainte puisé aux sources de l'oraison.

Le 4e jour, M. l'abbé Tendron, vicaire de Saint-Donatien, nous peignit les combats de sainte Thérèse, les luttes qu'elle eut à soutenir intérieurement et extérieurement, et nous la montra triomphant du monde et d'elle-même par l'oraison.

Le 5e jour, M. l'abbé Pincé, chanoine prébendé, nous montra sainte Thérèse grande par sa foi qu'elle fortifia par l'oraison dans l'étude de la nature, du crucifix et de l'Eucharistie.

Le 6e jour, M. l'abbé André, vicaire de la cathédrale, nous parla de l'espérance chrétienne, et nous montra comment l'oraison éleva sainte Thérèse jusqu'à l'héroïsme dans la pratique de cette vertu.

Le 7e jour, le R. P. Augustin, Prieur des Prémontrés, prit l'oraison même pour sujet de son discours. Il la définit comme l'art de parler à Dieu et d'entendre Dieu. Il entra dans des développements solides et pratiques, et appuya son sentiment des exemples de sainte Thérèse.

Le 8e jour, le R. P. Alphonse, religieux Prémontré, nous parla de la charité qui anima et consuma la vie de sainte Thérèse, qu'elle puisa et alimenta dans l'oraison.

Le 9e jour, le R. P. François, religieux Prémontré, termina la série de ces intéressants et pieux discours en nous montrant la bienheureuse fin de la Sainte préparée dans l'oraison.

On avait hésité à donner de la solennité à cette neuvaine, dans la crainte qu'il n'y eût pas une assez nombreuse assistance; mais dès le début on put reconnaître que le succès était complet. Le recueillement et la piété qui se faisaient remarquer dans ces assemblées firent dire à plusieurs témoins heureux et édifiés : On sent que sainte Thérèse est là!

Tout en effet avait été disposé dans cette modeste chapelle de manière à rendre vivant le souvenir de la sainte Réformatrice, à faire ressortir le grand caractère dont le Seigneur l'avait douée, l'amour ardent qui embrasa son cœur dès le premier âge de la vie et le fit se consumer de désirs pour le salut des âmes et la gloire de son Créateur.

Quatre grands tableaux de deux mètres carrés, drapés de velours rouge, relevé d'hermines, décoraient admirablement le bas de la chapelle. Le premier, à droite en entrant, représentait la Sainte à l'âge de sept ans, éprise du désir du martyre, s'enfuyant de la maison paternelle, entraînant son frère Rodrigue à sa suite, et la rencontre de l'oncle qui les force à revenir sur leurs pas. L'habile artiste M. A. Meuret, auteur des quatre sujets, a su faire passer l'âme ardente de la sainte enfant sur son visage. A gauche, en face, on la voyait priant Dieu devant un petit ermitage élevé par ses mains et celles de son cher Rodrigue. Le petit frère, pendant que sa sœur prie et paraît élever son âme jusqu'à Dieu, travaille à étayer la fragile construction. Le troisième tableau, aussi à gauche, représentait la transverbération du cœur de la séraphique Mère. Le quatrième, en face, le reliquaire où se conserve, à Albe, ce cœur transpercé, dans lequel on reconnaissait les marques de la transverbération, et de même les phénomènes qui se font remarquer de nos jours dans cette précieuse relique. D'un côté du reliquaire, à sa droite, on voyait un ange portant un dard, et à gauche un autre ange portant un clou, pour rappeler la vision dont parle la Sainte.

Derrière l'autel apparaissait, au-dessus du tabernacle, une très belle statue de la sainte Mère, de grandeur naturelle, portée sur des nuages entre deux gerbes de lumières. Sa pose était celle du repos; ses bras gracieusement croisés sur la poitrine; son visage, quelque peu élevé et plein d'expression, exprimait la béatitude. Cette statue fait honneur au talent de M. Goulleau, au ciseau duquel elle est due.

Une précieuse relique de la chair de sainte Thérèse fut exposée pendant toute la neuvaine sur un piédestal richement orné, placé au bas des marches du sanctuaire et entouré de lumières. Ce précieux objet attira très particulièrement les hommages et la vénération des fidèles. Des cierges en grand nombre furent offerts pour être brûlés devant la sainte relique.

Un jeune homme, désireux de se faire représenter ainsi que sa famille, donna 20 francs pour qu'on fît brûler des cierges à son intention. — Une pieuse famille, dont les bienfaits pour le Carmel ont écrit le nom dans ses annales il y a plusieurs siècles, dès son établissement à Nantes, voulut prendre part à cette grande manifestation en l'honneur de sainte Thérèse, en se chargeant des frais du luminaire de la chapelle pendant ces solennités. — Plusieurs autres familles, amies du Carmel, ont été aussi dignement représentées à ces fêtes. On leur doit une partie des beaux ornements de drap d'or, chapes, dalmatiques, etc., qui y ont figuré.

Pendant la durée de cette solennelle neuvaine, on vit tous les jours des établissements religieux de la ville, congrégations, pensionnats, orphelinats, ouvroirs, venir associer leurs sentiments à ceux du Carmel par de pieux pèlerinages ; tour à tour, ils firent retentir la voûte de la chapelle de leurs chants en l'honneur de la Vierge séraphique et d'humbles supplications pour le salut de la France. On célébrait à l'envi les gloires du trépas de cette généreuse et fidèle épouse du Christ, et on s'animait à suivre son exemple. On était ému parfois, en entendant dans cette chapelle ordinairement déserte, mais si animée en cette circonstance, retentir ces différents refrains chantés avec tout l'entrain de la foi bretonne.

Le dimanche 8, troisième jour de la neuvaine, à six heures du matin, la congrégation des ouvriers, dits Enfants de Marie de la paroisse Saint-Pierre, fidèle à l'appel de son pieux directeur, M. l'abbé Heurtin, secrétaire général de l'Evêché, remplissait la chapelle. Le digne prêtre montait en même temps à l'autel, et bientôt ces voix mâles, avec la simplicité des enfants, disons mieux avec un accent de foi touchant, se mirent à chanter : « Venez, troupe angélique, — célébrer avec nous, — la Vierge séraphique. — Thérèse, gloire à vous ». Un excellent musicien touchait l'orgue. Cette manifestation fut vraiment émouvante ; aussi le pieux Directeur interrompit le saint sacrifice après l'Evangile, pour adresser de chaleureuses félicitations à ces bons ouvriers dont beaucoup étaient des pères de famille ; et il leur fit une vive exhortation à la fidélité au service du Seigneur.

Les Dames de Nazareth vinrent aussi un matin en grand nombre, accompagnées de leurs enfants, offrir leurs vœux à la sainte Réformatrice du Carmel. Pendant la sainte messe que célébra leur pieux aumônier, une très belle voix fit entendre la glose de sainte Thérèse, avec un accompagnement vraiment mélodieux. Toute l'assistance se joignait à l'habile artiste pour chanter : « Je me meurs de regret de ne pouvoir mourir ». L'effet ne pouvait être plus saisissant.

Les Dames de l'Adoration voulurent donner un témoignage de piété filiale à la Sainte et d'affection toute fraternelle à ses filles, en se chargeant de chanter le salut un des jours de la neuvaine ; elles couronnèrent ainsi leur pèlerinage, auquel prenaient part un bon nombre de leurs élèves.

Les Frères des Écoles chrétiennes, ceux du pensionnat de Bel-Air, ceux de l'Hôtel Rosmadec et le noviciat tout entier vinrent aussi, à différents jours, implorer avec piété la protection de la Mère du Carmel. Ils chantèrent un salut avec toute la solennité possible, et, à la suite, un cantique remarquable en l'honneur de la Vierge d'Avila, qu'on croit avoir été composé par l'un d'eux.

Monsieur le Supérieur de la Psallette amena aussi ses enfants en pèlerinage. Ils chantèrent également le salut avec une grande solennité.

Les Frères de Notre-Dame-de-Toutes-Aides, dits de M. de Lamennais, suivirent ces exemples.

L'ouvroir des Sœurs de Saint-Vincent de Paul, celui de l'Immaculée-Conception tenu par les filles de la Sagesse, les enfants des Incurables, le pensionnat de Notre-Dame-des-Anges, des filles de la Sagesse, l'école des Sœurs de Saint-Gildas, de Notre-Dame-de-Toutes-Aides, les religieuses Oblates du Sacré-Cœur, les Sœurs du Tiers-Ordre de Saint-François, les religieuses de la Présentation, du Dépôt de Mendicité, accomplirent aussi leur pèlerinage : on les vit successivement aux pieds de sainte Thérèse lui offrir chaque jour comme un concert de louanges. Tous ces différents pèlerinages se firent remarquer par la grande piété qui y régnait.

Le séminaire des Philosophes ne resta pas étranger à ces démonstrations: deux fois, pendant la neuvaine et pendant le *Triduum*, il parut dans la chapelle. Ce fut vraiment un beau moment que celui où plus de 80 jeunes gens, pleins d'ardeur et de foi, chantèrent comme d'une seule voix, ce cantique :

> Armons-nous d'un nouveau courage,
> Livrons les combats du Seigneur ;
> Pour vaincre l'enfer et sa rage,
> De Thérèse ayons le grand cœur.

Ce chant dut monter jusqu'aux cieux. Que de vœux s'élevèrent en même temps pour demander au Seigneur que cette phalange de pieux Lévites soutienne toujours hautement les intérêts de sa gloire, soit un ferme appui pour notre sainte religion, un rempart inébranlable contre les traits de ses ennemis !

Le Grand-Séminaire vint aussi en corps prier pieusement dans la chapelle. Il y fit entendre la belle antienne à sainte Thérèse, de M. l'abbé Rastier, aumônier des Carmélites de Tours, laquelle fut chantée plusieurs fois au salut pendant ces fêtes.

Il y eut des communions à toutes les messes pendant cette neuvaine, et parfois elles furent très nombreuses, spécialement à celles des pèlerinages ; nous ne pourrions en donner le chiffre.

Le pieux aumônier du Carmel de Nantes, M. l'abbé Patarin, se montra véritablement de la famille du Carmel par la part active qu'il prit à ces fêtes et par les sentiments qu'il y apporta. Il sembla se multiplier pour organiser tous les pèlerinages, régler l'heure des messes, et se trouver présent partout. — Le sacristain se tenait aussi dans la chapelle pour allumer les gerbes de lumières à chaque pèlerinage.

Le 14, après le salut et jusque dans la nuit, on acheva la transformation de la chapelle. Les murs du sanctuaire et la chaire furent entièrement couverts de tentures de velours cramoisi, avec crépine d'or, relevé par endroits d'hermines. — Un trône y fut élevé pour Mgr l'Evêque et surmonté de ses armoiries. Au fond du sanctuaire, dans deux beaux écussons, se dessinaient aussi celles du Souverain Pontife Léon XIII et celles de l'Ordre. L'autel était richement orné. Sur les gradins, de magnifiques lys blancs se détachaient et semblaient faire la louange de l'illustre Vierge dont on allait célébrer l'entrée au ciel, pour la trois centième fois. — En prévision de l'affluence qu'allait attirer cette solennité, on s'efforça de donner en quelque sorte un prolongement à la chapelle, en dressant une tente depuis son portail jusqu'à celui de la cour. Mais, disent les témoins, pour la foule qui pendant ces trois jours encore se pressa aux alentours, et qui devait se contenter d'admirer du milieu de l'avenue le coup-d'œil qu'offrait la chapelle et la statue que pouvaient atteindre tous les regards, la chapelle eût été six fois plus grande qu'elle n'eût pas été suffisante. — Si elle avait eu les dimensions de l'église de Saint-Nicolas, disait-on encore, toute la ville se serait portée vers le Carmel.

Monseigneur Le Coq, évêque de Nantes, comme l'épiscopat tout entier, voulut s'associer à son Carmel dans les hommages qu'il rendait à son illustre Mère, et solenniser avec lui ce troisième centenaire en officiant pontificalement dans sa modeste chapelle ; Sa Grandeur, après avoir chanté la Messe, ne s'éloigna point du Carmel. A 2 heures, pour vêpres, notre pieux évêque gravissait encore les marches de la chapelle. La foule y était si compacte, qu'il fallut crier devant lui à son entrée pour lui faire ouvrir un passage ainsi qu'au clergé qui était allé le chercher en dehors. — Il tint chapelle épiscopale pendant les vêpres qui furent chantées en faux-bourdon ; il était entouré de ses grands vicaires, de plusieurs membres du chapitre et d'un nombreux clergé. A la suite des vêpres, Monseigneur monta en chaire et dans un un magnifique langage, il expliqua la pompe qu'on donnait à cette fête ; puis, appliquant à sainte Thérèse ces paroles de nos saints livres : « Il est bon de s'attacher à Dieu », il fit ressortir sous les couleurs les plus vives la foi et la charité de l'admirable Sainte. — Un salut solennel termina cette belle journée.

Le lendemain 16, le clergé de la paroisse Saint-Donatien, sur laquelle est situé le monastère du Carmel, voulut bien répondre à l'appel qui lui avait été fait, et célébrer les offices de ce second jour du *Triduum*, chanter la grand'messe, les vêpres et le salut, assisté de tout le personnel de la collégiale, maître de chapelle, chantres et enfants de chœur. Là, se trouvaient encore bien d'autres prêtres amis du Carmel. — M. l'abbé Blois, chanoine, aumônier des Ursulines, prononça un discours plein d'intérêt, où il raconta à la louange de sainte Thérèse l'établissement de ses filles en France. Il présenta l'œuvre de la Réforme comme un fruit merveilleux du zèle et de l'amour de la Sainte pour notre pays. Après le salut, qui fut donné par M. Hillereau, curé de Saint-Donatien, le chant des cantiques se fit entendre comme les jours précédents avec le même entrain touchant, spécialement celui qui commence par : « Elle est au ciel, la vierge séraphique, etc. ».

Enfin le 17, jour qui devait clore ces fêtes, la communauté tout entière des Missionnaires diocésains de l'Immaculée-Conception voulut bien aussi chanter la messe, les vêpres et le salut, avec son maître de chapelle et ses enfants de chœur en soutanes bleues. Les Révérends Pères s'y employèrent avec une piété et une cordialité qui eussent pu faire croire qu'ils appartenaient au Carmel. C'est qu'en effet tous ceux qui sont à Jésus-Christ sont une même famille ! Le R. P. Ubald, gardien des RR. PP. Capucins monta en chaire. Nous pouvons dire que son éloquence fut à la hauteur du sujet qu'il avait choisi pour exalter la Vierge séraphique. Prenant pour texte ces paroles du Cantique des Cantiques : « Mon bien-aimé est tout à moi, et je suis tout à lui », le pieux orateur montra l'union de la Sainte avec Notre-Seigneur, préparée par des grâces spéciales, accomplie par le don de tout elle-même à Dieu, et consommée par son mariage mystique avec Jésus-Christ.

Un *Te Deum* solennel fut entonné avant la bénédiction du Très-Saint-Sacrement, et poursuivi par le clergé et les fidèles avec un véritable élan religieux ; chacun sentait que des grâces abondantes étaient descendues du ciel sur la terre en ces jours bénis, et éprouvait le besoin d'en rendre à Dieu de vives actions de grâces. — Il fallut, comme les deux autres jours, faire retirer la foule qui encombrait la porte de la chapelle, afin que celle qui la remplissait pût en sortir.

Ainsi se terminèrent ces fêtes touchantes dont tous les cœurs emportèrent un doux souvenir. — Un vertueux prêtre, en quittant la chapelle, croisant ses bras sur la poitrine, disait : « Je suis heureux ! non, il n'y a point de fêtes comme celles du Carmel, point de sainte comme sainte Thérèse ! » — Daigne le Seigneur faire que tous les membres de la grande famille de cette sainte Mère soient dignes d'elle !

Le Tiers-Ordre du Carmel à Nantes voulut aussi faire une manifestation en l'honneur de sainte Thérèse. Leur pauvreté ne permettant pas de faire grandes dépenses, ces pieuses filles du Carmel firent au moins tout ce qui leur était possible pour honorer celle qu'elles appellent leur Mère, aimant à se considérer comme ses enfants. — Elles organisèrent aussi un *Triduum* en son honneur dans une petite chapelle, près de la cathédrale. Elles demandèrent un tableau et une statue de la Sainte à la communauté des Carmélites, pour les placer dans cette chapelle et les entourer de lumières. Pendant trois jours, le Très-Saint-Sacrement y fut exposé ; il y eut plusieurs messes chaque jour, et sermon le soir.

Les fidèles encore s'y rendirent pieusement, mais le Tiers-Ordre surtout se montra assidu dans cette chapelle, et y fit monter des vœux ardents vers le trône de Dieu par l'entremise de celle que l'on fêtait et dont on désirait s'assurer la protection. Gloire à Dieu !

CARMEL DE NEVERS

(FONDÉ EN 1619).

Les fêtes du *Triduum* de sainte Thérèse au Carmel de Nevers ont rendu éclatante la vérité de ces paroles du sublime cantique de la sainte Mère de Dieu : *Exaltavit humiles :* « Le Seigneur a élevé les humbles ». On a rendu de grands honneurs à une humble fille de Notre-Dame du Carmel.

Thérèse de Jésus avait douze ans quand sa mère mourut. « J'entrevis la grandeur de la perte que je venais de faire, écrit-elle dans sa vie. Dans ma douleur, je m'en allai à un sanctuaire de Notre-Dame, et, me jetant au pied de son image, je la conjurai avec beaucoup de larmes de me servir de mère. Ce cri d'un cœur simple et naïf fut entendu ; j'avais une mère dans la Reine du ciel. Depuis ce moment, jamais je ne me suis recommandée à cette Vierge souveraine que je n'aie éprouvé d'une manière visible son tout-puissant secours. » Elle a mérité de devenir la fille privilégiée de Marie par son application à imiter ses vertus, surtout son humilité, qui lui paraissait incomparable. A la suite de sa souveraine, elle s'est élevée à la véritable grandeur, celle que l'Eglise consacre.

Tout parlait de la Sainte pendant ces trois jours trop vite écoulés.

La modeste chapelle du Carmel avait pris un air de fête qui lui était inconnu jusque-là.

A l'entrée, sur un tympan ogival, un rosier d'or était entrelacé par une banderolle blanche avec l'inscription : *Misericordias Domini in æternum cantabo* : « Je chanterai éternellement les miséricordes du Seigneur ». C'était le texte de l'Ecriture que sainte Thérèse aimait tant à répéter. Trois oriflammes, symboles des trois vertus théologales, que la Sainte a pratiquées à un degré héroïque, se balançaient gracieusement dans les airs.

Au fond de la chapelle, une croix formée de guirlandes à roses rouges, coupée par deux bandes de guirlandes à roses blanches, portait l'inscription : *Decor Carmeli, ora pro nobis* : « Sainte Thérèse, gloire du Carmel, priez pour nous » !

Toutes les lignes de l'édifice étaient rehaussées par des guirlandes de lierre à roses rouges, suivant la direction des colonnes et des fenêtres ogivales. Des encadrements, ornementés par un écusson d'azur à lettres d'or, de style espagnol du seizième siècle, rappelaient les sentences que la Sainte portait dans son Bréviaire, sous forme de signet : « Tout passe. — Dieu seul suffit. — Que rien ne te trouble. — Que rien ne t'épouvante ». De gracieuses oriflammes relataient ses maximes : « Ou souffrir ou mourir. — Seigneur, je ne souffrirai jamais qu'il y en ait qui vous aiment plus que moi. — Tout ici-bas peut nous manquer, mais vous, Seigneur, vous ne nous manquerez jamais. — Tous les plaisirs et contentements du monde ne sont rien en comparaison des délices de Dieu. — La perfection consiste en la grandeur de l'amour. — Souvenez-vous que vous ne mourrez qu'une fois. — Souvenez-vous que vous n'avez qu'une âme. — Souvenez-vous qu'il n'y a qu'une gloire qui est éternelle ! »

Une oriflamme, au chiffre de Marie, portait : « Je l'ai choisie pour ma

Mère, et j'ai toujours éprouvé son puissant secours ». Sur une autre, ayant le chiffre de saint Joseph, on lisait : « Il m'a toujours exaucée au-delà de tous mes désirs ».

Mais le chœur de la chapelle attirait surtout les regards.

Au-dessus de l'autel, l'image de la Sainte, en buste de grandeur naturelle, peinture du seizième siècle, était exposée dans un nimbe ogival en étoffe rouge semée de roses d'or, avec un double rang de lumières formant circonférence. Il était supporté de droite par les armoiries de Sa Sainteté Léon XIII, et de gauche par celles de l'ordre du Carmel, ainsi expliquées par un poète chrétien :

> Vingt-huit siècles ont vu se dérouler l'histoire
> Que ce blason rappelle en traits mystérieux :
> Et l'Asie et l'Europe en ont connu la gloire,
> Et les deux Testaments s'y mirent radieux.
>
> Contemplez ce blason sous la vive auréole
> Du bandeau constellé de la Reine du ciel ;
> Ce dessin gracieux vous présente un symbole
> Des vertus dont Marie a doté son Carmel.
>
> C'est l'humble austérité se voilant sous la bure ;
> La croix, la pénitence et les rudes labeurs ;
> Puis les cieux étoilés, où l'âme simple et pure
> S'élance en méditant les divines grandeurs.
>
> Là, le glaive d'Elie et sa fière devise
> Ont pour chacun de nous un langage de feu :
> Zèle ardent à venger tous les droits de l'Eglise,
> Amour tendre à Marie, honneur et gloire à Dieu.
>
> Enfin, sur le blason plane un beau diadème.
> Quel avis solennel par là nous est donné ?
> C'est qu'un vrai Carme doit réunir en lui-même
> Tous ces traits de vertu pour être couronné.

Le nimbe et les armoiries étaient sur un fond de draperie blanche parsemée de roses d'or et bordée de guirlandes de lierre naturel à roses blanches. Autour de l'autel, une draperie rouge, parsemée de lys et de roses d'or, était surmontée d'une frise avec les inscriptions gothiques : *Gloria Domino :* « Gloire au Seigneur » ! *Misericordias Domini in æternum cantabo :* « Je chanterai éternellement les miséricordes du Seigneur ».

Autour de la grille des religieuses : *Erunt oculi mei et cor meum ibi cunctis diebus:* « Là sera mon regard et là sera mon cœur tous les jours, » — du troisième Livre des Rois. Au-dessus étaient placées les armes de Monseigneur, qui aime à considérer les filles de sainte Thérèse comme une portion choisie de son troupeau.

Enfin, de chaque côté, en avant de la table de communion, sur deux petites crédences à rétable ogival, en un fond d'étoffe rouge avec roses d'or et guirlandes de mousse, étaient exposées à la vénération des fidèles des reliques de la Sainte : une lettre autographe dans un magnifique cadre de bois sculpté, surmonté du médaillon de sainte Thérèse, don de Mme de Saint-Maur, et des ossements avec une parcelle de voile, dans un reliquaire ornementé de perles, de soie et d'or, travail délicat des Carmélites.

Monseigneur avait à cœur de donner au *Triduum* une grande solennité, car la sainte Eglise glorifie Dieu dans ses Saints ; elle accorde une place immense à la grande Réformatrice du Carmel, et cette année est l'anniversaire centenaire de son entrée dans la gloire.

Sa Grandeur a officié pontificalement le jour même de la fête de sainte Thérèse. Le second jour, les offices solennels ont été célébrés par M. l'abbé Dubarbier, vicaire général, et le troisième, par M. le curé de la paroisse Saint-Etienne.

Les chants exécutés par la maîtrise, sous la direction si remarquable de MM. les abbés Perreau, élevaient les esprits et les cœurs, et faisaient vraiment assister au triomphe de la Sainte au ciel. Chacun était avide d'entendre raconter la vie et célébrer les vertus de cette illustre servante de Dieu. M. l'abbé Gauthey, chapelain de basilique du Sacré-Cœur, à Paray-le-Monial, s'est acquitté de cette tâche avec un rare succès.

Chaque jour de la neuvaine préparatoire au *Triduum*, il avait réuni, dans la chapelle du Carmel un auditoire qu'elle avait peine à contenir. Il avait exposé, pour ainsi dire, et mis à la portée de tous la doctrine de Thérèse de Jésus sur la pratique de la vie chrétienne. Il lui restait à tracer les traits de la Sainte. Sa modestie l'a porté à s'excuser de ne pas prendre le ton solennel, et de ne pas employer le style pompeux de la plupart des panégyristes. On n'a pu le regretter, car il a préféré à tous les vains ornements du style ce langage simple, clair, précis, noble et élevé, qui l'avait fait goûter de tous dès sa première instruction. Aussi a-t-il été écouté, les trois jours, avec une religieuse attention et un profond intérêt. Il a vraiment su faire connaître, admirer et aimer la grande Sainte qu'on était venu honorer. Notre froide analyse ne pourrait qu'affaiblir l'impression produite par son panégyrique ; nous nous bornerons à en rappeler les divisions principales.

Selon les paroles de Grégoire XV, dans la bulle de canonisation, sainte Thérèse a été remplie de l'esprit de sagesse et d'intelligence. Tel est le sujet du premier sermon, où l'on a montré Thérèse cherchant la sagesse dans l'héroïcité des vertus, et remplie naturellement et surnaturellement de tous les dons de l'esprit, jusqu'à pouvoir être comparée aux docteurs de l'Eglise.

Dans le second sermon, on a montré que de l'âme sainte de Thérèse, comme d'un brasier, avait jailli la flamme du zèle. Apôtre et réformatrice, elle a fait du Carmel un foyer d'apostolat, de pénitence et de prière, pour la gloire de Dieu et le salut des âmes.

Enfin, dans son cœur laborieusement façonné à la ressemblance du cœur de Jésus par le travail de toute sa vie, Dieu a produit les merveilles d'une conformité plus extraordinaire encore, en permettant que ce cœur fût percé comme celui de son fils et entouré, dans ces dernières années, d'épines miraculeuses. Tel a été la troisième partie de ce magnifique panégyrique.

Moins que personne M. l'abbé Gauthey ne pouvait oublier que ce dernier jour était consacré ailleurs à la mémoire de la bienheureuse Marguerite-Marie. Aussi, par la plus heureuse inspiration, a-t-il établi un rapprochement très frappant entre l'admirable fille de la Visitation et la grande Réformatrice du Carmel.

La conduite de Dieu a été la même à l'égard des deux saintes. Toutes les deux ont été sensibles un instant aux vanités du monde; elles y ont renoncé généreusement pour embrasser la croix de Jésus-Christ. Leur vie a été une série d'épreuves, de souffrances, d'humiliations, de contradictions; mais toutes les deux ont été élevées à un degré sublime d'oraison; l'une a connu des secrets profonds de Dieu; l'autre, les trésors ineffables du divin Cœur de Jésus.

Elles ont eu toutes les deux un cœur consumé des ardeurs de l'amour divin; et leur zèle a été d'une immense efficacité. Enfin, toutes deux ont quitté la vie dans des élans de charité admirables.

Monseigneur a couronné ces fêtes magnifiques en adressant lui-même la parole au pieux auditoire.

Combien on a regretté que la chapelle du Carmel n'ait pu recevoir tous les fidèles accourus pour participer à ces solennités !

Ils se sont dédommagés par leur empressement à vénérer les reliques de la Sainte. Elle fera sentir à toutes les âmes qui l'ont honorée l'efficacité de sa protection; dès cette vie, le Sauveur lui promit qu'elle ne pouvait rien demander sans être exaucée !

ALLOCUTION

PRONONCÉE PAR Mgr L'ÉVÊQUE DE NEVERS, DANS LA CHAPELLE DES CARMÉ-
LITES DE CETTE VILLE, LE 17 OCTOBRE 1882, A LA CLÔTURE DE LA NEU-
VAINE ET DU TRIDUUM EN L'HONNEUR DE SAINTE THÉRÈSE.

Nous voilà au terme de ces pieuses et consolantes réunions en l'honneur de sainte Thérèse. Le troisième centenaire de sa bienheureuse mort, ou, pour parler la langue de l'Eglise, de sa naissance à l'éternelle vie, a été célébré dans cette humble chapelle avec une solennité et un éclat qui ne laissent rien à désirer ; et nous aimons à penser que parmi tous les Carmels du monde catholique, et en particulier parmi ces cent-huit monastères que la France se fait gloire de posséder, tous également désireux de s'associer au triomphe de leur Mère, celui de Nevers n'a pas été un des derniers.

Rien n'a manqué à la pompe de cette fête :

Ni les gracieuses ornementations qu'une main d'artiste, dirigée par un cœur de prêtre et de religieux, s'est plu à semer sur ces murs avec une profusion et tout à la fois avec une sobriété d'un goût parfait ;

Ni les harmonies de ces voix que nous entendons toujours avec tant de plaisir, mais qui se sont surpassées en cette circonstance et ont paru se rapprocher plus encore que de coutume des mélodies célestes, pour mieux chanter la séraphique Vierge d'Avila ;

Ni la majesté des offices pontificaux, étonnés de se voir, pour la première fois peut-être, parfaitement accomplis dans une si étroite enceinte ;

Ni le pain de la parole de Dieu distribué sous sa forme la plus substantielle et la plus attrayante par un apôtre du Sacré-Cœur (1) : il est heureux de mettre à la clôture de ces saints exercices sa parole et les fruits qu'elle a portés sous la protection de la bienheureuse vierge de Paray-le-Monial en ce jour de sa fête, et pour moi il m'est doux de bénir en sa personne, dans le diocèse de Nevers, les travaux et les succès d'une œuvre à la naissance de laquelle j'ai assisté et dont j'ai encouragé, pour ma faible part, les premiers efforts dans le diocèse d'Autun ;

Ni surtout, je l'espère, la ferveur des fidèles qui ont visité cette chapelle, devenue à certains moments insuffisante pour contenir leur pieuse affluence.

---

(1) M. l'abbé Gauthey, chapelain du Sacré-Cœur, de la communauté de Paray-le-Monial.

Et maintenant tout ici va rentrer dans le silence et le calme habituels. Ces murs vont dépouiller peu à peu ces ornements de circonstance pour laisser reparaître l'austère simplicité qui s'accorde si bien d'ailleurs avec leur religieuse destination : à ces concerts éclatants et joyeux va succéder de nouveau le chant monotone et plaintif de la pénitence ; la solitude reprendra ses droits dans ces lieux si fréquentés depuis quelques jours ; la voix aimée du prédicateur n'y retentira plus ; ce sera le silence, silence, il est vrai, qui parle éloquemment à certaines âmes : la gloire du Carmel qui a éclaté au dehors redeviendra tout intérieure ; en un mot, mes Frères, il en sera de cette fête comme de toutes celles que nous célébrons sur cette terre d'exil : elles passent avec une rapidité qu'on ne considère pas sans tristesse et sans regrets.

Est-ce à dire cependant que ces touchantes solennités vont disparaître, emportant tout ce qu'elles nous ont apporté de lumière, de consolations, de joie et d'espérance ? Non, mes Frères, elles laisseront, j'aime à le croire, dans l'âme de tous ceux qui en ont été les témoins recueillis et émus, les plus douces impressions, les résolutions les plus salutaires.

Pour vous d'abord, mes chères Filles, elles ont été comme une halte, une oasis au milieu de votre vie de renoncements et de sacrifices quotidiens, un Thabor où votre sainte Mère vous a fait monter, ainsi qu'autrefois Notre-Seigneur Jésus-Christ faisait monter ses disciples privilégiés sur le Thabor de la transfiguration, pour y contempler les manifestations de sa gloire. Ces chants, cette pompe des saints offices, ces prédications extraordinaires, vous ont fait en quelque sorte oublier que vous êtes encore dans la vallée des larmes, sur la terre de la tentation et du combat : volontiers vous vous seriez crues transportées au ciel, et vous vous seriez écriées, comme les heureux témoins de la scène du Thabor : « Seigneur, il nous est bon d'être ici ! »

Mais non, vous n'avez pas dit cette parole ; vous le savez bien, vous ne pouvez rester sur le Thabor : l'heure n'est pas encore venue ; il vous faut redescendre aux œuvres de votre vocation, à ces luttes, à ces sacrifices, à cet apostolat de votre vie pénitente. Du moins, de cette vue du ciel qui vous a été montrée par avance comme dans une échappée sublime vous rapportez, sans nul doute, un amour plus grand de votre vocation sainte, un plus vif désir de correspondre à cette grâce supérieure, une nouvelle et ardente ambition de vous rapprocher davantage de votre sainte Mère, d'être, vous aussi, des Thérèse, non par des ravissements et des extases, mais par la pratique chaque jour plus parfaite de l'obéissance, de l'humilité, de l'abandon à

Dieu, de la joie de faire sa sainte volonté, de toutes ces vertus qu'on vous a montrées en elle si belles, si attrayantes, et qui ont été le fond, la substance même de sa sainteté.

Avec un courage renouvelé, centuplé, vous allez marcher sur ses traces dans cette carrière épineuse, douloureuse parfois, mais dont le terme est le ciel, le ciel avec des splendeurs, des chants, des perceptions de la vérité en comparaison desquels tout ce que vous avez vu, entendu, goûté pendant ces jours n'est qu'un avant-goût, une ombre pâle et impuissante ; et en voyant ce beau ciel entr'ouvert sur vos têtes pour vous montrer la gloire de votre Mère, c'est avec une nouvelle énergie, une nouvelle reconnaissance envers Dieu que vous vous direz : « Marchons de ce côté : marchons-y sans crainte, enflammées d'une noble ardeur. O mon Dieu, je me suis réjouie dans la bonne parole qui m'a été dite, que vous m'avez répétée avec une particulière insistance pendant ces jours bénis : oui, bientôt nous aussi nous irons dans la maison du Seigneur : *Lætatus sum in his quæ dicta sunt mihi; in domum Domini ibimus* ».

Quant à vous, mes Frères, âmes chrétiennes, qui vivez au milieu du monde et qui êtes venues vous associer, avec tant d'empressement, à ces fêtes de la vie religieuse, il me semble impossible que vous n'en retiriez pas vous aussi quelque chose de bon, de sanctifiant pour la pratique de votre vie.

On vous a fait admirablement connaître sainte Thérèse, on vous a révélé cette grande âme, ce cœur viril, vaste comme l'Océan, et dans lequel se sont unis à un si haut degré l'amour de Dieu et l'amour des âmes. Notre cher prédicateur a d'autant mieux réussi qu'il est allé puiser aux sources ; qu'il n'a cessé de vous citer les paroles de notre Sainte, ses actions, sa doctrine ; et peut-être aura-t-il inspiré à quelques-uns de ses auditeurs le désir de lire, avec le conseil et sous la direction d'un guide prudent et éclairé, quelques-uns du moins de ses immortels ouvrages.

Mais ce n'est pas seulement avec son souvenir et ses reliques que vous vous êtes trouvés en contact dans cette chapelle : c'est avec sainte Thérèse elle-même, avec sainte Thérèse vivant dans la personne de ses filles. En vous rapprochant de ces grilles, vous vous êtes dit avec une réflexion plus sérieuse que de coutume : Il y a pourtant derrière ces grilles des imitatrices, des disciples de sainte Thérèse ; des femmes pour lesquelles cette doctrine crucifiante que j'ai entendu exposer, et qui parfois m'a fait peur, n'est pas lettre morte ; des femmes qui pratiquent la mortification, l'humilité, l'esprit de sacrifice, d'universel détachement, d'union à Jésus-Christ, d'amour ardent de sa sainte Eglise ; des femmes qui vivent de cette vie, qui n'en ont pas, qui n'en veulent pas d'autre ; et de ces grilles votre regard s'est replié sur vous-mêmes et vous vous êtes demandé : Et moi, où en suis-je de la pratique de toutes ces vertus ? Et vous avez conclu comme saint Augustin, voyant passer devant ses yeux les exemples des saints et des saintes dont il lisait la vie : « Quoi ! s'écriait-il, s'indignant contre lui-même, ne pourrais-je pas faire ce que font tels et telles ? »

Sans doute votre vocation n'est pas la même : Dieu ne vous demande pas à vous, âmes chrétiennes appelées à vivre et à vous sanctifier au milieu du monde, tout ce qu'il demande à ces Carmélites ; mais ce qu'il exige, c'est que vous transportiez, c'est que vous reteniez soigneusement dans votre vie, dans une certaine mesure, ces vertus du Carmel. Il n'y a pas deux routes pour aller au ciel, il n'y en a qu'une, une seule, entendez bien, mes Frères ; on n'y va que par la route de l'humilité, de la mortification, du renoncement, de l'amour de Dieu et du prochain ; la seule différence c'est que tous ne sont pas appelés à y marcher de la même manière.

Vous ne pouvez pas, vous ne devez pas mener la vie retirée et solitaire des Carmélites ; mais ne pouvez-vous pas, ne devez-vous pas vous créer au dedans de vous-mêmes, par l'habitude de la réflexion et du recueillement, une petite solitude où de temps en temps vous vous retirerez pour vous demander compte des fautes que vous avez commises et des vertus que vous avez pratiquées dans vos rapports indispensables avec le monde ?

Vous ne pouvez pas, vous ne devez pas vaquer à la prière aussi souvent que les Carmélites ; mais ne pouvez-vous pas, ne devez-vous pas remplir avec plus d'exactitude, plus de soin, ce devoir essentiel de la prière ? Ne pouvez-vous pas, ne devez-vous pas introduire dans votre vie, sous une forme et à une dose quelconque, la pratique de cette oraison sans laquelle, on vous l'a dit, sainte Thérèse estimait le salut impossible ?

Vous ne pouvez pas, vous ne devez pas venir aussi fréquemment que les Carmélites au pied du tabernacle, y rester aussi longtemps ; mais ne pouvez-vous pas, ne devez-vous pas faire de plus nombreuses visites au divin Prisonnier de nos autels, assister plus régulièrement aux cérémonies de l'Eglise et surtout aux offices du dimanche ?

Vous ne pouvez pas, vous ne devez pas pratiquer la loi de la pénitence comme les Carmélites : jeûner, vous mortifier comme elles ; mais ne pouvez-vous pas, ne devez-vous pas accomplir plus fidèlement sur ce point les prescriptions de la sainte Eglise, et surtout faire pénitence, en acceptant avec résignation, plus de courage surnaturel, les peines et les souffrances de votre vie ?

Vous ne pouvez pas, vous ne devez pas garder le rigoureux silence des Carmélites ; mais ne pouvez-vous pas, ne devez-vous pas veiller sur vos conversations, pour qu'il ne s'y glisse rien qui blesse la charité, la justice, la modestie et les autres vertus chrétiennes ?

Graves et importantes questions que vous pouvez, mes Frères, multiplier à l'infini en les diversifiant d'après les exigences de votre situation, mais questions que chacun de vous doit s'adresser, et qui seront la conclusion la meilleure et la plus profitable de ces saints exercices.

A ces questions, votre conscience sérieusement interrogée répondra peut-être : elle a déjà répondu, et cette réponse n'est pas douteuse. Vous avez entendu sa voix, enhardie par la liberté que vous lui donnez à la suite de ces émouvantes solennités, vous dire avec une nouvelle force ce que déjà peut-être, depuis longtemps, elle vous disait timidement : Oui, tu le peux, âme chrétienne ; tu peux te sanctifier là où t'a placée la divine Providence ; et parce que tu le peux, tu le dois ; tu dois, dans ce but, prendre tous les moyens, faire tous les sacrifices.

Et tous, mes Frères, soutenus, stimulés par cette double conviction, n'hésitons plus à entrer, à avancer dans cette voie : pour nous y soutenir, aimons à revenir, au moins par la pensée, à ce monastère et dans cette chapelle du Carmel où nous venons de goûter de si douces consolations. Qu'elle soit pour nous la montagne dont parlait le Prophète, vers laquelle il nous soit doux d'élever nos regards, certains d'avance que nous y trouverons de précieux secours : *Levavi oculos meos ad montem unde veniet auxilium mihi.*

De là, en effet, nous viendront ces exemples admirables qui encourageront et, au besoin, feront rougir notre faiblesse, et ces grâces méritées par la prière et par la pénitence qui nous donneront la volonté et la force persévérantes de marcher chacun, dans l'ordre et selon les exigences de notre vocation, sur les traces de sainte Thérèse et de ses pieuses filles : et ainsi nous arriverons, nous aussi, au ciel, et nous célébrerons avec notre Sainte, non plus une neuvaine, un *triduum* passager, mais la fête sans nuage et sans fin, la fête béatifique de l'éternité.   Ainsi soit-il.

CARMEL DE CHARTRES

(FONDÉ EN 1620).

Le 15 octobre 1882 marquera une date brillante dans les annales du Carmel de Chartres. Trois siècles s'étaient écoulés depuis le jour où la grande âme de Thérèse de Jésus, mystique colombe, avait pris son essor vers le lieu de l'éternel repos, et il s'agissait de célébrer dignement ce troisième anniversaire séculaire de sa naissance au ciel. Oubliant momentanément les menaces de persécutions suspendues sur sa tête, le monastère avait retrouvé pour cette solennelle circonstance ses joies et ses magnificences des plus grands jours. Nous essayons de décrire d'une main fidèle, sinon habile, ces splendeurs religieuses qui firent de notre Carmel pendant quelques jours un Thabor nouveau où bien des âmes trouvèrent qu'il faisait bon d'accourir, et où volontiers elles eussent planté leur tente pour longtemps.

Exercice préparatoire. — Le centenaire avait été précédé d'un longue série d'exercices, propres à y disposer les âmes et à en assurer les fruits. Convaincu qu'on ne peut honorer ni aimer comme il faut ce que l'on connaît mal, M. le chapelain s'imposa la tâche de populariser le culte de sainte Thérèse en la faisant mieux connaître, en la faisant revivre en quelque sorte par la parole, en prêchant ses admirables vertus. Sa foi, son humilité, son courage, sa pauvreté, son obéissance, son oraison, son amour de la souffrance, sa charité et son zèle furent les sujets traités et comme autant de linéaments qui vinrent l'un après l'autre dessiner et mettre en plein relief cette virginale et séraphique figure. Mais ce que le prédicateur ne faisait que montrer à l'intelligence, une belle statue de la Sainte, représentée dans l'extase de la contemplation, le traduisit bientôt à tous les yeux : cette statue sortie des ateliers de la maison Raffl à Paris, et fort admirée, fut solennellement bénite le second dimanche de la neuvaine. Sainte Thérèse à partir de ce moment parut être descendue au milieu de nous pour présider à nos exercices. On la sentait plus présente. Aussi l'assistance, nombreuse dès le premier jour, ne fit que s'accroître jusqu'à la fin, plus éprise visiblement de la beauté surnaturelle de cette grande âme, à mesure qu'elle la connaissait mieux et qu'elle l'admirait davantage. L'impression fut profonde et générale. Ce qui contribuait à l'augmenter encore, c'étaient les chants qui animaient ces réunions bénies. Les chœurs se succédaient en effet de dimanche en dimanche, rivalisant de zèle et de talent pour exécuter les plus brillants morceaux de leur pieux répertoire. Le Salut fut tour à tour chanté par les jeunes filles de la Maison-Bleue et de la Sainte-Famille, par celles de l'ouvroir Saint-Michel et de l'ouvroir Saint-Pierre, enfin par les jeunes infirmières de l'Hôtel-Dieu et les élèves du pensionnat de Saint-Paul. Comme ces voix vibraient fraîches et sonores lorsqu'elles chantaient les louanges de sainte Thérèse!

Un jeune séminariste, voulant bien nous prêter pour cette circonstance le concours de son talent poétique et musical, avait composé plusieurs cantiques qui devinrent très promptement populaires. Tout le monde répète encore ce refrain qui éclatait à la fin de nos exercices comme une fanfare :

> Chantons, chantons le centenaire,
> Chantons Thérèse et ses vertus.
> Qu'avec amour chacun vénère
> L'amante de Jésus.

Triduum et centenaire, 13, 14 et 15 octobre.—Cette longue neuvaine de dimanches avait formé comme une belle et brillante avenue par où il semblait que l'illustre vierge du Carmel s'avançait, toute parée de ses incomparables vertus, pour recevoir l'hommage triomphal que notre vieille et religieuse cité s'apprêtait à lui décerner. Ce fut bien un vrai triomphe en effet pour sainte Thérèse que le *Triduum* qui s'ouvrit solennellement en son honneur le 13 octobre. Depuis plusieurs mois, un certain nombre de pieuses dames de la ville et quelques religieuses dévouées de la communauté de Saint-Paul s'étaient volontairement associées aux saintes filles du Carmel pour travailler de concert avec elles à la décoration de leur monastère. Ce qui se dépensa dans ce travail commun de zèle, de talent, d'industries pieuses, ne saurait se dire. Aussi quand, le jour venu, tous les détails d'une ornementation compliquée eurent pris dans l'harmonie de l'ensemble la place qu'un goût sévère et délicat leur avait assignée à l'avance, d'après un plan soigneusement étudié, ce fut comme un éblouissement pour les yeux, et pour l'âme un véritable ravissement. Il se trouva que la solitude avait soudainement fleuri et que la retraite des filles de sainte Thérèse avait emprunté au véritable Carmel quelque chose de cette antique beauté tant célébrée par les Prophètes : *Exultabit solitudo et florebit quasi lilium. Gloria Libani data est ei, decor Carmeli et Saron.*

Voici, autant qu'il est possible de le rendre, le spectacle qui se présentait aux yeux du pieux visiteur en abordant ces jours-là le monastère. Ce qui le frappait tout d'abord, c'était la croix qui se dressait au frontispice de la porte d'entrée, dissimulant ses lignes sévères sous la verdure et les fleurs. La croix ! n'est-elle pas de toutes nos fêtes comme de tous nos deuils ? N'était-elle pas surtout l'ornement obligé d'une solennité destinée à honorer une de ses plus fidèles amantes ? A ses pieds, une élégante banderole porte ces simples mots qui sont comme l'invitatoire de la fête : « *Venez honorer sainte Thérèse de Jésus* ». Puis de vertes guirlandes courent en festonnant sur la muraille et vont encadrer de chaque côté deux oriflammes qui rappellent les deux grandes dates du centenaire « 1582 et 1882 », avec ces inscriptions : « *Trois siècles de gloire au ciel. — Trois siècles d'admiration sur la terre* ». D'autres bannières accompagnent celles-là et en saluant le centenaire comme « *un clair rayon de soleil dans un jour d'orage* », en même temps que comme « *un secours providentiel pour l'Église et la France* », associent heureusement à nos joies présentes la douce pensée d'espérances bien chères.

Mais ne nous attardons pas trop à cette description, car nous ne sommes qu'au seuil et bien d'autres pieuses surprises nous attendent. Pénétrons maintenant dans le petit jardin qui sert comme d'atrium à la chapelle du couvent, et suivons l'allée montante qui y conduit. Quelle transformation ! on dirait une voie triomphale. Sur toute sa longueur, des guirlandes de roses et de feuillage se déploient en plis festonnants, se rattachant de distance en distance à de gracieux arcs de triomphe, reliés eux-mêmes par un grand nombre de mâts, pavoisés aux couleurs de la Séraphique. Ces mâts soutiennent autant de bannières flottantes où se lisent en lettres multicoores tous les titres de sainte Thérèse à l'admiration et aux hommages des fidèles : panégyrique éloquent qui instruira et édifiera la foule en passant. Voici ces inscriptions dans la concision du style épigraphique et dans la majesté des grandes et saintes choses qu'elles expriment :

Son auréole brille de toutes les gloires.

Femme de génie par l'intelligence. — Apôtre par la prière et l'immolation. — Vierge angélique par la chasteté.

Héroïne par le cœur, femme plus que femme. — Martyre mille fois par le désir. — Au premier rang des séraphiques par l'amour.

Bossuet l'appelle l'Incomparable Thérèse.

Stigmatisée, extatique, thaumaturge, fondateur d'ordre, défenseur de l'Église, docteur mystique.

La première elle construit et dédie une église à saint Joseph. — La première elle lève l'étendard du plus parfait.

O merveille ! son corps virginal s'est conservé sans corruption. — O merveille ! quinze épines ont germé dans son cœur.

Mais, lisons en passant sur un vaste écusson qui domine la porte d'entrée de la communauté, la consolante promesse que Thérèse recueillit un jour de la bouche même de son céleste Époux dans son premier monastère d'Avila :

« Saint Joseph veillera à l'une des portes de cette maison. — Ma mère gardera l'autre et moi je serai au milieu. »

Voici maintenant qu'en avançant toujours, à travers des guirlandes et sur les plis flottants des bannières s'établit cet admirable dialogue entre le Sauveur et sa mystique Épouse :

Thérèse dit à Jésus : Seigneur, rien ne me touche que vous seul.
Jésus dit à Thérèse : Tu es toute à moi, je serai tout à toi.
Thérèse dit à Jésus : O mon maître adorable, ou souffrir ou mourir.
Jésus dit à Thérèse : Reçois ce clou ; tu seras mon épouse.
Thérèse dit à Jésus : Il n'est pas de martyre que je ne voudrais souffrir pour Dieu et les âmes.
Jésus dit à Thérèse : Que deviendrait le monde s'il n'y avait pas de religieux ?

Rien de plus suave et de plus sublime que ce colloque composé de quelques-unes des paroles historiques échangées dans leurs intimes et ineffables communications entre Jésus et Thérèse. Mais pour l'exprimer et le rendre avec tant de délicatesse et une exécution calligraphique si achevée, il fallait que nos pieuses artistes s'en fussent elles-mêmes profondément pénétrées. Les paroles de sainte Thérèse avaient été écrites en lettres d'argent sur une gaze légère de couleur blanche, tandis que c'était en caractères d'or et sur un tissu rose que resplendissaient les réponses du Sauveur. Détails minutieux mais touchants, auxquels l'on reconnaît les délicatesses d'une piété qui ne veut pas compter avec sa peine pour une sainte ne voulant pas elle-même pour son Dieu compter avec son amour. *Sa mesure d'aimer Dieu* n'a-t-elle pas été de *l'aimer sans mesure ?* C'est la pensée qui se lit au fronton du portique de la chapelle. Quatre écussons aux quatre angles en donnent le commentaire dans ces mots d'une éloquente simplicité : *amour parfait — amour éternel — amour crucifié — amour séraphique*. Et en même temps, au fond du portique un tableau où notre Sainte est représentée, rend d'une manière encore plus sensible les ardeurs de cet amour. Elle est là, en effet, les yeux fixés au ciel, le visage illuminé par l'extase, le cœur enflammé de charité, et elle semble adresser à cette foule qui se presse aux abords du saint lieu, la parole du cantique qui se détache en exergue au milieu d'une guirlande de fleurs et de fruits : « *Soutenez-moi de fleurs, appuyez-moi de fruits, car je languis d'amour* ». Pouvait-on ne pas penser à la célèbre *Glose*, et n'en point rappeler les brûlants accents ? La voilà tout à côté qui s'épanouit sur les plis soyeux d'une brillante draperie :

<blockquote>
Je vis, mais hors de moi ravie
J'attends en Dieu si haute vie
Que je meurs de ne point mourir.
</blockquote>

Telles étaient les décorations à l'extérieur, magnifiques sans doute et pourtant moins belles et moins brillantes encore que celles du dedans. En entrant dans cette chapelle d'ordinaire si humble et si austère, on ne pouvait se défendre d'une impression vive et profonde. Ce n'était pas seulement les yeux qui étaient ravis, le cœur était remué, l'âme transportée. « L'émotion m'a gagné, nous disait un vénérable ecclésiastique, et j'ai pleuré. » Oui, l'on pleurait et l'on priait malgré soi. Ce qui contribuait le plus à ce charme pieusement fascinateur, c'était sans doute l'aspect général de cette chapelle entièrement et splendidement décorée, mais c'était encore plus l'ornementation du sanctuaire. Qu'on se représente, en effet, l'autel embaumé de l'odeur des dernières fleurs de la saison, paré de ses plus beaux ornements, couvert de nombreux et précieux candélabres qui projettent des gerbes de lumières, puis au-dessus et encadrée par les longues draperies ondoyantes d'un vaste et gracieux baldaquin, la belle statue de notre Séraphique dans l'attitude de l'humilité triomphante, c'est bien la pauvre carmélite d'Avila avec la robe brune, le manteau blanc, le voile noir ; seulement un rayon de la gloire céleste a touché tout cela, et l'or brille maintenant sur la bure transfigurée.

Il est visible qu'elle n'est plus de la terre, car un nuage soutient ses pieds ; sa tête baigne dans l'azur et un groupe de séraphins est venu lui faire cortège. L'un d'eux apporte, ailes déployées, une riche couronne d'or qu'il dépose respectueusement sur le front de sa virginale sœur. On croirait l'entendre redire la belle antienne que l'Église chante en l'honneur de ses Vierges : *Veni, sponsa Christi, accipe coronam quam tibi Dominus præparavit in æternum*. Scène vraiment idéale qui élève l'âme en la reposant, et dont les yeux aussi bien que le cœur ont peine à se détacher. Aussi, est-ce là comme le point central auquel se rapporte et se relie tout le reste de l'ornementation.

Tout part de là, tout revient là. Tout s'harmonise avec cette glorification de la sainteté qui est l'idée principale et le but du centenaire. La chapelle, le sanctuaire surtout disparaissent presque sous les lis et les roses unis sur des feuilles d'or et semés à profusion, ici en touffes et en bouquets, là en couronnes, ailleurs en cordons élégants qui courent sur les frises ou le long des arceaux dessinant les lignes architecturales de l'édifice. Rien ne pouvait exprimer plus gracieusement la virginité jointe à la charité de la sainte Épouse de Jésus. — Le crucifix devant la chaire repose aussi parmi les fleurs. O sainte image, parlez donc et dites-nous ce que vous fûtes pour Thérèse et ce que Thérèse fut pour vous ? « *Jésus de Thérèse, Thérèse de Jésus* »; ces seuls mots de la légende bien connue en disent assez, ou plutôt ne disent-ils pas tout? Mais voulons-nous pénétrer plus avant dans les profondeurs de cette âme si incomparablement belle, de nombreux écussons fixés aux pilastres et ombragés de faisceaux d'oriflammes vont nous rappeler par des métaphores hardies et pourtant d'une irréprochable exactitude les grâces merveilleuses dont l'Epoux sacré s'est plu à l'enrichir. Lisons quelques-uns de ces titres et méditons-les : *Chef-d'œuvre du Saint-Esprit. — Délices de la Trinité. — Océan de perfection. — Abîme d'humilité. — Colonne de foi. — Aigle de contemplation. — Fournaise d'amour. — Incendie de zèle*, etc. L'œil aime à suivre cette litanie magnifique. Cependant d'autres beautés attirent encore nos regards et les captivent. Quatre tableaux emblématiques, disposés avec beaucoup de régularité et de symétrie sur autant de panneaux au centre de la chapelle, représentent les vertus de sainte Thérèse, les degrés de sa sublime oraison, ses joyaux mystiques et enfin ses œuvres. C'étaient là, il faut en convenir, des sujets abstraits et difficiles à reproduire par la peinture. Cependant une pieuse et habile artiste ne recule pas devant cette tâche ardue qui lui coûtera tant d'heures de travail pendant des semaines et des mois entiers.

On ne se lasse pas d'admirer ces petits chefs-d'œuvre de peinture encadrés dans les fleurs et que surmontent les armoiries du Carmel avec leur devise belliqueuse enroulée autour d'un glaive flamboyant : *Zelo zelatus sum pro Domino Deo exercituum*. Cri magnanime poussé par le saint Prophète Elie contre les ennemis de Dieu et de sa gloire. Sainte Thérèse y répond par le sien : *Misericordias Domini in æternum cantabo*. Ces mots se détachent en lettres d'or sur une superbe banderole au fond de la chapelle. Mais, ô grande Sainte, si vous chantez au ciel les miséricordes de votre Dieu, ne semble-t-il pas que vous vouliez sur la terre proclamer sa justice par la voix de ces épines nombreuses qui germent et croissent dans votre cœur virginal? Une oriflamme porte l'image de cette relique sacrée et de la mystérieuse germination qu'il était réservé à nos temps d'y admirer : *Sicut lilium inter spinas*.

On le voit, outre l'attrait puissant qu'offre par elle-même aux âmes chrétiennes la sainte solitude du Carmel ; outre l'ardente et pieuse sympathie que peut inspirer cette Sainte si célèbre, qu'on a appelée de tout temps la ravisseuse des cœurs: rien n'avait été omis, au point de vue de l'art et de l'ornementation, pour attirer les fidèles aux splendides cérémonies qui allaient commencer. Mais aussi, disons-le, la plus belle de toutes les décorations du centenaire fut sans contredit l'extraordinaire affluence qui se porta au monastère des Carmélites pendant le *Triduum* et l'octave tout entière. Les abords du Carmel présentèrent ces jours-là un aspect aussi insolite qu'édifiant. L'unique voie, qui de la ville aboutit au monastère, se trouvait transformée en un véritable fleuve humain qui roulait des flots incessants de pieux visiteurs jusqu'au sanctuaire et aux pieds mêmes de sainte Thérèse.

Dès le grand matin, la foule arrivait pour les messes qui se succédaient sans interruption depuis cinq heures jusqu'à huit heures. Les communions très nombreuses se comptaient à peu près par le nombre des assistants. Pendant les trois jours du *Triduum*, Messieurs les curés des trois paroisses de la ville se partagèrent l'honneur de célébrer les offices solennels, qui furent chantés le vendredi par la célèbre maîtrise de Notre-Dame, le samedi par le petit séminaire de Saint-Chéron, et enfin le dimanche par le grand séminaire. Deux fois par jour, M. l'abbé Chevallier, chanoine et vicaire général de Blois, tenait sous le charme de sa parole éloquente un nombreux et sympathique auditoire. Il s'était proposé de montrer en la grande Réformatrice du Carmel la parfaite réalisation des huit béatitudes évangéliques. Il traita ce sujet avec une grande élévation de pensées, avec une science théologique profonde et puisée aux meilleures sources, enfin avec tout le charme d'une diction aisée, brillante et pathétique qui ravissait et parfois transportait ses auditeurs. Le jour même du centenaire, Monseigneur l'Évêque, malgré son grand âge, avait voulu assister aux vêpres et officier pontificalement au Salut. Emerveillée du spectacle vraiment féerique qu'offrait ce soir-là la petite chapelle pleine de fleurs, de lumières et de chants, Sa Grandeur ne put s'empêcher de dire à la Mère Prieure qu'une telle fête faisait rêver du ciel. L'enthousiasme s'était emparé de la foule, qui non seulement remplissait l'étroite enceinte, mais avait envahi la tribune et débordait au dehors dans les jardins.

Ce fut avec un indicible élan que toutes les voix s'unirent pour chanter le cantique de sainte Thérèse : *Chantons, chantons le centenaire*, etc. Enfin, pour clore dignement cette splendide journée, une brillante illumination attendait au dehors la foule surprise et ravie, qui s'écoula lentement à travers les jardins entre deux guirlandes de feux. Les mondains, eux, s'arrêtaient pour contempler du haut de la promenade publique ces faisceaux de lumières scintillantes et tranquilles qui peut-être leur firent penser aux joies pures que l'on goûte au Carmel et que le monde ne connaît pas.

Octave. — Le grand mouvement de piété et de dévotion à sainte Thérèse qui avait porté toute notre population chrétienne vers le Carmel ne se ralentit point pendant l'octave. Dans la pensée de l'Eglise, l'octave des fêtes n'a d'autre but que de prolonger nos joies chrétiennes, *dat perseverantiam gaudiorum*. Il semble, en effet, que l'on savoure mieux et plus à loisir ces saintes solennités lorsqu'elles persévèrent pendant huit jours. Les fidèles eussent été frustrés dans leurs désirs si tout cet édifiant appareil, qui les avait tant charmés, eût trop tôt disparu. Puis l'encombrement des jours du *Triduum* en avait empêché beaucoup de satisfaire leur dévotion tout à leur aise. Les pieux pèlerinages recommencèrent donc, mais avec une piété plus calme et une ferveur plus recueillie. Chaque matin, des pensionnats, des communautés, des ouvroirs vinrent assister dans la chapelle du monastère à la messe célébrée par leur aumônier. On écoutait une allocution, on chantait, on priait, on communiait, et tout le monde en se retirant emportait comme le sentiment intime que sainte Thérèse du haut du Ciel avait accueilli ces hommages et béni ses dévots serviteurs. L'institution Notre-Dame, avec son directeur et ses professeurs, les pensionnats de Mlle Guéry, des Dames des Sacrés-Cœurs, des Sœurs de Saint-Paul, se succédèrent ainsi aux pieds de la Vierge séraphique. La grande communauté de Saint-Paul tout entière, avec son nombreux noviciat, eut son tour de pèlerinage. M. l'abbé Barrier, vicaire général et supérieur de la communauté, dit la sainte messe et fit l'allocution. L'association du Tiers-Ordre de Marie vint également, présidée par le R. P. Gay, supérieur des Maristes. Il n'y eut pas jusqu'aux bons vieillards des Petites-Sœurs des Pauvres, qui voulurent, eux aussi, apporter leur humble hommage à sainte Thérèse. Rien n'était touchant comme d'entendre leurs voix chevrotantes et cassées, unies aux voix pures de ces anges de la terre que nous appelons les Petites-Sœurs des Pauvres, pour chanter les louanges de la vierge du Carmel. Du reste, leur piété eut sa récompense immédiate, car les mères carmélites, par une inspiration délicate et bien digne du grand cœur de leur sainte Mère, envoyèrent à l'asile pour le lendemain une ample provision de gâteaux. C'était sainte Thérèse qui payait un à-compte de sa dette aux pauvres vieillards. Ainsi se passa l'octave. Pendant la journée, la chapelle continua d'être visitée par un grand nombre de personnes, et le soir elle se remplissait tout entière pour le Salut, précédé d'un exercice en l'honneur de sainte Thérèse, et suivi de la vénération de ses Reliques.

Le dimanche 22 octobre vint clore définitivement, mais magnifiquement, nos grandes solennités du centenaire. Le concours des fidèles fut égal à celui des jours du *Triduum*, s'il ne le surpassa. Monseigneur avait bien voulu permettre encore ce jour-là l'exposition du Très-Saint-Sacrement. Le soir surtout la foule fut énorme pour le Salut et la cérémonie de clôture. Les jeunes filles de la Maison-Bleue chantèrent une dernière fois avec tout le cœur et le talent qu'on leur connaît. M. le chapelain monta en chaire, et il y eut un tressaillement dans l'assistance lorsqu'il s'écria d'une voix émue : « Il n'y a que les fêtes du Ciel qui durent toujours ; celles de la terre, même les plus belles et les plus douces, ne font que passer ». Et il bénit Dieu des fruits abondants de grâce et d'édification produits par cette grande manifestation de la piété chartraine envers sainte Thérèse, exprimant l'espoir que le souvenir en resterait profondément gravé dans les cœurs. Il indiqua ensuite les résolutions à prendre. C'était, pour les filles de sainte Thérèse, de garder et de perpétuer dans toute sa pureté et sa grandeur l'esprit de leur admirable Réformatrice ; et quant aux fidèles, ils devaient demeurer en communion intime avec cette grande âme en lisant sa Vie, en se pénétrant de sa doctrine et de ses écrits, en recourant à son intercession proclamée toute-puissante par le Sauveur lui-même. Ce fut alors que, se tournant vers son image bénie, objet pendant ces jours de tant de vénération et d'hommages, le prédicateur implora de la Sainte une bénédiction spéciale, une bénédiction suprême pour l'Eglise, pour la France, pour le Carmel, pour toutes les personnes qui avaient suivi les exercices, pour celles surtout qui avaient concouru par leur travail ou leurs offrandes à l'ornementation du sanctuaire. Mais parce que c'est en donnant que l'on acquiert plus sûrement le droit de demander et de recevoir, toute l'assistance tombant à genoux, d'une seule âme et d'un seul cœur, se consacra solennellement à sainte Thérèse, la choisissant pour mère, maîtresse et patronne spéciale après la sainte Vierge Marie.

Dès lors les fidèles retournèrent à leurs occupations de chaque jour ; le monastère rentra dans son silence habituel, les solennités du centenaire étaient finies. Puissent le souvenir et les fruits en durer toujours! Puisse sainte Thérèse être mieux connue et plus aimée! Puisse la vie chrétienne dont elle réalisa si parfaitement l'idéal, couler à pleins bords dans nos âmes, afin qu'un jour nous puissions fêter Thérèse au Ciel, ou plutôt fêter avec elle pendant toute l'éternité son Epoux et Sauveur Jésus-Christ Notre-Seigneur, à qui soit louange, honneur et gloire, dans les siècles des siècles! *Amen!*

CARMEL DE MARSEILLE.

(1ᵉʳ COUVENT FONDÉ EN 1623.)

Le premier monastère des Carmélites à Marseille est situé à une demi-heure en avant de la gare, sur le chemin de fer de Paris à la Méditerranée; il domine la petite vallée de Plombière, qui s'étend du faubourg de la Belle-de-Mai jusqu'au village de banlieue qui forme la paroisse de Saint-Barthélemy. L'église s'élance du milieu de la verdure et d'un bouquet de pins maritimes, sur le point culminant d'une colline. Rien de plus hardi et de plus pur de perspective; cependant, imitant celle qui est proclamée *decor Carmeli*, ce sanctuaire réserve sa principale beauté pour l'intérieur: *Omnis gloria ejus ab intus.*

Les paisibles habitantes de cette retraite pittoresque, mais d'un accès difficile, ont vu la sympathie et la piété marseillaises braver tous les obstacles pour venir fêter avec elles le troisième centenaire de sainte Thérèse; le clergé régulier et séculier et les fidèles de toute condition sont venus si nombreux, qu'on était tenté de répéter en les renversant ces paroles de Jérémie: *Quomodo... plena populo civitas sola?...*

La presse catholique locale avait préparé ce mouvement. Le Bref du Saint-Père avait été inséré avec appel à la dévotion des fidèles, d'abord par l'*Echo de Notre-Dame-de-la-Garde*, puis par deux journaux, vaillants champions de toutes les saintes causes, la *Gazette du Midi* et le *Citoyen*.

Tous trois donnèrent de magnifiques articles qui préludaient à nos fêtes, faisant ressortir la grandeur de la mission de sainte Thérèse, rapprochant son temps de celui où nous vivons, montrant l'alliance du Carmel avec la France. Mais le *Citoyen* fut presque dithyrambique sur l'ornementation de l'église et réussit dans son but avoué d'amener beaucoup d'auditeurs autour de la chaire où retentit, durant trois jours, le panégyrique de la Sainte. Selon lui, qui *n'avait pas vu l'église des Carmélites de la Belle-de-Mai, parée comme elle l'était pour le centenaire, n'avait rien vu!*

La *Provence artistique et pittoresque* ne voulut pas rester muette : elle donna en gravure une vue extérieure du monastère avec, l'église et le paysage qui fait cadre. A cette heure même, elle se propose encore de donner à ses abonnés l'intérieur du sanctuaire avec sa décoration de circonstance.

Entrons dans le récit des fêtes ; nous emprunterons au journal des frères Carmelins, qui peuvent bien dire de ces solennités *quorum pars magna fui*. Ils étaient venus solliciter comme une faveur de s'unir à leurs sœurs, cachées dans les profondeurs du cloître, pour donner à la fête l'éclat qui devait édifier au dehors.

Pour nos lecteurs éloignés de Marseille, nous dirons un mot sur cette vénérable confrérie :

Essaim parti du monastère de Lyon, les Carmélites vinrent fonder à Marseille en l'année qui suivit la canonisation de leur glorieuse Mère. L'année précédente, Marseille avait eu déjà ses frères pénitents Carmelins, fondés le 21 septembre 1621, sous le titre du Saint-Scapulaire de Notre-Dame du Mont-Carmel, sous la protection spéciale de saint Joseph et de la bienheureuse Thérèse de Jésus. Un prêtre aussi pieux qu'érudit, M. l'abbé Béleau, leur a consacré les lignes suivantes :

« Le but de l'institution était, non point seulement la prière, mais encore
« la pratique des œuvres de miséricorde. On sait, à Marseille, et l'on n'est
« point près d'oublier la façon admirable dont les pénitents Carmelins ont
« accompli, pendant les trois derniers siècles, ces œuvres de miséricorde
« auxquelles ils s'étaient particulièrement voués. Ils ne se contentaient point
« de répandre dans le sein des pauvres d'abondantes aumônes, ils poursui-
« vaient, jusque dans la mort, les membres souffrants de Jésus-Christ, et ils
« revendiquaient hautement l'honneur de les ensevelir et de leur rendre les
« devoirs suprêmes. Plusieurs, parmi nous, se rappellent encore, non sans
« émotion, ces scènes touchantes dont nos anciens cimetières furent si sou-
« vent témoins. Dans la fosse commune, où le corps du pauvre allait être
« inhumé, un frère Carmelin descendait d'abord. C'était quelquefois le
« représentant d'une des plus riches et des plus nobles familles de notre cité.
« Sous le sac de toile grossière qui le recouvrait depuis la tête jusques aux
« pieds, nul ne pouvait le reconnaître. Il recevait pieusement dans ses mains
« le corps de celui dont il ignorait même le nom, que sa famille avait délaissé,

« que nul fidèle ami n'avait accompagné à sa demeure dernière, il la dépo-
« sait avec respect sur le lit de planches et d'herbes sèches que la piété chré-
« tienne lui avait préparé; sur le bord de la fosse, sept pénitents Carmelins,
« à genoux, priaient ; l'œuvre sainte achevée, ils se retiraient, après avoir
« baisé la terre à laquelle ils venaient de confier la dépouille mortelle d'un
« frère, inconnu selon le monde, mais, dans le Christ, tendrement aimé.
« Ces scènes qui semblent renouvelées des temps antiques, et qui rappellent
« les plus beaux souvenirs des âges héroïques de la foi, notre siècle en a été
« l'heureux témoin. Que de douces larmes elles ont fait couler ! Que de bien
« surtout elles ont opéré dans l'âme de ceux qui ont pu les contempler d'un
« regard ému et ravi à la fois !

« Aujourd'hui, pour des raisons qu'il serait trop long de dire ici, les pé-
« nitents Carmelins ont dû renoncer à la pratique de ces œuvres de miséri-
« corde qui étaient l'un des buts principaux de leur institution. Ils ont
« voulu, du moins, conserver le modeste monument qui rappelle la mémoire
« de la tendre charité et du dévouement admirable de leurs pères. Ils ont
« fait transporter du cimetière de Saint-Charles dans leur chapelle la vieille
« croix de fer qui couvrait autrefois de son ombre la fosse où les pauvres
« étaient enterrés, et qu'entouraient de grands arbres funéraires entretenus
« et cultivés par les soins de la vénérable compagnie. C'est dans l'atrium de
« l'antique et gracieuse chapelle de la rue des Carmelins qu'on peut la voir
« encore en ce moment. Elle repose là, comme un souvenir glorieux des
« temps passés, et aussi, nous aimons à le croire, comme un gage d'espérance
« pour l'avenir. Les pénitents Carmelins n'ont point achevé leur œuvre
« parmi nous. L'heure est proche, elle sonnera demain peut-être, où il faudra
« prouver au peuple qu'il y a encore des cœurs qui savent l'aimer, compatir
« à tous ses maux et soulager toutes ses misères. Ceux qui ont donné aux
« pauvres, dans les temps passés, de si magnifiques témoignages de leur
« charité et de leur dévouement, sauront bien renouveler les prodiges des
« jours anciens et accomplir de nouvelles merveilles. Dieu, d'ailleurs, a béni
« d'une bénédiction toute particulière les pénitents Carmelins, en permettant
« à un grand nombre de leurs frères, pendant la tourmente révolution-
« naire, de monter sur l'échafaud et de confesser glorieusement la foi. »

Les pénitents Carmelins ont la gloire de porter les armes du Carmel;
mais un des privilèges dont ils sont particulièrement fiers et jaloux, c'est
lorsqu'à la mort d'une de leurs sœurs aînées du cloître, ils sont introduits
jusqu'au chœur des religieuses pour aller faire la levée du corps.

Cette année 1882, ils avaient dès le 15 célébré entre eux et avec ferveur, dans la chapelle de l'Association, la fête de leur patronne et son troisième centenaire ; pour eux c'était encore peu : on les vit prendre part avec solennité au *Triduum* dans les deux monastères ; l'autorité diocésaine avait décidé que les jours désignés aux deux communautés seraient successifs ; mais de leur aveu, le premier monastère, à qui son éloignement de la ville rendait leur concours opportun, leur fit la part plus belle et plus large.

Le premier jour du *Triduum* qui fut le 20, ils avaient dû céder la place au clergé de Saint-Joseph pour la messe solennelle. Eloignés du premier monastère, l'éminent curé et les prêtres distingués de cette paroisse n'avaient écouté que le sentiment de leur alliance-née avec les filles de sainte Thérèse, en raison du patronage sous lequel leur paroisse est placée. Ce jour-là et le suivant, Saint-Joseph envoya sa maîtrise servir et chanter au Carmel de la Belle-de-Mai. Il faut savoir que cette maîtrise est, en même temps, l'établissement si florissant et si prospère de Dom Bosco à Marseille. Qui ne connaît ce prêtre éminent par les connaissances littéraires, puissant en œuvres, et qui n'aurait peut-être pas besoin, si l'on recherche un jour ses titres de thaumaturge, d'autre titre que sa grande œuvre, entreprise et poursuivie sans qu'il se mette jamais en peine des moyens humains ? Cent mille enfants abandonnés en bénéficient à cette heure.

Il était doux de voir ces enfants servir à l'autel avec une piété pleine d'aisance et de naturel, et non moins doux d'entendre les chants liturgiques et la musique de choix exécutée par leurs jeunes frères.

M. le chanoine Guiol, curé de Saint-Joseph, assisté de son clergé, voulut bien officier encore pour les vêpres, et les enfants de sa maîtrise firent entendre leurs voix qui rappelaient celles des séraphins.

Au Salut, les demoiselles des Sœurs de Saint-Vincent de Paul firent entendre les louanges du Dieu de nos tabernacles et de la Vierge séraphique dans des accents pleins d'harmonie et de piété.

Le lendemain 21, ce fut le tour de la famille religieuse, l'aînée de toutes, représentée cette fois par des proscrits : les RR. PP. Bénédictins de notre ville avec le saint et savant Abbé de Sainte-Madeleine, Dom Gauthey, lequel voulut officier à la grand'messe. Sa présence vint relever la splendeur de la fête, en même temps qu'elle était le témoignage de sa bienveillante sympathie pour le monastère.

Aux vêpres, la paroisse de Sainte-Thérèse, fidèle à sa patronne, eut les honneurs. Comme la veille, le chant de la grand'messe et des vêpres fut exécuté par la maîtrise de Saint-Joseph, et pour la bénédiction, le chœur du second pensionnat des Sœurs de Saint-Vincent de Paul vint apporter le tribut de ses chants doux et pieux.

Le troisième jour 22, Mgr Robert, notre saint évêque, supérieur ordinaire et immédiat de la communauté, par un privilège bien spécial, daigna dans sa toute paternelle bonté, dont les témoignages excitent chaque jour la plus vive reconnaissance dans le cœur de ses filles, s'unir à leurs fêtes, en venant célébrer la messe de communion, à la suite de laquelle Sa Grandeur prononça une éloquente et pieuse allocution, développant et expliquant l'oraison de la fête de sainte Thérèse: « Nous y demandons à Dieu, disait notre digne
« Pontife, que notre âme soit nourrie de l'aliment divin de la doctrine de
« cette grande Sainte, qui n'est autre que la science sublime de Dieu, qu'elle
« a possédée à un si haut degré, ce qui lui a mérité d'être déclarée docteur,
« en sorte qu'elle est représentée avec les insignes de la science, une plume
« et un livre en mains; nous devons tous avancer dans cette science sublime,
« et si la science de la terre est bonne, si elle peut nous faire avancer dans
« celle du ciel, elle finit cependant avec le temps, mais il n'en est point ainsi
« de la science divine qui élève et unit toujours plus notre âme au souve-
« rain Bien. » Enfin, Sa Grandeur termina en demandant au Seigneur pour nous tous, par l'intercession de sainte Thérèse, cette sublime science et l'aliment de sa céleste doctrine. Le chœur des grandes orphelines, dirigé par les Dames de Saint-Charles, fit entendre plusieurs motets, avec un ensemble, une piété et une harmonie remarquables. Malgré le temps brumeux, les fidèles étaient accourus nombreux sur les pas de notre saint évêque, dont la présence, chère à tous ses diocésains, qui apprécient toujours plus le zèle et le dévouement d'un si digne pasteur, donnait un nouvel éclat, au nom de l'Eglise, à celle qui, il y a trois siècles, se proclamait sa fille au milieu de l'extase qui la faisait passer de la terre au ciel.

Le reste de cette mémorable journée, inscrite pour jamais aux annales du Carmel, fut occupé entièrement par les frères pénitents Carmelins; leur zèle et leur saint enthousiasme allaient se déployer à l'aise. Donnons-leur la parole, afin de pouvoir mieux décrire les splendeurs qui nous ont tous charmés:

« Nous avions à répondre à la touchante invitation de la Très Révérende
« Mère Saint-Henri, prieure des religieuses carmélites du premier monas-
« tère, et ce fut, pour notre cœur, une grande consolation que de pouvoir
« terminer leur *Triduum*, unis, frères et sœurs, dans les mêmes sentiments de
« reconnaissance et d'amour envers notre commune Mère.

« Or, le matin, après l'office et la sainte messe, célébrée dans notre cha-
« pelle, nous nous dirigeâmes vers le Carmel de la Belle-de-Mai, où nous
« étions attendus, pour y chanter la grand'messe.

« Malgré le temps brumeux et grisâtre, la nature et des mains pieuses
« avaient su donner des airs de fête aux abords du couvent; banderoles et
« guirlandes de verdure se croisaient et s'entrelaçaient; puis se croisaient et
« s'entrelaçaient encore, pour venir enfin se reposer sur le chevet de l'église.
« Cependant des milliers d'hirondelles, avant de partir pour des rivages
« lointains, semblaient venir prendre un repos nécessaire, à l'abri de la
« maison de Dieu. Elles aussi étaient en fête ; elles chantaient, non pas des
« hymnes inspirées, mais une note plaintive, symbolisant si bien les soupirs
« de l'âme qui supplie et qui espère.

« C'était la fête extérieure, que nous appellerons volontiers la fête de la
« nature; elle avait certainement son charme, mais qu'était-elle auprès de
« l'édifice sacré ? Ce n'est pas avec une plume humaine qu'il faudrait en
« décrire les magnificences, mais avec le langage du cœur qu'il faudrait les
« chanter, car ce ne sont pas des mains mercenaires qui ont tressé ces guir-
« landes, fait éclore ces fleurs par cinquantaine de mille, découpé et orné
« ces grandes oriflammes, mais bien des âmes qui ne sont plus de la terre et
« qui s'inspirent au ciel. Filles du Carmel, mes sœurs, dites-nous vos ar-
« deurs pour savoir transformer et idéaliser ce que Dieu se plaît à nous
« donner et met à notre disposition, chaque jour, pour orner nos fêtes et
« réjouir nos regards? Vous seules connaissez ces secrets, parce que votre but,
« votre objectif unique est Dieu seul, qui est la splendeur du vrai et du beau.

« L'office commence: c'est la messe solennelle ; nous la chantons avec les
« religieuses observances de la vieille liturgie romaine, dont nous aimons à
« conserver les antiques traditions. A l'offertoire, nous emprunterons aux
« instruments à cordes des notes inspirées pour chanter, comme dit le Psal-
« miste, *in chordis et organo*, la prière d'une âme qui va chercher bien haut
« les vrais accents d'une supplication pieuse et émue. Ce sont les petits-fils
« des ancêtres si étroitement liés au Carmel qui le diront sous ces
« voûtes, fruits de leurs vœux et de leurs sacrifices; c'est encore un enfant du
« Carmel, le fils de notre recteur, M. Pagliano, qui chantera un *O salutaris*
« *hostia*, quand le prêtre élèvera la sainte Hostie, pour la faire adorer aux
« fidèles prosternés; ce ne sont pas des chants de la terre, c'est l'hosanna
« du Ciel. »

« La messe terminée, les frères quittent la tribune de l'orgue, ils s'avan-

« cent dans l'église et gravissent les marches du sanctuaire, formant comme
« une belle couronne au pied du splendide autel, que surmontait la douce et
« gracieuse image de la séraphique Thérèse de Jésus, vêtue de sa robe de
« bure et de son manteau blanc sans ornement, se détachant au milieu des
« flots de gaze et de fleurs. Là, on psalmodia sur le ton de la réforme les
« salutations de l'Ordre du Carmel : à Jésus, sauveur du monde ; à la divine
« Marie, patronne et avocate des pécheurs ; à Joseph, le nourricier de la
« sainte Famille, et à la sublime thaumaturge Thérèse. »

Les RR. Mères carmélites nous avaient offert le repas du matin : *Ubi missa, ibi mensa.*

A deux heures et demie, la Révérende Mère prieure reçut au parloir les frères Carmelins, conduits par leur recteur, dont la grand'mère, le père et la tante fondèrent à nouveau le monastère de Marseille, en 1832. Le recteur était accompagné de ses jeunes fils, qui promettent d'être dignes de leurs ancêtres. Dans cette entrevue, on renouvela et on resserra encore les liens qui unissent la Confrérie au Carmel ; et le soir, la Révérende Mère envoya des corbeilles pleines de roses, pour que chaque confrère eût la sienne, et au milieu de ces fleurs se trouvait une relique de sainte Thérèse.

Les vêpres furent chantées très solennellement, et au Salut, qui fut donné par M. l'abbé Morel, supérieur du pensionnat du Sacré-Cœur, l'orphelinat fit entendre encore ses chants. Puis la foule vint vénérer la relique de la Sainte.

Tous ceux qui ont entendu quelquefois le R. P. Dorgues, panégyriste du troisième jour, ne seront pas étonnés d'apprendre qu'il eut le principal succès oratoire du *Triduum*.

Sa parole toujours abondante et facile fut rarement plus entraînante que ce jour-là ; il parla du cœur de sainte Thérèse qui, brûlant d'amour pour Dieu, répandit cet amour par tous les moyens, et qui nous prêche encore à Albe par les merveilles dont cette sainte relique est le théâtre. Mais il faut parler des deux orateurs des jours précédents : l'un faisait entendre son chant du cygne, et le second apportait à l'éloge de sainte Thérèse ses connaissances historiques très spéciales.

Le R. P. Curie s'était déjà fait entendre au Carmel d'Aix ; son état maladif et la conscience qu'il avait d'une menace incessante de mort, n'ôtaient rien à la sérénité de son âme, mais rendaient l'expression déjà touchante de ses accents et de sa pensée, semblable à une conversation du ciel. Il mourut en effet peu de temps après, presque subitement. Sa parole fut donc pour nous un testament de son cœur d'apôtre.

Comme il intéressa et édifia tout à la fois son auditoire, en lui montrant, dans Thérèse enfant, les préparations de la *femme forte et invincible*, comme l'a nommée Sa Sainteté le Pape Léon XIII, et encore de la femme apôtre, devant recruter pour l'apostolat de nouvelles légions ! Thérèse, âgée de sept ans, emmène son frère Rodrigue au martyre, et son frère, se défendant, dit : C'est elle, *c'est la Nina!* Et quand elle fonde plus tard vingt-sept monastères de femmes et quinze monastères d'hommes, un grand Saint, devenu son instrument, pouvait dire aussi lui en toute justice : *C'est elle!*

Le deuxième jour, le R. P. Hugonot rapprocha les dates 1582 et 1682.

En 1582, une Sainte, qui mettait son titre de fille de l'Eglise au-dessus de toutes les noblesses de race, meurt entre les bras d'une simple sœur, qui, héritière de l'amour de la séraphique Vierge pour la France, reçoit de Notre-Seigneur la mission échue à Thérèse vis-à-vis de la nation fille aînée de l'Eglise.

En 1682, cette même nation, prise de vertige au milieu de ses gloires, est près de se séparer de sa mère ; son roi qui l'entraînait se ravise et la ramène, mais incomplètement. Elle a fait, dans l'ingratitude, un premier pas vers toutes les folies, qu'elle expiera dans le sang : la famille royale et le Carmel en verseront leur part.

L'orateur fait ensuite le rapprochement de sainte Thérèse et de saint Ignace, son compatriote et son associé dans les honneurs de la canonisation, mis l'un et l'autre à la même tâche par la Providence divine qui conduit l'Eglise.

Ignace, semblant céder pour son ordre à une sorte de préjugé militaire, ne veut point de religieuses de sa règle ; mais, laissant à la Compagnie de Jésus son caractère militaire et militant, Thérèse de Jésus crée des compagnes de Jésus, non moins militantes, quoique par d'autres armes : leur action concourt avec celle des enfants d'Ignace, pour combattre le protestantisme, le jansénisme et le naturalisme à son tour, particulièrement en France.

1° Sainte Thérèse nous vient en aide dans un besoin pressant. Elle contribue efficacement, par ses prières, à sauver la foi menacée par les triomphes de l'hérésie au XVIe siècle ; — 2° elle contribue, par ses filles, à relever les ruines faites par l'hérésie et à préparer les splendeurs du grand siècle ; — 3° lorsque la France du XVIIIe siècle s'achemine vers sa ruine par le chemin de l'impiété et de la corruption des mœurs, Thérèse condamnée expie les désordres du siècle et retient notre nation sur le penchant de l'abîme ; — 4° quand le mal finit par triompher et que la justice divine demande des victimes pures, afin de nous sauver, Thérèse est encore là pour donner à la France des martyrs ; — 5° après la révolution, elle nous aide de nouveau à nous relever de nos ruines et fait sentir plus que jamais son influence salutaire parmi nous.

La *Province pittoresque* a parlé dans les termes suivants de notre église et de sa décoration :

« Que louerons-nous de préférence dans cette résurrection gracieuse, à
« nos portes, de l'art royal du moyen âge ? les proportions élancées ? l'imita-
« tion fidèle du grand XIII° siècle passant au XIV°, moins sobre et plus
« orné ? le maître-autel, ruisselant d'or et peuplé de saints ? la chaire admi-
« rablement suspendue et bien sculptée ? les autels latéraux, offrant chacun
« un nouveau motif sur une donnée générale, conforme au style de l'édifice ?
« les vitraux, œuvre magistrale de M. Gesta, de Toulouse, connu d'ailleurs
« par la supériorité de ses œuvres dans ce genre ? »

Il y aurait peut-être, de première impression, un reproche d'esthétique, mais un beau reproche à faire à l'œuvre de prédilection du regretté M. Jauffret : c'est trop aérien ; l'on dirait d'une âme saintement exaltée, et qui, semblable au grand lyrique de la Grèce, *spernit humum fugiente pennâ*.

Voyez-vous, vers le fond de l'église, en avant du chœur élevé de 17 marches au-dessus du sol de la nef, cet escalier d'un beau marbre du Jura, laissant entre ses deux rampes parallèles s'ouvrir une crypte, chapelle dédiée à sainte Madeleine ?

Le maître-autel frappe par sa richesse. Tantôt, sur un fond vert les rinceaux d'or sculptés, le chou, le trèfle gothique, les chapiteaux dorés, ainsi que les ornements des colonnettes, éclatent aux yeux ; tantôt, sur un riche fond d'or, court toute une légère végétation architecturale, peinte en vert, rouge et bleu.

C'est tout au haut de cet ensemble que Thérèse apparaissait, durant les fêtes du centenaire, posée sur les nuages et sous un baldaquin de gaze, parsemé de petites roses, sa plume de docteur à la main : une blanche colombe, aux ailes éployées, descendait sur elle ; deux anges étaient à ses côtés, portant, l'un les insignes de la science de l'illustre Vierge, l'autre le dard enflammé dont fut percé son noble cœur ; deux autres, plus petits, semblant se jouer dans les airs écartaient les replis de gaze, formant les rideaux du baldaquin, pour montrer aux yeux des nombreux et pieux fidèles celle qui était, en ces jours, l'objet de la vénération et de l'amour de tous les cœurs. Du reste, la sainte Réformatrice était simplement dans sa bure, en habit de chœur, sous son blanc manteau ; et sous ses véritables traits, reproduits fidèlement d'après les indications de Ribera, avec son grand et pur profil, ses fortes tempes, son front dilaté en haut, son expression d'une extase simple, vraie et d'habitude, et ce regard sûr et positif autant que profond et sublime.

Vue d'en bas, elle ravissait, non vers elle, mais vers son Dieu.

Après les fêtes, on désira la voir de plus près ; on la plaça sur l'autel de Saint-Joseph, où la photographie a pu la saisir.

De chacun des cintres de la voûte de l'église, durant ces fêtes splendides, pendait une couronne d'où partaient quatre guirlandes de lis et de roses, lesquelles venaient s'arrêter au chapiteau des colonnes ; les quatre petites chapelles étaient également encadrées par des guirlandes de roses et de lis, partant aussi d'une couronne suspendue et relevées en festons gracieux tout autour de l'ogive. Sous les fenêtres, de semblables guirlandes continuaient le même dessin. Cette profusion des fleurs symboliques exaltait la pureté du cœur de la noble Vierge et le feu divin qui lui a si justement mérité le titre de séraphique.

A la voûte encore étaient attachées 16 grandes oriflammes bleues, blanches ou roses, parsemées de dessins gothiques, en application d'étoffes, entourant l'image, peinte à l'huile, qui occupait le centre de chacune.

Enfin 22 médaillons, entourés de chacun deux palmes liées par une ganse de soie blanche, surmontés d'un nœud formé de petites roses, étaient placés, quatre dans le sanctuaire, seize dans l'église et deux à la tribune, dont la balustrade s'illuminait chaque soir, autour d'un médaillon de 2 mètres 30 de hauteur, avec ses deux palmes fraîches et son nœud de petites roses ; il représentait le cœur de sainte Thérèse, dans son reliquaire, reproduit d'après l'original. Sur les autres médaillons étaient représentés les sujets suivants :

Les armes de Sa Sainteté le pape Léon XIII. — Celles de Monseigneur Robert, Evêque de Marseille. — Celles du saint Ordre du Carmel. — Celles de sainte Thérèse (de sa famille). — Le cœur de sainte Thérèse percé par le dard du séraphin. — Un livre avec ces mots : « Je serai moi-même ton livre vivant ». — Le livre de la sainte Règle, entouré de rayons.

Sur les autres, se détachant sur un fond bleu et entourées de deux branches de lis et de roses peintes à l'huile, se lisaient les inscriptions suivantes :

Donner notre amour à Dieu et recevoir le sien. — Seigneur, c'est vous seul que je veux. — Embrasser la Croix et se confier en Notre-Seigneur. — Mon honneur est le tien, et ton honneur est le mien. — Je me meurs de regret de ne pouvoir mourir.— Il est temps que nous vous voyions, ô mon Dieu! — Thérèse, tu es toute à moi, et je suis tout à toi. — Je suis tout-puissant, que crains-tu? — Ou souffrir, ou mourir! — Je m'appelle Thérèse de Jésus;— Et moi : Jésus de Thérèse. — Enfin *Je suis enfant de l'Eglise. — Je suis fille de l'Eglise.*

Puis les quatre dates mémorables qui suivent :

1515. — 28 mars, naissance et baptême de sainte Thérèse.

1562. — 24 août, sainte Thérèse établit la réforme.

1582. — 4 octobre, mort bienheureuse de sainte Thérèse, **après une extase de 14 heures.**

1623. — 9 mars, fondation du premier monastère des Carmélites à Marseille.

Dans la crypte, ou chapelle de Sainte-Madeleine, ornée de guirlandes de petites roses et éclairée constamment par 40 lampions, sur l'autel, richement orné, était exposée la relique de la grande et illustre Thérèse; elle fut, durant ces trois jours, l'objet de la vénération la plus profonde et de la piété la plus touchante.

Chaque soir, une foule empressée vint la baiser respectueusement.

Le vœu de tous les spectateurs de ces douces fêtes serait de voir chaque année la séraphique vierge Thérèse reparaître sur son autel, et son église reprendre tous ses ornements du centenaire en son anniversaire béni. *Amen! Deo gratias!*

CARMEL DE METZ

(FONDÉ EN 1623).

Les Carmélites furent autorisées à s'établir à Metz en vertu d'une charte du 2 mars 1623, et de la permission de Henri de Bourbon, alors évêque de Metz, en date du 12 mai de la même année.

C'est la Révérende Mère Catherine du Saint-Esprit (de Fonteines-Marans) qui vint établir ce monastère. Elle était sœur de la vénérable Mère Madeleine de Saint-Joseph, première prieure française du premier couvent de Paris.

Au mois d'août 1744, le couvent des Carmélites fut honoré, à plusieurs reprises, de la visite de la pieuse reine Marie Leczinska, qui les combla de ses libéralités et des témoignages de la plus touchante affection.

Ce monastère subsista jusqu'en 1792.

En 1861, Mgr Du Pont-des-Loges, évêque de Metz, appela des Carmélites du premier couvent de France, rue d'Enfer, à Paris, pour relever l'ancien Carmel de sa ville épiscopale. A cet effet, elles achetèrent la maison des Pères Jésuites, située rue des Trinitaires, et vinrent s'y établir au nombre de six, le 10 août 1861, sous le vocable de la Sainte-Trinité et la protection de saint Joseph d'Avila.

Nous avons reçu, à l'occasion du centenaire, des témoignages d'intérêt et de bienveillance dont nous demeurons profondément touchées et reconnaissantes, nous réjouissant surtout de l'élan de piété et de dévotion qui en était le principe.

La neuvaine préparatoire commença dans notre chapelle le 6 octobre : il y avait chaque jour sermon et Salut du T. S.-Sacrement à 4 heures. Dès le premier jour, ces exercices furent suivis par un concours toujours croissant de pieux fidèles. Mais ce fut bien autre chose encore pendant le *Triduum*, les 15, 16 et 17. Depuis la première messe, à six heures du matin, jusqu'aux complies solennelles, à 7 heures du soir, notre petite chapelle ne désemplissait pas. On venait à 2 heures pour l'office du soir, afin de s'y assurer une place !

Les offices furent célébrés très solennellement.

Le 15 octobre, M. l'abbé de Turmel, chanoine titulaire de la cathédrale, supérieur de notre monastère, chanta solennellement la grand'messe.

M. l'abbé Laruelle, vicaire administrateur de notre paroisse, officia aux vêpres solennelles.

Mgr Fleck, évêque de Sion, coadjuteur de Mgr l'évêque de Metz, assisté d'un nombreux clergé, présida l'office solennel de 7 heures du soir : complies, sermon et salut.

Le 16, la grand'messe fut chantée par M. l'abbé Simon, secrétaire général de l'évêché, qui officia également à vêpres.

Sa Grandeur Mgr Du Pont-des-Loges, notre saint et vénéré prélat, présida l'office du soir et daigna nous témoigner ensuite la satisfaction et la joie qu'il avait éprouvées de la pompe de nos fêtes et des touchants témoignages de piété qu'elles avaient provoqués.

Le 17, M. l'abbé Schmitt, chanoine titulaire de la cathédrale, théologal, chanta la grand'messe et officia aux vêpres.

M. l'abbé de Turmel, notre supérieur, assisté d'un nombreux clergé, présida l'office du soir. Les chants furent très beaux et des mieux choisis par un vertueux ecclésiastique de notre ville, très dévoué à notre humble Carmel. Lui-même en exécuta les plus belles parties avec le talent et la piété remarquables dont il est doué. Il se fit accompagner par des jeunes filles de deux Orphelinats de la ville, très bien exercées, dont les voix pures et pieuses nous réjouissaient grandement, faisant ainsi retentir les louanges de notre sainte Mère à la gloire du bon Dieu.

Voici les sujets et les textes des trois sermons principaux :

Sainte Thérèse considérée :

1° Comme Épouse. — 15 octobre. — *Surrexerunt filii ejus, et beatissimam prædicaverunt ; vir ejus, et laudabit eam.* (Prov.)

2° Comme Mère. — 16 octobre. — *Supra modum autem mater mirabilis.* (Machabées.)

3° Comme Docteur. — 17 octobre. — *Os suum aperuit sapientia, et lex clementiæ in lingua ejus.* (Prov.)

Le prédicateur qui avait bien voulu se charger de tous les sermons, tant de la neuvaine que du *Triduum*, fut très goûté, surtout des heureuses filles de sainte Thérèse, car il fit parfaitement ressortir les éminentes vertus et les traits admirables de cette illustre Mère, de cette grande figure, objet de notre vénération.

Notre petite chapelle gothique avait été ornée pour le *Triduum* avec le goût artistique et pieux de la plus délicate charité. Les principales lignes de l'architecture, ogives et corniches, étaient exactement suivies et rehaussées par des guirlandes de mousse parsemées de roses blanches. Des verdures ornaient les autels et surtout le maître-autel, au-dessus et derrière lequel règne une séparation pour la sacristie, que l'exiguïté du local a dû faire prendre sur la chapelle même. Cette séparation, qui domine un peu le tabernacle, était tapissée de plantes vertes, gracieusement disposées, sur lesquelles semblait se reposer une belle statue de notre sainte Mère, d'une expression céleste, environnée de rayons lumineux au moyen d'un appareil au gaz du plus bel effet. On aurait vraiment dit une apparition, un aperçu de sa gloire... Ce foyer de lumière qui semblait jaillir de notre séraphique Mère, et se reliait on ne peut mieux avec la profusion de bougies disposées sur l'autel et tout le long de la nef dans une ingénieuse combinaison ; cet ensemble produisait un effet extraordinaire qui saisissait : il y avait près de neuf cents lumières. Dans les cinq ogives, non occupées par des autels, se voyaient de grands cartouches en forme de quatre-feuilles à fond blanc, bordés de mousse et de roses blanches, portant en lettres d'or des inscriptions tirées de l'office de la Sainte : les deux premières strophes de l'hymne des Matines ; l'antienne *Sancta mater Teresia* (de Benedictus); ces paroles de N.-S. : *Deinceps, ut vera sponsa*, etc., et le commencement de l'antienne : *Zelo zelata sum*. Entre les sommets de chaque ogive, sous la corniche, de petits cartouches, en forme de trèfles, au nombre de dix, également blancs, bordés de mousse et de roses blanches, présentaient alternativement le chiffre de *Jésus* et celui de *Thérèse*, en lettres d'or. Deux autres, plus petits encore, au-dessus des portes de la sacristie, offraient à peu près les armes du Carmel.

La relique de notre sainte Mère, exposée sur l'autel de la T. Sainte-Vierge, fut vénérée, chaque jour du *Triduum*, par un grand nombre de fidèles, avec beaucoup de dévotion.

Nous ne saurions évaluer le nombre des communions pendant nos fêtes : il y en a eu beaucoup à chaque messe dite dans notre chapelle. On exposa le Saint-Sacrement chaque jour du *Triduum*, à 7 heures du matin, jusqu'au soir. Il y avait messe solennelle à 9 heures. Un magnifique ornement que notre digne Père supérieur eut la grande bonté de nous prêter, ajouta beaucoup à la splendeur des fêtes.

Parmi la foule des fidèles qui se pressait sans cesse dans la chapelle, on a remarqué particulièrement les membres des diverses congrégations de la ville qui s'y succédaient très assidûment. Il eût fallu pouvoir reculer les murs de notre chapelle, par trop petite pour une telle solennité. La foule encombrait le porche et les rues voisines, où l'on aurait cru voir passer incessamment une procession.

Que Dieu soit béni d'avoir ainsi donné une impulsion nouvelle à la ferveur et à la foi, en nous donnant de célébrer ces fêtes, uniques assurément pour notre génération ! Puissions-nous en retirer les fruits abondants qu'il daigna y attacher par la bénédiction du Père commun de tous les fidèles ! Que tant d'indulgences, que tant de grâces, retombent en rosée de bénédictions sur la sainte Eglise notre mère, sur tous les peuples, sur toutes les âmes, celles surtout qui sont égarées, et pour lesquelles notre séraphique Mère a tant prié et tant souffert !

Puissions-nous tous réaliser le vœu exprimé en terminant par notre pieux et zélé prédicateur, puissions-nous tous, religieuses et fidèles, célébrer au Ciel le 4e centenaire de notre Mère sainte Thérèse !...

Quelles seront belles ces fêtes-là qui ne doivent pas finir !

CARMEL DE LECTOURE

(fondé en 1623).

Les fêtes du centenaire qui viennent de se passer ont procuré de bien douces consolations à tous nos cœurs; mais comme, hélas ! le temps affaiblit le souvenir de toutes choses, nous allons écrire le récit de ce qui s'est fait et dit en l'honneur de notre séraphique Mère, afin d'en perpétuer la mémoire dans notre monastère; et sous quelque forme qu'il soit présenté, c'est avec la certitude d'intéresser nos sœurs qui viendront après nous. Pour elles donc en partie, nous faisons cette narration. Daigne Notre-Seigneur la bénir et la faire servir à sa plus grande gloire !

Nous avons cru ne pouvoir mieux fêter notre sainte Réformatrice qu'en faisant, des solennités de son centenaire, un moyen de sanctification et de conversion pour les âmes; et, d'après l'avis de ceux qui sont à même d'en juger, cette manière de l'exalter a dû être très agréable à sainte Thérèse, puisque, grâce à sa puissante intercession, le bien qui s'est fait a dépassé toute espérance.

Le samedi 14 octobre, les accents redoublés de notre cloche annonçaient joyeusement au dehors l'ouverture des fêtes. Le lendemain, néanmoins, à cause de la coïncidence de l'anniversaire de saint Clair, qu'on célèbre en grande pompe à la paroisse, nous n'avons eu qu'une prédication le matin, et le Soir un salut aussi solennel que les circonstances le permettaient, mais non point comme l'aurait désiré notre filiale tendresse envers notre incomparable Mère.

C'est le R. P. Othon, gardien des Franciscains de Bordeaux, qui a été le prédicateur choisi de Dieu pour célébrer ces fêtes du centenaire. A son arrivée à Lectoure, toutes les sympathies lui ont été acquises, et dès que sa parole brûlante de zèle a été entendue, la foule s'est tellement pressée autour de la chaire, que notre chapelle, assez vaste pour les fêtes ordinaires, s'est trouvée de beaucoup trop petite. Le bon Père multiplia les places en attirant au sanctuaire tous les hommes de bonne volonté, et en convertissant en sièges, au moyen de planches recouvertes de tapis, les nombreux degrés qui séparent la nef du sanctuaire. Il compléta encore, de concert avec nos chères sœurs tourières, les simples et gracieuses décorations qui transformaient notre église, d'ailleurs belle déjà par sa voûte et par son autel.

Notre grande grille fut entourée de roses, une guirlande de verdure parsemée de roses fit le tour de la nef en formant des festons, des branches de lys furent placées dans les vides que laissait la guirlande. Ce surcroît de travail avait été accueilli avec joie par toute la communauté, et, grâce à l'activité que chacune de nos sœurs y apporta, ces derniers embellissements furent placés pour le grand jour du 22.

Une tribune spacieuse avait été élevée dans le fond de la chapelle pour faciliter les chants et la musique; elle faisait face au sanctuaire et était à peu près de la même hauteur; un escalier de vingt marches y conduisait. Des draperies blanches, dans lesquelles s'entremêlait gracieusement du rose éclatant, recouvraient le tout et donnaient à l'ensemble un aspect ravissant.

Trente et une oriflammes étaient distribuées dans l'église pour en orner les murs. Quatre, d'une longueur de trois mètres, placées dans le sanctuaire, portaient écrites en lettres d'or les paroles suivantes : « — Ma fille, si je n'a-« vais pas créé le Ciel, je le créerais pour toi. — Ma fille, hélas ! combien y « en a-t-il peu qui m'aiment véritablement ! — Ma fille, vois de quels biens « se privent les pécheurs ! — Seigneur, que d'autres vous servent mieux que « moi, oh ! je ne le conteste pas, mais que d'autres vous aiment plus que moi, « je ne le souffrirai jamais ! »

Six autres presque aussi grandes portaient ces inscriptions :

— Sainte Thérèse, priez pour nous. — Ou souffrir, ou mourir. — Ma fille, sois sans crainte, personne ne pourra te séparer de moi. — Maintenant, ma fille, tu es à moi, et je suis à toi. — Je chanterai éternellement les miséricordes du Seigneur ! — Ayez toujours de grands désirs de souffrir pour Notre-Seigneur Jésus-Christ.

Sur une autre, placée à la tribune, se dessinaient les armoiries de notre Saint-Père le pape Léon XIII.

Derrière le tabernacle, s'élevait une très belle statue de notre sainte Mère Thérèse. La Sainte est en extase, assise sur un blanc nuage, en habit de Carmélite, la tête un peu inclinée en arrière et ses bras entr'ouverts ; un radieux petit séraphin lui transperce le cœur de son dard enflammé. Autour d'elle s'élevaient deux gerbes de lys, symbole de sa pureté virginale. D'autres fleurs ornaient encore l'autel, brillamment éclairé par un grand nombre de lumières.

Un magnifique tapis, dû à la générosité des bons Lectourois, qui journellement nous prouvent leur bienveillante sympathie, recouvrait tout le sanctuaire ; des fleurs naturelles étaient aussi groupées de côté et d'autre.

Telle était la décoration de cette enceinte où devaient s'accomplir tant de prodiges de grâce.

Nos fêtes ont eu tout à fait le cachet d'une mission; elles avaient été annoncées sous le nom de *Retraite pour les fidèles chez les Carmélites, en l'honneur du centenaire de sainte Thérèse*. Le R. P. Othon avait donc à traiter les grandes vérités de notre sainte religion et à nous parler de notre séraphique Mère : c'est ce qu'il a fait en accordant parfaitement ensemble ces deux grands sujets. Dans un langage simple et familier, mais animé d'une ardeur apostolique, il a captivé tous les esprits et tous les cœurs. Chacun se retirait trouvant trop court l'exercice, qui cependant durait plus d'une heure.

Indépendamment de cet attrait irrésistible pour entendre la parole de Dieu, la foule était attirée par les chants harmonieux qui ont embelli nos fêtes. Le chœur des chanteuses était composé des dames des meilleures familles de la ville, toutes musiciennes et douées de voix remarquables, sous la direction de M. Pujos, l'habile organiste qui nous a montré, ainsi que toutes ces dames, le plus entier dévouement.

Deux exercices ont eu lieu chaque jour de l'octave, l'un à six heures du matin, l'autre à six heures du soir; celui-ci dut être avancé dans les trois derniers jours; ils commençaient par la prière du diocèse qu'un jeune diacre faisait en chaire. Le matin, un prêtre montait à l'autel, et vers la fin du saint sacrifice, le R. P. Othon, du haut de la chaire, entonnait le petit cantique à notre sainte Mère : « Louons, aimons Thérèse et Jésus », qui devint aussitôt très populaire.

Dans ses instructions, le digne fils de saint François montrait à son auditoire la nécessité et les moyens de se sanctifier; la séraphique Vierge d'Avila était le modèle qu'il proposait sans cesse à la dévotion et à la piété des fidèles. Tous étaient dans l'admiration en apprenant ce que peut faire une créature pour son Dieu, quand elle l'aime uniquement et ardemment. On se retirait éclairé, encouragé et disposé à mieux vivre à l'avenir.

L'instruction finie, le Révérend Père commençait sa messe à laquelle nous assistions toutes; le saint sacrifice était célébré dans notre chapelle par de nombreux prêtres heureux de venir satisfaire leur dévotion envers la Réformatrice du Carmel.

Le soir, c'était un spectacle aussi rare qu'un centenaire. Dès cinq heures, l'église se remplissait. Beaucoup venaient à l'avance s'assurer une place. A six heures, les chants annonçaient avec un entrain éclatant l'ouverture de l'exercice. La musique du P. Hermann fournissait pour chacun des jours de fêtes un cantique en parfaite harmonie avec le moment et les dispositions qui animaient les assistants. La prière commune se faisait avec un recueillement touchant.

Après avoir donné quelques avis toujours variés et qui faisaient le plus grand bien, le prédicateur entonnait de sa belle et agréable voix :

> Esprit-Saint, Dieu de lumière,
> O vous que nous invoquons !

La foule entière poursuivait le cantique, et toutes ces voix produisaient un effet difficile à rendre : l'âme se sentait élevée dans des régions lointaines et goûtait un bonheur que Dieu seul peut donner.

Chacun écoutait ensuite avec avidité le sermon dont il était saintement affamé. De sa parole si évangélique, avec son zèle d'apôtre, le Révérend Père remuait tous les cœurs. Le besoin d'implorer la miséricorde divine était général, et l'on chantait le *Parce, Domine,* avec quelques versets du *Miserere.* Puis le chœur de la tribune exécutait un troisième morceau, toujours d'une manière irréprochable.

Après la bénédiction du T.-S.-Sacrement, il se faisait un silence saisissant. Le Révérend Père, prosterné aux pieds de Jésus, encore présent sur l'autel, disait un *Pater* et un *Ave,* tantôt pour le pécheur le plus endurci qui se trouvait dans l'assemblée, tantôt pour celui des assistants qui devait mourir le premier, etc. Ensuite, les bras en croix, et d'une voix qui ne se peut rendre, il chantait les invocations deux fois répétées: *Cor Jesu amantissimum, miserere nobis. Refugium peccatorum, ora pro nobis. Sancta Mater Teresia, ora pro nobis.* Cette ardente supplication pénétrait tous les cœurs et les laissait sous l'impression la plus salutaire. On terminait par le cantique à notre sainte Mère ; quand arrivait le refrain, le Père, qui aimait tant à le faire chanter, s'écriait : « Allons, tout le monde ! » et tout le monde chantait de toutes ses forces ; et l'on entendait retentir sous la voûte bénie de l'église une masse de voix sorties des cœurs qui tous « louaient et aimaient Thérèse et Jésus ».

Les prêtres de la ville, plusieurs étrangers et les séminaristes en vacances, remplissaient chaque jour la plus grande partie du sanctuaire ; tous sont venus avec une assiduité qui nous a profondément touchées. Les plus dignes ont officié tour à tour. M. l'abbé Tresserra, notre chapelain bien dévoué, veillait avec un soin particulier à ce que tout fût fait avec ordre.

Ainsi se passèrent les jours de cette semaine à jamais mémorable et que nous aurions voulu prolonger indéfiniment. Nous offrions toutes nos prières et nos œuvres pour le bon succès de la retraite ; nous conjurions notre sainte Mère de redoubler dans le ciel en cette circonstance cet apostolat qui la consuma sur la terre, et un bien réel s'opérait. Il se faisait un travail dans les âmes qui égalait tout ce qui se passait à l'extérieur. Le bon Père a eu la consolation de réconcilier avec Dieu beaucoup de pécheurs et de recevoir l'abjuration d'un protestant.

Les 20, 21 et 22 furent les jours du *Triduum*, pendant lesquels nous eûmes le Très-Saint-Sacrement exposé toute la soirée, à partir de deux heures. La messe et les vêpres de sainte Thérèse furent chantées avec toute la solennité possible. Le célébrant était accompagné du diacre et du sous-diacre en dalmatique. Parmi le clergé, on distinguait plusieurs chanoines, dont la présence donnait aux cérémonies un aspect imposant.

Le dimanche qui devait mettre fin à tant de douces émotions arriva trop tôt pour nos cœurs, et cependant il nous apporta les meilleures consolations. Les communions furent nombreuses, comme tout l'avait fait pressentir.

A la grand'messe de neuf heures, M. l'abbé Abadie chanta de sa mélodieuse voix la *Glose* de notre Mère sainte Thérèse ; et les dames, à leur tour, entonnèrent un cantique en l'honneur de la Sainte, qu'elles avaient déjà chanté le 15 mars, et que nous écoutâmes avec un plaisir tout nouveau.

Pendant la journée la prière fut à peu près continuelle ; à quatre heures l'église était déjà remplie et la circulation presque impossible. A cinq heures commencèrent les vêpres. Des centaines de personnes stationnaient dans la rue sans pouvoir entrer. Le Révérend Père fit le panégyrique de sainte Thérèse. Les chanteuses se surpassèrent en nous faisant entendre des morceaux d'une expression ravissante. Le bon et saint missionnaire remercia de tout cœur son nombreux auditoire, et la bénédiction papale couronna ces grandes fêtes qui nous laissaient de si douces impressions.

Le lundi 23, nous eûmes une prise d'habit. Les dames, infatigables de zèle et de dévouement, après s'être édifiées auprès de notre jeune postulante, chantèrent, tout le temps de la messe, les cantiques les plus appropriés à la cérémonie.

Le R. P. Othon fit le plus émouvant discours, ce qui ne l'empêcha pas d'officier avec un bonheur indicible.

Après ce beau jour, le dernier du *Triduum*, nous eûmes tous les soirs, jusqu'à la fin du mois, la bénédiction du T.-S.-Sacrement.

Le dimanche 30, M. l'abbé Marquet nous parla de l'amour de Jésus pour

Thérèse et de l'amour de Thérèse pour Jésus. Le *Te Deum* fut chanté solennellement : ce fut la clôture définitive.

Que Dieu Notre-Seigneur nous donne sa bénédiction et sa paix !

Que le culte de notre sainte Mère Thérèse se répande par toute la terre ! Ainsi soit-il.

CARMEL DE MORLAIX

(FONDÉ LE 4 MAI 1624).

Morlaix restera longtemps sous le charme des magnifiques fêtes qui ont été célébrées, cette année, dans la chapelle de son antique Carmel, à l'occasion du troisième centenaire de la mort de sainte Thérèse.

La population s'y est portée en foule, heureuse de payer son tribut d'hommages à l'illustre Réformatrice, et de témoigner à ses chères filles sa bienveillante sympathie. De leur côté, les Carmélites, aidées du concours de quelques personnes dévouées et amies, n'ont rien négligé pour rendre la manifestation aussi splendide que possible.

La porte d'entrée du monastère frappait d'abord tous les regards par son gracieux encadrement de guirlandes et de fleurs. Sur la croix qui la surmonte, une banderole fixée à une couronne de mousse, et dont les extrémités flottaient au vent, disait à tous le sujet de la fête : *Sainte Thérèse, priez pour nous.*

Dans la cour extérieure, une statue de la Sainte apparaissait au milieu d'un massif de fleurs de toute espèce et d'arbres improvisés. On l'avait mise là, comme pour montrer que sainte Thérèse est bien la maîtresse de ces lieux, et aussi pour satisfaire à la piété des fidèles qui ne devaient pas trouver place dans la chapelle, aux heures des exercices du *Triduum*.

La chapelle du Carmel de Morlaix est en effet de bien modeste dimension. Elle ne brille pas non plus par son architecture. Toutefois, pendant les fêtes du centenaire, grâce au bon goût qui présida à sa décoration, tout le monde la trouva ravissante. En y entrant, l'œil était charmé de l'ensemble harmonieux qu'offraient toutes ses parties. Point de confusion, rien de lourd nulle part, mais partout des ornements très gracieux, très légers et distribués avec goût. Le long des murs, couraient des guirlandes de mousse, découpant des festons émaillés de lys et de roses blanches. D'autres partaient en lignes transversales des quatre coins du sanctuaire, pour venir s'attacher à une immense couronne suspendue à la voûte, sur laquelle on pouvait lire ces mots en lettres d'or : « *Troisième centenaire de sainte Thérèse* ».

Sur les murs et au-dessus des statues des saints, on voyait encore des couronnes autour desquelles se déroulaient des banderoles portant en inscription les devises toutes célestes de la Sainte : *Dieu seul suffit. — La patience tout obtient. — Dieu et les âmes. — Misericordias Domini in æternum cantabo.*

Dans le pourtour du chœur, ces couronnes étaient remplacées par des écussons d'une exécution parfaite, aux armes du Souverain Pontife, de Monseigneur l'Évêque du diocèse, et du Carmel.

L'autel était beau surtout le soir pendant les illuminations. Du haut du tabernacle s'élançait une immense gerbe de lumières dont le centre était occupé par la statue couronnée de la Vierge séraphique. Deux grandes étoiles de feu à droite et à gauche ajoutaient encore leurs éblouissantes clartés à ce faisceau lumineux. Elles permettaient de distinguer, la nuit comme le jour et jusque dans leurs moindres détails, les élégants stores tendus devant les fenêtres. L'un d'eux représentait la Transverbération du cœur de sainte Thérèse ; un autre, Notre-Seigneur lui donnant le clou en gage de son union mystique avec elle ; dans un troisième, c'était la très sainte Vierge recommandant à sainte Thérèse de prendre saint Joseph pour son Patron et pour Protecteur de son Ordre ; dans un quatrième, la mort de la Sainte. Au fond de la chapelle, un très beau tableau représentait la glorieuse apothéose de sainte Thérèse ; il était entouré d'inscriptions rappelant les principaux faits, avec leurs dates, de la vie de la Vierge séraphique.

Mais, hâtons-nous de le dire, le plus cher ornement au cœur de l'admirable Sainte a été sans doute cette foule pieuse, aimante, qui, avide d'entendre parler de ses vertus, de vénérer ses reliques, n'a cessé d'accourir aux exercices célébrés en son honneur.

Après ceux de la neuvaine préparatoire, le *Triduum* fut ouvert le jeudi 12, à quatre heures de l'après-midi, par le chant du *Veni Creator*, suivi d'un magnifique sermon de M. l'aumônier, qui sut, dans son exorde, faire un très heureux rapprochement entre les fêtes d'Assise qui se terminaient et celles d'Avila qui allaient leur succéder. Il nous a montré les fruits abondants de grâces qu'on pouvait espérer de ces fêtes, et, entrant dans son sujet, il nous a fait admirer particulièrement dans sainte Thérèse l'esprit qui l'animait : esprit d'oraison, esprit de pénitence, esprit de zèle, de dévouement pour le salut des âmes.

Le lendemain, le prédicateur était M. le curé archiprêtre de Morlaix ; il prit pour thème ces paroles du Psalmiste : *Mirabilis Deus in sanctis suis, Dieu est admirable dans ses saints*. Sainte Thérèse merveille de la grâce divine par les vertus merveilleuses qu'elle a pratiquées, tel fut le plan qu'il développa avec beaucoup d'onction.

Le samedi, M. le recteur de la paroisse Saint-Martin vint, à son tour, parler de la grande Réformatrice. L'utilité du Carmel pour les âmes qui y entrent et l'utilité des Carmélites pour le salut de la société, lui fournirent matière à une belle instruction.

Le dimanche 15 octobre, Sa Grandeur Mgr Nouvel voulut présider la fête et prendre la parole avec ce texte si gracieux de nos Saints Livres : *Quis mihi dabit pennas sicut columbæ ? Qui me donnera des ailes comme à la colombe ?*

Sa Grandeur nous a expliqué les ascensions de l'âme de sainte Thérèse vers Dieu sur les ailes de la prière et de la méditation. Puis Elle nous a dépeint l'illustre Vierge dans sa vie de sacrifice ; et, à propos de la persécution que subissent, à notre époque, les ordres religieux, dans un très beau mouvement, Elle s'est demandé la cause de ces attaques odieuses qui atteignent de faibles femmes ne réclamant de la société que le droit de prier et de souffrir.

Tout l'auditoire était ému sous la parole vibrante d'un saint Prélat qui appartient lui-même à la congrégation des Bénédictins de la Pierre-qui-Vire.

Les sermons du *Triduum* avaient lieu après le chant des vêpres solennelles. Dans la matinée, il y avait messe chantée, chaque jour, au milieu d'un nombreux clergé et d'un grand concours de fidèles. Cependant, c'est aux vêpres que la manifestation était la plus imposante. La chapelle se trouvait alors de beaucoup trop petite ; à peine s'y pouvait-on remuer, mais personne ne songeait à se plaindre. Il est vrai que si les corps étaient resserrés, les âmes, elles, étaient dilatées par le sentiment de la piété et comme soulevées par les chants.

Des dames artistes de la ville s'étaient gracieusement mises à la disposition des bonnes Carmélites, afin de rehausser par leur talent l'éclat des fêtes du centenaire. Elles nous ont fait entendre tour à tour la ravissante *Glose* de sainte Thérèse, sa *Letrilla*, sa *Mort*, et d'autres délicieux morceaux.

Ah ! espérons que tous ces honneurs rendus à sainte Thérèse et les prières ferventes qui n'ont cessé de monter vers le ciel durant ces jours bénis ne seront pas sans récompense même ici-bas, et que l'Eglise et la France en recueilleront bientôt les fruits !

CARMEL DE BLOIS

(fondé en 1625) [1].

« La vie des saints souvent présente un triple aspect que l'on ne peut
« méditer sans y voir comme une image divine se reflétant dans le monde.

« Il semble que Dieu ne peut se pencher sur nous, du haut du ciel, sans que
« son Eternité n'imprime à la fois comme une ombre dans le présent, le passé
« et l'avenir ; et le point lumineux où reluit le mieux cette triple image, c'est
« dans un fondateur d'Ordre religieux. Chacun de ses pas, comme sa vie tout
« entière, résonne derrière lui, retentit sur le sol qu'il foule, et envoie au
« loin un écho qui se prolonge à travers les âges.

« Son œuvre est presque toujours une réparation miséricordieuse, une
« ressource opportune et une réserve providentielle. » (Cardinal Jean-Baptiste Pitra.)

Le nom de sainte Thérèse est inséparable de celui du Carmel, et l'on ne peut nommer la Vierge d'Avila, sans se rappeler que son œuvre fut vraiment une réparation miséricordieuse pour le XVIe siècle, désolé par le protestantisme. Elle fut encore une ressource, capable de conjurer les efforts de l'esprit mauvais, et une réserve providentielle destinée à attirer sur l'Église et sur les âmes les divines miséricordes. Espérons qu'à notre malheureuse époque, sainte Thérèse jettera sur cette France qu'elle aima un regard compatissant, et que ce mémorable anniversaire sera pour nous le commencement de la paix et du salut.

L'heure étant donc arrivée d'offrir à notre sainte Mère, en union avec notre famille du Carmel, l'humble hommage de notre amour et de notre filiale reconnaissance, notre communauté se disposa à donner à ce *Triduum* toute la solennité possible. La chapelle de notre monastère, dont les peintures murales sont le plus bel ornement, facilitait peu de nombreuses décora-

(1) Le 22 avril, par quatre religieuses de Paris.

tions. Cependant, grâce à M. l'abbé de Préville, chapelain de notre monastère, secondé par l'architecte, et au travail de quelques-unes de nos Sœurs, notre modeste église devint l'objet de l'unanime admiration d'une assistance choisie. Le fond du sanctuaire, totalement dissimulé par un monument que décoraient des peintures en harmonie avec celles de la chapelle, exposait aux regards des fidèles un immense tableau représentant sainte Thérèse en extase, avec la légende : *Christi. vera. sponsa.*

Tout autour on lisait, disposée en forme d'exergue, sa devise favorite entre deux dates mémorables : 1582. *Misericordias Domini in æternum cantabo.* 1882. Au-dessous, le magnifique retable du XVIIe siècle, en bois doré, éclatait d'autant plus heureusement, que le monument dans la profondeur duquel il reposait, l'encadrait comme sous une voûte de mousse et de fleurs.

A droite de l'autel, sous une draperie qui ne s'ouvrait qu'aux heures où cessait l'adoration eucharistique, était exposée, sur un élégant petit autel, la relique (une dent) de notre sainte Mère. Plus haut, à droite et à gauche, les armes de Monseigneur et celles du Chapitre commençaient une série d'écussons et de médaillons, offrant aux méditations des fidèles des paroles et des emblèmes chers au Carmel. — Ils renouaient alternativement, avec de gracieux petits lustres, une guirlande artificielle de pâquerettes, de lys et de roses, disposée en festons. Dans le vestibule, au-dessus de la porte d'entrée, le blason de Thérèse de Ahumada, au bas duquel on lisait cette dédicace :

ORDINIS. CARMELITARUM
MATER. DECUS. MAGISTRA.
ORA. PRO. NOBIS.
IDIBUS. OCTOBRIS. MDLXXXII.

Plus loin, dominait cette inscription :

B. TERESIÆ. VIRGINI.
VIRGINUM. MATRI. SERAPHICAE.
TER. RECURRENTE. CENTENARIO.
FAUSTI. OBITUS. ANNO.
FILIAE. CLERUS. FIDELISQUE. POPULUS.
DITIONIS. BLESENSIS.
PAX. AETERNA. AETERNUMQUE.
CUM. SPONSO.
VULNERATI. CORDIS. GAUDIUM. MDCCCLXXXII.

Quant à l'organisation du *Triduum*, M. l'Aumônier, pour éviter la confusion, accorda à chacun sa part de ces belles fêtes à des heures déterminées.

Chaque jour, un certain nombre de groupes, composés des diverses institutions et congrégations de la ville, acceptant avec empressement l'invitation qui leur était faite, vinrent offrir leurs prières, leurs hommages et leurs chants à notre sainte Réformatrice.

Chaque matin, Monseigneur daigna célébrer le saint sacrifice au milieu de nous; et les messes se succédèrent, pendant ce *Triduum*, depuis 5 heures et demie jusqu'à la grand'messe, qui était chantée à neuf heures par l'un des curés des trois paroisses de la ville. Quant aux différents groupes qui visitèrent notre chapelle pendant ces trois jours, ils furent au nombre de neuf. Chaque réunion comportait une allocution, des chants et la vénération de la relique de sainte Thérèse. — L'orphelinat de la Providence, en trois divisions, vint dès le premier jour accomplir son pieux pèlerinage. M. l'abbé de Préville y prit la parole à trois reprises différentes et y commenta trois exclamations de notre séraphique Mère. La première: « Pour toi, mon cœur brûle, ô Jésus! » La seconde: « Qu'il est bon le Dieu que je sers! » Et la troisième: « Vers toi je m'élance, ô Jésus! » M. l'Aumônier les appropria à son modeste auditoire, et dans des termes simples et pieux, s'efforça de graver dans ces jeunes cœurs de salutaires pensées, capables de les consoler dans leurs peines, de les fortifier dans leurs labeurs, et de les rapprocher toujours plus du divin Maître.

Deux autres stations offrirent à M. de Préville l'occasion de louer notre sainte Mère. Ce fut à la réunion du Tiers-Ordre qu'il commenta cette exclamation: « Exil, que tes maux sont amers! » Celle des élèves du Grand-Séminaire devançant les exercices de la retraite qui allait s'ouvrir pour les jeunes lévites, le ministre de Dieu leur parla de l'esprit de prière et de la mortification, caractères distinctifs de l'esprit qui animait notre sainte Réformatrice; il s'efforça d'établir entre les futurs apôtres et le Carmel les rapports de la charité apostolique qui est la fin de notre vocation.

Le Père de Pascal, religieux Dominicain, adressa quelques mots très brefs à la station sacerdotale; il résuma sa pensée dans la devise de notre Ordre:
« *Zelo zelatus sum pro Domino Deo exercituum* ».

Le Petit-Séminaire, à son tour, reçut quelques paroles d'édification de l'un des Pères de la Compagnie de Jésus. « *Marie a choisi la meilleure part* », fut le texte de cette allocution. Et la meilleure part leur fut montrée dans la sainteté, qui ne s'acquiert que par l'esprit de prière.

Nous ne pouvons passer sous silence les deux pèlerinages des enfants de Marie et des élèves des Ursulines, qui eurent lieu le matin, dès les premières messes.

Il ne nous reste plus à noter que deux stations qui, chacune dans sa forme respective, nous causèrent une émotion profonde. La première est la réunion de toutes les religieuses de la ville, dont le nombre est assez considérable. « *Le zèle de votre maison m'a dévoré* », tel fut le début de l'entretien que nous dûmes aussi à un Père Jésuite. L'heure douloureuse que traversent l'Église et la France, et spécialement la persécution que subissent les congrégations enseignantes, rendaient ce pèlerinage plus solennel. Le digne fils de saint Ignace, tout rempli de la devise de son Ordre et de la nôtre, s'efforça de faire passer dans nos âmes quelque chose de cette passion pour la gloire de Dieu dont il parla presque exclusivement. Les chants, très bien exécutés, furent une véritable et solennelle protestation de fidélité et d'amour, comme l'atteste ce refrain :

> A la vie, à la mort nous te serons fidèles,
> O cœur sacré de notre Roi !
> Et plus les cœurs seront tièdes, durs et rebelles,
> Plus nous aurons d'amour pour toi (*bis*).

Enfin les hommes de toutes les confréries de la ville, très exacts à leur rendez-vous, y déployèrent tant de foi et d'ardeur que leur présence dans notre chapelle fut à la fois une amende honorable et une éloquente protestation. — Ces Messieurs, avec un élan que la conviction seule peut inspirer, firent entendre des chants aussi pieux que magnanimes, dont le refrain, dans sa simplicité, était bien l'expression touchante de leurs sentiments à la fois chrétiens et vraiment français :

> Nous voulons Dieu, c'est notre Père,
> Nous voulons Dieu, c'est notre Roi.

L'allocution, prononcée par le R. P. Léonce de Saint-Paul, religieux carme de la Providence de Paris, prédicateur de ce *Triduum*, fut un éloquent commentaire de ces chants magnifiques. Il le dit lui-même à ces Messieurs, après l'énoncé de son texte, tiré du livre des Machabées : « Il ne saurait nous être bon d'abandonner les lois et les justices de notre Dieu ». — Faites toutes vos œuvres par amour, nous dit-il. La charité étant le grand mobile des âmes, nous l'envisageons, dans Thérèse, comme la lumière qui a illuminé ses voies, et la force qui a soutenu son courage. — Dans la première partie, la vie de notre sainte Thérèse nous fut présentée, depuis ses premiers élans vers Dieu, jusqu'à son penchant pour la parure et la lecture des romans de chevalerie, écueils qu'elle franchit sans blessures, grâce à l'amour de son Dieu. — Dans la seconde partie, l'orateur, avec saint Thomas d'Aquin, définit la force : une puissance virile, qui nous fait affronter le danger et supporter avec constance les douleurs et les mille croix de la vie. C'est alors que nous pûmes contempler notre Mère, méditant le dessein de la Réforme, et luttant énergiquement contre les souffrances de l'âme et du corps.

Dans son deuxième discours, le R. P. montra que la vraie gloire se puise au service de Dieu. Envisageant l'Europe au siècle de Thérèse, il voit que le triple amour diabolique y règne: chez Luther, l'orgueil; chez Henri VIII, la luxure; chez Albert de Brandebourg, l'avarice. A côté, au fond de sa solitude, apparaît la radieuse figure de Thérèse, animée de l'amour sacré. A elle la vraie gloire; elle aura sa célébrité dans l'histoire, célébrité divine que son Jésus lui a promise parce qu'elle travaille pour son honneur.

Le troisième sermon fut la peinture du cœur de Thérèse; l'orateur établit la similitude qui existe entre le cœur de Jésus et celui de la Vierge d'Avila; il ajouta en plus que dans le cœur de l'Epoux divin et dans le cœur de son Epouse, la plaie est le signe de l'amour céleste qui s'étend aux âmes et à la patrie. A l'issue des sermons du soir, aux trois saluts solennels, présidés par Monseigneur, entouré de son chapitre, des morceaux furent exécutés par quelques professeurs du séminaire Saint-François, qui voulurent bien nous prêter leur religieux concours, et embellir la fête par leur talent musical. Ainsi s'écoulèrent ces belles et pieuses journées, dont le souvenir sera toujours cher au Carmel et aux fidèles. Notre Mère prieure distribua au clergé, aux bienfaiteurs et amis de la communauté, et à bon nombre de personnes, des reliquaires, des photographies, des images et de petits ouvrages confectionnés dans la maison avec le bois d'un rejeton de noisetier planté par sainte Thérèse. — L'un de ces travaux fut offert à Monseigneur, qui voulut bien l'accueillir avec indulgence et témoigner à cette occasion la consolation que lui avait procurée ce *Triduum*. Voici en quels termes :

Blois, 16 octobre 1882.

« Comment vous remercier, mes chers Filles, du précieux et magnifique
« souvenir que vous venez de m'envoyer ? Je n'avais certes pas besoin de ce

« pieux objet pour me souvenir du troisième centenaire de la mort de votre
« séraphique Mère. Votre piété et celle des fidèles, pendant ce *Triduum* si
« parfaitement organisé, les belles décorations de votre chapelle, la parole
« d'une éloquence si peu vulgaire du P. Léonce de Saint-Paul....., tout cela
« se serait gravé dans mon cœur, avec un sentiment profond d'édification.

« Mais vous avez voulu quelque chose de plus; et, désormais, je pourrai
« contempler tous les jours cette belle croix faite avec le bois d'un rejeton
« du noisetier planté par sainte Thérèse elle-même dans son premier couvent
« d'Avila.

« J'offrirai, en retour, à votre intention le saint sacrifice de la messe, de-
« main, dernier jour de votre *Triduum*.

« Daigne Notre-Seigneur vous accorder quelque chose de l'amour qui
« enflammait le cœur de la séraphique Thérèse de Jésus!

« Agréez, mes chères Filles, avec ma meilleure bénédiction, l'assurance de
« mon respectueux dévouement.

« † CHARLES, Ev. de Blois. »

Mais là ne se termina pas la solennité de ce glorieux anniversaire. L'exiguïté de la chapelle ayant empêché bon nombre de personnes de satisfaire leur dévotion envers sainte Thérèse, on laissa jusqu'au 29 notre petit sanctuaire décoré comme pendant le *Triduum*. Dans cet intervalle de quinze jours, la relique fut exposée quatre fois à la vénération des fidèles, le jeudi et le dimanche. Les deux grand'messes furent chantées avec autant de talent que de piété par les élèves du Grand-Séminaire, qui nous prêtèrent aussi leurs voix pour honorer le Très-Saint-Sacrement aux deux saluts solennels. Celui du 29, qui devait être le dernier, fut précédé d'un beau sermon prononcé par M. l'abbé Chevallier, vicaire général et chanoine théologal, qui couronna cet ensemble de louanges rendues à notre séraphique Mère par l'exposé de la huitième béatitude : « Bienheureux ceux qui souffrent persécution pour la justice, parce que le royaume des Cieux est à eux ». Après avoir rappelé la grande loi de la persécution imposée à l'homme par son Créateur en punition du péché, le ministre de Dieu en montra l'application en Jésus-Christ et en sainte Thérèse, en qui se personnifie cette béatitude qui renferme toutes les autres. Puis, parcourant rapidement cette belle vie de la Sainte, il nous la représente souffrant d'abord pour établir la justice dans son âme, en brisant jusqu'au plus petit fil capable de la séparer de son Dieu, puis les persécutions extérieures qu'elle endura de la part des démons, et même de la part des hommes de bien, ce qui lui était une épreuve bien plus sensible; et enfin de la main même de Dieu, dont l'amour sacré lui faisait dire : « Qu'elle se mourait de ne pouvoir mourir ». Après le salut du Très-Saint-Sacrement et la vénération de la relique, le chant solennel du *Te Deum* fut le dernier accent de nos actions de grâces rendues à l'Eternel pour les immenses bienfaits apportés à l'Eglise, à la France et au Carmel pendant ce glorieux anniversaire.

CARMEL D'AUCH

(FONDÉ EN 1630).

Pour fêter le troisième centenaire de sainte Thérèse au petit Carmel d'Auch, on a fait une neuvaine préparatoire du 6 au 15 octobre, et du 15 au 29 ont eu lieu les grandes fêtes. Le *Triduum* solennel fut célébré dans les trois derniers jours de l'octave, les 20, 21 et 22 octobre.

Neuvaine préparatoire. — Le 6 octobre, on disposa dans le sanctuaire une jolie crédence avec quatre bouquets de lys blancs artificiels, plusieurs vases de fleurs naturelles et quatre chandeliers. Au milieu était un beau reliquaire doré représentant un ange élevant ses deux mains sur sa tête pour soutenir un médaillon renfermant la relique de sainte Thérèse.

Tous les soirs, à cinq heures, M. l'abbé Candelon, notre aumônier et confesseur, chanoine honoraire, économe du Grand-Séminaire, commençait la neuvaine en entonnant l'hymne des vêpres de notre sainte Mère : *Regis superni nuntia*, qui était poursuivie par le chœur des Religieuses; puis il faisait la lecture des points d'oraison distribués pour chaque jour dans la neuvaine. La lecture terminée, M. l'Aumônier entonnait l'hymne de Matines : *Hæc est dies*; venait ensuite le chant du *Tantùm ergo* et la bénédiction du Très-Saint-Sacrement. Tous les soirs, une foule pieuse et recueillie remplissait la chapelle.

Le jeudi commencèrent les travaux pour la décoration de la chapelle, et le Très-Saint-Sacrement fut transporté provisoirement à l'un des petits autels.

Le vendredi eut lieu la bénédiction solennelle de la délicieuse statue qui représente la Sainte en extase, au moment où le Séraphin lui transverbère le cœur avec un dard enflammé. M. l'Aumônier chanta pieusement les prières et oraisons.

Décorations de la chapelle. — Le sanctuaire était tendu de draperies blanches, qui cachaient entièrement les statues de N.-D. du Mont-Carmel, de saint Joseph et de saint Jean-Baptiste, ainsi que l'avait désiré notre vénéré Père supérieur, M. l'abbé Marquet, chanoine honoraire et professeur de théologie au Grand-Séminaire, afin de mettre plus en évidence la statue de notre séraphique Mère.

Des guirlandes de feuillage artificiel, d'un beau vert clair, parsemées de roses blanches, descendaient en grands festons de trois rangs sur ces draperies. Dans ces festons et au-dessous, on avait semé avec une intelligente profusion une centaine de bouquets de lys et de roses blanches, et quarante-cinq couronnes de roses blanches avec feuillage vert clair. Derrière le maître-autel, six petites colonnes dorées soutenaient trois cintres, également dorés, et cent cinquante bougies avec bobèches en verre ; au centre des cintres trois girandoles formaient comme une triple couronne de lumière dont le reflet sur l'or et le verre produisait le soir un effet magique. Au centre, sous ce triple nimbe de lumières, reposait, moitié sur les boiseries, moitié sur le tabernacle, la gracieuse statue de notre Mère Thérèse. A ses côtés, deux petites urnes contenant chacune une grappe de trois gros raisins dorés ; une guirlande de lys en or entourait le nuage supportant la Sainte, et deux autres girandoles dorées, portant vingt bougies avec leurs bobèches de cristal, étaient à ses pieds. L'autel avait revêtu sa plus belle parure des fêtes. Quatre grands bouquets de lys en métal doré placés entre les flamberges ; sur l'autel deux bouquets de lys-candélabres portant chacun sept bougies ; sept paires de petits candélabres à trois branches et douze chandeliers formant autour du tabernacle un magnifique bouquet de lumières.

Aux deux côtés de l'autel, on avait disposé trois hauts gradins drapés de blanc avec festons de roses. Sur le degré le plus élevé, près des cintres, deux bouquets de lys mesurant deux mètres de hauteur, à six branches, avec leur centaine de fleurs et de nombreux boutons ; puis deux rosiers de même hauteur portant autant de fleurs blanches et de boutons, avec un feuillage vert clair comme celui des lys ; à côté, deux arbustes de lauriers blancs à fleurs doubles, composés de nombreuses branches de verdure, et douze branches fleuries, de huit à dix fleurs chacune. Aux deuxième et troisième degrés étaient gracieusement entremêlées quatorze branches de grands lys, de quatre-vingts à quatre-vingt-dix centimètres de hauteur, ayant chacune quinze lys, et treize corbeilles de différente hauteur, à quatre branches, portant trente-trois lys et de nombreux boutons avec feuillage ; de plus, quatre gracieux petits lys ronds. Enfin, sur le deuxième degré s'épanouissaient, au milieu de cette profusion de branches et de corbeilles, deux gracieux lauriers-roses de mêmes grandeur et disposition que les blancs ; ils tranchaient agréablement sur la neige des lys.

Devant la grande grille et à gauche de l'autel, entre le gradin et la chaire, étaient placés deux grands arbres de lumières en forme d'éventail, hauts de trois mètres, avec chacun trente-quatre lys et autant de bougies, puis deux autres candélabres de même hauteur, formant bouquet, avec chacun trente lys et autant de bougies, complétaient la parure du sanctuaire, qui était garni d'un beau tapis rouge s'étendant jusqu'à la nef ; de plus, une profusion de vases de fleurs naturelles ornait les deux côtés des marches.

La lampe, suspendue habituellement au-dessus de la sainte table, avait été enlevée et remplacée par une immense couronne de roses blanches artificielles avec suspensions tout autour, assez près du plafond ; une seconde couronne de moindre dimension, avec suspensions également, descendait un peu plus bas ; et des guirlandes légères, formant chaînes sur le haut, donnaient à ce tout la gracieuse forme d'un beau lustre qui avait son pendant au milieu de la nef, quand un troisième était suspendu au milieu du vestibule. De chacune de ces couronnes descendaient, dans toutes les directions, de nombreuses guirlandes de roses blanches, roses et couleur paille, avec feuillage d'un beau vert clair, qui, formant de grands festons, remontaient jusqu'au plafond et parcouraient le sanctuaire, la nef et jusqu'au vestibule. Ces guirlandes flottantes mesuraient à elles seules deux cent quarante mètres; c'était délicieux de grâce et de fraîcheur !

Enfin, le dernier jour du *Triduum* solennel, à l'entrée principale, sur la rue, deux beaux rideaux rouges avec lambrequin et frange dorée étaient relevés sur les côtés par de gros cordons avec glands de soie. A ce spectacle, si nouveau à la porte de notre modeste Carmel, les passants s'arrêtaient tout ébahis. Notre charmante petite chapelle était devenue le sujet des conversations de toute la ville ; dans toutes les sociétés et jusqu'à la place du Marché, on ne parlait pas d'autre chose. Les familles d'Auch les plus distinguées par leur noblesse et leur éminente piété se montraient les plus assidues à tous les exercices. Les visites s'y succédaient toute la journée, et chaque jour nos bonnes Sœurs tourières voyaient paraître des visages inconnus ; on y venait des quartiers les plus reculés de la ville et même des environs.

Après s'y être extasiés toute la quinzaine, nos bons voisins et tous nos meilleurs amis se lamentaient aimablement de la voir sitôt passée ; ils eussent voulu conserver la chapelle toujours ainsi parée, et la bonne dame qui avait prêté toutes les grandes draperies blanches disait qu'elle en ferait volontiers le sacrifice pour jouir plus longtemps de ce beau coup d'œil.

Fête de sainte Thérèse. — Les messes basses se succèdent, aux trois autels, durant toute la matinée; et ainsi on en compte, pendant la quinzaine entière, de dix à douze chaque jour, une fois quatorze, et une autre fois quinze. La messe conventuelle est chantée solennellement par M. le chanoine Pellefigue, vénérable doyen du chapitre, qui, dans toute l'allégresse de son cœur, ajoute à *virginis tuæ* les mots de *et matris nostræ*, en chantant les oraisons; en quoi il est imité par tous ceux qui ont officié durant la quinzaine, à la grande satisfaction de la communauté. Après la messe conventuelle on expose solennellement le Très-Saint-Sacrement.

A 4 heures, vêpres solennelles présidées par le vénérable officiant du matin. Les orphelines de l'Hôpital, sous l'habile direction de leur maître de chapelle, ont fait entendre des chants ravissants. La foule est compacte, on se met trois sur deux chaises... Les messieurs franchissent les balustrades des petits autels ; on envahit même les dernières marches du sanctuaire et l'escalier de la sacristie. Le vestibule est comble; longtemps à l'avance tout est plein et une foule nombreuse stationne dans la rue.

L'illumination est brillante ; on compte dans notre petit sanctuaire 353 bougies et 40 aux petits autels.

Le coup d'œil est magnifique, et plusieurs en sortant disent : « Puisque c'est si beau aux Carmélites, qu'est donc le Ciel » !

M. l'abbé Sembrès, professeur au Petit-Séminaire, notre confesseur extraordinaire, explique parfaitement ces paroles : « Soyez parfaits comme votre Père céleste est parfait ». L'auditoire est silencieux et recueilli. Le sanctuaire est rempli par un nombreux clergé.

La cérémonie se termine par le salut du Très-Saint-Sacrement.

L'officiant du lundi est M. l'abbé Barciet, curé de la cathédrale Sainte-Marie d'Auch.

Le mardi, M. l'abbé Lafforgue, chanoine honoraire, économe du Petit-Séminaire.

Le mercredi, M. l'abbé Candelon, notre si dévoué aumônier et confesseur.

Les trois jours, à deux heures, exposition du Très-Saint-Sacrement.

A cinq heures se font entendre les chants si beaux et si suaves de MM. Barrett, Ricard et Vergsignan, professeurs du Petit-Séminaire, avec accompagnement d'harmonium.

M. l'abbé Sembrès expose, dans une pieuse méditation, l'explication de l'antienne : « *Qui vult venire post me*, etc... Que celui qui veut venir après moi se renonce lui-même ».

Le mardi, le pieux prédicateur poursuit le texte : *Qu'il porte sa croix* »; et le mercredi : « *Qu'il me suive* ».

Des prêtres nombreux garnissent le sanctuaire ; l'illumination est brillante ; la foule aussi nombreuse que le premier jour.

Bénédiction solennelle du Très-Saint-Sacrement, et chants pieux de MM. les professeurs.

Le jeudi 19, la messe conventuelle est célébrée par M. l'abbé Dupin, chanoine honoraire, curé de la paroisse Saint-Arens d'Auch. A deux heures, exposition du Très-Saint-Sacrement. Nos pauvres cellules ont dû se passer de chaises durant la quinzaine ; on vide même pour nous en prêter les grandes salles de l'hôtel voisin ; et M. le curé de la cathédrale permet gracieusement d'en prendre dans son église. Parmi cette foule pieuse, on distingue chaque soir Mesdemoiselles de Langalerie, sœurs de notre bon et saint Prélat.

Notre Révérend Père Supérieur, M. l'abbé Marquet, monte en chaire, et commence un magnifique panégyrique de notre sainte Mère.

Aujourd'hui notre vénéré Père nous démontre comment Dieu a été père à l'égard de Thérèse, et comment Thérèse a été pour Dieu la plus aimante des filles : *Ego ero ei in patrem, et ipse erit mihi in filium.*

Triduum. — 20 octobre. — Messes basses toute la matinée... Foule nombreuse.

A neuf heures, M. l'abbé Dauriac, vicaire général, chante la messe conventuelle avec les chantres de la cathédrale.

A deux heures, exposition du Très-Saint-Sacrement. La chapelle se remplit dès trois heures... On encombre, comme les jours précédents, le vestibule et la rue. Le nom du prédicateur a suffi pour augmenter l'empressement général. Notre Père Supérieur continue le panégyrique de sainte Thérèse.

Tulit itaque Booz Ruth et accepit uxorem. Le prédicateur nous démontre comment Jésus prit Thérèse pour son épouse, et comment Thérèse répondit aux exigences de cette grâce incomparable.

Des chants pieux suivent le sermon, et M. Dauriac, vicaire général, donne la bénédiction du T.-S. Sacrement. Ce soir la chapelle, entièrement illuminée, offre pendant plus d'une heure un aspect éblouissant.

Le 21, messe conventuelle chantée par M. l'abbé Gardères, supérieur du Grand-Séminaire, vicaire général honoraire ; même affluence que la veille.

Notre bon Père Supérieur termine le panégyrique; il semble se surpasser lui-même.

Factus est in corde quasi ignis exœstuans: « Dans mon cœur s'est embrasé comme un feu dévorant ». Les œuvres étonnantes que sut concevoir et accomplir Thérèse pour la gloire de Dieu et le salut des âmes sont le sujet de son discours. Chants, affluence, grande illumination comme la veille.

Le 22, à sept heures et demie, Sa Grandeur Mgr Gérault de Langalerie célèbre la messe conventuelle. Une musique douce se fait entendre tout le temps du saint sacrifice; une voix, la plus mâle et la plus suave que nous ayons entendue, s'y mêle de temps en temps. Sa Grandeur distribue elle-même le pain des anges à un grand nombre de fidèles.

D'autres messes basses continuent pendant la matinée.

A midi, notre Père Supérieur expose le T.-S.-Sacrement et ferme à clef les portes extérieures, laissant les épouses seules avec leur divin Epoux, libres de jouir à leur aise de la vue de l'ostensoir et de la parure de la chapelle. La grande grille était entièrement ouverte; aimable attention de ce bon Père, qui n'a pas voulu laisser passer ces fêtes sans nous faire jouir un peu de ce beau coup d'œil. Notre bonne Mère Saint-Louis de Gonzague fait approcher chaque Sœur, à son tour, plus près de la grille; et cette heure a été toute une petite fête pour la communauté.

A une heure, on ferme la grille et on ouvre les portes de la chapelle, où l'on se presse déjà pour se garder des places.

A 4 heures, Sa Grandeur Mgr l'Archevêque entre dans la chapelle, et entonne les vêpres solennelles, que poursuivent les orphelines de l'Hôpital avec autant d'habileté que le dimanche précédent. Après le *Magnificat*, Sa Grandeur monte en chaire et prend dans la vie de l'illustre Carmélite des traits frappants pour confirmer ces trois points de doctrine: « 1° Que la grâce est le principe de tout bien; 2° Qu'en lui résistant on compromet son salut, ou du moins son progrès spirituel; 3° Qu'en lui étant fidèle on arrive au sommet de la perfection ». Monseigneur laisse parler son cœur de pontife et de père, et nous dévoile, sans s'en douter, toute la sainteté de son âme. Sa Grandeur insiste surtout sur la perfection de la charité, sur les paroles inutiles, les petites médisances, etc. Il était si doux de l'entendre qu'à la fin on eût voulu en être au premier point; et saint François de Sales dut sourire du haut du ciel à ce portrait vivant de sa douce et majestueuse bonté qui le fait revivre sur la terre. Monseigneur semble jouir. Les petites orphelines disaient en sortant : « Ici, Monseigneur a l'air d'être chez lui ; comme il est à son aise ; à l'hôpital il n'est pas le même ». Une affluence énorme, dit la *Semaine Religieuse*, s'était faite ce soir-là dans la chapelle. Au moment où l'office commença, il n'était plus possible d'entrer même dans le vestibule ; et devant la porte la foule était encore plus considérable qu'au dedans. L'escalier de notre sacristie était occupé par les Frères de la Doctrine chrétienne et un R. P. Dominicain. Plus d'une vingtaine de prêtres garnissaient le sanctuaire. Les orphelines chantèrent après le sermon un beau cantique qui fut suivi du Salut solennel.

C'était le dernier jour du *Triduum* ; la foule qui remplissait la rue demandait hautement à entrer, après la cérémonie, pour jouir un instant du coup d'œil de l'illumination. Il était près de six heures, et les pieux fidèles de la chapelle ne pouvaient se résoudre à sortir ; il en résulta même un bruit confus qui nous effraya un instant, mais notre crainte était sans fondement.

Lundi 23, la messe conventuelle est célébrée par M. l'abbé Duc, pro-secrétaire de l'Archevêché.

A 5 heures, chants et salut ; illumination, affluence nombreuse tous les jours jusqu'au dimanche 29.

Mardi 24, le diocèse célébrant aujourd'hui la fête de sainte Thérèse, les prêtres qui chaque jour assistent à nos fêtes ont chanté la messe conventuelle.

M. l'abbé Roubée, chanoine et directeur du Petit-Séminaire, a officié. MM. Bax, Bouguères, Rénac et Ransan ont officié les mercredi, jeudi, vendredi et samedi.

Le dimanche 29 eut lieu la clôture des saints exercices.

Même ferveur pour les messes basses, et messe solennelle à 9 heures, chantée par M. l'abbé Rougeon, supérieur du Petit-Séminaire, et MM. les professeurs.

A 2 heures, exposition du T.-S.-Sacrement.

A 5 heures, sermon de clôture, prêché par M. l'abbé Bénac, missionnaire diocésain, aussi distingué par son talent de prédicateur que par sa sainteté. Sujet : la Prière.

La foule est la même qu'aux jours du *Triduum*, les prêtres très nombreux. L'illumination est complète ; et le lendemain la dépositaire, mère Béatrix de Jésus, compte joyeusement pour la dépense 100 livres de bougies.

Nous avons la douce confiance que notre Mère sainte Thérèse, si reconnaissante sur la terre, obtiendra de son divin Epoux pour notre saint Pontife, pour notre vénéré supérieure et pour tous ceux qui lui ont témoigné tant d'amour, une récompense digne de sa générosité et de leur zèle.

CARMEL DE POITIERS

(FONDÉ EN 1630).

En vain le monde promet la joie à ceux qui le servent, seule l'Eglise, qui la puise à sa vraie source, peut la donner à ses enfants. Cette incomparable mère enjoint même aux siens de se souvenir que la joie fait partie de sa vie et de ses habitudes, et elle leur entr'ouvre en quelque sorte les portes de l'éternelle demeure, si bien que les accents de bonheur, les parfums de paix et d'onction dont la Jérusalem céleste est remplie arrivent avec toutes les grâces jusqu'à leur âme en proportion de la vivacité de leurs désirs : « Voici, nous dit-elle à certains jours, que les saints tressaillent dans la gloire et qu'ils se réjouissent sur leur trône de délices ; vous donc aussi, mes justes d'ici-bas, qui avez le cœur droit, livrez-vous à l'allégresse et prenez votre part de gloire. *Exultabunt sancti in gloria, lætabuntur in cubilibus suis. Exultate justi in Domino, et gloriamini omnes recti corde* ». Car, militante ou triomphante, l'Eglise, étroitement unie à son divin Chef, n'a qu'un cœur, une âme et un sentiment, et pour être pénitente dans le temps, elle ne doit pas se sevrer de joie. *Gaudeamus omnes in Domino.*

Ce festin exquis du cœur, Jésus-Christ lui-même, selon sa promesse, le sert à ses bien-aimés : *transiens ministrabit illis*, spécialement aux grands anniversaires qui rattachent plus étroitement la terre au ciel. Pendant que l'encens de nos hommages et de nos prières monte vers le ciel, les élus, en un sens reliés au temps jusqu'à ce que leur nombre soit complété pour l'éternité, reçoivent une augmentation accidentelle de gloire. A l'occasion du troisième centenaire de son épouse Thérèse, l'Epoux divin ouvre à tous les bienheureux de plus profonds horizons de lumière, de plus ardents foyers d'amour; les plongeant plus avant dans les délices de son essence divine, il leur dit : « Mangez, buvez et enivrez-vous, mes très chers ; *Comedite et bibite, et inebriamini, carissimi* ». A eux et à nous il montre sa nouvelle Esther qui règne sans limites sur son cœur et dans l'étendue de son empire, pour que tous soient réjouis et enrichis. Et dans notre pauvre exil, que d'âmes fortifiées et heureuses de puiser au précieux trésor des indulgences, que de supplications, de communions, d'efforts d'enthousiasme et de générosité pour se mettre en harmonie avec la patrie, et pour recevoir aussi dignement et aussi pleinement que possible les largesses qui en découlent !

Poitiers, qui possède un des plus anciens Carmels de France, a vu pendant douze jours des fêtes dont il devra longtemps garder le souvenir. Pendant la neuvaine d'abord, les âmes pieuses purent tout à loisir satisfaire leur dévotion. Le matin, à la suite de nombreuses messes qui se célébraient dans la chapelle des filles de sainte Thérèse, et, le soir, avant le salut du Très-Saint-Sacrement, le R. P. Yves, digne fils de saint François, versait à flots la paix et l'amour de Notre-Seigneur dans des cœurs toujours plus avides de l'entendre. Les artistes les plus distingués de notre ville donnèrent quotidiennement une série de véritables concerts religieux.

Nous ne pouvons passer sous silence l'accroissement de joie spirituelle et la grâce répandue deux fois sur ces pieuses réunions par la présence aimée de Mgr de Briey, évêque de Roséa, ce fils chéri du cardinal Pie, et attaché depuis longtemps au Carmel par les liens de la famille et d'une pieuse affection.

Mais ce n'était qu'une préparation indispensable aux solennités d'un intérêt unique réclamées par le *Triduum*. Il fallait d'abord préparer et orner avec magnificence la salle des noces de l'Epoux. Dans deux jours et une nuit, par ce que nous appellerons un tour de force inespéré, quinze ouvriers choisis réussirent à disposer tous les chefs-d'œuvre de décoration que l'art et la piété de mains aussi nombreuses qu'habiles avaient su réaliser par un travail de plusieurs mois. Des écussons immenses surmontés d'oriflammes tapissaient les sommets de la si belle coupole de l'ancienne église des Génovéfains. Les armes du Carmel, soutenues par des anges, avaient à leur droite et à leur gauche, dans des médaillons gigantesques, et chacun avec son exergue, le cœur de Jésus de Thérèse et le cœur de Thérèse de Jésus. De larges arabesques portant les armes du Souverain Pontife, de Monseigneur l'évêque de Poitiers, de Monseigneur d'Anthédon et aussi du cardinal Pie, ce très éminent bienfaiteur du Carmel français, d'éclatantes devises et inscriptions ayant trait à la séraphique Vierge, couraient sur tous les grands arceaux. Sur l'arceau du fond, et dominant le grand autel, se lisait tout d'abord le chant d'amour et de triomphe de sainte Thérèse : *Misericordias Domini in æternum cantabo*. A droite, au-dessus du chœur des religieuses, la devise rappelait le trait mystérieux qui blessa son cœur et en fit l'heureuse victime de l'amour divin : *Vulnerasti cor meum, Domine, ardenti cuspide caritatis tuæ.* A gauche, au-dessus de la chapelle de la Sainte-Vierge, était rappelée sa céleste alliance avec Jésus crucifié : *Clavo dexteræ tuæ subarrhasti me, Domine.* Et sur l'arceau extérieur du sanctuaire, l'inscription : *Sapientiam ejus enarrabunt gentes, et laudem ejus enuntiabit Ecclesia,* invitait les âmes à venir s'asseoir au festin de sagesse divine servi par Thérèse dans ses incomparables ouvrages, et auquel la sainte Eglise convie ses enfants. Des guirlandes de verdure aux proportions jusque-là inconnues, disparaissant en partie sous d'énormes pivoines rouges et blanches, surmontant et entourant des faisceaux de bannières, dessinaient sur les tentures de pourpre les lignes architecturales du monument, encadrant des écussons et des chiffres d'une exécution parfaite. A droite, dans la nef, la chapelle spéciale de sainte Thérèse, consacrée à raconter les gloires de la Vierge Docteur mystique, reproduisait en réduction toutes ces merveilles. De chaque côté de la Sainte tenant en main le livre et la plume, ayant près d'elle la colombe inspiratrice, chacun de ses ouvrages était inscrit en lettres d'or, gracieusement encadré dans six panneaux différents. Une tribune spacieuse et une vaste tente-abri agrandissait l'enceinte en multipliant les ornements. Aux côtés du maître-autel, et dans toute la largeur du sanctuaire, un épais massif de plantes exotiques, hautes de trois et quatre mètres, formait la base de cette vaste ornementation; un trône avait été placé du côté de l'Évangile, à la droite de l'autel où reposait Jésus. La salle était prête, et le Verbe incarné, au milieu de son tabernacle, attendait qu'on introduisît enfin son Epouse.

Il n'est guère possible aujourd'hui d'essayer de rendre compte d'une chose vraiment belle sans rencontrer un écueil que l'habitude a fait nécessairement surgir. On a tant employé les termes laudatifs dans les descriptions de ce genre, et si souvent avec excès, que ceux qui les lisent s'attendent nécessairement à trouver dans le narrateur un témoin enthousiaste, forçant plus ou moins les couleurs du tableau pour s'assurer l'intérêt et l'admiration des absents. Mais ici il suffira d'exprimer simplement la vérité. Le groupe sculpté de Thérèse de Jésus ravie en extase, de grandeur plus que nature, ayant près d'elle le Séraphin petit et très beau qui lui transverbéra le cœur de son dard, supportée par quatre anges qui sont les serviteurs de Dieu et de ses saints, ne peut produire qu'une impression, son aspect n'a provoqué qu'un cri : « Qu'elle est belle! Comme sa vue porte l'âme vers Dieu! Comme la pureté et l'amour, la grandeur et la grâce éclatent dans ses traits, dans son regard et dans son attitude! Comme le Séraphin qui la frappe est attentif!

Et les anges qui la soutiennent et la contemplent, comme on lit sur leurs visages l'admiration et la stupeur » ! Sculpté en bois par M. Charron et peint par M. Grillon, qui ont si brillamment fait leurs preuves dans l'art religieux, ce superbe travail, sans rival dans son genre, a été exécuté avec une largeur de style, une fraîcheur de coloris et une richesse de dessin admirables. Une œuvre approchant de l'idéal est chose si rare que les plus indifférents n'auraient pu se lasser de la contempler et même d'y revenir. Une généreuse bienfaitrice, envoyée spécialement par la sainte Mère, avait fait préparer de longue main ce magnifique cadeau destiné à la grande fête du Carmel. C'était dans la nuit du 14 octobre ; que d'autres sanctuaires du monde chrétien où l'on dut travailler aussi !

Le jour du 15 octobre, qui ne reviendra dans de semblables conditions qu'après cent ans, se leva radieux. Le temps était serein, la chapelle du Carmel ne désemplissait pas, les trois autels suffisaient à peine aux messes qui s'y succédaient depuis cinq heures, et la table sainte était constamment assiégée. La grand'messe, chantée en musique sous l'habile direction de M. Puisais, fut célébré, par le R. P. Mercier, de la Compagnie de Jésus, ancien recteur du collège Saint-Joseph, revenu parmi nous pour y soutenir vaillamment la lutte et assurer le triomphe de l'enseignement chrétien. La relique de la Sainte fut ensuite exposée à la vénération empressée des fidèles. Le temps qui s'écoula entre la messe et les vêpres fut employé à achever d'organiser la plus brillante illumination. Les initiales de sainte Thérèse en lumière, des courants d'étoiles blanches et rouges entourant la coupole du sanctuaire et se rattachant gracieusement au centre à un diadème de feu, donnaient à tout l'ensemble des décorations un éclat merveilleux ; en sorte qu'en ce paradis du Carmel le jour et la nuit unissaient successivement leurs splendeurs pour augmenter le triomphe de Thérèse de Jésus.

Mais après avoir nourri les siens, le matin, du pain des anges, le Père éternel allait leur distribuer le pain de la parole de vie. Le chant solennel de l'office sacré terminé, Monseigneur Gay, évêque d'Anthédon, supérieur de notre Carmel, auteur d'ouvrages qu'il serait superflu de louer, monte en chaire. L'élite de notre cité chrétienne était là pour entendre cette parole si connue et si appréciée partout, mais principalement parmi nous, qui en jouissons depuis si longtemps. Le très digne auxiliaire du Cardinal Pie venait terminer le panégyrique commencé depuis deux jours. Dans trois discours, que le lecteur trouvera à la fin de ce volume, Sa Grandeur a montré d'abord la sainteté de Thérèse fondée sur son humilité admirable, sur son oraison par laquelle elle s'éleva graduellement vers Dieu, et sur cette force puisée dans la grâce qui fit de ses combats autant de victoires. Le second jour, il fit voir ses vertus fécondées par l'amour qui est l'âme et la vie de notre religion, comme l'humilité en est la base. Enfin, dans le troisième discours, il exposa et offrit à l'admiration de tous, les fruits surnaturels et extraordinaires de cet amour, et en particulier sa grande œuvre de la restauration du Carmel. Un si beau cadre tracé au début par Sa Grandeur fut rempli de la façon la plus grandiose et la plus attachante. Dans les trois points du premier jour, on entendait le directeur des âmes et le docteur mystique, puis au second jour l'évêque pieux et saint qui, en parlant de la charité de Thérèse pour Dieu, pour Jésus-Christ et pour les âmes, semblait nager dans son propre élément et y plonger irrésistiblement son auditoire avec lui. Enfin, le soir du 15, c'était le parfait supérieur de plusieurs monastères de Carmélites empruntant la voix sublime de l'Eglise entière, pour chanter une hymne touchante d'action de grâces à Jésus de Thérèse et à Thérèse de Jésus pour cette création sublime d'une génération sans cesse renouvelée d'hosties s'immolant depuis trois siècles à la gloire de l'Agneau, aux besoins de l'Eglise et au salut du monde. Nous nous réjouissons de ce que Monseigneur Gay ait permis la reproduction intégrale de ses trois discours. Lors même que la piété filiale du Carmel n'eût pas obtenu cette faveur comme le plus beau monument qu'elle souhaite conserver à l'honneur de ce glorieux centenaire, le bien des âmes l'eût réclamée de la générosité d'un illustre prélat qui se plait à répandre avec profusion les trésors dont le ciel se montra si prodigue envers lui.

Pendant le Salut très solennel qui suivit, une émotion toute céleste remplissait les âmes en les enlevant à elles-mêmes, et le chant joyeux et plein d'harmonie du *Lœtare, Theresia*, trouva écho dans tous les cœurs. La foule vint ensuite vénérer les reliques de cette vierge séraphique, dont le corps virginal, comme le cœur transverbéré, ne connaît point la corruption du tombeau par une merveille de la toute-puissance de Dieu.

Le lundi, second jour du *Triduum*, l'affluence et la ferveur furent les mêmes. La grand'messe, célébrée par le R. P. Prieur des Dominicains, assisté de deux de ses RR. Pères, nous permit d'admirer toute la beauté de la liturgie dominicaine, et les cœurs, pieusement impressionnés par la vue de ces moines si bien faits pour rendre à Dieu le culte que son honneur réclame, suppliaient celui que l'Ecriture nomme la Clef de David de leur rouvrir bientôt la porte de leur monastère. La solennité du soir fut en tout semblable à celle du jour précédent. Aux vêpres, M. l'abbé de la Ferrière, orateur très justement apprécié dans notre ville, trouva de chaleureux accents en parlant sur la dignité et la sainteté du sacerdoce que Thérèse avait si efficacement travaillé à soutenir dans l'Eglise, et pour lequel elle voulut que ses filles fussent des auxiliaires toutes dévouées et constamment immolées. Le nombreux pensionnat des Frères, que nous ne saurions trop recommander en raison de l'instruction et de l'éducation si complètes qu'y reçoivent les jeunes gens, chanta à tous les offices les plus beaux morceaux de son répertoire avec accompagnement d'orchestre; c'était leur jour de pèlerinage aux pieds de celle qui fut toujours l'amie des enfants, et qui est également la protectrice des écoles.

Ce soir-là, les vêpres furent présidées et la bénédiction donnée par le R. Père Yves. L'honneur des solennités du Carmel revenait aux religieux dont les saints devanciers furent les guides sûrs, les protecteurs et les amis fidèles de la Réformatrice du Carmel et de son œuvre naissante, et ce fut une douce joie pour les filles de cette grande Sainte de voir leur Mère chaque jour honorée par ceux que dans la grâce elle nommait ses Pères.

A Monseigneur Bellot des Minières, évêque de Poitiers, était réservé le troisième jour pour clore le *Triduum*. Le Grand-Séminaire venait aussi payer son tribut d'amour et de reconnaissance à la Bienfaitrice de l'Eglise et du clergé. Ses chants mâles et pleins de dévotion, son concours indispensable apportent toujours aux cérémonies épiscopales un caractère de grandeur qui fait davantage ressortir et comprendre les beautés de notre liturgie. Le soir surtout, on se pressait à l'intérieur et aux abords de l'église. Le R. P. Yves, qui avait prêché la neuvaine avec un si grand fruit pour toutes les âmes, tant à l'intérieur qu'à l'extérieur du monastère, prit une dernière fois la parole. Il retraça avec une grâce toute céleste les traits principaux de la vie de l'héroïque Vierge d'Avila. Ses travaux, les persécutions qu'elle eut à endurer, ses souffrances de toute sorte, luttes au dehors, luttes au dedans, combats contre les hommes, le monde et le démon, furent pour cette âme éprise de son Dieu une nuit douloureuse dans laquelle elle chercha son Bien-Aimé ! Et elle chercha si bien et triompha si vaillamment des obstacles qui la séparaient de Lui, qu'elle le trouva enfin, et le tenant délicieusement embrassé, non seulement elle ne le laissa plus aller, mais elle fut introduite par Lui dans ses celliers divins où, puisant la connaissance et l'amour de son Dieu à sa source même, elle versa sur les âmes ces flots d'une céleste doctrine dont la sainte Eglise invite tous ses enfants à se nourrir. — Ainsi ce vrai fils du séraphique saint François termina sa mission évangélique avec tant de simplicité, de clarté et d'onction, que nous devons lui donner ici de vifs remerciements, sans parler des félicitations méritées auxquelles son humilité attache si peu de prix. Le Carmel et la ville de Poitiers garderont de son passage le meilleur et le plus sympathique souvenir.

Au Salut donné par Monseigneur l'Evêque de Poitiers, les chants, dirigés par le R. P. Gerbier, furent aussi pieux et aussi édifiants que le sermon que nous venions d'entendre. Jésus bénit tous les siens sous les yeux de Thérèse et sous le feu de toutes ces lumières. Pendant qu'on faisait vénérer ses précieuses reliques, le Séminaire chanta, sur l'air du *Te Deum*, le *Te Sanctam Theresiam*, cette belle hymne de louange et d'action de grâces à la Mère bien-aimée du Carmel.

Plusieurs pèlerinages vinrent payer leur tribut d'hommage à la vierge séraphique. Le dimanche, c'étaient les enfants de la Providence ; le lundi, les jeunes filles de l'Ouvroir tenu par les Filles de la Croix, les unes et les autres conduites par leurs aumôniers et leurs pieuses maîtresses ; le mercredi, quelques habitants de la paroisse de Marçay, dont le très zélé pasteur se consume à faire honorer le grand Benoît Labre. Enfin, le dimanche 22, le cercle catholique d'ouvriers de Notre-Dame-des-Dunes, conduit par son directeur aussi distingué qu'intrépide, M. l'abbé Fossin, vint avec sa fanfare honorer la grande Sainte et solliciter sa puissante protection.

O Thérèse, sainte admirable et si aimable, qu'on a pu vous appeler, après Marie, la ravisseuse des cœurs, parce qu'il est impossible de vous connaître sans vous aimer, et qu'en vous aimant on est forcément entraîné à aimer Dieu, jetez un regard sur l'Eglise dont vous avez pris la défense, et qui vous acclame en ces jours ; sur cette France que vous avez aimée et où vous comptez tant de filles semblables à leur Mère ; sur notre ville de Poitiers qui vous a témoigné sa dévotion empressée ; sur le Carmel et ses amis dévoués ; sur vos fils dispersés, souffrant pour la justice cette persécution qui fut si souvent votre partage ; sur ces vierges fidèles, la gloire et l'honneur de leur Epoux Jésus, qui, marchant sur vos traces et continuant votre œuvre, ainsi que nous l'entendions au jour de votre fête, passent leur vie entière, comme le Sauveur passa les trois dernières heures de la sienne, à prier, à aimer, à satisfaire et à mourir, sur l'autel de l'holocauste, sous le glaive et dans les flammes de la sainteté de Dieu. Jetez un regard sur ces ordres religieux qui souffrent et qui ont tous voulu concourir à nos fêtes dans la limite de leur pouvoir ; sur la Compagnie de Jésus à qui, vous nous le dites, votre Ordre doit une nouvelle naissance ; sur les enfants de saint Dominique qui vous vinrent en aide, et dont le glorieux Père vous apparut pour vous assurer, vous et les vôtres, de sa protection ; sur les fils de saint François enfin, dont le patriarche est avec vous à la tête des séraphiques, et qui vous envoya Pierre d'Alcantara pour rassurer votre âme désolée et l'affermir dans sa résolution de réformer le Carmel. Souvenez-vous qu'en restaurant le premier des ordres religieux, vous avez relevé ou aidé tous les autres, que vous êtes fille de l'Eglise, et que votre mère a plus que jamais besoin de voir leur ministère libre et entouré de tous les respects. O Mère digne de toutes les louanges, il est vrai que la pompe de votre triomphe centenaire va passer ; mais deux choses nous consolent et nous réjouissent : la première, c'est que dans le ciel vous triomphez toujours et que là-haut vous êtes vraiment aimée comme vous méritez de l'être ; la seconde, c'est que ce mois d'octobre est l'aurore déjà éclatante du culte plus éclairé, plus universel et plus populaire qui vous revient de droit désormais ; que les louanges déjà à vous offertes ne sont que des prémices et seront l'occasion décisive qui amènera notre génération, hélas ! trop peu sérieuse, à étudier votre vie et à lire vos œuvres, à imiter surtout en quelque chose votre vie de sacrifice, de pénitence et d'oraison. Là seulement est le salut pour les particuliers et la prospérité de l'Eglise ; là aussi sera le relèvement de notre patrie. La fille aînée de l'Eglise, que vous aimiez parce qu'elle en a reçu la mission dès son berceau, est en même temps l'épée de Dieu, au spirituel comme au temporel, Dieu seul pouvant efficacement manier cette épée ; aidez-la, ô Thérèse, à se remettre entre ses mains pour que nous soyons relevés, sauvés et glorifiés : *Justorum animæ in manu Dei sunt. Amen.*

CARMEL D'ARLES

(FONDÉ EN 1632).

Le Carmel d'Arles a fêté splendidement le troisième centenaire de la mort de sainte Thérèse. Le programme des fêtes embrassait non seulement la fête même de sainte Thérèse et le *Triduum* solennel, mais l'octave tout entière, et pendant ces huit jours le programme a été brillamment rempli.

La chapelle, décorée dans le meilleur goût, offrait le spectacle le plus pittoresque : riches tentures, oriflammes variées, guirlandes de fleurs avaient transformé ce vaisseau aux formes sévères pour lui donner l'aspect le plus gracieux. A travers les élégantes dentelures d'un arceau gothique élevé à l'entrée du sanctuaire, apparaissait le trône de sainte Thérèse. La statue de la Sainte, chef-d'œuvre de grâce et de perfection, inspiré par l'amour et exécuté par la main d'une de ses filles, dominait le monument. A la voir ainsi parmi des flots de lumières, des gerbes de fleurs et des légions d'anges, on reconnaissait tout à la fois la Sainte qui prie, le Docteur qui enseigne, la Mère qui écoute et bénit ses enfants.

Mais le plus bel ornement et le plus cher assurément au cœur de sainte Thérèse a été, sans aucun doute, cette foule empressée, recueillie, aimante, qui pendant toute l'octave n'a point cessé d'accourir aux pieux exercices, avide de voir et d'entendre la gloire de la chère Sainte, ardente à la prier, à la chanter, à la glorifier.

Le dimanche 15 octobre, le clergé de Notre-Dame-de-la-Major a brillamment ouvert la série des fêtes. Comme clergé paroissial, le premier et le plus assidu à l'œuvre, il avait droit aux premiers honneurs et aux premières joies. A la suite, chacune des paroisses de la ville a eu son jour spécial de dévotion et est venue apporter à sainte Thérèse son tribut de vénération et d'amour.

Les offices du *Triduum* ont reçu un éclat tout spécial de la présence du chapitre de la Primatiale qui avait répondu avec empressement à la gracieuse invitation des filles de sainte Thérèse. Et ainsi, pendant ces jours bénis, une heureuse variété de cérémonies, de chants, de prédications, a édifié et nourri la piété des fidèles.

Tour à tour on a pu entendre la chorale de Saint-Genès, les choristes de la Major, la maîtrise de Saint-Trophime, et les accords de quelques-uns de messieurs du clergé, amis de l'harmonie et habiles en la bonne musique.

Les prédications avaient été confiées à trois Pères Carmes qui, chacun avec un genre différent et bien tranché, mais avec une même ardeur et un égal amour pour leur sainte Mère, ont redit son grand nom, ses grandes vertus, ses grandes œuvres.

Chaque jour, les exercices se terminaient par la vénération des reliques de sainte Thérèse, et par le chant enthousiaste du cantique composé pour la circonstance et si rapidement devenu populaire.

Un détail à noter qui n'est pas sans saveur : de pieux pèlerinages, improvisés par le zèle et l'amour envers sainte Thérèse, sont venus ajouter un rayon de plus à la splendeur de ces fêtes.

Le mardi 17 octobre, arrivait de Fontvielle, dès le matin, une vaillante phalange sous la conduite du vénérable curé de l'endroit. Inutile de dire l'entrain, la ferveur, la vivacité de foi et d'amour des pèlerins ; ils ont fait l'édification de tous, et leur visite à sainte Thérèse est l'un des plus heureux épisodes de ces solennités.

Le jour suivant, c'était le pensionnat Saint-Charles qui avait sa messe de pèlerinage avec chants pieux et communions ferventes. Enfin, le samedi, les orphelines de Saint-Vincent de Paul venaient consacrer aux louanges de sainte Thérèse ces voix délicieuses qui disent si bien, toute l'année, les gloires de Notre-Dame-de-la-Salette.

Nous voulons donner ici l'analyse des sermons qui ont tant contribué à rendre nos fêtes belles, pieuses, douces et sanctifiantes.

Le jour de la fête, 15 octobre, le lendemain et les deux premiers jours du *Triduum*, les sermons ont été prêchés par le T. R. Père Marie-Théodore du Très-Saint-Sacrement, ex-prieur des Carmes déchaussés de Lyon, réfugiés à Monaco depuis l'exécution des décrets.

Dans les trois premières instructions, le Révérend Père a montré avec le plus touchant intérêt de quelle manière sainte Thérèse a prouvé à Dieu son amour et comment nous devons aimer Dieu à l'exemple de la Sainte.

Première instruction. — « *Dilexit multùm. Elle a beaucoup aimé.* »

La vie de sainte Thérèse fut une vie toute d'amour... L'amour ne reste pas oisif, dit saint Bernard, mais il opère de grandes choses... Saint Grégoire aussi a dit que les œuvres sont les marques du véritable amour.

Jetant ensuite un regard sur la vie de sa séraphique Mère, l'orateur a prouvé combien dut être grand l'amour de sainte Thérèse, puisque cette Vierge a tant travaillé pour la gloire de Dieu.

Lire la Vie des Saints, reproduire dans la compagnie des enfants de son âge les exercices de la vie religieuse, faire l'aumône, tels sont les actes de son enfance.

Son innocence proclamée par Urbain VIII... Sa vocation, tous les sacrifices qu'elle fit pour quitter son père... Sa vie religieuse poussée à un si haut degré de perfection... Le vœu d'accomplir ce qu'il y a de plus parfait... L'établissement du Carmel malgré les obstacles et les difficultés de tous genres qu'elle rencontra...

Après cet exposé de l'amour de sainte Thérèse pour Dieu, manifesté par toute sa vie, le Révérend Père s'est demandé comment nous pourrions, à son exemple, témoigner à Dieu notre amour ?

Ce n'est pas en faisant des choses extraordinaires, mais, comme le dit la

Sainte, en acceptant les travaux et la souffrance... En pratiquant le conseil de Notre-Seigneur... Observer les commandements... Eviter le péché, conserver la pureté de son cœur, être fidèle au devoir de son état, se résigner à la volonté de Dieu dans les épreuves... C'est l'œuvre de l'amour.

L'orateur résuma en termes éloquents et émus les motifs qui doivent nous porter à aimer Dieu. Et en finissant il rappela cette parole de saint Augustin que chacun doit s'appliquer : « Trop tard je vous ai connu, trop tard je vous ai aimé ».

Deuxième instruction. — « *Zelo zelatus sum pro Domino. Le zèle de la gloire de Dieu me dévore.* »

Le zèle de la gloire de Dieu et du salut des âmes, deuxième caractère de l'amour de sainte Thérèse. Différence et supériorité de cet amour sur l'amour profane qui veut jouir seul...

L'amour de Dieu ne peut régner dans un cœur sans y allumer aussitôt le désir de lui gagner d'autres cœurs.

Tel fut l'effet qu'il produisit dans le cœur de sainte Thérèse... Son zèle pour Dieu et pour les âmes se manifeste de tant de manières : dans ses lectures de Vies des Saints, préférant ceux qui avaient converti un plus grand nombre d'âmes ; elle portait envie à ceux qui faisaient du bien aux autres par l'enseignement de la théologie, par le prédication de l'Évangile ou par tout autre ministère ; larmes brûlantes qui s'échappaient de son cœur pour la conversion des pécheurs ; on attribue à ses prières plus de conversions qu'aux prédications de saint François Xavier.

Impression que produisit sur elle l'hérésie de Luther..... C'est la douleur si grande qu'elle en éprouva qui la poussa à introduire dans la réforme du Carmel tant de prières et de sacrifices, et lui fit prendre pour devise ces paroles du prophète Elie : *Zelo zelatus sum.* Tandis que les fils de sainte Thérèse iront par leur parole travailler efficacement à la conquête des âmes, la Sainte et ses filles prieront sans cesse, mortifieront leur chair innocente, et feront descendre la persuasion sur les lèvres des apôtres..... Prodiges de grâces de conversion obtenus par les enfants de sainte Thérèse. Que de fois les protestants ont dit : Ces Thérésiennes finiront par nous convertir tous à la foi catholique, que nous le voulions ou que nous ne le voulions pas !

Le R. Père en prit occasion de parler de l'utilité des Ordres religieux voués à la contemplation, et ce ne fut pas sans toucher bien des cœurs...

Troisième instruction. — Amour des souffrances. « *A Dieu ne plaise que je me glorifie d'autre chose que de Jésus crucifié !* »

Ce n'est pas en vain qu'elle avait pris pour devise ces paroles : Ou souffrir, ou mourir ! Enfant, elle court au martyre comme à un banquet. A mesure qu'elle avance dans la vie, ses souffrances ne firent qu'augmenter. Jésus fut véritablement pour elle un Epoux de sang. Souffrances volontaires, mortifiant sa chair innocente par le jeûne, le calice et la chaîne de fer, maladies longues et cruelles qu'elle endura, peines intérieures, contradictions de tous genres à l'occasion de ses fondations, calomnies, travaux incessants, etc.

Jamais cependant elle ne fut tentée de repousser le calice, elle en but au contraire toute l'amertume, ne cessant de répéter : Ou souffrir, ou mourir !

Quand Notre-Seigneur ne tarit plus envers elle des marques de sa tendresse, ce fut alors une autre souffrance, un cruel martyre; le désir du ciel lui faisait exprimer cette plainte amoureuse : Je me meurs de ne pouvoir mourir. Ainsi dans son corps, dans son âme, dans son cœur, Thérèse a souffert autant qu'on peut souffrir sur la terre. Comment rendre les accents chaleureux par lesquels l'excellent prédicateur termina cette magnifique instruction ! On eût dit que son âme toute de feu, comme celle de sa séraphique Mère, voulait passer tout entière dans le cœur de son auditoire pour lui faire aimer désormais et apprécier la souffrance, la maladie, la pauvreté, les contradictions, les épreuves, les injustices, l'abandon, l'ingratitude, la croix en un mot.

Quatrième instruction. — « *Je serai moi-même ta récompense.* »

Récompenses que sainte Thérèse a reçues pendant sa vie et après sa mort. Quoique les honneurs humains n'attirassent jamais la moindre pensée de sainte Thérèse, néanmoins nous pouvons dire que N.-S. ne lui a pas refusé les consolations terrestres. — Malgré les difficultés, les obstacles qu'elle rencontra, toutes ses entreprises furent couronnées de succès. — Ce qui ne s'est jamais vu pour une femme dans l'Eglise, elle eut la gloire de réformer un Ordre d'hommes. — A sa mort, on comptait 32 monastères de Carmes et de Carmélites. — Elle fut toujours l'objet de la vénération la plus grande. — Consultée par les personnages les plus distingués de son époque jusqu'à Philippe II, le plus puissant roi de la chrétienté, qui disait un jour : *Qui me donnera de voir et d'entendre une telle femme ?* — Que sont toutes les joies humaines à côté des faveurs intérieures dont elle fut comblée ! — Cette robe éblouissante de lumière dont elle fut revêtue le jour de l'Assomption, ce collier d'or, gage de sa pureté, la couronne que N.-S. lui mit sur la tête comme remerciement de la réforme du Carmel, le mariage spirituel qu'il voulut contracter avec elle, ces paroles : *Je veux que tu sois toute mienne, comme je suis tout tien*; la transverbération de son cœur, ses extases, l'inspiration de l'Esprit-Saint dans ses écrits, les miracles qu'elle accomplit de son vivant, enfin sa mort environnée de prodiges surnaturels.

Sur la terre, son corps resté intact, son cœur objet des phénomènes les plus admirables, son culte universel.

Quant à sa gloire dans le ciel, à peine peut-elle être soupçonnée.

Le Révérend Père s'appliqua à faire comprendre à l'auditoire le bonheur que nous pouvons aussi mériter; nous ne le trouverons jamais sur la terre, ni dans les plaisirs, ni dans la gloire, ni dans les honneurs, ni dans l'affection des créatures; le bonheur n'est qu'au ciel, et nous y parviendrons par un amour constant, sincère et généreux.

A son départ d'Arles, le R. P. Théodore emporta les sympathiques regrets de son nombreux auditoire. Cependant la ferveur ne se lassait pas. Quelques heures après, on se rendait encore en foule pour assister à la clôture du *Triduum* et entendre la voix si connue et si aimée du R. P. Basile, ex-provincial de la province d'Aquitaine. Ce digne Père ne venait pas nous répéter le magnifique sermon qu'il avait donné la veille au Carmel d'Avignon : *Sur l'influence de la Réforme thérésienne*. Il ne nous laissait qu'un mot en partant, le nom de sa Mère bien-aimée : *Thérèse de Jésus*. Comment la Sainte réalisa-t-elle ce nom ? En étant calice, ciboire, ostensoir. *Calice* par son cœur toujours ouvert aux choses d'en haut ; *Ciboire* par son union avec Dieu, et *Ostensoir* par le rayonnement qu'elle a jeté dans le monde et qui a attiré tant d'âmes à Dieu : trois points qui, pendant quarante-cinq minutes, tinrent l'auditoire comme ravi.

Le lendemain, Sa Révérence sut trouver des accents nouveaux et non moins touchants pour exalter l'amour de sainte Thérèse pour l'Eglise.

Les derniers sermons étaient réservés au T. R. Zacharie, ex-provincial de la province d'Avignon, qui célébra, avec toute la piété et tout l'amour de son cœur thérésien, la gloire de l'illustre Réformatrice. Il s'inspira pour ses discours de la bulle de canonisation : « *De nos jours, le Seigneur a fait éclater sa puissance par la main d'une femme. Il a suscité dans son Eglise comme une nouvelle Débora*, etc. »

Le commentaire de ce texte magnifique fut développé avec un charme qui ne s'exprime pas.

Dans le premier sermon, le R. Père a montré la première phase de la vie militante de sainte Thérèse, sa lutte contre la chair, le monde et le démon. Dans le second, il l'a montrée élargissant le champ de bataille, luttant pour

Dieu, pour l'Eglise et pour les âmes : 1° par ses prières et par ses pénitences ; 2° par la Réforme qu'elle établit dans un but tout apostolique ; 3° par ses écrits.

Ainsi se passaient à l'extérieur les fêtes de notre sainte Mère ; à l'intérieur, la joie remplissait le cœur de ses filles et aussi le sentiment de gratitude profonde qu'elles gardent à toutes les personnes, du clergé et des fidèles, qui ont si généreusement concouru à la célébration de ces fêtes, et contribué à la glorification de la chère Sainte, à l'accroissement de sa dévotion et de son amour dans les âmes, à l'effusion plus abondante des grâces que nous mérite sa maternelle intercession.

CARMEL DE CHAMBÉRY

(FONDÉ EN 1634).

La première cérémonie qui eut lieu à l'occasion de ce centenaire fut la bénédiction d'une statue de la séraphique Vierge, don magnifique de personnes généreuses. En cette circonstance, Monseigneur délégua M. Joseph Guillet, vicaire général, supérieur des Carmélites.

Dès le premier jour de la neuvaine préparatoire, et sans discontinuation, un grand nombre de personnes visitaient l'église du Carmel : c'était une procession qui, commençant dans la matinée, ne se terminait qu'au moment où l'on devait fermer la porte ; alors même, la Sœur tourière-sacristine était forcée d'accorder encore quelques minutes aux instances réitérées que lui faisaient les dévots pèlerins, désireux de prolonger leur prière. Plusieurs, ne pouvant se résoudre à s'éloigner de l'aimable Sainte, s'agenouillaient sur le perron, malgré le froid et l'humidité. Dans la ferveur de l'oraison, l'âme, s'élevant vers Dieu, oublie facilement la terre et le malaise du corps... Le soir, second jour de la neuvaine, et ensuite, une foule stationnait dans la rue pendant la bénédiction du Saint-Sacrement ; de là, on entendait les chants et la musique.

Cette scène édifiante se renouvela avec plus d'enthousiasme encore pendant le *Triduum*, ainsi que nous le verrons ci-après.

Bien que le Carmel de Chambéry soit situé sur la colline de Lémenc, et par conséquent éloigné du centre de la ville, et d'un accès assez pénible, le

15 octobre, fête de l'illustre Vierge, dès 5 heures 1[2 du matin, la Sainte recevait déjà de nombreux visiteurs. A six heures, on entendait des voix mélodieuses chanter les louanges de la séraphique Epouse de Jésus. Les messes se succédèrent sans interruption.

A huit heures, Monseigneur l'Archevêque de Chambéry célébra la messe, qui fut chantée par le Grand-Séminaire.

Aussitôt après cette messe solennelle, un prêtre fit baiser la relique de la séraphique Thérèse à de nombreux fidèles. Le soir, Sa Grandeur Mgr l'Archevêque fut appliqué une heure durant à cette émouvante cérémonie. On compta jusqu'à mille les personnes de tous rangs, de tout âge, qui vinrent avec un pieux empressement vénérer la parcelle de ce corps virginal qui fut toujours le Temple du Saint-Esprit.

L'auguste Prélat accomplit trois fois cette sainte action. On énumérait alors une partie des personnes qui baisaient la sacrée parcelle ; ensuite on renonçait à poursuivre son compte, de sorte qu'on ne pourrait dire au juste les milliers de fidèles qui profitèrent de cette grâce. Pendant le parcours, l'harmonium ne cesse de faire entendre ses mélodieux accords, et des voix exercées chantent derrière l'autel avec une ardeur toujours nouvelle des hymnes ou des cantiques en langue française à la louange de la sainte héroïne du Carmel.

Plus tard, de nouveaux venus vont à la sacristie prier la bonne Sœur tourière en ces termes : « Oh ! ma Sœur, n'y aurait-il pas moyen de vénérer la sainte relique ? S'il vous plaît, procurez-nous cette grâce ». Aussitôt on la leur présente, ils la saisissent, et, s'agenouillant, ils la baisent respectueusement. Et voici un groupe de Religieuses, dans l'intervalle des exercices : la Supérieure prend le reliquaire et l'offre aux baisers de chacune des Sœurs. Ici c'est un père de famille qui vient en différentes fois accomplir cet acte religieux, au nom de son fils habitant à Paris. Ce pieux empressement pour honorer la Vierge séraphique, en ce fragment de l'un de ses os sacrés, avait commencé à se manifester le troisième jour de la neuvaine, et s'était renouvelé incessamment avec la même ferveur jusqu'à la fin. Cet admirable esprit de foi de tout un peuple ne se ralentit pas pendant l'Octave, de manière que, pour satisfaire la dévotion de ces fervents chrétiens, on exposa encore la sainte relique le dimanche 29 octobre ; mais une circonstance imprévue ayant mis obstacle à l'acte pieux qui devait s'accomplir, les fidèles en furent attristés. Alors, le dimanche suivant, 5 novembre, après la bénédiction du Saint-Sacrement, on dut prendre sa revanche. M. le vicaire général, tenant en ses mains la précieuse particule, dit aux nombreux assistants : « Que ceux qui désirent baiser la relique de sainte Thérèse montent, mais nous vous annonçons que c'est la dernière fois que l'on procède à cette cérémonie ». Au même instant, tout le monde se lève comme un seul homme et s'avance pour faire ses adieux à la relique bien-aimée. — Revenons à nos pèlerins.

Les différentes congrégations de la ville arrivent en corps, quelquefois plusieurs en un seul jour, et ils réitèrent avec bonheur leurs visites..... Ecoutons ces accents graves et majestueux : ce sont, tantôt les chers Frères de la Doctrine chrétienne, tantôt les Séminaristes, qui, par leur beau *Magnificat*, enflamment l'âme, et la transportent dans des régions supérieures. Maintenant, ce sont des voix de jeunes vierges, proclamant les grandeurs de la Vierge séraphique. Voici les Sœurs pénitentes, brebis égarées jadis, retrouvées ensuite par le Bon Pasteur et rentrées dans le bercail. A présent, dans la joie du retour, elles font retentir l'église du chant de l'amour divin : la *Glose* de l'angélique Thérèse !... Hé ! quelles voix douces et agréables attirent encore notre attention ! Ne reconnaissez-vous pas les pieuses orphelines ? Hélas ! privées des auteurs de leurs jours, elles se groupent autour de l'illustre Patronne des enfants, et elles louent le *Jésus de Thérèse*.

Les Révérendes Visitandines, dignes filles de notre cher saint François de Sales, les Dames du Sacré-Cœur, les Religieuses du Bon-Pasteur, envoient souvent en députation leurs Sœurs tourières. Les très honorées Sœurs de Saint-Joseph et leurs élèves, les Dames Marcellines et leurs pensionnaires, les garde-malades, toutes viennent, comme de concert, déposer leurs vœux aux pieds de cette grande Princesse de l'Empyrée. Quant aux excellentes Sœurs de la Charité, elles sont d'une assiduité remarquable chaque jour de la neuvaine, de l'octave et les dimanches suivants où la fête dure encore ; elles se succèdent, les premières faisant place à leurs compagnes qui arrivent bientôt après. Les divers établissements de la Providence, de la Charité, de la Mendicité, demeurent longtemps auprès du trône de sainte Thérèse ; on a grand'peine à les en arracher. Les Sœurs tourières sont obligées d'intervenir, et ce n'est qu'après qu'elles leur promettent le retour que les maîtresses parviennent à les faire sortir. Il en est de même des petites filles muettes, qui témoignent leur bonheur par un silencieux langage. « Oh ! laissez-nous ici : nous sommes en Paradis !... » — « Hé bien ! mes filles, c'est assez, sortez, et l'on vous ramènera une autre fois... » Sainte Thérèse aimait tant les pauvres pendant sa vie mortelle, que, maintenant encore, elle semble les retenir auprès d'elle par une force secrète. Les enfants aussi trouvent là leurs délices ; on entend qu'ils demandent à leur mère : « Sera-ce aussi joli en Paradis ? »

Un bébé de trois ans, vif, étourdi, appartenant à une famille du haut rang, et par conséquent *un enfant gâté*, fut apporté dans l'église à deux heures moins un quart, et il y demeura avec bonheur jusqu'à sept heures du soir. Il ne voulut point sortir, bien qu'on le lui proposât plusieurs fois. Alors il répondait : « Non, non. Oh ! c'est si beau... » Cette persévérance d'un tout petit enfant se passant ainsi de boire, de manger et de courir, fut regardée comme prodigieuse. Toute notre innocente jeunesse était dans l'allégresse, soit dans l'espérance de voir la *belle Sainte,* soit en jouissant de sa présence, et, sortant de l'enceinte, plusieurs sautaient de joie.

Les grandes personnes aussi exprimaient leurs impressions en ces termes : « Ah ! que nous sommes heureuses ici ! La joie nous inonde !..... » La chapelle paraissait à tous les visiteurs telle qu'un petit paradis. Ecoutez ces vénérés prêtres, chanoines, grands dignitaires, prélats ; écoutez des dames, des messieurs, des paysans ; à droite et à gauche, partout vous entendrez : « C'est très beau, la décoration est d'un goût parfait ;... c'est superbe ! Ce trône est splendide ! C'est ravissant, céleste !... Ah ! que la Sainte est belle ! Elle est trop belle ! » En effet, la statue de sainte Thérèse la représente d'une taille riche, le port plein de dignité, le visage gracieux, portant l'expression d'une personne vivante mais céleste, et dans l'attitude et l'inspiration de l'extase divine. Aujourd'hui, comme au XVIe siècle, sainte Thérèse de Jésus attire encore tous les cœurs par son amabilité et le charme puissant de sa haute sainteté.

L'encombrement atteint un tel point, que la rue est comble devant le portail, ainsi que les chemins environnants. Le reflux se jette dans les appartements et dans la cour des Sœurs tourières ; il envahit l'église voisine, qui, dit-on, n'avait jamais été si pleine. Les jeunes gens grimpent jusque sur le mur en face de la chapelle. Plusieurs autres ont l'heureuse idée d'y appuyer des échelles ; de cette tribune improvisée, ils jouissent du beau spectacle qu'offre l'illumination de l'église, et ils peuvent unir leurs prières et leurs chants à ceux qui partent du sanctuaire.

Voilà d'autres pèlerins qui s'entretiennent ainsi en gravissant la colline : « Aujourd'hui, nous aurons des places, car il est une heure... Vaine attente... ! Impossible d'entrer. »

Un soldat, domestique d'un officier, allant quérir de l'eau à la fontaine du faubourg Reclus, distante de 400 mètres environ de la chapelle du Carmel, ne peut se faire un passage, tant la masse est compacte. « Oh! dit-il, je crois que Chambéry tout entier s'est transporté ici!.... » — Les Carmélites durent renoncer à mettre des vases de fleurs naturelles le long des murs de l'église, ainsi qu'il avait été projeté, et il fallut que les Anges adorateurs cédassent leurs places aux humains : ils furent emportés à la sacristie.

Beaucoup de personnes disaient : « Nous avons voyagé en différentes contrées, nous avons assisté à bien des fêtes et vu de grandes foules, mais jamais, non jamais, nous n'avons constaté une affluence pareille à celle-ci ; c'est un spectacle vraiment extraordinaire!..... »

Mais retournons sur la route de Lémenc. Les avenues réjouissent déjà les passants par une verdoyante allée de sapins. Le frontispice est orné de festons d'une fraîche verdure. Au milieu scintille le magnifique écusson de l'Ordre de la Vierge, d'une hauteur de près de deux mètres, peint à l'huile sur un fond bleu d'azur.

Entrons maintenant, et nous nous verrons couverts d'un baldaquin de fleurs. Elevons nos yeux. Ah! quel spendide spectacle s'offre à notre admiration!... Oh! nous sommes transportés hors de nous-mêmes : une joie spirituelle nous enivre!...

Non seulement les personnes pieuses subissent en ce lieu béni une impression extraordinaire, mais aussi plusieurs autres qu'on ne voit pas souvent, ou pour mieux dire jamais, dans les temples du Seigneur. On en remarque de cette catégorie qui, entrant la tête haute, marchent avec fierté ; tout à coup une crainte respectueuse les saisit, et ils tombent à genoux devant la majestueuse statue de sainte Thérèse de Jésus. Que se passe-t-il alors dans l'intimité de l'âme ? Ah! ce sont des lumières, des germes de grâce, qui, un jour, nous l'espérons, produiront des fruits pour la vie éternelle. *Amen.*

Revenus de la première émotion que cause soudain la vue de cette Reine, debout sur son brillant trône, on ose la contempler à loisir, et, voyant cet angélique visage si beau, si pur, cette douceur, cette grâce célestes répandues sur ces traits, l'esprit prend son vol vers les cieux..., et l'on se dit : « Oh! combien sainte Thérèse doit être belle au séjour de la gloire, puisque son image a déjà tant de charmes ici-bas ! » L'âme alors comprend que la beauté des Saints est un reflet de la beauté infinie, une émanation de la divinité. Une lueur lui montre le néant des richesses, des grandeurs de la terre ; elle conçoit du mépris pour ses plaisirs, qui ne sont que de l'or faux, et ne laissent après eux qu'une noire fumée d'amertumes et de chagrins. Une grâce de dévotion coule abondamment en ces jours de fêtes. Les pèlerins se réjouissent en la présence de la Sainte ; ils la louent de tout leur cœur, et, se prosternant à ses pieds, ils la prient, lui exposant les besoins de leur âme, lui demandant des conversions, puis des guérisons, sa médiation dans leurs affaires temporelles. Plusieurs épanchent leurs douleurs dans le cœur de Thérèse, si bon, si compatissant; dans ce cœur noble, essentiellement généreux et aimant, lequel fut blessé d'amour par le dard d'un Séraphin!..... Du reste, on voit sur la poitrine de cette image de la Sainte un médaillon contenant une parcelle de la relique de son cœur séraphique. Ce reliquaire a été donné au Carmel de Chambéry par Mlle Françoise de Maistre, petite-fille du célèbre Joseph de Maistre.

Voici un aperçu de la chapelle à l'intérieur, dont la voûte est peinte en fresque. A l'époque où le monastère fut rétabli, un bienfaiteur l'enrichit d'un bel autel de marbre blanc, poli, glacé, ayant en relief une figure en buste de la Vierge et de son divin Enfant, entourés d'anges et d'arabesques. Pour les fêtes du centenaire, on le couvre de vases portant des branches très hautes de cactus rouges, aux feuilles d'or, mêlés à de grands chandeliers et candélabres. L'exposition et le tabernacle sont garnis de lis, lesquels, s'élevant parmi les épis d'or et les grappes de raisins, nous font souvenir que le vin qui fait germer les vierges et les enivre est là, enfermé dans le cellier de l'Epoux. Deux chérubins dorés sont dans l'attitude de l'adoration. Des deux côtés de l'autel, un peu dans l'enfoncement, se trouvent des niches bleu de ciel, contenant, à droite, S. Jean-Baptiste, désigné par la vénérable Mère Madeleine comme Père de l'Eglise, et en particulier de l'Ordre de Notre-Dame-du-Mont-Carmel; à gauche, S. Joseph, choisi par sainte Thérèse pour être aussi Père et protecteur de sa famille religieuse. Plus loin, nous rencontrons six anges de la taille d'adolescents, aux costumes de couleurs vives, étincelant d'étoiles et de différents atours. A droite, le trône de Mgr l'Archevêque avec son écusson. Vis-à-vis se voient les armes du Souverain Pontife Léon XIII, placé au-dessus de la chaire, dont la parure est assortie à celle du trône. Descendons un peu devant le magnifique tableau de la transverbération de la Vierge séraphique; vis-à-vis est celui de S. Jean de la Croix, recevant une énorme croix des mains du Sauveur. Ces peintures viennent de l'ancien Carmel de Chambéry, fondé par Mme la duchesse de Ventadour. Les tableaux représentant le sommeil du divin Enfant Jésus sous la garde de S. Joseph, et S. Simon Stock prenant le scapulaire des mains de la très sacrée Vierge Mère de Dieu, ont la même origine. D'autres excitent encore la dévotion des fidèles, tels que ceux des SS. Cœurs de Jésus et de Marie, de

S. Jean-Baptiste, de sainte Marie-Madeleine, du prophète Elie, l'écusson de l'Ordre, etc. Des anges présentent des devises analogues à la circonstance ; plusieurs oriflammes ou bannières garnissent les corniches, ainsi que les murs de la tribune. Ici, c'est la très sainte Vierge, là, les armes de S. Pierre, la croix du Carmel, les Sacrés-Cœurs, le Scapulaire. Des draperies aux couleurs de Sa Sainteté, retenues par des couronnes, font le tour de l'enceinte. Des tapis couvrent le sol du sanctuaire, du perron et les degrés. Au milieu du premier gradin du trône, on lit les initiales de sainte Thérèse de Jésus, entourées de deux palmes et de roses rouges. Au second est l'écusson de l'Ordre orné de fleurs roses et blanches. Le socle de la statue est sur une tour dont le devant est décoré des armoiries de la noble famille de sainte Thérèse. On y a ajouté une inscription tirée de l'office de la Sainte et deux branches dorées, la palme et le lis. A droite et à gauche sont les insignes du doctorat et l'étole blanche, un encrier artistement confectionné de coquillages et de velours, la plume, les livres écrits par cette illustre docteur *mystique-séraphique*; ils sont reliés en rouge et or ; le dard, ou longue flèche d'or du Séraphin, dont la pointe scintille comme un feu ardent.

De belles grappes de fleurs fines, rouges, roses et bleues, semblent grimper naturellement entre des découpures dorées sur un fond blanc, glacé, imitant le marbre. Les écussons, les gradins sont séparés par des galeries d'or et des roses blanches. Le reste du trône est garni de grands lis, de candélabres et de superbes bouquets de fleurs naturelles, offerts par des personnes dévouées au culte de sainte Thérèse. D'autres lui donnent des perles, une croix et un cœur d'or, qui servent à former son chapelet et son collier, nous rappelant les présents de ce genre, mais d'un prix inestimable, que cette privilégiée de Jésus et de Marie reçut de leurs mains bénies, étant encore dans l'exil de ce bas monde.

La statue de sainte Thérèse est de grandeur naturelle, avec filet d'or. D'une main elle tient la plume, de l'autre un livre marqué d'une brillante croix. Des anges, souriant parmi les jasmins et les roses, forment autour d'elle une grande auréole. Et, comme une très belle et virginale épouse, on la couronne de fleurs d'oranger et de roses blanches aux feuilles d'or, et du nimbe, indice de la gloire éternelle. Un peu plus haut plane un resplendissant Saint-Esprit, puis une grande couronne de laurier aux pommes d'or, symbole des victoires de Thérèse, et un cercle d'or renfermant une belle couronne formée de cinq autres couronnes oblongues de roses blanches, figurant les cinq sens et l'oblation totale qu'en fit à Dieu la généreuse Vierge.

Enfin, un chapiteau à plusieurs branches, s'attachant à un grand rond de verdure, de lis et de roses de différentes couleurs, laisse tomber de la voûte quatre guirlandes de verdure et de fleurs formant d'élégants festons, et aboutissant aux corniches. Dix autres guirlandes fleuries, et partant également de la voûte, serpentent avec grâce dans le sanctuaire et sur toute la longueur et la largeur de l'église. Cette ornementation est rendue plus imposante encore par le jour mystérieux qui règne en la chapelle, dont les vitraux blancs ont été recouverts de transparents multicolores et habilement découpés en vignes, lis, etc., sur fond rose.

Le soir, tout est devenu une montagne de lumières, tout étincelle ; la joie grandit dans les cœurs jusqu'à l'ivresse ; on chante, on pleure, c'est une émotion inexprimable ; on voit des hommes verser des larmes et se regarder mutuellement en se serrant la main.

Les trois discours du *Triduum* furent prononcés par M. le chanoine Mareschal, curé-archiprêtre de la Métropole. Dans le premier, il montra la vie angélique de l'illustre sainte Thérèse, ses vertus, son zèle ardent pour la gloire de Dieu et le salut des âmes. — Le second nous fit envisager la Vierge séraphique comme Docteur mystique, Docteur de l'Eglise, et le troisième fut consacré à énumérer les œuvres, les travaux de la grande réformatrice et législatrice de l'Ordre antique du Carmel.

Les autres prédicateurs furent M. le chanoine Varet, digne neveu de notre vénéré et bien-aimé archevêque défunt Mgr Pichenot, et M. l'abbé Ducis, aumônier du lycée.

Ces trois zélés apôtres, comme de concert, mais en des termes différents, félicitèrent la ville de Chambéry de l'avantage qu'elle a de posséder dans son sein, depuis si longtemps, des filles de sainte Thérèse. Ils exprimèrent dans un langage pathétique la haute mission que les Carmélites ont à remplir, leur réforme ayant été établie par sainte Thérèse pour sanctifier tout ce qu'il y a de plus saint : le Sacerdoce, et pour soutenir la sainte Eglise. Ils démontrèrent qu'elles s'offrent à Dieu comme des victimes volontaires, tels que des paratonnerres pour détourner les fléaux de la justice divine, et comme d'autres Moïse sur la montagne, tenant sans cesse les mains et les yeux élevés vers le Ciel pour attirer sur cette cité d'abondantes bénédictions. Ils firent ressortir aussi la dévotion spéciale de la Vierge séraphique envers la sacrée Mère de Dieu.

De plus, M. l'Archiprêtre réjouit son auditoire en citant d'un ton véhément les propres paroles de la Vierge Apôtre, lorsqu'elle laissa échapper de son cœur brûlant la vive expression de sa sympathie pour la France, les ardeurs de son zèle, de son dévoûment pour le salut de cette noble et généreuse nation.

Si les habitants de Chambéry estiment le bonheur qu'ils ont d'avoir dans leur ville des filles de Notre-Dame du Mont-Carmel et de la glorieuse sainte Thérèse, nous savons de source certaine que les Carmélites, à leur tour, bénissent le Seigneur de ce qu'il lui a plu de les conserver, depuis 248 ans, parmi cette bonne et religieuse population qui a gardé la foi, la piété de ses ancêtres; de cette population renommée par la douceur de son caractère, son exquise politesse, et surtout par sa générosité, son dévoûment pour toutes les œuvres de charité.

Monseigneur l'Archevêque avait présidé aux trois réunions du soir ; et Mgr Gros, ancien évêque de Tarentaise, qui avait officié solennellement, voulut assister chaque jour à quelque exercice, malgré ses 82 ans.

Après avoir prolongé les pieux exercices pendant toute l'octave, il fallut encore les continuer jusqu'au 31 octobre, les supérieurs ecclésiastiques jugeant à propos de satisfaire et de récompenser à la fois la ferveur des fidèles dont l'enthousiasme alla se renouvelant sans cesse.

Nous devons payer un juste tribut de reconnaissance, non seulement aux Religieuses carmélites qui nous ont associés à leur grande solennité, mais à tous leurs bienfaiteurs qui leur ont procuré les moyens de la faire si belle. Que le divin Rémunérateur les récompense tous au centuple ! *Amen.*

Les chères Frères de la Doctrine chrétienne méritent ici une mention honorable pour le dévoûment dont ils ont donné des preuves, employant avec zèle leur talent, d'ailleurs bien connu, pour les décorations religieuses.

Pour l'exécution des chants : les dignes fils de saint François d'Assise, le Séminaire, les Frères de la Doctrine chrétienne et leurs élèves en grand nombre, la maîtrise et quelques solos. Tous ont donné des témoignages de leur dévotion envers sainte Thérèse. — Quant à l'extérieur, la municipalité de Chambéry avait fait nettoyer à l'avance la grande route et les chemins environnant le monastère des Carmélites, et plusieurs officiers de police avaient été chargés de veiller au bon ordre.

BOUQUET DE FLEURS SAVOISIENNES,

EN L'HONNEUR DE SAINTE THÉRÈSE.

Nous entendons plusieurs personnes s'entre-dire avec ferveur : « Sainte Thérèse ! c'est notre Patronne ! C'est la Mère des jeunes filles !... Oh ! que je l'aime ! Ah ! avec quelle force elle nous attire !... — Laissez-moi avancer, je porte son nom, c'est ma Patronne ; il faut que je sois près de son trône. » — Puis on s'adresse en foule aux bonnes Sœurs tourières : « Ah ! ma Sœur, vous devez être fière d'avoir une si grande Sainte pour Mère... — Quant à moi, je ne la connaissais pas encore, maintenant j'ai fait sa connaissance ; ah ! que j'en suis content ! — Oh ! combien je l'aime... Ma Sœur, ah ! qu'il fait bon prier dans votre église, en présence de cette belle statue de sainte Thérèse ! cela met du baume dans le cœur. — Pour moi, je pleure de joie, en voyant cette belle statue. — Nous, nous y rêvons pendant la nuit. »

Oh ! l'aimable Sainte ! Oui, je la prends pour Patronne. Je lui consacre mes petits enfants. — Je la choisis pour Mère. Je viens à ses pieds déposer tous mes chagrins. Je pleure devant elle. — Je lui confie tous mes secrets. — J'épanche en sa présence toutes mes douleurs. — Pour moi, je ne faisais que gémir et pleurer, mais elle m'a consolée. »

Nous croyons que les personnes qui parlaient ainsi pourraient se compter par centaines, ou plutôt par milliers. C'est comme un phénomène de voir cette union des cœurs dans ce temps où, malheureusement, les opinions politiques se sont multipliées considérablement : toutes les voix n'en ont fait qu'une pour proclamer avec joie les louanges de Thérèse.

Un ancien ouvrier dit à la bonne Sœur sacristine : « Ma Sœur, je vous apporte ma petite offrande *de mes économies* pour vous aider à faire la décoration en l'honneur de cette grande Sainte. Oh ! ma Sœur, quand je la vois sur son beau trône, que je vois toutes ces belles guirlandes, toutes ces couronnes, je sens mon cœur inondé de joie !... Je veux venir tous les jours de la neuvaine ». — La Sœur : « Mais vous venez de si loin, il sera nuit lorsque l'exercice sera terminé. — Oh ! chère Sœur, en élevant les yeux vers la Sainte, on pense : Elle a eu un corps comme nous, et l'on comprend qu'elle n'est pas sur ce trône sans avoir beaucoup travaillé, sans avoir bien souffert et agi pour plaire à Dieu ; cette considération nous encourage à bien faire comme cette grande Servante de Dieu. »

Des femmes de la campagne, arrivant à 1 heure, se disent les unes aux autres : « Il sera 7 heures quand tout sera fini, et nous n'arriverons chez nous qu'à 9 heures du soir... Oh tant pis, profitons de cette belle fête, la Sainte nous accompagnera.... »

Un homme, désirant demeurer à la cérémonie du soir, et se condamnant, pour se procurer cette grâce, à voyager ensuite pendant la nuit par les bois et les montagnes, afin de retourner à son logis, s'extasiait, en sortant de l'église, sur l'élégante décoration ; mais, dit-il en patois : « *N'a rin de si brava que la Sœur.* » C'est-à-dire : Quoique toute l'église soit très bien décorée, rien n'est si beau que sainte Thérèse vêtue en Carmélite. Il ajoutait : « Oh ! que je suis content d'avoir entendu ! Je vais tout raconter à M. le curé... »

Nous reproduisons ici deux lettres adressées à la Prieure des Carmélites de Chambéry :

MA RÉVÉRENDE MÈRE,

J'étais depuis longtemps retenue dans ma chambre par une grave indisposition qui résistait à toutes les prescriptions du médecin, et je voyais avec peine que je serais privée de faire visite à sainte Thérèse. Cependant, désirant vivement effectuer ce pèlerinage en la compagnie de mon fils, je m'y disposai le 8 octobre, second jour de la neuvaine ; mais, pendant que je dînais, je m'évanouis, et il me fut impossible de réaliser mon dessein.

Ensuite, l'une de mes amies me dit affectueusement : « Je ne veux pas que vous soyez privée de la consolation de voir une si belle Sainte : je vais me procurer une voiture et nous monterons ensemble au Carmel ». Nous nous mîmes donc en route le 17 du même mois ; mais, arrivée à la chapelle, mon malaise fut si grand que la bonne Sœur tourière me fit entrer au couvent extérieur, où elle me prodigua les soins que réclamait mon triste état. Puis elle me présenta à baiser les reliques de sainte Thérèse. Au même instant je fus soulagée, et, dès lors, je suis allée tous les jours de la neuvaine faire ma visite à pied, et je n'en ai ressenti aucune fatigue. Gloire à sainte Thérèse !

Chambéry, le 19 novembre 1882.

Veuve G***.

MA TRÈS RÉVÉRENDE MÈRE,

Depuis deux ans, ma fille, âgée de 15 ans, souffrait d'une violente anémie ; ni les remèdes les plus efficaces, ni l'air pur de la campagne n'avaient pu détruire cette maladie, qui se manifestait par une pâleur extrême et de fréquents évanouissements. Ces défaillances devenaient plus fréquentes et accusaient une gravité plus grande au moindre abaissement de température, et à plus forte raison aux approches de l'hiver. Ma pauvre enfant le savait bien ; aussi s'attendait-elle à souffrir davantage en voyant arriver les froides journées de cette saison.

Cette année, au mois d'octobre, se rencontra le centenaire de sainte Thérèse ; je lui recommandai de prier cette grande Sainte pendant la neuvaine faite en son honneur ; elle pria, mais ne put suivre les exercices de la neuvaine. Le dernier jour, toutefois, je l'accompagnai, et elle voulut absolument aller baiser les reliques de sainte Thérèse, dans l'église des Carmélites, où le centenaire était célébré. Cet effort ne la fatigua pas ; bien plus, depuis ce jour, il semble qu'elle soit animée d'une nouvelle vie, son visage se colore peu à peu, elle n'éprouve plus ses anciennes fatigues et défaillances ; elle prend avec plus de plaisir des aliments qui ne lui inspiraient autrefois qu'un dégoût insurmontable. Enfin, elle paraît victorieuse du mal qui l'accabla si longtemps, sans être encore complètement guérie.

J'espère cependant, et cette chère enfant aussi, que sainte Thérèse voudra bien mettre la dernière main à une œuvre qu'elle a commencée, car, heureusement surprise d'un mieux si promptement déclaré, je ne doute pas de le devoir à l'intercession de cette bonne Sainte.

Gloire, amour, reconnaissance partout et toujours à sainte Thérèse !

J. N***.

Une personne ayant malheureusement négligé son devoir pascal depuis plusieurs années, la veille de la fête de sainte Thérèse, le 14, se sentit pressée fortement de rentrer en grâce avec Dieu, et elle dit : « Demain, on va célébrer une si grande solennité que je vais me confesser ». En effet, elle le fit dans de saintes dispositions de repentir et de bon propos. — Louange à la puissante vierge Thérèse de Jésus !

Pour nous résumer, nous dirons qu'à Chambéry toutes les prévisions, même les plus favorables, ont été prodigieusement dépassées pendant ces jours, et que ce centenaire y a produit des effets extraordinaires, on pourrait même dire miraculeux.

Plusieurs personnes demandent maintenant au Carmel un anniversaire solennel du troisième centenaire de sainte Thérèse, pour l'année 1883, et une neuvaine préparatoire. Une supplique sera présentée au Saint-Père, demandant la faveur de la bénédiction papale et des indulgences.

CARMEL D'ABBEVILLE

(FONDÉ EN 1636).

Misericordias Domini in æternum cantabo.

Quel doux et consolant souvenir nous a laissé ce mois béni, tout consacré à honorer, à aimer, à louer notre séraphique Mère sainte Thérèse. Nos âmes surabondent de joie en pensant à ce grand et glorieux triomphe décerné à l'Epouse privilégiée du divin Roi ! Quelles actions de grâces pourrons-nous jamais en rendre, et ne nous est-il pas permis de nous écrier : *Misericordias Domini in æternum cantabo !* Comment ne pas sentir la confiance s'accroître et s'affermir en voyant encore tant de foi et de charité dans le cœur des fidèles !

Pendant plus d'un mois, les âmes pieuses ont afflué au Carmel, et l'inclémence du temps n'a pu ralentir en rien leur zèle et leur piété !

Les annales de l'Ordre avaient émis le vœu que l'on sanctifiât par des communions et d'autres bonnes œuvres les quinze jours de la maladie de la sainte Mère, du 20 septembre au 4 octobre, et nous souhaitions vivement de nous associer à cette pieuse manifestation de l'amour filial. Il nous paraissait cependant difficile de grouper en si peu de temps un grand nombre d'adhérents, trois ou quatre jours à peine nous séparant du 20 septembre. Des billets furent imprimés et distribués ; en moins de deux jours il y en eut 500 de placés, et bien des personnes auraient encore accepté si elles eussent été prévenues à temps. C'est une grande joie de penser que plus de 500 communions pour l'Eglise, pour la France, étaient offertes dans notre cher Abbeville; il était touchant de voir ces fervents chrétiens réclamer leur jour de communion et promettre de tout faire pour honorer sainte Thérèse de leur mieux; c'était un bien beau prélude de nos fêtes du centenaire. Pendant toute cette quinzaine, l'autel de sainte Thérèse fut gracieusement décoré; des personnes généreuses y apportaient chaque jour un nouveau tribut de fleurs et de lumières, si bien qu'il devint un véritable but de pèlerinage jusqu'au 15 octobre.

Une dévotion si marquée nous encouragea à annoncer publiquement la neuvaine préparatoire à la fête, et pour laquelle le Souverain Pontife avait ouvert les trésors de l'Eglise. Cet appel fut entendu : chaque soir plus de trois cents personnes se pressaient autour de l'autel béni que des mains toutes filiales avaient orné beaucoup plus richement encore que les premiers jours; la statue de notre sainte Mère semblait sortir d'un massif d'arbustes et de plantes les plus rares, symbolique parterre de l'Epouse préparé par ses amis dévoués du Carmel. L'exercice commençait par le chant du simple et gracieux cantique, imitation de l'*Ave Maria* de Lourdes; on entendait une allocution sur une des vertus de sainte Thérèse, après laquelle étaient récitées ses litanies et la prière en son honneur.

La séraphique Vierge semblait embraser tous les cœurs du feu du divin amour dont elle brûlait elle-même. Tous les cœurs chantaient, toutes les voix s'unissaient; c'était simple, c'était pieux, c'était beau; il n'y avait plus dans notre bien-aimée chapelle qu'un seul cœur et qu'une seule âme louant et bénissant Thérèse et Jésus; sous cette impression toute de grâce, on se quittait le soir avec un vif désir de se réunir le lendemain, et de jour en jour une foule plus nombreuse et plus recueillie se pressait aux pieds de la sainte Réformatrice. On était avide d'entendre son éloge fait avec tant de cœur et d'amour; pour beaucoup, sainte Thérèse apparaissait sous un jour tout nouveau. Ils apprenaient à voir en elle une *toute-puissance* sur le cœur de ce Maître adorable, lui disant un jour : « Que peux-tu me demander, ma fille, que je ne fasse pour toi » ! Enfin on était captivé et charmé par ces accents émus proclamant les gloires d'une mère bien-aimée. Aussi, pour satisfaire à la piété des fidèles, avons-nous fait distribuer près d'un millier de litanies que nous devions à la générosité d'un ami tout dévoué.

La fête du Patron de la ville empêchant que les solennités du centenaire se fissent le 15 octobre, on les fixa aux 23, 24 et 25. Cette attente ne ralentit pas la dévotion, comme on pouvait le craindre ; mais nous eûmes la preuve du contraire dans le concours zélé et tout spontané que nous apportèrent tant de personnes pour la célébration de nos grandes fêtes ; nous en avions besoin, une telle ferveur réclamait une vraie magnificence.

Le souvenir du troisième centenaire de la Réforme (1862) fit surgir l'audacieux projet de recouvrir complètement les murailles de la chapelle qui est une véritable petite église. A peine le désir en fut-il exprimé, que de toutes parts on dépouilla les salons de leurs plus riches tentures, fiers de se dépouiller un instant pour orner le palais de l'Epouse du Roi de gloire. Sous ce luxe d'étoffes, les pierres disparurent depuis la naissance de la voûte jusqu'à la hauteur des lambris. Placés sur un fond rouge, de magnifiques stores se dessinaient dans tous leurs détails ; ils tamisaient ainsi la lumière des fenêtres, ne laissant pénétrer qu'un jour mystérieux du plus heureux effet.

De chaque côté de l'édifice courait en large frise l'inscription de ces deux strophes de l'hymne :

« Sous la forme d'une blanche colombe, l'âme de Thérèse s'est envolée « dans les parvis sacrés des bienheureux.

« Thérèse a entendu l'appel de l'Epoux : Viens, ô ma sœur, viens du « sommet du Carmel aux noces de l'Agneau, viens à la couronne de « gloire ! »

Cinq clefs aux initiales de Thérèse de Jésus se partageaient la voûte et soutenaient les draperies rouges et blanches qui formaient un magnifique firmament constellé de mille chiffres et emblèmes rattachés aux frises latérales et tombant perpendiculairement jusqu'au sol ; ces tentures découpaient les rideaux de dentelles en autant de panneaux ayant chacun à son centre un très bel écusson encadré de sa banderole explicative, placés dans l'ordre suivant :

1° Deux palmes encadrant une croix, avec cet exergue : Martyre et apôtre du désir ;

2° Le cœur de Jésus entouré de deux branches de lis : Mon épouse se plaît parmi les lis ;

3° La lettre J (chef-d'œuvre de dessin) : Je m'appelle Thérèse de Jésus

4° La lettre T : Et moi Jésus de Thérèse ;

5° Une colombe qui rayonne sur le livre des Constitutions placé sur deux plumes entrelacées : « J'ai prié, et l'Esprit de sagesse est venu en moi » ;

6° Une croix plantée dans un buisson d'épines : Ou souffrir, ou mourir ;

7° La main de Jésus présentant à la main de Thérèse le clou mystérieux : « J'ai été blessée par le clou de votre droite »;

8° Un cœur entouré d'épines et percé d'un dard enflammé : « Vous avez blessé mon cœur du dard de votre charité »;

9° Deux ancres entrelacées : « Toujours, toujours, toujours »;

10° Une croix d'épines surmontée d'une couronne d'étoiles : « Avoir souffert ne passe pas ».

Au-dessous, les lambris étaient couverts de tentures rouges et blanches, symétriquement relevées par un semis de chiffres autour desquels serpentaient de gracieuses guirlandes de roses. De la voûte descendaient de nombreuses branches de liserons qui, se formant en suspensions, présentaient l'aspect d'un parterre aérien venant du ciel. Entre les nefs et le sanctuaire, un riche bandeau de velours frangé d'or suivait le contour de la voûte et descendait en deux larges tapisseries.

Au sommet se lisait le cri si profond de la Sainte : « Je chanterai à jamais les miséricordes du Seigneur ».

Le sanctuaire était tout tendu de velours sur lequel se détachaient d'admirables dentelles, et couronné de magnifiques draperies brodées d'or. Là s'élevait le trône somptueux de la nouvelle Esther. D'un fond de nuages s'échappaient des faisceaux de rayons lumineux, gracieusement reliés par des guirlandes de roses; et dans un ensemble harmonieux de lumières et de fleurs apparaissait Thérèse, la choisie de Jésus, la grande inspiratrice de la souffrance et de l'amour, admirable reproduction en cire dont les traits expriment un mélange de bonheur et de souffrance. Cette statue de grandeur naturelle portait le costume de l'Ordre ; de la main droite, elle élevait son cœur transverbéré, et de la gauche elle déployait le rouleau des Constitutions. A ses pieds, prenant racine dans le saint tabernacle, serpentait une vigne, la vigne du Carmel, formée de quatre ceps représentant les couvents des quatre continents : *Visita vineam istam*, etc. Deux petits anges sortant de la voûte enroulaient autour du cœur de Jésus une banderole portant ces mots : *A Thérèse de Jésus*, et de leurs mains restées libres, ils balançaient sur la tête de la Bienheureuse un glorieux diadème composé de roses et de lis.

Sur les degrés du trône, quatre autres anges soutenaient de riches et abondantes corbeilles de fleurs réunies par des guirlandes. Les roses et les lis ne pouvaient trop abonder devant cette Epouse qui réclamait à bon droit d'être soutenue par des fleurs aromatiques contre les défaillances de l'amour : *Fulcite mē floribus... quia amore langueo.*

Cette apparition glorieuse encadrée dans l'avenue déjà si riche de la nef saisissait l'âme d'un sentiment d'admiration. Les personnes habituées aux fêtes religieuses s'exclamaient elles-mêmes en disant que jamais elles n'avaient vu décoration si parfaite. C'est une inspiration du ciel, répétait-on avec enthousiasme, qui donc l'a reçue? La réponse était simple. M. l'aumônier de notre cher Carmel avait voulu témoigner à celle qu'il aime tant à appeler sa Mère son amour et son dévouement filial, mais au prix de quelles fatigues et de quels renoncements! Dieu seul le sait. Lui-même avait conçu et tracé le plan de tout l'ensemble, et c'est sous sa haute direction que tous les travaux furent exécutés.

Thérèse régnait donc dans ce palais. Mais tout cela était peu, comparativement à la splendeur qui l'environne dans le ciel. Mais au moins, ô bonne Mère, vous voyez que les cœurs étaient et sont toujours à vous !

Enfin apparut la journée si désirée du 23 octobre. A peine les cloches du monastère avaient-elles jeté dans les airs leurs plus joyeux accents, annonçant l'ouverture du *Triduum*, que déjà la chapelle était remplie de fidèles avides de se presser à la table sainte. Les messes se succédaient sans interruption. La messe solennelle fut exécutée avec beaucoup d'ensemble et de talent. Pendant ces belles journées, la prière fut incessante. Une foule saintement recueillie se renouvelait sans cesse dans la chapelle qui était vraiment la maison de prières avec son atmosphère de paix et de douces consolations.

Thérèse était là, contemplant avec amour toutes ces âmes prosternées avec amour à ses pieds, les bénissant, les offrant à son céleste Epoux; et, puisant dans les trésors divins, elle répandait à profusion les grâces les plus abondantes dans ces cœurs si bien disposés.

Longtemps avant l'heure fixée pour la réunion du soir, non seulement la chapelle, mais encore la cour sur laquelle on avait élevé une tente-abri, ne permettaient plus d'accès. Les ecclésiastiques eux-mêmes ne pouvaient qu'à grand'peine pénétrer jusqu'au sanctuaire, car presque tous les membres du clergé de notre ville sont venus chaque jour retremper leur foi, leur confiance et leur amour dans le cœur embrasé de Thérèse, la protectrice singulière du sacerdoce catholique, et puiser dans ce cœur transverbéré par le Séraphin le zèle le plus ardent pour le salut et la sanctification des âmes qui leur sont confiées. Tout le temple alors revêtait une nouvelle splendeur. Le trône de Thérèse devenait une montagne de feu. La Sainte empruntait au reflet des lumières une expression encore plus suave et plus surnaturelle. C'était la grande contemplative émergeant de nuages embrasés. Aussi avec quel accent de foi, d'enthousiasme même, furent exécutés les meilleurs morceaux de musique ! Les Religieuses de la Providence de Rouen, ainsi que leurs élèves, sous l'habile direction d'un artiste aussi pieux que savant, dépensèrent à cette étude une patience et un zèle admirables. Les belles voix des chantres de la paroisse les secondèrent parfaitement.

Les offices furent présidés le lundi par M. Rohaut, supérieur du collège de Saint-Stanislas ; le mardi, par M. Coyette, curé-doyen de Saint-Sépulcre, supérieur du monastère ; le mercredi, par M. Roussel, curé de Saint-Jacques. M. Fallières, vicaire général et archidiacre de la ville, officia au Salut de clôture.

Le premier jour du *Triduum*, la chaire fut occupée par le R. P. Régnaud, de la congrégation de Jésus et Marie, supérieur du collège Saint-Jean, à Versailles. Par une conception vigoureuse et digne d'un fils du vénérable Père Eudes, le R. Père condensa toutes les merveilles de la vie de sainte Thérèse dans une seule idée : « Le salut, le rachat des pécheurs » ; et il fit ressortir d'une manière lumineuse la nécessité de la prière.

Les deuxième et troisième jours, les sermons furent donnés par le R. P. Devoucoux, des Frères-Prêcheurs. Dans son premier discours, il établit d'une manière saisissante le parallèle entre la sainte Mère Thérèse, obéissante, mortifiée, pleine de charité, et Luther le révolté. Par sa réforme, Thérèse réédifia largement les ruines amoncelées par le sinistre novateur ; par la générosité de son amour, elle consola le cœur de Jésus du froid égoïsme de l'apostat par sa soif de souffrances et d'immolation, elle compensa le sensualisme de cet impie et de ses adhérents. L'auditoire était sous le charme de cette diction forte, condensée, de cette parole ardente, convaincue : l'orateur ne parlait plus, qu'on croyait encore l'entendre.

Le lendemain, le R. Père traça de main de maître le tableau des vertus religieuses laissées par sainte Thérèse à ses filles. Il fit ainsi l'historique du Carmel de France avec une largeur de vues et une profondeur de pensées qui transportaient les âmes. L'éloquent panégyriste allumait dans tous les cœurs une ardente dévotion pour l'illustre Réformatrice dont la mission si grande, si providentielle, est encore trop peu connue. Prenant en quelque sorte toutes les âmes composant son auditoire, il les soulevait pour les déposer aux pieds de celle dont il célébrait les grandeurs. Aussi, quand, après ces admirables paroles, les chants éclataient en l'honneur de Thérèse, c'était quelque chose de l'avant-goût du ciel ; et quand les accents saintement passionnés de l'incomparable *Glose* se faisaient entendre, les cœurs, sous l'action du saint amour, se surprenaient à en comprendre les héroïques inspirations.

Mais, hélas! quoique surnaturelles, ces joies étaient encore de la terre; il fallait bien le reconnaître le soir du troisième jour, et ce ne fut pas sans peine que la foule des fidèles consentit à s'arracher à ces ravissantes et salutaires émotions.

Les échos de ces solennités résonnent encore. Sainte Thérèse a révélé à bien des âmes le mystère du vrai bonheur. Elle est devenue la patronne spéciale des enfants, des jeunes filles et des vierges chrétiennes. Mais sera-t-il dit que de tant de fêtes, de joies toutes saintes, de grâces reçues, il n'en restera bientôt plus qu'un souvenir fugitif comme de tant de choses d'ici-bas? Non, qu'il n'en soit pas ainsi! Que tous ceux qui désirent leur salut et leur avancement dans la vertu se groupent désormais autour de Celle qui leur est un guide si sûr et dont la doctrine est toute céleste! Que, par l'entremise de la séraphique Thérèse, les prières, les supplications montent ardentes vers le trône de l'auguste Trinité! Est-ce trop demander que de souhaiter que cette union de prières enserrât le monde entier? Que tous les fidèles dévots à sainte Thérèse récitent chaque jour un *Pater*, un *Ave*, un *Gloria Patri* et une invocation à la Sainte pour l'Eglise, pour son Chef infaillible, pour notre chère patrie! Que ce ne soit pas une pensée prétentieuse que celle qui voit d'avance le siècle du Sacré-Cœur, de l'Immaculée-Conception et du Patronage de saint Joseph devenir aussi le siècle de Thérèse, comme il sera le siècle du triomphe éclatant de la sainte Eglise! *Amen.*

CARMEL DE PAMIERS

(FONDÉ EN 1648).

Le Carmel de Pamiers, un des plus anciens de France, fut fondé le 29 juin 1648 par la R. Mère Marie de la Trinité, professe du Carmel d'Auch, et dédié à la Transfiguration, comme on le voit par le magnifique tableau qui est placé dans le sanctuaire, derrière le maître-autel.

Cette petite église, chef-d'œuvre d'art et de goût, renferme des merveilles pour les appréciateurs des édifices religieux; aussi, lorsqu'au jour du triomphe de sainte Thérèse, elle s'est montrée revêtue de sa parure de noces, on a cru voir la Basilique de Lourdes transportée par les Anges dans la cité de Pamiers.

Bâtie sur une hauteur qui domine la ville, elle a quatre chapelles, dont les sujets religieux excitent la dévotion des fidèles, et leur font aimer ces cloîtres solitaires où il est si doux de vivre et plus doux encore de mourir.

Le sanctuaire, élevé de 12 degrés au-dessus du reste de l'édifice, est richement sculpté et orné de 4 colonnes de marbre sur lesquelles repose le grand arceau qui couronne le tableau de la Transfiguration et porte jusqu'à la voûte une grande statue de Notre-Dame des Sept-Douleurs tenant Notre-Seigneur sur ses genoux. En face de la grille des Religieuses, au niveau du maître-autel qui est gracieux et riche, s'élève la chapelle de Saint-Joseph, toute brillante de dorures, grâce à la générosité des âmes pieuses.

A côté de l'autel, à droite, le tableau de la Transverbération dit hautement combien fut grand l'amour de Jésus pour sainte Thérèse, et combien fut ardent l'amour de la Sainte pour son Jésus! A gauche, celui de saint Jean de la Croix le montre embrassant sa croix avec un bonheur céleste qui rayonne sur son visage.

C'est de cette petite montagne du Carmel que, pendant nos fêtes, les chants et les prières sont montés vers le Ciel comme un doux parfum, laissant après eux la suave odeur d'impérissables souvenirs.

Les solennités de ce glorieux centenaire furent précédées des exercices du mois de sainte Thérèse, dont les nouvelles pratiques avaient été accueillies avec bonheur par les heureuses captives de cette chère solitude. La neuvaine préparatoire au *Triduum* commença le 6 ; elle fut suivie par un grand nombre de fidèles qui, dès le premier jour, donnèrent des témoignages de leur dévotion envers la Sainte en lui offrant de magnifiques bouquets qui ont embaumé sa chapelle jusqu'à la fin de ce mois béni.

Dans l'intérieur du monastère, on s'occupait depuis plusieurs mois à préparer cette décoration splendide que l'amour filial a pu seul inspirer, et dont le plan avait été dressé par notre si digne aumônier M. l'abbé Soula, chanoine honoraire, directeur au Grand-Séminaire. A l'extérieur, plusieurs jours avant le *Triduum*, un grand nombre de personnes déployèrent leur zèle et mirent un goût exquis à transformer en radieux Thabor une église qui se prête si bien aux plus brillantes décorations.

Au dehors, la façade était ornée d'une fraîche verdure à grands festons, et sur le portail était placé un tableau de sainte Thérèse entouré de roses. La vue de cette angélique et douce figure annonçait au pèlerin le mont sacré de la prière, et son âme s'ouvrait déjà aux douces influences des grâces qu'il y venait puiser. Au dedans, de magnifiques guirlandes de lis, de roses rouges, blanches et jaunes couraient en festons gracieux le long des murs, depuis l'entrée de l'église jusque dans le sanctuaire, entourant sur leur parcours les arceaux des chapelles latérales dont l'une est dédiée à la Sainte ; cette dernière avait en plus, à son entrée, d'élégantes draperies, auxquelles se rattachaient les écussons de l'Ordre, aux belles croix et aux riches couronnes ornées de perles, d'émeraudes et de saphirs, heureusement imités, symbole de la couronne de gloire qui attend dans le Ciel ceux qui, sur la terre, auront porté leur croix à la suite de Jésus. Ce travail, d'un goût aussi parfait que simple, excitait l'admiration de tous les visiteurs. Les fleurs entouraient aussi la chaire, la grande grille des Religieuses et les colonnes de marbre du sanctuaire. De distance en distance, d'éclatantes banderoles ornées de pieuses inscriptions résumaient la vie et les vertus de l'héroïne du cloître. On y voyait briller les dates de sa naissance, de sa mort, de sa béatification, de sa canonisation, et des sentences proclamant ses grandeurs : *Gloire du Carmel! Vierge Séraphique! Victime de Charité! O Pénitence! O Amour!* etc.

De la voûte descendaient, se balançant dans l'espace, des oriflammes aux couleurs tendres, parsemées d'étoiles d'or représentant sainte Thérèse vêtue de la bure et du blanc manteau du Carmel : l'une la montrait s'élevant vers le ciel, l'autre à genoux dans l'attitude de la prière ; celle-ci le cœur percé par le dard du Séraphin, celle-là en extase et entourée d'un groupe d'anges ; plus loin c'était le cœur de Jésus de Thérèse et le cœur de Thérèse de Jésus ; d'autres enfin, ornées de croix et de sentences, semblaient montrer à tous le chemin qui a conduit cette grande Sainte au séjour des élus.

Mais, tout auprès du tabernacle, un objet plus touchant charmait les regards déjà émerveillés. Au-dessus de l'autel, étincelant d'or et de lumières, un grand et riche tableau apparaissait, encadré de cent lis d'argent aux feuilles d'or, portant à son frontispice l'immortelle devise de l'illustre Réformatrice du Carmel : *Ou souffrir, ou mourir!* On y voyait sainte Thérèse à genoux aux pieds de l'unique objet de son amour, et Notre-Seigneur regardant amoureusement cette épouse bien-aimée, et lui donnant de sa main le gage de l'éternelle alliance qu'il contractait avec elle dès cette vie. L'attitude si recueillie de la Sainte absorbée par la présence de son Dieu produisait une impression plus facile à sentir qu'à exprimer ; on éprouvait le besoin de donner un libre cours aux élans de son âme et de s'écrier : O Dieu! quel doit être le bonheur dont vos élus jouissent dans la patrie, puisque celui que nous goûtons en ce moment nous enivre déjà de si pures délices! Seigneur, nous sommes bien ici, laissez-nous-y fixer à jamais notre demeure, avec Jésus de Thérèse et Thérèse de Jésus!

Mais une autre jouissance accompagnée de grâces attendait les âmes avides de grâce. La relique de la Sainte, placée sur l'autel de sa chapelle, avait aussi son reflet du Thabor, ce petit sanctuaire reproduisant en partie la décoration du maître-autel. Dans une niche au-dessus du tabernacle, la statue de la sainte Mère, de grandeur naturelle et en costume de Carmélite, attirait tous les regards; de toutes parts on entendait ces exclamations de joie et de bonheur : Qu'elle est belle! Qu'il est doux de prier à ses pieds! Les lis, symbole de sa pureté virginale, l'entouraient gracieusement et retombaient sur l'autel, se mêlant aux roses d'or, symbole de son ardente charité, et aux flots de lumières qui, le soir, brillaient comme un soleil et transformaient cette chapelle en un petit paradis! Les oriflammes tapissaient ses murs, et au bas de l'autel, deux grands lauriers, symbole des victoires de la Sainte, et couverts de fleurs comme à la belle saison, semblaient dire à tous que les vertus de Thérèse ont fleuri à l'ombre du cloître comme dans un printemps éternel!

Le *Triduum* commença le vendredi 13 octobre. Dès la veille, les cloches de la petite église des Carmélites firent entendre leur joyeux carillon, annonçant à toute la ville que trois jours de grâces et de bénédictions s'ouvraient pour elle. Cette nouvelle trouva un écho favorable; notre chapelle fut constamment visitée par une foule aussi nombreuse que recueillie; et la prière n'y était interrompue que par les chants des jeunes filles qui, à certaines heures, venaient adorer Notre-Seigneur et offrir leurs louanges à la Sainte. Lorsque la présence d'un prêtre procurait aux pieux visiteurs la grâce de baiser la sainte relique, ils se croyaient les plus privilégiés de la terre et les plus favorisés du ciel; ce qui prouve combien la dévotion à sainte Thérèse est chère aux habitants de Pamiers. Sans doute tous ne connaissent pas les merveilles que la grâce opéra dans son âme si généreuse, mais tous savent que celle qu'ils invoquent est bien grande dans le ciel et que, par son amour, elle a mérité d'avoir le cœur percé par le dard d'un Séraphin : tous comprennent que, malgré la gloire qui l'environne, elle est encore aujourd'hui ce qu'elle fut constamment pendant sa vie mortelle, l'amie des pauvres, la consolatrice des affligés, la médiatrice entre Dieu et les pécheurs : de là cette foule compacte au pied son autel, implorant son secours, lui demandant des grâces et ne pouvant se résoudre à la quitter.

Selon le programme annoncé, le premier jour du *Triduum*, 13 octobre, la paroisse de Notre-Dame-du-Camp vint rendre ses hommages à la noble

Vierge du Carmel. L'assistance était nombreuse et recueillie. La messe fut chantée solennellement par le digne curé de cette paroisse, M. l'abbé Sicre, qui présida aussi la cérémonie du soir. Aux vêpres, le panégyrique de sainte Thérèse fut prêché par un de ses fils les plus zélés, le R. P. Alexandre de Saint-Joseph, religieux Carme déchaussé du couvent de Pamiers, gardien de cette douce retraite, hélas ! fermée, obligé, pour célébrer la fête de sa sainte Mère, de chercher asile chez ses Sœurs, elles-mêmes menacées. Dans la première partie de son sermon, il montra sainte Thérèse élevée par ses héroïques vertus au titre d'Epouse de Jésus-Christ, et dans la deuxième, il montra encore son héroïsme comme Mère et Réformatrice de la grande famille du Carmel. Sa parole ardente et animée, chaleureuse et pleine d'une émotion communicative, tint son auditoire suspendu à ses lèvres pendant plus d'une heure, heure délicieuse dont le souvenir restera à jamais gravé dans le cœur de ceux qui ont eu le bonheur d'en jouir. A la fin du sermon, le saint Religieux se tourna vers le tableau qui dominait l'autel et, regardant affectueusement sa sainte Mère, il lui adressa une prière qui fit verser des larmes aux assistants ; il pleura lui-même, en disant avec l'accent de la plus amère douleur : « O ma sainte Mère ! quand donc aurons-nous le bonheur de voir s'ouvrir les portes de nos saints monastères ? Quand nous sera-t-il permis de prendre l'essor vers ces chères demeures où se sont écoulés nos plus beaux jours ? Nos cloîtres sont déserts ! Nos églises se détériorent ! O ma puissante Mère, ayez pitié de vos fils que vous voyez çà et là dispersés dans le monde ! Mettez fin, je vous en conjure, à notre inexprimable douleur ! Conservez nos chères Carmélites ; assurez-les qu'elles ne sortiront jamais de leur sainte solitude ! O glorieuse Mère, tout en goûtant les douceurs de la grâce divine, vos enfants ont bien part sur cette terre à vos douleurs et réalisent aujourd'hui votre devise héroïque : Ou souffrir, ou mourir ! »

Ces paroles, prononcées avec feu, produisirent une telle impression, qu'elles semblent vibrer encore et augmenter de jour en jour dans les cœurs l'attachement pour le Carmel et pour ses membres. Après la bénédiction du Saint-Sacrement, on accorda aux pieux fidèles la grâce désirée de baiser la relique de la Sainte. Ils s'approchèrent en si grand nombre que, durant trois quarts d'heure, cette édifiante procession ne discontinua pas. Pendant ce temps, et même à l'issue des vêpres et avant le Salut du Saint-Sacrement, les orphelines de la ville, dirigées par les respectables Sœurs de la Croix, chantèrent de beaux cantiques composés pour la circonstance. Ces voix angéliques, qu'animait une sainte ferveur, produisirent la plus religieuse impression; et nous avons la douce confiance que sainte Thérèse, qui aimait tant les enfants, aura du haut du ciel jeté sur ces jeunes âmes un regard des plus maternels.

Le second jour du *Triduum*, samedi 14 octobre, était réservé au Grand-Séminaire qui, en toute occasion, donne au Carmel de cette ville des preuves de son religieux dévouement et de sa grande dévotion envers sainte Thérèse. Ces dignes élèves, apôtres que l'Eglise prépare à l'ombre du sanctuaire pour les générations futures, vinrent avec empressement recevoir les rayonnements du cœur de Thérèse de Jésus, qui a été embrasé du céleste amour, et dont les aspirations et les souffrances ont mérité le salut de tant d'âmes et fait de Thérèse un apôtre admirable. Telles sont les pensées que développa leur vénérable et si digne supérieur, M. l'abbé Anouilh, vicaire général honoraire, chanoine titulaire, dans un discours tout brûlant du zèle apostolique. Les offices de ce jour furent présidés par M. l'abbé Saintenac, directeur au Grand-Séminaire, et l'assistance fut encore plus nombreuse que la veille. Les Séminaristes chantèrent la messe et les vêpres aves la solennité des grandes fêtes et un entrain admirable. Ils exécutèrent aussi des morceaux de musique et des cantiques dans lesquels la sublimité des pensées et l'amour filial se disputaient la palme. Le Carmel, à défaut de sa voix, avait prêté sa lyre, et une fille de Thérèse, dans la ferveur de son oraison, avait déposé aux pieds de sa sainte Mère un chant tout d'amour. La voûte de l'église retentissait du joyeux refrain: *Vive le Carmel!* qu'on était heureux d'entendre et plus heureux encore de chanter. Oh! disaient le lendemain les enthousiastes de cette belle fête, c'est de tout notre cœur que nous avons chanté: *Vive le Carmel!* et que nous avons prié pour la conservation des Carmélites de Pamiers, des Carmélites de France et du monde entier! Les sentiments de bonheur dont nos cœurs étaient remplis pendant ces touchantes cérémonies sont au-dessus de toute expression; nous comprenions que la foi était loin d'être éteinte, et nos âmes surabondaient de joie. Ah! pourquoi une si douce fête ne se célèbre-t-elle que tous les cent ans!

Le troisième jour du *Triduum*, le dimanche 15 octobre, fut le plus solennel et vit affluer une foule si nombreuse que l'église ne put la contenir; les grâces les plus précieuses et les plus abondantes coulèrent dans les âmes : une des plus signalées fut la bénédiction papale donnée par l'auguste évêque du diocèse, Monseigneur Rougerie, qui voulut bien présider les cérémonies de ce jour et donner à ses filles du Carmel un témoignage de sa vénération pour leur sainte Mère. Sa Grandeur avait déjà fêté l'illustre Réformatrice en lui envoyant un magnifique bouquet, déposé au pied de sa statue. Le Grand-Séminaire vint, comme la veille, offrir son tribut d'amour à l'héroïque Vierge et accompagner de ses chants pleins de dévotion les cérémonies épiscopales. Monseigneur officia pontificalement avec une solennité extraordinaire et toute la pompe des grands jours. Sa voix belle et harmonieuse donnait au chant sacré de cette messe incomparable un accent qui portait l'âme vers le ciel. Après l'Évangile, Sa Grandeur prononça une homélie remarquable sur ces paroles de Jésus-Christ : « Si quelqu'un veut venir après moi, qu'il se renonce lui-même, qu'il prenne sa croix et qu'il me suive ». Dans un langage tout à la fois simple et élevé, qui imposait l'attention et la conviction, le Prélat exposa comment sainte Thérèse, par un détachement complet, par des souffrances inouïes, par un amour séraphique, accomplit en sa personne la recommandation du Sauveur. Il montra comment chacun, suivant son état, peut et doit, à l'exemple de Thérèse, porter sa croix et suivre Jésus. Sa Grandeur fit, en terminant, des applications très pratiques et très opportunes. Les communions furent, ce jour-là, plus nombreuses que jamais. A toutes les messes, une foule considérable de pieux fidèles de tout âge et de tout rang s'approcha de la table sainte. Mais, à la messe épiscopale, toutes les prévisions furent dépassées, et ce ne fut qu'à grand'peine qu'on pût distribuer la sainte Eucharistie à tous ceux qui venaient la recevoir. Pendant ce temps, MM. les séminaristes chantaient la gloire et le triomphe de sainte Thérèse, après avoir reçu les premiers le pain des anges, comme le jour précédent, avec une ferveur des plus grandes. Le soir, aux vêpres de clôture, M. l'abbé Larue, vicaire général honoraire, chanoine titulaire et secrétaire de l'évêché, prononça un panégyrique pieux, touchant, rempli de belles et grandes pensées. Il montra quel fut le grand cœur de sainte Thérèse, les merveilles du divin amour qui animait ce cœur et qui se révélait par les actes les plus héroïques. Il intéressa l'auditoire en mêlant à son discours plusieurs traits populaires de la vie de cette grande Réformatrice. L'illumination prit ce jour-là une extension merveilleuse. La présence du vénéré Prélat occupant son trône à la droite de l'autel et entouré d'un nombreux clergé rehaussait admirablement l'éclat de la fête. L'expression de bonheur qui rayonnait sur son visage faisait comprendre à tous combien il était heureux de présider ces belles cérémonies, heureux surtout de la magnificence que son cher Carmel avait déployée pour célébrer ce glorieux centenaire. Le troupeau, de son côté, participait à l'allégresse du Pasteur et pouvait à peine contenir la joie dont son âme était inondée. La bénédiction solennelle du Saint-Sacrement, donnée par Monseigneur, se répandit sur la foule profondément recueillie. Pour couronner cette splendide fête, le respectable et si digne aumônier de ce Carmel fit vénérer la relique de la Sainte. Les fidèles, au comble du bonheur, s'y empressaient à l'envi, pendant que le chant d'un cantique devenu populaire proclamait la gloire et les vertus de sainte Thérèse. L'enthousiasme avait atteint son plus haut degré. Tout le monde chantait, les voix n'en faisaient qu'une pour exalter l'aimable Sainte et lui demander une dernière bénédiction ; et lorsqu'il fallut quitter ce petit ciel pour revenir sur la terre, ce ne fut pas sans regret ; chacun trouvait que les heures de jouissance s'étaient écoulées trop vite, et volontiers on aurait recommencé un autre *Triduum* ; tous promettaient à sainte Thérèse de revenir la prier et de ne jamais oublier ce centenaire. Ainsi se terminèrent nos fêtes ; leur souvenir est un baume précieux pour tous, mais particulièrement pour les enfants du Carmel ; l'impression qu'elles ont laissée donne l'assurance qu'elles ne seront pas un éblouissement passager, mais un reflet efficace de l'éternelle gloire que Dieu réserve à ses saints.

CARMEL DE PARIS. — AVENUE DE SAXE

(FONDÉ EN 1664).

A peine l'année 1882 avait-elle commencé son cours, que déjà notre amour filial entrevoyait les honneurs qui seraient rendus à notre séraphique Mère, et cette pensée, en s'offrant à nos âmes, les inondait de consolation. En effet, au mois d'octobre, nous devions célébrer un *Triduum* solennel pour bénir le Seigneur, non seulement des grâces de premier ordre qu'il avait daigné répandre sur notre sainte Réformatrice, mais encore des délices ineffables qu'elle goûte, depuis trois cents ans, dans la céleste patrie.

Nous demandions à Dieu, avant tout, de préparer nos âmes en les ornant des admirables vertus qui resplendissaient dans celle de notre sainte Mère ; nous souhaitions surtout de méditer, goûter et pratiquer davantage les saints conseils qu'elle nous a légués, mais nous voulions aussi essayer de faire répéter à notre humble Carmel quelques-uns des échos que les anges devaient faire retentir au ciel.

Quelque temps avant la neuvaine préparatoire prescrite par le Souverain

Pontife, les plus habiles de nos Sœurs confectionnèrent nombre d'oriflammes sur lesquelles étaient rappelées les plus admirables paroles adressées par l'Epoux des vierges à la Vierge séraphique, et par Thérèse de Jésus à Celui qui s'appela lui-même Jésus de Thérèse.

Un des meilleurs tapissiers fut chargé d'orner de draperies le trône préparé pour Son Eminence le cardinal et Monseigneur le coadjuteur, la chaire, les murs de la nef, la tribune et le fond de la chapelle, et de placer les oriflammes.

Une dame d'une haute piété, dont l'habitation est proche de notre monastère, eut la générosité de nous envoyer en grand nombre des plantes et des fleurs naturelles ; deux massifs de palmiers ornaient le maître-autel.

Une autre personne pieuse nous prêta une magnifique châsse dorée, dans laquelle elle devait faire placer un corps saint, disant aimablement que cette châsse lui deviendrait encore plus précieuse après avoir abrité quelques jours les reliques de notre incomparable Mère. Nous y transférâmes donc les deux reliques insignes que nous avons le bonheur de posséder : un fort grand morceau de sa chair calcinée et une dent tout entière ; nous y ajoutâmes quelques autres reliques, et la châsse fut déposée dans la chapelle latérale du côté de l'épître. En face, dans l'autre chapelle, était un tableau représentant notre sainte Mère quittant, à l'âge de sept ans, la maison paternelle pour courir au pays des Maures cueillir la palme du martyre.

Un artiste distingué, M. Pichon, à qui nous avions confié ce soin, représenta notre sainte Mère de grandeur naturelle, ayant au-dessus de la tête la colombe mystique et le cœur transpercé du glaive du séraphin. Elle semble prendre son essor vers la Patrie, tandis qu'elle laisse à la terre, avec le lis de sa virginité, ses admirables écrits et ses saintes constitutions, symbolisés dans le bas du tableau. Il fut placé au-dessus du maître-autel et mis en pleine lumière par des becs de gaz posés à cet effet, de sorte que le regard des fidèles en était frappé dès leur entrée dans notre pieux sanctuaire.

L'auguste Pontife qui gouverne avec tant de zèle l'Eglise persécutée adressait à notre saint Ordre deux rescrits successifs, où il répandait sur tous ceux qui assisteraient aux offices les trésors des indulgences.

Enfin, le 6 septembre, s'ouvrit la neuvaine préparatoire au *Triduum*. Chaque matin, à la messe conventuelle, notre aumônier nous distribuait, comme un pain vivifiant, sa parole pieuse, énergique, pleine de pratique ; les plus solides considérations sur les vertus chrétiennes y furent traitées de telle sorte que ce cours d'instructions nous fut une vraie retraite. Un grand nombre de fidèles assistaient chaque jour à ces méditations si persuasives.

Procurer gloire à Dieu, admirable dans ses saints, en nous assurant d'éloquents panégyristes, avait été notre grande préoccupation. Le R. P. Matignon, de la Compagnie de Jésus, nous avait répondu qu'il ne pouvait rien refuser à sainte Thérèse et qu'il viendrait, le jour même de sa fête, nous redire ses grandeurs. M. l'abbé Deminuid, chanoine honoraire de Bagneux, notre digne aumônier, était heureux de nous parler de cette aimable Sainte, et le R. P. de Baïeque, de l'Ordre des Frères-Prêcheurs, s'était montré favorable à notre humble désir.

Le dimanche 15, fête de notre Mère sainte Thérèse, nous eûmes le bonheur de voir Mgr Richard célébrer pontificalement la sainte messe dans notre humble chapelle, disant ensuite, avec l'amabilité qui le caractérise, qu'il avait officié comme dans une petite cathédrale. Nous eûmes la filiale surprise d'entendre Monseigneur prendre la parole après le saint Evangile, et le commenter avec cette onction et cette heureuse application des saintes Ecritures qui, unies à son angélique douceur, achèvent de le rendre semblable au saint évêque de Genève, son patron. Il fit ressortir la mission spéciale et l'apostolat par la prière et l'immolation qui furent confiés à sainte Thérèse, et la manière ineffable dont Notre-Seigneur se manifesta à cette grande Sainte, et dont il voulut glorifier lui-même son humilité prodigieuse. Le Séminaire des Missions étrangères, d'un dévouement tout sacerdotal pour notre Carmel, et qui lui est uni par des liens étroits de charité depuis plus d'un siècle, avait prêté son concours pour les cérémonies et les chants.

Le soir, à trois heures, les séminaristes chantèrent les vêpres, à la suite desquelles le R. P. Matignon prêcha le panégyrique de notre sainte Mère. Dans ce discours, digne du talent de l'orateur, il s'attacha surtout à réfuter, par la vie même de notre sainte Réformatrice, les erreurs les plus répandues dans le monde sur la sainteté et la perfection. Son Eminence le cardinal Guibert nous donna le Salut, à la suite duquel nous eûmes le bonheur d'entendre sa parole si paternelle.

Messieurs les séminaristes avaient eu la délicate attention de noter la *Glose* de notre sainte Mère, et à la suite de la cérémonie ils nous donnèrent la consolation d'entendre ce chant d'amour. Enfin, pour compléter cette belle journée, les membres du cercle Montparnasse vinrent à six heures faire leur pèlerinage à sainte Thérèse.

M. l'abbé Championnière, leur aumônier, leur exposa en quelques mots la nécessité, dans les temps présents, de cette visite d'ouvriers chrétiens à un

Carmel, et l'union qui doit exister entre eux et les âmes qui, dans ces sanctuaires, vivent uniquement pour réparer, expier et s'immoler pour l'Eglise et pour la France. A midi avait eu lieu une réunion extraordinaire de la Sainte Famille, pour célébrer l'amour que notre sainte Mère avait toujours montré pour les pauvres.

Lundi 16, M. l'abbé Petit, vicaire général, chancelier de l'archevêché et ami de notre Carmel, célébrait la sainte messe, assisté par les élèves du petit séminaire. Les chants étaient exécutés par la maîtrise de Notre-Dame-des-Champs, sous la direction de M. Michelot, maître de chapelle.

Les prêtres de l'Oratoire de Jésus et de Marie-Immaculée vinrent alors faire leur pèlerinage à la glorieuse Réformatrice. Le R. P. Lescœur, confesseur de la communauté depuis onze ans, et dont le paternel attachement n'a d'égal que son dévouement absolu, se trouvait avec eux, ainsi que le R. P. Largent, professeur à l'Université catholique, et le R. P. Nouvelle, supérieur de l'Ecole Massillon.

Le soir, le Grand-Séminaire chanta les vêpres et des motets en l'honneur de notre sainte Mère. M. Deminuid, notre aumônier, faisant passer de son cœur de prêtre dans le cœur des fidèles et dans les nôtres quelques étincelles du feu qui le consume, nous entretint avec une suave éloquence de l'amour de Notre-Seigneur pour sainte Thérèse, et mit ainsi le sceau à la neuvaine qui avait été suivie avec tant de zèle. Le Salut fut donné par M. l'abbé Maréchal, supérieur du séminaire, qui nous fit apprécier une fois de plus son exquise bonté.

Le mardi 17, dernier jour du *Triduum*, la sainte messe fut célébrée par M. l'abbé Lantiez, supérieur général de la congrégation des Frères de Saint-Vincent de Paul. Les Frères et leurs enfants exécutèrent les chants et firent toutes les cérémonies de cette dernière journée.

Après vêpres, l'auditoire était suspendu aux lèvres du R. P. de Baïeque, de l'Ordre des Frères-Prêcheurs, qui, en étudiant notre sainte Mère dans sa mission, ses œuvres, et l'amour qui la consuma, laissa à nos âmes de solides et émouvantes impressions. Sa Grandeur Monseigneur Richard, qui avait ouvert la solennité du *Triduum*, vint donner le Salut de clôture, qui fut suivi d'un *Te Deum*.

En quittant notre chapelle, les fidèles se faisaient un bonheur d'aller demander un de ces petits souvenirs de sainte Thérèse que nos Sœurs avaient préparés à leur intention. La douce solennité avait pris fin, comme tout ce qui est d'ici-bas ; au ciel seulement les joies sont durables. Cependant on avait loué Dieu, on avait loué la Sainte à qui Notre-Seigneur dit un jour ces incomparables paroles : « *Mon honneur est le tien, et ton honneur est le mien* ». On espérait, on sentait la protection de la Vierge d'Avila sur la sainte Eglise, sur la France qu'elle a tant aimées, sur les fidèles accourus avec une telle affluence que notre chapelle ne les pouvait contenir.

Puisse la grande Sainte bénir particulièrement ses filles, afin que, s'attachant de plus en plus aux traces de leur Mère, elles continuent son œuvre dans les âmes !

CARMEL DE TRÉVOUX

(FONDÉ EN 1668).

De grands honneurs ont été et seront encore rendus à la séraphique Thérèse de Jésus, à l'occasion du troisième centenaire de sa mort. Les Princes de l'Eglise se réunissent à son tombeau, et partout où elle compte des fils ou des filles, les décorations riches et brillantes se multiplient, les chants de la terre se mêlent aux chants du ciel pour célébrer ses louanges. Qu'il nous soit permis de dire que notre petite ville de Trévoux a eu le bonheur de mêler une note de puissante harmonie à cet hymne universel. Il y avait, dans la chapelle de nos chères Carmélites, une décoration modeste et gracieuse : la statue de leur Mère était entourée de fleurs et de lumière ; mais on était plus porté à la chercher sur son trône de gloire, car l'âme était bientôt transportée au delà de toutes les choses de la terre par la parole élevée et brûlante du R. P. Elisée, carme déchaussé. Oh ! comme elles ont passé vite ces heures du ciel !

C'est pour relever nos courages abattus, c'est pour exciter en nous la vaillance du bras et la vaillance du cœur, qu'il vous a plu, ô mon Dieu, de nous envoyer le fils des Prophètes au langage de feu. C'est pour nous rappeler à un perpétuel *Sursum corda* que vous nous avez fait entendre ce chantre sublime de vos divins attributs : merci, mon Dieu, merci !

L'orateur possède le don suprême d'atteindre les âmes et de les faire vibrer au son de sa voix comme les cordes d'une lyre ; un long frisson passait parfois sur l'auditoire tout entier, quand il montrait, avec une fière et noble indépendance, l'amour du Christ pour les hommes et le malheur de ceux qui, en retour, n'ont pour Lui que le perfectionnement de la haine.

Dimanche soir, il nous a fait voir, dans le panégyrique de la Sainte, comment, le martyre du sang lui ayant été refusé quand elle allait, en compagnie de son frère Rodrigue, le chercher au pays des Maures, elle avait été réservée pour le martyre de l'amour : « L'amour est un doux tyran : quand il plonge l'âme dans un océan d'amertume, il est suave ; quand il l'inonde de délices, il est cruel; quand il frappe, il guérit; quand il caresse, il tue! » Le fils de sainte Thérèse nous la montra gémissante, haletante sous le glaive du séraphin ; puis enfin, après une extase de quatorze heures, entrant dans la joie de l'union divine, union dans laquelle l'Epoux céleste n'avait point à redouter de mésalliance, car il avait préparé son épouse. « Le glaive du séraphin n'est point brisé, son carquois n'est point vide, et toute âme qui dit à Dieu, avec sincérité : « Mon cœur est prêt, Seigneur, mon cœur est prêt à faire votre volonté, peut espérer l'effet des opérations divines de l'amour à son profit et au profit du salut d'autres âmes. »

L'humble chapelle était trop petite; les âmes pieuses et avides se pressaient dans la cour extérieure du monastère; tous les fronts s'inclinaient sous la formule de la bénédiction papale donnée par le R. Père, et tous emportèrent au fond de leur âme un espoir de paix et de salut. Un regret général se trahissait aussi, faut-il l'exprimer?... Le regard et le cœur avaient cherché en vain le vénéré Pasteur du diocèse, retenu par d'incessants labeurs; mais on savait qu'il était là par la pensée et le désir.

Nous avons peu de chose à ajouter à ce qui précède. Quoique les détails de nos fêtes, des décorations de notre chapelle n'y soient pas indiqués, ce récit de la *Semaine religieuse* si sommaire est exact. Notre Carmel est assurément le plus humble de France et le plus pauvre. Notre sainte Mère l'a traité néanmoins avec une tendresse et une bonté de mère pour un Benjamin, en lui envoyant un de ses fils, le Révérend Père Elisée, qui, ayant en partage l'éloquence, a su la louer avec des accents sublimes. On peut dire que sa parole a fait sensation et a su attirer de nombreux fidèles aux pieds de notre séraphique Mère : c'est ce que nous voulions pour sa gloire.

Nous avons été appelées à Trévoux, en 1874, par Sa Grandeur Monseigneur Richard, alors évêque de Belley, et installées par Mgr Mermillod dans l'ancien Carmel que nous avons acheté; malheureusement la chapelle n'existait plus. Il avait été fondé en 1668 par le Carmel de Salins; nous avons toutes les anciennes chroniques de nos Sœurs.

Notre Mère sainte Thérèse, qui a permis que notre Carmel occupât la dernière place dans ce recueil, sait bien que notre cœur lui appartient, et que rien ne nous est plus cher que sa gloire qui procure la gloire de son divin Epoux.

CARMEL DE RODEZ

(FONDÉ EN 1825).

Le troisième centenaire de la mort de sainte Thérèse, qui aimait tant la France, a été célébré à Rodez avec un grand zèle.

Une neuvaine de prières suivie par une foule nombreuse a précédé la fête dans la chapelle du Carmel.

Dimanche, Mgr l'évêque a dit la messe principale à huit heures.

Le soir, il a prêché à vêpres. Son panégyrique de sainte Thérèse a été une admirable causerie dans laquelle notre vénéré Prélat a montré avec beaucoup d'à-propos et de finesse combien sainte Thérèse avait choisi la meilleure part, démontrant avec la dernière évidence qu'au point de vue surnaturel et même au naturel, elle avait trouvé le bonheur, le seul vrai, celui que donne le service de Dieu.

Sa Grandeur a ensuite donné le salut du Saint-Sacrement.

Lundi et mardi, M. l'abbé Touzery a prêché le panégyrique de la Sainte. Pendant ces deux jours, il a montré la profonde sagesse, la prudence et l'amour par le moyen desquels sainte Thérèse s'est élevée si haut dans la perfection divine. Avec son remarquable talent, l'orateur a révélé les beautés intérieures et surnaturelles de cette Sainte qui a tenu une si grande place dans son siècle.

Le Saint-Sacrement exposé pendant les trois jours du *Triduum* a été constamment entouré de pieux adorateurs.

Un grand nombre de prêtres, toutes les communautés religieuses, une foule de fidèles sont venus visiter la chapelle du Carmel et prier sainte Thérèse.

Nous ne voulons point détailler le récit abrégé mais exact de la *Semaine religieuse* que nous venons de citer. Nous ne pouvions, malgré tous nos désirs, célébrer ces fêtes avec beaucoup de pompe; notre chapelle étant petite et pauvre, nous n'avons pu y faire d'autres décorations que celle d'orner un gracieux autel improvisé, pour y exposer la statue de notre sainte Mère, laquelle, du reste, a été visitée pendant le *Triduum* par tout le clergé de notre ville. L'affluence a été vraiment très grande, et, le jour de la fête, la chapelle resta remplie jusqu'à la nuit close. On priait avec ferveur devant la statue de la Sainte, on y fit brûler beaucoup de cierges. Un grand nombre de personnes, ne pouvant trouver place pendant les sermons, furent obligées de s'en retourner. Cependant les communions n'ont pas été nombreuses ; elles peuvent être évaluées à 150, à peu près.

Il n'y a pas eu de pèlerinages, à proprement parler. Les Religieuses du couvent de l'Union conduisirent leurs pensionnaires à notre chapelle chaque jour du *Triduum*. M. le chanoine Touzery, notre prédicateur des deux derniers jours du *Triduum*, y conduisit les pensionnaires de son couvent de la Providence le lundi, et il leur dit la sainte messe. Le soir, il prit pour texte de son sermon l'Introït de cette messe, et le développa de façon à charmer tous ses auditeurs. Le succès de son sermon du lendemain fut au moins aussi grand. Nous regrettons qu'il n'ait rien écrit ; ces deux discours étaient dignes d'être conservés à côté des plus beaux qui ont pu être prononcés dans ces grandes solennités.

Le Carmel de Rodez n'est pas à même de briller parmi tous les récits qui seront donnés des fêtes du centenaire ; mais s'il reconnaît en cela la supériorité des autres monastères, il ne consentira jamais à ce que, dans aucun d'eux, sa Mère bien-aimée soit plus chérie et plus admirée qu'elle ne le sera toujours ici. — Vivent Jésus de Thérèse et Thérèse de Jésus !

CARMEL DU MANS

(FONDÉ EN 1830).

Les fêtes du Carmel ont eu de nombreux témoins, et l'on peut affirmer sans être démenti qu'il n'est pour ainsi dire pas une maison de notre grande cité qui n'y ait pris part.

Les plus grands mondains se sont associés aux sentiments des recluses, inconnues du plus grand nombre, célébrant par des pompes inaccoutumées les gloires de leur sainte Fondatrice ; il nous semble permis de conclure de la grande affluence des pèlerins du Carmel une bien consolante assurance, à savoir que le XIXᵉ siècle, aussi bien que le XVIᵉ, ressent la mystérieuse influence de l'illustre Réformatrice du cloître.

Bien des cœurs déjà initiés aux splendeurs de la foi en sont revenus plus éclairés, plus sympathiques à la vie monastique ; bien des spectateurs émerveillés des splendeurs de la chapelle des Carmélites, et qui avaient cru en la visitant satisfaire une curiosité mêlée d'indifférence, en ont remporté des sentiments peu définis, peut-être, mais, à coup sûr, des enseignements qu'ils ne soupçonnaient pas y rencontrer.

La magnificence des décorations, les suaves harmonies des chants religieux, la pompe des cérémonies, le culte exceptionnel rendu à une religieuse espagnole morte depuis trois siècles, derrière la grille d'un cloître, semblable à celle qui était là si près d'eux et à travers laquelle leurs yeux cherchaient peut-être à découvrir les silhouettes à demi effacées dans la pénombre des filles de la Sainte : tout cela était pour le plus grand nombre comme une initiation à des faits et à des vérités d'un ordre nouveau, savoir que la sainteté est un état d'une incomparable grandeur.

Le moine inconnu qui a chanté l'épopée de Roland met dans la bouche de l'envoyé du roi des Maures d'Espagne à Charlemagne ces mots dignes d'Homère : « Il doit être bien rempli de siècles, il y a si longtemps que la terre tremble au bruit de son nom ».

Peut-on exprimer avec plus d'énergie que le poète du dixième siècle la consécration, par le temps, de la gloire et des conquêtes ? Mais pourquoi trouverait-on étrange de l'appliquer à la Vierge d'Avila ? L'héroïne castillane fut-elle donc moins grande que le grand empereur ? Elle fut législateur et victorieuse comme lui ; le temps a, pour elle comme pour lui, sanctionné la gloire et les conquêtes.

Je préfère cependant, au lieu de cette réminiscence poétique du vieux moine, appliquer à Thérèse l'éloge de l'Ecriture : *Oleum effusum nomen tuum*. Son nom n'a pas fait trembler le monde, mais depuis trois siècles il le remplit d'un parfum qui s'y conserve et s'y répand inaltérable et fécond, plus délicieux et plus puissant en traversant les siècles.

C'est donc pour célébrer dignement le troisième centenaire de leur sainte Fondatrice que les Carmélites du Mans ont orné, pavoisé, illuminé leur sanctuaire avec une magnificence inaccoutumée. Grâce à l'habile ordonnance qui y a présidé, grâce à ces mille soins que l'amour de Dieu sait inspirer et que nulle difficulté n'arrête, quelle splendeur dans l'ensemble et quelle poésie dans le décor ! Quelle harmonie et quelle suavité dans les détails ! Quelle intelligence dans tous ces emblèmes savamment rassemblés et dont le langage saisit tous les esprits et tous les cœurs!

L'architecture à la fois élégante et sévère de la chapelle invite en tout temps à la méditation et à la componction; c'est le langage habituel de ce pieux sanctuaire, de cette retraite si bien appropriée au recueillement et à la prière silencieuse et solitaire; mais pendant la neuvaine précédant la glorieuse fête de leur patronne et le *Triduum* qui l'a suivie, consacré à l'exaltation de sa gloire séculaire, les filles de sainte Thérèse ont admirablement compris qu'il convenait d'imprimer à l'édifice lui-même un caractère particulier. Ce sont des jours de triomphe et des joies surnaturelles; aussi tout ici est transformé.

Vous avez vu et compris ces riches draperies aux mille couleurs harmonieuses dans leur effet; votre œil charmé, en suivant leurs lignes brillantes et leurs plis majestueux, reconnaissait que cette nef du temple était devenue une voie triomphale. Il s'arrêtait de distance en distance sur des cartouches dus à d'habiles pinceaux, semblables aux médaillons et aux trophées qui s'étalent d'ordinaire sur le passage des triomphateurs et qui proclament leurs hauts faits et leurs victoires. Ce sont en effet les hauts faits et les victoires de la Sainte depuis le jour où, à l'âge de sept ans, elle aspira aux palmes du martyre, jusqu'à celui où elle reçoit de son divin Époux la couronne des Vierges.

De joyeuses bannières se balancent de toutes parts, et vous y avez lu le résumé de sa vie; c'est sa sublime devise : Ou souffrir, ou mourir, *aut pati, aut mori*, dont l'enseignement a pénétré jusqu'au fond de vos âmes, devise qui suffirait à l'illustrer, à la recommander à jamais à l'admiration et à l'imitation des fidèles.

Les écussons de l'immortel Pie IX et du grand Pape qui lui a succédé, celui de l'éminent Prélat qui siège sur la chaire de saint Julien, vous ont dit que ces fêtes auxquelles vous prenez part sont ordonnées par ces Pontifes, qu'elles sont sanctionnées par l'autorité suprême de l'Église et enrichies à votre profit de grandes faveurs spirituelles, enfin qu'elles sont présidées par l'évêque qui gouverne l'Église du Mans, qui a voulu être lui-même le supérieur de cette pieuse famille monastique des Carmélites du Mans.

Lorsque bien souvent, avant ces belles fêtes, vous êtes venus vous agenouiller et prier dans ce pieux sanctuaire, vous avez remarqué et admiré le gracieux escalier de pierre qui, par une double rampe, semblable aux sentiers d'une montagne, s'élève jusqu'à deux grilles situées au fond de l'abside de ce charmant édifice.

Vous avez vu maintes fois le divin Maître gravir la pente de cette montagne; ce n'est pas l'escalier de son Calvaire, je dirai plutôt que c'est le sentier de son Thabor, car c'est la voie qui conduit au lieu où il va se donner comme aliment de vie à celles de ses Epouses que la maladie retient sur des lits de douleurs plus pénibles que celui où elles passent leur vie habituelle d'austérités et de souffrances.

C'est là que les pieuses filles de sainte Thérèse ont eu l'heureuse inspiration de placer le trône de gloire de leur Mère.

C'est là que nous l'avons contemplée vêtue du costume monastique, agenouillée, mais non prosternée dans la poussière de son néant, qu'elle ne cessait pourtant pas de proclamer. Elle est en extase et tient encore à la main la plume qui vient de tracer des pages toutes brûlantes de l'amour de son Jésus et de zèle pour les âmes, sur un livre que soutient, près d'elle, un ange aux ailes déployées. Un autre porte, dans ses mains, la barrette blanche du doctorat, que lui a décerné l'Université de Salamanque (1).

Tout autour de ce groupe palpitant de vie, que domine la Colombe céleste, semblent voltiger de nombreux chérubins, assistant au triomphe de la séraphique Thérèse, répétant avec elle son chant triomphal dont une éclatante banderole nous fait lire les paroles : « *Misericordias Domini in æternum cantabo* ».

Ce triomphe, en effet, est-il autre chose que l'amour de Thérèse et la miséricorde de son Dieu ?

Qui de nous, en contemplant ce groupe inondé de lumière pendant que l'autel où nous adorions son céleste Epoux resplendissait de mille feux, n'a pas eu un instant comme une vision du Thabor et n'a pas dit comme saint Pierre : Maître, il est bon de demeurer ici !

Oh ! oui, vraiment, de demeurer à jamais dans cette sainte retraite du Carmel, en la compagnie de sainte Thérèse et près du tabernacle où repose Jésus ! Et plus d'une âme sans doute, pendant ces jours bénis a porté, ses aspirations vers les hauts sommets du Carmel, s'est demandé si cette part de la vie n'était pas, comme celle de Madeleine, la meilleure ici-bas et n'était pas déjà l'avant-goût des éternelles félicités ! Plus d'un spectateur ému a certainement porté envie aux familles qui comptent quelqu'un des leurs au nombre des compagnes et des filles de la glorieuse Thérèse de Jésus !

Parmi les pensées consolantes qui occupaient mon esprit au cours de ces

---

(1) Ce groupe a été exécuté en cire par une des révérendes Mères carmélites du Mans.

belles cérémonies, il en est une que je veux vous dire; elle est douce au cœur des pauvres mondains comme nous, à cause de la part que nous y prenions. Avez-vous remarqué comme moi le silence et l'effacement de ces saintes filles de sainte Thérèse pendant les fêtes de ce beau *Triduum?* elles ont tout préparé par leurs soins et leurs travaux pour le triomphe de leur Mère, mais elles ne l'ont pas vu de leurs yeux. Ce ne sont pas elles qui ont chanté ses louanges, qui ont rendu grâces à Dieu par leur chant plaintif et grave qui semble figurer à la fois les respirations et les défaillances de l'amour ; ce sont les paroisses de la ville, ce sont les divers représentants de l'Ordre monastique de la contrée, c'est le séminaire, c'est le chapitre de la cathédrale qui tour à tour fêtent la Sainte du Carmel, ce sont des artistes pieux et dévoués dont les noms sont dans toutes les bouches, qui unissent leurs talents pour rehausser la beauté des cérémonies; c'est enfin la foule toujours croissante des pèlerins qui célèbrent le triomphe de la Sainte, car ce ne sont plus seulement des spectateurs curieux, ce sont des enthousiastes du Carmel.

C'est que des voix puissantes autant qu'inspirées ont, pendant ces treize précieuses journées, ouvert d'abondantes sources d'instruction solide et de science mystique mise à la portée de tous.

Pendant la neuvaine préparatoire, le Père Alet, de la Compagnie de Jésus, a tenu son auditoire captif et suspendu à ses lèvres, montrant tour à tour sainte Thérèse comme sainte, docteur et apôtre.

Il a su faire connaître et aimer cette Sainte, si exceptionnellement grande par des vertus éminentes et des actes et des écrits si fort en dehors des voies communes et qui excitent chez les indifférents et les tièdes plus de frayeur que d'admiration. On ne sait généralement de l'héroïque Vierge d'Avila que ses extases et ses ravissements; sa sainteté si haute mais si austère semblait pour beaucoup inimitable. On ignorait la simplicité tout aimable de son âme, le charme infini de ses relations qui captivait les cœurs; le R. P. Alet nous a fait connaître ses luttes et ses victoires sur elle-même. Elle a fleuri à l'ombre du cloître sous le regard de Dieu, mais, façonnée par le Maître souverain, elle a étonné le monde aussi bien par la joie et le bonheur qu'elle savait répandre autour d'elle, que par ses héroïques vertus.

Au jour de la fête, à laquelle la parole du P. Alet avait si bien préparé le monastère et les fidèles qui l'avaient pieusement entendue, la chapelle ne pouvait contenir la foule empressée. Ce jour-là, en effet, les enfants dispersés de saint Benoît, que l'iniquité triomphante a violemment chassés de Solesmes, devaient se réunir au Mans pour fêter sainte Thérèse, et n'était-il pas touchant de voir unis ces deux rameaux les plus anciens et les plus respectés de l'Ordre monastique ?

La présence du Révérendissime Abbé de Solesmes, Dom Couturier, nous faisait involontairement reporter nos pensées vers cette grande époque du XVIe siècle où tant de saints éminents fleurissaient dans l'Eglise, en dépit ou plutôt peut-être à cause des grands troubles qui, alors comme aujourd'hui, mettaient en péril l'ordre religieux et politique de l'Europe. Mais l'impression qui dominait en ce moment mon esprit était plutôt un sentiment d'espérance que de crainte : la ferveur que le monde entier témoigne pour le centenaire de sainte Thérèse comme pour celui de saint François d'Assise n'est-elle pas un signe d'une recrudescence de la foi et de la piété? A quelques jours de distance, l'Eglise a fêté ces deux saints. Une vision prophétique du Pape Innocent III ne lui a-t-elle pas montré l'édifice ébranlé de l'Eglise soutenu et raffermi par le pauvre d'Assise ; et dans les dangers toujours croissants de l'ordre social, quelle confiance ne doit pas nous donner la vertu de la pénitence et de l'expiation si héroïquement mise en pratique par sainte Thérèse, et par la famille du Carmel qui vit de son esprit, de ses œuvres et de sa doctrine !

Ces pensées, sérieuses et consolantes à la fois, nous occupaient pendant que nous suivions d'un œil ému les pompes de la liturgie sacrée, célébrées par ces fils de saint Benoît dont l'œuvre survit toujours, malgré les efforts impuissants du monde et de Satan. Combien toutes ces pensées se sont développées et affermies lorsque nous avons entendu la savante homélie du Révérendissime Abbé, chef-d'œuvre d'érudition et d'ascétisme !

Après le Père Alet, qui le soir nous révéla les merveilles du cœur de la séraphique Thérèse, Dom Couturier avait complété l'introduction à ce magnifique *Triduum* qui devait couronner le centenaire de Thérèse de Jésus, et ces trois grandes journées devaient être remplies par la présence et la parole du premier Pasteur du diocèse, Mgr d'Outremont.

Une grille austère, un voile noir séparent les deux assistances qui prennent part à ces augustes cérémonies, et je voudrais pouvoir dire quelles pensées faisait naître en moi la vue de choses si diverses et leur saisissante unité. D'un côté, une demi-obscurité qui faisait songer à la nuit de la tombe, un silence qu'aucun murmure ne trouble, les filles mêmes de la Sainte (en ce moment même glorifiée et exaltée) portant comme à l'ordinaire l'austère habit des solitaires du Mont-Carmel, car elles ne se dépouilleront pas un seul jour de la sainte livrée de la pauvreté sous laquelle demeurent cachées les meurtrissures de la pénitence.

De l'autre côté, c'est la splendeur d'une illumination radieuse, c'est l'harmonie des chants sacrés et des orgues majestueuses, c'est le Pontife revêtu de ses ornements avec leur royale magnificence, *regale sacerdotium*, sous lesquels l'œil de Dieu découvre la mortification et le détachement aussi bien que sous la bure du cloître.

Quels enseignements dans ces contrastes et dans cette unité! C'est la vigne symbolique dont nous avons remarqué l'emblématique beauté. Elle a jeté ses profondes racines sur les hauts sommets où nous considérions tout à l'heure le groupe de la Sainte et des anges. Ses rameaux puissants couverts de fruits s'enroulent sur les rampes et les degrés de l'escalier que nous avons précédemment décrit.

La vigne symbolique s'étend dans le sanctuaire témoin glorieux de l'œuvre de sainte Thérèse, tandis que cette œuvre elle-même reste de l'autre côté de la grille avec ses réalités invariables.

Pendant ce temps nous étions là, pèlerins et spectateurs associés à cette fête, petite portion de l'Église universelle qui, à la même heure, célébrait la fête de sainte Thérèse sur tous les points de la terre où elle a des sanctuaires et des autels. Voilà ce que nous disait la présence de l'évêque et la bénédiction papale répandue par ses mains sur le monastère et sur les fidèles assemblés autour de lui.

Mais la présence de Mgr d'Outremont ne suffisait pas pour témoigner sa dévotion personnelle à sainte Thérèse et ses pieuses sympathies pour le Carmel de sa ville épiscopale; elle ne suffisait pas surtout à cette assemblée de fidèles qui sait à quel point l'illustre Prélat est initié aux secrets de la vie intérieure. Aussi attendait-elle de sa bouche, non seulement le panégyrique de la Sainte, mais encore des leçons pratiques sur ces mystères de dévotion qu'il tient, à n'en pas douter, de Thérèse elle-même et des autres docteurs de sa mysticité. C'est là ce que sa voix aimée a fait entendre pendant ce beau *Triduum*.

Quelle science théologique et quelle clarté dans l'exposition qu'il a faite de la nature de sainte Thérèse, dans la définition des procédés et des effets de la grâce en elle, et dans la démonstration des développements que cette grâce a donnés à son esprit et à son cœur! Quelle suavité et quelle méthode dans la description qu'a donnée le pieux Prélat des procédés et des effets pratiques de l'oraison!

Toute la doctrine des mystiques a été mise par lui à la portée des plus humbles ; tous les cœurs ont saisi sans effort ces leçons données avec la grâce qui lui est propre, et traduite dans un langage dont il a le secret ; aussi, après avoir dit comment cette grande mystique, cette Sainte dont le cœur a été en contact immédiat avec le cœur de son Maître bien-aimé, s'était élevée par l'oraison à ces sublimes hauteurs, nous a-t-il appris ce qu'est l'oraison et comment elle doit être la base de toute vie chrétienne. Je soupçonne fort Sa Grandeur de mettre elle-même en pratique, avant d'en distribuer les fruits à son troupeau, cette charmante leçon de saint Bernard dans son École du cloître : « *Cherchez dans la lecture des saints livres, et vous trouverez dans la méditation ; frappez dans l'oraison, et il vous sera ouvert dans la méditation ; la lecture prépare à la bouche un aliment solide, la méditation le broie, la contemplation en retire les délices qui réjouissent et fortifient.* »

Telles ont été les fêtes auxquelles il nous a été bien doux d'assister ; il est sans doute présomptueux à moi de publier au dehors les impressions intimes que j'y ai ressenties, tandis que tant de cœurs mieux préparés en ont reçu de plus complètes et de plus profondes ; mais je les offre telles que je les ai éprouvées, comme témoignage de ma reconnaissance envers le Carmel du Mans et de mon admiration pour les orateurs éminents qui les ont produites pendant les fêtes consacrées à la glorification de Thérèse de Jésus.

Un Pèlerin.

CARMEL DE FIGEAC

(fondé en 1833).

Les fêtes du troisième centenaire de la mort de sainte Thérèse de Jésus ont commencé et fini à Figeac un peu plus tard que partout ailleurs. Nous pourrions dire : *Le Carmel a tressailli de joie.*

Pendant toute la durée du *Triduum* solennel, et même pendant les jours qui ont suivi jusqu'à la fin de l'octave, le monastère n'était plus ce qu'il est d'habitude, le séjour préféré du silence et du recueillement, du travail caché, de la prière solitaire ; un nid de colombes dans la fente du rocher, où elles gémissent ignorées des hommes, connues de Dieu seul ; mais lui, toujours si humble dans ses élans d'amour, il a brillé dans la nuit, devant la ville entière, des mille feux d'une splendide illumination.

Lui, si simple, si pauvre dans son ameublement intérieur, il a orné de fleurs, de guirlandes, de tentures ou de tapis, ses vestibules, ses escaliers, ses corridors à l'aspect grave et austère, jusqu'à son réfectoire, hanté toute l'année par le jeûne et l'abstinence, qui laissent toutefois les visages riants, non rembrunis, comme dans le monde on est tenté de le croire.

La chapelle était plus richement ornée d'oriflammes armoriées, de tissus d'or et d'argent, de velours cramoisi retenu par des glands et des agrafes d'or. Des colonnes et des arcs de lumière, s'élevant jusqu'à la voûte, entouraient l'autel et encadraient le célèbre *Groupe de la Transverbération*, si vivant et si émouvant, qui vient de prendre possession de la grande niche au-dessus du tabernacle.

Au-dessus de cette niche, au milieu du fronton soutenu par deux grandes colonnes, sous la voûte du sanctuaire, on admirait, au sein d'une atmosphère de feu, le cœur de la Sainte, peint en transparent, avec sa large blessure, et les épines merveilleuses qui y sont apparues et qui y croissent depuis près de cinquante ans. Une vigne d'or s'élevant en spirales sur les colonnes semblait venir s'incliner avec respect devant la sainte Mère, symbole touchant de sa vigne bénie, les fils et les filles du Carmel. De chaque côté de l'autel, en dehors des colonnes, sur de longues oriflammes en velours blanc, ornées d'or et de pierreries, brillaient les noms de *Thérèse de Jésus* et *Jésus de Thérèse*; et près de ces grandeurs célestes, flottaient doucement, sur des gazes légères comme les ombres, des grandeurs de la terre, les riches blasons des Cepeda et des Ahumada.

Le plan de cette décoration, d'un goût exquis, avait été donné par M. l'abbé J. Ferrand, chanoine honoraire de Cahors, aumônier de l'hôpital et de Sainte-Marthe. Toutes les mains du monastère, et encore celles de huit ou dix ouvriers, en avaient préparé et disposé les divers ornements. Jusqu'aux Frères des Ecoles Chrétiennes, toujours empressés et dévoués pour le Carmel, qui voulurent bien prêter leur concours pour les peintures de la décoration.

Et dans ce sanctuaire ainsi orné, on n'entendait plus la suave mais monotone répétition des psaumes et des leçons de l'Office canonique, mais bien les graves harmonies de l'orgue installé pour la circonstance dans sa tribune improvisée, et les joyeuses symphonies, et les cantiques mélodieux, et les savants faux-bourdons que rendaient, avec un merveilleux ensemble, des voix fraîches et limpides, une députation choisie du Pensionnat de Sainte-Marthe.

La ville, qui aime ses Carmélites, s'est ébranlée; elle a envahi le Carmel chaque jour, matin et soir. Hélas ! quoique la nef de la chapelle se prolongeât au dehors, sous des abris de toile, elle était trop étroite. Pour y trouver place, il fallait se rendre là trois ou quatre heures avant l'Office; et au dernier moment, les rues étaient encombrées de fidèles qui s'en retournaient par centaines, n'ayant pu pénétrer à l'intérieur.

Le chœur était lui-même devenu trop petit pour le nombreux clergé qui le remplissait et qui s'y serrait jusqu'aux marches de l'autel.

La vraie fête, nous ne l'avons pas encore entrevue: elle découle de la chaire avec les paroles du prédicateur, Monseigneur Sourrieu, récemment nommé Evêque de Châlons-sur-Marne. On ne se lasse pas d'entendre cet homme éminent: sa pensée est neuve et frappante, sa parole lumineuse, ornée et forte, sa doctrine parfois hardie, toujours pondérée.

Les solennités ont duré huit jours. Chaque matin, les prêtres se succédaient nombreux à l'autel, depuis le point du jour jusqu'à l'heure de la grand'messe. Le soir, à la nuit, avaient lieu le sermon et la bénédiction du T.-S.-Sacrement.

Le premier jour, jeudi, 19 octobre, M. Antoine Massabie, curé de Saint-Sauveur, archiprêtre de Figeac, et chanoine honoraire de Cahors, chanta la messe et présida le soir l'ouverture solennelle du *Triduum*. Le prédicateur nous montra sainte Thérèse réformatrice du Carmel, nous enseignant à nous-mêmes l'art de réformer nos semblables, qui consiste à nous placer à leur niveau par la condescendance, au-dessus d'eux par la vertu et le mérite, au-dessous par l'humilité et le sacrifice.

Le deuxième jour fut présidé par M. Bonaventure Massabie, curé-doyen de Notre-Dame du Puy, chanoine honoraire de Cahors; il chanta la messe et présida le soir. Au sermon, la Sainte nous apparut armée pour la lutte, victorieuse des passions du dedans, des obstacles du dehors, et des persécutions violentes, inspirant la confiance aux âmes du temps présent et semblant leur répéter ce mot du divin Maître : « *Soyez sans crainte, j'ai vaincu le monde!* »

Le troisième jour, la messe fut chantée par M. Benne, curé de Saint-Thomas; et le Salut du soir fut présidé par M. Lacarrière, ancien curé de Saint-Thomas, curé-doyen de Saint-Céré, chanoine honoraire de Cahors, venu dès le premier jour à Figeac pour prendre part aux fêtes du centenaire.

Nos yeux sont tournés vers la chaire. Creusant profondément pour contempler les fondements de la puissance merveilleuse de la Sainte, Monseigneur Sourrieu nous apprend qu'un triple respect fait la force : le respect de la pierre du foyer, de la pierre du tombeau, de la pierre de l'autel; c'est-à-dire le respect de la famille, des traditions nationales et de la religion; triple respect aujourd'hui trop compromis!...

Figeac n'oubliera pas la solennité du quatrième jour, du dimanche 22 octobre. Monseigneur Grimardias, évêque de Cahors, était venu de sa ville épiscopale donner à ces pieuses réjouissances la grandeur et l'éclat de sa présence. Il célébra la sainte messe et chanta pontificalement les vêpres du soir. Cette fois, Monseigneur Sourrieu contemple la séraphique figure de Thérèse de Jésus, qu'il s'efforce de saisir et de peindre. Elle lui apparaît comme l'honneur de son siècle et la lumière du siècle présent.

Oui ! Thérèse résume en elle toutes les gloires !... Elle est fondatrice d'Ordre, Apôtre, Docteur, Martyre !..... Son corps s'évanouit à nos yeux, l'âme seule reste !... Et si elle est encore dans sa prison mortelle, cette prison n'a rien pour les sens : elle est transparente comme le cristal à travers lequel l'âme apparaît et se laisse voir. Arrière ! ignorants du siècle qui abaissez l'homme jusqu'à la bête et qui méconnaissez vos destinées futures !!... Thérèse ! c'est la spiritualité de l'âme !... c'est l'immortalité !... c'est le Ciel et ses splendeurs !!.....

Il y avait une heure que le prédicateur nous tenait sous le charme de sa parole, lorsque, se tournant vers les grilles du chœur : « Vierges, que ces cloîtres abritent, dit-il, vous auriez dû vous montrer en ce jour aux yeux de la foule !... Vous êtes Thérèse vivante; votre apparition silencieuse eût été plus éloquente que mes discours !... Sœurs vénérées qui aimez tant votre séraphique Mère, elle vous aime aussi du haut du ciel, son esprit et sa bénédiction demeurent au milieu de vous !..... Il m'a été bien doux de venir prendre part à vos magnifiques solennités religieuses, dont la trace lumineuse marquera dans le monastère par un redoublement de ferveur et de toutes les vertus... et restera dans mon âme comme un de mes plus chers souvenirs du Quercy... »

S'adressant ensuite aux dames de la ville, il les remercie, elles *les Carmélites du foyer*, qui protègent celles du cloître et les entourent de sollicitude et d'amour.

Puis, ses yeux s'arrêtent sur l'évêque qui préside au trône; il pense à sa récente promotion à l'épiscopat, il s'incline devant le prélat qui l'écoute, il loue sa prudence et ses autres vertus..... Il se plaît à l'appeler *son Pontife* et *son Père*..... Il s'effraie pour lui-même; il demande les prières de ses auditeurs et la puissante intercession du Carmel pour diriger ses premiers pas dans sa nouvelle carrière !...

Monseigneur Grimardias se lève, et d'une voix émue mais maîtresse d'elle-même, il se réjouit avec l'Église d'une promotion qui procurera la gloire de Dieu et le salut des âmes !... Il donne rendez-vous à l'auditoire aux pieds de Notre-Dame-de-Rocamadour, où le 30 novembre, fête de saint André, apôtre, il imposera lui-même les mains au nouvel Evêque !... En même temps il entonne l'hymne de l'action de grâces, que poursuit toute l'assistance dans un élan indicible de bonheur... On était au Ciel !!...

Pourquoi faut-il descendre de ces hauteurs ?... Il était si bon et si doux d'être là pendant toute la durée du *Triduum !*...

Les fêtes continuèrent jusqu'au huitième jour. Le lundi 23, M. l'abbé Magne, premier vicaire de Saint-Sauveur, chanta la messe et présida le Salut du soir. Le 24, ce fut M. l'abbé Grandon, aumônier du collège; le 25, M. l'abbé Calmon, aumônier de la Sainte-Famille. Le 26, jour de l'octave, M. l'abbé Ferrand, confesseur ordinaire du Carmel, chanta la messe, et le soir présida le Salut qui devait clore ces belles et touchantes solennités. Après le chant du *Magnificat*, M. le curé de Notre-Dame-du-Puy monte en chaire; il jette un dernier regard sur la séraphique Mère... Il raconte les merveilles que Dieu a opérées à son tombeau, après sa mort, et récemment en son cœur vénérable...

Nos âmes débordent d'amour pour notre Sainte si grande, si favorisée, et de reconnaissance pour Dieu qui s'est plu à la glorifier; de zèle pour marcher sur ses traces et nous rendre moins différents d'elle-même.

Pendant toutes ces belles fêtes, à Figeac, des nouvelles arrivaient d'Espagne, avec les lettres de la Très Révérende Mère Marie-des-Douleurs-de-Jésus, prieure du Carmel de la ville d'Albe de Tormès. Notre Révérende Mère Thérèse de Jésus, prieure du Carmel de Figeac, inspirée par son amour filial et celui de tous les Carmels de France, venait d'envoyer au monastère d'Albe, où repose leur séraphique Mère, des branches de fleurs, des guirlandes et une couronne brillante d'or et d'argent. Dans sa pieuse pensée, les branches de fleurs et les guirlandes devaient représenter toutes les religieuses Carmélites de France; la couronne, Nosseigneurs les Évêques et tous les Pères des monastères.

Cet hommage de la piété fut accueilli au delà des Pyrénées avec des transports de joie et de reconnaissance. Les guirlandes et les fleurs servirent à orner le reliquaire dans lequel est renfermé le bras de sainte Thérèse et le brancard qui le portait aux processions d'Albe et d'Avila. La couronne est présentement déposée dans la cellule même où mourut la Sainte, au-dessus de son image, à Albe de Tormès.

Que les fêtes de l'Eglise diffèrent de celles du monde!.. Celles-ci ne laissent en finissant que la tristesse et le vide; celles-là répandent dans l'âme des parfums d'une exquise douceur, qui y restent concentrés et ne s'en échappent que lentement. Les unes dégoûtent, la plupart du temps, du travail et du devoir, en réveillant le besoin malsain des jouissances grossières; les autres rendent la volonté plus forte pour le sacrifice et la vertu!...

Les fêtes du Carmel de Figeac, en nous montrant la céleste figure de *Thérèse de Jésus*, nous ont émus jusqu'aux plus profonds replis de l'âme. Le souvenir en restera pour rajeunir la piété, réchauffer les tièdes, rassurer les timides et les affermir dans le bien.

CARMEL DE TULLE

(FONDÉ EN 1836).

Le Carmel de Tulle fut fondé par la Révérende Mère Thérèse-Madeleine du Calvaire, prieure des Carmélites de Limoges, et décédée en 1862. Cette bonne Mère allait repartir et renoncer à sa chère fondation, parce qu'elle ne trouvait pas d'emplacement. D'un côté, les maisons qu'on lui offrait étaient chères et devaient exiger des réparations considérables; de l'autre, il n'y avait pas d'espace, et l'enclos nécessaire à la rigoureuse clôture du Carmel manquait complètement, lorsqu'une personne vint lui parler de la petite colline que nous habitons, mais que le propriétaire ne voulait pas vendre; la divine Providence fit disparaître les difficultés, et le Carmel fut établi sur une petite montagne solitaire qui renferme bien des souvenirs. Il y a trois siècles, un monastère de religieux Augustins était à sa place; il y en a un c'était l'hospice de la ville de Tulle; la tourmente révolutionnaire détruisit tout, et il ne restait qu'un petit pavillon servant de serre et les murs de l'église dont on avait fait une grange. Quand arriva notre vénérable Mère, tout lui convint, rien n'était à défaire, elle appela son couvent Bethléem, et l'établit dans l'étable, en lui léguant pour héritage l'humilité, la simplicité et la pauvreté de la crèche. Par une coïncidence que nous avons apprise depuis et que notre Mère ignorait, la première messe, qui se célébra le 15 *août 1836* dans le pavillon organisé à la hâte, honora doublement la Très Sainte Vierge; car, dans le cours du dix-septième siècle, la ville de Tulle, atteinte par une terrible épidémie, faisait le vœu, qui fut accompli, d'ériger sur le rocher dit des Malades une chapelle à la Vierge et d'y faire dire une messe votive le 15 août de chaque année. La chapelle primitive, dont on voit encore quelques fondements à fleur de terre, est tout près de notre Carmel; la statue de la Vierge qu'on y honorait fut jetée en 93 du haut du rocher dans la *Corrèze*; la légende populaire dit qu'elle se tint sur l'eau et fut recueillie par une famille chrétienne, qu'elle est aujourd'hui encore dans l'église de Saint-Jean-Baptiste. Plusieurs de nos Sœurs ont même fait brûler des cierges devant cette image, un jour qu'une douleur ou un besoin de famille plus pressant que de coutume les avait conduites à ses pieds. La petite colline où se trouve le Carmel est solitaire et boisée; le silence n'y est interrompu que par le murmure de la petite fontaine du monastère et par le chant des oiseaux qui installent leurs familles dans tous les arbres qui nous environnent.

Notre petit monastère, ainsi perdu au milieu des bois, comme un véritable nid et comme une fleur champêtre, a célébré le troisième centenaire de notre séraphique Mère Thérèse avec tout l'amour de son cœur; ses décors étaient simples relativement aux autres; des tentures blanches, parsemées de croix de Malte en or, couvraient entièrement le sanctuaire; puis des guirlandes et des banderoles sur lesquelles étaient écrites les paroles de la sainte Mère; des fleurs naturelles en masses considérables, des rosiers thé, des lilas, des lumières entouraient et garnissaient l'autel. Un grand tableau de notre séraphique Mère, apprécié des artistes, était disposé en apothéose au-dessus du maître-autel, encadré dans des draperies en gaze d'or et d'argent, des anges soutenant les draperies, et le tout surmonté d'une grande couronne de lis et de roses d'or... Mais ce qui a relevé notre humble fête, c'est la bonté touchante de notre saint et si bon Evêque, Mgr Denéchaud, qui a voulu, le soir et le matin du 15 octobre, officier pontificalement dans notre petite chapelle; un trône pontifical blanc et or avait été dressé, et Sa Grandeur, qui fait si admirablement les cérémonies, a commencé la messe pontificale, entouré de ses grands vicaires, de tout le vénérable chapitre de sa cathédrale et de tous les prêtres de la ville, pas un ne manquant à la fête. Les portes de notre petite chapelle avaient été enlevées, et, malgré l'espace de la cour qui lui servait de vestibule, l'affluence des fidèles ayant tout rempli, beaucoup repartaient parce qu'ils n'avaient pu se caser que sur la pente de la colline.

Le soir, Monseigneur prit la parole, appliquant à notre sainte Mère cette promesse de Notre-Seigneur : « Je suis avec vous jusqu'à la consommation des siècles ».

Il nous a fait voir que de même que notre adorable Maître restait avec nous dans le Saint-Sacrement de l'autel, les saints fondateurs vivaient au milieu de leur famille, imbibant, pénétrant de leur esprit ceux dont l'autorité conduit les autres et restant toujours avec eux, quoique invisibles, pour les protéger, pour les défendre et pour déverser dans leurs âmes comme les canaux de sa grâce, à savoir : les vertus qu'ils avaient eux-mêmes pratiquées. Sans leur appui, leur famille traverserait-elle ainsi tous les dangers, toutes les épreuves, toutes les défaillances, en conservant pendant des siècles la fraîcheur et la vigueur premières de son institution, si bien que Carmel est encore ce qu'était le premier couvent fondé par la Sainte à Saint-Joseph d'Avila ?

Sa Grandeur a fait le parallèle entre les œuvres des hommes et les œuvres de Dieu réalisées par les saints : « Prenez une loi humaine, elle change à chaque génération, elle est touchée, retouchée sans cesse, et varie selon toutes les impressions diverses de ceux qui passent ; mais prenez les lois données par les saints d'après l'inspiration divine : elles traversent les siècles, et pas un mot n'est changé à la règle écrite, pas un usage ne varie dans l'exécution de cette loi vivante, et le saint, revenant après un, deux ou trois siècles dans une de ses maisons religieuses, ne trouverait rien, absolument rien de changé ; c'est là vraiment le cachet des institutions divines. Monseigneur a parlé ensuite de la reconnaissance de notre sainte Mère Thérèse, de la prière qui s'élèverait en ces jours de tous les cœurs du Carmel pour obtenir la délivrance des flammes du purgatoire de tous ceux qui leur avaient fait du bien au spirituel et au temporel.

Le 16 octobre, Sa Grandeur a voulu donner elle-même le saint habit du Tiers-Ordre à une petite Tourière. Monseigneur reprit encore dans une allocution touchante sa pensée de la veille. Selon lui, la vie religieuse n'est point le ruisseau presque sans vie qui se perd dans la campagne, c'est le torrent que Dieu lui-même conduit et qui brise toutes les digues qui s'opposent à son parcours, parce que la force puissante de Dieu est avec sa faiblesse.

Les vêpres du second jour furent présidées par M. l'abbé Graffeuil, vicaire général, qui nous donna le sermon. Il nous montra que toute la vie chrétienne, et surtout la vie religieuse, était dans l'abnégation de soi-même ; qu'il fallait prendre sa croix et suivre Jésus, sans la poser une seconde, et sans se lasser un instant ; sonder son cœur et voir s'il n'y avait pas encore un rien qui empêchât que l'holocauste ne fût consommé ; qu'il ne fallait pas quitter l'autel sans avoir tout parfaitement donné, sacrifié, abandonné à Dieu.

Le troisième jour, M. l'abbé Paré, vicaire général, a présidé la messe du matin, puis il a donné le sermon du soir pour la clôture du *Triduum*. Il a comparé notre sainte Mère Thérèse à la custode et à l'ostensoir : à la custode par cette vie intérieure, cette adoration de Dieu au centre d'elle-même qui charmait si délicieusement sa vie ; à l'ostensoir par cette lumière éblouissante qui révélait Dieu, et dans ses vertus humbles et héroïques, et dans les grandes œuvres accomplies par elle pour la gloire de Dieu, et dans ses écrits immortels, si remplis de la science du Saint-Esprit.

Le *Te Deum* solennel a été chanté avec un enthousiasme plein de feu par les jeunes lévites du grand séminaire, que Monseigneur lui-même avait demandés. Leurs voix pieuses, mâles, énergiques, ardentes, faisaient du bien à entendre ; on eût dit qu'ils sentaient combien cette fête était la leur comme la nôtre, sachant que notre sainte Mère a tant aimé l'Église et nous a si instamment recommandé d'offrir tout d'abord nos sacrifices et nos prières pour les prêtres.

Pendant ces trois jours, nous eûmes de la musique, des chants variés et la même affluence nombreuse ; tous les soirs, notre petit Carmel illuminé brillait comme une étoile au milieu du feuillage, étoile modeste qui avait attiré les fidèles, comme autrefois sa sœur guida les mages vers le Jésus de Bethléem.

CARMEL DE MONTPELLIER

(FONDÉ EN 1837).

Le troisième centenaire de sainte Thérèse a été célébré à Montpellier, dans la chapelle des Carmélites, sous l'habile direction de M. le Supérieur de la communauté, avec une pompe et un recueillement dignes de cette grande mémoire.

La jolie chapelle ogivale du monastère, ornée pour la circonstance avec autant d'éclat que de goût, prêtait un cadre favorable à la solennité.

Le vitrail central de l'église, représentant la transverbération du cœur de la Sainte, avait été encadré d'un immense fond de verdure, qui remplissait le sanctuaire, et dont les tons vigoureux faisaient bien ressortir les vives couleurs de la verrière, ainsi que la riche parure de l'autel.

A une grande hauteur au-dessus de cet autel planait, pour ainsi dire, une statue de sainte Thérèse dans la gloire, que semblaient soulever les flots de verdure semés d'une myriade de roses et de lis. Le luminaire intense qu'on avait répandu avec art au-dessus de cette ornementation lui donnait un éclat saisissant.

Le grand séminaire tout entier, que son vénérable supérieur avait bien voulu conduire à la cérémonie du 15 octobre, en a rehaussé l'éclat par l'exécution d'un beau chant romain très habilement interprété.

Un nombreux chœur d'enfants, conduit par la maîtrise de la cathédrale, s'est fait entendre pendant les offices solennels, et a bien complété l'ensemble des mesures prises pour entourer la fête de l'éclat matériel qui lui était dû.

Quant à sa physionomie morale et religieuse, elle a été à la hauteur de la circonstance solennelle destinée par Dieu à réjouir les cœurs et à faire du bien aux âmes. Mgr de Cabrières, évêque de Montpellier, avait daigné prendre l'initiative de cette glorification d'une Sainte pour laquelle Sa Grandeur ressent une prédilection particulière.

Monseigneur avait désigné le R. Père Bruno, de l'Ordre du Carmel, pour prêcher l'Octave ; M. l'abbé Halle, vicaire de la cathédrale, et M. l'abbé Pracht, vicaire de Saint-Roch, pour parler, les deux derniers jours du *Triduum*, sur certains aspects particuliers de la grande Réformatrice.

Nommer ces trois orateurs, dont le talent est bien connu, c'est dire les fruits abondants que leur parole a portés.

Enfin, le dimanche 15 octobre, grand jour du *Triduum*, Mgr de Cabrières est venu en personne célébrer le matin la sainte messe, et prêcher, dans l'après-midi, le panégyrique de sainte Thérèse. De cette grande vie, si difficile à analyser à cause même de son immensité, l'orateur a détaché trois principaux aspects, trois sentiments qui ont fait sa force : le sentiment de la foi, celui de la pureté et celui de l'honneur. Il les a représentés comme trois lis qui, éclos à la chaleur de ce cœur embrasé, ont parfumé sa vie entière par une éblouissante floraison d'actes héroïques.

Présenté en une forme simple et forte à la fois, ce sujet a pris, dans la bouche de l'orateur, le charme que son talent si personnel sait communiquer à tout ce qu'il touche. Jamais peut-être Mgr de Cabrières n'avait été mieux inspiré.

Un seul fait nous semble plus touchant encore que ces belles scènes : c'est l'esprit de foi que la population montpelliéraine y a apporté.

Quoique le monastère soit situé dans un faubourg, à une grande distance de la ville, la chapelle des Carmélites a été constamment encombrée et insuffisante. Si un pareil sujet comportait des indiscrétions, on pourrait signaler des âmes auxquelles ce *Triduum* laissera des bienfaits éternels.

Pendant sa vie, sainte Thérèse ne passait pas pour ingrate envers ceux qui l'honoraient ou la servaient. Elle a prouvé à Montpellier que sa mort ne l'avait pas changée à ce point de vue.

CARMEL DE LISIEUX

(FONDÉ EN 1838).

Le 15 octobre 1882, se levait pour l'Ordre du Carmel l'aurore d'un jour à jamais mémorable : c'était le troisième centenaire de la mort de son illustre Réformatrice. Toutes ses filles saluaient depuis longtemps ce jour béni et l'appelaient de leurs vœux, heureuses de témoigner à leur sainte Mère leur filial amour et leur vive reconnaissance. Toutes à l'envi rivalisaient de zèle et d'ardeur, afin de donner à ces fêtes le plus de solennité possible. Notre petit Carmel, si dévoué pour l'honneur et la gloire de sa Mère, ne fut pas le dernier dans ce concert de louanges. Nos cœurs éprouvaient un bonheur immense à préparer tout ce qui devait servir à la décoration de notre chapelle. Les jours ne suffisant pas, il fallait quelquefois prolonger bien avant dans la nuit notre délicieux travail; mais ce n'était pour nos âmes que douceur et consolation.

Notre premier bonheur fut de nous préparer aux belles fêtes du *Triduum* par une retraite que prêcha le Révérend Père Godefroid, religieux Prémontré. Les exercices eurent lieu pendant la neuvaine que Notre Saint-Père le Pape avait accordée et qui précéda immédiatement la fête de sainte Thérèse. Nos âmes avaient soif de ces quelques jours de recueillement et de solitude pour se disposer à ces solennités si touchantes. Nos cœurs pouvaient alors s'unir plus intimement à notre glorieux Carmel du Ciel, à ces Sœurs chéries qui nous ont précédées là-haut, et qui nous envoyaient sur notre terre d'exil quelques pâles reflets de leurs fêtes si belles.

Le matin, à 6 heures, le R. Père nous faisait la méditation, et, à 9 heures, une instruction dans laquelle il nous parlait des obligations de la vie religieuse, de ses épreuves et de ses consolations. Réflexions bien propres à nous renouveler dans l'amour et dans la pratique de notre chère vocation, et qui embrasaient nos âmes du désir de la perfection.

Le soir, à 4 heures, dans un sermon pour les âmes pieuses, il racontait tout simplement la vie de sainte Thérèse, ce qui intéressait beaucoup les personnes du monde, lesquelles, connaissant peu la séraphique Vierge, étaient heureuses de ce récit.

Notre bon Père supérieur et notre pieux chapelain nous donnèrent dans cette circonstance des preuves de leur dévouement tout paternel. Ils n'épargnèrent rien pour nous procurer la consolation de fêter avec pompe notre sainte Mère; aussi nos cœurs garderont-ils à jamais le souvenir de leurs bontés. Notre chapelain, M. l'abbé Youf, s'est occupé entièrement de la décoration de notre chapelle, qu'il orna avec un goût exquis. La peine n'était rien pour lui; son zèle infatigable ne s'arrêtait pas; et pourtant nous croyons que le divin Prisonnier du tabernacle aura pu compter quelques souffrances que ce prêtre selon son cœur aura sans doute transformées en actes brûlants d'amour. Il réussit parfaitement à faire de notre sanctuaire un petit paradis, et toutes les personnes qui sont venues assister à nos fêtes ont été ravies d'admiration; plusieurs, je devrais dire beaucoup, nous ont assuré que son œuvre ne laissait rien à désirer. Lui-même était au comble du bonheur, et nous jouissions aussi de le voir déjà si bien récompensé.

Nous avions auprès de notre petite grille de communion, se faisant vis-à-vis au milieu de massifs de fleurs et de verdure, deux très belles statues : l'une représentant la transverbération du cœur de notre sainte Mère. La figure de sainte Thérèse est pleine d'expression; on voit sur ses traits l'âme embrasée d'amour pour son Dieu et soupirant après le jour qui brisera ses liens pour la réunir à ce Jésus qu'elle aime et qu'elle désire posséder; on croit l'entendre répéter ces paroles : « Je me meurs de ne pouvoir mourir ». Elle repose sur un nuage qui semble l'enlever vers sa chère Patrie; auprès d'elle, un charmant petit séraphin tient entre ses mains une flèche dorée, et, dans l'attitude de la plus scrupuleuse attention, il s'apprête à transpercer le cœur de la Sainte. Nous devons cette statue à la générosité d'une amie de la famille de notre Révérende Mère, qui en fit présent à la communauté. L'autre, celle de saint Jean de la Croix, est également un chef-d'œuvre de l'art. Le Saint est appuyé sur une croix qu'il tient étroitement embrassée; son regard, d'une expression vraiment saisissante, est fixé sur elle et semble encore lui redire qu'elle est son trésor et son tout. La souffrance et l'amour se confondent dans cette physionomie ravissante de beauté. C'est le cri unanime de toutes les personnes qui la voient. Plusieurs personnes amies de notre Carmel se sont réunies pour l'offrir à notre Révérende Mère, qui en avait le plus grand désir.

Au-dessus de ces statues, et dans le fond du sanctuaire, s'élevaient quatre oriflammes, les cœurs de Jésus et de Marie avec les invocations : *Cœur sacré de Jésus, ayez pitié de nous. — Cœur immaculé de Marie, priez pour nous;* puis l'écusson de notre Ordre, et les armes de saint Jean de la Croix, avec ces inscriptions : *Un ange transperce le cœur de Thérèse; elle est ravie en extase. Saint Jean de la Croix, notre Père, protégez notre Carmel.* De chaque côté de notre grande grille, deux autres oriflammes avec la tiare du Saint-Père et l'écusson de Monseigneur de Bayeux, au-dessous desquels on lisait : *A Léon XIII, Souverain Pontife, que Dieu le conserve, le vivifie, le rende heureux sur la terre. — Vœu du Carmel de Lisieux pour son Pontife vénéré : après de longues années le Ciel!* En face de notre chœur, le trône de Sa Grandeur, accompagné de deux petits étendards avec le chiffre de sainte Thérèse, et ces paroles : *Ou souffrir, ou mourir. — Je suis fille de l'Eglise.*

A l'entrée du sanctuaire, sur une table élégamment décorée, où serpentait avec grâce le lierre symbolique, les reliques de notre sainte Mère étaient offertes à la vénération des fidèles. Un grand nombre de personnes sont venues s'agenouiller et prier devant elles; nous jouissions de voir ainsi notre Mère bien-aimée plus connue et mieux honorée. La chapelle était pavoisée de petites oriflammes; des guirlandes de mousse parsemées de roses de différentes couleurs, gracieusement disposées à chacune des arcades, en achevaient l'ornementation. L'illumination était parfaite. Rien de plus beau que ces gerbes de lumières qui faisaient resplendir le sanctuaire et la chapelle d'un éclat éblouissant. Sur la surface plane des piliers, une quantité de bougies, dont plusieurs disposées en triangle, offraient un coup d'œil charmant. Mais que dire de l'autel si magnifiquement orné ? Chaque soir, Jésus, le bien-aimé de nos âmes, y apparaissait au milieu de fleurs délicieuses et de faisceaux lumineux. Nos yeux émerveillés de tant de magnificence, cherchaient surtout à se reposer sur le cher ostensoir qui contenait notre trésor, sur cette blanche Hostie qui n'était plus que Jésus ! Au moins, nous disions-nous, si le monde le délaisse et l'outrage, il est en ces jours glorifié et adoré dans le triomphe de sa fidèle Epouse; et nous, les filles de Thérèse, nous voulons aussi l'aimer, le bénir et le consoler. Nous répétions dans l'intime de nos âmes ces paroles écrites en lettres dorées sur la surface du dôme : *Je chanterai éternellement les miséricordes du Seigneur.* — *Sainte Thérèse, priez pour nous.* C'était bien le jour, en effet, de chanter les bontés de ce doux Sauveur, en attendant la céleste harmonie du cantique éternel !...

Chaque jour du *Triduum*, le divin Prisonnier sortait de son tabernacle et venait sur le trône que son amour a choisi recevoir nos adorations. Quelle précieuse satisfaction pour nous de le posséder ainsi, et de pouvoir épancher notre cœur dans le sien !... Que de douces consolations dans ce cœur à cœur avec ce Dieu si bon !... Au-dessus de l'ostensoir était gracieusement suspendue une couronne, formée de feuilles de vigne et de grappes de raisin, emblème de la sainte Eucharistie.

Nous avions pour prédicateur M. l'abbé Rohée, curé de Vaucelles de Caen. Il nous fit successivement admirer sur le front de notre sainte Mère trois couronnes que la main du Seigneur y a déposées pour l'éternité. Le premier jour, la couronne des séraphins. « Elle a en effet, nous a-t-il dit, ressemblé à ces esprits bienheureux par l'amour qui dévorait son cœur et qui en a fait une victime de la charité; par sa pureté virginale qu'elle a conservée avec le plus grand soin, pratiquant pour cet effet la mortification la plus héroïque. » Le second jour, il fit apparaître à nos regards la magnifique couronne des Apôtres qui ceint pour toujours le front de notre Mère bien-aimée. « On a vu briller en elle un zèle ardent pour le salut des âmes; elle a été dévorée du désir de les donner à Jésus et de leur procurer les moyens de se sanctifier. Elle a, pour cela, réformé l'Ordre béni du Carmel, qui sera pendant l'éternité tout entière un des plus beaux fleurons de son diadème. » Le troisième jour enfin, il a montré la couronne des docteurs sur le front de la Sainte. « Ses écrits, remplis d'une doctrine vraiment sublime, feront à jamais l'admiration des siècles à venir, comme ils ont mérité celle des siècles passés. Lorsque vous rencontrerez une statue de sainte Thérèse avec la mosette et le bonnet doctoral, inclinez-vous et saluez en elle un docteur de l'Eglise; car elle l'est en réalité. Et c'est par une simple femme, ajoutait-il, que le Seigneur a opéré tant de merveilles ! O Dieu ! que vos œuvres sont grandes et qu'elles sont à jamais dignes de notre admiration ! »

L'orateur sacré captiva son auditoire sous le charme de sa parole. Combien nous étions heureuses d'entendre ces éloges de notre sainte Mère! Pour des cœurs d'enfants, est-il rien de plus doux! Nous nous sentions fières d'être ses filles, et de nos âmes s'élevaient vers elle des élans d'amour et de reconnaissance.

Le premier jour du *Triduum*, nous avions pour officier M. le doyen de Saint-Désir; le second, M. le doyen de Saint-Pierre. Une foule nombreuse venait assister à ces fêtes si solennelles; nous avions retiré les bancs de la chapelle pour ne laisser que les chaises; et cependant elle était encore trop petite. Les saluts du Saint-Sacrement furent magnifiques; les chants, parfaitement exécutés, nous semblaient un écho du Ciel, trop faible, il est vrai; mais, pour des pauvres exilés, le chant bien que lointain des habitants de la Patrie a toujours de grands charmes.

Le lundi soir, après le sermon, notre vénéré Père supérieur monta en chaire. D'une voix qui trahissait la plus vive émotion, il remercia, tant en son nom qu'en celui de la communauté, toutes les personnes qui étaient venues avec tant d'empressement et de fidélité s'unir à nous pour fêter notre séraphique Mère, et qui avaient bien voulu contribuer par leurs dons, soit de fleurs, soit de bougies, à l'embellissement du sanctuaire. « Merci! répétait ce bon Père, avec l'accent de la plus profonde reconnaissance, merci en mon nom et au nom des vierges du Carmel! Je vous promets de leur part l'assistance de leurs prières, et ces prières que fera monter vers le ciel l'expression de leur gratitude attireront sur vous des flots de grâce et de miséricorde. » Ensuite il annonça pour le lendemain la présence de Monseigneur; Sa Grandeur nous avait en effet promis de venir présider la clôture du *Triduum*.

Le mardi matin, à 6 heures et demie, nous avions le bonheur de voir notre dernière novice se consacrer à Dieu et former cette chaîne mystérieuse dont le premier anneau rivé au Cœur de Jésus attire celui de sa petite fiancée et la rend à jamais son heureuse Epouse. Qu'il nous était doux d'offrir au Bien-Aimé cette nouvelle victime, immolant à son amour ce qu'elle avait de plus cher, pour se dévouer tout entière à sa gloire et au salut de ses frères! Et pour nos cœurs, quelle consolation de voir augmenter notre chère famille et de resserrer pour toujours les liens qui nous unissaient déjà à notre nouvelle Sœur; avec quelle joie nous répétions ces paroles si vraies et dont nous faisions une fois de plus la douce expérience : « *Ecce quam bonum et quam jucundum habitare fratres in unum* ». A 8 heures et demie, Sa Grandeur offrit le saint sacrifice de la messe, pendant lequel des morceaux de musique très bien exécutés nous ravissaient; notre saint prélat nous distribua le pain de vie. Ensuite il donna le voile à notre chère professe. M. l'abbé Lecacheux, son ancien directeur, aumônier des dames Augustines de Coutances, fit le sermon de cette cérémonie. Il prit pour texte ces paroles qu'elle devait chanter quelques instants plus tard : « *Suscipe me, Domine, secundum eloquium tuum, et vivam, et non confundas me ab expectatione mea. Recevez-moi, Seigneur, et je vivrai, et ne me confondez pas dans mes espérances* ». Il rappela à sa chère fille l'excellence de la vie religieuse qu'elle embrassait maintenant pour toujours, l'appel que Dieu lui avait fait à le suivre et à l'imiter dans la voie du renoncement évangélique, et comment les vœux religieux rendent l'âme semblable à Notre-Seigneur qui, le premier, les pratiqua à Betlhéem, à Nazareth et au Calvaire. Rien ne manqua à cette fête si belle; le *Te Deum*, chanté en musique, enlevait nos âmes au-dessus de la terre, et leur faisait éprouver les plus purs sentiments de la reconnaissance.

Aussitôt après, Monseigneur demanda à faire son entrée dans notre petit Carmel. Nous nous rendîmes au chauffoir, le cœur plein de joie, heureuses comme des enfants de recevoir la visite d'un Père. Nous lui chantâmes quelques couplets composés exprès. Sa Grandeur nous exprima plusieurs fois le bonheur qu'elle éprouvait de se trouver au milieu de nous pour célébrer le centenaire. Notre Révérende Mère lui offrit comme souvenir un très joli reliquaire renfermant des parcelles de la vraie croix et de la sainte couronne d'épines. Monseigneur en fut très flatté et on ne peut plus reconnaissant. Le soir, Sa Grandeur donna le Salut solennel du Très-Saint-Sacrement, qui fut splendide. Les chants, exécutés par les jeunes filles de Saint-Jacques et par la maîtrise, couronnaient avec succès ces vrais jours du ciel. Jésus venait une dernière fois bénir son peuple et graver dans le cœur de ses Epouses le souvenir ineffaçable de la fête d'une Mère !!!...... Tout le monde était heureux et répétait à l'envi: « Que c'est donc beau ! » Oui, que c'est beau de voir ainsi Dieu glorifié dans ses saints, et quelles fêtes nous réserve l'éternité, puisque celles de la terre sont déjà si admirables !

CARMEL DES VANS

(FONDÉ EN 1840).

Nos fêtes du centenaire de notre sainte Mère Thérèse ont été splendides. La présence de Sa Grandeur Mgr l'évêque de Viviers, un concours de prêtres et de fidèles inconnu jusqu'à ce jour, l'ornementation de la chapelle, le bon ordre des cérémonies, la beauté du chant, la coïncidence des cérémonies de prise de voile et de prise d'habit, une temps magnifique, tout a contribué à donner le plus grand éclat à la fête du centenaire.

La chapelle des Carmélites avait été magnifiquement ornée pour la circonstance. A la grande porte d'entrée, on avait dressé un arc de triomphe de verdure, piliers et guirlandes garnis en branches de buis. Au sommet de chaque pilier s'élevait un faisceau d'oriflammes de diverses couleurs, ainsi qu'au point de jonction des guirlandes. Au sommet de la porte était fixé un écusson portant les armes de Monseigneur l'Evêque.

A l'intérieur de la chapelle, tous les pilastres étaient décorés. A mi-hauteur de chaque pilastre était fixé un faisceau d'oriflammes de diverses couleurs : blanches, roses, bleues, jaunes et rouges ; les nœuds des faisceaux étaient recouverts par des écussons portant, les uns les armoiries du Souverain Pontife, et les autres celles de l'Evêque du diocèse.

Au chapiteau des pilastres, étaient suspendues des bannières en draperie de couleur rouge et portant des inscriptions en l'honneur du Sacré Cœur de Jésus à qui la chapelle est dédiée : Jésus humilié — Jésus outragé — Jésus couvert d'opprobres, etc., etc. — Cinq bannières garnissaient également le fond de la chapelle. A l'entrée du chœur, des tentures roses et blanches tombant de la voûte servaient d'encadrement au sanctuaire.

Sur le fond, derrière le maître-autel, et en dessus, la statue de notre sainte Mère Thérèse, de grandeur naturelle avec le costume complet des Carmélites, robe de bure et manteau blanc, s'élevait au milieu des nuages; son air noble, majestueux, son visage angélique avaient quelque chose de céleste. Il semblait, à la voir, qu'elle était suspendue dans les airs et prête à s'élever au-dessus des nuages qui l'entouraient.

A ses côtés, deux anges gracieusement vêtus de rose lui faisaient cortège ;

l'un d'eux portait en inscription la devise de la Sainte si connue : Ou souffrir, ou mourir; l'autre portait une plume et un exemplaire des Constitutions.

Une petite colombe d'une blancheur éclatante, placée dans les nuages en côté et un peu au-dessus de la tête de la statue, symbolisait l'Esprit-Saint dictant à notre Mère la sublime et céleste doctrine qu'elle nous a transmise.

L'autel était garni de fleurs d'or et de candélabres dorés ; de chaque côté deux lustres garnis de rose, de blanc et de rouge tombant de la voûte, lui servaient d'encadrement, avec deux colonnes blanches surmontées de panaches blancs et roses, garnies de feuilles d'or en spirale.

Du côté de l'Évangile se trouvait le trône de Monseigneur, surmonté d'un baldaquin et orné de tentures en soie rouge.

Le *Triduum* accordé par le Souverain Pontife a commencé le 15, jour de la fête de sainte Thérèse. Le dimanche, il y a eu un grand concours de fidèles venus pour faire leurs dévotions, et les communions ont été nombreuses. Pendant les trois jours, nous avons entendu avec le plus profond intérêt la parole éloquente de M. l'abbé Grimaud, curé d'Entraigues, diocèse d'Avignon, qui était venu assister à la prise d'habit d'une de ses paroissiennes.

L'orateur, dont quelques œuvres littéraires ont mérité d'être couronnées, et qui se nourrit et s'inspire avec délices de la doctrine de sainte Thérèse, fit le panégyrique du 15 octobre. Sa parole éloquente et facile nous a décrit, avec des développements pleins d'intérêt, les vertus héroïques que déploya jusqu'à sa mort cette vaillante amante de Jésus-Christ.

Le second jour du *Triduum*, il a exalté la sublimité de sa doctrine si bien en rapport avec les besoins de son siècle, l'excellence de ses œuvres et de ses écrits, dans lesquels la Sainte nous a traduit et pour ainsi dire transmis son âme dans sa limpide et toute angélique simplicité. — Ce jour-là, un grand nombre de messes ont été célébrées ; mais c'est pour le mardi que les cérémonies les plus importantes, les plus touchantes et les plus belles avaient été réservées.

Dès six heures du matin, plus de vingt prêtres étaient venus célébrer le saint sacrifice, donnant ainsi un témoignage de sympathie à notre petit Carmel, et une preuve de leur piété envers notre séraphique Mère.

Les messes nombreuses, les communions distribuées, le concours et la piété des fidèles donnaient à notre chapelle la physionomie des chapelles de pèlerinage, et rappelaient à nos esprits le souvenir de Lourdes, de Notre-Dame de Bon-Secours, de la Garde et du Mont-Carmel. Jamais la modeste église n'avait été visitée par tant de fidèles et par un clergé aussi nombreux.

A neuf heures, Sa Grandeur Mgr l'évêque de Viviers, précédé de trente-six prêtres revêtus de leurs surplis et des enfants de chœur portant les insignes épiscopaux, a fait son entrée, que salua le chant harmonieux d'un cantique composé pour la circonstance et exprimant de la manière la plus touchante les sentiments de reconnaissance envers le saint Prélat, dont la bonté et le dévouement paternels font la joie, le bonheur et la consolation de ses enfants. Monseigneur, à genoux dans le sanctuaire, profondément ému et recueilli, tandis qu'on procédait à la préparation de l'office pontifical, a sans doute réclamé pour un Carmel qui lui est si cher la protection de notre séraphique Mère, qui semblait abaisser des regards de complaisance sur le Pontife prosterné, et sur la foule nombreuse dont les regards étaient fixés sur son image. La chapelle, bien que vaste, était remplie, et nous sentons notre impuissance à décrire l'impression et les pieux élans qu'éprouvaient tous les cœurs. C'était un bel et édifiant spectacle que la vue de ce sanctuaire occupé par un clergé si nombreux venu pour prier sur la montagne du Carmel.

Pendant la messe, qui a été célébrée pontificalement, harmonieusement accompagnée par l'orgue, le recueillement était général ; surtout aux moments où la voix si touchante et si religieusement pénétrée de notre saint Evêque se faisait entendre dans le silence, l'émotion devenait plus profonde. Au moment de la communion, les choristes ont chanté avec les accents les plus pieux la *Glose* de notre séraphique Mère : Heureuse, j'ai reçu, etc...

Avant et après l'office pontifical, elles ont également ajouté par leurs chants à l'éclat de la solennité.

Après la grand'messe, Monseigneur a donné le voile à une novice pendant l'office pontifical ; elle était à genoux derrière la grille, dans une tenue pleine de recueillement ; beaucoup d'assistants regardant tantôt la statue de la Sainte au-dessus du maître-autel, et tantôt la Carmélite derrière la grille, séparée de ses Sœurs par un grand rideau noir traversant le chœur, ont constaté avec admiration que l'une était aussi immobile que l'autre. Monseigneur, après avoir béni le voile qui doit désormais cacher à tout regard le visage de la servante du Seigneur, et qui avait été posé sur l'autel pendant le saint sacrifice, dans un bassin tout couvert de fleurs, le lui a placé sur la tête. Vers la fin de la cérémonie, pendant le chant du *Te Deum*, elle est allée se prosterner sur la croix de verdure et de fleurs préparée sur le tapis au milieu du chœur ; c'est là que la nouvelle professe a consommé son sacrifice en faisant au monde son dernier et solennel adieu.

A deux heures, les vêpres ont été chantées solennellement. L'affluence des prêtres et des fidèles était encore plus considérable, et l'office pontifical a été suivi d'une cérémonie plus touchante et plus belle que celle du matin, car une partie de la cérémonie s'est faite en dehors du cloître et de la chapelle.

Deux jeunes postulantes, vêtues de blanc, avec leurs couronnes d'oranger sur la tête et leurs longs voiles de gaze, étaient sorties du monastère. Après avoir passé deux heures dans les parloirs de l'établissement pour faire leurs derniers adieux aux membres de leur famille, elles se sont rendues dans la chapelle extérieure, accompagnées de leurs parrains et de leurs marraines. Elles ont pris place sur la balustrade devant la table de communion, et ont assisté aux vêpres pontificales et au sermon. A la fin du sermon, les enfants de chœur, les prêtres au nombre de plus de quarante, Monseigneur l'Evêque, suivi des postulantes conduites par leurs parrains et leurs marraines, ont quitté la chapelle et se sont dirigés processionnellement vers la porte de clôture du monastère. De leur côté, les religieuses, quittant leurs places dans le chœur intérieur, et tenant chacune un cierge à la main, sont venues à la porte recevoir leurs nouvelles compagnes. Les jeunes postulantes s'agenouillent pour baiser le crucifix que leur présente leur Sœur nouvellement engagée; elles franchissent le seuil, au grand attendrissement de tous les assistants, et la communauté les conduit en procession jusqu'au chœur en chantant l'hymne : *O Gloriosa Virginum*. Elles sont entrées dans le cloître pour y vivre et y mourir : cette maison sera désormais leur habitation et leur tombeau. Le clergé revient en procession au sanctuaire, et Monseigneur se place devant la grille. Les religieuses reparaissent accompagnant leurs nouvelles Sœurs qui viennent se donner à Dieu. Celles-ci ayant encore leur costume blanc viennent s'agenouiller devant l'Evêque. Après quelques interrogations et quelques prières, elles se retirent, et peu de temps après elles reparaissent vêtues de la bure des religieuses Carmélites. Les novices reçoivent leur ceinture, leur scapulaire, leur manteau et leurs voiles. Elles vont se prosterner, pendant le chant du *Veni Creator*, sur un tapis de verdure et de fleurs.

Une foule nombreuse, toujours avide de ces belles et touchantes cérémonies, avait envahi le sanctuaire; bien des personnes, qui assistaient pour la première fois à ce religieux spectacle, ont été attendries et leurs yeux se sont mouillés de larmes ; tandis que d'autres, qui en avaient été plusieurs fois les témoins, se sentaient encore impressionnées en présence du sacrifice le plus complet que puisse faire à Dieu l'héroïsme de la nature humaine, aidée de la grâce.

La cérémonie s'est terminée par le salut solennel du Saint-Sacrement.

Le sermon, qui a été donné encore ce dernier jour par M. le curé d'Entraigues, était adressé particulièrement aux deux jeunes prétendantes, agenouillées près du sanctuaire. L'orateur a parlé de la mission de la religieuse Carmélite qui, à l'exemple de sa séraphique Mère, doit être une martyre et un ange, et sa parole toujours correcte et d'une élégante simplicité renfermait la doctrine, la science des Saints, et portait à aimer la vie de sacrifice et de prière.

La présence de Sa Grandeur Monseigneur Bonnet, à qui l'éminent panégyriste de sainte Thérèse a d'abord exprimé ses respectueuses et reconnaissantes félicitations, a rehaussé la clôture des fêtes du centenaire. Les paroles sublimes que nous avons écoutées avec la plus touchante émotion ont eu un profond éclat dans nos cœurs attendris. Le silence de la foule pendant les sermons était admirable. L'oreille toujours avide d'entendre les belles choses était comme suspendue à chaque parole du prédicateur. On se sentait embrasé, comme enflammé. On aurait voulu demeurer encore aux pieds de l'aimable Sainte qui nous était montrée avec des charmes si ravissants, si aimables, si saints. Sous l'habile direction de Mme de Lavalette, toujours empressée à rendre service, les voix douces et harmonieuses des choristes ont exécuté les chants les plus beaux, les plus variés.

Plusieurs familles nobles des environs, que l'on trouve toujours lorsqu'il y a une bonne œuvre à faire, ou une marque de sympathie à donner à tout ce qui se rattache à la religion, étaient représentées à ces diverses cérémonies ; qu'il nous suffise de citer les noms de MM. de Malbosc, de Bourne et de la Farge.

Rien n'a manqué à la fête du centenaire, de sorte que des étrangers venus de Lyon, de Marseille ou d'Avignon, où ils avaient assisté à des cérémonies semblables, avouaient n'avoir jamais été témoins de tant d'enthousiasme, d'éclat et de solennité.

Cette fête laissera aux Vans un bon souvenir. Que ce souvenir, joint à la protection de notre sainte Mère Thérèse, conserve à jamais ici les traditions chrétiennes et religieuses qui se sont montrées encore si vivaces pendant ces jours, à l'occasion de nos fêtes du Carmel !

CARMEL DE RENNES

(FONDÉ EN 1841).

L'ancienne capitale de la catholique Bretagne, qui naguère s'honorait de posséder dans ses murs la double famille de sainte Thérèse, ne pouvait rester étrangère au mouvement religieux qui entraînait tous les cœurs chrétiens vers la grande réformatrice du Carmel, en cette date centenaire de sa mort mémorable et de son entrée dans la gloire.

Aussi les pieux habitants de Rennes ont-ils tenu à multiplier les témoignages de leur dévotion pour elle, et se sont-ils portés en foule vers la chapelle des Carmélites pendant les fêtes du centenaire.

La neuvaine préparatoire à ces grandes solennités commença le 6 octobre. Une statue de sainte Thérèse, entourée de fleurs et de lumières, avait été placée sur un autel latéral. Une magnifique relique de la Sainte, dont une délicate attention avait momentanément enrichi le monastère, était offerte à la vénération des fidèles, sur lesquels chaque jour, après la messe conventuelle, des prières spéciales appelaient les bénédictions divines.

Le soir, la chapelle était remplie par un auditoire d'élite, avide d'entendre la parole éloquente du Révérend Père Marie-Alfred, religieux Carme du couvent de Rennes, qui, dans une série de discours où brillaient l'amour filial et le zèle d'un disciple d'Elie, retraça les principales vertus de sainte Thérèse, s'attachant surtout à imprimer profondément dans les âmes ces fortes vérités de la foi, fondements de toute vie chrétienne, comme de la plus haute perfection évangélique. Après le sermon, le prédicateur, se faisant humble, suppliant, adressait à sa glorieuse Mère des invocations brûlantes, dont l'accent pénétré obligeait irrésistiblement à le suivre par la plus fervente prière. La bénédiction du Très-Saint-Sacrement terminait le pieux exercice.

Cependant, tout en disposant leurs âmes à recueillir la rosée céleste qui devait descendre en si grande abondance sur le Carmel au jour du triomphe de leur glorieuse Mère, ses pieuses filles, aidées par des mains habiles et dévouées, s'occupaient activement des décorations de la chapelle. Rien de plus gracieux, de plus religieux par lui-même, que ce charmant édifice où, suivant l'expression d'un grand ami de Dieu, « on se sent entraîné à prier malgré soi » ; mais s'il est toujours difficile de pénétrer dans cet humble sanctuaire sans ressentir ce besoin d'adoration qui fait le fond de toute âme chrétienne, quels sentiments durent se presser dans les cœurs pendant ces fêtes, alors que d'innombrables lumières, d'élégantes guirlandes, de ravissantes peintures, l'ayant pour ainsi dire transformé, en avaient presque fait « l'un des parvis du ciel » !

Le plan des décorations avait été donné par un jeune architecte aussi pieux que distingué, qui voulut lui-même en diriger l'exécution. De grands tableaux formant fresques rappelaient les principaux traits de la vie merveilleuse de la Vierge d'Avila; c'étaient : sainte Thérèse enfant, allant, avec son jeune frère Rodrigue, demander aux Maures la couronne du martyre; sainte Thérèse ressuscitant le fils de sa sœur; sainte Thérèse en extase; la vision de l'enfant Jésus sous le cloître du monastère de l'Incarnation; Notre-Seigneur présentant un clou à sainte Thérèse ; saint François et sainte Claire lui promettant leurs secours; la transverbération du cœur de la Sainte, sa mort dans le ravissement.

Les armoiries du Carmel, placées en relief au-dessus de la grille du chœur des religieuses, faisaient face au trône de la Sainte, étincelant d'or et de mille feux. La séraphique Mère dans la gloire semblait dire à ses filles qu'elle leur confiait l'honneur de l'Ordre de la Vierge, en leur montrant sa sublime devise : *Zelo zelatus sum pro Domino Deo exercituum.*

Plus bas, deux faisceaux de palmes attestaient ses victoires sur l'enfer et sur le monde, tandis que l'écusson fréquemment reproduit au milieu des guirlandes invitait au combat tout cœur ambitieux de conquérir la couronne. De charmantes oriflammes multipliaient les invocations, les titres d'honneur, les hommages à l'illustre Sainte. Les unes, par leur éclatante blancheur, que de grandes inscriptions en lettres d'or rehaussaient encore davantage, semblaient vouloir proclamer sa pureté virginale; d'autres, sous de délicats symboles, rappelaient les vertus et les travaux de cette colombe mystique, de cette industrieuse abeille du Seigneur.

Des plantes exotiques aux larges feuillages faisaient ressortir la brillante parure de l'autel principal, en parfait accord avec l'ornementation générale, et près duquel était placé le trône pontifical de Sa Grandeur Monseigneur Place, archevêque de Rennes. Les armes du Prélat, celles du Très-Saint-Père Léon XIII attestaient à la fois l'amour de Thérèse et celui de ses filles pour la sainte Église Romaine.

De pieux artistes avaient sollicité l'honneur de se joindre aux élèves du grand séminaire et à la psallette de la métropole pour le chant des offices pendant le *Triduum*. Grâce à leur zélé concours, cette partie de la fête répondit aussi pleinement à l'attente de tous.

Le samedi 14 octobre, au moment des premières vêpres, Monseigneur l'archevêque se fit annoncer au Carmel, et, avec cette bienveillance dont il a le secret, le Prélat voulut exprimer aux religieuses sa joie de commencer avec elles la grande fête de sainte Thérèse, et ses espérances des bénédictions abondantes que ces touchantes solennités attireraient infailliblement sur le grand troupeau dont il est le premier pasteur.

Le dimanche, dès l'aurore, les âmes pieuses se prosternaient déjà au pied de l'autel, jalouses de profiter des faveurs célestes, et désireuses de se recommander spécialement à la puissante intercession de la séraphique réformatrice du Carmel. Pendant ce jour et les deux jours suivants, l'affluence a été grande. L'humble sanctuaire aurait eu les proportions d'une vaste église que la foule l'eût certainement encombré. Un peu avant 9 heures, Monseigneur l'archevêque, entouré de Messieurs les vicaires généraux, des secrétaires de l'Archevêché, de plusieurs membres du chapitre, et précédé d'un nombreux clergé, a fait son entrée solennelle, et, après le chant de tierce, a célébré pontificalement la grand'messe. A l'Évangile, le Prélat a rappelé en quelques mots la mission providentielle confiée par Dieu à sainte Thérèse et aux illustres enfants de l'Eglise qui furent l'éclat de son siècle. Elle a sauvé la foi au moment où l'hérésie menaçait de l'éteindre, en faisant revivre au milieu du monde la pratique de la pénitence. Puis, félicitant les chères filles du Carmel, auxquelles il était heureux de s'associer pour célébrer leur Mère, d'avoir si vaillamment continué son œuvre, Sa Grandeur se plut à rappeler aux fidèles combien précieux était pour l'âme chrétienne l'exemple des saints et combien nécessaire l'imitation de leurs vertus. A l'issue de la messe, Monseigneur voulut visiter le monastère. La communauté l'attendait à la porte de clôture et le conduisit à la salle du chapitre, au chœur et dans les divers lieux réguliers. Rien de saisissant comme ces pieuses retraites où tout respire la plus noble pauvreté, la paix la plus profonde, la plus douce piété !

Le soir, à l'issue des vêpres pontificales, M. le chanoine Motais, dont la parole ardente et pleine d'érudition a déjà été si souvent goûtée dans notre ville, fit ressortir avec un grand talent l'influence de l'œuvre de sainte Thérèse sur le monde chrétien, et vengea dignement du reproche d'inutilité qu'on se plaît à leur prodiguer, nos ordres contemplatifs, dont la prière continuelle et les austérités mettent aux mains de l'Eglise militante ces armes victorieuses qui triomphent de l'enfer.

Pour clore dignement cette journée, Sa Grandeur voulut offrir à la communauté un magnifique portrait de sainte Thérèse, œuvre d'un artiste de renom, et copié sur un dessin qui fut exécuté du vivant même de la Sainte.

Lundi et mardi, même affluence, même piété. Le lundi, après les vêpres, le Révérend Père Marie-Alfred prit pour texte de son discours : *L'amour de sainte Thérèse pour la souffrance*, sujet qui convenait admirablement au religieux expulsé de son monastère.

Le mardi, M. le curé-doyen de Notre-Dame, dont chacun connaît la brillante élocution, termina ces belles solennités par le panégyrique de la Sainte.

Puissent, comme nous en avons la douce confiance, ces jours bénis ne demeurer point sans fruit pour notre bonne ville de Rennes, et tant de prières ferventes trouver un écho fidèle auprès de Dieu et de sa sainte Mère!

CARMEL DE LA TRONCHE (PRÈS GRENOBLE)

(FONDÉ EN 1841).

« Dieu est admirable dans ses saints ! »

Dans cette grande et si rare solennité que bien des générations ne peuvent célébrer, mais qu'il nous a été donné de fêter par les desseins miséricordieux de la divine Providence, on voit la puissance de Dieu se révéler et sa gloire éclater dans toute sa grandeur. N'est-ce pas sa puissance qui fait les Saints; et les Saints, à leur tour, ne sont-ils pas la gloire du Très-Haut ? Sainte Thérèse, la Mère du Carmel, magnifiquement et amoureusement honorée et glorifiée dans ce trois-centième anniversaire, a fait éclater la gloire de son céleste Epoux, et tous ses monastères, que Notre-Seigneur lui représentait comme des jardins de délices pour son cœur, ont germé et fait éclore de nouvelles et odoriférantes fleurs qui ont embaumé de leurs parfums le monde catholique.

Le petit Carmel de Grenoble, quoique entouré de montagnes, a pu cependant, lui aussi, offrir à sa Mère les fleurs de ses sentiments et de son amour. Comme autant d'abeilles industrieuses, les Religieuses de ce monastère ont butiné avec ardeur pour apporter à la fête, chacune sa part de travail, de goût et d'adresse. Ces modestes et gracieuses décorations, qu'elles ont accomplies avec la plus douce allégresse, ont transformé leur église en un vrai petit ciel, au dire des pieux visiteurs qui sont venus rendre leurs hommages à la sainte Mère et solliciter le puissant secours de son intercession.

Le souvenir détaillé de ces embellissements est et sera conservé par elles et par ceux qui ont joui de ce spectacle, avec d'autant plus d'intérêt qu'il est un résumé complet de la vie de sainte Thérèse et des merveilles qui ont rempli cette existence privilégiée. Qui a visité le Carmel de la Tronche les 15, 16, 17 et 18 octobre, s'y est édifié, s'il connaissait déjà l'admirable Sainte; et celui qui sera venu sans la connaître aura pu s'y instruire parfaitement. En effet, à droite du maître-autel, devant la grille du monastère, une gracieuse peinture représentait sainte Thérèse fuyant chez les Maures avec son jeune frère Rodrigue pour y chercher le martyre et ramenée à la maison paternelle par un de ses oncles. Le haut et puissant mobile de cette action naïve et enfantine, qui révélait déjà les grandeurs de son âme, était exprimé par ces quatre mots qui se lisaient au bas du tableau : O éternité... Eternité!... Toujours!... Jamais!... Au-dessous de cette touchante scène était disposé un autel portant les reliques vénérées de la Sainte, entre autres un précieux écrit de sa propre main, des parcelles de son saint corps, enfermées dans un joli reliquaire d'argent. Cet autel, orné de lis et de candélabres, faisait face à celui de la Très Sainte Vierge placé à gauche du maître-autel. Là, sous les yeux de Marie, était représentée sainte Thérèse, Mère du Carmel, mûrissant dans l'oraison la réforme des Carmes et des Carmélites et accomplissant cette grande œuvre avec le secours de Dieu; elle offre à Notre-Seigneur ses deux premières fondations, Durvelo et Avila. Une légende surmontant ce tableau l'explique par une parole de la sainte Ecriture : « *Filii tui de longe venient, et filiæ tuæ de latere surgent* ». Mais le sujet principal de cette belle décoration, et qui fait honneur au goût des Carmélites autant qu'à leur piété, était une légende aux proportions gigantesques surmontant le tableau du maître-autel et en expliquant le sujet. Elle avait été si adroitement contournée qu'elle semblait descendre du ciel. Ces deux antiennes, tirées de l'office, étaient écrites en lettres d'or sur un riche fond violet : « *Vulnerasti cor meum, Domine, ardenti cuspide charitatis tuæ. Clavo dexteræ tuæ subarrasti me, Domine, et tanquam sponsam decorasti me coronâ* ». En effet, sur le tableau se voyait la séraphique Vierge recevant des mains de Notre-Seigneur le clou de sa Passion par lequel elle fut fiancée à Jésus. Deux autres légendes redisaient encore les sentiments qui font la vie du Carmel : l'amour de la Vierge Marie et la reconnaissance. *Regina decor Carmeli*. — *Misericordias Domini in æternum cantabo*.... Le chœur était, en outre, orné de six belles colonnes portant des paroles de la sainte Ecriture, telles que : « *Le Seigneur l'a nourrie du pain de vie et d'intelligence. La sagesse siégera sur le Carmel*, etc., etc. » Ces colonnes, toutes garnies de tentures blanches, de guirlandes de roses également blanches, et parsemées de sujets variés en or, tels que la Foi, l'Espérance et la Charité, étaient surmontées d'une branche de lis. Enfin, le sanctuaire était surmonté de trois couronnes formant un dôme, le tout blanc et or; de ce dôme descendaient de gracieuses tentures de gaze blanche entrecoupées de roses, blanches aussi, et allant rejoindre la corniche en formant des festons. La corniche elle-même était ornée de guirlandes et de couronnes blanches et or, le tout d'une pureté, d'une fraîcheur virginale qui faisait penser à cette parole de l'Apocalypse : « Le jour des noces de l'Agneau est arrivé, son Epouse s'est toute parée ».

Dans le sanctuaire de l'église n'étaient pas renfermées toutes les merveilles destinées à l'Epouse; en descendant les degrés, les regards étaient d'abord frappés par les gracieux festons d'une légende au milieu de laquelle on voyait, entouré de roses, le cœur percé de la Sainte; à droite et à gauche se lisait cet appel tiré de l'office : « *Venez, adorons Jésus-Christ blessant des traits de son amour la bienheureuse Thérèse* ». Au-dessous, de chaque côté de la porte de la sacristie, deux colonnes portant ces mots : *Victime de la charité. Ou souffrir, ou mourir!*... Les deux autels placés dans la nef de l'église, l'un consacré à saint Joseph, l'autre à la glorieuse Réformatrice, étaient également ornés de lis blancs, de colonnes et de légendes disant combien Dieu honore ses Saints.

Au-dessous de l'autel du glorieux saint Joseph, sainte Thérèse apparaissait en extase dans un magnifique tableau, travail d'une Carmélite; plus loin, un autre tableau représentait sa transverbération; et, sur son autel, on la voyait la plume à la main, s'inspirant des lumières divines pour écrire ses œuvres immortelles.

Enfin, l'amour filial, qui s'était pour ainsi dire épuisé en publiant toute la vie de la grande Sainte, devait trouver son apogée en donnant aux peuples pieux le spectacle de sa précieuse mort, objet principal de cette solennité. La tribune entière de l'église était consacrée à cette belle représentation; il était vraiment impossible de ne pas deviner que des cœurs aimants étaient les seuls auteurs de ce touchant et ravissant ensemble.

Un grand tableau représentait la mort de la Sainte à Albe; elle était là, étendue sur sa pauvre couche monastique, ayant auprès d'elle ses filles en pleurs et le religieux qui assista à cette heure suprême; on voyait son âme, sous la forme d'une blanche colombe, prendre son essor vers le ciel. De chaque côté de ce tableau, deux écussons étaient soutenus par deux anges; on y voyait inscrites d'un côté la date de ce glorieux trépas, et de l'autre celle de son troisième centenaire. Au bas de ce tableau, se déroulait la parole de Thérèse mourante : « Mon Seigneur et mon Dieu, je meurs fille de l'Eglise ». Au-dessus de tout cela étaient placées les armoiries de l'Ordre du Carmel portant la devise d'Elie : « *Zelo zelatus sum pro Domino Deo exercituum* », et dominant l'ensemble, à une grande hauteur, le triomphe de sainte Thérèse s'élevant au ciel, couronnée par les anges qui disaient : « *Elle triomphe, elle est couronnée* » ! Une grande légende enfin s'arrondissait en grands contours sur la grille de la tribune, comme un large ruban aux couleurs les plus harmonieuses, pour dire le dernier chant de Thérèse mourante : « Enfin, mon Seigneur et mon Dieu, il est temps et il est bien juste que je vous voie, après que ce violent désir m'a si longtemps dévoré le cœur ».

Telle était la délicieuse ornementation de l'église. Si la richesse n'y avait pas une très grande part, elle y était avantageusement remplacée par la pureté, le bon goût, l'art, et surtout par l'amour des filles du Carmel, qui y éclatait de toutes parts. Du reste, sainte Thérèse elle-même était l'ornement de son sanctuaire.

Plusieurs personnes dévouées et pieuses avaient aussi consacré leur temps et leur habileté à embellir l'extérieur et les abords de l'église; en sorte que les guirlandes, les couronnes se croisaient gracieusement, s'entrelaçant avec le chiffre de sainte Thérèse. Les cérémonies du *Triduum*, pour n'avoir pas eu le grandiose et la pompe des Carmels mieux à même que le nôtre de se procurer ces avantages, n'en ont pas moins été toutes pieuses, toutes suaves, toutes remplies de célestes douceurs pour les âmes qui y ont participé.

Sa Grandeur, Monseigneur l'Évêque de Grenoble, ouvrit elle-même le *Triduum*, et sa parole fut la première qui retentit dans le sanctuaire du Carmel pour publier les grandeurs de sainte Thérèse et inviter les âmes à marcher sur ses traces. Les trois autres jours, des prédicateurs éminents ont tour à tour élevé leur voix connue et aimée des fidèles de ce diocèse. Chacun dans son genre a été goûté, et a su tirer des conséquences pratiques pour les auditeurs avides de les entendre. Dans son sermon, Monseigneur a tracé à grands traits la vie de la glorieuse Sainte. Sa Grandeur s'est appuyée sur les avantages que Thérèse avait retirés de l'oraison; sur la soumission qu'elle avait montrée à l'Église et à ceux qui l'ont dirigée au milieu de tous les dons extraordinaires dont elle fut comblée à un si haut degré.

Le second jour, M. Ney, grand vicaire de Grenoble, dans un pathétique et chaleureux discours, a encouragé les âmes à la pratique de l'oraison mentale, montrant sainte Thérèse comme la patronne de ce salutaire exercice. Il a démontré la simplicité, la facilité des rapports qui existent entre une âme et Dieu qu'elle aime et de qui elle se sent aimée.

Le prédicateur du troisième jour a été le R. P. Giraud, supérieur des Missionnaires de Notre-Dame de la Salette, à Vienne. Il a pris pour texte ces paroles de la Sagesse : « *Elle est comme un arc dans le ciel, comme une plantation de lis, et comme un encens qui s'élève par la prière* ». Sans commenter spécialement ces paroles, le R. Père a peint sainte Thérèse vierge, mère et hostie. Vierge par sa pureté qui lui valut l'honneur et la grâce d'être Epouse par son union intime avec Jésus-Christ et épouse privilégiée entre les autres épouses. Mère par la réforme du Carmel et la fondation d'un grand nombre de monastères auxquels elle laissa pour soutien et pour lumière tant d'admirables ouvrages. Enfin, hostie par son immolation.

Le dernier jour, M. l'abbé Durand, curé de la Tronche, a réuni un nombreux auditoire pour la clôture du *Triduum*. Le digne prêtre avait des droits tout particuliers à prendre la parole en cette circonstance, ayant eu la consolation de visiter lui-même tous les lieux sanctifiés par la présence de sainte Thérèse et de vénérer en particulier son saint cœur conservé à Albe de Tormès. C'est d'après les connaissances puisées dans son pieux pèlerinage que M. Durand a composé sur le cœur de sainte Thérèse un livre où l'onction de la plus douce piété s'unit à tout ce qui peut le rendre plein du plus vif intérêt pour les enfants du Carmel et pour toutes les âmes dévouées à la grande Sainte. Dans son sermon, il s'est appliqué à dépeindre les merveilles de ce cœur embrasé d'amour, transpercé par un séraphin, et aujourd'hui encore le réceptacle de tous les mystères douloureux de Jésus crucifié. L'éloquent narrateur avait ouvert son discours par la parole du Cantique où l'Epoux dit à son Epouse qu'elle est *une fontaine scellée et un jardin fermé*.

Chaque jour du *Triduum*, des chants composés pour cette circonstance ont su traduire les sentiments qui remplissaient les âmes et les élever en haut; ils ont été exécutés par le chœur des chanteuses de la paroisse, dirigé par une amie du Carmel, laquelle a consacré avec bonheur son talent à l'embellissement de ces fêtes, se faisant une consolation de contribuer à la solennité de tous les exercices en les accompagnant des accords de son harmonium. Il appartenait à des vierges de célébrer une vierge ; aussi ces chants ont eu un charme tout particulier pour les heureuses captives du Carmel. Elles seules étaient silencieuses ; mais de leurs cœurs s'élevaient de brûlantes supplications qui attireront certainement les meilleurs dons du ciel sur la terre.

Chaque jour du *Triduum*, à la fin des exercices, les reliques de la Sainte ont été offertes à la vénération pieuse des fidèles heureux et touchés de ces belles solennités. Peut-on respirer un instant la tranquille et douce atmosphère de la solitude du Carmel sans sentir son âme se recueillir, se renouveler au contact de la pureté, de la paix et de l'amour ? Et maintenant, ces fêtes sont passées, mais leur souvenir est immortel, leur parfum embaumera notre vie ; nous nous souviendrons que l'amour a rendu à Thérèse le joug du Seigneur doux et léger, et que, vivifiés par la même flamme, nous pouvons avoir la même grâce. Vivons donc en saints, et nous serons un jour bienheureux en la compagnie de la sainte et illustre Thérèse. — *Amen !*

CARMEL D'ALBY

(FONDÉ LE 31 MAI 1842).

Voilà déjà trois cents ans que l'âme séraphique de sainte Thérèse s'est envolée au ciel sous la forme d'une colombe. L'univers entier applaudit à ce triomphe, chante les gloires de l'illustre Réformatrice, bénit sa mémoire et exalte d'un magnifique enthousiasme les éclairs de son génie. On comprend la sainte allégresse et les pieux tressaillements des enfants du Carmel. Ils se réjouissent de voir leur sainte et séraphique Mère traverser les siècles entourée d'une auréole de gloire pure et sans tache, et provoquer partout l'admiration et l'amour. L'Esprit-Saint l'a dit : « La mémoire des justes ne périra pas : ils seront loués et bénis dans les siècles des siècles ».

Les fêtes du troisième centenaire en sont une preuve ; elles ont été célébrées par les Carmélites d'Alby avec une rare magnificence, ces pieuses solennités ont été un sujet d'édification et de joie pour tous ceux qui aiment la sainte Eglise et désirent sa gloire. Pendant toute l'Octave, l'affluence des fidèles a été des plus considérables. Souvent la foule ne pouvait tenir dans l'enceinte, et le clergé nombreux qui remplissait le sanctuaire témoignait de son amour pour l'illustre Vierge du Carmel et de ses sympathies pour les Religieuses, victimes comme leur Mère de leur amour pour Dieu et de leur zèle pour le salut des âmes. — Hâtons-nous d'ajouter que tout contribuait à donner à ces fêtes le plus grand éclat : la beauté des décorations, la splendeur des offices et l'éloquence des prédicateurs qui ont pris successivement la parole.

La chapelle étincelle d'or et de lumière. Au-dessus de l'autel, paré de ses plus beaux ornements, nous apparaît sainte Thérèse grande, majestueuse, s'envolant vers le ciel : elle est entourée de lis et de roses, symbole de sa pureté et de son martyre quotidien.

Quatre colonnes en gaze or et argent, ornées de roses et surmontées d'un beau candélabre, entourent l'autel. Deux oriflammes sur drap d'or portent ces inscriptions latines : « *Trecentis abhinc annis gloriosa migravit ad Sponsum*. « Depuis trois cents ans, Thérèse est allée rejoindre son Époux dans la « gloire. — *Trahe nos ad te, curremus in odorem unguentorum tuorum*. — « Attirez-nous à vous, nous courrons à l'odeur de vos parfums ». Deux autres sur fond d'argent laissent voir ces paroles de nos Saints Livres : « Je chanterai éternellement les miséricordes du Seigneur » ; et l'invocation tirée de l'office de sainte Thérèse : « O Victime de charité, enflammez nos cœurs! « *O charitatis Victima, tu corda nostra concrema*. »

Des guirlandes de lis et de roses entrelacées dans de légers bouffants en gaze argent serpentent autour de la chapelle et encadrent délicieusement le blason de l'Ordre du Carmel qui fait face au maître-autel, les armes de Léon XIII et celles de Monseigneur l'Archevêque.

Des oriflammes grandes et légères, distribuées en faisceaux, ornent encore la nef. Sur les unes apparaît le monogramme de sainte Thérèse entouré de fleurs, sur d'autres la Sainte elle-même dans l'attitude de la prière, ou encore les armoiries de l'Ordre.

Un grand nombre portent en lettres d'or des inscriptions, entre autres celles-ci : « La mort des Saints est précieuse devant Dieu. — Je chanterai « éternellement les miséricordes du Seigneur. — Ou souffrir, ou mourir ! — « Je meurs fille de l'Eglise. »

La beauté des offices ne contribue pas moins à relever cet éclat extérieur : la foule ne peut tenir dans la chapelle, et le clergé nombreux qui remplit le sanctuaire est heureux de témoigner son amour à l'illustre vierge du Carmel et de donner ses marques de sympathie aux religieuses.

Le 15 octobre, Monseigneur l'Archevêque venait inaugurer lui-même ces fêtes par la célébration du saint sacrifice de la messe. Après la messe, notre vénéré Pontife, donnant un libre cours à ses sentiments de vénération et d'amour pour la grande Réformatrice du Carmel, nous la montrait réunissant en elle toutes les gloires : la gloire de l'Ange par la pureté de sa vie et la continuité de sa prière ; la gloire des Prophètes par les lumières surnaturelles qu'elle a reçues de Dieu ; la gloire des Docteurs par ses admirables écrits ; la gloire de l'Apôtre par son zèle pour le salut des âmes et les travaux de la Réforme ; la gloire des Martyrs par l'amour et par la pénitence. De ce thème est sortie une admirable application aux religieuses Carmélites qui réunissent en elles toutes ces gloires.

Le soir du même jour, à l'office des vêpres, M. l'abbé Dambre, curé de Saint-Salvy, nous racontait dans un magnifique langage l'amour de Jésus pour sainte Thérèse.

Dans son amour, Jésus-Christ a préservé sainte Thérèse des douceurs du monde au moment où elle allait en devenir la victime. Il l'a appelée dans le cloître, et là il l'a comblée de ses faveurs les plus extraordinaires, de ses tendresses qu'il lui continua jusqu'à la mort. Cette mort elle-même fut moins un effet de l'âge et de la maladie qu'un transport d'amour dont sainte Thérèse ne put supporter la véhémence : *Intolerabili divini amoris incendio potiùs quam vi morbi*.

Ce fut la première page de l'amour de Jésus pour sainte Thérèse. La seconde page de cet amour s'écrit dans le Ciel depuis trois cents ans et se continuera dans les siècles des siècles ; quelle plume osera l'écrire, quelle langue oserait la publier ?

Cependant, même sur terre, Jésus continue à aimer Thérèse ; il l'aime dans son œuvre qu'il protège toujours et qui est si florissante ; il l'aime dans chacune de ces âmes qu'il appelle au Carmel et à qui il continue les mêmes faveurs qu'il prodigua à son épouse privilégiée.

Le lendemain, M. l'archiprêtre venait apporter son tribut de louange à la Sainte, et il nous parlait, avec l'onction et le charme dont il a le secret, de l'amour de Dieu et du modèle que nous en avons en elle.

Le mardi commençait le *Triduum* solennel. Pendant ces trois jours, les offices furent célébrés avec la plus grande solennité. M. l'abbé Chaynes, supérieur de la maîtrise et maître de chapelle de la cathédrale, voulut faire les frais du chant pour la grand'messe et les vêpres. Sa voix belle et sonore augmentait délicieusement l'éclat de la fête, et son pieux concours témoignait une fois de plus de son entier dévouement pour les religieuses du Carmel.

Ce fut le R. P. Théophane, de l'Ordre des Carmes, qui porta la parole. Le premier jour, il nous parla de la tendresse de sainte Thérèse pour l'Eucharistie; le deuxième, il nous la montrait attirée par Dieu dès son enfance et préparée par lui à l'union étonnante et exceptionnelle qu'il voulait contracter avec elle. Le troisième jour, il exposait à nos regards ce qu'était cette vie de Dieu, cette union totale, cette transformation divine que la Sainte appelle le mariage spirituel, et qu'elle décrit d'une manière si sublime dans son admirable livre du *Château de l'âme*.

La solennité de ce *Triduum* fut augmentée le mercredi par une cérémonie de prise de voile. Mgr l'Archevêque voulut bien venir la présider et offrir lui-même à Notre-Seigneur cette jeune victime. Ce religieux spectacle, toujours émouvant, l'était encore davantage au milieu de ces solennités.

A la fin de la cérémonie, Mgr l'Archevêque a voulu encore adresser quelques mots sortis de son cœur aux religieuses. Le Carmel, a-t-il dit, c'est le Ciel. Que fait-on au Ciel? On voit, on aime, on loue. *Videbimus*, vous le voyez à travers les voiles sans doute, mais ces voiles épais pour les gens du monde sont transparents pour vous. Oh! dites-moi, filles de sainte Thérèse, les beautés que Dieu vous fait entrevoir!

Amabimus, vous l'aimez, car j'entends les battements de vos cœurs. Pour l'homme du monde, ce n'est que la matière qui palpite; pour vous, c'est vraiment votre âme, c'est votre cœur. Il bat bien fort, parce que c'est la main de Dieu qui le presse.

Laudabimus, que faites-vous autre chose au Carmel? Votre vie entière est une louange à Dieu. Vous le louez dans l'oraison, à la messe, dans vos lectures, à l'office divin, vous le louez dans vos pénitences et vos austérités.

A la mort de sainte Thérèse, son âme s'envola au Ciel sous la forme d'une colombe. Oh! envolez-vous aussi au Ciel, vous y serez admises!

Cédant aux attraits d'une délicate pensée, les religieuses du Bon-Sauveur, les Sœurs de Notre-Dame et de Saint-Joseph et les Filles de la Charité, sont venues tour à tour, avec le chœur des chanteuses, se prosterner au pied de sainte Thérèse et lui payer, dans un admirable concert de voix humaines, un tribut de vénération et d'amour. Vendredi soir, M. l'abbé Pontié, prenant pour texte de son sermon les paroles du prophète Elie, qui sont la devise du Carmel: *Zelo zelatus sum pro Domino Deo exercituum*, a exposé le récit du troisième livre des Rois et l'a appliqué à la Sainte qui, pénétrée de douleur à la vue des âmes abandonnant le Seigneur, se détermine à tout faire pour réparer les crimes des hommes. Il nous l'a montrée, vrai soldat de Jésus-Christ, forte contre elle-même, forte contre le monde, inébranlable au milieu des difficultés qui vinrent s'opposer à son entreprise.

Le lendemain, nous étions ravis d'entendre le R. P. Jean, du troisième ordre régulier de Saint-François.

Le centenaire du séraphin d'Assise, a-t-il remarqué, finit au moment où commence le centenaire de la séraphine d'Avila. Ne vous semble-t-il pas entendre ces deux séraphins de la loi nouvelle, qui, à l'instar des deux séraphins dont parle Isaïe, se renvoient l'un à l'autre leurs adorations et leurs louanges à Dieu ?

François et Thérèse, si semblables dans leur amour pour Jésus-Christ, ont aussi reçu de lui une récompense semblable : celui-ci, les sacrés stigmates; celle-là, la transverbération du cœur.

Tous deux, également, ils ont un amour marqué pour notre chère France. Par un sentiment de sympathie pour notre nation, le père donnera à son nouveau-né, sur les fonts baptismaux, le nom de François, et le fils reconnaissant se complaira à parler notre langue et à chanter dans ce même idiome ses plus beaux cantiques à la divinité. Plus tard, il viendra visiter la France, où son ordre brille du plus vif éclat, rend d'éminents services à la société, et va sur les plages lointaines porter au cœur des nations barbares l'amour et le respect que François eut toujours pour ce noble et généreux pays.

Thérèse elle aussi aima la France, et c'est de ce même amour qu'est née la réforme du Carmel, digue opposée à l'hérésie réformatrice de Luther! Sans doute, elle ne viendra pas dans nos régions, sa mission se borne à établir solidement la réforme en Espagne ; mais, après sa mort, elle apparaîtra à ses deux filles les plus illustres : Anne de Jésus, Anne de Saint-Barthélemy, et leur montrera la France comme le pays où leur zèle doit s'exercer ; elle apparaîtra à Paris pour intéresser quelques grandes âmes à l'établissement du Carmel dans notre nation.

Ici le P. Jean fait à grands traits l'historique du Carmel en France, jusqu'à l'acte si courageux d'une religieuse Carmélite de Toulouse, réfugiée à Alby, Mlle de Rey, qui, apprenant que les barbares ont enlevé les saintes espèces, vole à la commune, réclame *son bon Dieu*, et subjugue si bien ces tyrans nouveaux maîtres, qu'elle obtient ce qu'elle a demandé. Oui, vraiment, le Carmel d'Alby est né de cet acte héroïque de foi.

Enfin, dans une chaleureuse exhortation, l'humble missionnaire a supplié les Carmélites de se montrer toujours dignes de leur vocation et de prier pour les défenseurs de la foi.

Le dimanche matin, M. le supérieur du Grand-Séminaire, accompagné de plusieurs séminaristes, vint chanter la messe, et le R. P. Bernard nous adressait, avec son cœur si rempli d'onction, une courte allocution sur l'amour divin qu'il envisageait dans l'âme de sainte Thérèse. Comme Dieu, a-t-il dit, l'amour est un feu dévorant et il en a les qualités; car il monte toujours pur comme la flamme vers le ciel. Il y a plus, l'amour exprime tous les sentiments, il adore et il gémit, il proteste et il admire, il chante et il se donne. Le cœur de Thérèse fut une lyre harmonisant dans un merveilleux accord ces échos de la terre et du ciel. L'amour de Dieu n'est pas oisif, et quand il s'empare d'un cœur, il exerce son activité sur lui-même et sur le prochain. Thérèse arriva à cette perfection par le vœu le plus parfait. Il ne lui restait plus qu'à se répandre, voilà pourquoi elle songea dès lors à la réforme du Carmel, véritable apostolat pour la sanctification des âmes. Enfin, l'amour divin sait tout endurer, tout souffrir. L'histoire de la vierge d'Avila raconte au long les souffrances de son cœur dont l'amour fut toujours le bourreau, le martyre de son zèle en face du protestantisme et de l'indifférence.

Son plus grand tourment est cependant l'amour, qui fait de son cœur un cœur de séraphin égaré sur la terre, captif dans un corps mortel.

Le soir, après le chant des vêpres présidées par Mgr l'Archevêque, un discours de M. l'abbé Michaud couronnait triomphalement ce glorieux centenaire. En voici les principaux traits :

La vie de sainte Thérèse de Jésus, c'est l'amour de la croix porté à sa plus haute puissance. De son cœur embrasé de l'amour divin, elle jette en traits enflammés au divin crucifié ces ardentes paroles : « *Mihi absit gloriari, nisi in cruce Domini nostri Jesu Christi* ». A Dieu ne plaise que je me glorifie, si ce n'est dans la croix de Notre-Seigneur Jésus-Christ.

Elle gravit les rudes sentiers du Calvaire, elle voit Jésus-Christ n'ayant que la pourpre de son sang pour couvrir sa nudité; elle entend sa voix qui lui demande des épouses qui n'aient d'autre dot que l'adoption de leur royal Epoux.

Fidèle à cette voix, Thérèse, qui, dès son enfance, a affronté le martyre, qui a été éprouvée comme l'or dans la fournaise, Thérèse, suscitée de Dieu pour la réforme du Carmel, embrasse la folie triomphante de la croix, en établissant sur la pierre inébranlable de la pauvreté parfaite la maison de Saint-Joseph d'Avila, dont les murs tombent en ruines. Mais la croix comble Thérèse et ses compagnes de la plénitude des dons célestes. *Nihil pleniùs amore.*

Rien pour elle n'est plus doux que la jouissance de ce crucifiement : *Nihil dulciùs amore.* Thérèse de Jésus porte pour cuirasse un cilice qui l'ensanglante; sa tête est couronnée des épines de son Jésus; sa bouche humectée du fiel et du vinaigre de son Jésus; son corps est broyé par la flagellation de son Jésus, et elle s'écrie : *Aut pati! aut mori!* Ou souffrir, ou mourir !

Thérèse, aigle de la contemplation, vole avec ses puissantes ailes dans des horizons infinis, pour se perdre en Dieu, dans un majestueux lointain.

Ses écrits n'ont rien de mortel; c'est l'intelligence créatrice du Verbe divin qui s'incarne dans son esprit, c'est Jésus-Christ qui est son maître.

La croix de Jésus-Christ est l'arbre noueux sur lequel Thérèse a enté la réforme des Carmes déchaussés et des Carmélites réformées; elle leur donne l'amour de l'obéissance : *Nihil fortiùs amore.*

C'est un esclavage, dit le monde, que l'obéissance du Carmel, protégée par des remparts, par des grilles hérissées de fer. O monde insensé, esclave des préjugés, de la fausse sagesse ! La fille du Carmel est libre; elle obéit à Dieu seul; elle est indépendante de toutes les créatures; elle se dévoue à la prière, à la solitude, au silence, à tous les travaux pour le bien éternel de l'humanité.

Thérèse a dit : « Notre-Seigneur Jésus-Christ, comme un vaillant capi-« taine, a ses évêques, ses missionnaires pour cavaliers dans la plaine; pour « nous, nous devons prier dans nos citadelles et mourir, obéissant dans notre « cloître, souffrir la faim plutôt que de rendre les armes ». Les nobles victimes du Carmel mourront comme le Christ, obéissant jusqu'à la mort de la croix : *obediens usque ad mortem;* et l'Eglise élèvera des autels, décernera son culte, ses pompes, ses chants aux héroïnes de la foi. Thérèse, le 4 octobre 1582, meurt comme une guerrière martiale.

Tous étaient sous le charme de cette éloquente parole, et le chant du *Te Deum* vint augmenter encore l'émotion qu'elle avait excitée dans les cœurs. Après la bénédiction du Très Saint-Sacrement, Mgr l'Archevêque résuma en quelques mots les sentiments et le bonheur de tous. Il voyait dans ce concours de fidèles, attirés par un simple souvenir religieux, un triomphe pour la sainte Eglise, et son âme s'ouvrait à de meilleures espérances pour l'avenir. Sa Grandeur remercia la pieuse assistance, au nom de ses chères filles du Carmel, de la part qu'elle avait prise à leurs fêtes et la bénit une dernière fois.

Le souvenir de ces belles solennités ne s'effacera pas de notre esprit. Notre cœur surtout n'oubliera pas les joies si pures et si saintes que nous avons goûtées. Puissions-nous demeurer fidèles à la pratique de ces vertus dont nous avons respiré le parfum auprès des saintes filles du Carmel!

CARMEL DE LUÇON

(FONDÉ EN 1847).

Le Carmel de Luçon vient d'associer les pieux fidèles au tribut d'hommages et de piété filiale qu'il voulait, à son tour, offrir à son illustre Mère sainte Thérèse, à l'occasion du trois-centième anniversaire de sa bienheureuse mort.

La foi s'est ravivée en ces belles solennités, et le cœur y a goûté des consolations qu'il souhaiterait faire partager maintenant aux absents. — Essayons donc, en leur faveur, quelques détails, et commençons par les initier suffisamment aux charmes de la décoration.

De la porte extérieure du monastère, une double haie de jolis arbustes montait jusqu'à l'entrée de la chapelle. Là, une inscription élevée annonçait au loin l'objet de la fête; tandis que deux grands étendards y publiaient déjà les gloires de la sainte Réformatrice. *Elle sera en évidence*, disait l'un, *comme un chêne qui étend ses rameaux*..... Sur l'autre on lisait : *J'ai brûlé de zèle pour le Seigneur, Dieu des armées*...

La petite chapelle de notre Carmel luçonnais a d'elle-même mille attraits par sa fraîcheur, le doux reflet de ses vitraux, ses touchantes statues du Sacré-Cœur de Jésus, de Notre-Dame d'Espérance, etc., artistement polychromées; celles de sainte Thérèse et de saint Jean de la Croix apparaissant au fond du sanctuaire dans leur sévère costume religieux; enfin, par l'ensemble délicieux et pur du maître-autel avec son rétable aux clochetons élancés. Qu'était-ce donc, lorsque ce pieux édifice se montrait avec l'éclat d'une ornementation tout exceptionnelle?

Au-dessous de l'autel, un tableau entouré d'une gloire, et représentant l'apothéose de sainte Thérèse, était le point central auquel tout venait aboutir. Deux majestueuses pyramides, découpées avec art et richement illuminées; puis, deux grands palmiers artificiels, le tronc gracieusement entouré de lierre, s'élevaient aux côtés de l'autel. Au sommet du rétable, étaient disposés deux autres palmiers, ayant à leur pied de légères tiges de rosiers fleuris. De triples branches de lis, placées un peu plus bas, faisaient scintiller leurs corolles couleur de feu. Sur l'autel même, le thabor, préparé pour le salut solennel, était ombragé de vigne et de deux brillantes gerbes d'épis d'or. Enfin, ajoutons encore des candélabres et d'autres lumières, et l'on aura une idée assez complète de toute la parure de l'autel.

C'était beau, et pourtant aussi, de l'avis de tous, parfaitement simple et sans confusion. Mais, hâtons-nous de le dire, la vue de ces gracieuses splendeurs ne faisait point oublier le divin Jésus de Thérèse exposé sur le tabernacle : le cœur et le meilleur regard étaient encore pour Lui...

A droite, en face de la grille des religieuses, le trône pontifical, emprunt fait à la cathédrale, déployait ses riches tentures.

Deux boiseries avec frontons et pinacles, ornées de dorures et de fleurs, faisant face à la nef de chaque côté de l'arc qui donne entrée dans le chœur, encadraient : la première, une précieuse relique de la glorieuse Sainte; l'autre, une fidèle peinture du reliquaire où l'on conserve son cœur séraphique à Albe.

Au fond de la chapelle, paraissaient trois riches blasons : celui du Souverain Pontife, avec ceux de notre Evêque et de l'ordre du Carmel. Autour du premier, les heureuses héritières de Thérèse avaient écrit : *Nous sommes filles de l'Eglise... l'affirmer est pour nous un bonheur!...*

Vingt oriflammes, aux fraîches bordures roses ou brunes, flottant sous les voûtes de la nef et du sanctuaire, portaient de très belles et très frappantes paroles de la grande contemplatrice, et faisaient ainsi comme planer sur l'assemblée son esprit et son cœur. — Citons seulement quelques-uns de ces incomparables élans :

O ciel! que le péché est un mal terrible, puisqu'il a fait mourir un Dieu!
O douleur! il est, Seigneur, des âmes qui ne veulent pas vous connaître....
Un cœur qui t'aime, ô Beauté sainte, ne voit que Toi dans l'Univers!
L'amour change le travail en repos.
O mort! ô mort! qui peut te redouter, puisque en toi se trouve la vie?...
J'aurais volontiers donné mille vies pour sauver une seule de ces âmes qui se perdent en si grand nombre dans le royaume de France.
Je vis: ce n'est plus moi, c'est Jésus-Christ qui vit en moi.
Qu'il règne et que je sois sa captive, je ne veux pas d'autre liberté.

O ma vie! O ma vie! Comment peux-tu te soutenir
    Etant absente de la vie?
Je vis, mais hors de moi ravie, j'attends en Dieu si haute vie
    Que je me meurs de ne point mourir!

Enfin, à la hauteur des corniches et un peu au-dessous des vitraux, des guirlandes de buis, émaillées de roses et de lis, entouraient la chapelle de plusieurs lignes et de nombreux festons. Une ligne de feu, parallèle aux guirlandes et ne les surmontant que fort peu, achevait, aux exercices du soir, de donner à l'édifice un éclat remarquable de fête et de triomphe.

Les chants sacrés, les chœurs et les morceaux de musique avaient été préparés, avec le soin qui convenait à ces touchantes solennités, par M. l'abbé Guinot, maître de chapelle de la cathédrale, et par d'autres pieux ecclésiastiques de notre ville, amis de sainte Thérèse et du Carmel.

Le *Triduum* a été célébré les mardi, mercredi et jeudi, 17, 18 et 19 octobre.

Le dimanche 15, jour de la fête de la glorieuse Sainte, en fut comme le prélude. Monseigneur l'Evêque vint à huit heures dire la messe au Carmel. Alors une voix harmonieuse et sympathique, empruntant les accents de Thérèse elle-même, nous fit entendre quelques strophes de son immortelle Glose. Ce langage séraphique, devenu presque étrange, hélas! aujourd'hui, devait nous être rappelé encore aux derniers instants de ces fêtes du haut de la chaire sacrée. — C'est qu'un ingénieux complot semblait formé en ces heureux jours, pour replonger nos âmes attiédies dans une atmosphère toute céleste.....

Le soir du même jour, Sa Grandeur daigna présider aussi le salut solennel du Très Saint-Sacrement. Le sermon, très brillamment écrit, très bien dit, était un vrai panégyrique de sainte Thérèse. Il a sûrement fait prendre la résolution de revenir entendre parler encore de la glorieuse réformatrice du Carmel.

On est, en effet, revenu en foule, chacun des jours du *Triduum*.

Le matin, à dix heures et demie, avait lieu la messe solennelle. Le soir, à 4 heures, les vêpres étaient chantées et suivies du sermon et du salut. — Les trois prédicateurs du *Triduum* ne furent pas entendus avec moins de faveur que celui de la fête; ils ont inspiré à leur auditoire le plus juste intérêt. — Celui du premier jour a exalté la gloire que l'Église recueille des admirables variétés qu'offre la sainteté de ses plus illustres enfants.

Le second, en rappelant les éminents services que sainte Thérèse a rendus à l'Eglise, au monde et à la société, a fait ressortir ceux que nous recevons encore des ordres religieux voués à la prière.

Le troisième nous a montré en Thérèse un séraphin mortel, qui s'est peint lui-même dans ses brûlantes paroles.

Le chant de la messe et des vêpres avait été composé, à la prière de nos Carmélites, et pour la circonstance, par le célèbre dom Pothier, bénédictin de Solesmes. Ce savant moine aura la gloire de nous avoir définitivement dotés, quant au fond et au mode d'exécution, du chant si beau de l'Église auquel saint Grégoire a donné son nom.

Ces mélodies, que les anciens n'hésitaient pas à croire inspirées, ont donc retenti dans la chapelle du Carmel avec le plus grand à-propos. Là, plus encore peut-être que dans les plus vastes églises, elles avaient leur accent de piété et leur parfum si éminemment religieux. On comprend que le docte bénédictin ait pu affirmer hardiment que, même de nos jours, la meilleure musique sacrée est encore le chant qui, dès le vie siècle, s'appelait le chant Grégorien. Ce chant mérite en effet d'avoir été celui de nos grands âges de foi.

La musique n'a pas été moins bien accueillie que le chant, ni moins goûtée. Elle était digne de l'être. Nous l'écoutions, il est vrai, plus avec l'âme qu'avec l'oreille; mais, en toute vérité, l'oreille et l'âme y trouvaient amplement leur compte : l'une, dans l'onction de la plupart de ces chants ; l'autre, dans leur suave harmonie.

Le troisième jour du *Triduum* a été le plus solennel. En ce jour, Mgr l'Evêque a officié pontificalement à la messe et aux vêpres. — Quatre vicaires généraux, M. le doyen du chapitre, M. le doyen de la cathédrale, ami si dévoué de notre Carmel, plus de trente prêtres, sans compter les musiciens et une députation du Grand-Séminaire, étaient présents à la fête. Bien qu'elles n'eussent pas, pour s'y déployer, l'espace de la cathédrale, les cérémonies pontificales ont été faites au Carmel dans le plus bel ordre ; huit chanoines titulaires ou honoraires assistaient, selon le cérémonial, revêtus des ornements sacrés. Ajoutons à cet important spectacle le recueillement le plus profond, et on comprendra que nous éprouvions et que toutes les âmes ressentaient l'impression la plus vive et la plus profonde; on se croyait presqu'au ciel.

Après la bénédiction de ce troisième jour, la foule pressée s'écoula lentement et comme à regret, tandis que ce dernier refrain à la louange de la grande Sainte retentissait encore avec les derniers sons de l'orgue :

A Thérèse la gloire,
La pompe et l'honneur de ce jour ;
Sur son front la victoire,
Rayonne avec l'amour!...

CARMEL D'AIRE-SUR-L'ADOUR

(FONDÉ EN 1853).

La ville d'Aire est petite et semblerait, au premier abord, offrir peu de ressources, mais sa foi est grande; elle aime d'ailleurs son Carmel; elle sait que le voisinage de ces victimes volontaires de la prière et de la pénitence est pour elle une sauvegarde et un bienfait : elle a tenu à leur marquer, dans cette circonstance, sa gratitude et ses sympathies ; pendant quinze jours, elle a vécu, pour ainsi dire, de leurs préoccupations; par son concours et sa piété, elle a fait de ces honneurs rendus à l'illustre réformatrice une imposante manifestation. Et nous, qui entreprenons d'esquisser, à grands traits, la physionomie de ces fêtes, nous devons craindre de ne pas exprimer assez ce qu'elles ont eu de populaire et de spontané.

I. — NEUVAINE PRÉPARATOIRE.

Le 6, au soir, s'ouvrit la neuvaine préparatoire. Il faut avoir assisté à ces réunions, dont l'heure avancée augmentait le mystère, pour comprendre tout ce qu'elles avaient d'intime et de solennelle gravité. Chacun apportait là le sentiment de ses besoins et de ses formidables périls de l'heure présente; sous l'empire de ces pensées, la ferveur devenait contagieuse et communicative. — On prie, du reste, au Carmel comme on ne prie pas ailleurs : l'aspect à la fois sévère et pieux de la chapelle, le soin minutieux qui en entretient la propreté et l'éclat, la certitude que le Dieu du Tabernacle y reçoit des hommages plus purs, plus continus, plus dévoués, le souvenir enfin du sacrifice accompli par ces femmes héroïques, que l'on devine au delà de la sombre grille, sans que l'œil puisse les découvrir, tout cela saisit et émeut ; ajoutez-y les cantiques sacrés, la voix douce de l'orgue, on s'expliquera sans peine que l'âme se détache de la terre et trouve des ailes pour s'élever à Dieu.

La neuvaine, à laquelle MM. Mouton et Laussucq, grands-vicaires, présidaient successivement, se poursuivait depuis trois jours, lorsque commencèrent les salutaires exercices d'une retraite.

Prier est sans doute une excellente disposition à la grâce ; mais, pour assurer l'efficacité de cette grâce, n'est-il pas nécessaire d'écarter les obstacles que le cœur lui oppose ? C'est à quoi servent puissamment les retraites spirituelles. Quatre fois par jour, depuis le 10 octobre jusqu'au 13, la parole divine a retenti du haut de la chaire chrétienne ; elle avait pour organe un membre de la société illustre que Thérèse aimait tant, le R. P. Poisson, Jésuite.

En un langage éminemment apostolique, ce religieux disait les grandeurs et les devoirs de la vie chrétienne et la nécessité, plus pressante que jamais, de mettre sa conduite d'accord avec ses convictions. On écoutait, dans un profond recueillement, ces instructions solides et pratiques, et le nombre des assistants augmentait chaque jour. Nous devons une mention spéciale à l'auditoire qui, le matin, bien avant l'aube, remplissait la chapelle : c'étaient, pour la plupart, de pauvres servantes, des mères de famille, d'humbles ouvrières, qui, pour profiter de la grâce, n'hésitaient pas à abréger les heures du sommeil : âmes simples, que Dieu distingue dans leur obscurité, dont le monde fait peu de cas, et qui se réjouiront toute une éternité de ce que leur condition même leur aura aplani le chemin du repos et de la félicité !

La clôture de la retraite avait lieu le 13, au matin. Monseigneur l'Evêque voulut la présider : il célébra la sainte messe et distribua de ses mains le pain eucharistique. La table du festin était dressée : nous l'avons vue jusqu'au dernier jour occupée avec le plus édifiant empressement.

II. — Fête de sainte Thérèse.

Que ne faisaient pas présager d'aussi beaux débuts ? Cependant le grand jour approchait. Le 13 et le 14, la plus grande activité ne cessa pas de régner autour du Carmel, d'ordinaire si solitaire et si paisible. Le temps jusque-là paraissait incertain ; dans la soirée du 14, il se mit tout à fait au beau.

Le lendemain, dès 5 heures du matin, le tintement mélancolique de la cloche annonçait que la sainte victime commençait ses immolations mystiques sur l'autel ; la foule se pressait déjà aux portes du monastère, ouvertes à deux battants. On s'avançait entre deux cordons festonnés de verdure et de fleurs jusqu'à l'entrée de la chapelle, dont la façade était élégamment décorée de transparents emblématiques, que devait faire resplendir l'illumination du soir.

A l'intérieur, l'art s'était déployé dans toute la richesse et la variété de ses formes : en suivant les lignes de l'édifice, l'œil était arrêté, des deux côtés, par des bannières, des banderoles et des écussons multicolores, rangés avec symétrie, relevés d'inscriptions à la gloire de sainte Thérèse et reliés à la voûte par des faisceaux de guirlandes, au feuillage d'or. Une draperie *marron-carmélite*, semée de javelles d'or, sur laquelle était jetée une légère gaze qui adoucissait les tons sans altérer les teintes, formait sur les parois du sanctuaire un gracieux revêtement.

Autour de l'autel, se dressait svelte et dégagée, sur de légers piliers formés par une vigne d'or, une triple arcature en hémicycle de roses et de lys au feuillage d'or. L'autel lui-même, avec son fond de marbre blanc et ses décors, qu'une profusion de lumière rendait étincelants, semblait devenu un nouveau Thabor. Enfin au-dessus de tout, dominant ces magnificences, apparaissait, nue, presque sévère, l'apothéose de sainte Thérèse ; ici, aucun ornement, aucune autre lumière que celle qui, projetée de l'autel, tombait sur le visage extatique de la Sainte et lui donnait une expression surnaturelle. Oh! qu'il y avait de vérité et de profond symbolisme dans ce contraste! Thérèse l'amante du Tabernacle, empruntant, dans la gloire, d'éternelles clartés au mystère eucharistique, n'était-ce pas une conception admirablement chrétienne ?.... La chapelle latérale de la Sainte reproduisait en réduction toutes ces magnificences.

Durant toute la matinée, des messes furent dites sans interruption et les communions furent très nombreuses.

A 10 heures, Monseigneur, entouré de ses vicaires-généraux et du chapitre, célébra la messe pontificalement : une telle faveur, rarement accordée au Carmel, dût être le sujet d'une bien vive joie pour les Filles spirituelles de celle qui aimait à dire qu'elle donnerait volontiers sa vie pour la plus petite des rubriques et la moindre des cérémonies.

La seconde partie de cette journée surtout eut un éclat incomparable. Monseigneur daigna encore présider aux vêpres ; un nombreux clergé l'entourait ; l'enceinte de la chapelle était trop étroite pour contenir la foule qui refluait au dehors. Nous tairons la majesté des offices, la précision et la puissance de la psalmodie sacrée, la perfection de ces chants, pleins d'actualité, auxquels avaient voulu concourir deux sœurs, artistes d'une réputation déjà établie, les harmonies de l'orgue, soit qu'il obéît aux doigts exercés d'un élève du Grand-Séminaire, soit qu'il retrouvât sa souplesse ordinaire sous la main délicate de celle qui met sa joie à dépenser un talent réel dans les solennités peu retentissantes du Carmel.

Nous avons hâte d'arriver au panégyrique de sainte Thérèse, prononcé par un orateur que la ville et le diocèse connaissent de longue date, M. l'abbé Jean Dudon, curé de Samadet.

Analyser ce discours, c'est le décolorer ; toutefois ceux qui l'ont entendu ne nous pardonneraient pas de le passer entièrement sous silence.

L'homme, nous a dit l'orateur, a été fait pour la vision divine : c'est là sa destinée, qu'il ne remplira parfaitement qu'au ciel, mais à laquelle il a le devoir de s'appliquer pendant son pèlerinage ici-bas.

Dans la première partie, il a montré Jésus, qui opère tout dans ses saints, préparant Thérèse à cette vision divine avec une persévérance et une patience infinies. *Heureux les cœurs purs*, est-il dit dans l'Evangile, *parce qu'ils verront Dieu!* Le Sauveur la purifie, la détache et lui impose l'immolation de toute affection humaine et terrestre. Thérèse subit, avec une docilité parfaite, cette précieuse éducation ; sous la conduite de son céleste instituteur, elle se dégage, conquiert sa liberté, devient maîtresse de toutes ses puissances et capable dès lors de contempler son Dieu. — Suit le tableau merveilleux de la contemplation de la Sainte, qui, s'élevant progressivement de la considération des créatures jusqu'à leur auteur, se perd enfin en Lui, ne voit que Lui, et pénètre à tel point dans les profondeurs de sa sagesse, qu'il semble que le monde surnaturel n'ait plus pour elle de secrets.

Et, parce que Jésus, lorsqu'une âme a ainsi suivi le mouvement ascensionnel qui la portait vers lui, se livre à elle avec une libéralité sans mesure, Thérèse la contemplative sera tellement comblée de faveurs et de familiarités, que la vie lui deviendra intolérable et qu'elle se mourra de ne pouvoir mourir ; tourmentée du besoin de reconnaître tant de bonté, elle ne vivra qu'à la condition de souffrir, et elle obtiendra qu'un ange vienne du ciel faire une blessure à son cœur, associant ainsi la douleur à l'amour.

Pour le second point, l'oraison de sainte Thérèse, qui était sa sainteté, a eu, au dehors, comme toute sainteté, son fécond rayonnement : — dans le monde ascétique, qu'elle a enrichi de livres d'une inappréciable valeur ; — dans le Carmel lui-même, qui lui doit sa réforme et, l'orateur l'a prouvé, ses attaches à notre patrie ; — enfin dans son siècle, dont toutes les hautes personnalités recoururent à Thérèse, devenue ainsi la confidente et l'arbitre des plus belles entreprises et des plus grands desseins.

Un si large thème exigeait de longs développements. M. Dudon occupait la chaire depuis une heure et demie, sans que l'attention se fût relâchée ; quand il eut cessé de parler, volontiers on l'eût écouté encore.

Il y avait, d'ailleurs, dans ces fêtes, un charme, comme une émanation du Carmel, qui enchaînait la foule. Après la bénédiction du Saint-Sacrement eut lieu l'acte, répété chaque soir, du baisement des saintes reliques. Ceux qui avaient trouvé place dans la chapelle accomplirent les premiers ce devoir pieux. Lorsqu'ils furent sortis, on vit le lieu saint se remplir de nouveau : un nombre considérable de personnes, impuissantes à franchir le seuil, avaient stationné au dehors et attendaient, depuis des heures, que l'accès leur fût ouvert et qu'il leur fût donné de pouvoir, au moins, coller leurs lèvres sur les restes précieux de la Vierge séraphique.

Il était sept heures : une heure après, tandis que les étoiles scintillaient au firmament, des multitudes de feux s'allumèrent soudain; la façade de la chapelle que domine la statue de Marie Immaculée et toute la cour étaient brillamment illuminées. Deux transparents symboliques : *A Jésus de Thérèse* et *A Thérèse de Jésus!* encadraient l'image de la mère de Dieu. Là on chanta le *Magnificat*, l'*Ave maris Stella*, le cantique à sainte Thérèse; ces pieux échos remplissaient pour ainsi dire la ville; on se croyait à Lourdes.

La bénédiction du Très Saint-Sacrement, donnée chaque soir, pendant la semaine, servit d'heureux trait d'union entre la solennité du 15 et le jour de l'octave, qui nous réservait un des épisodes les plus attrayants du long drame que nous voyions se dérouler sous nos yeux.

A ces fêtes, d'un caractère si universel, un âge de la vie n'avait pas été encore convoqué. On sait tout ce qu'éveille de sympathies l'enfance, avec son abandon, sa candeur et sa pureté; aussi l'Eglise se plaît-elle à lui prodiguer les témoignages de sa sollicitude. Pourquoi sainte Thérèse, au jour de son centenaire, l'aurait-elle tenue à l'écart? Ne lui faut-il pas, menacée comme elle l'est à cette heure, une assistance particulière du ciel ?

Ces considérations firent réserver aux enfants l'après-dîner du 22. Fidèles au rendez-vous, ils accoururent, en bataillons serrés et la joie au front, des trois paroisses d'Aire, du Mas et de Subéargues, au nombre de plus de 600. Les airs retentirent de leurs cantiques pieux; en un instant, ils eurent envahi la chapelle, qui se trouva trop étroite; toutes ces têtes vives et rayonnantes, ces mélodies enfantines, ce pêle-mêle, cette confusion, que dominait encore la majesté du lieu, formait une scène indicible et un inimitable concert.

Monseigneur était là, souriant devant ce lointain retentissement du mot suave du divin Maître : *Laissez venir à moi les petits enfants;* et à ce petit monde, il daigna adresser une paternelle allocution. Un souvenir plein de fraîcheur de la vie de sainte Thérèse, son dessein à sept ans d'aller prêcher aux Maures, lui fournit le sujet; en quelques mots d'une exquise simplicité, Sa Grandeur prit occasion de là de suggérer à son jeune auditoire la résolution inébranlable de tout faire pour obtenir le ciel. Songeant ensuite aux projets criminels qui menaçaient ces petits êtres, il leur demanda une prière pour leurs persécuteurs; il était impossible de ne pas éprouver une émotion profonde, en entendant jaillir de ces cœurs, qui s'ouvraient aux générosités du pardon avant d'avoir connu les ardeurs passionnées de la lutte, ces supplications de l'innocence, auxquelles Dieu ne résiste jamais.

Puis, au nom de l'Eglise, le Pontife les bénit solennellement : au dehors, en les voyant s'en retourner radieux, quelques-uns riaient peut-être d'une manifestation si naïve et si simple; mais, lorsqu'on a la foi, on sait que de tels actes sont plus puissants que les plus puissantes machinations des ennemis de la Religion et de Dieu. Qui oserait affirmer que, parmi ces enfants, un grand nombre ne devra pas à cette bénédiction descendue sur eux dans la chapelle du Carmel la grâce de la préservation et le salut ?

III. — Triduum.

La série des fêtes touchait à son terme ; mais *le Triduum* devait renouveler les pompes et les splendeurs du jour du centenaire.

On avait compté, pour ces solennités, sur le concours du Grand-Séminaire ; mais l'ouverture de la retraite, que les élèves du sanctuaire font au début de l'année, ayant dû être reportée du 25 au 21, leur présence au Carmel devenait dès lors impossible ; jusqu'au sein des jouissances les plus légitimes, Dieu voulait ménager à ses épouses fidèles l'amertume du sacrifice, afin qu'elles comprissent de plus en plus les exigences de leur sublime vocation.

Il y eut, du reste, de précieuses compensations :

Le Petit-Séminaire voulut mettre sous les auspices de sainte Thérèse l'année qui commençait : on le vit, le 23, assister tout entier aux offices du matin et du soir ; les deux jours suivants, il se fit représenter pour servir aux cérémonies du chœur et soutenir le chant.

Le 24, l'affluence des étrangers dans la ville valut à la chapelle de nombreux visiteurs.

Le 25 enfin, la Communauté de Sainte-Ursule revendiqua à son tour le droit de déposer ses hommages aux pieds de Thérèse. Dérogeant à ses habitudes, elle ouvrit ses portes, et le pensionnat porteur des vœux de celles que retenait la clôture, traversa processionnellement la ville en chantant le cantique de la Sainte. M. Laussucq, vicaire-général, accueillit le pèlerinage et le bénit solennellement.

Ces trois jours furent des jours pleins pour la piété. La grand'messe suivit celles qui se célébraient d'heure en heure, et aux vêpres très solennelles le R. P. Basile, des Carmes déchaussés, fit le magnifique éloge de la Mère du Carmel.

Les trois remarquables sermons qu'il a donnés, formaient comme une trilogie complète à la gloire de sainte Thérèse.

Il nous l'a montrée successivement, pendant ces trois jours, fille de Jésus, fille de l'Eglise et fille de la Trinité tout entière, ce qui veut dire que sainte Thérèse, surnommée par l'Eglise « victime de charité, *caritatis victima* », a aimé passionnément le Verbe incarné, l'Eglise et l'adorable Trinité.

1° Sainte Thérèse, *fille de Jésus*. — L'orateur a trouvé, dans les vases de l'autel, trois admirables symboles qui la représentent d'une manière frappante, sous ce premier aspect. Thérèse a été le *calice* de Jésus par le sacrifice, c'est-à-dire par l'immolation qu'elle lui a faite de tout son être ; — le *ciboire* de Jésus, par la fidélité qu'elle lui a gardée, et enfin — l'*ostensoir* de Jésus, par la vérité et la vertu qu'elle a fait rayonner sur le monde, telle qu'un brillant soleil.

2° Thérèse, *fille de l'Eglise !* — *Dilexit Ecclesiam.*

Ces paroles, dites par saint Paul, de Notre-Seigneur Jésus-Christ, convenaient à sainte Thérèse. Elle a aimé l'Eglise d'un amour de reconnaissance : comprenant qu'elle tenait de l'Eglise une vie plus précieuse que celle qui nous vient de la terre, et que si la nature fait et alimente nos corps à l'aide de trois agents principaux, la lumière, l'air et le pain, l'Eglise nourrit et élève sans cesse nos âmes sous l'action de trois éléments bien autrement précieux, la lumière de la vérité, l'air de la grâce et l'aliment eucharistique. Sainte Thérèse a aimé l'Eglise d'un amour de sollicitude et de sympathie. Présente à toutes ses parties, travaillée sans cesse comme le grand apôtre par la sollicitude de toutes les Églises, elle souffrait particulièrement des ravages que faisait dans le beau pays de France, le *royaume très chrétien*, l'hérésie venue des bords du Rhin.

Elle voulut opposer aux ravages de l'hérésie qui profanait les monastères, renversait les temples et éteignait la louange de Dieu sur la terre, une forme de la vie religieuse qui fut tout à la fois un modèle inattaquable aux yeux même de la réforme la plus pharisaïque, et, devant Dieu, une force d'intercession, un rempart de prière et de pénitence contre l'envahissement du désordre et de l'irréligion, et elle réussit.

Elle a tout su en Dieu, et, quoique pauvre et ayant besoin de filer pour vivre, ainsi qu'elle le disait avec un admirable simplicité, et n'ayant aucun temps à donner à l'étude, elle a cependant été remplie d'une sagesse toute céleste, comme le déclare Grégoire XV dans la bulle de canonisation ; et de l'avis de plus de trente prélats, scrupuleux examinateurs de ses ouvrages, elle a parlé des mystères les plus ardus de la religion avec une profondeur et une sûreté qui l'égalent sur ce point aux plus grands docteurs, elle a répandu la lumière la plus abondante et la plus pure sur ce que la théologie mystique conservait encore de doutes et d'obscurités.

3° Thérèse, *fille de l'adorable Trinité*. — Elle a tout voulu pour Dieu : elle était par excellence la femme des saints désirs, s'élançant partout, et jusqu'aux contrées les plus lointaines, à la conquête des âmes par l'oraison et la mortification.

Elle a tout pu et tout fait pour Dieu. Puissante comme saint Paul en celui qui la fortifiait, elle a réformé le Carmel, malgré tous les obstacles. Sa croisade s'étendit par tout le monde, et de tous les points du globe les Carmels disent la gloire de Thérèse en chantant : Gloire à Dieu !

Le 25, Monseigneur voulut assister aux vêpres et donner la bénédiction du Très Saint-Sacrement.

Une fois encore, on baisa les saintes reliques. Puis, les feux de l'autel s'éteignirent ; la chapelle rentra dans le silence ; les fêtes de la terre étaient finies.

Et toutefois, la foule s'écoulait lentement : on éprouvait cette impression que nous avions déjà remarquée le soir du centenaire, et que connaissent tous ceux qui ont visité la grotte de Lourdes : on s'éloignait à regret.

CARMEL DU DORAT

(FONDÉ EN 1856).

C'est au diocèse de saint Martial, dans cette religieuse petite ville du Dorat, à l'ombre de son antique et magnifique collégiale, et avec une colonie de Carmélites venues de Limoges, sous la conduite de la Révérende Mère Thérèse-Madeleine du Calvaire, que s'établit en juillet 1856, par les soins de notre vénéré Fondateur, Mgr Gay, évêque d'Anthédon, auxiliaire de Mgr Pie, évêque de Poitiers, l'humble Carmel de Nazareth.

Jamais, depuis lors, ce bon Père ne cessa un seul jour de soutenir de sa direction spirituelle et de ses aumônes le couvent solitaire qui lui doit absolument tout.

Dès le principe, la croix fut ici; mais après 22 ans d'épreuves menaçant l'avenir et l'existence même de notre chère communauté, Notre-Seigneur, satisfait de l'invincible sérénité, de la patience de nos Mères, parut vaincu. Le grain de froment ayant résisté à ce dur hiver se mit à croître et à s'épanouir avec une sève et une vie nouvelle ; la famille sainte s'accrut, et notre vénéré Père, qui déjà plusieurs fois avait fait agrandir la maison, se décida à réaliser son désir en bâtissant enfin un vrai Carmel. Notre-Seigneur favorisa toutes choses ; une maison fut louée dans le voisinage et nous abrita pendant vingt mois; et le 2 octobre 1880, à la suite de nos saints anges et de notre bon Père, nous entrions dans le béni monastère où nous sommes aujourd'hui.

Deux ans après, le 4 octobre 1882, Mgr Gay mettait le comble à sa donation en faisant lui-même la consécration de notre chapelle.

Puis les 22, 23 et 24 octobre, à son retour de Poitiers et de Niort, il y célébrait nos ravissantes fêtes du centenaire ardemment attendues.

La chapelle, encore ruisselante des grâces de l'onction sacrée, semblait parée et embaumée d'avance par Notre-Seigneur pour le triomphe de sa séraphique épouse. Nous eûmes peu de décorations à ajouter à celle de cette petite Jérusalem dont toute la beauté est intérieure... Les sculptures de l'autel, de la frise et des colonnettes, les peintures murales, les boiseries, la mosaïque du dallage éclairés par la lumière adoucie de nos beaux vitraux lui donnent un caractère d'ineffable recueillement, auquel de joyeuses décorations ajoutaient celui d'une éclatante et virginale allégresse. Malgré la solennité que commandait le centenaire de notre Mère bien-aimée, nous avons dû, par la force même des choses, rester dans la voie de simplicité qui est tracée à cet humble Carmel, et ne rien faire d'extraordinaire qui puisse mériter d'être publié. Pourtant, durant les trois jours, la foule a été considérable, elle remplissait tous les abords de la chapelle et même la sacristie pour entendre les magnifiques discours prêchés par notre Père fondateur, qui deux fois a célébré pontificalement.

Le matin et le soir des trois jours, le clergé et les chantres de l'antique église collégiale du Dorat ont voulu nous prêter leur concours, et, entre les offices, plusieurs communautés de la ville se sont fait un bonheur de venir chanter les gloires de notre sainte Mère. Notre église, toute pavoisée d'oriflammes, des blasons de Sa Sainteté Léon XIII, de Mgr l'Évêque de Limoges, de Mgr d'Anthédon et du Carmel, était en outre garnie de grosses guirlandes de feuillage entremêlées de roses blanches et rouges. Le soir, le sanctuaire n'était qu'un foyer de feux variés, le portail et les abords de l'église étaient illuminés par des cordons de verrières. Le trône de notre séraphique Mère, dans le sanctuaire en face de notre grille, était surmonté d'un dais de velours rouge clair, garni d'or, pendant que sa statue sortait d'un massif de yukas blancs et de lumières; l'effet en était charmant.

Malgré la modestie de ces fêtes, chacun a été profondément pénétré des grâces dont ces saints jours se sont trouvés remplis, et le souvenir en est gardé dans tous les cœurs de ceux qui se sont pressés aux offices, aux sermons, aux saluts du Très-Saint-Sacrement et à la vénération quotidienne des reliques de sainte Thérèse.

Ce compte rendu, comparé aux autres, sera bien simple et bien court, mais le rôle de la violette sied au Carmel de Nazareth. Que notre sainte Mère lui obtienne de voir fleurir dans ses murs les vertus que son nom rappelle et de mettre toujours sa gloire à les chérir et à les pratiquer.

CARMEL DE BAYONNE

(FONDÉ EN 1858).

Nous reproduisons le récit de la *Semaine religieuse*.

Le Carmel de Bayonne ne pouvait moins faire pour la gloire de la grande Séraphique du XVIe siècle que les autres Carmels de France. A deux pas de la patrie de Thérèse, il se devait de célébrer le centenaire avec autant de pompe qu'Avila, Alba de Tormes, Salamanque, ses fondations immortelles.

Nos lecteurs savent déjà qu'une neuvaine avait été annoncée pour la semaine précédant immédiatement la fête; cette neuvaine a été pieusement suivie, et, malgré le mauvais temps, malgré le deuil cruel qui afflige en ce moment l'Eglise de Bayonne (1), la charmante chapelle du Carmel a vu accourir de nombreux fidèles, avides d'entendre célébrer les louanges de sainte Thérèse et de témoigner toute leur chrétienne sympathie à ses filles bien-aimées.

La chapelle avait été splendidement ornée. Au-dessus de l'autel, tout

---

(1) La mort de Mgr Lacroix.

brillant de lumières et de fleurs, resplendissait l'image radieuse de sainte Thérèse, telle que la piété chrétienne aime à la vénérer : les yeux au ciel, les bras étendus, le cœur percé par le trait du divin amour. De blanches draperies, semées de croix et de fleurs de lis, symbole virginal, rehaussées de tentures rouges, ornaient les murs. De riches écussons, où nous avons reconnu la main habile d'un de nos artistes bayonnais, M. Corrège, avaient été fixées entre les travées : c'étaient les armes de Sa Sainteté Pie IX et de Mgr Lacroix, de pieuse mémoire, les armes de Léon XIII et de Mgr Ducellier.

Les vicaires et les prêtres habitués des trois paroisses de la ville sont venus tour à tour célébrer les grandeurs de la glorieuse Réformatrice du Carmel, et dire à ses filles et aux fidèles les hautes leçons que nous donnent et sa vie et ses immortels écrits. Les pensionnats de la ville ont voulu aussi témoigner de leur piété en chantant tous les soirs des hymnes et des motets aux saluts du Saint-Sacrement.

Enfin, et pour clôturer la neuvaine, le jour même de la fête de sainte Thérèse, dimanche 15 octobre, Mgr Ducellier, quittant pour quelques heures cette maison de l'*Espérance*, où repose encore son vénérable prédécesseur, est venu présider aux vêpres solennelles, chantées par les élèves du pensionnat Saint-Bernard. Un éloquent Père Jésuite a résumé dans un beau discours tout ce que le troisième centenaire de sainte Thérèse doit inspirer de vraie piété à tous les cœurs.

Ce jour-là, la chapelle du Carmel était trop petite pour contenir la foule ; au moment de la bénédiction du T.-S.-Sacrement, de nombreux fidèles qui n'avaient pu y pénétrer étaient agenouillés dans le parterre et jusque sur les marches de la porte d'entrée.

La messe et les vêpres avaient été chantées d'une façon remarquable par les élèves du pensionnat Saint-Bernard, dirigé par les Frères de la Doctrine chrétienne.

Le dimanche 22 octobre, dès les premières heures, de nombreux fidèles se sont approchés de la sainte table, désireux de participer aux grâces toutes spéciales attachées à la célébration du centenaire.

Mgr l'Evêque, qui avait bien voulu présider aux vêpres de clôture de la neuvaine huit jours auparavant, a tenu à témoigner de sa paternelle affection aux filles de sainte Thérèse en officiant pontificalement à la grand'messe et aux vêpres de cette première journée, et en présidant solennellement aux offices des deux jours suivants.

La grand'messe et les vêpres ont été chantées par les séminaristes. Après les vêpres solennelles de la Sainte, Mgr Ducellier a résumé dans une homélie magistrale tout ce que de pareilles manifestations ont de glorieux pour la grande Réformatrice du Carmel, de consolant et de fructueux pour les fidèles.

Si Dieu est admirable dans ses saints ; s'il sait dans son éternelle miséricorde ménager à son Eglise, dans les heures les plus troublées, des protecteurs et des modèles toujours appropriés aux besoins de chaque époque, combien plus admirable encore se montre-t-il dans ces âmes d'élite qui laissent après elles des foyers de sanctification, réalisant de siècle en siècle les prodiges de la vie monastique ! Ce sont là les chefs d'Ordres, les Benoît, les Basile, les Bernard, les François, les Claire, les Ursule, tous ces fondateurs de familles religieuses que l'Eglise a placés sur ses autels. Aussi de quel éclat tout particulier ils brillent dans cette glorieuse armée céleste !

Sainte Thérèse a sa place parmi eux : à Saint-Pierre de Rome, dans ce centre toujours rayonnant de la vie catholique, l'Eglise a élevé sa statue ; dans toute la chrétienté des autels lui sont dressés ; la liturgie retentit de sa gloire ; mais c'est surtout dans la bulle de canonisation que le pape Grégoire XV a marqué de traits merveilleux le caractère de Thérèse, ses vertus, sa mission, sa grande place dans l'Eglise.

Est-ce à dire cependant que cette glorieuse Sainte, toute séraphique et toute contemplative, ne doive être pour le grand nombre des chrétiens appelés à une vie non moins héroïque qu'un objet d'admiration stérile ? Sainte Thérèse ne servira-t-elle de modèle qu'aux seules filles du Carmel, et ses écrits immortels ne doivent-ils éclairer et réchauffer que les seules âmes appelées à la vie du cloître ? Les belles fêtes que nous célébrons en ce moment en son honneur ne nous laisseront-elles qu'un parfum de piété bientôt dissipé au courant du monde ?

Non, non, il n'en saurait être ainsi ; et dès lors que tous les chrétiens sont appelés à réaliser en eux quelques traits de leur divin modèle, Notre-Seigneur Jésus, ils trouveront jusque dans la vie toute contemplative de Thérèse le modèle des vertus les plus applicables à la vie ordinaire.

Et Monseigneur l'Evêque, développant avec un à-propos tout pratique cette haute pensée, nous montre en sainte Thérèse les premiers fruits d'un enseignement tout chrétien dans cette soif du martyre qui la faisait, âgée de 7 ans à peine, s'en aller chez les Maures pour gagner plus tôt ce beau ciel qui l'avait déjà ravie. Un peu plus tard, le monde et la vie facile et aimable semblent l'attirer un instant; mais de ces fautes légères, qu'elle pleurera comme des crimes, elle s'élèvera courageusement jusqu'au renoncement le plus héroïque. Que de leçons, dès ces premières années, pour notre lâcheté, notre mollesse, notre demi-mesure dans le service de Dieu !

Mais son cri si passionné : *Ou souffrir, ou mourir!* ne serait-il pas au moins étranger à la vie ordinaire des chrétiens ? Pas davantage, et Bossuet, dans son beau panégyrique de la Sainte, a excellemment démontré combien ce cri résume les conditions mêmes de toute vie chrétienne. « Si nous sommes de vrais chrétiens, s'écrie le grand orateur, ne devons-nous pas désirer d'être toujours avec Jésus-Christ ? Or, mes frères, où le trouve-t-on cet aimable Sauveur de nos âmes ? En quel lieu peut-on l'embrasser ? On ne le trouve qu'en ces deux lieux : dans sa gloire ou dans ses supplices, sur son trône ou bien sur sa croix. Nous devons donc, pour être avec lui, ou bien l'embrasser dans son trône, et c'est ce que nous donne la mort; ou bien nous unir à sa croix, et c'est ce que nous avons par les souffrances, tellement qu'il faut souffrir ou mourir afin de ne quitter jamais le Sauveur. Et quand Thérèse fait cette prière : « Que je souffre, ou bien que je meure, » c'est de même que si elle eût dit : « A quelque prix que ce soit, je veux être avec « Jésus-Christ. S'il ne m'est pas encore permis de l'accompagner dans sa « gloire, je le suivrai du moins parmi toutes ses souffrances, afin que, n'ayant « pas le bonheur de le contempler assis dans son trône, j'aie du moins la « consolation de l'embrasser pendu à sa croix. »

Sachons donc, conclut notre pieux Evêque après Bossuet, sachons souffrir, et, pour ce, suivons, fût-ce de loin, l'héroïque exemple de sainte Thérèse. Puisse cette grande Sainte continuer d'abriter sous son manteau protecteur et ses filles bien-aimées et tous les chrétiens qui viennent de célébrer pieusement ses grandeurs ! — Sainte Thérèse avait pour la France un amour tout spécial, et nous ne saurions oublier que ce furent les ravages de l'hérésie protestante dans notre pays, en 1562, qui l'enflammèrent d'un saint zèle pour la réforme qu'elle méditait. Elle tomba alors aux pieds de son divin Maître, et lui demanda de lui donner assez de courage et de force pour élever autant de sanctuaires sur les ruines faites par les hérétiques.

Nous savons si depuis trois siècles cette prière a été exaucée. La France aime sainte Thérèse, à son tour ; et, du haut du ciel, sainte Thérèse continue de l'aimer et de la protéger.

Ce panégyrique a été suivi d'un beau salut où nous avons eu le plaisir d'entendre un excellent orchestre et de belles voix chanter les louanges de ce

Dieu de l'Eucharistie qui ravissait le cœur de la séraphique Thérèse. Sous l'habile direction de l'organiste de Saint-André, M. A. Masson, ont été exécutés le *Ecce panis* de Haydn et la *Marche nuptiale* de Mendelsohn.

M. l'abbé Laparade, archiprêtre, curé de Notre-Dame, et M. l'abbé Barraban, aumônier du Lycée, ont présidé aux offices du lundi et du mardi, et célébré encore une fois les vertus de sainte Thérèse; mais nous avons eu le très vif regret de ne pouvoir les entendre.

Encore un coup, quelques lecteurs trouveront peut-être que nous avons trop longuement parlé et de sainte Thérèse et des fêtes du centenaire. Qu'ils nous permettent de leur rappeler le pieux enthousiasme que témoigne en ce moment même, pour cette grande mémoire, la catholique Espagne. Le comité chargé de l'organisation du centenaire était composé de dames appartenant à la famille de sainte Thérèse, et les plus grandes dames de la noblesse castillane ont tenu à honneur de figurer à leur côté: la duchesse d'Albe, la duchesse de Medina-Celi, d'autres encore, fidèles aux traditions de vénération de leurs familles pour la grande fondatrice.

On a recueilli, pour ces fêtes, tous les autographes de la Sainte qu'on a pu réunir, conjointement avec les plus belles éditions de ses œuvres, lesquelles ne forment pas moins de six in-4°. Nous connaissons déjà en France, par les travaux et traductions du P. Bouix, la plus grande partie de ces merveilleux écrits; mais combien il est à souhaiter que le centenaire ait pour résultat de donner une édition encore plus complète de ses œuvres et surtout des lettres!

Ah! c'est que, comme le disait excellemment, il y a quelques années, une grande dame anglaise, à la suite d'une longue visite aux couvents du Carmel en Espagne: « Sainte Thérèse nous apparaît comme un type unique, « et qu'on rencontrerait à peine sous un autre ciel que celui de l'Espagne. « Aussi, cette merveilleuse union de spiritualité et de bons sens qui la ca-« ractérise rend-il son exemple extrêmement précieux au siècle où nous « sommes. »

CARMEL DE BREST

(FONDÉ EN 1859).

L'annonce du *Triduum* solennel et des faveurs offertes par notre Saint-Père le Pape aux Fidèles qui y prendraient part avait tout d'abord excité l'enthousiasme d'un grand nombre d'habitants de notre ville. Beaucoup se promirent de profiter de ces grâces, et de l'occasion d'honorer la grande Sainte qui a tant aimé notre France. Et vraiment, le jour venu, la manifestation de la piété et de la foi bretonnes envers sainte Thérèse a été admirable de ferveur et d'entrain.

Depuis longtemps déjà, les Carmélites travaillaient à préparer l'ornementation de leur chapelle ; quelques personnes pieuses se faisaient, au dehors, un bonheur de prêter à ce travail leur généreux concours ; et, le 11 octobre, un Frère coadjuteur envoyé par les bons Pères Jésuites, puis quelques ouvriers chrétiens et complaisants, commençaient à mettre au grand jour les divers éléments qui devaient former le plus gracieux ensemble. Quelques enfants s'aperçurent vite qu'il se passait quelque chose d'extraordinaire dans la chapelle des Carmélites, et par eux l'éveil fut bientôt donné dans le quartier. Pendant les jours que durèrent les préparatifs, de petits et même de grands curieux venaient à tout instant jouir de l'effet produit par chaque nouvel objet ; et cela excitait en même temps en eux la piété, le désir de prendre leur part des fêtes pour lesquelles on organisait de si ravissantes choses.

Elle était ravissante, en effet, la décoration de cette chapelle ; chaque détail en faisait si bien ressortir l'architecture simple et gracieuse. Tout était simple, d'un goût parfait, et l'on sentait en entrant là que les mains qui avaient accompli ce travail étaient des mains dirigées par le même amour qui fit autrefois réaliser à l'humble Vierge d'Avila de si sublimes merveilles.

Sur les blanches colonnes enclavées dans les murs de la chapelle, des guirlandes de verdure et de roses tournaient en spirale. En touchant à la voûte, ces colonnes sont reliées l'une à l'autre par de charmantes rosaces ; ces rosaces étaient recouvertes de médaillons de même forme ornés de gracieux motifs, et entourés de guirlandes de liserons roses et blancs.

Dans la nef même, douze guirlandes semblables à celles des colonnes avaient été disposées de manière à reproduire en sens inverse les arêtes de la voûte. Ces guirlandes se rattachaient en groupe de quatre à chacune des trois clefs de voûte, auxquelles étaient suspendues trois grandes corbeilles en roses, mousse et longues traînes de boutons de roses. Des lis s'élançaient du milieu de ces corbeilles. On ne saurait se figurer rien de plus joli que l'effet produit par ces guirlandes et ces délicieuses suspensions, offertes au Carmel par une pieuse famille.

Des deux côtés de la nef, huit grands médaillons ovales, entourés d'une étroite bande de mousse, et surmontés d'une sorte de fronton de lis et de roses, ornaient l'espace qui se trouve entre chaque fenêtre, au-dessus des tableaux du chemin de croix. Deux de ces médaillons, se faisant face, rappelaient les dates 1582 et 1882, avec le chiffre de la très sainte Vierge sur fond bleu pour l'un d'eux, et pour l'autre, le chiffre de sainte Thérèse sur fond rouge. Au bas du premier, se lisaient ces paroles de sainte Thérèse, en grandes lettres de couleur : « A qui possède Dieu, rien ne manque ». Au bas du second : « Tout passe, Dieu ne change point. »

Les armes de Sa Sainteté Léon XIII avec cette inscription : « Seigneur, je suis fille de l'Eglise », et celles de S. G. Mgr l'Evêque de Quimper avec cette autre : « Ou souffrir, ou mourir ! » ornaient les deux médaillons suivants. Deux autres, sur un simple écusson d'or surmonté d'une croix, avaient encore : l'un, la date 1582 et cette pensée de la Sainte : « Eternité bienheureuse, éternité malheureuse, toujours ! » ; l'autre, 1882, et ces mots : « Que rien ne te trouble, Dieu seul suffit. »

Enfin, l'un des deux derniers médaillons, tout près du sanctuaire, représentait un livre ouvert posé sur une clef d'or. Sur un des feuillets du livre, ces mots : « Chemin de la perfection » ; et sur l'autre : « Notre Père qui êtes aux cieux » ; l'inscription du bas était : « La prière est la clef qui ouvre les trésors du Ciel. »

Un grand volume ouvert, avec le titre : *Vie de sainte Thérèse, par elle-même*, et plusieurs autres petits livres également ouverts, formaient le milieu de l'autre médaillon qui rappelait en même temps l'amour de l'illustre Vierge pour saint Joseph : « Je voudrais dire à tous la bonté, la puissance de saint Joseph. »

Les divers motifs de ces huit médaillons étaient entourés de grandes arabesques d'or, ombrées en nuances douces, d'un charmant effet, et les pensées qu'ils offraient à la méditation composaient le plus éloquent discours, tout en rappelant d'héroïques vertus.

A gauche du sanctuaire, du côté de la grille des religieuses, un trône avait été élevé pour Mgr l'Évêque de Quimper. On voyait au-dessus les armes de Sa Grandeur, très bien peintes. Les draperies étaient disposées avec un goût parfait. Par une pensée délicate, on avait aussi placé au-dessus du fauteuil un médaillon avec la croix de l'Ordre de Saint-Benoît, auquel appartient notre saint évêque.

De l'autre côté du sanctuaire, un peu en avant de l'autel latéral, dédié à sainte Thérèse, un second trône, vrai chef-d'œuvre de grâce et de fraîcheur, avait été dressé pour la grande Réformatrice du Carmel. En arrière et des deux côtés du trône, il y avait de délicieux arbustes, et, sur ce fond de feuillage, lumières et fleurs se détachaient admirablement.

C'est dans ce ravissant massif de fleurs et de lumières qu'apparaissait la grande et magnifique statue de sainte Thérèse, à la pose virginale, au visage divinement expressif, inspirant un profond sentiment de vénération et d'amour. Le sévère costume des Carmélites est ici tout rehaussé d'or. Je veux, à ce propos, citer le mot plein de foi d'une pieuse bretonne. Quelques jours avant le *Triduum*, la statue avait été transportée dans un appartement du tour, afin d'être nettoyée et redorée. Un vénérable ecclésiastique, venu pour voir une de ses nièces, carmélite à Brest, eut aussi l'occasion d'admirer tout à son aise cette belle statue. Une brave femme, plongée elle aussi dans sa muette contemplation, s'adresse tout à coup au prêtre : « Ce n'est pas une carmélite vivante, cela, Monsieur ? » — « Non, répond celui-ci, c'est la statue d'une grande sainte du Carmel, morte il y a 300 ans, sainte Thérèse. Vous voyez ici le vrai costume des religieuses carmélites, seulement elles n'ont pas ces broderies d'or. » — « Oh ! non, répond pieusement la bretonne croyante, cela, Monsieur, c'est pour montrer la « gloire ». — Oui, c'est bien pour indiquer la gloire, la richesse infinie dont jouit maintenant au ciel celle qui, sur la terre, avait renoncé à toute richesse et vécu dans la plus absolue pauvreté.

Entre le trône de la Sainte et l'autel qui lui est consacré, un espace libre avait été réservé pour les musiciens et chanteurs qui ont bien voulu, pendant le *Triduum*, prêter leur talent et leurs voix avec la plus aimable complaisance. Rien n'a pu retenir leur bonne volonté, ni la pluie, ni la distance qui les sépare du Carmel, et leur concours a été précieux pour ajouter encore à la beauté de ces fêtes, et exciter la piété par des morceaux de chant choisis et très bien exécutés.

L'autel principal, comme le trône de la grande sainte, n'était qu'un délicieux assemblage de fleurs et de lumières. De très magnifiques candélabres avaient été prêtés aux carmélites par différentes personnes, par la Congrégation des bonnes, et par les RR. PP. Jésuites qui s'étaient empressés de mettre à la disposition du Carmel ce qu'ils ont pu conserver depuis l'expulsion. Puisse sainte Thérèse leur obtenir de voir rouvrir enfin leur chapelle, tant aimée des habitants de Brest, et puissent-ils, eux aussi, y célébrer encore en famille la fête des saints que leur Compagnie a donnés au Ciel !

La belle statue de saint Joseph, qui domine le grand autel, était entourée de guirlandes de liserons roses et blancs, courant gracieusement sur tout le fond du sanctuaire, et faisant ressortir les dessins de l'architecture ; du milieu de la voûte descendaient des guirlandes de verdure et de roses, au centre desquelles était suspendu un lustre à plusieurs rangs de lumières.

Du côté droit de l'autel, on voyait les armes de la famille de sainte Thérèse peintes à l'huile, puis un médaillon ovale entouré, comme ceux de la nef, d'une guirlande de mousse, et montrant sainte Thérèse dans la gloire. Au bas, à demi entourée de muguets et d'églantines roses, cette pensée de David, redite tant de fois, et réalisée par l'illustre Fille des Prophètes : « Je chanterai éternellement les miséricordes du Seigneur. »

Du côté gauche, un second médaillon présentait la Sainte dans l'attitude de l'extase, au moment où le Séraphin lui transperce le cœur. On n'apercevait pas l'ange ; la flèche seule sortait brillante d'une légère nuée, pour aller frapper ce Séraphin de la terre, et exciter davantage encore dans son âme si pure ces ardeurs qui la faisaient s'écrier : « Je me meurs de ne point mourir. » Puis, faisant face aux armes de la famille de Ahumada, les armes du Carmel, également peintes à l'huile, avec la devise : « *Zelo zelatus sum pro Domino Deo Exercituum.* »

Le 14 octobre arriva enfin ; bien des cœurs attendaient impatiemment ce jour de l'ouverture du *Triduum*. Mgr l'évêque de Quimper et Léon, qui a voulu, comme son prédécesseur, rester le supérieur direct des Carmélites, était arrivé depuis la veille. Sa Grandeur avait tenu à présider en personne l'ouverture de ces fêtes bénies ; sa présence prouvait sa vénération pour la sainte Réformatrice du Carmel, et les Brestois ont suivi l'exemple de leur premier pasteur. Dès le début, la foule remplit la chapelle devenue trop petite : l'on sentait que la foi et la piété réunissaient tous ces chrétiens autour de leur évêque aux pieds de sainte Thérèse.

Monseigneur, dans un discours d'une éloquence simple, claire et forte, montra quelle avait été la mission de cette grande Sainte, mission de prière et de pénitence, faisant contre-poids aux crimes, aux hérésies qui désolaient alors l'Église, surtout en France. Sa Grandeur fit voir la nécessité, l'urgence qu'il y a de nos jours de prier, de s'immoler encore pour le salut du monde et pour le triomphe de la vérité. « Les Carmélites continuent l'œuvre de leur sainte Mère, elles sont le paratonnerre des cités qu'elles habitent ; Dieu veuille qu'un grand nombre d'âmes comprennent comme elles les dangers que courent la France et la société tout entière, et fassent aussi de leur vie une expiation, une réparation afin de sauver le monde. »

Puis, s'adressant aux religieuses, Monseigneur, toujours rempli de délicate bonté, leur dit : « Pour vous, mes Filles, le moyen de prouver votre reconnaissance aux chrétiens venus en foule pour fêter votre sainte Mère sera de prier pour eux, afin que chacun d'eux se sanctifie dans la vocation à laquelle Dieu l'a appelé. »

Les musiciens, dirigés par M. David, organiste de la paroisse Saint-Louis, toujours disposé à prêter son concours aux solennités du Carmel, firent entendre de délicieux morceaux, et la Glose de sainte Thérèse fut très bien interprétée par l'un d'eux. Ce chant admirable, dont les accents brûlants révèlent, à eux seuls, l'âme qui les a exhalés, devait nécessairement occuper une place d'honneur : ces Messieurs l'avaient compris ; aussi, après le salut solennel du Très-Saint-Sacrement, quelques strophes de la Glose terminaient presque tous les exercices. Pendant ce chant, un prêtre présentait à la vénération des assistants des reliques de la Sainte, et la foule se précipitait pour les baiser, fervente, enthousiasmée par les paroles sublimes qu'elle entendait.

Le second jour du *Triduum*, 15 octobre, fête de sainte Thérèse, était un dimanche. Ce jour donnant plus de liberté à beaucoup de personnes, l'affluence fut encore plus considérable que la veille, et ne fit du reste qu'augmenter jusqu'à la fin. Aux abords du Carmel, la route était toute prise par la foule que ne pouvait contenir la grande chapelle. Beaucoup de personnes venaient plusieurs heures à l'avance garder leur places ; quelquefois, c'était déjà trop tard. Elles s'en allaient alors, désolées ; puis, ne pouvant résister au désir de pénétrer dans le pieux sanctuaire, elles revenaient. Toutes joyeuses si elles pouvaient entrer, elles se contentaient de ce bonheur, et passaient un long temps pressées, debout, dans les positions les plus fatigantes.

Le matin du 15, il y eut grand'messe en musique. Le *Kyrie eleison*, un *Credo* d'une beauté et d'une gravité toutes religieuses, un délicieux *Hosanna* furent les morceaux les mieux exécutés et les plus remarqués.

Le soir, le R. P. Goguyer, de la Compagnie de Jésus, prononça le panégyrique ; son texte était : *Quid videbis in Sulamite, nisi choros castrorum?* Que verrez-vous dans la Sulamite, sinon des chœurs de musique d'un camp d'armée ?

Le bon Père développa avec une éloquence et une piété remarquables ce passage du Cantique des Cantiques. Il présenta sainte Thérèse chantant toujours, dans l'épreuve, dans la souffrance, comme dans la joie, le divin cantique de l'amour, et déployant, dans sa réforme et ses fondations, le courage héroïque d'une vaillante guerrière et l'habileté d'un bon général.

Voici quelques-unes des pensées exprimés par l'orateur :

...Comment vous parler des effets de l'amour divin ? N'est-ce pas pour nous une langue étrangère ? Et, savez-vous pourquoi ? Comme Thérèse, nous disons chaque jour dans notre acte de charité : Mon Dieu, je vous aime de tout mon cœur ; mais Dieu n'a en réalité que la petite part de ce cœur qu'il devrait occuper tout entier. Les créatures, nos intérêts, nos plaisirs, nous-mêmes, voilà ce que nous aimons. Brisons ces entraves, livrons-nous au seul amour de Dieu, et notre vie sera ce que fut celle de la séraphique Thérèse, un cantique perpétuel à la gloire de l'Hôte divin de nos âmes.

Trouvant la langue humaine trop pauvre pour parler dignement de la vie extatique de la grande Sainte, le Père dit : « Lisez plutôt la Glose, ce cantique admirable qu'elle a composé, et dont chaque strophe finit par ces mots : « Je me meurs de ne point mourir ». Vous y verrez dépeinte sa vie agonisante, avec ses enivrantes délices et ses inexprimables douleurs. Lisez aussi ces livres sublimes qui placent Thérèse au rang des docteurs, livres écrits sous l'inspiration divine, et remplis de règles de perfection. Par cette céleste doctrine, cette Vierge forme depuis trois siècles des chœurs qui continuent son chant divin, et, comme elle, sont en même temps des chœurs militants.... »

Parlant du but que se proposa dans sa réforme la vaillante Sainte, à savoir, la gloire de Dieu, la défense de l'Eglise, le salut des âmes, l'orateur ajouta : « Pour nous qui sommes témoins d'une persécution moins violente en apparence, mais plus perfide, plus satanique que celle qui brisait le cœur de Thérèse au seizième siècle, ne ferons-nous pas comme elle ? Nos âmes ne se sentent-elles donc pas émues des outrages que reçoivent chaque jour, publiquement, dans notre pauvre France, Dieu et l'Église ? Animons-nous de zèle, et par nos prières, notre pénitence, par la part d'influence que donne à chacun sa position sociale, formons une barrière à l'esprit du mal. Sauvons la foi dans notre pays, sauvons l'âme de nos enfants et l'honneur de Dieu, et cela, s'il le faut, au prix de mille sacrifices, au prix de notre sang...... »

En terminant, le R. P. Goguyer s'adressant aux Carmélites, leur dit : « Que vos prières et vos austérités fassent encore triompher l'Église de tous les persécuteurs de nos jours : qu'il ne leur soit pas donné d'escalader votre sainte montagne du Carmel. O Thérèse ! protégez et gardez vos Filles, qu'elles puissent continuer votre sublime mission, et étendre comme vous le règne de Dieu ! Les Carmels sont l'espoir de la France et de l'Église. »

Pendant ce beau panégyrique de la grande Sainte, on aurait pu croire la chapelle déserte, tant le silence était profond ; la foule était immense pourtant, et presque autant au dehors qu'au dedans. Mais la voix du prédicateur arrivait aux oreilles les plus éloignées, grâce au recueillement général. Puis, elle était si vraie la sympathie que le bon Père rencontrait dans toutes les âmes en leur parlant de sainte Thérèse et de ses sublimes vertus !

Les chants du salut furent plus beaux encore que la veille, et la « Letrilla » ou « Petite lettre » : Dieu seul suffit, — toucha les cœurs par ses paroles simples et si belles, tout en charmant l'oreille par l'entrain avec lequel ces délicieuses strophes furent chantées.

Comme la veille, les reliques furent offertes à l'amour des fidèles, et ce n'était plus seulement de la ferveur que ceux-ci témoignaient, c'était un enthousiasme semblable à celui qu'éprouvent les pèlerins de Lourdes, lorsqu'un nouveau miracle est signalé. Et, pendant les fêtes de ce centenaire, que de miracles se seront faits dans les âmes, peut-être même pour les corps ! On m'a parlé de grâces obtenues, de conversions opérées, mais je n'ai pas l'autorité nécessaire pour faire des recherches dans ce domaine sacré ; je laisse à Dieu, à Thérèse et aux âmes favorisées le secret de ces choses sublimes.

Le troisième jour, même affluence, même piété, qui, tout le temps du *Triduum*, ne se sont pas seulement manifestées au moment des exercices, mais du matin au soir. Ce dernier jour, le vénérable curé d'une des paroisses de notre ville offrit à son tour, à notre chère Sainte, l'hommage de sa parole ardente. Lui aussi la présenta comme apôtre, et de magnifiques pensées jaillirent de son âme. Je citerai celle-ci : « Les Carmels, dit l'orateur, sont dans le camp de Dieu comme des forteresses avancées où se trouve l'élite des soldats de Dieu. La prière, la pénitence y sont comme les armes puissantes servant à faire de vigoureuses sorties, à pousser en avant et à protéger le gros de l'armée. La prière et la pénitence obtiennent en effet les forces nécessaires à ceux qui combattent dans l'arène, leur servent de bouclier contre les traits ennemis, et leur font remporter la victoire.

Et c'était déjà la fin... Le sermon, les chants étaient écoutés avec une attention anxieuse, comme le dernier soupir de ces fêtes dont le ciel jouit toujours. Aussi, chaque chrétien ne devrait-il pas répéter sans cesse: « Je me meurs de ne point mourir », puisque dans la mort seulement se trouve la vie, et que cet instant suprême nous met en possession de Dieu, d'un bonheur dont, ici-bas, les joies les plus saintes et les plus pures ne peuvent que faire pressentir l'immensité.

Tous auraient voulu pouvoir jouir lontemps du bonheur de ces douces fêtes.

On sentait comme une influence céleste dans cette chapelle délicieusement ornée et où rien ne manquait de ce qui pouvait faire honorer sainte Thérèse. Aussi une digne femme disait-elle dans son ravissement : « J'ai vu Lourdes, j'ai vu la chapelle des Carmélites : j'ai vu le Ciel. »

De toutes les paroisses de la ville et des environs, des prêtres venaient chaque jour, ou célébrer la messe, ou assister aux cérémonies. Des membres des communautés religieuses de Brest venaient honorer la Vierge réformatrice du Carmel. Des hommes de tout âge, de tout rang, se mêlaient à la foule sans respect humain, sans même rechercher une bonne place souvent difficile à trouver ; ils restaient debout, sans penser que leur foi les rendait dignes d'admiration.

Pour mieux comprendre la piété de tous ces chrétiens et le charme qu'avaient pour eux ces fêtes bénies, il faut savoir que le Carmel est fort éloigné de la ville, à l'extrémité d'un des faubourgs, et qui fait même partie de la commune de Lambézellec, bien qu'on le nomme Carmel de Brest.

Puisse la grande Sainte, objet de tous ces hommages, protéger toujours ceux qui les lui ont offerts! Puissions-nous aussi nous rappeler souvent et imiter ses héroïques vertus, dans la mesure voulue par Dieu, et célébrer au ciel son quatrième centenaire !

CARMEL DE MONTÉLIMAR

(FONDÉ EN 1860).

Délicieuses fêtes du centenaire qui ont laissé dans nos âmes d'impérissables souvenirs et exhalé autour de nous un parfum vraiment céleste !

Nous nous sommes efforcées de témoigner à notre séraphique Mère sainte Thérèse la tendresse de notre filial amour, en donnant aux fêtes du troisième centenaire de sa bienheureuse mort toute la solennité possible dans notre petite ville de Montélimar.

Notre chapelle gothique, déjà si belle, avec son gracieux autel en marbre blanc, ses vitraux aux riches couleurs, son pavé de mosaïque, avait été décorée avec un goût exquis par les soins de notre Révérende Mère, aidée de nos deux Pères carmes que la persécution a laissés comme gardiens du couvent de nos Pères. Elle ne resplendissait peut-être pas par les richesses que d'autres Carmels ont pu rassembler pour la gloire de la sainte Mère; mais sa simplicité symbolique ne manquait ni d'élégance ni de charme.

Des guirlandes de lis courant, autour du sanctuaire entremêlées avec des cœurs couleur de feu, chantaient dans leur mystique langage la pureté de ce cœur virginal, sous le nom duquel notre monastère et notre chapelle sont consacrés.

Des tentures formant de gracieux festons, des chaînes roses, des guirlandes de buis, relevées de distance en distance par des gerbes de fleurs et des bouquets de roses si artistement faits qu'on les aurait dits naturels; toute cette décoration donnait à notre petite église l'aspect le plus gai, le plus frais, le plus gracieux. L'ogive, qui domine l'autel, venait d'être ornée d'un beau tableau qui redira désormais aux fidèles la grande grâce par laquelle Dieu distingua notre Mère entre tous les autres Saints de son céleste séjour : la transverbération de son cœur par le dard enflammé du Séraphin.

Au-dessus de la grille du chœur, on lisait, en lettres formées avec des roses, cette devise si chère à sainte Thérèse : « Ou souffrir, ou mourir ! » et en face, de l'autre côté du sanctuaire, une des plus ravissantes paroles que Notre-Seigneur ait dites à son Epouse bien-aimée : « Si je n'avais créé le ciel, je le créerais pour toi ! » Le trône pontifical était dressé en dessous, orné des armoiries de Monseigneur l'Evêque, brodées en or et en soie. Les armoiries de l'Ordre en très grande dimension, entourées de guirlandes de fleurs, décoraient l'une des ogives latérales; le blason de la famille des Cepeda et Ahumada leur faisait pendant sur l'autre ogive.

Léon XIII et Pie IX ne pouvaient être oubliés en la fête de la Sainte qui répétait avec tant de bonheur: « Je suis fille de l'Eglise ! » Leurs visages vénérables s'harmonisaient dans la décoration du fond du sanctuaire tendu en rose et en blanc.

Le maître-autel, richement et brillamment illuminé, était paré de fleurs d'or du meilleur goût, réflétant les feux des nombreux candélabres dont elles étaient entourées ; ce qui attirait et charmait surtout les regards, c'était une riche guirlande en fleurs d'or encadrant le tabernacle et s'élevant jusqu'au sommet de marbre de l'Exposition où rayonnait le Dieu de l'Eucharistie, le Jésus de Thérèse !... L'effet d'ensemble était très beau.

Un photographe protestant, attiré par le concours des fidèles, en fut si charmé, qu'il demanda à en tirer la photographie pour perpétuer le souvenir de ces fêtes magnifiques.

Le petit autel de sainte Thérèse, surmonté de sa statue, étincelait de fleurs et de lumières, et notre glorieuse Mère avait à ses pieds une lampe dorée de la forme d'un cœur enflammé. Sur cet autel était exposé un beau reliquaire contenant une insigne relique de sainte Thérèse que les fidèles se plaisaient à venir vénérer durant ces saints jours, et qu'ils ne se lassaient point de baiser à la suite des offices.

Les cérémonies religieuses ont commencé le 6, pour se terminer le 22, en comprenant la neuvaine préparatoire et l'octave. Le 6 octobre, à 5 heures du soir, deux cloches nouvellement placées pour la circonstance annonçaient par de joyeux carillons l'ouverture des fêtes, et les fidèles affluaient dans notre église. Le R. P. Benoît, carme déchaussé, si sympathique à Montélimar, sut intéresser vivement chaque jour l'auditoire que notre chapelle, trop petite, avait peine à contenir ; la neuvaine préparatoire fut pieusement suivie ; la bénédiction du Saint-Sacrement terminait chaque soir les saints exercices.

Le premier jour du *Triduum* solennel, nous avons eu messe pontificale, chantée par le T. R. Père Abbé d'Aiguebelle, assisté d'un nombreux clergé ; il a officié également à l'office du soir ; c'était, dit-on, la première fois que pareille solennité était célébrée à Montélimar.

Messieurs les ecclésiastiques de la ville nous avaient prêté à l'envi le concours de leur assistance et de leurs belles voix.

Le soir, avant le salut, le panégyrique de sainte Thérèse fut prêché, avec autant d'érudition que de filial amour pour sa glorieuse Mère, par le R. Père Zacharie de la Nativité, carme déchaussé, ex-provincial et fondateur du petit Noviciat. Il s'est inspiré de la bulle de canonisation de la Sainte pour en faire un éloge d'un genre tout nouveau, le plus ravissant que nous ayons jamais entendu.

Le second jour du *Triduum*, la messe et les offices furent célébrés par M. le curé de Montélimar assisté du clergé de la paroisse ; et le même prédicateur, dans un second panégyrique, nous parla des œuvres de sainte Thérèse et de sa fécondité dans l'Eglise de Dieu, avec une éloquence d'autant plus grande qu'elle partait du cœur, car c'est à la lecture des ouvrages de sa bien-aimée Mère qu'il devait sa vocation au Carmel.

Monseigneur l'Evêque de Valence, qui devait officier pontificalement et prêcher le troisième jour, ayant été retenu par une grave maladie, survenue inopinément, écrivit une lettre de regret qui fut lue à l'assistance. M. Blain, son grand-vicaire, vint le représenter et prêcher à sa place. Le R. Père Abbé des Dombes officia le matin et le soir.

Pendant les trois jours, les messes basses se sont succédé de demi-heure en demi-heure; les communions y ont été très nombreuses. Le concours des fidèles, qu'on pourrait dire supérieur à celui du Jeudi-Saint, était tout à fait extraordinaire pour notre petite ville : l'église, la sacristie, les abords du monastère, tout était comble.

L'harmonium a été tenu par des ecclésiastiques, artistes distingués. La chapelle de la paroisse voulut aussi s'associer à notre fête et chanter les gloires de notre Mère Thérèse, spécialement la Glose et plusieurs nouveaux cantiques appropriés à la solennité. Le dernier morceau fut comme un écho du cœur séraphique de la Sainte; c'était le délicieux cantique qu'elle-même composa sur ces paroles de Notre-Seigneur : « *Cherche-toi en moi* », et qui venait d'être mis en musique avec un talent digne d'exprimer une si belle poésie.

Pendant l'octave, les fidèles continuèrent à rendre leurs hommages à notre glorieuse Mère, et pendant ce temps un Père carme déchaussé leur parla chaque jour de ses vertus.

Enfin, un *Te Deum* solennel clôtura nos belles fêtes qui nous ont apporté d'abondantes grâces et de si douces joies.

CARMEL DE DRAGUIGNAN

(FONDÉ EN 1860).

Les fêtes du troisième centenaire de la mort de sainte Thérèse ont été célébrées chez les Carmélites de Draguignan avec autant de pompe que pouvait le permettre l'exiguïté du modeste local qui sert de chapelle provisoire. Une tente, entourée de guirlandes, avait été dressée dans le petit jardin attenant à cet humble sanctuaire, et, grâce à l'initiative d'une personne généreuse, rien n'a manqué sous le rapport des décorations. Un tableau de sainte Thérèse de grandeur naturelle, placé à l'entrée de la chapelle, produisait un bel effet. Les murs intérieurs avaient disparu sous les tentures rouges et les oriflammes ornées d'écussons, sur lesquelles se lisaient les initiales de la Sainte ; des sentences en lettres d'or redisaient ces mots courts et sublimes : Ou souffrir ou mourir ! plus loin ce cri d'amour : Je me meurs de regret de ne pouvoir mourir ! et ailleurs : Je vis, ce n'est plus moi qui vis, c'est Jésus-Christ qui vit en moi ; puis ces paroles qui se retrouvaient si souvent sur ses lèvres : *Misericordias Domini in æternum cantabo;* et celles-ci qui lui servaient de signet : Que rien ne te trouble, que rien ne t'épouvante ; tout passe, Dieu ne change point. La patience tout obtient, quand on a Dieu rien ne manque, Dieu seul suffit.

L'autel était orné avec goût ; les candélabres et les lis d'or étincelaient sous le feu des lumières ; la chapelle, si modeste ordinairement, était transformée en ces beaux jours, et semblait, par son aspect et son air de fête, attirer tous les cœurs aux pieds de la séraphique Thérèse, dont la statue placée sur un petit trône à côté de l'autel charmait tous les regards.

Les fêtes du centenaire ont commencé, dès l'après-midi du 14 octobre, par la cérémonie d'une prise d'habit, que présidait Monsieur l'Archiprêtre. Sa parole pleine d'onction impressionna fortement les assistants et les disposa aux grâces qu'ils allaient recevoir par l'intercession de la grande Sainte, objet de leur pieuse vénération.

Le 15 et les trois jours suivants, la foule a été nombreuse. N'était-ce pas une vraie consolation pour toute âme pieuse de venir offrir son tribut de prières à la Vierge du Carmel ; n'était-ce pas un bonheur de venir s'agenouiller à la sainte table pour recevoir le Jésus de Thérèse, et baiser après chaque messe les reliques vénérées de Thérèse de Jésus ! Ces journées si pieusement commencées se terminaient le soir par le chant des vêpres, avec accompagnement d'harmonium ; puis la parole de Dieu était distribuée aux fidèles, avides d'entendre exalter la Vierge séraphique. Nous ne nous attarderons pas davantage à des détails consolants et agréables pour l'âme, mais souvent répétés. Le panégyrique de la Sainte a été fait le jour de la fête par un R. Père capucin expulsé, dont la parole entraînante a su faire connaître et aimer l'illustre Réformatrice du Carmel.

Les sermons du *Triduum* ont été donnés par le R. P. Martel, prêtre de l'Oratoire de Saint-Philippe-de-Néri ; son cœur d'apôtre, tout dévoué à Thérèse de Jésus, a su redire avec des accents vraiment pathétiques les illustres vertus de la vierge d'Avila. Prenant pour texte l'introït de la messe du jour, il a tiré de son sujet une série d'instructions dont nous regrettons de ne pouvoir donner qu'une faible analyse, qui est loin de reproduire tout ce qu'il y avait de beauté dans l'ensemble de ces discours écoutés avec un intérêt toujours croissant.

1ᵉʳ SERMON. — *Dedit illi Dominus sapientiam et prudentiam multam nimis, et latitudinem cordis quasi arenam quæ est in littore maris.* » Dieu lui a donné la sagesse et une rare prudence, et une dilatation de cœur comparable à la vaste étendue des sables qui bordent la mer. » (III *Reg.*)

Révérendes Mères, mes chères Sœurs, mes Frères, l'Eglise offre chaque année à notre admiration la haute sainteté de la bienheureuse Thérèse de Jésus, elle nous invite à recourir à son puissant patronage, à nourrir nos âmes de ses écrits, à reproduire ses vertus. Mais aujourd'hui l'appel de l'Eglise est plus pressant; elle a ouvert le trésor de ses indulgences, pendant les trois jours que nous consacrons à honorer celle que notre cher Baronius appelle Mère et directrice de la stricte observance de toute la famille du Carmel. Pourquoi ces honneurs extraordinaires, ce *Triduum* solennel? C'est qu'un nouveau siècle vient de s'écouler depuis que la grande Réformatrice est entrée dans la gloire.

Ainsi cette année 1882, témoin du centenaire de saint Benoît, le patriarche des moines d'Occident, du centenaire de François d'Assise qui a ravivé dans les âmes, au XIIIᵉ siècle, le feu de l'amour divin, se termine pour ainsi dire par le centenaire de la séraphique Thérèse. Et tandis que le monde semble vouloir détourner nos regards des familles religieuses et de leurs saints fondateurs, les circonstances nous obligent d'étudier ces grandes figures qui ont reproduit les traits principaux de la physionomie du Christ, et les œuvres admirables qui leur ont survécu. Du reste, parmi les saints fondateurs d'ordres, il en est qui semblent plus près de nous, parce qu'ils ont vécu, par exemple, dans un siècle tourmenté comme le nôtre, au milieu des mêmes difficultés, des mêmes épreuves que celles dont nous souffrons. Telle a été Thérèse de Jésus; elle apparaît à l'aurore des temps modernes pour nous donner l'exemple d'une sagesse inaltérable, d'une prudence consommée, d'une charité sans bornes, d'un attachement inviolable à la religion et à l'Eglise, d'une force et d'un courage surhumains au milieu des épreuves, vertus si indispensables aux chrétiens dans les temps agités que nous traversons. Mes chères Sœurs, vous ne cessez de lire et de méditer les ouvrages composées par votre séraphique Mère, votre vie est une fidèle imitation de la sienne; aussi est-ce une entreprise redoutable et difficile de refaire devant vous l'éloge d'une si grande Sainte, et je compte sur les prières ferventes de mon pieux auditoire pour ne pas rester trop au-dessous de mon sujet.

Dieu apparaissant à Salomon lui dit de lui demander ce qu'il voudrait en récompense de ses vertus. Le roi répondit : « Vous donnerez à votre serviteur un cœur docile. » Dieu le combla dès lors de nouvelles grâces et lui donna un accroissement de sagesse.

Thérèse a reçu de semblables grâces, et d'abord une sagesse consommée : *Dedit illi Dominus sapientiam.* C'est le sujet du premier entretien.

Le grand nombre des sages est la santé du monde, et il ne faut pas désespérer d'une époque où les sages ne sont pas rares. Tel était le XVIe siècle, si agité comme le nôtre, mais si fécond en saints....

Parmi les héros chrétiens, saluons cette brillante fleur de sainteté qui s'élève sous le beau ciel de la vieille Castille, dans la petite ville d'Avila. Que le parfum qui s'en exhale est suave, et comme il réjouira jusqu'à la fin des temps les générations chrétiennes ! Aussi, l'Eglise célèbre sa sagesse en s'écriant : *Dedit illi Deus sapientiam.*

Mais qu'est-ce que la sagesse, et quelle sagesse a brillé en Thérèse de Jésus ?

La sagesse, fait remarquer saint Thomas, d'après la philsophie antique, est le chef des vertus : *Est sicut caput inter virtutes.* Le saint docteur l'appelle l'ordonnatrice, l'architecte, la maîtresse ouvrière de toutes les vertus. Saint Thomas s'était inspiré des Livres saints (*Sagesse*, ch. 7 et 8), qui définissent la sagesse, la réunion de toutes les vertus. Cette sagesse, le Pape Grégoire XV la découvre en notre Sainte, lorsqu'il s'écrie dans sa bulle de canonisation : « Dieu a suscité dans son Eglise comme une nouvelle Débora en la vierge Thérèse, qui, ayant crucifié sa chair par sa continence, triomphé du monde par sa profonde humilité, remporta d'admirables victoires sur le démon par ses hautes et nombreuses vertus. » Parmi ces vertus qu'a pratiquées Thérèse, je ne veux considérer que sa foi, son humilité, son obéissance ; vertus qui me paraissent avoir coûté davantage à son âme ardente, à la supériorité, à la profondeur, à l'étendue de son génie, à la rare fermeté de son caractère.

L'orateur cita certains traits de la vie de la Sainte pour rappeler ces diverses vertus, et l'entretien se termina par un appel pressant à imiter la sagesse de l'illustre Thérèse.

2e SERMON. — *Hæc est virgo sapiens et una de numero prudentum.* (Office des vierges.)

Quelle est celle qui monte du désert, s'écriaient les anges en contemplant l'éclat des vertus de Thérèse ? Et l'Eglise de la terre répondra jusqu'à la fin des siècles : « C'est la vierge sage, c'est la vierge prudente. » La prudence à été la compagne de toute sa vie, telle est la raison de ses hautes vertus.

La prudence, dit saint Thomas, indique les moyens à prendre pour arriver a la sagesse, elle en est comme le ministre, elle nous introduit auprès d'elle, lui prépare la voie comme l'introducteur qui accompagne les grands de la cour auprès du souverain. Sans la prudence, dit Grenade, la vie spirituelle est aveugle, déréglée et pleine de confusion. Que de fois Notre-Seigneur a recommandé cette vertu dans son Évangile (parabole des vierges, parabole de l'économe infidèle, au jardin de l'agonie : « veillez et priez » !) Enfin la solennelle recommandation du Maître : « Soyez prudents commes des serpents. » Saint Augustin et saint Chrysostôme, expliquant ce symbolisme de la prudence du serpent, nous disent que le serpent a une vue *perçante*, qu'il passe à travers des fissures pour renouveler son vêtement et laisser ses vieilles dépouilles, qu'il expose tout son corps pour préserver sa tête. De même, Thérèse avait toujours l'œil ouvert pour éloigner les obstacles qui pouvaient compromettre son salut ; par sa vie religieuse et pénitente elle se renouvelait sans cesse et se dépouillait du vieil homme ; enfin elle acceptait, souffrait toutes les persécutions plutôt que de perdre sa paix, son calme et son union avec Notre-Seigneur.

La prudence de la Sainte a été remarquable dans ses fondations, dans le maniement des caractères, la direction, le gouvernement de ses maisons.

Cette vertu est bien nécessaire de nos jours aux parents chrétiens ; elle est indispensable à la jeunesse. Demandons tous cette vertu au Seigneur par l'intercession de sainte Thérèse, et disons-lui avec le prophète : « Eclairez « mes yeux afin que jamais je ne m'endorme dans la mort, pour que le serpent « ennemi ne puisse jamais dire : « J'ai triomphé de cette âme ». *Illumina oculos « meos ne unquam obdormiam in morte….. »*

3º SERMON. — *Charitas Dei diffusa est in cordibus nostris per Spiritum sanctum qui datus est nobis. (Aux Romains.)* « L'amour de Dieu a pénétré nos cœurs par l'Esprit-Saint qui nous a été donné. »

L'amour de Dieu ne tire point son origine de la terre ; rien d'ici-bas ne le peut produire, il est le don parfait qui vient d'en haut, qui descend du Père des lumières. Au cénacle pour les apôtres, au mont Alverne pour François d'Assise, dans les catacombes pour Philippe de Néri, le ciel agit directement, et le feu divin qui embrase les cœurs d'élite en descend.

Thérèse aussi aura sa Pentecôte, lorsque le Séraphin viendra transpercer son cœur. « J'apercevais, dit-elle, près de moi, du côté gauche, un ange sous une forme sensible. Il n'était point grand, mais petit et très beau ; à son visage enflammé on reconnaissait un de ces esprits qui ne sont que flamme et amour et que l'on nomme séraphins. Je voyais dans ses mains un long dard en or portant un peu de feu à son extrémité. De temps en temps il le plongeait au travers de mon cœur, et me laissait tout embrasée de l'amour divin.... La douleur de cette blessure était si vive!... Mais cet indicible martyre me causait en même temps les plus suaves délices.... »

Dieu opère ces merveilles aussi bien pour récompenser les saints que pour nous instruire ; il nous montre directement qu'il faut aller chercher au ciel le modèle de cet amour qui doit pénétrer nos cœurs. Dieu jouit en lui-même d'un bonheur infini, mais il veut communiquer ce bonheur. Il y a sur ce grain de sable qui s'appelle la terre une créature qu'il aime, il est jaloux de son cœur, il veut l'attirer. Que fera-t-il ? Dieu est si haut, l'homme est si bas : Dieu est si grand, l'homme est si petit ! Mais l'amour abrège les distances. Dieu viendra sur la terre ; après être venu, Dieu se donnera ; il donnera sa parole, ses bienfaits, ses miracles, ses sueurs, et enfin sa vie. Au pied de cette croix l'humanité se partage en deux groupes : l'un méconnaît l'amour et les prévenances de Dieu, l'autre comprend la sublimité des exemples du Christ. Dans le second groupe m'apparaissent les saints, et parmi eux Thérèse de Jésus qui est montée si haut dans l'imitation de son Sauveur. Dieu est venu par amour sur la terre ; l'amour de Dieu en Thérèse l'élève au-dessus de la terre pour la transporter au ciel par le désir, la pensée, les œuvres, les aspirations, les saintes oraisons ; elle peut vraiment dire avec saint Paul : « *Vivo jam non ego... conversatio nostra in cœlis est.* »

Dieu en nous visitant nous a donné sa parole, ses exemples, ses miracles, son évangile et lui-même en l'Eucharistie ; de même Thérèse s'est donnée à Dieu dans la vie religieuse : par sa consécration elle est devenue l'épouse de Jésus-Christ, par conséquent son auxiliatrice dans l'œuvre du salut des âmes et de la gloire de son Père ; de là le zèle dévorant de Thérèse pour sa propre perfection, pour la réforme de sa chère famille du Carmel, et pour le triomphe de l'Eglise dans les nations où elle était aux prises avec l'hérésie.

Jésus-Christ enfin a donné sa vie ; il nous a enseigné par les souffrances de la croix la divine fécondité de la douleur. Thérèse a compris cette doctrine, aussi je la contemple toute sa vie affamée de souffrances, altérée d'humiliations...

Prière à sainte Thérèse pour que la ferveur de ses filles obtienne la victoire à l'Eglise.

CARMEL DE LILLE

(FONDÉ EN 1861).

Notre chapelle toute neuve, resplendissante de fraîcheur et de bon goût, fut notre bouquet de fête; vraiment ce bouquet était beau ! Au jugement d'une vingtaine d'architectes réunis à Lille pour je ne sais quelle affaire et providentiellement amenés dans notre monastère, la chapelle est un chef-d'œuvre de style gothique. La piété ne peut rien désirer de mieux, tant elle porte au bon Dieu. Nous la devons à M. Dutouquet, architecte de Valenciennes, justement apprécié par son caractère chrétien et son grand talent; mais surtout à Monseigneur Hautcœur, Prélat de la maison de Sa Sainteté et Recteur de l'Université, qui a daigné vérifier les plans, les rectifier au besoin, donnant ainsi à notre église ce fini qu'on admire et que l'on sent mieux que je ne sais l'exprimer. Nous sommes heureuses, en cette circonstance du centenaire, de témoigner un peu notre gratitude au Recteur magnifique de l'Université catholique de Lille qui, oubliant en quelque sorte sa haute dignité, se fait l'humble desservant de notre chapelle, s'imposant, malgré tant de graves occupations, le surcroît de fatigues d'aumônier et de chapelain de notre Carmel, et nous prodiguant sans cesse les marques du plus charitable dévoûment.

Quand, le 14 septembre dernier, nous prîmes possession de notre nouveau monastère, la chapelle était encombrée d'échafaudages; et nous nous demandions comment nous célébrerions le centenaire, puisque les travaux ne seraient pas terminés. Grâce encore à l'active surveillance que voulut bien exercer Monseigneur Hautcœur, les artistes sculpteurs, verriers, etc., etc., terminèrent juste à temps, en sorte que ce fut presque chose miraculeuse d'avoir dehors tout ce monde de travailleurs à la surveille du *Triduum*. Alors commença pour nos bonnes Sœurs tourières, pour nous toutes en particulier, pour notre dévouée Sœur sacristine le travail de préparation immédiate.

Il fallut dégager d'une couche de mortier et de plâtre le pavé entier, véritable mosaïque d'un merveilleux effet; puis, du pavé monter aux murs, épousseter les gracieuses sculptures des chapiteaux, des colonnes; placer les statues si pieusement belles et si richement peintes !

Alors on admira mieux les verrières. Elles sont le complément de toute la beauté de l'église. Au milieu, faisant le fond du sanctuaire, apparaît Notre-Seigneur montrant son cœur. Jamais, dit-on, l'on n'a vu plus parfaite représentation du Sacré-Cœur; nous le devons encore à Mgr Hautcœur, qui n'épargna aucune recherche, et qui écrivit jusqu'en Allemagne pour nous procurer le type si bien reproduit de ce divin sujet. A sa droite est la très sainte Vierge donnant le scapulaire à saint Simon Stock. La Mère de Dieu, toute belle et virginale, s'incline vers le saint, qui est dans le ravissement.

A gauche se voient notre Mère sainte Thérèse et notre Père saint Jean de la Croix, tous deux debout. Notre sainte Mère a le bonnet de docteur à ses pieds; toutefois, elle semble interroger saint Jean de la Croix et le consulter sur un passage du livre qu'elle tient ouvert devant lui.

Les physionomies et l'attitude ne peuvent être mieux choisies; les vêtements eux-mêmes sont si richement drapés qu'on ne sait ce qu'il faut le plus admirer. Ces verrières, nous assure-t-on, sont les plus belles de Lille. Dans chaque vitrail, on distingue le blason ou le chiffre des familles bienfaitrices du Carmel. Nos prières incessantes perpétueront notre reconnaissance envers elles.

Les trois autels sont en pierre, finement travaillés; un peu plus tard, quand les ressources nous viendront, ils seront polychromés. Ils sont embellis de colonnettes de marbre qui soutiennent la table. Le rétable du maître-autel et l'exposition qui domine le tabernacle sont enrichis de colonnettes et de mosaïques représentant les douze apôtres. Une délicieuse statue de Marie-Immaculée, second titulaire du monastère, le domine. Un des autels du transept est dédié à saint Joseph; l'autre à sainte Thérèse. Et chacune des statues est un petit chef-d'œuvre dont la vue inspire la dévotion.

Près de l'autel de notre Mère sainte Thérèse, on remarque une plaque de marbre blanc armoriée, surmontée de la statue de sainte Elisabeth de Hongrie. C'est la pierre commémorative des parents défunts de la Carmélite, insigne bienfaitrice, à qui la communauté doit la magnifique chapelle et le vaste monastère. Sainte Elisabeth était la patronne de sa mère, et c'est le nom religieux de notre Sœur. Ce témoignage de gratitude est bien placé près de l'autel de celle dont le cœur était si reconnaissant.

De l'autel, regardons le banc de communion en fer forgé dont la peinture sévère fait valoir les ornements dorés; voyons ces trois beaux lampadaires qui, joints aux globes de feu que nous donne le gaz, rend chaque soir notre chapelle si étincelante et produisent un effet tellement féerique qu'on se croirait pour un moment dans les parvis du ciel. Cette brillante lumière, qui ne fit point défaut chaque jour des fêtes du centenaire, relevait l'éclat de nos beaux chandeliers en bronze doré, des girandoles avec leurs cires polychromées, tout s'harmonisant merveilleusement avec les tentures de soie et le canopée en moire blanche semée d'étoiles d'or qui voilaient, en la laissant deviner, la porte du tabernacle.

Les canons d'autel, le porte-missel, les vases de fleurs eux-mêmes ont leur cachet de distinction; c'est le pur gothique, si justement préféré, parce qu'il élève davantage l'âme vers Dieu.

Mais il est plus que temps d'arriver aux cérémonies religieuses, fleurs mystiques du bouquet et aussi les plus aimées, sans nul doute, de notre séraphique Mère.

La chapelle, quoique vaste, ne put contenir la foule pieusement empressée qui arrivait de tous les points de la cité. On nous a dit que, chaque jour, plusieurs centaines de personnes stationnaient dans la rue, attendant leur tour, afin de pouvoir pénétrer dans l'église et vénérer la relique de notre sainte Mère. Le matin, les communions furent toujours nombreuses, signe évident qu'une véritable dévotion amenait dans ce sanctuaire béni.

Le 15 octobre, fête de sainte Thérèse et premier jour du *Triduum*, les offices furent célébrés, messes et saluts solennels, par Mgr Hautcœur, assisté de plusieurs prêtres de l'Université catholique, qui est si fière de son recteur. Les chants furent exécutés par le cercle Saint-Augustin, société de jeunes gens dirigée par les RR. PP. Jésuites. Ces Messieurs nous firent entendre une bien pieuse harmonie, irréprochable aussi au point de vue de la science musicale.

Le sermon fut donné par le R. P. Darras, supérieur des RR. PP. Rédemptoristes, un saint expulsé comme tant de religieux ! Sa personne prêchait comme son discours, qui fut d'une grande édification pour tout l'auditoire.

Le second jour, ce fut M. le doyen de Saint-André, notre ancien curé de paroisse, qui officia, voulant nous donner ainsi son adieu paternel.

Monsieur le doyen était accompagné de tout son clergé, avec le personnel complet de sa chapelle, chantres et musiciens, en sorte que les offices eurent la solennité des plus grandes fêtes de la paroisse; or, Saint-André a sa réputation faite comme ne pouvant être surpassé par la beauté de ses cérémonies. Le prédicateur fut le R. P. Labbé, de la Compagnie de Jésus, dont l'éloquence aussi pieuse que savante tint en suspens un nombreux auditoire pendant trois quarts d'heure qui parurent trop courts.

Le troisième jour, ce fut M. le doyen du Sacré-Cœur, notre nouvelle paroisse, qui fit les offices de clôture. Monsieur le doyen s'était également fait accompagner par le clergé et la maîtrise. Le Sacré-Cœur ne fut pas éclipsé par Saint-André, chaque paroisse rivalisant de zèle en l'honneur de notre Mère sainte Thérèse. Le sermon fut prêché par le R. P. Fagès, de l'Ordre des Frères-Prêcheurs, dont le mérite oratoire est assez connu pour n'avoir point besoin d'éloges.

Chaque jour nous eûmes la consolation d'avoir plusieurs messes. Chaque jour encore, après salut solennel, la vénération de la relique de notre séraphique Mère ne dura pas moins d'une heure : ce détail donne une idée de la pieuse affluence des fidèles qui tenaient à honorer la Sainte.

Un nombreux clergé en surplis, Monseigneur le Recteur magnifique de l'Université, en costume de Prélat de la maison de Sa Sainteté, rehaussaient par leur présence l'éclat de nos cérémonies. Que notre sainte Mère Thérèse daigne se charger de remercier elle-même, comme on le fait si bien au ciel, ces prêtres, aussi saints que distingués, qui sont venus lui rendre hommage ; qu'elle bénisse tous ces fidèles qui lui ont témoigné leur dévotion, et que la nouvelle chapelle de notre monastère, inaugurée sous de si glorieux et si doux auspices, devienne par son intercession le lieu où Jésus soit surtout loué, aimé et servi à jamais !

Ainsi soit-il.

CARMEL DE VINÇA

(FONDÉ EN 1861).

Etant très pauvres et ne pouvant pas nous-mêmes faire la moindre dépense pour fêter le centenaire de la précieuse mort de notre sainte Mère Thérèse, nous avions tout d'abord renoncé à ces belles fêtes auxquelles nous ne voulions plus même penser tant nous en avions de la peine, et notre sacrifice était fait. Mais voilà que tout à coup il fut décidé que nous devions nous unir à nos chers Carmels pour fêter notre séraphique Mère, et que notre bon Père saint Joseph, que la sainte Mère avait tant aimé et servi, nous ferait trouver tout ce qu'il nous faudrait pour célébrer le troisième centenaire du jour heureux où Thérèse de Jésus put entrer enfin en possession du bien-aimé de son âme et de son royaume éternel.

Nous nous mettons à l'œuvre pour quêter au loin, le pays que nous habitons étant pauvre et les œuvres étant nombreuses. Peu à peu nous nous apercevons que notre glorieux protecteur bénit nos démarches.

Enfin, graduellement, nous avons recueilli de quoi acheter le magnifique groupe de la transverbération, le luminaire, quelques ornements, une belle lampe pour le Saint-Sacrement, deux autres lampes très jolies à six lumières, un porte-voile, un thabor, etc., etc., et de quoi payer les honoraires d'un prédicateur.

Nous avons eu notre *Triduum* les 19, 20 et 21 octobre, avec grand'messe en musique les trois jours. Il nous vint un prédicateur étranger, dont l'éloquence a vivement touché l'auditoire. Notre chapelle étant petite, nous avons dû faire mettre une tente dans la cour pour recevoir toutes les personnes qui sont venues assister à notre *Triduum*. — Nous avons dû placer le groupe sur un autel devant notre grille; cet autel était orné de verdure et de fleurs, et encadré par quatre colonnes surmontées d'un dôme, au milieu duquel était suspendue une couronne de roses blanches qui planait sur la tête de la Sainte. Tout le monde trouvait notre Mère si belle qu'on ne pouvait se lasser de la contempler; elle était placée en face de la porte, et de la cour même on la voyait aussi bien que dans l'intérieur. Les deux lampes à six lumières étaient brillantes comme des petits soleils et donnaient beaucoup d'éclat; le foyer lumineux qui entourait la relique de la sainte Mère semblait former un petit ciel. On trouvait tout très beau; mais si notre église était bâtie, il n'y aurait pas eu de quoi garnir deux de ses chapelles. Enfin, dans notre pauvreté, grâce aux aumônes recueillies, nous avons pu, même en ce modeste sanctuaire, fêter convenablement notre séraphique Mère. Il est inutile de dire que notre maître-autel était aussi très beau et bien orné.

Le prédicateur fit un panégyrique de sainte Thérèse, avec une éloquence qui fut d'autant mieux goûtée que nous sommes peu habituées d'avoir des orateurs à Vinça, les sermons étant vraiment rares à notre Carmel.

Que Dieu soit béni de nous avoir mises à même de fêter dignement, quoique modestement, son épouse bien-aimée! Malgré l'accident arrivé à sa statue dans notre chapelle même, tous, nous le répétons, l'ont trouvée ravissante et portant à la piété; aussi l'avons-nous de nouveau reçue avec bonheur dans notre petit monastère après les fêtes. Nous la gardons comme une précieuse relique dans la chapelle du noviciat, jusqu'à ce que notre bon Père saint Joseph nous envoie des fonds pour rebâtir notre vieille église qui n'a que ses quatre murs délabrés; alors nous lui ferons une chapelle, car au dehors tout le monde réclame le bonheur de la contempler.

Nos solennités ont donc été simples, mais nous ont remplies de consolation. Nous espérons que la Providence divine et les célestes protecteurs du Carmel nous mettront à même de célébrer, dans neuf ans d'ici, très solennellement, le centenaire de notre Père saint Jean de la Croix. Vive Jésus !

CARMEL DE CASTRES

(FONDÉ EN 1864).

Un centenaire est chose assez rare pour qu'on ose entreprendre d'en parler. D'ailleurs il s'agit ici d'une grande sainte qui attire et attache. Sainte Thérèse a tenté le pinceau des peintres, la lyre des poètes, la plume des littérateurs et celle des historiens. Après trois cents ans, sa gloire est entière ; elle a vaincu le temps et triomphé de l'espace ! Nous n'en voulons d'autres preuves que les fêtes qui viennent d'être célébrées en son honneur dans tous les Carmels de France, d'Espagne, du monde entier.

Pour raconter ces fêtes telles que nous les avons vues à Castres, il faudrait la plume d'un poète pour en décrire les splendeurs et celle d'un théologien pour reproduire les aimables choses qui nous ont été dites de Thérèse. Hélas ! cette plume nous ne l'avons pas. Nous voulons écrire pourtant, et nous le ferons avec courage, car, si les paroles nous manquent, si les expressions ne répondent pas à un sujet si beau et si relevé, les choses parleront assez d'elles-mêmes.

Le panégyriste de la Sainte, M. l'abbé Fabre, professeur de philosophie au séminaire, a comparé les fêtes du centenaire à un beau jour, avec son soir et son matin.

Il est beau, le matin de la nature, au printemps : le soleil apparaît radieux à l'horizon ; il monte, et, en un instant, inonde de ses feux la création endormie. Elle se réveille parée comme une reine, la verdure et les fleurs lui font un manteau d'une richesse et d'une beauté incomparables. Pour fêter une reine, tout s'anime et tout chante sous le ciel du bon Dieu. Tel fut le matin du centenaire.

Ainsi s'éveilla l'humble chapelle du Carmel : des mains pieuses et habiles l'avaient couronnée de lumières, parée de verdure et de fleurs. Ce pieux sanctuaire offrait un ravissant spectacle qui élevait l'âme vers Dieu et la faisait rêver aux choses du ciel.

Le cœur avait dirigé les Filles de Thérèse. Dix-neuf écussons variés et richement ornés, si bien exécutés qu'ils semblaient peints sur les murs, montraient en beaux caractères toute la vie de la Sainte: sa vie du temps et sa vie glorieuse. Ils portaient les inscriptions suivantes :

L'obéissance fut sa grandeur.

La richesse fut sa pauvreté.

Les secrets du ciel lui ont été révélés.

Aigle sacré, elle a contemplé le soleil de justice.

L'Eglise a exalté sa doctrine et l'a proclamée docteur.

Les nations publieront sa sagesse, et l'Eglise célébrera ses louanges.

Je brûle de zèle pour vous, Seigneur!

Blessé par un Séraphin, son cœur se consuma d'amour.

O victime de la charité, brûlez nos cœurs !

Sainte Thérèse, du ciel regardez-nous!

Ou souffrir, ou mourir!

Après la croix, la gloire.

Epouse fidèle de Jésus-Christ.

Thérèse de Jésus, Jésus de Thérèse.

Réjouissez-vous, Thérèse, Dieu a béni votre famille.

Etoile resplendissante du Carmel!

Je chanterai éternellement les miséricordes du Seigneur.

Les saints fleuriront comme les lis.

Le Seigneur l'a bénie pour l'Eternité.

Tout le long de la chapelle serpentaient de délicieuses guirlandes ornées de roses. On eût dit des branches de feuillage, dont le vert s'harmonisait merveilleusement avec les peintures des murs; les guirlandes encadraient les blasons et semblaient couronner ce poème à la gloire de la Vierge séraphique.

Au-dessus, des faisceaux d'oriflammes étoilées, grandes et légères, ayant pour sujets les monogrammes de la Vierge Immaculée et de la Sainte, des cœurs enflammés, des branches de lis et des palmes, ombrageaient cette histoire murale.

Mais le sanctuaire surtout, étincelant d'or, de lumières, et richement orné des dons offerts par des cœurs généreux et sympathiquement dévoués, attirait et captivait tous les regards.

Thérèse y apparaissait dans un magnifique tableau, grande, majestueuse, s'envolant vers le ciel. Une blanche colombe rappelait sous quelle forme son âme avait quitté la terre. Une large banderolle déroulait gracieusement ses plis autour de cet apothéose; on y lisait : *Elle succombe blessée par les traits de l'amour divin. Son âme s'envole vers son Dieu comme une blanche colombe.* A droite du tableau, sur un écusson, une main écrivait dans un livre ouvert; on y lisait : *Le Saint-Esprit dictait, Thérèse écrivait.*

A gauche, sur un second écusson, une autre main armée d'une flèche blessait le cœur de Thérèse; on y lisait : *Le dard d'un Séraphin transperça son cœur.* Et comme couronnement, des oriflammes plus belles et plus nombreuses ombrageaient la Sainte montant au ciel. Trois couronnes de fleurs avaient été déposées à ses pieds; elles étaient les symboles de sa virginité, de son martyre d'amour et de sa gloire de docteur.

Les belles statues polychromées de ce sanctuaire paraissaient y avoir été placées tout exprès pour contribuer à la splendeur de cette fête du ciel. Notre-Dame du Mont-Carmel, s'élevant presque au sommet de la voûte, dominait tous les décors et semblait attendre sa fille pour l'introduire dans les parvis éternels.

Autour de l'austère grille qui abrite les vierges du Carmel, et au-dessus d'une ogive de lumières, formée par des lis d'or, était cette touchante inscription :

Jette un regard d'amour sur l'humble sanctuaire
Où tu vois tes enfants, Thérèse, ô tendre Mère !

Vis-à-vis, au-dessus de la porte de la sacristie, la même ornementation faisait parallèle, avec cette inscription : *Elle se consuma pour la gloire de Dieu et de son Eglise.*

Un tableau placé dans la nef, moins grand que celui du maître-autel, mais d'un effet charmant, représentait la Sainte élevée au-dessus de terre dans l'attitude de la prière; au panneau de face était suspendu le portrait d'une de ses filles les plus célèbres, qui préféra la pauvreté du Carmel à tous les honneurs et aux plus beaux titres.

L'ensemble était d'un aspect ravissant. On n'imagine rien de plus idéal ni de plus céleste, et, vue de la tribune, la chapelle du Carmel avec ses quarante-deux bannières de gaze blanche et légère, scintillantes d'or, ressemblait à un navire brillamment pavoisé, qui, naviguant vers le ciel, y portait la grande héroïne.

Et nous n'avons pas encore parlé de cette tribune à la galerie de laquelle resplendissaient les armoiries de l'Ordre du Carmel, celles de Notre Très Saint-Père le Pape Léon XIII, de Mgr l'Archevêque, et une légende redisant ce cri d'amour de la Vierge d'Avila : « *Qu'il y en ait, Seigneur, qui vous servent mieux que moi, je ne le conteste pas, mais qu'il y en ait qui vous aiment davantage, c'est ce que je ne souffrirai jamais !* » Au-dessous se balançaient de doubles et gracieux festons, et dans le fond, une seconde banderolle, des écussons, des faisceaux d'oriflammes.

De nombreux bouquets de lumières placés dans le sanctuaire et dans la nef, un cordon lumineux, véritable ceinture de diamants, donnaient, le soir, à tant de magnificence un aspect féerique et presque surnaturel.

Les chants devaient répondre à ces splendeurs ; disons qu'ils furent aussi frais, aussi purs, aussi mélodieux, que ceux qui saluent la nature à son réveil.

Pour cette fête mémorable, les antiennes et l'hymne des vêpres de l'office en l'honneur de la Sainte avaient été harmonieusement mises en musique, de même que son immortelle Glose et un cantique composé par ses Filles. Plusieurs autres chants à la gloire de leur sainte Mère se mêlèrent aux symphonies sacrées et à de délicieuses mélodies durant ces dix-sept jours de triomphe, donnant à l'assistance recueillie un avant-goût des concerts du ciel. L'harmonium était tenu par un jeune artiste de notre ville bien connu par son rare talent et sa belle voix. Le séminaire nous prêta aussi son concours.

Une neuvaine préparatoire, qui s'ouvrit le 7, attira une foule nombreuse. Monsieur l'aumônier la captiva chaque soir par sa chaleureuse et sympathique parole. Les reliques de la sainte furent exposées et offertes à la vénération des fidèles, qui ne pouvaient se lasser de les baiser, principalement pendant le *Triduum* et le grand jour de la clôture, où l'affluence fut si grande qu'on évalue à plus de cinq cents le nombre des personnes qui, n'ayant pu trouver place dans la chapelle, la sacristie, la tribune et le péristyle, attendaient dans la rue le bonheur de poser leurs lèvres sur la chair miraculeusement conservée de la vierge d'Avila.

Le *Triduum* solennel, présidé par M. Puel, vicaire général et supérieur du Carmel de Castres, qui voulut bien consacrer à ses Filles quatre jours d'une vie sans loisirs, commença le 15, jour anniversaire de la mort de sainte Thérèse.

Dès 5 heures, le Très Saint-Sacrement était exposé, et les messes commencèrent pour continuer sans interruption ; la matinée se termina par une belle messe chantée en musique, après laquelle la nef ne désemplit pas de pieux visiteurs. C'était la foi qui attirait ces foules; aussi ils furent nombreux les convives qui vinrent pendant l'octave s'asseoir à la table sainte. A chaque messe leurs rangs étaient longs et pressés. Quelle gloire pour le ciel ! Quel triomphe pour Thérèse, et que de bénédictions pour la terre !...

Bien avant l'heure des vêpres, la foule était compacte et le sanctuaire trop petit pour contenir les fervents ecclésiastiques et les pieux laïques, l'élite de la société de notre ville.

L'intérêt des vêpres n'était pas dans les chants, qui pourtant furent aussi beaux que ceux du matin, mais dans la parole du prédicateur. M. l'abbé Fabre trouva un peu lourde la charge de décerner lui seul, à la grande Sainte, les hommages qui lui sont dus. Il eût mieux aimé garder sa chère solitude. Nous le remercions de l'avoir quittée, car nul n'aurait pu mieux nous dire ce que fut Thérèse.

Suivant la doctrine de saint Thomas, le prédicateur nous annonça qu'il nous présenterait successivement l'illustre Réformatrice du Carmel, dans sa vie active, dans sa vie contemplative et dans sa vie unitive, telle que des mains habiles et intelligentes l'avaient écrite sur les murs de la chapelle.

La vie active lui fournit la matière de son premier discours. La vie de l'homme sur terre est un combat; celle de Thérèse ne fut pas autre chose. Elle lutta contre son corps pour le réduire, et elle le réduisit, en effet, par les souffrances et la mortification. Elle domina aussi son âme par la pratique constante de l'humilité et de l'obéissance. Maîtresse de son esprit et de son âme, elle était prête pour la mission à laquelle Dieu l'avait prédestinée, et la réforme du Carmel fut pour elle un nouveau champ d'action, qu'elle parcourut avec un succès merveilleux.

Le prédicateur nous exposa ces idées dans un style clair, incisif et souvent éloquent. Ainsi finit le matin ou le premier jour du centenaire.

Le lendemain matin nous étions là, très nombreux et recueillis comme la veille. A Thérèse, nous avions offert hier des chants et des louanges; une cérémonie de prise d'habit allait avoir lieu, nous venions lui présenter une victime. Elle parut au pied de l'autel avec sa couronne et sa blanche robe de vierge.

M. le vicaire général déposa sur ses lèvres le pain des forts, et elle disparut à nos regards. Nous l'entendions ensuite ratifier, d'une voix ferme et résolue, son arrêt de mort pour le monde, et nous pleurions... Mais Dieu, prenant la parole dans la personne de son ministre, nous consola. Après avoir entendu M. Desplats, supérieur du séminaire, nous dire, dans un langage élevé et saisissant, le néant des biens et des joies terrestres, en opposition avec la réalité et la douceur des consolations célestes qu'on trouve dans le cloître, nous n'avions tous qu'une voix pour redire :

Va, tombe et meurs, trop heureuse vicitime!...

Le soir nous réunit encore pour entendre l'éloge de sainte Thérèse. Après nous avoir montré la grande Sainte dans sa vie active, le prédicateur nous la présente dans sa vie contemplative. Le but de cette vie, c'est la possession de la vérité, qui est Dieu même. Comment sainte Thérèse a-t-elle cherché Dieu ? Par la pensée, la méditation, la contemplation et l'extase. Dans ces exercices souvent, très souvent renouvelés, elle a trouvé d'incomparables lumières ; il faut qu'elle les répande au dehors. C'est pourquoi, après avoir été le disciple de la vérité, Thérèse en sera le docteur. Elle racontera les merveilles dont elle a joui dans ses contemplations et ses extases ; elle prédira l'avenir, mais surtout elle écrira. Les femmes ne peuvent pas enseigner par la parole, elle le fera par la plume. Ses ouvrages sont un miracle : le Saint-Esprit dictait, Thérèse écrivait ; son style est à la fois clair, simple et poétique, l'histoire de sa vie est un chef-d'œuvre. Ses lettres sont d'une facilité et d'une variété étonnantes ; la théologie mystique donne à la Vierge séraphique une place à part dans l'Eglise. Tout cela fut fort bien dit.

Nous voici maintenant au troisième jour du centenaire.

Hier, nous avions offert à la Sainte une jeune victime ; c'était la victime du matin. Nous lui offrirons aujourd'hui la victime mûre et parfaite. Celle-là ne fit que des promesses en prenant l'habit de l'Ordre ; celle-ci, après l'émission des trois vœux religieux entre les mains de sa Prieure et en chapitre, vient demander à l'Eglise de sceller son sépulcre, et sur ce sépulcre de jeter un suaire.

Nous tremblions!... M. le supérieur du séminaire nous rassura et nous consola encore une fois, en nous disant que cette élue de Jésus et de Thérèse ne prenait d'autre engagement que celui d'aimer. Que craindre donc ? Il est si doux d'aimer le bon Dieu !...

Puis, M. le vicaire général, après avoir entonné l'antienne : *Veni, sponsa Christi*, que nous continuâmes, imposa sur la tête de la nouvelle professe le voile noir qui la déroba pour toujours à nos regards.

Cette journée, comme les précédentes, se termina par l'éloge de la Sainte.

Un jour, Jésus, sous la forme d'un bel enfant, avait apparu à la vierge d'Avila et lui avait dit: « Tu as voulu t'appeler Thérèse de Jésus, et moi, « je m'appellerai Jésus de Thérèse. » Tel fut le thème du troisième discours de M. Fabre. — Thérèse aima Jésus ; à 7 ans elle eut le désir du martyre, et toute sa vie l'horreur du péché. Elle sacrifia à son Dieu toute affection terrestre et puisa dans ses extases une ardeur séraphique que chaque communion augmentait. Vingt ans avant sa mort, elle émit le vœu de faire en tout le plus parfait ; aussi elle put dire: « Qu'il y en ait, Seigneur, qui vous « servent mieux que moi, je ne le conteste pas ; mais qu'il y en ait qui vous « aiment davantage et qui désirent plus ardemment votre gloire, c'est ce « que je ne souffrirai jamais ! » — Jésus l'aima à son tour. — Après avoir exposé la doctrine de saint Thomas sur l'amitié divine, le prédicateur raconta les faveurs dont Thérèse fut comblée ; les célestes colloques avec son bien-aimé, les présents de Jésus, le prodige de la transverbération du cœur de sainte Thérèse et, pour finir, la mort d'amour. Ces belles choses ne se résument pas ; nous écoutions et nous sentions que nous aimions davantage notre Dieu. Seul, un séraphin descendu des célestes demeures eût été capable de traiter dignement un tel sujet.

Le prédicateur y réussit cependant comme bien peu l'auraient fait.

Après cela nous savions tout de Thérèse. Nous connaissions sa vie active ou la vie de ses œuvres, sa vie contemplative ou la vie de son intelligence, et enfin sa vie unitive ou la vie de son cœur.

Le *Triduum* était fini. Cependant la chapelle du Carmel ne fut pas délaissée et la chaire ne demeura pas muette. Tous les soirs de l'octave, une foule recueillie est venue entendre la parole attrayante de M. l'Aumônier offrir ses honneurs à Thérèse et recevoir les bénédictions de Dieu. Et nous, qui ne pouvions nous mêler à la foule, nous attendions avec impatience le soir du centenaire.

Le dimanche 22, comme au 15 octobre, le Très-Saint-Sacrement fut exposé, et, depuis 5 heures, les messes se succédèrent sans interruption ; la dernière fut chantée en musique. Le nombre des communions fut plus grand encore en ce jour, qui devait clôturer si brillamment la magnifique série de nos fêtes.

Elle avait été belle à son matin, cette fête ! si belle, qu'elle nous sembla n'avoir duré qu'un jour. Elle était belle aussi à son déclin. Quand la nature est près de s'endormir, le soleil lui fait une auréole moins brillante mais non moins aimable que celle de son réveil. Pour elle, les oiseaux jettent au vent leurs dernières notes, et de nouvelles fleurs s'épanouissent pour embellir le manteau qui protégera son sommeil.

Ainsi finit la fête de Thérèse. Encore des chants, des fleurs, et des lumières comme au matin. Encore des hommages.

Les trois jours du *Triduum*, le prédicateur avait déposé amoureusement, en notre nom, aux pieds de la Sainte le tribut de nos louanges ; il lui fallait maintenant monter jusqu'à son front pour la couronner. Dieu l'a fait dans le ciel en plaçant au rang des Séraphins Thérèse, une de ses servantes les plus humbles et les plus aimantes. Il l'a fait, l'Eglise nous l'a dit, en décernant à la glorieuse Réformatrice du Carmel, quarante ans après sa mort, les honneurs de la canonisation.

Et nous aussi sur la terre, a ajouté le prédicateur, nous couronnons Thérèse. Nous posons sur son front la triple couronne des vierges, des martyrs et des docteurs.

Quelle gloire ! Elle n'est pas entière pourtant, car voici la couronne que les filles de Thérèse ont tressée à leur Mère.

Thérèse n'est pas morte ; les œuvres des hommes sont limitées par le temps et l'espace ; les œuvres divines s'étendent toujours et ne meurent pas ; ainsi le Carmel. Arbre immense, il couvre la terre, et l'immortalité lui est assurée. Passez, Thérèse, dans vos Carmels ; y voyez-vous votre mortification, votre obéissance, votre amour de Dieu ? Oui ! Thérèse vit dans ses filles, et ses filles la glorifient. Elles sont l'honneur de l'humanité par l'héroïsme de leurs vertus, les auxiliaires de l'Eglise par leurs supplications ; elles seront le salut de la France qui possède 108 Carmels, 108 forteresses ! A la prière des âmes pures, Dieu pardonnera aux coupables.

La voix qui nous avait dit ces magnifiques choses se tut, et après le chant du *Te Deum* et le salut, M. Puel, vicaire général, dont la présence avait singulièrement rehaussé l'éclat de nos belles fêtes, nous remercia tous d'avoir été si fidèles, depuis la première heure jusqu'à la dernière, au rendez-vous de Thérèse. Les accents sympathiques de sa voix trouvèrent écho dans nos cœurs, et, par lui, Dieu daigna nous bénir encore.

Tout était fini, et nous nous en allions heureux et tristes à la fois : heureux d'avoir accompli un devoir, tristes comme on l'est à la fin d'un beau jour.

Elles reviendront cependant ces fêtes, mais hélas ! nous ne serons plus là ! Nous nous en consolons en pensant, avec le prédicateur, que ce nouveau centenaire se célébrera au ciel encore mieux que sur la terre, et que déjà nous y sommes conviés.

CARMEL DE VANNES

(FONDÉ EN 1866).

Il y a quelques années, les filles de Sainte-Thérèse revenaient dans notre ville qu'édifièrent autrefois les vertus de leurs devancières, groupées autour de la Bienheureuse Françoise d'Amboise, devenue leur sœur. Le respect et la sympathie de tous entourèrent bien vite l'humble monastère où elles vivent, à l'exemple de leur sainte Mère, dans une solitude sanctifiée par la prière et la mortification. Séparées du monde, elles offrent à Dieu pour les âmes leurs souffrances volontaires, et travaillent dans le silence du cloître au bien de la société qui bénéficie de leur héroïque renoncement.

Nos lecteurs connaissent leur chapelle, si gracieuse dans son austère simplicité, que des décorations nouvelles nuiraient à l'harmonie de l'ensemble. Aussi, pendant les fêtes du centenaire, s'est-on gardé d'avoir recours à des ornements inutiles : quelques faisceaux de verdure sur lesquels se détachait l'autel, quelques cartouches suspendus aux murs, où se lisaient des inscriptions chères aux enfants du Carmel, c'était tout. Mais, pendant la neuvaine et le *Triduum*, la foule se pressait dans le pieux sanctuaire, souvent trop étroit pour la recevoir; les chants et les prières montaient au ciel, et la bénédiction solennelle du Saint-Sacrement terminait ces belles cérémonies où tout élevait les âmes vers le bon Dieu.

Sainte Thérèse a été glorifiée. Pendant la neuvaine, différents prédicateurs ont raconté sa vie merveilleuse, d'où jaillissaient pour tous d'éloquentes et salutaires leçons. La vierge d'Avila est une des plus saisissantes figures que l'on trouve dans l'histoire de l'Église. Noble par sa famille, elle foule aux pieds les vanités du monde, elle a soif de souffrance et ne demande qu'à s'immoler pour Dieu. Ses vertus l'ont placée parmi les saints ; ses ouvrages l'ont mise au premier rang parmi les gloires littéraires de l'Espagne. Du fond du cloître où s'abritaient sa piété et son génie, Thérèse de Cepeda exerça sur son siècle une influence toute céleste, qui se fait sentir encore ; car le monde catholique jouit toujours des bienfaits de son zèle, les monastères se peuplent des vierges qu'elles a formées, ses écrits immortels attirent à Dieu les âmes, et les mortifications de ses filles, continuant les siennes, redisent aux hommes que le sacrifice est la source de la victoire et qu'il faut l'immolation volontaire pour apaiser le justice de Dieu.

Ces pensées, que nous résumons brièvement, ont servi de thème aux orateurs de ces solennités. Espérons que leur parole, consacrée à glorifier la Sainte en retraçant sa vie, servira à augmenter la confiance que nous devons avoir, aujourd'hui plus que jamais, dans sa puissante intercession.

Plusieurs fois, pendant la neuvaine, Monseigneur l'Évêque de Vannes, dont la paternelle sollicitude n'a jamais fait défaut à la famille de sainte Thérèse, vint présider ces pieux exercices.

Le 15, jour de la fête, Sa Grandeur voulut bien célébrer la messe dans la chapelle.

Aux vêpres de la même solennité, le R. P. d'Aage, de la Compagnie de Jésus, commença la série des prédications qu'il poursuivit pendant les trois jours suivants. Reprenant avec un zèle tout apostolique la vie admirable qui avait fait l'objet des précédents discours, l'orateur retraça la physionomie de l'illustre Réformatrice, avec une richesse de détails qui ne laissèrent dans l'ombre aucun trait de cette radieuse et angélique figure. La clôture du *Triduum*, qui coïncidait avec l'anniversaire de la réforme de l'Ordre du Carmel, eut lieu le mercredi. Cette journée, solennelle entre toutes les autres, laissera dans l'âme de ceux qui en ont été témoins d'ineffaçables souvenirs. Monseigneur, entouré d'un nombreux clergé, célébra la messe pontificale. Remontant ensuite à son trône, Sa Grandeur prononça une courte et chaude allocution. Elle représenta le grand-prêtre, accompagné des anciens du sanctuaire, allant féliciter Judith, et lui disant : « *Tu gloria Jerusalem, tu lætitia Israël, tu honorificentia populi nostri* ». Après avoir donné la raison de ces hommages extraordinaires, Monseigneur ajouta que sa démarche et celle de ses prêtres, en ce jour solennel, étaient également motivées par les éminents services que les filles de Sainte-Thérèse rendent à l'Église et à la société civile, qui méconnaît trop souvent leur religieuse et patriotique abnégation.

Le soir, les vêpres pontificales furent suivies du sermon et de la bénédiction du Très-Saint-Sacrement.

Ces fêtes doivent nous remplir de confiance et de joie. A l'heure où l'impiété, qui se croit triomphante, semble livrer à l'Église du Christ un suprême assaut, ce n'est pas en vain que nos hommages montent vers l'illustre vierge dont la prière est si puissante.

Autrefois, elle disait de notre France : « J'aurais volontiers donné mille vies pour sauver une seule des âmes que je voyais se perdre en si grand nombre dans ce royaume. Aujourd'hui nos besoins sont aussi grands, et sa charité est la même, augmentée par cette céleste compatissance que Dieu met au cœur de ses élus.

Nous aimons à le redire avec un pieux écrivain : « Le cœur de Thérèse, qui veille pour l'Église et pour la France, nous invite à veiller avec lui. Les épines qui depuis longtemps germent autour de cette sainte relique, enfermée dans son globe de cristal, sont comme un avertissement et une provocation pour tous à faire pénitence. Par ces excroissances merveilleuses, la Sainte semble offrir présentement à Dieu et nous montrer tout ce qu'elle a dû souffrir pour les âmes. Disons-lui donc du fond du cœur avec l'Église : « O victime d'amour, brûlez nos cœurs, et délivrez des flammes de l'enfer les peuples qui vous sont confiés ».

Nous ajouterons peu de chose à cet article de la *Semaine religieuse* du diocèse.

Monseigneur Bécel, notre digne évêque et vénéré supérieur, dont les bontés sont pour nous celles du meilleur des pères, a plusieurs fois présidé nos cérémonies.

Sa Grandeur a tenu à gagner l'indulgence que Sa Sainteté Léon XIII avait concédée à tous ceux qui assisteraient cinq fois aux exercices de la neuvaine. Le *Triduum* solennel a peut-être été mieux suivi encore; notre chapelle s'est trouvée plus d'une fois trop petite pour contenir la foule avide d'entendre raconter les merveilles du bon Dieu à l'égard de sa fidèle amante. Nos décorations ont été pourtant très modestes; la pauvreté de notre maison, les lourdes obligations qui pèsent sur nous depuis l'achèvement de notre monastère, ne nous ont pas permis de suivre et nos inspirations et le besoin de notre cœur filial. Puissions-nous du moins marcher sur les traces de notre sainte Mère, et nous rendre dignes, à son exemple et avec la grâce de Dieu, de faire quelque chose pour la gloire de Jésus et le triomphe de son Église !

CARMEL D'UZÈS

(FONDÉ EN 1871).

L'année dernière, au mois de juillet, après avoir entendu l'invitation faite par le T. R. Père Général du Carmel à célébrer les solennités du centenaire avec beaucoup de pompe, nous souhaitions vivement y répondre. Mais notre Révérende Mère nous prévint que, malgré son grand désir, elle ne pouvait rien faire pour le centenaire, à cause de la construction d'un monastère régulier qui absorbait tous ses fonds. La Rév. Mère ajouta, en s'adressant à la sacristine : Si vous voulez vous entendre avec le bon Dieu, vous avez toute permission de faire tout ce que vous voudrez, mais je ne vous donne rien, et mille francs seraient nécessaires pour organiser une fête convenable.

Le 15 août arrive, la sacristine, étant aux pieds de la très sainte Vierge, se sent inspirée de faire à cette divine Mère une promesse en faveur des âmes du Purgatoire si elle la met en possession de la somme de mille francs pour remplir les intentions de l'obéissance.

Sa promesse faite, la sacristine se croit en possession de la somme demandée, tant sa confiance est grande ; elle commence à faire les commandes de divers côtés, à organiser toutes choses. Ne voulant pas additionner les sommes qu'elle recevait jusqu'au centenaire, elle ne s'en est rendu compte qu'à ce moment en acquittant ses notes, et non seulement nous avons dû constater que les mille francs demandés lui avaient été envoyés par la très sainte Vierge ; mais s'il fallait évaluer les tentures qui nous ont été données par une bienfaitrice, peut-être faudrait-il répéter ce chiffre plusieurs fois.

Cette bienfaitrice est Madame la duchesse d'Uzès, qui était présente en cette ville au moment du centenaire ; elle broda de ses mains les magnifiques ornements de l'antipendium dont il est parlé plus bas.

Les fêtes du troisième centenaire de la mort de la séraphique vierge Thérèse de Jésus ont été célébrées dans notre cité les 15, 16 et 17 octobre, avec une piété, une solennité, un enthousiasme vraiment extraordinaires.

Dès le 14 au soir, les cloches de la cathédrale furent lancées à toute volée pour annoncer le *Triduum* célébré à cette occasion dans la chapelle des Carmélites. Le 15, dès le matin, les fidèles se hâtèrent de venir recueillir les prémices des grâces dont ce modeste sanctuaire paraissait devenu le réservoir, et les communions furent très nombreuses à la messe d'exposition du Très-Saint-Sacrement.

En approchant de la grille qui ferme le jardin extérieur du monastère, tout déjà portait les cœurs à la piété ; une gracieuse statue de sainte Thérèse placée au-dessus de la porte de la chapelle, au centre d'un arc transparent, indiquait qu'elle était l'héroïne de ces fêtes. Des guirlandes de verdure entremêlées de lis et de roses ornaient la façade, dont la décoration se complétait des trois étoiles des armes de l'Ordre. Ces étoiles, destinées à rendre la nuit lumineuse, étaient posées l'une au-dessus, les deux autres aux extrémités de l'arc, dont le centre portait les paroles chères à la Sainte : *Misericordias Domini in œternum cantabo.*

Charmés par le premier aspect, les fidèles, déjà tout recueillis, entraient dans la chapelle et y trouvaient une décoration aussi riche que de bon goût. Les murs disparaissaient sous de magnifiques tentures de damas de soie rouge dont les draperies ornées de franges et de glands étaient aussi gracieuses que variées. Des écussons représentant les armes de l'Ordre, des inscriptions rappelant des paroles de la séraphique Vierge, faisaient un merveilleux effet sur les draperies que surmontaient des faisceaux d'oriflammes. Mais c'est surtout la parure du sanctuaire qui était belle. Sur un magnifique antipendium, au tissu duquel répondait l'ornementation du tabernacle entièrement voilé sous la moire et l'or, étaient brodés une ravissante guirlande de roses, un très beau *Sancta Theresia* surmonté du cœur transverbéré de la Sainte. De chaque côté de l'autel, trône brillant où le Roi des rois a bien voulu demeurer exposé pendant ces trois jours, apparaissait sur une colone octogone un ange portant une oriflamme blanche et or dont le médaillon, peint sur toile, représentait un sujet symbolique. Enfin la relique de sainte Thérèse exposée sur un petit autel, soutenue par des anges, achevait de donner au sanctuaire un aspect à la fois indéfinissable et ravissant.

Bien que plusieurs messes aient été dites dès le matin, l'ouverture solennelle du *Triduum* n'eut lieu qu'à celle de 8 heures, dont le célébrant fut M. le Curé de Saint-Etienne. A l'offertoire de cette messe, chantée par le chœur de jeunes filles de la cathédrale, le prédicateur du *Triduum*, religieux Dominicain, donna son premier discours. Le R. Père, qui réunit toutes les qualités d'un orateur, exalta merveilleusement la séraphique Vierge.

Frappé d'abord de cette parole : *Tout passe*, que sainte Thérèse portait toujours dans son bréviaire, et qu'une inscription plaçait sous son regard, il la commenta et, après un rapide mais admirable tableau de tout ce qui passe et s'évanouit sur la terre, il s'écria : « Tout ne passe pas, la gloire des Saints demeure ! » Entrant par là dans son sujet, après nous avoir fait saluer Thérèse de Jésus couronnée, de la triple auréole de vierge, d'apôtre et de docteur, il lui attribua le magnifique éloge décerné à Judith dans les saints Livres : Vous êtes la gloire de Jérusalem, la joie d'Israël, l'honneur de notre peuple, c'est-à-dire : la gloire du ciel, la joie de l'Eglise, l'honneur du Carmel.

Ce discours, comme les suivants, perdrait trop à une analyse, nous indiquons seulement les pensées si éloquemment développées. Après le sermon, les jeunes filles exécutèrent avec une rare perfection un très beau cantique à sainte Thérèse.

Le soir, à 3 heures, les vêpres furent solennellement chantées. Au *Magnificat*, les choristes alternèrent un verset de ce chant de la Vierge avec une strophe d'un cantique composé à l'occasion du centenaire.

Après les vêpres et une très belle invocation à l'Esprit-Saint, le R. Père Dominicain nous montra Thérèse de Jésus comme une âme intelligente. Intelligente parce qu'elle a su orienter sa vie vers Dieu, la fixer en Lui, faire prévaloir en toutes choses et sur toutes choses la volonté divine.

Au moment du salut, l'antienne : *Sancta Mater Theresia*, mise en musique par un ecclésiastique espagnol, Don Mariano, chapelain de Madame la duchesse d'Uzès, fut chantée à une voix d'abord, puis répétée à deux. On ne peut dire ce qu'il y eut le plus à admirer de la beauté des voix et de l'expression donnée à ce chant, ou de l'inspiration de ce chant lui-même si merveilleusement en rapport avec le sens de la prière ; le tout fut d'une perfection achevée.

Les jours suivants, les mêmes exercices furent répétés aux mêmes heures. Les sermons donnés le 15 et le 16 nous firent considérer sainte Thérèse comme une âme crucifiée et séraphique. La vierge d'Avila nous fut d'abord montrée comme une âme mûrie au soleil de la croix et crucifiée par les humiliations inméritées qu'elle a eu à subir ; par les contradictions, les oppositions qu'elle a rencontrées dans l'exécution de son grand projet de la réforme du Carmel et par les désolations intérieures. Enfin, Thérèse de Jésus nous apparut comme une âme séraphique, comme le séraphin, fournaise incandescente, possédant en elle la flamme qui éclaire, qui échauffe et qui s'élance. Le développement de ces pensées fut sublime.

Après ce dernier sermon, suivi du salut, le *Te Deum* fut solennellement entonné pour clore le *Triduum*, l'oraison en fut chantée par Monsieur l'Archiprêtre d'Uzès, qui avait officié ce dernier jour.

Le concours des fidèles pendant ces fêtes à été considérable. Les communautés de la ville, les pensionnats venaient faire leur adoration pendant la journée ; et à l'heure des exercices, l'affluence était extraordinaire ; des médailles, des litanies de sainte Thérèse étaient incessamment demandées ; on ne pouvait satisfaire la piété de toutes les âmes.

Ce qui n'a pas peu contribué à la dévotion des habitants d'Uzès, c'est la représentation de la cellule de la Sainte dans une pièce voisine de la chapelle.

Là, une magnifique statue de grandeur naturelle représentait sainte Thérèse debout, revêtue d'un habit de bure, le visage légèrement tourné vers un grand crucifix appendu au mur de gauche. D'une main elle tenait une plume, de l'autre un fac-simile d'une de ses lettres en espagnol. Une gloire attachée à la voûte projetait des rayons sur la Sainte. Près d'elle était posé un livre ouvert, à côté sa barette de docteur. L'ensemble de ce petit sanctuaire, où tous les jours, à 2 heures et demie, avait lieu un exercice, était saisissant. Les fidèles en y entrant se prosternaient ; quelques-uns baisaient la terre, tous priaient avec ferveur et se retiraient avec un air pénétré. Tous les soirs, pendant ces fêtes, une brillante illumination complétait la solennité du jour ; le contour de la porte de la chapelle et le cintre surmontant celui de l'arc transparent se dessinaient par un double cordon de lumières multicolores qui, jointes à celles des trois étoiles, faisaient un merveilleux effet. Le haut de la façade paraissait en feu, et de l'avenue qu'il domine, le Carmel offrait l'aspect d'une chapelle ardente qui renvoie au dehors le trop plein de ses feux. Gloire à Jésus de Thérèse et à Thérèse de Jésus !

# CHAPITRE QUATRIÈME.

BELGIQUE.

Voici 300 ans que l'âme de sainte Thérèse, comme une blanche colombe, a quitté la terre et pris son essor vers le ciel. 300 ans! et son souvenir ici-bas est aussi frais qu'au premier jour ; il semble même s'éveiller aujourd'hui plus vivant que jamais. C'est l'Espagne qui a été le théâtre de ses vertus, et tout l'univers l'exalte comme si elle était la citoyenne de chaque nation du monde. La Belgique surtout rivalise avec la patrie de Thérèse, et tandis qu'un immense mouvement d'enthousiasme entraîne vers son tombeau la Royauté et le peuple d'Espagne, l'Épiscopat et les fidèles, la noblesse et le clergé, tandis que tous les savants, les artistes et les littérateurs du monde sont invités à venir dans un brillant concours faire hommage de leurs talents divers au docteur séraphique du Carmel, la Belgique, par les mains de la pieuse ambassade d'Espagne, dépose sur la tombe de sainte Thérèse à Albe un riche et splendide cœur d'or, emblème de son amour pour Dieu et gage de notre affection pour elle.

Il y a de cela plus de vingt ans : un savant distingué de nos provinces flamandes, un vrai cœur chrétien, épris d'un amour noble et chevaleresque pour la vierge d'Avila, résolut de parcourir l'Espagne et de visiter tous les lieux illustrés par la chère Sainte. Sa pieuse épouse, animée des mêmes sentiments, partagea tous les travaux de son pèlerinage.

Aucune fondation ne resta inexplorée. Il les visita toutes dans leur ensemble et en détail. Au retour de la belle saison, il revenait en Espagne et continuait le cours de ses recherches. Aucun objet relatif à la Sainte, quelque minime qu'il fût, n'était laissé sur sa route sans passer sous ses yeux et par ses mains. D'Avila où s'était levé ce bel astre de l'Espagne, jusqu'à Albe de Tormès où il disparut tout radieux, le pieux touriste se dirigeait partout où la tradition lui montrait un nouveau souvenir à contempler et à étudier, car il est profond penseur, ancien professeur d'une de nos universités, écrivain érudit et consciencieux. Durant ses courses il écrivait tout ce qu'il voyait et explorait, joignant à ses écrits les pièces authentiques de ses relations et de ses descriptions. Dessinateur habile et ami de l'archéologie et des beaux-arts, il dessinait très fidèlement tout ce qu'il voyait.

Ah! que nous avons regretté que son album renfermant plus de 300 dessins avec texte en six langues ne fût point terminé pour le concours du 3me centenaire. Nous ne doutons pas que l'œuvre n'eût remporté le prix du genre. Elle est à nos yeux le travail le plus complet qui ait jamais été produit en l'honneur de sainte Thérèse. Le Comité d'Espagne a d'ailleurs exprimé son jugement, en honorant l'œuvre du diplôme et de la grande médaille d'argent, bien que l'édition ne fût encore poussée qu'au tiers de l'ensemble. Un personnage distingué dont le souvenir respirera à chaque feuillet de cette brochure, appréciant la valeur de l'*Espagne thérésienne* (c'est le titre donné à l'œuvre magistrale dont je parle), s'est fait un honneur de la présenter au comité du concours, entremise qui lui a valu de la part de l'Évêque de Salamanque, président du comité du centenaire, le plus gracieux témoignage d'estime et de satisfaction. Que serait-ce donc si l'œuvre avait été terminée ?

L'auteur de l'*Espagne thérésienne* doit sans doute être tout inondé de joie aujourd'hui. Voir tant exaltée celle qu'il a recherchée toujours et à laquelle il a consacré toutes les belles années de sa vie ! Son esprit, son cœur, ses travaux sont littéralement empreints de l'image de la grande Sainte. Travaux, peines et souffrances sont enfin largement récompensés. Il voit sa Sainte toute glorifiée et son œuvre bénie.

L'initiative des fêtes est venue en grande partie de l'ambassade d'Espagne. Habile à communiquer sa pensée et son plan, Mme Merry del Val se vit comme par enchantement entourée de l'élite de la capitale. On forma sous son inspiration un projet de comité, et la liste fut bientôt comblée : en même temps le programme fut conçu et adressé à toutes les dames de la haute société belge. Le comité résolut non seulement d'organiser magnifiquement les fêtes, mais aussi de faire une manifestation pieuse par l'envoi d'un *Ex-voto*, ou souvenir permanent du centenaire, au tombeau de la Sainte. Un cœur en or, sur lequel étaient gravés les noms de villes de la Belgique qui auraient contribué à l'Œuvre. Ce projet fut solennellement exécuté (1).

Chez les RR. Pères Carmes, avenue de la Toison-d'Or, l'affluence fut considérable. Jamais, même durant les fêtes si belles qui se célébrèrent dans l'église des

---

(1) Voir Espagne, p. 30.

Carmes en 1869, alors que le Nonce Apostolique couronna, au nom de S. S. Pie IX, la statue de saint Joseph, si vénérée encore aujourd'hui, on n'y vit aussi grande foule. Chaque jour, au salut surtout, l'église regorgeait de monde. Longtemps avant le commencement de la cérémonie, on y voyait se presser des personnes appartenant aux conditions les plus diverses. Le 15, le 22 et les trois jours du *Triduum* qui clôturait les fêtes, des centaines de personnes ne purent trouver place : d'autres, plus heureux, mais privés de chaises, restaient bravement debout durant tout l'office et le sermon. Une place distinguée était heureusement réservée dans le sanctuaire aux membres du comité; des jeunes gens aux manières dignes et courtoises, et portant les livrées de sainte Thérèse, veillaient partout au maintien de l'ordre et du respect. Le jour de la fête même, le 15 octobre, le ministre de l'Espagne, entouré de ses secrétaires, se fit un devoir d'assister dans le sanctuaire à la messe solennelle et au salut, et fut pour tous, par sa piété et son recueillement, un sujet de foi et d'édification.

Cette église avait revêtu ses plus beaux ornements de fête, elle a reçu de plus pour la circonstance une parure doublement belle, et par sa simplicité et par son élégance en harmonie avec le style et la décoration habituelle de ses murs.

Des festons de verdure parsemés de lis et de roses s'enchaînent gracieusement de chapiteau en chapiteau, soutenant çà et là des corbeilles en rapport et du meilleur goût.

Une illumination au gaz éclaire *à giorno* tout le sanctuaire : c'est vraiment féerique. De longues rangées de lumières ruissellent de chaque côté le long des murs et sous le grand arc triomphal où se dresse l'imposante figure de Jésus en croix.

Cet ensemble d'innombrables lumières inonde de ses reflets les fresques et les peintures de la voûte et les arcades, tandis que dans l'abside, de chaque côté du maître-autel, se dessinent en lignes de feu les emblèmes de l'admirable Sainte. Ses initiales entrelacées dans des blasons, un livre surmonté de la croix du Carmel, une plume se croisant avec une flèche, un lis ardent, tels sont les emblèmes qui entourent l'autel. Tout à coup une grande auréole s'enflamme au-dessus de l'autel, et le cœur de Thérèse tout en feu étincelle au centre, traversé par la flèche du Séraphin. Enfin nous voici devant la statue même de sainte Thérèse. Comme cette œuvre d'art rend bien l'idéal que nous nous formons de l'aimable Sainte !

Elle porte sur son beau front le chapeau de docteur. Son livre d'une main, son trait enflammé de l'autre, elle fixe et plonge le regard au ciel pour y puiser ses inspirations. La statue conserve sa place ordinaire à la droite de l'entrée du sanctuaire. C'est là qu'on lui a dressé un portique royal. Sortant du milieu d'un massif de plantes et de fleurs rares et précieuses, don de la piété des fidèles, ce portique se dresse et encadre la statue. C'est à une vierge que l'on érige un trône, il faut que ce trône soit tout de fleurs gracieuses comme elle, de même style cependant que tout l'édifice.

Mais nous abrégeons ces détails pour signaler les dignitaires et les orateurs qui ont rehaussé nos solennités.

La neuvaine commença le 14 et fut suivie du *Triduum* qui finit le 25. Mgr Van den Branden de Reeth, auxiliaire de S. E. le cardinal Deschamps, archevêque de Malines, officia pontificalement le 15. Mgr de Battice, coadjuteur de Mgr Bracq, évêque de Gand, officia le 25 pour la clôture du *Triduum*. Le Révérendissime P. Benoît, abbé de Westmalle; Mgr Van Weddingen, camérier secret de Sa Sainteté; Dom Gothard, provincial des Bénédictins d'Affligem; le Révérendissime P. Alois, abbé du Parc, de l'ordre des Prémontrés, et Mgr Rinaldi, camérier secret de Sa Sainteté, etc., officièrent pendant ces différents jours. — Les prédicateurs qui suivent par ordre de dates furent entendus: le R. P. Jenner, de la Compagnie de Jésus, ouvrit la neuvaine et prêcha le panégyrique du 15.

Les jours suivants, montèrent successivement en chaire: M. le chanoine Lefebvre, professeur à l'Université de Louvain; Mgr Cartuyvels, vice-recteur de la même Université; le R. P. Castelain, jésuite; le R. P. Célestin, capucin; le R. P. de Biolley, dominicain; le R. P. Symphorien, récollet; Mgr Pieraerts, recteur magnifique de l'Université de Louvain. Enfin le R. P. Marie-Hippolyte, carme-déchaussé, de la résidence de Toulouse, prêcha les trois jours du *Triduum*.

Les accents de leur éloquence, retentissant tour à tour dans cette église pleine d'un monde pieux, attentif et recueilli, devaient aller jusqu'au ciel et faire tressaillir dans sa gloire le cœur de la grande Sainte. Tous s'évertuèrent à prodiguer les ressources de leur science et de leur talent pour rendre hommage à cette héroïne des plus aimables vertus. Chose étonnante, chacun des orateurs se mit pour la louer à un point de vue différent, et c'est à peine si nous avons pu remarquer quelques redites sur des faits d'une importance secondaire; tous ensemble ont dressé au-dessus de la Sainte une auréole de gloire à laquelle chacun apporta ses fleurons choisis. C'était comme un brillant concours d'éloquence sacrée où tous les concurrents ont ensemble remporté le prix, ou plutôt un véritable tournoi sous les yeux de la grande Dame du Carmel.

La chapelle de l'église des Carmes jouit d'une réputation distinguée. Toujours elle a été dirigée par des artistes renommés. Dès le principe, M. Mailly, professeur au Conservatoire et premier organiste du Roi, en a été l'âme ; disons mieux : il y mit toute son âme. L'orgue, conçu et exécuté sur ses plans, est un des plus complets et des mieux réussis que l'on puisse entendre. Le savant musicien M. Schaeken, maître de chapelle, dirige le jubé depuis longtemps, et achève de donner à l'église de sainte Thérèse un cachet d'harmonie céleste. Les chantres sont tous des artistes choisis ; le monde pieux le sait bien, et leur génie est toujours en rapport avec la piété qui doit respirer dans la maison de Dieu. Tout s'y disposait donc aux plus magnifiques concerts à la gloire de l'Héroïne du Carmel. Aussi que de flots d'harmonie se déroulèrent durant ces jours de fête sous les voûtes sonores de notre église ! On entend pour la première fois ce *Regis superni* du maître de chapelle, ce *Felix Dies* de Monsieur Riga et, à plusieurs reprises, retentit ce cantique de Thérèse de Jésus, œuvre entraînante du même M. Schaeken, qui était comme une dernière explosion d'enthousiasme à la fin de l'office du soir. Le salut du dimanche 22 octobre fut distingué par l'exécution d'une composition savante de M. Mailly : une ode à sainte Thérèse pour instruments à cordes, et dont la Reine d'Espagne avait accepté la dédicace. Ces quatre morceaux font le plus grand honneur à leurs auteurs ; d'une grande richesse d'harmonie, et parfois d'une suavité toute céleste, il est à regretter qu'achevés tardivement, ils n'aient pu figurer au concours de Salamanque : ils y auraient tenu une place distinguée.

Ajoutons avec bonheur que si ces fêtes ont eu un succès au point de vue des honneurs extérieurs rendus à sainte Thérèse, elles ne furent pas moins fécondes eu égard au bien des âmes. Nous avions la consolation de voir chaque jour un très grand nombre de personnes s'approcher de la sainte Table, et venir durant la journée s'agenouiller au pied de la statue de la Sainte, et prier Dieu dans le but de gagner les indulgences que l'octave et le *Triduum* offraient à la piété des fidèles.

CARMEL DE BRUXELLES

(FONDÉ EN 1607).

25 janvier. — Tandis que, dans l'église des RR. PP. Carmes-déchaussés, magnifiquement ornée et brillamment illuminée, les plus éloquentes voix du clergé séculier et régulier se font entendre chaque soir au salut, un *Triduum* solennel en l'honneur de la grande sainte Thérèse, la séraphique Réformatrice du Carmel, vient d'être célébré dans la modeste chapelle des Carmélites de la rue des Quatre-Bras.

Le jour de la fête et les trois jours suivants, la messe solennelle a été chantée, tour à tour, par les très Révérends MM. Cappuyns et Cras, curés à Bruxelles, et par le T. R. P. Léon-Marie, Carme-déchaussé, prieur du couvent de Bruxelles. — Le salut a été chanté par le Révérendissime Père Benoît, abbé mitré de l'abbaye de Westmalle, de l'ordre des Trappistes, par le T. R. P. Delvaux, recteur du collège Saint-Michel, à Bruxelles, et le T. R. M. Nuyts, doyen de Bruxelles.

Chacun de ces jours, au salut solennel de 3 heures, une foule aussi nombreuse que choisie se pressait de bonne heure dans la chapelle du couvent, ornée avec un goût parfait, trois fois trop petite pour contenir toutes les personnes qui auraient voulu y pénétrer, tant était grand l'empressement des fidèles avides d'entendre célébrer les vertus et proclamer la gloire de l'illustre vierge d'Avila !

Les sermons en forme de panégyriques furent prêchés successivement par les RR. PP. Denis et Meuret, des résidences de Louvain et de Charleroi, et par le R. P. Jenner, S. J., de la résidence de Lille, dont la magistrale éloquence a fait une si vive impression sur le brillant auditoire de l'église des Carmes.

Le Père Denis et le Père Meuret ont trouvé dans leur magnifique sujet le thème de discours aussi nourris d'une doctrine élevée que pleins d'édification pour l'auditoire.

Signalons encore l'admirable cantique de sainte Thérèse : *Je me meurs de ne pouvoir mourir.* Ce chant vraiment céleste a produit la plus vive impression.

Il vivra longtemps parmi les pieux catholiques de Bruxelles, le souvenir de ces belles et touchantes solennités. Chaque jour, après l'office, on exposait à la vénération des fidèles le doigt auriculaire de la main droite de sainte Thérèse, relique précieuse par laquelle ont été opérés de nombreux miracles.

Nous devons ajouter quelque chose à cette chronique religieuse publiée le lendemain de nos fêtes.

Le voisinage de nos RR. Pères Carmes a un peu modéré l'affluence du peuple chez nous. Le matin, nous n'avons eu, ces trois derniers jours du *Triduum*, qu'une messe solennelle ; l'église n'était pas complètement comble, mais, dans l'après-midi, elle s'est trouvée trois fois trop petite.

Après le Salut et la grand'messe, on a chanté tous les jours l'un ou l'autre cantique en l'honneur de sainte Thérèse ; mais dire l'enthousiasme qu'a excité celui qui se trouvait à la fin de la *Vie populaire*, on ne saurait s'en faire une idée. Des voix angéliques, de pieuses congréganistes se sont fait un bonheur de nous prêter leur concours pendant ces fêtes ; elles avaient préparé quelques autres cantiques, mais il fallait le cantique sur l'air de la grotte de Lourdes. Combien de personnes sont venues demander où l'on pourrait se le procurer ! on achetait le livre, qu'on ne connaissait pas encore, pour avoir en même temps le cantique. Les religieux qui venaient officier disaient d'avance qu'il fallait le charmant cantique pour la fin. Nous l'avons copié pour plusieurs religieuses enseignantes. Chez nous, pas de pèlerinages ; un seul cependant d'innocents petits enfants en habits de fête.

Voici quelque chose des sermons que nous avons eu le bonheur d'entendre :

« Mes Frères en Jésus-Christ,... où trouver des termes assez éloquents pour glorifier dignement la grande sainte Thérèse que nous fêtons en ce jour !... Il y a trois cents ans !... il y a trois cents ans !... que cette âme de séraphin alla jouir du Dieu qu'elle avait tant aimé !... O sainte Thérèse !... ô séraphique Vierge !... ô aigle royal ! ô incomparable Sainte ! à quelle hauteur je vous vois élevée !

« Mes Frères, lorsque nous contemplons le firmament parsemé d'étoiles, un astre brille davantage qu'un autre ; dans le ciel aussi, les Saints diffèrent en dignité et en gloire, en proportion de l'amour qui a consumé leur cœur. Quelle n'est pas l'élévation de la grande Réformatrice du Carmel, qui a eu le cœur percé d'un dard enflammé, et dont ce même cœur nous témoigne depuis trois siècles, par des phénomènes surprenants, l'ardent amour dont il brûla pour Dieu !

« Voyez cette jeune enfant quitter le toit paternel avec son frère, s'acheminant vers le pays des Maures dans l'espoir d'y mourir martyre... O Thérèse !

quel trait charmant et que l'amour de Dieu était grand dans votre cœur d'enfant !

« Mais le démon, jaloux de cette âme de prédilection et prévoyant les résultats que promettaient de si heureuses dispositions, ne manqua pas de lui tendre des pièges. Thérèse commençait à s'apercevoir des qualités de l'esprit et du cœur que Dieu avait mises en elle, ces dons de la nature et de la grâce que, dans sa candide innocence, elle ignorait jusqu'alors. L'amour de la parure s'empara de son cœur, elle mit un soin extrême à rehausser ses grâces naturelles, et enfin désirait plaire. Mais Dieu, qui voulait posséder son cœur à lui seul, terrassa l'ennemi en inspirant à son père de la mettre au couvent. Le retour de Thérèse fut prompt et sincère. A l'âge de dix-huit ans, elle devint religieuse au monastère de l'Incarnation ; elle devint dans la suite la Réformatrice de tout l'Ordre du Carmel, tant des hommes que des femmes. Après avoir passé par des épreuves, des maladies, des peines et des travaux de tous genres, le bon Dieu la favorisa de grâces suréminentes. Il lui dévoilait les secrets de son cœur et lui faisait pénétrer les mystères divins. Le Seigneur la transporta à la plus haute tour de la forteresse dont elle eut la défense, où elle put lever avec triomphe l'étendard de Jésus-Christ. »

Sermons du Révérend Père Jenner, Jésuite. — Naissance de sainte Thérèse, ses qualités, ses heureuses dispositions ; ses premiers combats, la grâce l'emporte, don total d'elle-même à Dieu ; sa générosité, ses grandes épreuves ; Thérèse chargée de peines et de travaux, non plus comme une esclave, mais comme une bête de somme ; sa grande fidélité ; son désir insatiable de souffrir ; son cri perpétuel : *Ou souffrir ! ou mourir !*... Mariage spirituel avec son Dieu. Conclusion, louanges à la séraphique Thérèse.

Tous ces différents points ont été développés par le R. Père Jenner dans deux sermons d'une éloquence remarquable.

CARMEL DE MONS

(FONDÉ EN 1608).

La fondation du Carmel de Mons date des premiers jours de l'introduction de la Réforme de sainte Thérèse dans les Pays-Bas. Elle fut l'œuvre personnelle de la Vénérable Mère Anne de Jésus, coadjutrice de l'illustre Réformatrice elle-même de l'Ordre en France et en Belgique. Après avoir établi la communauté de Bruxelles le 22 janvier 1607, et celle de Louvain le 4 novembre, la servante de Dieu se rendit à Mons le 9 décembre de la même année, et eut, au bout de deux mois, la consolation de voir l'érection canonique de son troisième couvent de Belgique. Il fut son *benjamin*, et comme la dernière perle de sa couronne ; car la Vénérable Mère réserva désormais l'œuvre des fondations aux RR. Pères Carmes Déchaussés, dont elle sollicitait vivement la venue. Il fut aussi son *benoni*, c'est-à-dire, l'enfant de ses douleurs. En effet, ainsi que le fait remarquer l'auteur de la *Vie de la Mère Anne de Jésus :* « Dieu voulut que cette fondation fût marquée du sceau « de la croix. Mais la semence jetée avec les larmes de la souffrance devait « produire une moisson riche et pleine de joie. »

Le couvent de Mons se signala toujours par le nombre et l'excellence de ses sujets, et devint une pépinière de prieures et de fondatrices.

Tout nous autorise à attribuer la plus grande part de cette heureuse et sainte fécondité à la protection du Patron-Titulaire de la maison, le glorieux Patriarche saint Joseph, pour qui les Carmélites de Mons ont toujours professé la plus filiale et la plus confiante dévotion. Nous regrettons de ne pouvoir suivre, à travers les âges, les développements et les manifestations de cette dévotion, pour raconter en même temps les merveilles opérées en retour par l'incomparable dépositaire des trésors de Dieu. Qu'il nous soit du moins permis de dire quelque chose de ce qui s'est passé presque de nos jours, alors que les Carmélites de Roubaix, forcées de s'expatrier, étaient venues à Mons, s'asseoir au foyer éteint par Joseph II, et reprendre l'œuvre de perfection et de zèle un moment interrompue par la mort de leurs devancières.

Les Carmélites de Roubaix, devenues en 1837 les Carmélites de Mons, épuisèrent toutes leurs ressources dans la construction de leur pieuse et charmante église. Il leur avait paru convenable de songer d'abord au bon Dieu. Quant à elles, elles habitaient de vieux bâtiments, qui ne tarderaient pas à tomber en ruine : elles se reposaient sur saint Joseph du soin de pourvoir à les remplacer quand il en serait temps.

En 1849, la demeure n'était plus habitable, et le supérieur de la Province se voyait obligé de dire à la Révérende Mère Prieure : « Démolissez et reconstruisez. » — Saint Joseph voulut, ce semble, montrer par un signe qu'il prenait à sa charge la dépense considérable qu'on allait faire.

Voici, en effet, ce qui arriva. Le 19 mars, jour où fut posée la première pierre, on avait chanté solennellement la messe pour remettre les travaux sous la protection spéciale du glorieux Père. A quelques jours de là, pendant que la besogne allait bon train, un groupe d'ouvriers, ayant à leur tête le contre-maître, se présentèrent devant la Mère Prieure, et lui portèrent ce message : un artiste montois, de leurs connaissances, père de famille, et n'ayant pas d'autres ressources que son travail, venait de terminer une belle statue de saint Joseph, de grandeur naturelle ; malheureusement, celui qui la lui avait commandée avait récemment fait faillite, et ne pouvait tenir sa parole. Le sculpteur, désolé, offrait de céder la statue pour une centaine de francs ; la Révérende Mère serait peut-être heureuse d'avoir l'occasion de venir en aide à l'infortune, et de satisfaire du même coup sa grande dévotion pour saint Joseph. — J'y penserai, répondit la Mère ; donnez-moi un peu de temps. Et elle les congédia.

Le Provincial était justement dans la maison. La Mère Prieure le fit prier de passer au parloir ; et là, se mettant à genoux devant son supérieur, elle le supplia de lui accorder la permission de faire l'acquisition de cette grande statue de saint Joseph. — Y songez-vous, ma Mère ? lui fut-il répondu ; est-ce le moment d'acheter un objet de piété qui n'est pas nécessaire, quand vous avez entrepris des travaux que vous ne pourrez pas payer ? — Oh ! notre Père, reprit la Prieure, ne renouvelons pas l'affront que les habitants de Bethléem ont fait à saint Joseph, ouvrons-lui les portes de notre demeure. — Non, répliqua le prudent supérieur, qui pourtant se sentait ému, non, je ne puis en conscience autoriser cette dépense. — Alors la Mère, d'un ton inspiré : Saint Joseph, dit-elle, nous demande cent francs ; eh bien, j'ose, en son nom, vous donner l'assurance, notre Père, qu'il nous rendra mille pour un. — Le Provincial, tout attendri et les larmes aux yeux, demeura en silence ; sa prière, sans doute, montait vers le ciel. Au bout de quelque temps, il dit à la Prieure qui, de son côté, priait avec ferveur : C'est bien, ma Mère ; allez, et faites ce que votre foi et votre piété vous ont suggéré.

La statue eut bientôt franchi le seuil de la clôture. On l'installa, sur un piédestal maçonné rapidement, au centre du futur préau. De là, comme du haut d'un trône, il avait l'œil ouvert sur tous les besoins de son naissant royaume. Grâce à la protection du bon Père, aucun accident ne vint troubler les travaux ; et, quant aux dépenses, elles se trouvèrent entièrement couvertes, le jour où le couvent fut terminé. Saint Joseph, ratifiant l'engagement pris en son nom par sa fidèle servante, avait rendu au delà de mille pour un.

L'admirable Protecteur du Carmel de Mons ne borna point là ses bienfaits. Que de choses étonnantes dues à sa puissante intercession depuis trente ans ! et qu'il nous serait agréable d'en présenter le tableau ! Mais il est temps de parler de la célébration des fêtes du centenaire.

Une Communauté si dévote à saint Joseph, héritière de l'esprit de sainte Thérèse, par Anne de Jésus, et par trois autres Mères espagnoles qui avaient veillé sur le berceau de la fondation, déploya, on devait s'y attendre, le zèle le plus ardent et le plus industrieux pour la solennisation du glorieux trois-centième anniversaire. Longtemps d'avance elle fit ses préparatifs. Pendant trois années, l'une des sœurs demeura courbée sur la trame d'un ornement pour quatre prêtres ; et ses doigts de fée, maniant habilement l'or et la soie, firent éclore un chef-d'œuvre d'élégance et de bon goût. D'autres sœurs employèrent leur temps libre à composer des devises et des monogrammes, à renouveler les fins linges, à confectionner bannières, guirlandes, écussons, bouquets de fleurs, etc.....

Mais la principale préparation fut la prière. Le commencement du *Triduum* avait été fixé au lendemain de la fête du 15, précédée elle-même de la neuvaine, pendant laquelle eurent lieu, chaque jour, de pieux exercices que bien des personnes du monde se firent un devoir de suivre assidûment, après avoir concouru par leurs générosités à la splendeur de la solennité prochaine.

Cette solennité était devenue l'objet privilégié des préoccupations et des entretiens. Le monastère de Saint-Joseph, ordinairement si tranquille et si peu en vue, s'étonnait d'être, en ce moment, le centre de l'agitation et de l'allégresse générale ; les fidèles comme le clergé, les religieuses comme les chefs vénérés des paroisses, les pauvres comme les riches, tous se disposaient à donner à sainte Thérèse et à ses Filles une preuve éclatante de leur dévotion et de leur sympathie.

Le beau jour du 15 octobre apparut enfin à leurs impatients désirs... Mais, auparavant, jetons un coup d'œil sur la décoration de l'église, que tous ont trouvée ravissante. Ce qui attire d'abord les regards, c'est une haute et belle statue de la Sainte, placée, dans le fond de l'abside, à une grande élévation au-dessus du tabernacle : elle se détache majestueusement du milieu des fleurs et des groupes de lumière, et forme le point central où convergent les différentes parties de l'ornementation supérieure du vaisseau. L'autel est resplendissant, avec ses guirlandes et ses bouquets aux fleurs d'or sur feuillage vert. Dans tout l'ensemble, quelle harmonie ! quelle fraîcheur ! quel doux aiguillon pour la piété !

La piété! elle put se rassasier à l'aise à ce festin de quatre jours. On peut dire que, du matin au soir, la table était toujours servie; car les exercices pieux ne s'interrompaient que pour donner le temps de préparer aux âmes de nouveaux aliments. La messe basse, signalée par beaucoup de communions, commençait la journée. Un peu plus tard, la foule des fidèles remplissait l'église et le vestibule pour entendre la messe solennelle, chantée en musique. Après midi, on se réunissait de nouveau pour les vêpres; puis, vers le soir, pour le sermon et pour le salut. Les prêtres de la ville se firent surtout remarquer par leur nombre, par leur assiduité, par leur zèle, par leurs bons offices. Rendons ici un hommage particulier à M. le chanoine Michez, doyen de la paroisse; à M. l'abbé d'Hooghe, aumônier des Incurables; à M. l'abbé Boetz, aumônier du monastère, qui avait retrouvé, pour veiller à tout, la joyeuse activité de ses jeunes années; à M. l'abbé Stiévenard, connu depuis si longtemps à Mons pour son admirable dévouement aux pauvres orphelins, et qui avait voulu, en cette circonstance, donner aux Carmélites un témoignage précieux de son ancienne et constante bienveillance. On sait que M. Stiévenard, forcé par la *charité officielle* de quitter le local qu'il occupait à Mons, a entrepris à Manage, il y a quelques années, sans autre ressource que sa confiance en saint Joseph, un vaste établissement destiné à recueillir les orphelins de la Province. Cette maison, administrée sous sa direction par les Frères de charité, est déjà très florissante au point de vue du nombre des enfants qu'elle abrite. Ils sont près de quatre-vingts, tous animés du plus excellent esprit. Ce sont eux qui, envoyés par M. Stiévenard, ont fait tous les frais de la musique pendant les quatre jours de fête. De l'aveu unanime, ils ont exécuté les messes, les saluts et les cantiques, avec un aplomb remarquable, et rehaussé singulièrement l'éclat de la solennité. Cher et intéressant orphelinat de Manage, puisses-tu prospérer de plus en plus! Puissent saint Joseph et sainte Thérèse, dont tu as si bien mérité, répandre à profusion sur toi les bénédictions du temps et de l'éternité!

Les RR. Pères Jésuites Liagre, recteur du collège Saint-Stanislas, et Malou s'étaient chargés des sermons. Leur succès a été complet. Sans s'effrayer de l'étendue du champ ouvert devant eux, ils ont abordé résolûment la vie de la Sainte, et l'ont magnifiquement et utilement traitée. Après avoir été sous le charme de leur éloquence pleine d'onction, les auditeurs se retiraient bien résolus de devenir meilleurs, et de suivre sainte Thérèse d'aussi près que possible dans la pratique de toutes les vertus.

Le lendemain des fêtes, tout était redevenu calme dans le monastère de la rue des Ursulines. Retrempées elles-mêmes dans l'esprit de leur glorieuse Mère, les Carmélites avaient repris le cours ordinaire de leur vie de pénitence et de prière, chacune d'elles se disant dans le secret de son cœur : « Oh ! qu'il est bon d'être ici ! Qu'il est agréable d'appartenir à Dieu, de ne servir que Lui seul ! Qu'il est doux de se sentir fille de l'Eglise, et de s'immoler pour sa cause ! »

CARMEL D'ANVERS

(FONDÉ EN 1612).

Le Carmel d'Anvers, fondé par la Vénérable Anne de Saint-Barthélemy, a pu fêter magnifiquement son admirable Mère Thérèse de Jésus. Des annonces imprimées à la fois en flamand et en français avaient été répandues à profusion, indiquant les heures et les offices de la neuvaine, du *Triduum* et de l'octave, qui commençaient le 6 octobre pour finir le 22. Elles donnaient également le nom des officiants et des prédicateurs. Nous avons la consolation de dire que ces fêtes bénies ont attiré un concours immense de fidèles, tous animés de la plus tendre dévotion envers notre sainte Réformatrice, si aimée dans notre ville. Le nombre des communions a été considérable; les grand'messes et les saluts ont été célébrés avec le plus de pompe possible, et les meilleurs orateurs de la Belgique se sont empressés de répondre à notre invitation, dès lors qu'il s'agissait d'honorer et d'exalter notre séraphique Mère.

Ils y ont admirablement réussi, et à notre entière satisfaction.

On nous a beaucoup félicité sur la décoration de notre église, qui est du reste si jolie par elle-même qu'elle n'a pas besoin d'être très ornée pour offrir un beau coup d'œil. L'ornementation était simple, mais très fraîche et de fort bon goût, *nous dit-on*.

Voici les principales inscriptions qui complétaient l'ornementation de la chapelle :

Chronogramme du maître-autel :

Dies solemnis agitur, felix obitus sanctæ Theresiæ recolitur

Autel de la sainte Vierge :

Sancta Dei Genitrix, Regina Carmeli, Theresiæ gloria exaltatur.

Autel de notre sainte Mère :

Tu gloria Hispaniarum, tu lætitia Albæ; tu honorificentia sacri ordinis nostri.

Au-dessus de la grille du chœur :

Sancta mater Theresia, respice ac serva filias tuas Jesu tibique devotas.

Au jubé ou tribune :

Lauda, Sion, Theresiæ exitum in tubis ac canticis.

La messe solennelle du 15, premier jour du *Triduum*, fut célébrée par Mgr Ketellant, prélat domestique de Sa Sainteté Léon XIII et vicaire général de Son Eminence le cardinal archevêque de Malines. Celle du 22 fut chantée par Mgr Sacré, protonotaire apostolique, curé-doyen de Notre-Dame. Voici les noms des prédicateurs : les RR. PP. Verbecke et Houben, de la Compagnie de Jésus; le R. P. Marie-Joseph, des Frères mineurs capucins, et Mgr Cartuyvels, vice-recteur de l'Université de Louvain.

Une affluence énorme se faisait tous les soirs dans notre église pour entendre les sermons flamands prêchés par le R. P. Houben, de la Compagnie de Jésus. L'orateur a exposé à son religieux auditoire l'excellence des trois vertus théologales, et démontré avec quelle sublime perfection sainte Thérèse les avait pratiquées.

Le sermon français du 15 octobre, prêché par le R. P. Verbecke, de la Compagnie de Jésus, était magnifique. L'orateur avait pris pour texte ces paroles de saint Paul : « La grâce nous a été donnée en abondance avec la foi et la charité en Notre-Seigneur Jésus-Christ. » Développant ces paroles avec une éloquence admirable, il a montré par des traits frappants, puisés dans la vie de la Réformatrice du Carmel : 1° que la grâce est le principe de tout bien; 2° qu'en résistant à la grâce on compromet son salut, ou du moins son progrès spirituel; 3° qu'en étant fidèle à la grâce on arrive au sommet de la perfection.

Le dernier jour de l'octave, le sermon panégyrique de la Sainte fut prêché par Mgr Cartuyvels, vice-recteur de l'Université catholique de Louvain. Il a parlé de sainte Thérèse avec feu et enthousiasme, lui appliquant ces paroles de la Sagesse : « *O quam pulchra est casta generatio cum charitate...* »

Ce panégyrique, aussi complet que pouvait le permettre une vie si pleine d'œuvres et de vertus, était bien fait pour augmenter dans le cœur des fidèles la dévotion à la grande sainte Thérèse, en même temps que pour leur montrer à quel prix la séraphique Mère a acheté la gloire incomparable dont elle jouit.

Nous ne pouvons assez remercier Dieu pour toutes les bénédictions qu'il a daigné répandre sur cette belle octave, et nous avons le doux espoir qu'elle produira des fruits abondants dans les âmes qui en ont suivi les exercices avec une si touchante ferveur, et avec un empressement qui aurait demandé un emplacement plus vaste que celui de notre église, trop petite pour contenir la foule qui s'y pressait. Que Notre-Seigneur en soit glorifié à jamais !

LETTRE DE SON ÉMINENCE LE CARDINAL ARCHEVÊQUE DE MALINES

AUX COMMUNAUTÉS RELIGIEUSES DES CARMES ET DES CARMÉLITES DE SON DIOCÈSE

Vous célébrez le troisième centenaire de la mort de sainte Thérèse, la grande Réformatrice du Carmel, et l'Eglise catholique le célèbre, comme vous, avec amour et avec éclat. Mais les solennités de cette grande fête ne sont suivies nulle part avec plus de piété qu'en Belgique, où nous sont venues deux compagnes si chères au cœur de sainte Thérèse, Anne de Jésus et Anne de Saint-Barthélemy, que nous honorerons bientôt, je l'espère, sur les autels.

En attendant cette joie, témoignons à Dieu celle que nous éprouvons d'avoir largement participé aux fruits du zèle de sainte Thérèse.

I. — Elle a été une grande Réformatrice à cause de son ardent amour pour Jésus-Christ, et si elle a fait revivre l'observance primitive chez les Carmélites et chez les Carmes, ç'a été surtout pour deux grands motifs : le premier afin qu'une foule d'âmes fussent aimées de Dieu d'un grand amour, à cause de leur ferveur dans les voies de la perfection, qui sont les voies du sacrifice et de l'oraison ; le second, qu'il y eût un grand nombre d'âmes dont les prières pour les pauvres pécheurs, pour ce pauvre monde, fussent puissantes au ciel. Ces deux grands motifs ne sont incompris que des aveugles, mais ils sont vivement appréciés par les esprits vraiment éclairés.

Sainte Thérèse savait qu'une âme vouée à la mortification intérieure et extérieure, détachée d'elle-même et des créatures, intimement unie à Jésus-Christ par l'oraison, rend plus de gloire à Dieu que mille autres qui se négligent; et, dans son vif désir d'obtenir de Dieu de grandes grâces aux pauvres pécheurs, elle travaillait de toutes ses forces à la perfection d'une multitude d'âmes dont les prières sont particulièrement efficaces auprès de Dieu.

II. — Il y avait de grandes et tristes occasions de prier au seizième siècle, vous ne l'ignorez pas, mais elles ne sont ni moins grandes ni moins tristes aujourd'hui, vous ne le savez que trop.

Les bruits du monde, en effet, pénètrent jusqu'à vos saintes solitudes et y sollicitent vos prières. Dieu entend ces prières, il les écoute, il les exauce, et ce doit être l'une de vos meilleures consolations, car le monde et l'enfer font de nos jours une désolante guerre aux âmes.

Ils la leur font surtout par les écoles, et notre chère patrie est l'une des nations chrétiennes les plus éprouvées sous ce rapport. Réjouissez-vous donc de votre sainte vocation, car si nous, qui sommes dans la mêlée, nous faisons ce qui est en nous pour éloigner la jeunesse, par les soins des parents, des écoles qui tuent la foi dans les âmes, ce sont vos prières surtout qui doivent nous obtenir, à nous comme aux parents et aux familles, les grâces d'accomplir la volonté de Dieu.

Votre couronne sera d'autant plus belle que vous aurez, en priant, sauvé plus d'âmes. Que sainte Thérèse vous obtienne donc un grand amour de votre belle vocation, et la joie de savoir que jamais vous ne priez en vain.

J'avais pensé, à l'occasion de ce centenaire, adresser aux Carmes et aux Carmélites de mon diocèse une lettre pastorale où j'analyserais les œuvres de sainte Thérèse; mais ces œuvres vous sont parfaitement connues, et l'essentiel, pour vous, est d'en nourrir vos âmes. — C'est mon vrai père, mon grand patron saint Alphonse, qui, par sa neuvaine préparatoire à la fête de sainte Thérèse, m'a fait connaître comme il faut cette grande Sainte, et je dois trop de reconnaissance à sainte Thérèse, pour laisser passer ce centenaire sans vous le dire, sans vous porter à la fidèle imitation de votre sainte

Fondatrice, et sans vous prier de recommander les âmes, et particulièrement la mienne, à sa puissante intercession.

Malines, 15 octobre 1882.

Victor-Auguste, Card. Dechamps,
Arch. de Malines.

CARMEL DE BRUGES

(FONDÉ EN 1626).

Nos cœurs sont encore transportés de joie et de reconnaissance envers Dieu, au souvenir des solennités grandioses, extraordinaires, dont notre Carmel vient d'être le témoin. Depuis longtemps nous n'avions eu dans notre vieille cité flamande une aussi touchante manifestation de piété chrétienne: pendant vingt jours, la foule s'est pressée nombreuse et recueillie aux pieds de la Vierge d'Avila. Riches, pauvres, savants, ignorants, tous étaient là, confondus dans les sentiments de cette fraternité dont l'Eglise de Jésus-Christ a si bien le secret.

Notre petite chapelle gothique, avec ses simples mais riches décors de peintures, semblait n'avoir besoin d'aucun autre ornement; cependant notre piété filiale et l'ardente dévotion des Brugeois demandèrent davantage. Oui, en cette circonstance exceptionnelle, Thérèse de Jésus avait captivé tous les cœurs, chacun voulait spontanément et comme à l'envi lui apporter un tribut d'amour et de vénération. Que dire de ce splendide ostensoir, merveille de l'art gothique, offert par une famille bienfaitrice qui compte plusieurs de ses membres parmi les enfants du Carmel? Que dire encore de cette superbe nappe de communion en velours rouge, de cette magnifique chape et chasuble, et du riche tapis couvrant tout le sanctuaire?... Ah! soyez bénies, âmes généreuses, qui avez ainsi rehaussé par des dons l'éclat de ces fêtes en l'honneur de la Réformatrice du Carmel!!...

Qui n'a ressenti de suaves et profondes émotions en pénétrant dans notre chapelle?... Avec quel art étaient disposés les nobles écussons de l'Ordre, les bannières aux mille couleurs, les devises et les chronogrammes!... Au-dessus du tabernacle apparaissait le portrait de notre sainte Mère, œuvre d'un artiste distingué de la ville ; la Vierge séraphique y est comme absorbée dans la contemplation ; elle pose la main droite sur son cœur, et de l'autre elle semble s'abandonner tout entière à son divin Epoux. Aux offices du soir, la lumière électrique projetée sur ce tableau venait l'inonder de clartés. Alors, des rayons illuminaient et animaient l'image de la Sainte... et nous rêvions du ciel, où Thérèse de Jésus resplendit de l'auréole des bienheureux.

Derrière l'autel, tout ruisselant de lumières, le blason de saint Grégoire XIII et celui de notre auguste pontife Léon XIII s'entrelaçaient au moyen de gracieux chronogrammes ayant trait, l'un à la mort de sainte Thérèse, et l'autre aux fêtes du jubilé.

En avant du sanctuaire, un piédestal à cinq colonnes, garni de soie blanche et houppes d'or, supportait un riche reliquaire en forme d'ostensoir, au centre duquel on apercevait dans un cœur transverbéré la relique de notre glorieuse Réformatrice. Au-dessus de ce reliquaire, se détachait une grande guirlande dorée avec fleurs et lumières, et, tout autour, les candélabres se mêlaient aux fraîches corbeilles et aux jardinières remplies de plantes exotiques.

Mais ce qui frappait surtout les regards, c'était la haute statue de sainte Thérèse avec la barrette de docteur, tenant le livre et la plume. Qu'elle était belle et majestueuse, sous son dais sculpté, dont les larges draperies de velours cramoisi à crépines d'or retombaient avec grâce, puis se relevaient sous les armoiries du Carmel !... Ses yeux à demi baissés paraissaient scruter les cœurs des fidèles accourus pour implorer son assistance, et, de sa bouche souriante, elle semblait dire : « Oui, pour vous j'implorerai Celui qui m'a promis d'exaucer toutes mes prières. » Deux beaux anges portant une couronne de lumières étaient placés de chaque côté de la statue, tandis qu'à ses pieds un parterre de fleurs naturelles répandait dans le saint lieu le plus doux parfum.

Tous nos offices ont été célébrés avec une pompe vraiment inusitée. Une neuvaine servit de préparation à la fête du 15, à son octave et au *Triduum* solennel, qui devait être comme le dernier anneau de cette chaîne de prières. D'habiles musiciens, sous la direction de M. Van Lemberghe, maître de chapelle de la Madeleine, exécutèrent de magnifiques morceaux. Ils chantèrent plusieurs fois la célèbre *Glose* de notre séraphique Mère, et l'*Imitation de sainte Thérèse*, si savamment mise en musique par le R. P. Hermann.

Chaque jour de l'octave, pendant la messe de neuf heures, des demoiselles appartenant à des familles distinguées de la ville voulurent aussi prêter leurs voix ravissantes et pures pour chanter la Vierge d'Avila; après le saint sacrifice, elles firent entendre un cantique composé pour la circonstance :

> Salut à toi, sainte Réformatrice,
> Par qui l'on vit refleurir le Carmel.
> Nous t'invoquons en ce jour solennel,
> Etends sur nous une main protectrice.
>
> L'erreur partout exerce ses ravages,
> Contre le Christ tout l'enfer s'est levé ;
> Thérèse prie, et le monde sauvé
> Voit fuir au loin les sinistres orages.
>
> Du Roi des rois amante désolée,
> Un trait divin a pénétré ton cœur.
> Ah ! plus d'exil loin de ce doux Sauveur,
> Au sein de Dieu Thérèse est consolée.

Chaque jour, l'affluence grossissait, chaque jour aussi les communions étaient plus nombreuses. Oh ! que de ferventes supplications sont montées vers le ciel avec l'encens qui brûlait devant le Tabernacle, et que de bénédictions sont en retour descendues sur nous !...

Le T. R. P. Supérieur de la Compagnie de Jésus chanta la grand'-messe le jour de la fête de sainte Thérèse. A l'issue du saint sacrifice, le R. P. Olivier, jésuite, prédicateur si justement apprécié, versa à flots la divine parole sur l'auditoire avide de l'entendre. Il fit voir l'utilité des Ordres contemplatifs, surtout à notre époque; puis, en expliquant le 1er chapitre du *Chemin de la perfection,* il en vint à parler de la fin que doit se proposer chaque membre du Carmel réformé.

Le 17, un R. P. Dominicain célébra, dans un magnifique discours, les gloires de la Vierge-docteur; après avoir témoigné sa joie des liens d'affinité qui unissent si étroitement la famille dominicaine et celle du Carmel, il évoqua, avec tout l'enthousiasme qui remplissait son âme, le souvenir de cette vision qu'eut un jour notre glorieuse Mère, lorsque le saint Patriarche Dominique, se montrant à elle, lui promit sa protection. Enfin il dépeignit la grande Réformatrice, directeur des âmes et docteur dans la science de la perfection évangélique.

Le 19, fête de saint Pierre d'Alcantara, un enfant du séraphin d'Assise vint célébrer les augustes mystères et faire le sermon de circonstance. Nous vîmes ainsi, pendant cette octave, les représentants des trois Ordres qui aidèrent si puissamment notre illustre Mère dans l'œuvre héroïque de la restauration du Carmel.

Le *Triduum* fut un véritable triomphe de dévotion envers notre Mère : les fidèles arrivèrent en si grand nombre que la chapelle ne put les contenir; on eût dit un peuple entier qui se soulevait pour acclamer sa Souveraine.

Mgr Faict, notre vénérable Evêque, daigna, par sa présence, ajouter encore à l'éclat de la solennité. Les vicaires généraux, ainsi que plusieurs Prélats, tinrent aussi à honneur de venir célébrer les saints mystères, afin d'attirer sur la ville et le diocèse les faveurs de Thérèse de Jésus.

Les conférences furent données matin et soir par le T. R. P. de Winde, de la congrégation du T. S. Rédempteur, qui, elle aussi, se fait gloire d'avoir notre Mère pour première patronne. Ce digne fils de saint Alphonse retraça dans ses discours remplis d'onction les vertus de l'héroïne du Carmel: sa foi, son espérance, sa tendre dévotion envers Jésus-Eucharistie, son profond amour pour Dieu, son zèle pour le salut des âmes, son oraison, par laquelle elle s'éleva graduellement vers l'Infini.

Le chant joyeux du *Te Deum*, clôturant ces fêtes si admirables du troisième centenaire, trouva un écho dans tous les cœurs.... Et puis, la foule attendrie vint une dernière fois vénérer les précieuses reliques de notre Mère bien-aimée.

Si les beaux jours du jubilé sont passés, ils laissent après eux un ineffaçable souvenir qui embaumera nos âmes et les enflammera de plus en plus d'amour et de confiance pour celle que nous nommons avec tant de bonheur notre Mère et Réformatrice...

CARMEL D'ALOST

(FONDÉ EN 1632).

Depuis longtemps le Carmel d'Alost appelait de tous ses vœux le centenaire, lorsque la belle lettre du T. R. Père Général des Carmes déchaussés, en date du 28 mars 1882, excita dans le cœur des filles de sainte Thérèse un zèle généreux et actif, qui pourvut sans retard à la célébration pompeuse des divins services et à la décoration de l'église. Peintres, sculpteurs, etc., furent mis à l'œuvre à l'instant, afin que rien ne manquât à la beauté de la maison de Dieu. — Et maintenant que ces belles fêtes sont terminées, c'est encore afin d'embellir quelque peu la nouvelle couronne de gloire que le béni centenaire vient de poser sur le front de l'illustre Sainte, que tout ce qui s'y est fait en son honneur se trouve décrit ici le plus complètement possible.

Pendant toute la journée du 14 octobre, un grand nombre d'ouvriers s'occupèrent à décorer l'église des Carmélites, plusieurs même y passèrent une partie de la nuit. Il était presque minuit, lorsque les tourières fermèrent les portes ; à l'aube du jour, on vit le lieu saint transformé en un petit Ciel ; c'est ainsi qu'on s'exprimait.

Personne ne devait s'informer de l'objet de la fête ; au-dessus de la porte de l'église, en dehors, dans une jolie décoration, on lisait ce chronogramme : *Hac die celebratur tertius Centenarius obitus Matris Theresiæ à Jesu.*

Ce qui frappait d'abord les yeux en entrant, c'était le magnifique groupe de la transverbération, placé sur un piédestal, au milieu de la nef, devant le banc de communion, sous quatre draperies de velours cramoisi, aux franges et aux grandes floches d'or, descendant d'une clef de voûte, entre les nervures, au-dessous des chapiteaux, dans les quatre angles. Une brillante et immense couronne d'honneur, formée de roses blanches et de feuillage d'or, sortait sous les draperies, bien haut au-dessus de la Sainte. Cette belle statue, dont les traits expriment si bien le martyre d'amour causé par le dard du séraphin, faisait l'admiration de tous. Elle était entourée de plantes et de fleurs, et en avant du piédestal se trouvait cette inscription : *Vulnerasti cor meum, Domine, cuspide ardenti charitatis tuæ.*

De longues guirlandes de verdure entremêlées de roses blanches, attachées sur le mur, au sommet des ogives qui forment la nef, et disposées en festons, entouraient gracieusement quatre grands tableaux aux cadres gothiques, artistement travaillés, sur chacun desquels était imprimé un chronogramme. Des étoffes de couleur écarlate, tendues derrière les balustrades de pierre de nos fenêtres simulées, en faisaient admirablement bien ressortir les lignes. Sur les balustrades, étaient placées avec un goût exquis grand nombre de plantes recherchées qui en complétaient l'ornement. Un grand lustre qui pendait entre le groupe et le jubé, deux candélabres fixés de chaque côté de l'orgue produisaient, avec toutes les autres décorations de cette partie de l'église, un superbe coup d'œil, le soir surtout.

Dans la belle arcade du sanctuaire, à droite de l'autel, et en face de la grille des Sœurs, se faisait remarquer un transparent grandiose. La Sainte y était représentée montant au Ciel radieuse, accompagnée de cinq anges aux robes de couleurs vives et aux visages tout célestes, portant ses attributs symboliques : un lis, un cœur et un dard, une palme, une couronne, et enfin un ruban avec ce texte: *Veni, Soror, de vertice Carmeli ad nuptias Agni, veni ad coronam gloriæ*. Au-dessus de la Sainte, deux chronogrammes ayant trait à la circonstance renfermaient le chiffre de l'année de sa mort et de sa triomphante entrée au Ciel.

Du côté gauche de l'autel, au-dessus de la grille, dans le tympan de l'arcade où la grille est placée, on voyait une belle décoration faisant pendant à l'apothéose : c'était l'écusson de l'Ordre du Carmel entre de belles ogives peintes sur un fond écarlate. Au pied de la décoration étaient rangées des plantes, et sous l'écusson on voyait ce chronogramme: *Sancta Instauratrix Carmeli Theresia, benedic pueris tuis*.... Oh! l'heureuse pensée! Les Carmélites pouvaient-elles mieux faire qu'implorer la bénédiction de leur sainte Mère, en la voyant s'élever au Ciel au jour de son triomphe? Mais la charité s'étend à tous ; aussi, espérons-le, la bénédiction de la sainte Réformatrice s'est étendue sur l'Ordre du Carmel tout entier....

Ici, je termine la description des parures que tout le monde, d'un commun accord, trouva si belles! Des artistes de notre ville et d'habiles décorateurs de Bruxelles avaient déployé leur art avec le plus grand succès. Une pieuse demoiselle, de très grande famille, avait mis sa serre à la disposition des décorateurs; seule, elle avait confectionné la superbe couronne et toutes les fleurs artificielles des guirlandes. Mais venons-en à nos fêtes jubilaires elles-mêmes.

Par une heureuse disposition de la divine Providence, la fête du centenaire tombait un dimanche. Le temps était favorable, et tout semblait dire : *C'est ici le jour que le Seigneur a fait pour glorifier sa sainte Epouse Thérèse !* On croyait entendre le divin Maître adresser encore à cette Vierge séraphique ces mémorables paroles : « *Mon honneur est le tien, et ton honneur est le mien.* »

Le Révérend Père Steyaert, recteur du collège d'Alost, frère du Très Révérend Père Provincial des Carmes déchaussés de la province de Belgique, et ami dévoué de sainte Thérèse et du Carmel, eut la dévotion d'offrir le premier, dans l'église des Carmélites, la divine Victime. A six heures du matin il était à l'autel, disant la messe pour la communauté, à laquelle il distribua le pain des forts, ainsi qu'aux fidèles. Jésus-Hostie demeura exposé sur son trône d'amour jusqu'après la messe solennelle, répandant avec profusion ses grâces sur tous ceux qui venaient les réclamer au nom de celle à qui il a promis d'exaucer toutes ses demandes.

Neuf heures venaient de sonner. Une foule compacte assistait à la grand'messe chantée par le Très Révérend M. de Blieck, chanoine et curé-doyen d'Alost, assisté de trois autres prêtres, pendant qu'au jubé MM. les membres de la Société choriste exécutaient la messe de Mercadante. Toute la journée l'église reçut de nombreux visiteurs ; mais à 5 heures elle fut comble de chrétiens avides d'entendre proclamer le panégyrique de la grande héroïne du Carmel, par le R. P. Henri, de la Compagnie de Jésus, qui s'en acquitta à la satisfaction de tous. Un brillant salut, auquel les demoiselles congréganistes étaient venues prêter leurs belles voix, suivit le sermon.

C'est alors que l'apothéose placée dans le sanctuaire produisit un effet merveilleux. Comme tableau, c'était un bel ornement dans le jour ; mais le soir, illuminée pendant le sermon et le salut, elle apparaissait splendide, et rehaussait magnifiquement tous les ornements de l'autel et l'autel lui-même, avec son baldaquin gothique abritant la statue de la Reine du Carmel et les niches consacrées à celles de sainte Thérèse et de saint Jean de la Croix, avec ses guirlandes, ses nombreux candélabres : c'était un ensemble ravissant.

Après le salut, comme après la messe, la foule se pressa et put contempler de près la beauté du transparent qui enthousiasma tout le monde. Ainsi se termina cette journée à jamais mémorable du troisième centenaire de la mort de sainte Thérèse, qui procure de si douces consolations à ses filles, tout en leur laissant les plus heureux souvenirs.

Toutefois la fête jubilaire s'était étendue au-dehors. Ce n'était pas dans les limites étroites de l'église des Carmélites qu'elle devait se concentrer ; oh ! non. Depuis le matin du 15 octobre jusqu'au soir du 25, toutes les maisons des trois rues qui avoisinent le couvent étaient pavoisées, sans exception, et si l'on n'eût cru devoir y mettre obstacle pour certains motifs, l'illumination du soir eût été générale. Il est de fait que ces démonstrations extérieures imprimèrent aux fêtes du centenaire un cachet de popularité qui décelait la foi de ces bons voisins et leur amour pour sainte Thérèse ; à les voir seulement, pendant tous ces jours, on eût dit que c'était pour eux, comme pour les Carmélites, une vraie fête de famille...

L'église conserva toutes ses décorations, et durant toute la semaine de l'octave, beaucoup de personnes vinrent rendre leurs hommages à la Sainte. Mais le dimanche 22 octobre, dernier jour de l'octave, et les trois suivants, les fêtes reprirent avec une splendeur nouvelle. L'ordre des cérémonies était le même que le jour du centenaire : le matin, messe avec exposition du Très Saint-Sacrement, et à 9 heures messe solennelle.

Le soir, le sermon français, prêché par M. de Turck, directeur du couvent, servit d'ouverture au *Triduum*. Le prédicateur s'efforça de faire connaître, par un excellent discours, sainte Thérèse et la mission tout apostolique qu'elle a si glorieusement remplie, et qu'elle remplit encore tant par ses admirables écrits que dans la personne de ses religieux et de ses religieuses. Il n'hésita pas à dire que c'est peut-être à la sainte Réformatrice que la Belgique est redevable de la conservation du précieux don de la foi. Ce qu'il prouva par les grâces qu'obtinrent les premières Carmélites formées par la Sainte elle-même, qui vinrent fonder dans ce pays, notamment par la B. Mère Anne de Saint-Barthélemy, qui par deux fois sauva la ville d'Anvers.

Un salut solennel, qui suivit le sermon, n'était que le prélude des fêtes du *Triduum*, que Sa Grandeur Mgr de Battice, évêque de Pella et coadjuteur de Mgr Bracq, évêque de Gand, daigna honorer, en leur prêtant si largement son auguste concours.

Le lundi 23, à 9 heures, Sa Grandeur offrit le saint sacrifice et communia toutes les Sœurs. Des chants magnifiques relevaient la cérémonie. Après la messe, le R. P. Hamon, de la Compagnie de Jésus, développa éloquemment les vertus de l'illustre Sainte, tandis que le soir Monseigneur de Battice, orateur distingué, attira l'attention de son nombreux auditoire sur la mort de la séraphique Mère, qui n'eut pas d'autre cause qu'un excès d'amour. Dans une allocution aussi savante que belle, Sa Grandeur expliqua comment Dieu avait témoigné à l'homme son amour par la création de l'univers, et comment l'homme doit répondre à cet amour. M. le Doyen et d'autres membres du clergé occupaient le sanctuaire ; Monseigneur daigna ensuite chanter le salut qui, par là même, était plus solennel encore que les jours précédents.

Le mardi, le Révérend Père Steyaert, Recteur, vint à son tour offrir son tribut d'hommage à la Sainte en chantant la grand'messe et le salut. Ce jour-là, comme le précédent, la Société choriste exécuta des morceaux d'une beauté ravissante.

Le mercredi, 25, le Révérend Doyen de la ville allait, c'était son droit, clôturer les fêtes. Après la messe solennelle, le R. P. Hamon monta en chaire et charma, autant que les deux autres jours, son auditoire choisi en parlant des vertus de la Sainte. Mais le soir, ainsi que la veille, M. le Directeur s'efforça d'inspirer, dans un sermon flamand, la dévotion à l'incomparable Mère par l'imitation de ses vertus. Rien d'étonnant qu'il parlât avec tant d'onction de sainte Thérèse, étant allé, l'an dernier, s'inspirer au berceau et au tombeau de la Réformatrice du Carmel, et ayant eu le bonheur de dire la messe sur l'autel dominé par la châsse qui renferme son corps virginal, et de contempler à loisir la plaie de son cœur séraphique.

Avant de terminer ce sermon de clôture, il témoigna, par un vif élan de cœur, sa reconnaissance aux nombreux fidèles de l'assiduité avec laquelle ils avaient suivi les exercices du *Triduum* des jours précédents. En effet, dès le début jusqu'à la fin des fêtes, l'élite de notre catholique cité montra beaucoup de zèle à honorer sainte Thérèse, et journellement la foule du peuple était si grande que l'église ne pouvait la contenir.

Pendant le salut et avant de donner la bénédiction avec le Très Saint-Sacrement, M. le Doyen entonna solennellement l'hymne *Te Deum* que les demoiselles congréganistes continuèrent à chanter en musique ; c'étaient elles qui ce jour-là occupaient la tribune. — Il est évident qu'il a plu à Dieu de tout bénir, et que le ciel s'est uni à la terre pour célébrer les fêtes du 3ᵉ centenaire de sainte Thérèse. Quant aux pieux habitants d'Alost, vivement impressionnés de ces belles solennités, c'est à regret qu'ils en virent la fin ; aussi, le précieux souvenir leur en restera-t-il longtemps encore...

Le *Journal hebdomadaire* de notre ville s'écriait spontanément : « Oh ! quelles cérémonies magnifiques ont eu lieu chez les Thérésiennes !... Lorsqu'en 1802, à la Pentecôte, les églises furent rouvertes, ceux qui n'avaient jamais pleuré ne purent retenir leurs larmes, parce que, privés depuis tant d'années des divins offices, ils en goûtèrent mieux que jamais la force et la douceur ; de même les fêtes jubilaires des religieuses Thérésiennes seront inscrites avec honneur dans les chroniques religieuses d'Alost. »

CARMEL DE TERMONDE

(FONDÉ EN 1652).

Le Carmel de Termonde, fondé, en 1652, par les filles de la Vénérable Mère Anne de Saint-Barthélemy du Carmel d'Anvers, a célébré avec beaucoup de solennité le troisième centenaire du glorieux trépas de notre sainte et séraphique Mère Thérèse de Jésus. Les fêtes, qui ont duré treize jours, ont été splendides. L'église et le sanctuaire, ornés par les soins d'habiles décorateurs, présentaient un aspect gracieux et grandiose; les murs disparaissaient sous de magnifiques guirlandes de fleurs et de festons qui encadraient les chronogrammes et les écussons de notre Saint-Père le Pape et de Nosseigneurs les Evêques de Belgique; çà et là, de riches bannières se détachaient de cette majestueuse décoration.

A l'entrée du sanctuaire, apparaissait en roses blanches, entre de jolies corbeilles de fleurs, le nom de notre sainte Mère Thérèse, au-dessous duquel on lisait ce chronogramme :

Vive la Vierge d'Avila, depuis trois siècles dans la gloire!

Un peu plus loin, sur un riche piédestal, entourée de bouquets et de vases de toutes sortes, s'élevait la statue de notre sainte Mère Thérèse vêtue de bure, ayant au-dessus d'elle une très belle guirlande de roses entrelacées de feuillages et de grappes de raisins dorés. Les fidèles, désirant contribuer à ces grandes fêtes, avaient offert quantité de bougies, lesquelles, placées dans de beaux candélabres, rehaussaient singulièrement la beauté de l'ornementation, quand venait le soir.

Une neuvaine, suivie du *Triduum* solennel, précéda la fête de sainte Thérèse. Le 6 octobre, premier jour des fêtes, M. Vernast, notre digne Directeur, fit un sermon de circonstance; il parla en termes touchants de la joie que ce centenaire apportait au ciel, à la terre, et spécialement au Carmel. Le soir du même jour et tous les jours suivants de la neuvaine, à 5 heures, il y eut salut et sermon donnés par M. notre Directeur. Cette neuvaine préparatoire fut une bonne retraite pour nous et pour les personnes pieuses qui s'empressaient en foule d'y assister. M. le Directeur parla d'abord du prix de notre âme, puis des trois vertus théologales, la foi, l'espérance et la charité ; il fit voir comment notre sainte Mère Thérèse avait pratiqué ces vertus dans un degré héroïque. Ensuite Sa Révérence traita des autres vertus qui avaient fait le caractère distinctif de notre Mère, comme le sentiment de la présence de Dieu, la prière, l'usage des sacrements, etc. Les saluts de la neuvaine furent chantés par des messieurs pieux de la ville, la plupart membres de la Société de Saint-Vincent de Paul. Le 14, veille de la fête, la solennité fut annoncée au son joyeux de nos deux cloches. Le jour si longtemps attendu du 15 octobre se leva enfin radieux et remplit tous les cœurs d'une joie pure et sainte. Non seulement notre Carmel, mais la ville entière prirent un air de fête. Les bons habitants de la catholique ville de Termonde partageaient notre joie et s'unissaient à nous pour honorer notre Mère bien-aimée.

Dès le matin, à la première messe, pendant laquelle le Saint-Sacrement fut exposé jusqu'à la fin de la grand'messe, la foule pieuse envahit notre église. La communion générale fut très nombreuse. Messieurs les professeurs et les élèves du collège de la Sainte-Vierge chantèrent solennellement la grand'messe, ainsi qu'un beau cantique en l'honneur de sainte Thérèse. Dans la journée, les demoiselles du pensionnat des Sœurs de Saint-Vincent de Paul vinrent offrir leurs hommages à notre sainte Mère et chanter des cantiques en son honneur. Le soir, à 5 heures, l'affluence était si considérable que l'église ne put contenir la foule ; beaucoup de personnes durent rester dans le vestibule. Ecclésiastiques et séculiers rivalisaient de ferveur pour venir honorer et invoquer la Vierge séraphique. Avant le salut, le Révérend Père Caels, de la Compagnie de Jésus, monta en chaire et fit un magnifique panégyrique de notre Mère Thérèse de Jésus. Après avoir parlé de la joie qui régnait en ce jour dans les solitudes du Carmel et de la gloire de sainte Thérèse qui rejaillissait sur tout l'Ordre, le prédicateur fit un touchant éloge de ses vertus et lui appliqua les dernières invocations des litanies de la sainte Vierge : *Regina Angelorum*, etc.

Il montra en termes sublimes comment notre Mère avait été ange par la pureté de sa vie, patriarche et prophète, digne fille et héritière de l'esprit du grand prophète notre saint Père Elie, apôtre par son zèle pour la gloire de Dieu, de l'Église et des âmes, martyre par l'ardeur de sa charité et par la blessure que lui fit au cœur le dard du séraphin, confesseur et docteur par la céleste doctrine dont elle a nourri et nourrit encore les âmes, vierge par l'innocence angélique de sa vie, sainte par la pratique héroïque de toutes les vertus.

Les dames du Saint-Sacrement prêtèrent gracieusement leur concours pour le chant des saluts et des messes du *Triduum;* elles interprétèrent avec tant d'onction l'antienne *Sancta Mater Theresia, respice de cœlo,* que l'âme était vivement émue et pleine de confiance envers notre bonne et séraphique Mère qui abaisse ses regards maternels sur ses enfants chéris et sur tous les fidèles qui l'invoquent avec tant de ferveur. *Vide et visita vineam istam,* semblait être une tendre invitation et une douce violence pour l'attirer au milieu de nous. Ces pieuses dames chantèrent un nouveau cantique pendant qu'on vénérait les reliques de sainte Thérèse. Les trois jours suivants du *Triduum,* le matin, à six heures, messe et communion générale; à neuf heures, grand'messe en musique, ensuite sermon; le soir, à cinq heures, sermon et salut solennel. Ce fut le Révérend Père Caels qui prêcha pendant ces trois jours. L'éloquent orateur fit connaître les principaux traits de la vie de notre Mère, pour en tirer des leçons pratiques. Pendant ces trois jours de fête, le clergé de la ville nous prêta son pieux concours. Le premier jour, le salut fut chanté par M. notre Directeur, le second par le Révérend Père Prieur des Bénédictins, le troisième par M. le curé de la paroisse de Saint-Gilles-lez-Termonde, le quatrième et dernier jour par M. le doyen de Termonde.

Les triomphantes solennités du centenaire se terminèrent par le chant solennel du *Te Deum,* que les dames exécutèrent au son des deux cloches.

Ces fêtes jubilaires, dont le souvenir ne s'effacera jamais, auront produit des fruits abondants de grâces dans les âmes, et nous avons la persuasion et l'immense consolation de croire que Dieu en sera plus glorifié, et notre sainte et séraphique Mère Thérèse de Jésus mieux connue et mieux aimée.

CANTIQUE

Gardiens des célestes portiques,
Esprits, ministres de l'Agneau,
Pourquoi ces fêtes, ces cantiques,
Quel est ce spectacle nouveau ?
A qui préparez-vous un trône
Parmi ces peuples de vainqueurs ?
Quel front va ceindre une couronne
Brillante d'immortelles fleurs ?

REFRAIN

Les larmes ont cessé ;
Le chant de la victoire

Retentit en tous lieux.
Thérèse a triomphé ;
Chantons, chantons sa gloire ;
Thérèse est dans les cieux.

Plus éclatante que l'aurore,
Au jour elle ôte sa clarté ;
Son front plus radieux encore
Reflète la divinité.
Du fond de l'éternel abîme
Satan l'aperçoit et frémit ;
Jésus, de son trône sublime,
Lui tend les bras et lui sourit.
    Les larmes ont cessé, etc.

Entrez dans la gloire éternelle
Où Dieu couronne ses élus :
Venez, vierge, épouse fidèle,
Goûtez la paix de vos vertus.
Non, le ciel n'est point une arène ;
Pour vous il n'est plus de travaux :
La mort, en brisant votre chaîne,
Vous ouvre l'éternel repos.
    Les larmes ont cessé, etc.

O Vierge, notre protectrice,
Que votre amour veille sur nous !
Etendez votre bras propice,
De l'enfer écartez les coups ;
Sauvez notre fragile enfance
Des naufrages de la pudeur :
Pour nous, conserver l'innocence,
C'est conserver le vrai bonheur.

CARMEL DE SAINT-NICOLAS

(FONDÉ EN 1846).

Saint-Nicolas, jolie petite ville du pays de Vaas (Flandre-Orientale), possède depuis le 25 mars 1846 un Carmel dont la pauvreté fut toujours le bel et heureux apanage; ce qui nous fit craindre que nos fêtes ne fussent des plus simples, et déjà nous nous encouragions mutuellement à doubler notre ferveur et les préparations de nos âmes, afin de compenser notre impuissance extérieure. Mais le Jésus de Thérèse parla au cœur de M. l'abbé Clans, qui nous dit tous les jours la sainte messe, et l'enflamma d'un zèle remarquable pour faire célébrer le plus dignement possible le centenaire de notre Réformatrice. Il s'associa un pieux laïque, M. Florimond Meskens, dont le génie, le talent et le désintéressement sont connus; de concert, tous deux firent des merveilles de dévouement; ils parlèrent aux familles aisées de la ville, ils empruntèrent étoffes, lustres, candélabres, etc.; ils nous firent faire écussons et fleurs, et notre église, qui n'a qu'une nef et se prête parfaitement aux décorations, changea d'aspect.

Nos Messieurs firent d'abord enlever de l'autel le grand tableau représentant saint Joseph qui apparaît à notre Mère Thérèse et le placèrent du côté de l'Epitre, vis-à-vis notre grille. Puis ils remplirent ce vide par un dais et des draperies en velours rouge, franges et floches en or. Sous ce dais, et au-dessus du tabernacle, fut posée la Vierge d'Avila, une belle statue sculptée en bois, entourée de rayons en or, ayant à ses pieds et à ses côtés candélabres, chandeliers et fleurs qui s'harmonisaient avec l'éclairage et l'ornementation de l'autel formant un ensemble ravissant. A droite et à gauche de l'autel, était une estrade couverte de plantes et de fleurs naturelles qui descendaient jusque sur le tapis. Au-dessus de sainte Thérèse et sous les pieds de Marie immaculée, était suspendu un bel écusson aux armes de l'Ordre, entouré de feuilles de laurier; et, plus haut que la Vierge des vierges, un autre écusson portant le chiffre de la sainte Réformatrice, d'où partaient, en s'élançant à grands flots, d'immenses draperies rouges et blanches qui, en descendant, encadraient de riches plis, d'un côté une statue de saint Joseph, et de l'autre celle de notre Père saint Jean de la Croix, ainsi que deux écussons portant les dates 1582-1882. Et puis ces étoffes parcouraient à trois différentes élévations tout le tour des murailles, s'entrelaçant, se séparant, se drapant avec une grâce et une élégance rare, faisant place à de nombreux écussons dorés et entourés de feuilles de laurier, emblème du triomphe, et portant les initiales de sainte Thérèse en fleurs de différentes couleurs. Deux chronogrammes sur velours rouge, en lettres or et argent, complétaient la décoration. La chaire de vérité et le portail étaient ornés de guirlandes de verdure avec pivoines de différentes couleurs. De grandes suspensions en fleurs se partageaient la nef de l'église.

Un beau piédestal était placé dans le sanctuaire, du côté de l'Evangile; il était là pour supporter un ravissant petit Enfant Jésus en bois, debout sur le globe du monde, au milieu de fleurs et de lumières. Son céleste sourire semblait dire à tous : Aimez Thérèse de Jésus, c'est moi, Jésus de Thérèse, qui vous y convie.

Tout le sanctuaire abondait de candélabres, lustres, etc.; aussi l'illumination fut au-dessus de toute attente. La piété des fidèles nous apporta beaucoup de bougies, il est vrai, mais ce qui se consuma était immense et sera toujours pour nous une énigme. Louanges sans fin au Dieu de toute bonté qui protège les faibles et les petits !

Le coup d'œil en entrant dans l'église était magnifique, grandiose, imposant; il faisait penser au ciel, et plus d'un visiteur s'arrêta stupéfié sur le seuil de la porte.

Le jour même du 15 octobre fut l'ouverture de nos fêtes. Le matin, à la messe solennelle, M. l'abbé Clans daigna monter à la tribune, et il chanta alternativement avec un chœur d'enfants. Mais quand, après la consécration, on l'entendit, d'une voix vibrante de foi et d'amour, répéter sur tous les tons le *Pleni sunt cœli et terra*, l'émotion s'empara de tous les cœurs.

Le soir de ce jour et des trois jours suivants, ce furent les congréganistes de la très sainte Vierge qui occupèrent la tribune et exécutèrent leurs plus beaux morceaux.

Aux messes du 16 et du 17, nous entendîmes plusieurs artistes distingués de la ville, parmi lesquels on remarqua la magnifique voix de M. Joseph Verwilgen, échevin de Saint-Nicolas. Le 18, dernier jour du *Triduum*, il y eut orchestre complet. Mais toujours, et à chaque fois, on s'édifia de l'accent plein de foi de nos musiciens.

Le 15 octobre, après le salut, le R. P. Van Aert, de l'Ordre de Saint-Dominique, célèbre orateur flamand, prononça un beau panégyrique de sainte Thérèse. Il montra ses souffrances, ses combats et ses victoires, et la proposa pour modèle aux âmes engagées dans la lutte, à celles surtout qui, entendant la voix de la grâce, n'ont ni le courage ni la fidélité de la séraphique Mère.

Les trois jours suivants, le matin, à l'issue de la messe solennelle, et le soir après le salut, le même Rév. Père prit la parole, et, tout en n'oubliant pas la grande héroïne de ces fêtes, il s'appliqua à faire ressortir la nécessité des vertus qui correspondent aux besoins de notre époque. Il parla avec énergie du respect humain, du renoncement à soi-même, de l'esprit d'indépendance qui fait tant de ravages et conduit les enfants à oublier leurs devoirs envers leurs parents; il montra jusqu'à l'évidence que Jésus est ce divin idéal du chrétien qui devrait ravir et enchaîner tous les cœurs.

Enfin, le 18, le R. P. Van Aert clôtura le *Triduum* en donnant solennellement la bénédiction papale.

La parole entraînante et persuasive, pieuse et saintement hardie du digne religieux, avait touché tous les cœurs; on accourait en foule, on se pressait dans l'intérieur de l'enceinte, tandis que quelques centaines de personnes stationnaient tous les soirs devant la porte de l'église. On y a remarqué des étrangers venus de plusieurs lieues à la ronde.

Durant l'octave, des pèlerinages sont venus payer leur tribut d'hommages à la Vierge d'Avila. C'étaient les élèves de l'Institut Saint-Joseph, guidés par MM. leurs prêtres professeurs; c'étaient les orphelines sous la conduite des Sœurs de la Charité qui, étant venues en dehors des offices, chantèrent des cantiques au Sacré Cœur de Jésus, à la très sainte Vierge et à notre sainte Mère.

Le 23 octobre vit renouveler toutes les fêtes. Cette fois, l'excellent prédicateur, M. l'abbé Vernimmen, monta en chaire. L'admirable Réformatrice fut encore l'objet de ses louanges; il termina par la plus pathétique action de grâces à Dieu et une ardente prière à la sainte Mère. Puis on chanta un solennel *Te Deum*.

Ainsi finirent ces jours de bénédiction. Longtemps dans la ville on ne parla que de l'heureuse et salutaire impression reçue dans les âmes. Longtemps aussi on s'édifia de la ferveur et de l'empressement qu'on avait remarqués dans les fidèles. Longtemps on se souvint des décorations dont le succès avait été si brillant. — Que tout soit à la plus grande gloire de Dieu et de son illustre épouse la séraphique Mère Thérèse de Jésus!

CARMEL D'AUDENARDE

(FONDÉ EN 1846).

Il ne fallait pas de nouvelles décorations à la petite chapelle des Carmélites, à Audenarde, pour qu'elle eût un air de fête : chaque jour son aspect est charmant. Ses magnifiques vitraux, ses belles sculptures, ses riches peintures de style gothique ont été exécutés d'après les dessins de Monsieur le baron Béthune, et par la munificence de M. le comte de Hemptinne, dont la dévotion à l'adorable Eucharistie y fait brûler nuit et jour sept lampes devant le saint Tabernacle.

Quelque ravissante que fût la beauté de ce mystérieux sanctuaire, on trouva, le croirait-on ? le moyen de la rendre plus ravissante encore. Les pieuses libéralités d'une foule de personnes de tout rang, de toute condition, transformèrent cette jolie chapelle en petit paradis; mais cette transformation n'existait qu'en projet, lorsqu'arriva le 6 octobre, premier jour de la neuvaine préparatoire à la belle fête du 15. Déjà de nombreuses affiches avaient annoncé au peuple la fête jubilaire, la neuvaine qui devait la précéder et les indulgences accordées par Sa Sainteté Léon XIII, à l'occasion du centenaire de sainte Thérèse. On adossa provisoirement un autel à la muraille, au-dessous de la peinture des saints Anges qui présentent les trois vœux de religion. On y plaça une statue de sainte Thérèse, ayant les mains jointes et les yeux levés vers le ciel; elle fut entourée de lumières et de fleurs naturelles que les fidèles apportèrent en grande abondance. Tous les jours de la neuvaine, la première messe fut célébrée à 6 heures, la seconde à 6 h. 1[2; beaucoup de personnes s'approchèrent de la sainte table. La troisième messe eut lieu à 9 heures. A quatre heures et demie du soir, le Révérend Aumônier des Carmélites donna le salut et récita ensuite le chapelet avec une piété qui ne se peut décrire. A chaque dizaine, il joignit à des méditations pathétiques sur les saints mystères du Rosaire des réflexions salutaires sur les vertus de sainte Thérèse. Le vénérable prêtre fit cela avec tant d'onction, qu'il pénétra tous les cœurs et leur communiqua la ferveur dont il était animé lui-même. Le nombre des assistants allait croissant tous les jours. La préparation à la grande fête se fit admirablement bien; aussi a-t-elle produit d'excellents résultats.

Comme la dévotion aux saintes reliques attire mille bénédictions, le clergé donna à vénérer aux fidèles une parcelle de la chair de sainte Thérèse; ils s'empressèrent de la baiser respectueusement après tous les exercices.

Ce fut dans l'intervalle qui séparait les exercices du matin des exercices du soir, qu'un habile décorateur, assisté de plusieurs ouvriers, fit de vraies merveilles. Il mit des chronogrammes, des blasons, un grand nombre d'élégantes bannières; un riche étendard, brodé d'or, représentant le Sacré Cœur de Jésus; des lustres, des candélabres, des pyramides, des chandeliers. Il suspendit à la voûte, entre deux vitraux, un dais magnifique, d'où descendirent jusqu'à terre de gracieuses draperies en étoffe de laine rouge et de laine blanche; le tout faisant l'admirable entourage d'un trône splendide où il plaça, entourée de fleurs, de guirlandes et de bougies, une belle statue de sainte Thérèse. La Sainte tenait d'une main la plume, et de l'autre un livre. Elle avait le visage tourné vers les grilles de ses filles, donnant par conséquent la droite à Jésus-Hostie, par l'inspiration de qui elle a écrit ses livres.

Le Collège épiscopal, à Audenarde, se distingua par son zèle à solenniser le 3e centenaire de la Réformatrice du Carmel. M. le digne Supérieur, non content de vouloir bien loger chez lui, avec la plus grande bienveillance, les prédicateurs étrangers, voulut bien encore que Messieurs les élèves du Collège exécutassent le chant pendant la messe solennelle et le salut, le dimanche, fête de sainte Thérèse, et les trois jours suivants fixés pour le *Triduum*. A cet effet, on monta au jubé un excellent harmonium que les demoiselles congréganistes de Marie prêtèrent de tout cœur.

Tout était ainsi disposé, lorsque brilla le jour à jamais mémorable du 15 octobre 1882. Dès l'aube du jour, les cloches, qui pendant la neuvaine avaient sonné à la volée, et redoublé leur sonnerie le 14, firent de nouveau entendre leur son joyeux. Les messes basses furent dites à 6 heures et à 6 h. 1|2. A 9 heures, M. notre Révérend Aumônier célébra la messe solennelle. Tout portait à la dévotion; le chant si religieux de Messieurs les élèves du Collège élevait tous les cœurs vers le ciel. Le maître-autel était splendidement orné; on y voyait de précieux vases gothiques portant des fleurs naturelles des plus rares. Trois beaux cierges portaient les armoiries de l'Ordre du Carmel, et trois autres celles de la Famille de sainte Thérèse. Le plus profond recueillement régnait durant le saint sacrifice.

Les programmes avaient annoncé la présence de Monseigneur de Battice, évêque de Pella, coadjuteur de Monseigneur l'Evêque de Gand; mais Sa Grandeur n'ayant pu se rendre le 15 à Audenarde pour faire l'ouverture du *Triduum*, comme Elle se l'était proposé, M. le digne Doyen de cette ville fit cette ouverture solennelle. A quatre heures et demie, il chanta le « *Veni Creator* », assisté de M. le Rév. curé de Pamele, de M. le Rév. supérieur du Collège et de M. le Rév. Aumônier des Carmélites. L'hymne et l'oraison terminées, le R. P. Falleur, de la Compagnie de Jésus, prononça, avec son éloquence ordinaire, le panégyrique de la Sainte; après quoi Monsieur le Doyen donna le salut. Cinquante-six cierges entourèrent le Très Saint-Sacrement. Plusieurs centaines de bougies illuminèrent la chapelle; toutes ces lumières resplendirent également pendant les offices divins, les trois jours du *Triduum*, et présentaient un coup d'œil magnifique. Les habitants de la ville et des villages voisins rivalisèrent de zèle à offrir des bougies ; on en trouva même aux pieds de la Sainte cinq paquets qu'une personne anonyme y avait déposés. Pendant ces quatre jours si solennels, environ mille bougies furent employées. La grande statue de sainte Thérèse, toute rayonnante, attirait les regards et les cœurs. Elle semblait vouloir parler à ses dévots ; son trône était continuellement entouré, aussi bien de curieux que d'âmes ferventes; mais tous paraissaient sentir dans leur cœur quelque chose de céleste qui les élevait vers Dieu. C'était l'œuvre de la Sainte qui priait pour tous.

Voici l'ordre des exercices du *Triduum* célébré les 16, 17 et 18 octobre :
Chaque jour, à 5 heures et à 5 heures 1[2, messe basse ; à 6 heures sermon flamand, suivi de deux messes basses ; à 8 heures messe solennelle offerte pour tous ceux qui auraient contribué à solenniser le 3e centenaire de sainte Thérèse dans la chapelle des Carmélites, à Audenarde. A 9 heures messe basse; à 4 heures 1[2, sermon français, suivi du salut.

Le Révérend Monsieur Claessens, doyen d'Audenarde, le Révérend Monsieur Galle, curé de Notre-Dame de Pamele, à Audenarde, et le Révérend Monsieur Van der Perre, supérieur du Collège épiscopal en la même ville, vinrent, tour à tour, célébrer la messe solennelle et donner le salut à la gloire de Jésus de Thérèse, et en l'honneur de Thérèse de Jésus.

Des ecclésiastiques en grand nombre rehaussèrent aussi la fête par leur présence, et assistèrent les dignes célébrants au saint autel.

Si le nombre des communions fut grand pendant la neuvaine préparatoire, il fut prodigieux pendant le *Triduum*.

Tous les sermons flamands furent donnés par le R. P. de Ridder, de la Compagnie de Jésus. La grâce accompagna sa parole sainte; il attendrit la foule compacte qui envahissait la chapelle, les larmes coulèrent. Ah! il parlait de Thérèse, de son amour pour Dieu, de son zèle pour le salut des âmes. Et tout en exaltant les vertus de la grande Sainte, il porta les cœurs à aimer comme Elle Dieu et le prochain pour Dieu. Il excita ses auditeurs à imiter Celle qu'ils honoraient avec tant d'enthousiasme, afin de jouir un jour avec Elle de l'éternelle gloire des cieux.

L'après-midi, la foule fut plus considérable encore. Chaque jour, le plus grand nombre des personnes accourues eut la douleur de se retirer : la chapelle et son portail, le vestibule du monastère jusqu'à la porte de clôture, tout étant déjà entièrement rempli à ne pouvoir quasi se remuer.

Le R. Père Falleur, qui avait fait entendre, le 15, sa parole chaleureuse, donna tous les sermons français. Il prêcha avec tant d'énergie qu'il fut impossible de ne pas se rendre à la vérité de ses discours. Il montra de toute la force de son âme la nécessité d'une courageuse opposition aux malheurs qui menacent la société. Il en fournit les preuves par les exemples et les paroles de Thérèse, qui indiquent aussi les moyens à prendre pour remédier aux maux présents et éviter les fléaux qu'ils prédisent. Les mots d'*oraison* et de *mortification*, si chers à sainte Thérèse et si redoutés des mondains, furent reçus avec bienveillance. Les pieux principes à inculquer dès l'enfance, l'importance, l'obligation d'une éducation chrétienne ne furent pas oubliés. Oh! que la jeunesse qui se trouvait au jubé dut être pénétrée de reconnaissance envers Dieu pour les grâces immenses que journellement elle reçoit au collège d'Audenarde, où messieurs les savants professeurs ne travaillent pas seulement à former des hommes distingués, mais s'efforcent surtout à faire de leurs élèves des chrétiens solides qui, cherchant ici-bas le bonheur où il est, puissent se voir un jour comblés de gloire en Paradis! Ces élèves privilégiés firent entendre par les plus beaux chants liturgiques leurs sentiments chrétiens; ils étaient pieusement entraînés par un des dignes professeurs du collège, monsieur le Révérend abbé Sanspeur, qui était, pour ainsi dire, l'âme de cette céleste harmonie.

L'excellent organiste de Sainte-Walburge toucha l'harmonium et exécuta admirablement les morceaux les plus choisis.

Après le salut, un des élèves chanta, en français, quelques strophes de la belle *Glose* de sainte Thérèse: « *Je me meurs de ne point mourir!* » mise en musique par un des fils de la Sainte, le R.P. Hermann.

Durant cette mélodie, les fidèles vénéraient la parcelle de la chair de sainte Thérèse.

Beaucoup de bonnes gens qui n'avaient pu pénétrer à l'intérieur eurent toutefois le courage de rester dans la rue, et allèrent, le salut terminé, rendre hommage à sainte Thérèse, vénérer sa relique, à mesure que de plus favorisés qu'eux sortaient de la chapelle.

Le 18, la fête se terminait par le chant solennel du *Te Deum*. Le Révérend Doyen donna la bénédiction du Très Saint-Sacrement à la foule respectueusement prosternée et profondément attendrie.

Monsieur le Révérend abbé Sanspeur exécuta ensuite un religieux solo, transportant les esprits en Paradis, comme il l'avait fait les jours précédents, par le commencement du cantique : *Imitation de sainte Thérèse*, du P. Hermann, et par le chant sublime de la *Glose* de la Sainte : « *O Deus, ego amo te* », par H. Lübner.

Le clergé avait acquis de nouveaux droits à l'estime et à la reconnaissance de tous; il se retira touché de la piété des fidèles. Les zélés prédicateurs quittèrent à regret un peuple qu'ils avaient vu suspendu à leurs lèvres, et une bonne petite ville où ils avaient reçu tant de consolations; mais, en dignes fils de saint Ignace, leur charité universelle alla distribuer ailleurs quelque chose du trésor qu'ils tiennent du ciel. Les habitants de la ville rentrèrent au logis, l'âme tout émue, et les étrangers qui avaient séjourné afin d'assister aux fêtes jubilaires regagnèrent leur pays, emportant dans leur cœur les plus salutaires souvenirs.

Une multitude de personnes s'étaient munies de la neuvaine à sainte Thérèse par saint Alphonse de Liguori. Ce petit livre, dont parle Son Eminence le Cardinal Dechamps, dans sa lettre du 15 octobre aux Carmélites, est plus important que le titre ne le ferait croire. Il sera, nous l'espérons, relu fréquemment, et les âmes en retireront d'immenses avantages.

Le 6 février suivant, on écrivit au sujet des fêtes au Carmel : « Parmi « tant de belles fêtes, celle du 15 octobre 1882 vivra longtemps dans le « souvenir des dévots à sainte Thérèse..... Jamais, non jamais, on n'a vu à « Audenarde une pareille démonstration religieuse ! »

Et les Carmélites avaient-elles pris part à ce concours ? Oui, elles étaient là, derrière ces sombres grilles qui leur sont si chères, louant Dieu, bénissant Marie, félicitant Thérèse, sollicitant de précieuses récompenses pour tous ceux qui fêtaient avec tant d'enthousiasme l'héroïque Vierge d'Avila. Elles étaient là, dans leur pauvre monastère, comprenant de plus en plus que l'*oraison* et la *mortification* sont les moyens par lesquels elles doivent atteindre le but que s'est proposé leur séraphique Mère en réformant l'Ordre antique du Carmel, et que leur vie doit être un acte continuel d'amour et de sacrifice.

Travailler au salut des âmes, tout en se sanctifiant soi-même ; s'unir intimement à Dieu dans le temps, et le posséder dans l'éternité : quelle heureuse destinée !!!!

Terminons, en l'honneur de sainte Thérèse, par un chronogramme qui se trouvait dans la chapelle :

VeLUtI steLLa nItIDa
In sUperna gLorIa
rUtILat eLIæ æMULa.

Ajoutons-y le chronogramme que portaient les affiches :

restaUratrICe DU CarMeL, prIez beaUCoUp poUr noUs.

Gloire à Dieu !

CARMEL DE LOKEREN

(FONDÉ EN 1847).

Nous donnerons simplement notre petite relation des fêtes du centenaire.

L'affluence des fidèles a été fort nombreuse ; l'église, quoique assez grande, n'a pu contenir la foule.

Notre église, fort belle d'architecture, a revêtu ses plus beaux ornements de fête, elle a reçu de plus pour la circonstance une parure doublement belle par sa simplicité et par son élégance.

La corniche du dôme portait un chronogramme garni d'une draperie rouge parsemée d'étoiles en or, avec des oriflammes grandes et légères distribuées en faisceaux. Onze chronogrammes garnissaient les murailles. Les niches de la nef et la balustrade de la tribune furent aussi décorées avec un goût exquis, avec des corbeilles magnifiques, des lauriers, des fleurs naturelles ; l'église étincelait d'étoiles d'or et de lumière, elle offrait un spectacle ravissant.

Notre sainte Mère Thérèse se trouvait sur un trône garni de dentelles, environné de fleurs, d'orangers et de candélabres.

Les exercices du centenaire ont commencé le 15 octobre. Monsieur de Wapenart, notre zélé et dévoué Directeur, a célébré la messe solennelle, qui fut chantée, ainsi que le salut, par les Frères et les professeurs de l'Institut Saint-Joseph, qui exécutèrent admirablement l'antienne *Sancta Mater Theresia*. Les quatre sermons furent prêchés par le R. P. Avervan de Sainte-Thérèse, Carme déchaussé du couvent de Gand, dont l'éloquente parole a charmé tous les cœurs.

Le 16, premier jour du *Triduum*, la grand'messe fut célébrée par le R. P. Timothée, gardien des Récollets, et chantée par les Demoiselles de l'association de l'Adoration perpétuelle, qui firent entendre leurs chants harmonieux au salut du soir donné par notre Révérend Directeur. Ce concert de voix pieuses contribua à donner de l'éclat à nos fêtes. Après le salut, le R. P. Avertan de Sainte-Thérèse donna le sermon.

Le 17, le R. P. Monsieur Jean-Baptiste Brys, Doyen de la ville, a daigné célébrer la grand'messe ; les mêmes demoiselles prêtèrent encore leur généreux concours, ainsi qu'au salut, qui fut célébré par le R. P. Etienne, vicaire des Récollets.

Le 18, dernier jour du *Triduum*, la grand'messe fut célébrée par le R. P. Avertan de Sainte-Thérèse, et chantée par le personnel de l'Institut Saint-Joseph. Le soir, salut par notre digne Monsieur le Directeur, chanté par les mêmes exécutantes, et suivi du sermon qui couronnait triomphalement le glorieux centenaire. Le chant du *Te Deum* et d'un cantique vint augmenter nos douces émotions.

Disons ici en passant que notre petite ville de Lokeren ne possède qu'une paroisse et un couvent de Récollets. Aussi, aucun pèlerinage n'a eu lieu. Le nombre des communions a été fort restreint. Le flamand est la langue de la cité ; nous avons été obligées de composer les chronogrammes en cette langue ; les voici :

1. *Theresia's onsterfelijke ziel vloog als duive pijlsnel hemelwaarts.*
2. *Theresia's loffelijk verrinchting : Liever sterven, dan leven zonder lijden !*
3. *Carmelus orde overal herstellen was Theresia's liefste werk.*
4. *Betracht ieverig Theresia's vurige gods vrucht jegent't heilig sacrament.*
5. *Theresia was oprecht ootmoedig ; zij ontving vele schatten van gratiën als belooning.*
6. *Welk allerplechtigst drij honderdjarig jubelfeest van Theresia's afsterven !*
7. *Theresia verliet lief de vol't leven in gezelschap van Jesus, Marie, Joseph.*
8. *Gij zijt door vurige schichten van lief de doorchoten geweest.*
9. *Volgt allen Theresia's voorbeeld als ijverach verspreedester van Joseph's ecredienst.*
10. *Heilige Theresia, wij zullen u met de antrekkelijkste orgelklanken loven.*
11. *Theresia wentelde zich in de stekelige doornen uit liefde van Christus.*
12. *Door uwe hemelsche leer zijt gij nu als kerkelijke leeraar uitgeroepen.*
13. *Stelt, even als de heilige Theresia, alle betrouwen in Maria ; zij zal u helpen.*

Le 6ᵉ a servi pour le dôme et le 3ᵉ pour l'entrée de l'église.

Les autres jours de l'octave il y a eu salut à cinq heures.

Le jour octave, à l'issue du Très Saint-Sacrement, un beau sermon par le R. P. Timothée, gardien des Récollets, sur la décoration et l'explication des chronogrammes, a beaucoup intéressé et édifié l'auditoire.

Les idées mères des sermons donnés pendant le *Triduum* ont été les plus beaux passages de la vie de notre sainte Mère et la gloire dont elle jouit au ciel.

Ajoutons en terminant que tout, dans ces fêtes, a été beau et édifiant. La ville de Lokeren gardera le souvenir de ce qu'elle a vu et entendu pendant ces jours à la gloire de la grande sainte Thérèse de Jésus.

CHAPITRE CINQUIÈME

HOLLANDE.— POLOGNE. —ANGLETERRE

CARMEL DE BOIS-LE-DUC

(FONDÉ EN 1872).

Le 5 août 1872, notre vénéré évêque Mgr Bracq, du diocèse de Gand, et le Révérend Père Aimé, provincial du Carmel en Belgique, envoyèrent huit religieuses professes et une postulante du Carmel d'Alost, diocèse de Gand, avec la mission de rétablir l'ancien Carmel de Bois-le-Duc, dont les religieuses avaient été expulsées par les hérétiques en 1632. Une partie de la communauté expulsée était allée fonder un Carmel à Cologne (Prusse), et l'autre partie le Carmel d'Alost. Donc, après 240 années depuis l'expulsion, nous avons été appelées à relever de ses ruines la maison de prière et de pénitence de nos devancières, les Religieuses Carmélites de la Réforme de sainte Thérèse, qui eurent pour fondatrice et prieure une carmélite de la maison d'Anvers, formée par notre vénérable Mère Anne de Saint-Barthélemy. Nous avons eu la consolation d'acquérir le terrain qu'occupaient nos devancières; je dis le terrain, car de tous les bâtiments détruits, nous n'avons retrouvé qu'un pan de mur séculaire, d'un mètre d'épaisseur, qui longe notre jardin. La Hollande n'a jamais eu de Carmel de la Réforme de sainte Thérèse. Mais cette province-ci, le Brabant septentrional, qui a été annexée à la Hollande, je crois, sous Charles-Quint, a eu deux couvents du Carmel réformé, celui de Bois-le-Duc et celui d'Oodschote non rétabli, jadis fondé par la Mère Marie-Marguerite, morte en odeur de sainteté, et dont les précieux restes reposent en notre magnifique cathédrale de Bois-le-Duc. Sa vie vient d'être publiée à Paris.

En l'année 1875, Mgr Paradis, évêque de Ruremonde, province du Limbourg hollandais aussi annexée à la Hollande, a reçu dans son diocèse les communautés expulsées de la Prusse : celles de Cologne, d'Aix-la-Chapelle et de Farloo. Les Religieuses carmélites étaient donc peu ou point connues en Hollande, et cependant les fêtes du centenaire ont été suivies avec une piété et une joie spirituelles qui ne se peut décrire.

Nos populations catholiques ont montré la vivacité de leur foi, leur attachement inébranlable à notre mère la sainte Eglise.

Le premier et le second dimanche d'octobre, M. notre Aumônier publia en chaire les indulgences que Sa Sainteté Léon XIII accordait aux conditions accoutumées; il communiqua aussi aux fidèles toujours si nombreux les jours de dimanche à nos offices les lettres du Révérendissime Père Général. Dès lors, tous voulurent participer aux faveurs spirituelles. La neuvaine préparatoire a été prêchée par M. l'Aumônier, ainsi que le sermon de la fête. Pour le *Triduum* nous avons entendu la parole d'or d'un digne fils de saint Alphonse de Liguori. Après la première bénédiction du salut très solennel, ce saint et savant religieux a tenu, chaque jour du *Triduum*, son auditoire comme dans une sorte d'extase; il voulait faire passer dans les cœurs de ses auditeurs la flamme céleste dont il brûlait pour la vierge d'Avila. Les fidèles étaient avides d'entendre cette voix qui leur parlait de l'amour de Thérèse pour son Jésus et de l'amour de Jésus pour sa bien-aimée Thérèse.

Le R. P. Wulfringe nous a montré que la pureté angélique, la pureté virginale de Thérèse avait attiré dans son cœur ces lumières divines, cette science profonde que les plus célèbres et les plus savants docteurs ont admirées dans la Réformatrice du Carmel. Ce n'est pas dans la fange et sur la boue du vice que l'Esprit-Saint darde les rayons de son soleil divin. Ces flots de lumière céleste ne savent pénétrer que dans les cœurs purs. Dans son deuxième discours, le R. Père nous a parlé de la naissance de Thérèse et de sa sainte et précieuse mort. Avila et Albe de Tormès ont eu, après notre sainte Réformatrice, les honneurs du dernier sermon. En résumé, tous ces discours étaient ravissants, entraînants, et ont produit sur tous les cœurs des impressions salutaires; on lisait la joie sur tous les fronts. Jamais les catholiques Bois-Duciens n'avaient entendu le panégyrique de l'incomparable Thérèse; plus de deux siècles écoulés depuis l'expulsion de nos Carmélites avaient fait oublier en notre cité les œuvres, les héroïques vertus et presque le nom de la vierge d'Avila.

Nous devons au zèle de nos chers bienfaiteurs les magnifiques décorations de notre église. Trois mois avant la fête ont commencé les travaux de peinture à fresque. Un noble bienfaiteur, depuis longtemps attaché à notre

Carmel par les liens d'une pieuse affection, a offert en l'honneur de sainte Thérèse un autel, vrai chef-d'œuvre d'art religieux. Hormis le tombeau qui est en marbre rouge et grisâtre, tout est en cuivre doré d'un travail parfait. Le milieu du tombeau porte les armes de notre insigne bienfaitrice; à droite de l'écusson est sainte Thérèse en extase, le cœur percé par le dard du séraphin, et à gauche, saint Jean de la Croix est représenté en prison, où il reçoit en vision la visite de la très sainte Vierge. Le tabernacle et le reposoir, ainsi que les lustres et les chandeliers, sont en cuivre doré d'une grande beauté. Au bas des degrés de l'autel sont placés deux séraphins de grandeur humaine. Sur ce monument splendide a été immolé pour la première fois l'agneau sans tache, le 15 octobre, pendant la messe solennelle. La messe de communion a été célébrée à l'autel de la Grotte de Notre-Dame de Lourdes.

Le groupe de Thérèse de Jésus ravie en extase, de grandeur naturelle, ayant près d'elle le séraphin petit et très beau qui lui transverbéra le cœur de son dard, a fait l'admiration de tous. Les initiales de Thérèse de Jésus en lumière formaient l'auréole du groupe qui sortait d'un berceau de verdure et de fleurs. Au salut, l'illumination de l'autel et du groupe était brillante. Un transparent gigantesque représentant Thérèse en extase portée par les nuages donnait à tout l'ensemble un éclat merveilleux.

Le 15, le Saint-Sacrement fut exposé tout le jour par autorisation épiscopale, et les pieux fidèles affluèrent pour adorer Jésus-Hostie sur son nouveau trône tout brillant d'or et de lumières, et pour offrir à son Epoux bien-aimé l'hommage de leur piété et de leur amour, le tribut de leur reconnaissance. Pendant les cérémonies du *Triduum*, les fidèles étaient si nombreux qu'il était impossible de pénétrer dans l'enceinte sacrée. Trois gardes-ville étaient placés aux abords du monastère pour maintenir l'ordre. On offrait deux francs pour une chaise au salut.

Une de nos plus douces consolations était la présence de Mgr Godschalk, évêque de Bois-le-Duc, qui est venu, accompagné de son vicaire général, de ses secrétaires et de tous les prêtres de nos quatre paroisses, déposer aux pieds de Thérèse, apôtre de la conversion des hérétiques, le pieux hommage de sa foi et de sa confiance. Heureux de la splendeur de ces manifestations vraiment magnifiques, les pasteurs ont tenu à unir leurs vœux et leurs prières à ceux des populations catholiques de ce cher diocèse.

Puissent ces fêtes, qui ont suscité tant de ferventes supplications et de pieux hommages, attirer sur la Hollande et sur toute l'Eglise un torrent de grâces et de bénédictions !

PREMIER CARMEL DE CRACOVIE, FAUBOURG WESOTA

(FONDÉ EN 1612).

C'est avec le sentiment de la joie la plus vive que les Carmélites de notre monastère s'empressent de concourir au projet, si doux pour leur cœur, de réunir en un seul volume le récit des fêtes du Centenaire. Oui, il faut ériger ce monument historique, orner et parer autant que possible cet édifice spirituel qui doit porter aux siècles à venir le témoignage de la dévotion et de l'amour des populations entières envers notre séraphique Mère, et le touchant souvenir de ces beaux jours où l'Eglise, le Carmel, le Clergé, les Ordres religieux et les séculiers rivalisèrent et se surpassèrent en dévouement enthousiaste pour honorer la Réformatrice du Carmel, l'admirable, la savante, la sainte Thérèse dont l'esprit de charité et d'oraison, de sacrifice et d'immolation ramènera notre génération accroupie sous l'empire du matérialisme et de l'indifférence religieuse à la vie de foi et d'amour, dont notre sainte Mère est le type et l'idéal.

Notre Carmel de Cracovie date de l'an 1612. Quatre Mères venues des Pays-Bas le fondèrent; parmi elles était la Révérende Mère Christine de Saint-Michel, fille spirituelle de la Vénérable Mère Anne de Jésus. La très vénérée Mère Christine resta en Pologne après le départ de ses compagnes, et notre couvent a le bonheur de posséder son corps demeuré incorruptible jusqu'à ce jour. Le premier couvent étant fondé en un quartier de la ville très étroit, le monastère actuel de Sainte-Thérèse fut établi au faubourg de Wesota en 1719; par la suite toutes les religieuses ont été transportées ici, et la première maison a été supprimée.

Notre petit Carmel déploya toutes ses forces pour célébrer la fête du Centenaire avec toute la pompe accessible à ses pauvres moyens. Notre petite église, renouvelée sous peu et bien fraîche, n'a eu d'autre décoration qu'une grande quantité de fleurs, de lampes en couleurs et de cierges. Le beau tableau du maître-autel, œuvre d'un peintre italien, représentant la transverbération de notre sainte Mère Thérèse, était le centre où convergeaient les fleurs, l'illumination et la dévotion des fidèles.

Depuis sept heures du matin jusqu'à sept heures du soir, il y eut tous les jours exposition du Très-Saint-Sacrement; les messes se succédaient à chacun des sept autels de notre église jusqu'à midi ; et longtemps encore après midi on servait à la Table sainte l'aliment de vie aux fidèles, car l'affluence et la ferveur étaient bien grandes. Le lundi 16, Mgr Dunajewski, notre bien-aimé évêque de Cracovie, célébra la messe ; et les autres jours un digne prélat de notre ville, ami du Cardinal, vint offrir le saint sacrifice. Les Révérends Pères de la Compagnie de Jésus, toujours si unis de cœur et d'esprit aux enfants de Thérèse, prêchaient tous les jours avant midi, et le soir aux vêpres. Pendant trois jours de suite, le Révérend Père Preszatowicz, ancien recteur, vieilli dans les travaux apostoliques, missionnaire distingué et orateur apprécié, nous retraça avec des accents chaleureux les héroïques vertus de sainte Thérèse, sa grande mission dans le monde et dans l'Eglise, qu'elle a transmise au Carmel pour la régénération des siècles. L'émotion de l'auditoire fut bien grande ; une douce joie remplissait nos cœurs de voir notre Mère si exaltée. A la grand'messe, le Révérend Ladislas Czensz, avec l'éloquence, l'élan et l'enthousiasme de l'amour, dévoila la beauté de l'âme séraphique de la vierge du Carmel, son attrait irrésistible, l'influence qu'elle exerce sur les cœurs purs et les intelligences élevées, son amour immense pour son céleste Epoux. L'entraînante éloquence de l'orateur ravissait nos âmes ; un murmure d'admiration pour la grande et belle Sainte et des sanglots se faisaient entendre de toutes parts ; même les plus indifférents se sentaient émus.

Le troisième jour, après le salut très solennel et la vénération de la relique de notre sainte Mère, les chants joyeux se prolongèrent longtemps. On distribua aux fidèles douze cents images de la séraphique Vierge avec les sentences de Thérèse de Jésus : « *Que rien ne te trouble*, etc. » ; mais le nombre des images était bien inférieur au nombre des cœurs dévots réunis à l'église. Pendant le *Triduum*, au soir, l'illumination de la façade répandait au loin une douce clarté qui durait encore après minuit.

En terminant, nous constaterons que partout et toujours, mais spécialement chez le peuple polonais et au temps où nous vivons, sainte Thérèse a de fervents admirateurs. Cette si vive sympathie pour la grande Sainte prouve avec évidence que son esprit et ses œuvres répondent parfaitement aux besoins de notre époque.

DEUXIÈME CARMEL DE CRACOVIE, RUE LOBZOWSKA

(FONDÉ EN 1874).

L'anniversaire trois fois séculaire de la glorieuse mort de notre séraphique Mère sainte Thérèse, célébré avec tant d'éclat dans tous les pays où fleurit sa Réforme du Carmel, n'a pas laissé d'être fêté avec joie par les enfants et les amis de cette grande Sainte dans notre pauvre Pologne, où son ordre commence à peine à se révéler et à sortir de ses ruines. Il suffit de dire que dans cette bonne ville de Cracovie, où sont groupés les fils et les filles de sainte Thérèse, il y a deux maisons de Pères jésuites et une université, la célèbre université Jagellonne, dont la faculté de Théologie réunit les prêtres les plus distingués du pays sous le rapport de la science et de la piété. On sait assez que maintenant encore, aussi bien que de son vivant, notre sainte Mère Thérèse n'a pas d'amis plus dévoués que ses chers Pères de la Compagnie de Jésus et tous les prêtres vraiment savants et vertueux.

Notre petite chapelle n'étant qu'une construction provisoire, ajoutée à la petite maison de campagne qui nous sert d'abri depuis l'expulsion de notre couvent de Posen en 1874, peut à peine contenir une centaine de personnes. Cette circonstance, que nous regrettâmes vivement en une si solennelle occasion, mit forcément des bornes aux plans de décoration, au concours du peuple et surtout au zèle de nos bons Pères de la Compagnie de Jésus et de nos autres amis, qui eussent voulu convertir notre petite chapelle en cathédrale pour y célébrer les offices pendant ce *Triduum* avec toute la pompe possible. Cependant, tel qu'il fut, le pauvre et modeste sanctuaire présenta pour cette solennité l'image d'un petit paradis, tout tapissé de guirlandes de verdure sur lesquelles se détachaient des banderolles ornées d'inscriptions et de chronogrammes. On y lisait : *Quid retribuam Domino,* etc. *Misericordias Domini in æternum cantabo !!!*

FerVorIs pIa hostIa (pro) sVo SaLVatore.
TeresIæ VIrgInItas arDebat pVro aMore.

VIsCera sanCtæ MatrIs CharItatIs VLCere ICta.
In ferVore pII, gratI fInIs VIgent. 1582.

FLagrans Cor MatrIs Igneo teLo transfIXo (patet)
In (eo) ChrIstVs Viget (et) ferVorIs arDor Latet.

TeLo ferVorIs Igneo Cor Matris perforatVr,
SI penItVs In CIneres (a) Deo ConVertatVr.

De chaque côté de l'autel, on voyait des faisceaux de bannières blanches, rouges et bleues, portant en lettres d'or le chiffre de notre sainte Mère, et les deux dates de 1582 et 1882. Au milieu de l'autel et dans une niche d'azur à fleurs d'or, une belle statue de sainte Thérèse richement peinte et décorée (style gothique) dominait le tout, éclairée par deux pyramides de lumières. Enfin l'autel lui-même et les prêtres qui y célébraient étaient couverts de toutes les magnificences rassemblées dans notre sacristie par la générosité des amis du Carmel et par quinze années d'économie et de travail.

Les deux premières messes qui se célébrèrent dans notre petite chapelle, le jour de la fête du 15, furent dites par deux professeurs de l'Université, le docteur Spis, chanoine de la cathédrale de Cracovie, et le R. P. Pawlicki, de la congrégation de la Résurrection de N.-S. Notre sainte Mère Thérèse, qui aimait tant les vrais savants, aura souri du haut du ciel en voyant la science sacrée lui rendre les premiers hommages en ce grand jour. Le reste de la matinée, les messes se succédèrent. La grand'messe fut chantée à onze heures, ainsi que les vêpres de l'après-dîner, par les Pères de la Compagnie de Jésus, qui sont des musiciens distingués. Pour nous qui ne sommes plus habituées à entendre les chants de l'Église, nous étions vraiment comme au ciel en entendant les voix magnifiques de ces bons Pères chantant avec tant de cœur et d'élan les louanges de Dieu et de notre sainte Mère, qu'ils appelaient à pleins poumons « *Mater nostra* », comme s'ils avaient été ses vrais fils et des Pères de son ordre. Ceux-ci n'ayant pas leur couvent à Cracovie même, mais dans les environs, et célébrant leur *Triduum* en même temps que nous, ne purent nous prêter leur fraternelle assistance, ce qui fut un sacrifice de part et d'autre. Les sermons furent prêchés par un Père de la Compagnie de Jésus et par deux Pères Lazaristes. Le R. P. Vojcikowski, jésuite, supérieur de la maison de Sainte-Barbe, prêcha le matin des trois jours. Comme cet excellent Père se distingue encore parmi tous ses frères par son amour pour notre sainte Mère, et se dit redevable envers elle de beaucoup de grâces, il n'avait voulu laisser à personne une tâche que sa reconnaissante dévotion lui rendait si douce. On sentait dans tout ce qu'il disait, outre cette dévotion toute filiale, une profonde connaissance de la vie et des écrits de la Sainte, et une grande expérience personnelle de la vie d'oraison.

Les deux Pères missionnaires s'attachèrent à montrer la vie de notre Mère Thérèse sous le côté pratique, avec cette onction et cette simplicité qui leur est propre. L'un d'eux, le P. Kiedrowski, est un missionnaire dans toute la force du terme, et tellement populaire, que l'on a peine à trouver place à l'église quand il doit prêcher. Dédaignant d'employer son talent naturel d'éloquence, il s'attache toujours à ce qui est le plus propre à frapper ses auditeurs. Ses expressions et ses comparaisons pleines d'originalité font sourire ceux qui l'écoutent; mais une fois qu'on l'a entendu, l'on ne peut plus oublier ni le prédicateur ni les vérités qu'il inculque avec tant de force. Le premier jour, ce saint missionnaire parla de la puissance de la prière appuyée sur l'humilité : il commença son sermon par un magnifique parallèle entre sainte Thérèse et Judith, montrant que ce que l'héroïne de Béthulie avait fait matériellement pour son peuple, sainte Thérèse l'avait accompli pour toute l'Eglise; que sa prière n'avait été si puissante sur le cœur de Dieu, que parce qu'elle sortait d'un cœur profondément humilié devant sa divine majesté. Le prédicateur fit voir ensuite, par diverses similitudes aussi convaincantes qu'originales, combien le cœur superbe déplaît à Dieu et lui est à dégoût, expliquant ces paroles du psaume 137ᵉ: *Excelsus Dominus et humilia respicit, et alta a longe cognoscit.* « Le Seigneur infiniment élevé voit de près celui qui s'abaisse et de loin celui qui s'élève. » Le deuxième jour, le R. P. Mirocki prêcha, missionnaire également zélé et pieux, également aimé du peuple. Le troisième jour fut le plus solennel : notre digne et vénéré pasteur, Mgr Dunajewski, évêque de Cracovie, non content de venir le matin célébrer la sainte messe, eut encore l'extrême bonté de s'offrir de lui-même à faire la clôture solennelle de notre *Triduum*. Malgré l'exiguïté de notre petite chapelle, nous trouvâmes encore le moyen d'y faire placer un trône pour Sa Grandeur. La foule qui s'y pressa fut si compacte qu'il fallait tout le respect que notre peuple porte aux prêtres pour qu'il leur fût possible d'entrer et d'arriver jusqu'au sanctuaire. Notre digne Père et confesseur, le docteur chanoine Spis, officia pour les vêpres, assisté d'un grand nombre de Pères Jésuites. Sa Grandeur Mgr l'Évêque arriva pour le sermon, qui fut prêché par le Père Kiedrowski. Il parla cette fois de la persévérance de notre sainte Mère Thérèse, montrant qu'il sert peu de bien commencer et même de faire beaucoup, si l'on ne persévère jusqu'au bout. Le bon Père touchait ici notre côté faible : « Nous autres Polonais, dit-il, nous avons des cœurs tout de feu ; nous nous mettons au bien sans nous épargner, et nous allons ainsi quelque temps ; mais ce qui nous manque, c'est la persévérance, et néanmoins sans cela rien ne sert. »

Le *Te Deum* qui clôtura ces belles solennités en fut le digne couronnement. Mgr l'Évêque l'entonna de sa belle et imposante voix, et il fut continué avec un élan indescriptible par les Pères Jésuites et tous nos bons prêtres. Jamais les voûtes de notre petite chapelle n'avaient résonné de tels accents. Selon le touchant usage de notre Pologne, on s'arrêta au verset *Æterna fac cum sanctis tuis in gloria numerari;* on descendit le très Saint-Sacrement, et après l'avoir encensé, Mgr l'Évêque prit l'ostensoir, et élevant la sainte Hostie vers le ciel, chanta trois fois sur un ton toujours plus élevé : *Salvum fac populum tuum, Domine,* le clergé reprenant à chaque fois les mêmes paroles. Enfin, la troisième fois, et lorsqu'on poursuit : *Et benedic hæreditati tuæ,* Jésus bénit son peuple qui l'en supplie à genoux, et les derniers versets du *Te Deum* s'achèvent parmi les larmes que cette émouvante cérémonie ne manque jamais de faire jaillir des yeux ou plutôt des cœurs. C'est là une coutume générale dans notre pays, coutume à laquelle on ne s'habitue jamais, tant cette bénédiction du très Saint-Sacrement pénètre l'âme pendant le chant triomphal du *Te Deum*.

Après que le Très-Saint-Sacrement eût été remis dans le tabernacle, nous fûmes bien surprises de voir Mgr l'Évêque fendre la foule qui remplissait la chapelle et s'approcher de notre grille qui est dans le fond. Sa Grandeur en effet ayant donné le grand reliquaire de notre sainte mère Thérèse à baiser à tout le clergé ne voulait pas l'offrir à la vénération du peuple avant de l'avoir présenté aux filles de cette grande Sainte qui sont aussi ses enfants. Monseigneur nous pria d'ouvrir la petite fenêtre de communion pour nous donner à toutes la relique à baiser, ce que nous fîmes avec grande joie et dévotion, baisant aussi la main vénérée de notre bon pasteur.

Après la cérémonie, l'on distribua des médailles et les images de notre sainte Mère Thérèse faites pour la circonstance. Nous avions aussi fait imprimer la traduction en polonais de la neuvaine de saint Alphonse en l'honneur de notre sainte Mère Thérèse, où se trouve réuni tout ce que l'on peut dire de plus beau et de plus grand sur cette Sainte. La petite brochure contenait aussi une explication de la messe propre de notre sainte Mère Thérèse par Mgr le chanoine Spis. Ce dernier écrit est fait d'une manière fort intéressante et respire la plus tendre dévotion envers la sainte Mère ; c'est la seule production sortie de notre Pologne à l'occasion du trois centième anniversaire de sa mort (1).

Que tout cela soit dit pour la plus grande gloire de Notre-Seigneur Jésus-Christ, de sa très sainte Mère et du glorieux saint Joseph, ainsi que de leur fidèle servante notre sainte Mère Thérèse de Jésus !

CARMEL DE WIELICZKA, PRÈS CRACOVIE

(FONDÉ EN 1880).

Notre toute récente fondation, qui, matériellement, n'est même pas encore un monastère, mais un asile tout à fait primitif, n'a pu et ne peut jusqu'ici abriter le céleste époux de nos âmes que sous la voûte trop modeste d'une petite chapelle *en planches*, et si petite qu'elle n'a pas plus de quatre mètres de large sur dix de long, y compris la sacristie.

C'est pourtant dans cette basilique que nous nous avisâmes de célébrer les fêtes du centenaire, et le ciel voulut si bien bénir notre filiale audace, que nous atteignîmes sinon à la hauteur de tous nos désirs, du moins à celle de tout notre petit pouvoir.

Une neuvaine, avec exposition du Très-Saint-Sacrement, prépara le pieux public au *Triduum* solennel, fixé aux 15, 16 et 17 octobre.

Cette toute petite, toute pauvre chapelle, se revêtit pour la première fois de telles parures de fête, qu'elle prit un aspect comme emprunté du ciel. — Sur ces parois et ces voûtes de planches, une main d'artiste aussi intelligente que pieuse vint étendre, en style et goût romain, de charmantes décorations en draperies de velours aux franges d'or, entremêlées de fraîches guirlandes de roses et de lis fournies en abondance par notre laborieux noviciat, et dont les lignes parcouraient artistiquement en tous sens l'étroite enceinte de l'humble sanctuaire. Le T. R. P. Prieur des Dominicains de Cracovie, Italien, voulut avec ses excellents Religieux se charger de cette ornementation, apportant à cet effet, de sa belle église, tout ce qui pouvait servir à la

---

(1) La traduction française de ce petit ouvrage paraîtra cette année, chez M. A. de Brouwer, Société de Saint-Augustin, Bruges, Belgique.

fête, sachant que la récente fondation ne possède rien que les apanages de la sainte pauvreté.

A contempler le zèle indescriptible que mettaient ces pieux religieux à décorer notre petit Bethléem, à voir ce vénérable Père Prieur, viellard aux cheveux blancs, perché, à peu près deux jours durant, au haut d'une échelle, se donnant une peine incroyable et suant à grosses gouttes, pour suspendre de ses mains un magnifique arceau de lustres du plus bel effet, on se transportait aisément aux temps primitifs de la Réforme, où les enfants de saint Dominique s'empressaient en toute circonstance au secours de notre sainte Mère Thérèse.

La Reine du ciel, ou plutôt sa douce image du perpétuel secours, laquelle, comme titulaire de la chapelle et du monastère, trône au haut de notre autel, dut en ce jour céder sa place d'honneur à un beau tableau de la séraphique Thérèse, dont le regard ardent plongé dans les cieux, pendant que ses mains étreignent amoureusement une croix, parlait éloquemment aux cœurs fidèles, et formaient par avance son plus beau panégyrique : « *Par la Croix au Ciel!* » — Ce tableau était le don de la plus insigne bienfaitrice de notre naissant Carmel, à laquelle, nous pouvons le dire, cette petite fondation doit jusqu'à ce jour son existence matérielle.

Le 14 octobre au soir, s'illumina soudain le petit sanctuaire, et toutes les fenêtres du fronton de notre humble demeure se dessinèrent à la fois d'une foule de petites lumières. Au parloir du dehors, une fenêtre portait en transparent le portrait de la glorieuse Mère du Carmel, l'autre une grande croix de lumière. La porte d'entrée fut couronnée par un splendide blason du Carmel en illumination. Au même moment, la musique de la ville se prit à chanter les douces et majestueuses strophes de la Glose, traduite pour la circonstance en notre langue. Un émoi de piété et d'attendrissement se répandit dans toute la petite cité, car le peuple de Pologne conserve encore sa foi primitive, sa simple et naïve piété, et s'enthousiasme du ciel dès qu'il l'entend nommer. Préparé par la neuvaine, le public attendait avec impatience les fêtes annoncées ; mais, de son propre aveu, il ne s'attendait guère à les voir aussi belles, à en recueillir un tel accroissement de piété et une si grande consolation. Dans cette petite ville où sainte Thérèse, jusqu'à l'arrivée des Carmélites, n'était que très peu connue, son nom béni, comme une étincelle céleste, parcourut instantanément toutes les bouches et enflamma tous les cœurs. Tout à coup, avec nous, la ville entière se trouva en fête, et y persévéra trois jours.

Depuis bien des jours, dans notre petit nid, il se faisait une ardente prière pour obtenir le beau temps à ces fêtes qui ne reviendraient plus pour la génération présente ; et la saison, déjà bien avancée en Pologne, ne répondait à nos vœux que par des brumes glaciales et des pluies torrentielles ; quand voici que se leva splendide la matinée du dimanche 15 octobre !

Dès le point du jour, la petite chapelle Thérésienne se trouve assiégée — heureux qui peut pénétrer dans l'intérieur ! — Une foule compacte, vu le manque d'espace, devra stationner dans la rue et y restera avec une persévérance invincible. Une garde d'honneur des pompiers de la ville se constitue par un soin tout spontané de l'autorité municipale et, formant cercle autour de la chapelle, ferme des deux côtés la voie publique pour empêcher les voitures de troubler la cérémonie.

Mais soudain une voiture fermée roule du côté de Cracovie..., les gardes ouvrent respectueusement leurs rangs, elle s'arrête devant le Carmel... Un sentiment d'admiration, de tendresse et de dévotion électrise la foule réunie au dedans et au dehors de la chapelle; tout genou fléchit et toute tête s'incline, comme à l'aspect d'un hôte céleste qui descendrait d'en haut pour prendre part à cette fête; les cloches s'ébranlent, et le chœur des musiciens dans la chapelle éclate en un magnifique : *Ecce Sacerdos magnus.* La douce et majestueuse figure du Pontife, du saint Pasteur du diocèse de Cracovie, Mgr Aubin Dunajewski, apparaît en effet comme une vision céleste qui seule pouvait manquer au charme et aux splendeurs d'une telle fête. Mais qui eût osé soupçonner que cet humble petit sanctuaire du Carmel, à deux lieues de Cracovie, serait le premier honoré par l'auguste visiteur durant ce jubilé célébré simultanément dans les deux couvents de la ville épiscopale ? C'est que notre Carmel est son œuvre, qu'il en est le fondateur, le supérieur et le père.

Ce furent donc de telles mains qui offrirent le premier sacrifice de ce beau jour dans notre sanctuaire, et la majesté de cette voix vénérée fut la première à ouvrir la série des louanges qui allaient retentir dans l'étroite enceinte matérielle de l'édifice, et porter au loin un puissant écho dans la région des âmes. — Durant la messe épiscopale, de belles voix exécutaient les trois chants composés dans notre petit Carmel et imprimés par nos soins à l'occasion du jubilé, savoir : la traduction polonaise de la Glose, d'après la version du R. P. Bouix; un petit cantique populaire chanté à quatre voix, et finalement un cantique exécuté en solo par une jeune personne, dont la piété égale le beau talent, et dont la charmante voix nuançait de la plus éloquente manière le sens de ce cantique composé avant tout dans un esprit d'amour envers la sainte Église, demandant à Thérèse de réaliser encore une fois par ses œuvres la sublime parole qui fut, à sa dernière heure, le plus beau résumé de sa vie : « Seigneur, je suis fille de l'Église. »

Ce chant de cygne, que trois siècles de gloire ont répété à la postérité avec admiration et tendresse, fut encore le bouquet suave de la magnifique homélie de notre Pasteur. Après la messe, se tournant vers l'assistance, Sa Grandeur laissa couler de son incomparable cœur des accents profondément émus. Prenant pour thème l'amour séraphique de Thérèse pour Jésus-Christ, et la suivant depuis le berceau jusqu'à la tombe, il montra cette flamme divine, depuis l'étincelle primitive qui réchauffa les premiers battements du cœur de l'enfant, jusqu'à l'immense incendie de l'inextinguible foyer séraphique, enflammant tout l'univers, sans que ni les eaux de la tribulation, ni le glaive de la persécution, ni les misères de cet exil aient pu en arrêter le bienheureux accroissement. Il finit par démontrer que l'amour apostolique de la séraphique Vierge envers l'Église était le fruit de son céleste amour pour Jésus-Christ qui est le fondateur et le chef. Durant ce discours qui pénétra toute l'assistance, le pieux Pontife s'arrête un instant pour essuyer de saintes larmes de dévotion et d'attendrissement.

A cause de la foule dont le nombre et les proportions de notre chapelle paralysaient les mouvements, les communions furent relativement peu nombreuses. Nous savons seulement que grand nombre de personnes de tout état et de tout sexe, informées des conditions de notre jubilé, assiégeaient les confessionaux et les autels des dignes fils de saint François d'Assise, nos voisins, et venaient ensuite assister à nos solennités qui avaient lieu deux fois par jour, avec exposition du Très-Saint-Sacrement. La grande partie de l'assistance devait se tenir dans la rue, ce qui ne diminuait nullement la ferveur et l'assiduité des fidèles ; quelques-uns occupaient leurs places de grand matin, et ne s'éloignaient plus, pour ne rien perdre, disaient-ils, de ces fêtes du Ciel.

Emouvant fut aussi l'exemple d'un pieux chrétien, de la garde des pompiers, qui, chacun des trois jours de la fête, durant la grand'messe, au moment de la communion du prêtre, quittait son casque et ses armes, s'avançait les mains jointes, à travers la foule, et recevait le pain de vie, puis revenait bravement reprendre son poste. Ce fait édifiera nos lecteurs français. Oh ! nous autres, enfants de la « France du Nord », comme a bien voulu appeler la Pologne un auteur sympathique, nous n'oublions pas d'embrasser, dans notre silencieux apostolat de l'immolation et de la prière, ce noble pays des « Francs » que « Dieu aime » et que l'enfer s'efforce de ravager par l'impiété, pour ôter à l'Église le bras de sa « Fille aînée ».

Le soir de ce premier jour de *Triduum*, à vêpres, une autre grande voix du diocèse, appelée dans le pays « *la veine de l'éloquence sacrée* », publia dans le plus magnifique langage les gloires de la Vierge d'Avila. Le nouveau pasteur de la paroisse de notre ville, Mgr Sigismond Golian, Prélat romain, docteur en théologie, le premier des orateurs sacrés de notre pays, retraça devant l'assistance ravie la sublime image de la grande Réformatrice du Carmel, accomplissant à côté des œuvres les plus importantes et les plus admirables le grand ouvrage de sa propre sanctification, et puisant à cette source première les inspirations des grandes choses qu'elle accomplissait pour Dieu. L'apostolat de la prière et du sacrifice, l'amour de Dieu et de l'église en sainte Thérèse fut le thème incomparable que l'orateur développa avec un talent et une piété sublimes.

Le lendemain 16, les offices du matin furent célébrés par les RR. PP. Dominicains de Cracovie. Le R. P. Prieur chanta la grand'messe, que le chœur exécuta en musique instrumentale et vocale, avec beaucoup de verve et de talent. Un jeune dominicain raconta à l'auditoire la ravissante histoire de Thérèse et fit l'apologie de ses écrits célestes.

Le soir, aux vêpres célébrées par nos excellents Pères Récollets de Wieliczka, voisins et bienfaiteurs de notre naissant Carmel, un jeune prêtre de la cathédrale de Cracovie vint pénétrer les âmes des fidèles du baume le plus suave, lorsque, avec une éloquence enrichie de la science mystique et présentant le côté pratique de la piété, il dépeignit Thérèse comme un chef-d'œuvre accompli par le ciseau de la croix, et démontra la souffrance comme le moyen le plus efficace de la prompte et solide sanctification des âmes. L'amour sanctifiant de Thérèse par la croix ; Thérèse sanctifiant la croix par l'amour.

Le troisième jour, réservé aux dignes fils de saint François, les entendit raconter le matin la sainte vie, et le soir la glorieuse mort de la séraphique Thérèse. La grand'messe, chantée par le T. R. P. Gardien, fut comme la veille exécutée par l'orchestre de la ville, et le soir, après les vêpres célébrées par notre vénérable curé Mgr Golian, la même musique, et avec elle la communauté des PP. Récollets, exécuta un *Te Deum* solennel qui clôtura la fête dans la chapelle. Mais au dehors elle se prolongea encore. Outre l'illumination de tous les soirs, les transparents, etc., nous avions fait organiser en face de la chapelle des feux de bengale, lesquels, un peu empêchés par la pluie les deux premiers soirs, réussirent parfaitement pour la clôture. Or, ce dernier soir, les musiciens, voulant prolonger la joie générale, vinrent se placer devant le transparent de sainte Thérèse, et y jouèrent d'abord la *Glose* et les pieux cantiques, puis firent entendre les plus joyeux airs nationaux qui enthousiasmèrent le peuple au point que nous craignîmes un moment de voir la fête se terminer par une danse, laquelle, faute d'arche, n'eut pas eu les pieuses qualités de celle du roi David.

Ici, nous devons l'hommage bien légitime d'une reconnaissante mention aux autorités civiles du lieu. — Le respectable Inspecteur en chef de la police eut pour nous des égards que la piété seule pouvait inspirer. Non content d'organiser lui-même et de maintenir la garde à l'entrée et à l'entour de notre chapelle pendant les offices du *Triduum*, il voulut encore lui-même y être présent pour tout surveiller, et lorsque le soir du troisième jour un léger accident se produisit, il sut y remédier à l'instant. Lorsqu'après la fête, nous le fîmes prier de nous dire quel honoraire pourrait être offert aux Messieurs qui montaient la garde durant six heures chaque jour, il nous fit répondre qu'ils n'avaient accompli que leur devoir, et se trouvaient suffisamment payés par cet honneur.

A la gloire de notre sainte Mère, nous devons donner ici un petit détail. Désirant la fêter de tout notre pouvoir, nous y mîmes toutes nos petites ressources qui suffisaient à peine pour notre entretien journalier. Et peu de jours après le *Triduum,* la somme que nous avions dépensée nous fut rendue au double par une aumône inattendue qui nous venait avec toutes les marques d'une intervention surnaturelle.

Les fidèles, généralement doués d'une profonde piété dans notre pays, ne pouvaient se lasser de nous remercier des délices spirituelles que ces jours de bénédiction leur avaient apportées, et du renouvellement de ferveur qui s'en est suivi dans nos foyers chrétiens. Les habitants de Wieliczka, qui connaissaient trop peu sainte Thérèse, se trouvèrent intimement touchés de ce modèle sublime de la perfection la plus élevée, rendue néanmoins imitable par le côté pratique de ses admirables vertus.

Plus que les riches ornements de nos temples, cet heureux fruit pour les âmes dut réjouir le cœur maternel de Thérèse, d'autant plus qu'il allait s'accroître par l'apparition de la vie de notre sainte Mère par Ribera, traduite en notre langue sur l'ouvrage du P. Bouix. Ce fut une de nos Mères qui, par un travail assidu, traduisit du français cette magnifique vie ; et les soins paternels de Mgr notre Evêque, qui daigna agréer la dédicace de cette œuvre, la livrèrent à l'impression et la firent paraître pour le 15 octobre. Cet ouvrage, tiré à bon nombre d'exemplaires, se trouve en vente à Cracovie, et s'écoule rapidement à la grande joie de nos cœurs filials, qui en attendent un grand accroissement d'amour envers notre séraphique Mère. Ainsi soit-il !

CARMEL SAINT-CHARLES' SQUARE

(LONDRES).

Les Carmélites de Saint-Charles' Square, à Londres, ont voulu oublier un instant leur entière pauvreté pour ne penser qu'à la gloire de leur sainte Mère. Leurs fêtes ont été splendides.

La chapelle du monastère, d'un gothique pur et sérieux, était transformée en un délicieux parterre.

Des groupes de palmiers de toute taille ornaient en abondance, non seulement le sanctuaire, mais la chapelle tout entière, et produisaient le plus heureux effet.

Ce qui frappait tous les regards, c'était une statue de sainte Thérèse d'une rare beauté. De son trône, élevé de 4 pieds 1/2, elle dominait le sanctuaire et présidait aux solennités.

Cette statue, chef-d'œuvre de MM. Mayer et Cie, de Munich et de New-Bond street, Londres, est sculptée en bois. La perfection du ciseau égale celle du coloris, d'une exquise délicatesse. Mais ce qui la distingue excellemment, c'est l'expression vraiment céleste de la physionomie et la suavité toute spirituelle du regard; sa dévotion frappe les assistants; un pur reflet de sainteté l'anime et dit bien haut le sentiment chrétien de l'éminent artiste qui a conçu cette œuvre.

Placée à l'entrée du sanctuaire, en face de la grande et austère grille de ses filles, la statue reposait sur un gracieux piédestal en pierre blanche artistement ciselé. Un baldaquin semblable la protège; le style en est gothique et d'un goût parfait.

Autour de la Sainte, palmiers et lumières abondaient; les fleurs les plus belles semblaient éclore à ses pieds et formaient un gracieux faisceau d'où la Sainte ravissante s'élève pour bénir.

Le 15 octobre, fête de sainte Thérèse, à 9 heures, il y eut messe et sermon par le Très Rév. Père Butler, recteur du collège Saint-Charles. A 5 heures, salut solennel chanté en musique, donné par le Très Rév. Père Gordon, supérieur de l'Oratoire.

Durant les jours consacrés aux fêtes de sainte Thérèse, les Révérends Pères de l'Oratoire de Saint-Philippe de Néri, South-Kensington, Londres, ont voulu que leur maîtrise et les plus belles voix de leur chœur fussent entièrement employées à célébrer la gloire de la Sainte. Là ne s'est point borné leur zèle ; les Révérends Pères se sont fait une joie de prendre la part la plus active et la plus dévouée à tous les offices de ces grands jours.

Le 17 octobre a eu lieu l'ouverture du *Triduum* solennel. A 8 heures et à 9 heures, les messes basses se célébrèrent, et à 10 heures et demie il y eut grand'messe et sermon par le Très Rév. Père Buckler, prieur des Dominicains ; le prédicateur exposa la nécessité de la prière et de l'oraison mentale, invitant son auditoire à prendre l'illustre Vierge d'Avila pour guide et pour modèle. Aux pompes des cérémonies s'unissent les voix les plus harmonieuses ; une messe de Mozart est admirablement chantée.

A 4 heures, sermon français par le Rév. Père Matignon, de la Compagnie de Jésus. L'éminent prédicateur, avec une éloquence admirable, s'applique à faire connaître dans son entier la sainte Réformatrice du Carmel ; réfutant par la vie même de la Sainte, les erreurs les plus répandues au sujet de la sainteté et de la perfection, il sut prouver jusqu'à l'évidence que la prière, l'immolation, le sacrifice de vies entièrement consacrées à la contemplation répondent, plus que jamais, aux besoins de notre siècle.

A l'issue du sermon, musique, chants et salut solennel présidé par le Très Rév. Père Gordon.

Le 18 octobre, à 8 heures et à 9 heures, messes basses. A 10 heures et demie, grand'messe et sermon par le Très Rév. Père Gordon. Le prédicateur, en termes énergiques et pleins de feu, met au grand jour l'œuvre de sainte Thérèse, et bénit cet étendard de prière et d'austérité que le Carmel a de tout temps arboré sur la terre. Les musiciens exécutèrent une messe d'Haydn.

A 4 heures, monta en chaire le Rév. Père Matignon. Poursuivant la vie de la Sainte, le Rév. Père développe sa doctrine céleste et découvre à son auditoire ravi les sommets les plus élevés de la perfection.

L'éloquence du prédicateur semble grandir et se perdre dans les hauteurs ou le conduit la Sainte. — Chants, musique et salut solennel par le Très Rév. Père Purbrick, provincial de la Compagnie de Jésus.

Le 19 octobre, après les messes basses, la messe pontificale fut célébrée par Sa Grandeur Monseigneur d'Amycla, évêque auxiliaire du diocèse. On chanta une messe de Weber.

A 4 heures, troisième sermon par le Rév. Père Matignon.

« *Opus consummavi quod dedisti mihi ut faciam.* »

Présenter l'œuvre accomplie de sainte Thérèse, en montrer l'étendue, la grandeur toute divine, l'actualité, tel est le but du prédicateur. La parole était à la hauteur de son sujet.

Ces trois sermons forment un tout complet qui, nous n'en doutons pas, portera des fruits.

Chants, musique et salut solennel donné par le Rév. Père Matignon.

Durant ces solennités, le concours des fidèles ne s'est point démenti, et l'Angleterre catholique semblait heureuse de témoigner à sainte Thérèse sa dévotion et son amour.

Un voyage imprévu est venu priver les Carmélites de Saint-Charles' Square de la présence de Son Eminence le Cardinal Archevêque pour la clôture du *Triduum*.

CHAPITRE SIXIÈME

ASIE

Dieu n'abandonne jamais entièrement les peuples, même ceux qui le repoussent, parce qu'ils sont rachetés par le sang de Jésus-Christ. Semblable au flot de la mer qui revient toujours à son heure baigner le sol le plus désert et le plus ingrat, sa grâce cherche sans cesse à inonder de nouveau cet Orient si spécialement favorisé et si obstinément rebelle. Berceau du Carmel comme de l'Evangile, la Terre-Sainte, qui avait vu l'un et l'autre quitter ses rivages et aller sanctifier de préférence des pays jadis barbares, aspirait après leur retour; quand enfin les fils d'Elie reparurent sur la montagne de Marie, suivis de près par les filles de Thérèse, celles-ci fixèrent leur séjour dans les lieux où le Sauveur a enseigné et prié, et près de l'étable où il fut adoré des bergers et des mages. De plus, pénétrant jusqu'au cœur des contrées infidèles, leur bataillon sacré a dressé son camp dans les Indes, en Cochinchine et en Chine. Quand Dieu veut définitivement établir sur une terre le règne de la Croix, il y envoie l'Ordre de sa Mère, et bientôt l'enfer, obligé de reculer, finit par s'avouer vaincu. « *Non vocaberis ultrà derelicta... et terra desolata.....* Bientôt, ô terre d'Orient, on ne vous appellera plus la répudiée de Dieu..... et la terre désolée..., mais vous serez appelée la bien-aimée..., et remplie d'habitants, futurs citoyens du ciel. » (Isaïe, 62, 4.)

Le lecteur verra avec consolation que les fêtes du centenaire ont eu un caractère éminemment populaire dans les pays infidèles. Cet élan général si marqué prouve que le Carmel est appelé à produire de grands fruits dans les missions où il pourra s'implanter. On ne s'étonnera pas de la place relativement large qui est accordée ici à certaine relation, ces monastères ayant un droit spécial à notre intérêt, en raison du bien qu'ils sont appelés à faire, des difficultés qui ont précédé leur fondation et des secours dont ils peuvent avoir besoin.

Nota. — Le 15 octobre, le centenaire de sainte Thérèse de Jésus a été célébré au monastère du Mont-Carmel, en Terre-Sainte, avec une solennité très grande, augmentée encore par la présence inattendue de l'escadre française dans le port de Caïffa, au pied du Mont-Carmel. L'amiral Conrad, les commandants des navires, une partie des officiers et le consul français, acceptant l'invitation que leur avaient faite nos révérends Pères, gravirent la montagne et assistèrent à la messe pontificale célébrée par Mgr Gaudence, franciscain, qui donna aussi le panégyrique de la Sainte.

La musique de l'amiral contribua beaucoup à relever la cérémonie. Le soir, le Carmel fut illuminé; on tira des pièces d'artifice au monastère et sur les navires. Puis le vaisseau amiral projeta sur le couvent un jet de lumière électrique dont la puissance et la durée fit s'exclamer les Arabes pendant une heure qu'ils en jouirent. Enfin, les officiers et les marins se retirèrent heureux d'emporter, comme souvenir du sanctuaire et de la fête, des images, des scapulaires et des médailles, pour eux et pour leurs familles. Sainte Thérèse, fêtée au Carmel par la France, la protègera toujours et la couvrira de son amour maternel.

CARMEL DU MONT DES OLIVIERS

(JÉRUSALEM).

Puisque nous n'avons pas de *Semaine religieuse* à Jérusalem, nous serons le journaliste du Mont des Oliviers, pour donner sur les fêtes du centenaire les détails que l'on peut désirer.

Au commencement d'octobre nous ne savions encore ce que nous pourrions faire. Notre grande pauvreté ne nous ayant pas permis de nous procurer en France des décorations, et notre aumônier nous manquant depuis le milieu de septembre, nous n'avions à notre disposition que la bonne volonté de notre noire tourière, plus apte à balayer une église qu'à la parer. Mais Notre-Seigneur n'abandonne jamais ceux qui se remettent entre ses mains. Les missionnaires d'Algérie, appelés ici les Pères de Sainte-Anne à cause du sanctuaire de l'Immaculée-Conception dont ils sont les gardiens, nous vinrent en aide, et l'on se mit à l'œuvre. Pendant qu'on charpentait dans l'église et qu'on faisait des fleurs dans le cloître, à la menuiserie et sur le chantier, nos ouvriers, chrétiens et musulmans, sous la direction de notre bonne Mère dépositaire, travaillaient avec un zèle égal à la fabrication des lanternes de papier huilé, seule illumination possible au Mont des Oliviers où le vent est toujours assez fort pour éteindre des lampions. Enfin le jour de la fête arriva, et nous pûmes, à travers la grande grille, contempler l'œuvre de notre décorateur, un des Pères de Sainte-Anne.

Derrière l'autel, paré de lis et étincelant de gerbes de lumières artistement ménagées, au sommet d'une montagne artificielle dont les pentes étaient couvertes d'une verdure de pins mêlés de roses, et dominant l'église et le tabernacle, l'image de cire de notre sainte Mère, revêtue de son habit du Carmel, se dressait parmi les lis. Des tiges de lis et de passe-rose, et tous les bouquets de fleurs naturelles qu'avait pu fournir notre jardin, complétaient l'ensemble de cette gracieuse décoration. Le Saint-Sacrement devant être exposé pendant les trois jours du *Triduum*, nous avions craint que les deux ou trois kilomètres qui nous séparent de Jérusalem, et qui sont une grosse course pour les Orientaux, nous privassent de nombreux adorateurs, mais nous nous étions trompées. Pendant les offices du matin et du soir, le nombre des fidèles fut tel que nous dûmes ajouter des bancs à ceux qui garnissent l'église habituellement.

Le jour de la fête, la grand'messe fut chantée par les Pères de Sainte-Anne, et les élèves du Séminaire des rites orientaux que dirigent ces Pères y assistaient. A notre grand regret, notre sacristie ne possédant pas de dalmatiques, le diacre et le sous-diacre qui accompagnaient le célébrant ont dû se contenter d'une étole. Le soir, le salut du Saint-Sacrement a été chanté par les religieuses de Notre-Dame de Sion et leurs élèves. Parmi les fidèles qui remplissaient l'église, on remarquait les apprentis de l'école des arts et métiers, fondée à Jérusalem par le Père Ratisbonne et dirigée par les prêtres de Sion. Après la bénédiction, les Religieuses nous ont fait entendre le chant de la Glose si connue : « Je meurs de ne point mourir ».

Pendant la journée nous reçûmes de nos amis de Jérusalem et d'autres personnes des cadeaux de cierges, de fleurs, etc. Un bon prêtre nous a même envoyé une petite provision de noix et de raisins secs.

Dès la chute du jour, nos ouvriers allumeurs grimpèrent sur les toits; les trois rangs de lanternes qui formaient gradins et celles qui surmontaient les clochetons s'éclairèrent rapidement; quelques instants après, une croix lumineuse, haute de trois mètres, s'élevait sur le fronton de l'église du Pater. La croix venait d'être exaltée sur la montagne témoin des douleurs et des gloires de Jésus par des mains musulmanes; les ouvriers qui l'avaient hissée étaient fils du Coran. Vous le voyez, le fanatisme s'éteint de jour en jour dans ce pays-ci. Il y a dix ans, on jetait des pierres aux chrétiens dans le petit village voisin de notre monastère; ses habitants avaient une réputation telle qu'on n'osait pas se hasarder sur la montagne des Oliviers après quatre heures du soir, et aujourd'hui ils nous aident à élever l'étendard chrétien. Notre Mère, pour les récompenser de leur bonne volonté, fit passer, par le tour, toutes les pâtisseries et sucreries arabes que nous avions reçues de Jérusalem dans la journée, et ces pauvres gens se régalèrent en l'honneur de sainte Thérèse, tandis que notre bonne tourière distribuait les menus bonbons aux enfants du village dont toute la population était rassemblée pour jouir de l'illumination. Cette gracieuseté de la tourière pourrait paraître étrange en France, mais ici, en pays de mission, toutes cloîtrées que nous sommes, nous n'oublions pas que l'esprit de l'Ordre est essentiellement apostolique; nous devons, par tous les moyens compatibles avec notre genre de vie, faire aimer et bénir le nom chrétien afin de préparer les cœurs à recevoir la semence de la vérité. Dès que nos Arabes furent descendus de la toiture, tout le village voulut nous faire entendre qu'il s'associait à notre réjouissance, et l'on commença ce que les gens du pays appellent une *fantasia*, sorte de marche dansante et chantante qu'ils accompagnent de battements de mains. Leur chant consiste en une phrase cadencée qu'ils répètent des quarts d'heure entiers, et qui a toujours rapport à la circonstance qui a motivé la fantasia : ce jour-là nos sœurs arabes nous dirent que c'était des bénédictions adressées aux Carmélites. Ce concert de pas, de chants et de battements de mains, de voix qui se répondent ou se font accord, est plus ou moins guttural et harmonieux; mais l'ensemble et la justesse des voix défient les oreilles les plus difficiles qui voudraient les trouver en défaut.

Le lundi, second jour du *Triduum*, Mgr le Patriarche de Jérusalem voulut bien nous témoigner sa paternelle bienveillance en honorant notre fête de sa présence. A huit heures et demie, Son Excellence offrit dans notre chapelle le saint sacrifice, pendant lequel un des missionnaires de Sainte-Anne tint l'harmonium. Monsieur le consul de France et tout le personnel du consulat y assistaient. Nous étions heureuses de voir notre pays représenté aux fêtes de sainte Thérèse, et nous espérons que la présence de M. le consul au Mont des Oliviers attirera sur notre chère patrie les faveurs de notre séraphique Mère. Le dimanche et le lundi, nous n'eûmes que deux messes chaque jour, mais le dernier jour du *Triduum*, plusieurs ecclésiastiques de Jérusalem vinrent offrir le saint sacrifice dans l'église du Pater. Les Pères de Sainte-Anne nous prêtèrent de nouveau leur concours pour le chant de la grand'messe, qui fut célébrée par un fils de saint François, du couvent de Saint-Sauveur. Les communions furent nombreuses pendant les trois jours. Les demoiselles de la congrégation de la Sainte-Vierge, appelées à Jérusalem les Enfants de Marie, passèrent sur la montagne les deux derniers jours du *Triduum*. Elles arrivaient le matin avant huit heures pour entendre la messe. Ce sont elles qui ont chanté pendant ces deux jours le salut du Saint-Sacrement. Elles demeuraient une grande partie de la journée dans l'église, chantant, psalmodiant ou récitant des prières dans leur langue, la prière mentale n'étant pas une des grandes dévotions des gens du pays. Nous savons gré à ces pieuses jeunes filles d'être venues nous aider à rendre hommage à Notre-Seigneur dans le Sacrement de son amour, et nous espérons que notre Mère aura regardé avec amour du haut du ciel les filles de Jérusalem. Qui sait si plus d'une ne datera pas des fêtes du centenaire sa vocation au Carmel? Que Notre-Seigneur daigne répandre ses faveurs et ses grâces sur toutes les bonnes âmes qui nous ont aidées dans ces solennités! Une relique de notre séraphique Mère était exposée sur l'autel de la très sainte Vierge, et la vénération des Jérosolymitains ne lui fit pas défaut.

L'illumination du premier jour fut répétée le second et le troisième : aussi les Arabes, dont elle excitait la joie, ne crurent pouvoir mieux clôturer la fête que par une fantasia plus brillante encore que la première, puisqu'elle était accompagnée de cornemuses et de coups de fusil, ce qui est le suprême degré de solennité des fêtes arabes.

Nous sommes heureuses que le centenaire nous ait fourni l'occasion de faire connaître notre sainte Mère à Jérusalem où son culte est peu répandu, et nous bénissons le Seigneur dont la divine providence s'est manifestée sur nous à l'occasion de ces fêtes. Que tous les enfants de Thérèse de Jésus le bénissent avec nous!

CARMEL DE PONDICHÉRY

(INDES ORIENTALES).

Le 14 octobre dernier, il y avait grande fête à Pondichéry : les Carmélites indigènes célébraient le troisième centenaire de sainte Thérèse, et la population catholique de la ville et des environs était accourue pour glorifier la Vierge du Carmel.

Or, nous publions le récit de cette solennité, que le digne supérieur du monastère, M. Renevier, nous a envoyé.

La chapelle du couvent, écrit ce missionnaire, n'avait que deux nefs et n'aurait pu contenir que cinq ou six cents personnes ; à cause du centenaire j'ai dû me résoudre à construire une troisième nef, destinée surtout aux hommes. Me voici endetté pour plus de dix ans, si quelques âmes charitables de France ne viennent à mon aide par leurs aumônes. Vous savez que l'ancien couvent était étroit, très insalubre, enfoncé de plus d'un mètre au-dessous du niveau de la rue, et que le canal situé au sud déversait, à chaque grande pluie, le trop-plein de ses eaux dans le cloître et les cours. Il m'a fallu reconstruire à neuf presque tout le couvent ; celui-ci, étant pauvre, n'a pu contribuer à cette dépense très considérable. Mon maigre patrimoine y a passé tout entier et, malgré les dons de quelques missionnaires, il me reste une lourde dette à payer. J'espère que la Providence, sur laquelle j'ai toujours compté, me viendra en aide d'une façon ou d'une autre.

Mais laissons ce côté triste pour ne songer qu'au triomphe de la séraphique sainte Thérèse. Donc la chapelle extérieure, avec ses trois nefs, était ornée de guirlandes de diverses couleurs, d'oriflammes et de drapeaux, le tout arrangé avec art par le bon père Pautrôt. Les fleurs naturelles de l'autel étaient renouvelées chaque jour, et les lumières répandues à profusion ; les cinq fenêtres de la chapelle représentaient sur chaque vitre le blason du Carmel. Pendant quinze jours le couvent a été en liesse ; nous avons eu la neuvaine, l'octave de la fête, le *Triduum*, et bénédiction du Saint-Sacrement matin et soir. Chaque matin deux messes étaient dites successivement ; la conventuelle, pendant laquelle les Carmélites faisaient entendre leurs chants, ou plutôt leur grave et lente psalmodie ; puis venait la messe plus solennelle, avec chants liturgiques variés, exécutés par les anciens élèves de notre collège-séminaire, avec accompagnement d'harmonium.

Durant ces quinze jours l'affluence n'a pas diminué, elle a même augmenté considérablement pendant le *Triduum*, qui a fini le 22.

Ce jour-là et le 15, les Pères Bergez et Bottero ont fait le panégyrique de sainte Thérèse et se sont vraiment surpassés. Bon nombre de personnes arrivaient une heure d'avance pour trouver place dans la chapelle beaucoup trop étroite, et parmi ces trois mille chrétiens serrés dans l'église, le vaste pandel qui la prolongeait et la rue, le silence s'établit assez bien pour qu'on pût entendre au loin les prédicateurs. Pour vous donner en quelques mots une idée de la dévotion qui animait ces masses, je vous dirai que plus de onze cents communions ont été distribuées à la seule chapelle des Carmélites, et qu'à deux jours différents, au moins neuf cents fidèles sont venus vénérer et baiser la relique authentique de sainte Thérèse. Cette zélée avocate des pécheurs nous en a amené un bon nombre qui n'avaient pas rempli depuis plusieurs années leur devoir pascal, et qui ont tenu à gagner les riches indulgences accordées par l'Eglise en ces jours de bénédiction. Maintenant qu'ils sont finis, chacun trouve qu'ils ont passé trop vite, mais le souvenir en restera longtemps. Plusieurs dames européennes ont suivi tous les exercices aussi religieusement que la chrétienté indigène, et pourtant l'église était bien chaude à cause de l'encombrement. A tour de rôle, les missionnaires sont venus célébrer le saint sacrifice ou donner le salut ; et notre Provicaire a chanté la messe solennelle du 15 avec diacre et sous-diacre.

Mgr Laoüenan seul nous a manqué dans ces fêtes, retenu loin du chef-lieu par ses visites pastorales. J'oubliais de vous dire que le 15 et le 22, jours plus marquants que les autres, nous avons eu force coups de boîtes ou de canons, accompagnement obligé de toute grande fête, et une modeste illumination le soir.

Grâce aux dons de quelques chrétiens, et surtout à l'initiative spontanée et généreuse de Mgr le comte de Richemont-Desbassayns, j'ai eu de quoi faire face à la bonne moitié des dépenses pendant les exercices religieux.

Pour conclure cette longue lettre écrite à bâtons rompus, il ne me reste plus qu'à dire : Gloire à Dieu qui est l'auteur de la sainteté, gloire à la séraphique sainte Thérèse, Réformatrice de l'Ordre du Carmel!

CARMEL DE MANGALORE

(INDES ORIENTALES).

Pendant que tout s'ébranlait dans le monde catholique d'Europe pour célébrer dignement ce grand anniversaire, les fidèles des Indes essayaient de rivaliser, dans la mesure de leurs faibles moyens, avec leurs frères plus privilégiés, et de donner à leur hommage à l'admirable Réformatrice du Carmel toute la pompe et l'éclat possibles.

Sainte Thérèse est connue dans le Vicariat de Mangalore ; chaque année, la petite ville française de Mahé devient, au mois d'octobre, le but d'un pèlerinage, et l'on y voit les foules de toutes castes, de toutes croyances, se presser émues et confiantes aux pieds de la modeste image de la Vierge d'Avila.

Cela est tout naturel : ses fils, auxquels furent confiées pendant longtemps les destinées religieuses de cette florissante mission, n'avaient eu garde d'y laisser ignorer celle qu'on peut à juste titre nommer l'Apôtre des Indes; et les frères de celui à qui appartient de fait cette qualification glorieuse, les frères de l'immortel Xavier, appelés à continuer, sur ces plages conquises à la foi par leurs ancêtres, les labeurs des enfants du Carmel, sont, on le sait, trop dévoués au culte de celle qui aimait à redire : « Et moi aussi, je suis fille de la Compagnie de Jésus », pour ne pas entretenir dans le cœur de leurs chrétiens l'amour qu'ils lui portent. Ils en ont donné une éclatante preuve dans les magnifiques manifestations qu'ils ont provoquées à l'occasion du centenaire; et le Carmel de Mangalore a pu, une fois de plus, bénir Dieu, lui rendre grâces des miséricordieuses tendresses dont sa divine Providence le dédommage de longs jours d'épreuves, en lui faisant ressentir les effets d'un incomparable dévouement paternel.

Le Carmel de Mangalore ! Il nous semble qu'avant d'entrer dans le détail des fêtes d'octobre dernier, nous devons le faire connaître, car les circonstances exceptionnelles qu'il a traversées ont donné lieu à plus d'une erreur sur son compte.

Il a reçu pourtant un bref de l'auguste Pontife Léon XIII, lui conférant et lui assurant tous les privilèges dont jouissent les monastères de la mère patrie.

Mgr Marie Ephrem, de l'Ordre du Carmel, ce doux et bon prélat de sainte et vénérée mémoire, eut la première pensée de cette fondation lointaine. Les progrès de la foi ne répondant pas aux pieux élans de son zèle, les plages qu'il s'efforçait d'évangéliser ne produisant pas cette moisson abondante que le missionnaire poursuit au prix de tant de labeurs et de sacrifices, il s'en ouvrit au vénérable Mgr Lacroix, évêque de Bayonne, qui vient de terminer en cette ville sa longue et magnifique carrière épiscopale. Celui-ci entra avec bienveillance dans les vues et les désirs de l'Evêque missionnaire : « Vous avez raison, Monseigneur, lui dit-il; ce qu'il vous faut à Mangalore pour attirer la bénédiction du ciel sur vos travaux, c'est la prière, mais une prière constante, persévérante, elle seule les fera fructifier; je vous donnerai des Carmélites. » Mais le prudent prélat exigeant des garanties d'établissement que ne pouvait lui donner les trop modestes ressources dont disposait le vicaire apostolique de Mangalore, les Carmélites de Pau, appelées par la divine Providence à porter dans l'Inde la réforme de sainte Thérèse, ne se découragèrent pas. Les moyens humains leur manquant, le ciel leur restait avec les trésors de l'infinie charité du Cœur sacré de Jésus. Le futur monastère devait être dédié à ce Cœur adorable ; on lui confia sa propre cause, et sa petite servante, l'héroïque Mathilde de Nédonchel, l'ardente zélatrice de la garde d'honneur du Cœur de Jésus, la douce victime qui venait de donner sa vie en échange de quelques années ajoutées aux glorieux jours de l'immortel Pie IX, fut le canal béni des divines largesses de la munificence du Seigneur. En son nom, en mémoire de la vocation au Carmel de sa fille chérie, M. le comte de Nédonchel se chargea de l'œuvre dont sa foi vive embrassa d'un coup d'œil la grandeur et les magnifiques destinées.

Aussi, comme il a rempli son volontaire et généreux mandat, le superbe monastère qui s'élève sur Sacred-Heart-Hill (la colline du Sacré-Cœur) le dit aux habitants émerveillés de Mangalore ; ce qu'ils ignorent et ce que les Carmélites sont heureuses et fières de publier pour être aidées dans l'expression, auprès du Seigneur, de leur reconnaissance pour leur incomparable fondateur, c'est le non moins incomparable intérêt, affectueux et paternel, dont elles sont l'objet de sa part. D'autres, en grand nombre, se firent une gloire de placer leur nom à la suite de l'illustre catholique belge, et de donner au Carmel des missions des preuves éclatantes de leur pieuse sympathie. Plusieurs Carmels de France, de généreux bienfaiteurs sont venus, à mesure que le besoin s'en faisait sentir, compléter l'ensemble d'une entreprise dont le regard expérimenté de Mgr Lacroix avait si justement sondé les exigences, ce dont personne en Europe ne saurait se faire une idée juste. Climat le plus destructeur du monde, difficultés locales pour tous travaux de quelque conséquence, frais énormes de transport, tout la place dans des conditions exceptionnelles auxquelles le Seigneur ne cessera pas de subvenir, nous l'espérons, par d'exceptionnels bienfaits.

Le 19 août 1870, la colonie fondatrice quittait le cher Carmel de Pau. Le moment était terrible pour la France : aussi, dans la douleur de la séparation, tous les cœurs se rappelant que « se sacrifier, c'est sauver », débordaient-ils d'une sainte allégresse, heureux de mêler au sang des braves qui tentaient, sous l'étendard du Sacré-Cœur, de défendre le sol de la patrie, les larmes, ce sang de l'âme qui crie, lui aussi, bien haut, devant le Seigneur.

Des larmes! des sacrifices! Ils devaient marquer la voie jusqu'au terme. Deux tombes s'ouvrirent à Aden et se refermèrent sur deux anges, les deux premières victimes d'une fondation surmontée de la croix et ancrée, dès la première heure, sur le roc béni de la souffrance.

A Calicut, une troisième tombe s'ouvrit!.. Comment le courage des survivantes ne défaillit-il pas? Un miracle les soutint, car celle qu'elles laissaient là, si près du port et n'ayant pu l'atteindre, comme autrefois Xavier, c'était leur Mère, la vénérée Mère Elie, dont tous les amis des Carmels de Bayonne et de Pau se séparèrent avec tant de douleur!

Mgr Lacroix donna encore, par deux fois, de ses filles; la famille indienne semblait d'abord promettre de s'alimenter sur place, mais il y eut un mouvement de recul. De plus, Mgr Marie Ephrem, son père vénéré, lui fut enlevé presque subitement. Les incertitudes d'un intérim qui empêchait toute tentative sérieuse d'établissement se prolongèrent ensuite plusieurs années. A vrai dire, les encouragements d'un grand nombre de vicaires apostoliques venaient consoler et fortifier la colonie Carmélitaine.

L'heure de la séparation d'avec nos bons Pères sonna. Cédant aux instances du T. R. P. Général, le Saint-Siège déchargeait l'Ordre de la Mission des Indes, et le remplaçait par la Compagnie de Jésus.

Le 19 mars 1882, eut lieu la consécration solennelle de notre église du Sacré-Cœur. Dans la relation qu'il écrivit de cette fête, le R. P. Godet, jésuite, parle longuement du Carmel de Mangalore; mais nous ne ferons qu'indiquer les principales idées de ce magnifique exposé: c'est bien le Carmel de sainte Thérèse qui est établi à Mangalore, et non une mitigation quelconque. Après de si longues privations et tant d'efforts inutiles, avec la confiance en Dieu et le secours de saint Joseph, on a bâti un monastère à côté du premier réduit où les Carmélites étaient logées; cette demeure primitive a été laissée au Tiers-Ordre enseignant du Carmel, qui assiste aux offices dans la partie extérieure de la chapelle, pendant que la partie intérieure est, comme partout, réservée aux Révérendes Mères Carmélites.

Ce voisinage et les succès qu'ont obtenu les sœurs du Tiers-Ordre ont mis dans l'erreur certains journaux qui ont confondu leur établissement avec le monastère, erreur qui a pu être partagée en Europe par plusieurs Carmels. Mais qu'il n'y ait aucun doute sur ce point, le Carmel de Mangalore, malgré la rudesse du climat, n'a rien diminué de la rigueur de ses saintes observances.

Nous ajouterons ici que les trois maisons du Tiers-Ordre, aidées de leurs élèves, ont brillamment fêté le centenaire de sainte Thérèse.

Pour les Carmélites elles ont fait de leur mieux; mais ce mieux n'était guère en rapport avec leurs désirs que des difficultés matérielles enrayaient forcément : la mousson, par exemple, terrible saison des pluies, obligea de retarder jusqu'à la dernière heure l'entreprise de tous préparatifs. Cependant, les fêtes ont été splendides, un vrai triomphe pour la religion sur ces plages infidèles et hérétiques, une consolation vraiment sentie par les missionnaires et leurs chrétiens; mais tout l'honneur en revient surtout au zèle ardent des premiers, à la foi expansive et touchante des seconds.

L'église, dédiée au Sacré-Cœur de Jésus, dont la belle statue surmonte un charmant autel de marbre, est vraiment délicieuse : trop petite aux grands jours de fête, elle le fut surtout pendant la neuvaine préparatoire, le 15 octobre, pendant le *Triduum* et le jour de l'octave que l'Apostolat de la prière avait choisi pour y faire son grand pèlerinage annuel. C'est que le concours a été immense en toutes ces circonstances, et si le désir d'honorer sainte Thérèse suffisait seul pour y conduire les fidèles, la nouveauté et l'élégance des décors, d'un ensemble saisissant dans leur gracieuse simplicité, attiraient aussi dans le béni sanctuaire musulmans, hindous, protestants, qui en sortaient émerveillés, émus même. Ah! veuille l'héroïque Mère dont toute la vie s'est consumée à la poursuite des âmes faire fructifier, en toutes celles qui se sentirent attendries à l'aspect de son image, des impressions qu'elles crurent elles-mêmes fugitives et passagères ! Puisse-t-elle surtout conquérir au Sacré-Cœur de Jésus ces pauvres petits enfants, que le malheur de leur naissance ou l'or de l'hérésie enchaînent loin de la vérité, et dont les naïfs transports à la vue des merveilles que leur regard n'avait jamais rencontrées sur les froides murailles de leur temple remplissaient le cœur du chrétien de tristesse et lui faisaient pousser cette plainte : Pourquoi n'est-ce pas le missionnaire catholique qui dispose des millions à l'aide desquels le protestantisme grandit et s'étend partout !

De riantes guirlandes aux couleurs vives et que nos bons Indiens assuraient être naturelles couvraient les murs, en dessinaient les arcs et les lignes. Dans le sanctuaire tout était or et argent, et le lis symbolique en faisait seul la riche décoration. Le luminaire en doublait l'effet, et sous ses feux ressortaient admirablement deux grands tableaux de la Sainte où elle est représentée, dans l'un, au moment où elle reçoit le clou sacré de la main de son Epoux céleste, et, dans l'autre, transpercée par le dard du séraphin. Des faisceaux d'oriflammes aux lettres d'or, disposés avec art sur les colonnes du petit édifice, esquissaient à grands traits l'histoire de la Sainte, depuis la date de sa naissance jusqu'à celle de son bienheureux trépas, celle de sa béatification et de sa canonisation; chacune des oriflammes principales, au milieu de deux autres portant une prière, un mot des saints Livres, un tendre et filial hommage à la grande Réformatrice. Tout cela écrit en anglais, mais l'amour de la patrie absente parlait trop haut au cœur de Carmélites françaises, pour qu'elles renonçassent à exclure leur propre langue de ce concert à la louange de leur Mère. Deux magnifiques bannières, placées dans le sanctuaire, rappelaient à tous cette France chérie, première cause du grand œuvre de la Réforme de sainte Thérèse : l'une en drap d'or, au glorieux blason de la Compagnie de Jésus, avec ces mots brodés d'argent : *Son nom fut ma force et son cœur ma consolation;* l'autre en drap d'argent, portant les armes de l'Ordre et au-dessous, brodé en or : *Je te remercie, ma fille, de ce que tu as fait pour l'Ordre de ma Mère!* et sur chacun des étendards, les nobles et puissantes devises : *Ad majorem Dei gloriam... Zelo zelatus sum,* etc.

Dès avant l'époque si longtemps attendue, la petite presse catholique, qui désespère et menace de ruiner le grand établissement de la société biblique, mit au service des Carmélites ses plus beaux caractères, ses plus délicates enluminures, et de belles affiches, sous formes de lettres d'invitation, portèrent dans tout le Vicariat l'annonce de la fête et son programme détaillé. Recevoir une de ces lettres fut une faveur grandement appréciée et à laquelle on répondit avec un élan unanime. Tout était prêt; ce fut la douce et céleste harmonie du chœur des séminaristes qui entonna l'hymne de louange et d'amour à l'honneur de la grande Thérèse de Jésus.

Les auditeurs européens, auxquels il est donné de prier pendant que les séminaristes de Mangalore chantent, ont beau évoquer le souvenir de la plus pieuse et plus savante mélodie entendue autrefois sur la terre natale; rien ne résonne au cœur comme les accents de nos jeunes lévites. Leurs deux directeurs, les RR. PP. Polesie et Diamanti, leur ont appris à faire chanter leurs âmes. — Pendant neuf soirs, plusieurs morceaux ou motets nouveaux, dont plusieurs composés pour la circonstance, redirent en koukani, en anglais, en français, en italien, en latin, les vertus, les gloires de la Vierge de la catholique Espagne, et bénirent le Seigneur qui a fait en elle et par elle de si grandes choses.

Malgré l'orage qui chaque jour se montrait menaçant, on venait en foule de bien loin et de bonne heure afin de trouver place dans l'enceinte de l'église toujours trop étroite ou au moins dans la vaste cour qui l'entoure; mais combien durent demeurer sur la route et n'apprécier que par ouï-dire les grandes et salutaires leçons dispensées avec un rare bonheur d'à-propos à ce peuple, qui s'étonnait, presqu'avec des larmes d'attendrissement, qu'on pût lui appliquer des enseignements tirés des exemples d'une Sainte telle que sainte Thérèse, la grande sainte des *madris* (des mères).

Le premier soir, un prêtre indigène raconta en koukani, d'une manière vive et attachante, la vie de sainte Thérèse. Après lui, successivement chaque jour, toujours en koukani, des élèves du Séminaire dirent tour à tour comment la fréquentation de personnes peu adonnées à la piété entraîna la Sainte dans une sorte de refroidissement, que l'abandon de l'oraison fut aussi cause en elle de bien des fautes, et tirèrent de là des conséquences pratiques les plus heureuses.

Un des soirs de la neuvaine, la réunion des associés de l'Apostolat de la prière provoqua un chaleureux appel au zèle dont Thérèse fut présentée comme un des plus grands modèles.

Elle enseigna encore l'amour de la croix, l'ardeur à se nourrir de la divine Eucharistie et la manière de profiter de la sainte communion. Le septième jour, son admirable vie fut exposée comme une éloquente condamnation des deux grands maux du siècle : l'amour du bien-être et l'esprit d'indépendance.

Enfin un prêtre indigène, rappelant l'héroïsme avec lequel la Sainte lutta, malgré la faiblesse naturelle de son sexe, contre les entraves que le démon s'efforçait de mettre à sa perfection et à ses entreprises, fit un appel chaleureux et entraînant à la femme catholique koukani, la pressant de secouer les préjugés de caste, d'habitudes invétérées, de réclusion et de vie inutile dans sa maison, pour se porter à aider de tout son pouvoir, en s'élevant au-dessus du respect humain, les efforts trop souvent impuissants des prêtres et des missionnaires. Il fut, nous a-t-on dit magnifique. Mais avec les Européens qui se trouvaient dans l'enceinte, les Carmélites françaises, tout en jouissant de la satisfaction qu'éprouvaient leurs sœurs indigènes et tout ce bon peuple à entendre leurs sermons koukanis, aspiraient à ce qu'ils fussent remplacés par les discours anglais annoncés pour le *Triduum*.

Le 14, à 6 heures du soir, les vêpres solennellement chantées par le Séminaire furent présidées par le T. R. Père Pagani, Provicaire apostolique, entouré d'un grand nombre de Pères, professeurs du collège. Le salut dépassa en éclat celui des jours précédents, et il en fut de même encore chaque fois que les séminaristes se firent entendre. C'est une jouissance que goûtent souvent les Carmélites; ce sont les Pères du Séminaire qui veulent bien faire le service de leur église, un quart d'heure de distance seulement séparant le Carmel de leur établissement. Le 15, le T. R. Père Provicaire voulut célébrer en grande pompe le saint sacrifice. La messe fut exécutée par le chœur des chanteurs de Codialboïl. Ces jeunes gens, sous l'habile direction du R. P. Whilly, recteur du collège, qui se fait une joie de tenir l'harmonium, sont habitués à aborder les grands maîtres; c'est assez dire que la messe fut belle et vraiment à la hauteur de la solennité du jour. Une cérémonie de vêture la suivit. Le frère de l'heureuse novice, le P. Laurence Patraôu, prêtre indigène, félicita chaudement sa sœur et s'anima à démontrer avec une pieuse allégresse le bonheur de celles que le Seigneur appelle à suivre Thérèse dans la voie de l'immolation, et les avantages de cette vie que le monde redoute sur celle qu'il aime et qui ne le conduit pas, comme la première, à la véritable félicité.

Toute la journée, des chants pieux retentirent devant le Très Saint-Sacrement exposé; comme la nuit du Jeudi-Saint et les jours où la divine Hostie est offerte à l'adoration des fidèles, les hommes vinrent par groupes nombreux, chacun de ces groupes priant et chantant jusqu'à ce qu'un autre le vienne remplacer. Le soir, la parole appartenait de droit au R. P. Mutti, supérieur du Carmel; mais le triste état de sa santé ne lui permettant pas de se faire entendre, le R. P. Whilly parla à sa place, et prit pour sujet l'humilité de sainte Thérèse exaltée par Notre-Seigneur lui-même, pouvant dire avec le roi David : « *Domine, non est exaltatum cor meum* ».

Le second jour, la paroisse de Millagris, Notre-Dame des Miracles sur laquelle se trouve le Carmel, conduite par son pasteur, le R. P. Tauri, vint payer son tribut de louanges et d'amour à la Sainte.

Tous les offices eurent un cachet d'entrain qui n'appartient qu'à cette paroisse, très jalouse de prouver que la manière indienne vaut bien le genre européen.

Ce jour-là donc tout fut d'une pieuse et ardente originalité. Point d'harmonium : un violon aux retentissantes et longues ritournelles compose l'orchestre et entraîne les voix dans ce chant cadencé, gracieux et juste qui n'appartient qu'à l'indien.

Le *Deus in adjutorium* dura bien près d'un quart d'heure, et le reste à l'avenant. Qu'on ne pense pas que ce fût fatiguant le moins du monde : les Carmélites, qui avaient souvent entendu parler du chant de Millagris, comprirent parfaitement que leur digne et saint curé se fasse un devoir de ne rien changer aux habitudes de ses paroissiens. A la fin de la cérémonie, ces bons Indiens dépêchèrent un délégué à la sacristie, chargé de s'informer si la Rév. Mère prieure était contente d'eux. Certes, la réponse fut affirmative : ils avaient dignement rempli leur mandat.

Le T. R. Père Rossi, supérieur du Séminaire et des PP. Jésuites du Kanara et du Malabar, prouva par la vie de sainte Thérèse que la couronne de gloire n'est que le fruit d'un vaillant et généreux combat. Rien ne saurait rendre le charme avec lequel il développa cette magnifique pensée, ni donner une idée de la force et de la vivacité de sa parole.

Le Séminaire fit tous les frais du dernier jour, se surpassant dans ses chants. Le R. P. Supérieur chanta la grand'messe et le T. R. Père Provicaire présida la cérémonie du soir. Son discours captiva singulièrement son auditoire, et les jeunes avocats hindous qui avaient eu le bonheur de pénétrer dans l'église s'entretenaient avec chaleur de l'éloquent panégyrique de cette femme admirable dont l'orateur s'était plu à faire ressortir, avec des accents où l'onction et l'éloquence le disputaient à une majestueuse simplicité, la générosité et la force d'âme de cette nouvelle Judith, suscitée pour combattre les ennemis de Dieu et de son Eglise.

Que de faits touchants nous aurions à raconter! Notons seulement l'impossibilité d'évaluer, même approximativement, le nombre des communions qui fut tel, dans chacune des églises de la ville durant la neuvaine et le *Triduum*, que, partout, les confessionnaux furent littéralement assiégés. Donnons une place au généreux sacrifice que surent s'imposer, pendant plusieurs mois à l'avance, les coolies occupés dans le monastère, prélevant sur leur modeste salaire pour fêter sainte Thérèse à leur manière. Dans l'Inde, pas de fête complète sans poudre. Ils se chargèrent de cette partie du programme sans en rien dire aux Carmélites. Aussi, grande fut leur surprise d'entendre, dès le premier soir, trois fortes détonations marquer l'instant solennel où Jésus bénissait l'assistance; chaque soir, ceci se renouvela avec de beaux feux d'artifice qui excitèrent de bruyantes et joyeuses acclamations. Les coolies se chargèrent aussi d'élever un vaste portique de verdure destiné à abriter une partie de ceux qui ne pouvaient pénétrer dans le sanctuaire, y ajoutant de belles oriflammes et deux transparents de leur façon.

Mais tout n'était pas fini : on disposait pour le jour de l'octave une nouvelle manifestation de foi et d'amour envers le Sacré-Cœur par l'entremise de sa fidèle épouse Thérèse de Jésus.

Les directeurs de l'Association du Sacré-Cœur et de l'Apostolat de la prière, craignant que les populations ne fussent un peu fatiguées de tant d'exercices religieux, se contentèrent d'inviter leurs associés respectifs à venir gagner l'indulgence accordée à tous ceux qui, conduits par un prêtre, visiteront l'église du Sacré-Cœur du Carmel en pèlerinage. Cet appel privé courut comme une étincelle dans tout Mangalore : le dimanche 22, vers 4 heures, la ville entière, on peut dire, se trouvait réunie au Séminaire. Le R. P. Stein, curé de la cathédrale, remerciant son peuple, lui présenta une fort belle bannière brodée par les chères Carmélites et, après l'avoir bénite, donna le signal du départ. Dans un ordre admirable, chacun prit son rang sans se mettre en peine de larges gouttes de pluie qui semblaient annoncer un violent orage qui, heureusement, n'éclata pas, et la plus belle procession que, de mémoire d'homme, on ait vue à Mangalore, se déroula au son joyeux des deux cloches du monastère, aux chants pieux des prêtres et des hommes, au murmure du rosaire récité par les femmes. Le T. R. Père Provicaire revêtit encore une heureuse aspirante des saintes livrées du Carmel. Puis le R. P. Maffei, ce missionnaire infatigable qui possède déjà quatre langues du pays, célébra encore, et sur un thème tout nouveau, les vertus de la grande Réformatrice ; il encouragea ses auditeurs captivés et attendris à puiser, comme elle, aux sources même de la vie, c'est-à-dire dans les trésors infinis du Cœur sacré de Jésus, les grâces qui enlèvent l'âme aux choses de la terre, et qui font les Saints. Il y eut de beaux chants, les suaves harmonies du chœur des séminaristes, et enfin la solennelle bénédiction du Très Saint-Sacrement.

Jamais Mangalore ne perdra le souvenir des fêtes du centenaire. Puisse cette grande Sainte accorder à ce petit coin privilégié un regard de maternelle bonté, s'en faire la protectrice, y continuer la mission qu'elle a léguée à ses filles, et rendre aux missionnaires, en les aidant et les fortifiant dans les rudes labeurs de leur Apostolat, ce que leur amour filial s'est efforcé de réaliser à son honneur et à sa gloire !

CARMEL DE SAIGON

(COCHINCHINE FRANÇAISE).

Ce Carmel a été fondé le 15 octobre 1861 par Mgr Lefebvre, évêque d'Isoropolis, vicaire apostolique de la Cochinchine occidentale.

Ce saint évêque connaissant l'attrait tout particulier des jeunes filles annamites pour la vie religieuse, désirait depuis longtemps faire venir des Sœurs françaises pour les y former ; ce fut surtout après que sainte Thérèse lui eût donné l'ordre de fonder un Carmel à Saïgon, que Sa Grandeur forma le dessein de faire venir des Carmélites. (Ce digne Evêque confia à plusieurs missionnaires, dont l'un est encore ici, que la Sainte lui avait commandé de fonder un Carmel en Cochinchine, l'assurant que Dieu y serait bien servi...) Sa Grandeur donc s'adressa au Carmel de Lisieux, où Elle avait une parente religieuse, pour obtenir des Sœurs ; les Supérieurs accueillirent favorablement sa demande, mais comme la persécution sévissait alors avec force en Cochinchine, il fallait nécessairement attendre un temps de paix.

En 1860, les Français ayant pris Saïgon, Mgr Lefebvre, crut que le moment était venu d'exécuter le désir que sainte Thérèse lui avait manifesté. Il écrivit donc aux supérieurs de Lisieux qu'ils pouvaient sans crainte faire partir les religieuses choisies pour implanter le Carmel sur la terre d'Annam. Une année se passa encore, sans que l'on pût partir ; enfin, le 1er juillet 1861, la petite colonie quitta son cher berceau religieux pour se rendre à Saïgon, et s'embarqua à Toulon, le 9 du même mois, sur un navire de l'État. La traversée longue et pénible prépara les religieuses aux souffrances et aux tribulations qui les attendaient sur la terre d'Annam, devenue une terre française.

Elles n'arrivèrent à Saïgon que le 9 octobre. Les débuts de la fondation furent bien durs et la pauvreté s'y fit sentir plus d'une fois. Des cases annamites couvertes de feuilles furent d'abords construites, et les murs de clôture furent immédiatement élevés. Plus tard, avec les secours de la divine Providence, on commença de bâtir à la Française : une aile de bâtiment fut élevée ; plus tard, la chapelle et les autres constructions nécessaires ; aujourd'hui, ce monastère régulier est à peu près terminé.

Le personnel de la Communauté se compose de trois Françaises, d'une Portugaise, et de vingt-sept indigènes, dont dix-sept ont fait profession.

Le Saint-Père Léon XIII a bien voulu approuver cette fondation, et lui concéder tous les privilèges des autres couvents de l'Ordre du Carmel ; de plus, Sa Sainteté a autorisé les Supérieurs à dépasser, pour les sujets, le nombre fixé dans les constitutions, à cause des difficultés de faire une seconde fondation (faute de ressources), et du grand nombre de vocations, car les jeunes filles annamites ont un attrait tout particulier pour la vie du Carmel. Les indigènes nous sont sympathiques : il ne se passe pas de jour sans que ces pauvres gens ne viennent réclamer les prières des filles de sainte Thérèse, et toujours leurs demandes sont accompagnées d'une petite aumône.

Parlons maintenant de nos fêtes du centenaire.

Dès la réception des Brefs par lesquels le Saint-Père accordait de si grandes indulgences, non seulement à l'Ordre du Carmel, mais aussi aux fidèles de toutes conditions, Mgr Colombert, notre digne évêque et supérieur, voulut prendre lui-même l'initiative. Immédiatement Sa Grandeur traduisit en annamite les passages concernant les indulgences ; et plusieurs semaines avant la neuvaine préparatoire, Elle les envoya aux missionnaires qui desservent les paroisses environnantes de Saïgon, en les chargeant en même temps de donner en chaire les explications nécessaires.

Je dois dire ici que tous les missionnaires sont entrés parfaitement dans les intentions de Monseigneur, et que tous ont été d'un zèle admirable pour nous aider à solenniser dignement ce troisième centenaire de notre sainte Mère ; aussi leur en conserverons-nous une reconnaissance éternelle.

Monseigneur avait fixé au 6 octobre le commencement de la neuvaine, pour la finir la veille de la fête ; chaque jour, nous avions le salut solennel. Dès le premier jour, malgré une pluie torrentielle, il s'y trouva plus de 200 personnes, et les jours suivants, ce nombre alla toujours en augmentant, dès le cinquième on en comptait plus de 500.

Alors un missionnaire, voyant cette foule se presser dans notre chapelle, se mit à les prêcher ce jour-là et les jours suivants.

Tous ces pauvres gens étaient heureux d'entendre la parole de Dieu. Oh ! avec quel empressement ils venaient chaque jour, de très loin, faire leur visite au Saint-Sacrement ! Du matin au soir, la chapelle ne désemplissait pas : ce n'étaient que chants et prières annamites ; non seulement ils tenaient à gagner les indulgences plénières, mais encore les partielles.

Les derniers jours de la neuvaine, dans toutes les paroisses, les confessionnaux étaient assiégés sans relâche. A ce sujet un Père nous disait qu'il confessait de 70 à 80 personnes par jour ; un autre écrivait : « Savez-vous que tous mes paroissiens veulent faire le jubilé de sainte Thérèse !... »

Le dimanche, jour de la fête, à une première messe, 150 personnes firent la sainte communion. Ce jour-là, Monseigneur voulut bien officier pontificalement. La messe fut chantée par les élèves du Séminaire; un diacre chinois touchait l'harmonium. — Le soir, les vêpres furent chantées par les directeurs et les séminaristes, le R. P. Thiriet, supérieur, à leur tête. Qu'il était beau de voir un si grand nombre de prêtres en surplis, rangés dans le sanctuaire, mêlant leurs voix à celles de leurs élèves et chantant admirablement ! Le salut eut lieu ensuite ; les séminaristes chantèrent plusieurs beaux morceaux de musique. Après le salut, le R. P. Louvet prit la parole et montra à la foule pressée qui remplissait la chapelle, sainte Thérèse sauvant des milliers d'âmes avec les seules armes de la prière et de l'oraison : c'est un grand prédicateur qui a le talent de toucher les cœurs de ceux qui l'entendent.

Jamais, même en France, nous n'avions vu de si belles fêtes ; on nous a dit qu'il y avait de 8 à 900 personnes : tout était envahi, même la sacristie.

Le 16, premier jour du *Triduum*, le R. P. Thinselin, aumônier de l'hôpital militaire, officia toute la journée ; à la messe solennelle, il y eut un grand nombre de communions ; les chers Frères des Ecoles chrétiennes eurent la bonté de venir avec leurs élèves chanter à la messe et au salut, et ils chantèrent très bien ; le soir surtout ils se signalèrent par plusieurs morceaux de musique qui étaient ravissants : il y avait bien 60 voix. Avant le salut, le R. P. Thinselin fit un magnifique panégyrique de notre sainte Mère, prenant pour texte ces paroles du prophète Elie : « *Zelo zelatus sum pro Domino Deo exercituum* », et l'appliquant admirablement à toutes les époques de la vie de sainte Thérèse ; nous n'avions jamais rien entendu dire d'aussi beau sur notre Mère.

Le 17, second jour du *Triduum*, le R. P. Thiriet, Provicaire et supérieur du Séminaire, qui a pour notre communauté, ainsi que le R. P. Dumas, notre aumônier, un dévouement sans bornes, officia toute la journée ; les séminaristes chantèrent de nouveau et se surpassèrent ce jour-là, tant leurs chants étaient beaux et harmonieux. Après le salut, un Père indigène fit un très beau sermon en annamite : il s'en tira admirablement. Dire le nombre d'indigènes venus pour l'entendre serait impossible ; ce bon Père ne paraissait nullement embarrassé, encore qu'il fût entouré d'une douzaine de missionnaires français.

Il fit connaître à ses compatriotes les principales époques de la vie de notre sainte Mère, ce qui les remplit d'admiration et de confiance envers cette aimable Sainte.

Enfin le dernier jour du *Triduum* arriva : il ne le céda en rien aux jours précédents, ni pour le panégyrique, ni pour les chants. Le R. P. Lechée, curé de la cathédrale et notre ancien supérieur, officia ce jour-là. Les élèves de l'Institution Taberd, dont il est supérieur, et que dirigent ses deux vicaires, vinrent chanter à la messe et au salut, et le firent très bien : il y avait surtout une belle voix que nous prîmes pour une voix française, et notre surprise fut grande quand on nous assura que c'était une voix annamite. Le R. P. Lemée fit le panégyrique de la Sainte ; il nous parla avec feu de son amour ardent pour Dieu, de sa soif du martyre et de ses souffrances, de son cœur percé par un séraphin, et enfin de son dernier soupir dans un transport d'amour.

Le salut fut donné et le *Te Deum* chanté alternativement par les seize missionnaires qui étaient dans le sanctuaire et par les élèves de l'Institution Taberd. — Tout était fini ! Mais le souvenir de ces belles fêtes ne s'effacera jamais de notre mémoire.

Le soir, un missionnaire disait que depuis la bénédiction de la cathédrale, on n'avait jamais vu de si belles fêtes à Saïgon. L'empressement que les indigènes ont mis à venir à ces grandes solennités a été pour nous une nouvelle preuve de leur attachement sincère pour notre communauté, et ce qui nous fait le plus de plaisir, c'est d'apprendre qu'il y a eu parmi eux un grand nombre de conversions : on en compte plus de vingt ; et des personnes qui ne s'étaient pas approchées des sacrements depuis huit à dix ans ont voulu rentrer en grâce avec Dieu, afin de gagner les indulgences du centenaire : on a évalué à 2,000 le nombre des communions, ce qui est vraiment prodigieux !...

Quelques mots seulement sur la décoration de la chapelle. Derrière l'autel, nous avions fait élever deux jolies colonnes, entourées de feuilles de vigne et de raisins en or, garnies de lumières du haut en bas en forme de triangle ; au haut des chapiteaux étaient écrites en lettres d'or ces paroles : « Ou souffrir ou mourir ! » En haut, un arc de triomphe garni de lumières et de draperies, sur lequel étaient en lettres d'or ces paroles : « *Misericordias Domini in æternum cantabo !* » Une belle statue de sainte Thérèse était au milieu, à la hauteur de six mètres ; elle avait à ses côtés deux beaux bouquets d'acacia, et à ses pieds une corbeille de raisins en or ; puis, encore de chaque côté, des lis en très grande quantité, ceux du milieu montaient jusqu'au piédestal de la statue; les autres, montant de chaque côté, lui formaient une auréole ; une riche couronne était suspendue au-dessus, de chaque côté des colonnes étaient deux grandes bannières, dont l'une portait les armes du Saint-Père et l'autre celles de l'Ordre. Dans le sanctuaire, quatre autres bannières portant les effigies de saint Jean de la Croix, de saint Simon Stock, de sainte Madeleine de Pazzi et de la Bienheureuse Marie de l'Incarnation. — Toute la chapelle était entourée de guirlandes de roses et de lis en fleurs artificielles serpentant gracieusement sur les murs ; au-dessus, une trentaine d'oriflammes sur lesquelles étaient écrites en lettres d'or les litanies de sainte Thérèse, et les dates des actions les plus mémorables de sa vie ornaient la chapelle.

La porte d'entrée avait été aussi décorée avec des fleurs et des oriflammes; sur le cintre, on lisait : *Troisième centenaire de sainte Thérèse*. Au dessus, une oriflamme sur laquelle était une image de la Sainte avec ces paroles : « Je suis fille de l'Eglise !... »

Le *Triduum* passé, comme nos bons Annamites continuaient à venir en foule visiter la chapelle, Monseigneur donna l'autorisation de la laisser ainsi parée jusqu'au dernier jour de l'octave, et accorda la bénédiction solennelle tous les soirs, ce qui fut pour tous une grande consolation.

CARMEL DE TOU-SÉ-WÉ, PRÈS SHANG-HAI

(CHINE ORIENTALE).

La Chine chrétienne a pris sa part des joies et des grâces que le troisième centenaire de sainte Thérèse a apportées au monde catholique. Elle aussi a fêté avec élan la Vierge au cœur apostolique non moins que séraphique. Mais avant de raconter ces touchantes solennités, il convient d'expliquer comment il se fait qu'elles aient eu lieu dans cet extrême Orient, au sein d'un peuple encore, hélas ! presque tout plongé dans l'ombre de la mort. C'est que dans un petit coin de cet immense empire, si fier de son antique civilisation et si dédaigneux de tout ce qui porte un caractère étranger, où, malgré le dévouement et le zèle infatigable des missionnaires, le christianisme a tant de peine à pénétrer et à triompher de l'apathie des caractères, de la tenacité des habitudes et des préjugés, se trouve un modeste asile, asile de la prière et de la pénitence, où vivent dans une solitude profonde quelques-unes des filles de la séraphique Thérèse de Jésus. Comment les disciples de la Vierge d'Avila se trouvent-elles au sein du paganisme, si loin des lieux où la Réforme thérésienne a pris naissance et s'est ensuite développée ? Le voici : en 1867, le vicaire apostolique du Kiang-nan (Chine orientale), Mgr Languillat, s'était rendu dans la capitale du monde catholique pour y fêter un autre centenaire : le dix-huit centième anniversaire du jour où le prince des apôtres et l'apôtre des nations avaient scellé de leur sang la vérité qu'ils avaient mission d'annoncer à l'univers. En quittant la Ville éternelle, le cœur rempli de grandes émotions, le saint missionnaire devait passer quelques mois dans sa patrie, au milieu de ses frères en religion ; mais l'apôtre au cœur ardent, sans cesse préoccupé des besoins des âmes confiées à sa sollicitude pastorale, cherchait avec empressement les moyens efficaces de vaincre les obstacles presque insurmontables qu'éprouve la semence évangélique à pénétrer et à germer dans ces âmes plongées dans la matière des habitants du Céleste-Empire. Il se ressouvint alors que plusieurs avaient dit de la séraphique Thérèse qu'elle avait peut-être, du fond de son austère cellule, par l'ardeur de ses désirs, l'assiduité de sa prière et la générosité de sa pénitence, donné à Dieu autant d'âmes que l'apôtre des Indes par ses immenses travaux. Aussitôt un souhait se forma dans son cœur : au zèle actif des frères et des émules de saint François Xavier, adjoindre l'apostolat de la prière et de la pénitence des filles de sainte Thérèse. Pendant que ceux-là se livreraient aux sublimes labeurs qui forment la vie de l'apôtre, celles-ci s'efforceraient d'attirer la céleste rosée, les grâces abondantes et précieuses qui donneraient la fécondité à leurs travaux.

Ce dessein une fois mûri dans l'oraison et la réflexion, le saint prélat prit les moyens de l'exécuter. Il s'adressa pour ce sujet au premier évêque du nouveau diocèse de Laval, Mgr Wicart, dont l'âme, toujours animée du plus ardent désir de procurer la gloire de Dieu, en accueillit cette occasion avec joie. La communauté, de son côté, fut très heureuse et profondément reconnaissante du choix qu'on daignait faire d'elle ; et le 19 décembre 1868, cinq pauvres Carmélites dénuées de tous les biens d'ici-bas, fortes seulement de leur confiance en Dieu, s'embarquaient à Marseille, pour réaliser l'œuvre apostolique à laquelle les appelait l'élection divine, qui se sert de la faiblesse même des instruments qu'elle emploie pour parvenir à ses fins. Dès le début, la divine Providence manifesta bien sensiblement le soin spécial dont elle devait toujours entourer ces faibles femmes, en leur donnant pour guide et pour soutien, durant cette longue traversée, celui-là même qui devait être le successeur de Mgr Languillat, et dont elles purent dès lors apprécier la bonté et le dévouement paternels.

La Chine, devenue la nouvelle patrie des humbles voyageuses, se montra pour elles une terre hospitalière où elles purent en toute liberté et tranquillité pratiquer leurs saintes observances. Les frères de Balthazar Alvarez furent leurs directeurs. Rien ne leur manqua de ce que sainte Thérèse désirait pour le bien spirituel de ses filles. Bientôt la sympathie des chrétiens leur fut acquise, et l'Esprit-Saint fit entendre sa voix à des cœurs dociles qui répondirent à son appel. De jeunes Chinoises se montrèrent avides de gravir l'âpre sentier du Carmel. La grâce s'épanouit à l'aise dans ces âmes simples et droites. Peu à peu elles devinrent capables de se nourrir de la céleste doctrine de Thérèse, et le Dieu qui aime à se révéler aux petits la leur fit goûter et comprendre, Ainsi la Chine a déjà donné à la grande Réformatrice du XVIe siècle des filles qu'elle semble couvrir de sa tendresse privilégiée comme les favorisées de sa famillle.

C'est peut-être ici le lieu de le dire : cette vie pénitente, solitaire et contemplative du Carmel s'harmonise parfaitement avec les mœurs et l'esprit de la Chine. On la comprend, on l'estime, on l'aime. Le Chinois n'a de considération que pour ce qui est grave et austère. Il admire tout ce qui plane au-dessus de cette matière vers laquelle sa nature l'entraîne. Aussi le Carmel est-il pour lui l'idéal de la perfection chrétienne et religieuse.

Cette sympathie des chrétiens chinois pour le Carmel s'est manifestée d'une manière remarquable pendant les fêtes du centenaire de sa glorieuse Réformatrice. Des dons spontanés pour la décoration de la chapelle arrivaient de toutes parts. Les plus pauvres apportaient leur modeste offrande et quelques-uns, ayant appris qu'il était question de racheter la maison où naquit sainte Thérèse, laquelle était tombée entre des mains profanes, les cœurs s'émurent, et on put voir alors combien le culte de la Sainte était populaire et plus profondément enraciné dans les âmes pieuses qu'on n'eût jamais pu le soupçonner. Obéissant à un élan qui ne pouvait venir que du ciel, tous voulaient avoir part à cette œuvre. Les pauvres surtout, comme privilégiés de la grâce, furent les plus ardents ; ils suppliaient qu'on ne refusât pas leur humble don, qu'on leur laissât le temps de gagner l'obole qu'ils voulaient offrir, ainsi qu'ils le disaient : « Pour acheter la maison de sainte Thérèse ».

Il est impossible que la grande Sainte, objet de tant de et si touchants hommages, et qui conserve au ciel cette reconnaissance qui faisait sur la terre le fond de sa riche et belle nature, ne favorise pas de sa puissante intercession un peuple qui lui a témoigné tant de vénération et d'amour.

Grâce aux dons des fidèles, au concours empressé et dévoué des Révérends Pères Jésuites et des Mères Auxiliatrices qui présidèrent elles-mêmes à la décoration de la chapelle, celle-ci fut parée avec un goût et un éclat dignes de la circonstance. Derrière le maître-autel, sur une montagne de fleurs et de verdure représentant le Mont Carmel, s'élevait un beau tableau de sainte Thérèse presque de grandeur naturelle. L'autel était paré de lis d'or et d'argent. Des guirlandes de vigne d'or et de roses blanches traversaient le sanctuaire. Quatre grands ifs placés aux quatre angles formaient des faisceaux de lumières d'un très bel effet. La chapelle latérale de sainte Thérèse, en face de la grille du chœur de religieuses, où l'on avait exposé les reliques de la Sainte, était transformée en chapelle ardente. Des écussons et des oriflammes de toutes couleurs pavoisaient tous les murs. Au-dessus de la grande porte d'entrée et vis-à-vis du tableau de sainte Thérèse, s'élevait également, dans une gracieuse montagne de verdure et de fleurs naturelles, celui de saint Joseph, patron et titulaire du monastère.

La bénédiction du Très Saint-Sacrement fut donnée chacun des jours de la neuvaine préparatoire, et les chrétiens se montrèrent heureux et empressés d'y assister. Le 15 octobre, Mgr Garnier, vicaire apostolique du Kiang-nan, a bien voulu rehausser par sa présence l'éclat de la fête. Sa Grandeur a officié pontificalement à la grand'messe qui a été chantée par les scolastiques de la Compagnie de Jésus. L'assistance était très nombreuse, silencieuse et recueillie. Voici en quelques mots le plan du remarquable sermon prononcé en chinois par le Révérend Père Rabouin, professeur de théologie à Zi-Ka-wei.

Sainte Thérèse, a-t-il dit, fut pendant sa vie et sera jusqu'à la fin des siècles la *bonne odeur de Jésus-Christ*. C'est sans doute la raison pour laquelle son corps sacré et surtout son cœur continuent de répandre un parfum tout céleste.

Notre-Seigneur, pour sauver le monde, a dû employer trois moyens :

1° l'exemple de toutes les vertus, spécialement de l'humilité et de l'obéissance, ce qu'il a accompli admirablement dans sa vie cachée; 2° sa doctrine, en l'enseignant au monde dans sa vie publique ; 3° ses souffrances et sa mort sur la croix.

Or, sainte Thérèse et ses enfants spirituels continuent à travers les siècles ce que Notre-Seigneur a commencé :

1° Exemples d'humilité et d'obéissance dans la vie retirée du cloître ;

2° Les Carmes prêchent comme Jésus-Christ, et les Carmélites, comme Moïse sur la montagne, lèvent les mains au ciel pour obtenir la victoire sur l'enfer et sur les cœurs rebelles : c'est la montagne du Carmel ;

3° Cette montagne du Carmel est encore un calvaire où les filles de sainte Thérèse accomplissent en leurs membres ce qui manque à la passion de Notre-Seigneur pour être appliqué aux pauvres pécheurs.

Ainsi fit Thérèse elle-même. Aussi toute sa vie, comme celle du Sauveur Jésus, fut-elle un long martyre... martyre du corps, maladies, souffrances ; martyre de l'âme, persécutions, calomnies, désolations et consolations mêmes, dard enflammé dont le séraphin perce son cœur et dont la cicatrice demeure ; enfin mort causée par un effort d'amour de celle qui avait répété si souvent : *Ou souffrir ou mourir !*

C'est ainsi que la réforme de sainte Thérèse fut un appel à la vie apostolique. Cet appel fut entendu ; des milliers d'âmes d'élite se sont rangées sous la bannière de Thérèse pour combattre et vaincre avec elle, avec Jésus-Christ, aidant en tous lieux les prédicateurs de l'Evangile à accomplir fructueusement leur ministère. C'est pourquoi Mgr Languillat, de pieuse mémoire, plein de sollicitude pour la conversion des pauvres païens de son vicariat du Kiang-nan, appela les filles de sainte Thérèse le premier couvent de Carmélites en Chine.

Les trois jours du *Triduum*, la sainte messe fut célébrée par les Révérends Pères Recteurs de Ton-Ka-dou, de Yan-Kin-pan et de Zi-Ka-wei. Les saluts furent donnés par les représentants des Lazaristes et des Missions étrangères à Shang-Haï, MM. Meugnot et Martinet, et les RR. Pères Rabouin et Zottoli, maître des novices à Zi-Ka-wei. Lundi et mardi, le panégyrique de sainte Thérèse fut prêché par les RR. Pères della Corte et Laurent Li. Le mercredi, le R. P. Chauvin parla sur l'esprit de prière de sainte Thérèse qu'il montra comme la maîtresse de l'oraison.

Les religieuses auxiliatrices et leurs élèves européennes de Shang-Haï ont chanté des morceaux de musique pendant la sainte messe et les saluts. Le soir du dernier jour elles ont chanté la célèbre Glose de sainte Thérèse.

Chacun des jours du *Triduum*, l'assistance ne diminua point; la ferveur des chrétiens semblait s'accroître et plusieurs disaient avoir obtenu des grâces particulières. Puissent ces jours de bénédiction avoir laissé dans les âmes des impressions aussi durables qu'elles ont semblé vives et profondes !

O Thérèse, qui avez regardé comme votre plus grande gloire d'être fille de l'Eglise, aujourd'hui cette Église a voulu manifester qu'une de ses gloires les plus chères était de vous avoir pour fille. Ne pouvons-nous pas espérer que, sensible aux maux de cette Mère affligée jusqu'à environner d'épines votre cœur virginal qui ne respirait que pour son accroissement, qui semble encore souffrir et palpiter pour elle, vous joindrez votre puissante intercession à tant de vœux qui vous ont été adressés, pour obtenir de votre divin Epoux le triomphe éclatant qu'elle espère; que vous ferez entrer dans son sein ces peuples rebelles à la parole de l'Évangile et que vous procurerez des apôtres à ceux qui ne l'ont pas encore entendue; que la Chine, et en particulier le Kiang-nan, d'où est monté vers vous un tribut si ardent et si sincère de prières et de louanges, seront l'objet de votre protection spéciale; que vous ferez descendre dans le cœur de ses missionnaires, et dans celui de vos filles, une étincelle de ce feu divin qui consumait le vôtre, et de ce zèle dont vous étiez embrasée; qu'à partir de ce jour enfin, les cœurs des chrétiens seront plus largement ouverts à la grâce, et ceux des païens plus prêts à recevoir la divine semence du salut?

Ainsi soit-il.

CHAPITRE SEPTIÈME.

AFRIQUE.

L'Afrique, habitée par les enfants de Cham, a porté longtemps et porte encore en quelque sorte le poids de la malédiction du grand patriarche : « *Maledictus Chanaan, servus servorum erit fratribus suis.* » (Gen. 9.25.) Trop longtemps réservée à l'esclavage quand la foi chrétienne en avait délivré les peuples, la race africaine, à part certaines tribus du littoral, reste toujours abandonnée au milieu de ses épaisses forêts rendues presque inaccessibles par les rigueurs d'un climat exceptionnellement meurtrier. L'Egypte, Carthage et les bords de la Méditerranée, si célèbres dans l'histoire profane et dans les annales de l'Eglise, ayant abandonné la foi pour l'hérésie, furent vite envahis par le Coran et devinrent le fléau de la chrétienté. Cependant, grâce aux croisades de saint Louis et aux exploits réitérés des armes françaises, Alger, Tunis et Tripoli cessèrent d'être un repaire de pirates et entendirent de nouveau la parole de l'Evangile.

Mais, plus ambitieuse que les gouvernements, parce qu'elle est mère, l'Eglise a recruté de nouvelles phalanges, et ses missionnaires s'en vont scruter les profondeurs plus ou moins ignorées du vaste continent pour arracher des multitudes d'âmes à la servitude du démon; et, pendant que ces généreux soldats de Jésus-Christ partent pour étendre son empire, leurs auxiliaires, les filles de sainte Thérèse, fidèles à la mission qu'elles ont reçue de leur Mère, prient et élèvent les mains sur la montagne du Carmel. Heureux les missionnaires qui ont un Carmel auprès d'eux pour les secourir et les seconder ! Plus l'arsenal sacré est proche de l'armée et plus le succès doit être assuré. Les missionnaires de l'Afrique équatoriale ont leur centre d'action à Alger, près des Carmélites; mais le champ de bataille prend de telles proportions, qu'Alger va être insuffisant, et que l'autorité ecclésiastique réclame de nouvelles fondations de filles de sainte Thérèse. Heureuses les âmes qui feront des sacrifices pour aider à réaliser ces œuvres tout apostoliques ! Elles en seront largement récompensées par Celui qui disait aux douze : « *Qui recipit prophetam.... mercedem prophetæ accipiet.* » (Matth. 10.41.)

CARMEL D'ALGER

(FONDÉ A BLIDAH EN 1872, TRANSFÉRÉ A ALGER EN 1876).

Les magnifiques préparatifs qui se faisaient partout pour le centenaire et dont l'écho nous arrivait soit par les annales du Carmel, soit par des lettres de nos communautés de France, avaient excité les ambitions de notre piété filiale. De plus, la pensée que nous étions le seul Carmel de toute l'Afrique et, par conséquent, le seul endroit de ce vaste continent où devait se célébrer le centenaire de notre mère sainte Thérèse, nous faisait désirer d'avoir nous aussi des splendeurs à offrir, au nom de l'Afrique entière, à Celle qui nous avait devancées dans ce pays dès son jeune âge par ses héroïques désirs, lorsque, à l'âge de sept ans, elle fuyait la maison paternelle avec son petit frère, pour venir au pays des Maures donner à ces peuples barbares le Christ ou son sang, et cueillir ainsi la palme du martyre. Dieu a daigné exaucer nos vœux. Malgré notre pauvreté et le manque de bien des ressources, nous pouvons dire que nos espérances, sinon nos désirs, ont été dépassées, et qu'en Afrique, comme partout ailleurs, on a su honorer dignement notre grande sainte Thérèse de Jésus.

Son Eminence notre nouveau et vénéré Cardinal Mgr Lavigerie étant venue à Alger quelque temps auparavant pour sa réception solennelle, nous eûmes un moment l'espoir que sa présence serait un des plus beaux ornements de notre *Triduum*. Mais, obligée de repartir trop tôt pour Tunis, Son Eminence ne put que nous témoigner avec sa bienveillance ordinaire ses regrets de ne pouvoir répondre à notre invitation, nous faisant à cette occasion l'aimable reproche de n'être point encore allées fonder près du tombeau de saint Louis, en Tunisie, où Elle aurait pu venir prendre part à nos fêtes.

Il semble que Dieu ait voulu nous consoler de ce contre-temps par le pieux empressement de Mgr le Coadjuteur à tracer lui-même le programme de nos fêtes et de nos invitations pour les principaux membres du clergé régulier et séculier qu'il désirait voir présider aux exercices du *Triduum*.

Chaque jour de la neuvaine préparatoire, la sainte messe fut célébrée dans notre chapelle par un de MM. les curés des différentes paroisses d'Alger ou de la banlieue. Après la messe, le célébrant récitait à haute voix les litanies de sainte Thérèse, auxquelles nous répondions avec les fidèles. Ensuite avait lieu la vénération de la relique. Ces belles litanies, imprimées par les soins du Carmel de Vannes, ont eu le privilège de charmer tous les ecclésiastiques qui les ont récitées avec la plus édifiante dévotion, et tous ont voulu en emporter un exemplaire.

Ce qui a donné à nos fêtes thérésiennes d'Afrique un cachet particulier, ce sont quatre professions suivies de trois cérémonies de prise de voile noir, chaque jour du *Triduum*, les 15, 16 et 17. Retardées par nos Supérieurs à cause des mauvais temps, ces belles cérémonies semblent avoir été réservées par notre sainte Mère Thérèse pour embellir ses fêtes et augmenter notre joie. Une grande et belle statue, donnée en vue de notre première fondation à venir, faisait son entrée dans notre monastère et prenait provisoirement place au chapitre, pour y recevoir les vœux des nouvelles professes. Cette arrivée de notre sainte Mère nous fut une agréable surprise, car le peu de temps et l'éloignement du lieu d'où elle devait nous être envoyée ne nous permettaient pas d'espérer qu'elle pût nous arriver si vite. Cela nous parut d'un bon augure pour la fondation tant désirée par nos nombreuses aspirantes ; puisque la fondatrice est arrivée, disions-nous, tout le surcroît nécessaire ne peut manquer de nous venir au moment marqué par Dieu.

Quant à l'ornementation de notre pauvre et petite chapelle, ses dimensions si restreintes semblaient s'accorder avec notre pauvreté pour nous interdire de trop grands frais de décoration. Cependant, de l'avis de tout le monde, elle offrait un aspect charmant, grâce au bon goût de l'un de nos RR. Pères Missionnaires, chapelain de la basilique de Notre-Dame d'Afrique, qui semblait l'avoir rappelé depuis peu de Tunis auprès d'elle, pour nous prêter son habile concours.

Nous devons dire encore que, plus de six mois à l'avance, notre Père S. Joseph avait aussi commencé de nous aider en accordant à nos demandes, après une neuvaine où nous l'avions pris pour intercesseur auprès de la sainte Face de N.-S., un très bel harmonium sollicité surtout en prévision des fêtes du centenaire.

Le saint Patriarche nous envoya même un organiste d'un dévouement sans égal qui, accompagné de ses quatre fils empressés à chanter les louanges de Dieu et à travailler pour sa gloire, se dépensa tout entier à la décoration de notre chapelle.

Nous avions préparé plusieurs draperies, bannières et oriflammes avec des images ou des inscriptions en lettres d'or empruntées aux litanies de sainte

Thérèse. On remarquait surtout dans le sanctuaire une légère draperie en mousseline blanche, avec une guirlande de roses peintes à la main et bordée d'une frange d'or.

N'ayant pu mettre la statue de sainte Thérèse à la place de Notre-Dame du Sacré-Cœur au grand autel, on avait fait de son piédestal ordinaire, placé dans le sanctuaire près de notre grille, un trône de verdure, de fleurs et de lumières, au milieu duquel on voyait la relique qui chaque jour était offerte à la vénération des fidèles. De grandes branches de palmier placées de chaque côté de la statue rappelaient cette palme du martyre que la Sainte avait voulu venir cueillir ici dans son enfance, tandis qu'une brillante couronne, suspendue au-dessus de sa tête, paraissait comme un reflet de celle bien plus belle qui récompense là-haut ses héroïques vertus.

De belles guirlandes, dont toute la verdure avait été cueillie par les jeunes élèves de l'école apostolique dirigée par nos Missionnaires, parcouraient la chapelle au-dessus des draperies; elles formaient aussi différents dessins sur les murs, entouraient les piliers, semant partout les roses et les lis, dont elles étaient garnies.

Le 1er jour du *Triduum*, fête de sainte Thérèse, Mgr Dusserre, coadjuteur d'Alger, voulut bien venir célébrer la messe solennelle et donner le voile à l'une de nos jeunes professes. Notre dévoué organiste avait amené un chœur de dames italiennes, dont les voix harmonieuses rappelaient les concerts angéliques. Dans une exhortation pleine de sentiment, Monseigneur fit comprendre à la nombreuse assistance la grandeur et l'importance de cette solennité du centenaire de sainte Thérèse, et les grâces abondantes dont il serait la source pour l'Afrique et pour le monde entier. Il témoigna sa joie et son admiration de voir que, malgré l'excessive pauvreté de ce premier Carmel africain, les vocations se montraient toujours de plus en plus nombreuses, exprimant la peine qu'il éprouvait en même temps d'être obligé de refuser si souvent l'entrée dans notre monastère, en raison de son exiguïté et de ses trop faibles ressources.

Après la messe et au salut, on a chanté un cantique à sainte Thérèse, dont les paroles ont été composées par notre organiste, et la musique par un artiste d'Alger.

Chaque jour du *Triduum*, il y a eu grand'messe le matin, et le soir salut solennel et sermon. Le 15, jour de la fête, étant un dimanche, toute la journée a été remplie par les chants et les prières. Les diverses communautés des filles de Saint-Vincent de Paul envoyèrent leurs députations; les Trinitaires et les Religieuses de la doctrine chrétienne avec leurs pensionnats vinrent chanter le *Magnificat* et autres pieux cantiques.

Ce jour-là principalement, la foule a été considérable. Tout le monde regrettait que la chapelle fût si petite, et un grand nombre de personnes se pressaient dans la cour et sur la place, sans y pouvoir pénétrer.

Le soir, M. le Vicaire général donna le salut et fit un très beau sermon.

La famille du Consul espagnol et autres personnages de distinction y assistaient.

Rappelant dans son discours les divers combats soutenus par l'Eglise dans les siècles passés, M. le Vicaire général montra en même temps les secours providentiels ménagés à chaque époque dans les saints personnages suscités par Dieu. Au milieu de ces grandes et belles figures, Thérèse apparaît comme cette brillante comète que nous admirons en ce moment, et dont la douce clarté semble nous annoncer que nous sommes au soir de l'épreuve.

Il exprima le vœu et l'espoir que son quatrième centenaire ne serait pas célébré seulement sur un point de l'Afrique, mais dans toute l'étendue de ce vaste continent.

Le 16, M. le Supérieur du grand séminaire, qui est aussi le nôtre, présida le matin, et donna le voile à l'une des nouvelles professes. Il fit également un très beau et savant discours, montrant en sainte Thérèse l'amour de Dieu comme sa vertu dominante et la source de toutes les autres qu'elle a possédées dans un degré si éminent, et comme le caractère distinctif de sa sainteté. Il rappela avec beaucoup de charme et d'à-propos plusieurs traits intéressants de sa vie prouvant son grand amour pour Dieu, et aussi les témoignages les plus remarquables de la prédilection de Notre-Seigneur pour son épouse bien-aimée.

Le soir de ce même jour, le R. P. Recteur des Jésuites vint nous faire entendre sa parole si sympathique.

Après avoir parlé des femmes illustres de l'Ancien et du Nouveau Testament dont Dieu s'est servi pour l'accomplissement de ses desseins, il a montré la mission spéciale de zèle pour les âmes et les intérêts de la sainte Église réservée à sainte Thérèse, indiquant l'oraison comme principal moyen pour l'accomplir.

Le **17** couronna dignement le *Triduum*.

Sur l'invitation de Mgr le coadjuteur, le T. R. Père abbé de la Trappe de Staouëli nous fit l'honneur de venir présider la cérémonie du matin, assisté de deux de ses religieux revêtus de leur grande coule blanche. La messe fut chantée très solennellement par la maîtrise de Notre-Dame-des-Victoires, dont le digne curé nous est tout dévoué. Le T. R. Père abbé nous parla des origines et des gloires de notre saint Ordre, de notre fondateur le grand prophète Elie et de la nuée mystérieuse de sa vision, image prophétique de la Vierge immaculée. Rappelant que l'Ordre du Carmel est le plus ancien de tous, il a redit aussi les faveurs spéciales dont la très sainte Vierge l'a honoré en le faisant en particulier sien, et en lui donnant le scapulaire que l'Eglise entière regarde maintenant comme l'un de ses plus précieux trésors. Expliquant ensuite les principales vertus de l'état religieux, il montra comment nous sommes destinées par vocation à apaiser la justice de Dieu sans cesse irritée par les crimes du monde.

Sainte Thérèse n'a pas eu peu d'influence pour attirer sur la terre les miséricordes divines ; de plus, elle a assuré à la société de nombreux paratonnerres pour détourner les châtiments.

Aux RR. Pères missionnaires de Notre-Dame d'Afrique incombait la charge et l'honneur des offices du soir.

En conséquence, tous les élèves de l'école apostolique, au nombre de plus de cent, et accompagnés de leurs professeurs, remplissaient presque notre petite chapelle. Le T. R. Père Général, retenu à son grand regret par une indisposition, avait chargé le R. P. Directeur et professeur de la division de philosophie, de le remplacer pour la prédication.

S'il était touchant d'entendre la parole ardente du missionnaire exalter devant cette jeunesse d'élite les héroïques vertus de la Sainte, et leur montrer en elle un sublime modèle en même temps qu'une tendre mère et une puissante patronne, il ne fut pas moins émouvant d'entendre ensuite les voix pures et ferventes de nos futurs missionnaires répondre à cette éloquente exhortation par des chants déjà animés de l'héroïque enthousiasme de l'apôtre et du martyr. Ils chantèrent d'abord le *Magnificat*, puis l'antienne *Sapientia*, alternant avec les versets du psaume *Lætatus sum*.

Pendant la vénération de la relique, qu'ils firent avec un ordre et un recueillement parfaits, ils chantèrent aussi le petit cantique de la vie populaire de sainte Thérèse. Quant à nous, émues et ravies en voyant nos missionnaires remplir le sanctuaire, revêtus de leur beau costume de laine blanche comme celui des Arabes, et en entendant leurs chants, il nous semblait voir et entendre les séraphins de la terre s'unissant à ceux du ciel dans un même concert de louange, et les cœurs glorieux des martyrs offrant à l'envi à notre illustre Sainte les palmes immortelles.

Vraiment, en ce moment, notre amour filial a été consolé des bornes imposées par la pauvreté à l'éclat extérieur de nos fêtes. Si en beaucoup d'endroits, disions-nous, notre sainte Mère a eu de plus belles et plus riches décorations, nous doutons qu'elle ait eu pour chanter ses louanges beaucoup de cœurs plus ardents, des âmes plus pures, plus saintes et plus ferventes.

Pour compléter les détails sur notre *Triduum*, nous devons ajouter que chaque jour, pour faire honneur aux Espagnols, compatriotes de sainte Thérèse, très nombreux à Alger, surtout dans notre quartier, nous avons eu un très beau sermon dans leur langue par l'un des Pères Missionnaires du Cœur Immaculé de Marie établis à Alger. Nos jeunes novices d'origine espagnole se plaisaient à dire que personne n'avait aussi bien parlé de sainte Thérèse, et quoique la plupart d'entre nous ne comprissent qu'à demi ce langage étranger, nous sentions toutes que le prédicateur ne le cédait en rien aux plus éloquents panégyristes de la grande Sainte de l'Espagne et du Carmel.

Ce fut une grande consolation pour nos Missionnaires espagnols et pour leurs compatriotes de trouver dans la petite chapelle du Carmel le moyen de satisfaire leur dévotion et de fêter leur illustre patronne ; et nous pouvons dire que cette partie de nos fêtes n'a pas été la moins touchante ni la moins édifiante.

Un prêtre espagnol, ancien vicaire de notre paroisse, et l'un de nos premiers aumôniers à notre arrivée à Alger, grand dévot à la Sainte et Tierçaire de l'Ordre, avait quitté sa paroisse pour ne rien perdre des fêtes du *Triduum*. Chaque jour, après le sermon en espagnol, il faisait vénérer la relique, ne se lassant pas de recommencer chaque fois qu'il se présentait de nouveaux fidèles ; beaucoup profitèrent aussi de son zèle à distribuer des scapulaires de Notre-Dame du Mont-Carmel.

Le *Triduum* terminé, profitant des permissions accordées par Monseigneur et des ferventes dispositions de quelques amis dévoués, nous avons continué pendant tout l'octave à avoir des prêtres des environs qui célébrèrent la messe le matin, donnèrent le salut et un sermon le soir. La chapelle garda sa décoration jusqu'à la fin du mois, qui fut terminé par deux autres cérémonies de profession et de prise de voile noir, retardées, comme les autres, à cause des mauvais temps. C'étaient donc six nouvelles épouses que le Carmel d'Alger avait offertes à Notre-Seigneur par les mains de sainte Thérèse, pendant son mois et à l'occasion de son centenaire. Une septième jeune kabyle de l'orphelinat de Mustapha, si maternellement dirigé par les filles de Saint-Vincent de Paul, reçut le voile noir le jour de l'Epiphanie suivante. Nous avons donné des images, des médailles, et des Vies de sainte Thérèse aux missionnaires qui partent pour l'Afrique équatoriale ; leur supérieur nous a promis que, s'il arrivait à temps au Tonganika, où il va remplacer le R. P. Pascal, le premier martyr de la première caravane partie en 1878, il ne manquerait pas de célébrer aussi solennellement que possible la fête du 15 octobre ; et tous sont dans les mêmes dispositions. Déjà nous savons que l'année 1882 a vu d'heureux succès récompenser enfin leurs travaux, et surtout le sang versé par leurs héroïques martyrs. Ils aiment à attribuer leur réussite aux prières du Carmel et à l'intercession de sainte Thérèse. Nous supplions notre sainte Mère et aussi saint Augustin et saint Louis, dont les vertus ont illustré cette terre, d'inspirer aux âmes pieuses de France la généreuse pensée de venir en aide à notre éminent cardinal pour fonder de nouveaux Carmels, et seconder les ardents désirs de tant d'âmes ferventes qui soupirent après le moment où s'ouvriront pour elles les saints asiles de la prière et du recueillement. Nous saisissons cette occasion d'assurer à tous ceux qui liront ces pages que le Carmel d'Alger observe strictement, comme tous les Carmels d'Europe, la règle de sainte Thérèse dans toute sa rigueur. Quelques adoucissements transitoires, mais permis par la règle, et nécessités par la prudence, en raison du changement de climat, auraient pu occasionner quelque erreur sur ce point. C'est bien pour la fondation de véritables Carmels que nous osons en appeler ici à la charité des âmes pieuses.

Sainte Thérèse avait fondé le monastère d'Avila en la fête de saint Barthélemy, Anne de Jésus celui de Paris en la fête de saint Luc ; les Carmélites parties d'Oloron débarquèrent le 28 octobre, fête de saint Simon et de saint Jude, ce qui donnait un caractère apostolique à notre fondation.

Ce fut précisément l'apôtre saint Simon qui, évangélisant l'Egypte, porta le premier la foi en Afrique.

Le lendemain de notre arrivée, Mgr Lavigerie nous disait la sainte messe au sanctuaire de Notre-Dame d'Afrique, et nous donnait de ses mains la sainte communion. C'était la fête d'un autre saint d'Afrique, encore évêque de Carthage, saint Deo-gratias. Emu et charmé de toutes ces heureuses coïncidences, Monseigneur nous dit avec son éloquence habituelle ces paroles que nous ne saurions oublier ; car, tombées des lèvres de celui qui, le premier

dans ce pays, nous tient la place de Dieu, elles nous semblent doublement pour notre œuvre une sanction divine et le gage des bénédictions du ciel : « Mes Filles, votre illustre Mère sainte Thérèse eut autrefois le
« désir de venir dans notre Afrique pour y prêcher la foi et souffrir le
« martyre. Mais ce n'est qu'après 300 ans, non point par elle-même, mais
« par vous, ses filles, qu'elle voit se réaliser son désir. Il y a deux jours,
« mes Filles, que nous célébrions la fête d'un saint d'Afrique, évêque de Carthage, saint *Quodvult Deus;* son nom signifie *ce que Dieu veut.* Ceci est pour
« vous. C'est pour vous dire que c'est bien Dieu qui veut votre œuvre en
« Afrique; et voilà qu'aujourd'hui même nous célébrons la fête de saint
« Deo-gratias, évêque aussi de Carthage. Ceci est pour nous ; c'est pour
« l'Afrique, qui vous salue par la bouche de ce saint évêque et par la mienne
« avec ces paroles bien connues au Carmel : *Deo gratias.* Oui ! nous vous
« remercions d'être venues nous aider par vos prières et nous en rendons
« grâces à Dieu. »

CHAPITRE HUITIÈME.

AMÉRIQUE.

Christophe Colomb, né à Calvi (Corse), soupçonnant l'existence du Nouveau-Monde, brûlait du désir d'en ouvrir la route aux missionnaires pour le donner à Jésus-Christ. L'Espagne, après avoir favorisé l'entreprise de ce fervent génie, envoya aux Nouvelles-Indes des religieux et des hommes de guerre. Mais les progrès de la foi y étaient trop lents pour le cœur de sainte Thérèse, et elle s'employa si bien auprès de Dieu, que ses seules prières convertirent les Indiens par milliers.

Aujourd'hui, l'Amérique du Sud, où la religion fit jadis des merveilles, subit en partie le joug de la franc-maçonnerie. L'Amérique du Nord, où la secte règne en Californie et au Mexique, nous offre un spectacle plus consolant aux Etats-Unis, où le catholicisme gagne sensiblement du terrain sur l'hérésie qu'y importa la protestante Angleterre. Aussi, pendant que les Carmélites ont été chassées des républiques du Midi, sainte Thérèse a vu son culte naître et se développer dans les Etats de l'Union, qui compte déjà trois couvents de Carmélites : à Baltimore, où les fêtes du centenaire ont été aussi magnifiques qu'on le peut imaginer ; à la Nouvelle-Orléans, dont le très zélé archevêque, Monseigneur Perché, a engagé tous les curés de son diocèse à faire les exercices du *Triduum* dans les églises paroissiales ; à Saint-Louis, qui a également fêté la Vierge séraphique et établi la confrérie Thérésienne.

Enfin le Canada, l'ancienne colonie française où les catholiques ont conservé leur ferveur, possède aussi ses Carmélites, qui ont voulu ajouter leur récit du centenaire à ceux des Carmels de la première mère-patrie. Le Carmel de Montréal a offert à sainte Thérèse, le jour de son centenaire, une couronne de huit mille cinq cent soixante-neuf communions.

CARMEL DE MONTRÉAL

(CANADA).

Pendant que l'univers catholique entourait les autels de sainte Thérèse à l'occasion du troisième centenaire de sa bienheureuse mort, pendant que les Carmels d'Europe célébraient par des fêtes magnifiques les gloires et les grandeurs de notre illustre Mère, notre humble Carmel du Canada, encore au berceau, essayait de s'unir à ce concert de louanges et de bénédictions en bégayant son hymne à notre séraphique Mère.

Notre charmante église avait été décorée avec un goût exquis par notre pieuse fondatrice. On lisait en lettres d'or, dans 14 écussons artistement combinés, les principaux événements de la vie de Sainte Thérèse. Des guirlandes de verdure parsemées de roses blanches et roses couraient en volutes sur les colonnes de la chapelle spéciale de notre Sainte ; de gracieux festons de fleurs se dessinaient sur les chapiteaux. L'arceau gothique était orné de tentures, drapées avec élégance. Le fond de la petite chapelle était tendu de blanc ; des fleurs fines et de l'or complétaient le décor. On y lisait l'immortelle devise : « Ou souffrir, ou mourir », et les mémorables paroles que Notre-Seigneur adressa un jour à sa Thérèse : « Désormais, comme ma « véritable épouse, tu brûleras de zèle pour ma gloire. »

Les côtés de l'autel disparaissaient sous les touffes de fleurs artificielles, et l'autel lui-même, richement paré, dominé par la statue de la Sainte, était éblouissant de lumières ; il était chargé, c'est le mot vrai, de chandeliers, de six paires de beaux candélabres, de vases que le séminaire et le collège de Saint-Sulpice, les communautés religieuses et plusieurs de nos bienfaiteurs avaient offerts au Carmel en souvenir du centenaire. Le tapis du marchepied de l'autel, le reliquaire où l'on vénérait la relique de la Sainte, une magnifique lampe-lustre, un candélabre-lampe étaient également des dons faits à sainte Thérèse.

C'était l'heure de solliciter grâces et faveurs. On aurait voulu ne quitter jamais le sanctuaire d'où s'échappaient des flots de bénédictions. Pour satisfaire à ce besoin, nos jeunes Canadiennes eurent l'ingénieuse pensée de confier à des fleurs ce ministère de perpétuelle intercession. Trois corbeilles de belles roses furent déposées à cette fin sur l'autel de sainte Thérèse. Celle du milieu représentait les Carmélites de Reims, venues pour fonder ; les boutons adjoints aux roses portaient le nom des tourières. Deux tiges dépouillées rappelaient les deux Carmélites françaises décédées en Canada. Sur l'une, avec le nom de la religieuse, on lisait : Elle s'est épanouie dans les splendeurs des cieux ; sur l'autre : Jésus l'a cueillie.

Au milieu de la corbeille, une arabesque portait cette supplique : O Séraphique Mère, conservez-nous longtemps notre vénérée Mère fondatrice, comblez-la de vos plus douces faveurs, soutenez-la dans ses poignantes épreuves, etc. La corbeille placée à droite figurait le Carmel canadien. Professes, novices et postulantes, chacune avait sa fleur ou son bouton portant son nom. L'arabesque disait : O bien-aimée Mère sainte Thérèse, bénissez votre petit Carmel canadien, donnez-lui votre double esprit, conservez-lui bien longtemps sa tendre Mère, etc. Enfin la corbeille de gauche était dédiée à nos chères fondatrices et à nos bienfaiteurs insignes, même aux pauvres qui ont contribué par leur denier à la construction du monastère. On avait écrit sur l'arabesque qui flottait au milieu du bouquet : O notre Mère Thérèse, bénissez nos deux dames fondatrices, bénissez tous nos chers bienfaiteurs, bénissez le riche pour ses largesses, bénissez le pauvre pour son obole, dites à tous en général et à chacun en particulier le merci de notre gratitude !...

Notre magnifique maître-autel, que nous devons à la générosité de la respectable mère (1) de notre fondatrice, était aussi richement paré. Notre-Dame du Sacré-Cœur, qui le domine avec majesté, semblait sourire à nos fêtes et les bénir. En un mot, notre église offrait un coup d'œil ravissant.

Pendant la neuvaine préparatoire à la grande fête, le pain de la parole de vie nous fut dispensé tour à tour par les pieux prêtres de Saint-Sulpice, par les RR. Pères Oblats de Marie Immaculée et par notre dévoué aumônier. Ce dernier déploya un zèle au-dessus de tout éloge pour rehausser l'éclat de nos solennités. Il passait la plus grande partie de la journée dans notre église, occupé à faire vénérer la relique de la Sainte aux pensionnats, congrégations de jeunes gens, de jeunes filles, qui venaient alternativement en pèlerinage au sanctuaire du Carmel. Il adressait une allocution à chaque groupe de pèlerins, de sorte qu'on l'a vu prêcher jusqu'à cinq et six fois par jour.

---

(1) Madame Valois, mère de M. Valois, notre aumônier, et de Madame Paul Leissier, notre fondatrice.

Notre vénérée Mère Prieure avait eu l'heureuse pensée d'offrir à notre sainte Mère une couronne de communions pour le jour de son centenaire. A cette fin, elle fit appel à la piété des communautés religieuses et des amis du Carmel ; on s'empressa de répondre à son invitation, et, le jour de la grande fête, elle avait la joie de présenter *huit mille cinq cent soixante-neuf communions* à sainte Thérèse !

Le 15 octobre se leva radieux ; malgré le froid et la distance d'une lieue qui nous sépare de la ville, plus de *trois mille* personnes vinrent en ce jour solennel offrir leurs hommages à notre Mère. Les hommes de la Congrégation de la Sainte-Vierge chantèrent la messe et firent la communion générale dans notre sanctuaire. Nous étions émues jusqu'aux larmes en entendant ces voix viriles célébrer avec tant de cœur et de piété les gloires de notre illustre Mère dans ce lointain Canada.

L'après-midi, la Congrégation des jeunes gens vint chanter les vêpres et ne nous donna pas moins d'édification que les pères de famille du matin.

Sa Grandeur Monseigneur de Montréal avait fixé les solennités du *Triduum* aux 22, 23 et 24 octobre.

Pendant les trois jours, la messe fut chantée en musique, ainsi que le salut solennel du soir. Le premier et le dernier jour, ce fut le pensionnat des Frères des Ecoles chrétiennes qui exécuta avec une rare perfection les plus beaux morceaux de la musique sacrée. Le second jour, les élèves de l'Ecole Normale vinrent offrir leur tribut d'hommages à notre sainte Mère, en chantant la grand'messe et le salut. Les R. P. Jésuites et les R. P. Oblats se partagèrent les sermons durant le *Triduum*. Le 22, M. Quinn, vicaire général de New-York, assistant au Trône Pontifical, etc., officia solennellement avec tous les insignes de sa dignité.

Mgr l'évêque de Montréal s'était réservé le troisième jour pour clore le *Triduum*.

Sa Grandeur célébra le saint sacrifice, distribua la sainte communion et adressa à l'assistance une bien paternelle allocution.

Les fêtes étaient terminées, mais les fruits de grâce, nous l'espérons, seront éternels !

O séraphique Mère, c'est pour la première fois que sur les rives du majestueux Saint-Laurent on a célébré si solennellement vos gloires et vos vertus ! Il nous semble que, du haut du ciel, votre cœur s'est incliné avec amour vers ce jeune Carmel que votre droite a planté. Ses épreuves uniques lui donnent un titre de plus à votre tendresse! O Thérèse, notre Mère, bénissez-le, donnez-lui votre esprit, votre esprit apostolique! Placé au centre d'une des plus importantes missions de l'univers catholique, donnez-lui d'être un foyer d'où la grâce rayonne sur toutes les missions de l'Amérique du Nord, pour féconder le zèle et le dévoûment de tant de saints missionnaires qui s'en vont chaque jour, au péril de leur vie, évangéliser les peuplades sauvages au milieu des glaciers du Pôle.

Bénissez le Canada dont vous avez pris possession par l'établissement d'un monastère de vos filles ; conservez-lui son antique foi, daignez le protéger contre les influences délétères du protestantisme, contre l'invasion de la franc-maçonnerie et de l'impiété. Bénissez les florissantes communautés religieuses du Canada, qui sont les auxiliaires des missionnaires en se consacrant à l'éducation de la jeunesse et au soin des malades. Bénissez le clergé, surtout les Pontifes du Canada et de toutes les missions de notre Amérique du Nord.

Pour couronner vos bienfaits, donnez à vos filles de justifier toujours, par leur fidélité à leur vocation et par leurs vertus, la confiance illimitée que les peuples de ces contrées ont en leur intercession, et de répondre aux espérances que la sainte Église et le Canada ont fondées sur le Carmel missionnaire de Montréal!

POÉSIES

CHANTS EN L'HONNEUR DE SAINTE THÉRÈSE.

Le monde te sourit en vain dès ta naissance,
Ton cœur ne s'ouvrira qu'aux délices du ciel...
Et bientôt comme un lis embaumé d'innocence,
Il vient s'épanouir à l'ombre du Carmel.

Et là des doux parfums qu'exhale ta prière,
Des larmes que tes yeux versent dans le saint lieu
Et des fleurs que ta main cueille sur le Calvaire,
Tu composes sans cesse un bouquet pour ton Dieu.

Mais déjà de tes sœurs te voilà le modèle.
L'odeur de tes vertus au dehors se répand,
Et, redonnant au cloître une vigueur nouvelle,
Le pousse à partager ton généreux élan.

Et de son souffle alors l'Esprit-Saint le féconde,
Et d'Avila s'échappe un torrent enflammé
Dont le cours va laver les souillures du monde
Et changer en Eden le Carmel réformé...

Le Christ t'appelle encore à d'autres destinées :
La dot de la victime est échue à ton cœur,
Et la palme, rêvée aux premières années,
Couronnera les vœux de ton amour vainqueur.

Oui, comme ton Epoux transpercé par la lance,
Tu verras par l'amour ton cœur ensanglanté,
Car des sommets des cieux un séraphin s'élance,
Et son glaive de flamme entr'ouvre ton côté.

Tu la possèdes donc la palme du martyre :
Pour toujours dans ton âme elle vient de fleurir,
Et sa vue aussitôt fait résonner ta lyre...
Et Thérèse « se meurt de ne pouvoir mourir. »

Dès lors, pour apaiser la soif qui te dévore,
Dieu t'enivre de fiel et te laisse languir ;
Mais en portant la croix tu sais sourire encore,
Et répéter toujours : « Ou souffrir, ou mourir. »

Pourtant, si Dieu te jette au creuset de l'épreuve,
Il te réserve aussi les gloires du Thabor,
Et, dès le sombre exil, sa tendresse t'abreuve
Au céleste torrent qui coule à l'autre bord.

Au sein de l'oraison ton cœur prenant des ailes
Et, sortant de ton flanc comme un globe de feu,
Dans son essor s'élève aux sphères éternelles
Et, palpitant d'amour, s'abîme dans son Dieu.

Oh ! qu'ils sont doux et purs ces transports de l'extase,
Qui de ton corps d'argile interrompent les lois ;
Ces élans d'un amour que l'amour même embrase,
Ces baisers de l'Epoux à l'épouse de choix.

Puis Dieu dans ton esprit reflète ses lumières :
Le livre aux sceaux d'airain s'étale devant toi,
Et l'agneau teint de sang, t'en ouvrant les mystères,
Dévoile à tes regards le grand secret du Roi.

Tel que, du Sinaï quittant les hautes cimes,
Moïse étincelait d'une vive splendeur,
Telle, quand tu descends de ces hauteurs sublimes,
Tu rayonnes encor des clartés du Seigneur.

Aussi qui redira les trésors de sagesse
Dans ton âme enfermés comme en un riche écrin ?
Et ces brûlants écrits où tu parles sans cesse
Le langage que doit parler le séraphin ?

Trois siècles à ton front tressent un diadème
Qu'ils ornent tour à tour de quelque beau fleuron...
Lille, pour l'enrichir du diamant suprême,
Veut parmi les docteurs faire briller ton nom.

Et quelle fête accueille encor ce centenaire !
Partout de ton triomphe on chante les splendeurs,
Et ton peuple attendri se presse au sanctuaire,
Où ton cœur de nouveau souffre pour les pécheurs.

Mais comment te chanter ?... notre faible louange
Ne peut que bégayer un nom si glorieux.
Car ne faudrait-il pas la harpe de l'archange
Pour célébrer sur terre un séraphin des cieux ?

Tes enfants ici-bas sont ta pure couronne :
Bénis du moins les vœux qu'ils t'offrent à genoux.
Que chacune des voix qui montent vers ton trône
En autant de bienfaits redescende sur nous !

L'Eglise en ce moment voit l'éclat de sa gloire
Voilé par les vapeurs qu'exhalent les enfers :
Hâte par tes accents l'heure de sa victoire,
Et fais briller son sceptre aux yeux de l'univers !

Nous t'implorons aussi pour la France mourante,
En l'arrachant au Christ, on veut l'anéantir :
Qu'elle soulève encor sa poitrine expirante
Pour jeter vers le ciel le cri du repentir !

Fais deux parts des faveurs que ta main nous destine,
A ceux que nous aimons verse le plus doux miel ;
Mais réserve à nos fronts la couronne d'épines
Et laisse-nous aussi le calice de fiel !

Donne-nous cet amour des sanglants sacrifices
Qui dressait dans ton âme une terrible croix !
De l'immolation montre-nous les délices,
Et fais-nous de l'épreuve un aliment de choix.

De la croix, il est vrai, l'écorce est bien amère,
Mais l'écorce nous cache un fruit délicieux.
Parfois on l'entrevoit même sur cette terre :
Mais on ne peut jamais le savourer qu'aux cieux.

Mère, protège-nous : vois, la tempête gronde,
Et contre le Carmel déchaînant sa fureur,
Veut renverser les murs qui nous voilent le monde,
Pour nous laisser mieux voir la beauté du Seigneur.

Oui, des loups ravisseurs réprime la colère
Et qu'ils ne touchent point aux brebis du troupeau !...
Mais si Dieu les appelle à gravir ce calvaire,
Fais-leur un cloître alors des plis de ton manteau !...

CANTIQUE TIRÉ DE LA GLOSE DE SAINTE THÉRÈSE.

Eh quoi ! mon Dieu dans sa bonté suprême
Est devenu le captif de mon cœur !...
Sous mon empire il se range lui-même
Et mon amour lui commande en vainqueur.
  Tant de tendresse
  Me fait languir,
 Et je meurs de tristesse
 De ne pouvoir encor mourir.

Mais qu'il me reste une longue carrière
A parcourir dans l'exil d'ici-bas...
Oh ! quand le nœud qui me lie à la terre
Se rompra-t-il au souffle du trépas ?
  Oui, que je meure,
  C'est trop souffrir...
 Je succombe à toute heure
 De ne pouvoir encor mourir.

Pour tous les cœurs, appelés à te suivre,
Vivre sans toi, c'est mourir chaque jour.
Et l'ange alors qui du corps nous délivre
Est salué par un transport d'amour.
  A toi sans cesse
  Je veux m'unir,
 Car je meurs de tristesse
 De ne pouvoir encor mourir....

Il n'est plus rien qui sur terre m'attire ;
Dieu m'appartient, et pour Lui seul je vis..
Viens, mon Epoux, couronner mon martyre
Et m'entr'ouvrir les célestes parvis....

Dans ta demeure
Viens m'accueillir,
Car je meurs à toute heure
De ne pouvoir encor mourir.

(Carmel de Grenoble.)

SAINTE THÉRÈSE ET SAINT JEAN DE LA CROIX

DOCTEUR DE LA THÉOLOGIE MYSTIQUE.

Disciples de Jésus, âmes évangéliques,
Dont nul bien ici-bas n'attire plus les yeux,
Vous planez sans effort sur les hauteurs mystiques,
Et d'un regard puissant vous contemplez les cieux.

Tantôt Dieu vous admet dans les chœurs angéliques ;
O doux contentements ! Transports délicieux !
D'autres fois il permet aux troupes sataniques
De vous environner de monstres odieux.

Pour monter sans vertige à des sommets sublimes,
Et plonger sans terreur jusqu'aux profonds abîmes,
Qui pourra soutenir la nature aux abois !

Repoussez hardiment les conducteurs perfides.
Dieu vous a ménagé de sûrs et savants guides :
Prenez, lisez Thérèse et saint Jean de la Croix.

MORT DE SAINTE THÉRÈSE

Comme un cerf haletant appelle les eaux vives
Thérèse soupirait après l'éternité.
Les doux gémissements de ses lèvres plaintives
Accusaient de retard l'éternelle beauté.

Près de son pauvre lit, ses filles attentives
Lui prodiguaient leurs soins de tendre piété :
On eût dit un essaim de colombes craintives.
Le bonheur ici-bas allait leur être ôté.

L'exil finit enfin pour la fidèle amante,
Et dans la même nuit l'Église vigilante
Apportait la réforme à la marche du temps.

Ne convenait-il pas qu'une date fameuse
Signalât ton lever, étoile lumineuse,
Que le Ciel à regret attendit si longtemps !

(Châlon-sur-Saône.)

L'AMOUR POUR JÉSUS

Ce qui fait, ô mon Dieu ! que mon âme s'élance
Ardemment jusqu'à toi, sans cesse, chaque jour,
Non, j'ose l'affirmer, ce n'est point l'espérance
De l'éternel bonheur promis à notre amour !

Ce qui fait que je crains d'oublier ta défense,
D'errer sur mon sentier en un fatal détour,
De commettre envers toi la plus légère offense,
Ce n'est point la frayeur de l'infernal séjour !

Non, non : C'est de te voir l'œil mourant, le front blême,
Attaché sur la croix, buvant le fiel amer,
Le corps ensanglanté, transpercé par le fer.

O mortelle agonie, ô dévouement suprême !
Je te craindrais, mon Dieu ! Ne fût-il point d'enfer
Et point de Paradis, je t'aimerais de même.

X. MARMIER.

AU PIED DU CRUCIFIX

(IMITÉ DE SAINTE THÉRÈSE.)

Que cherches-tu, mon cœur ? à quelles fraîches ondes
Vas-tu désaltérer la soif dont tu te meurs ?
Cerf haletant, qui cours vers les sources profondes,
Où pourront se plonger tes divines ardeurs ?
Le feu, le feu du ciel est tombé dans mon âme,
Il brûle dès l'aurore, il s'avive le soir....
Donnez au moins, Seigneur, l'aliment à la flamme
 Qui couve au fond de l'encensoir.

Ce qu'ici-bas le cœur recherche, savoure, aime,
Je l'ai mis de mes mains dans le brasier fumant :
Mes désirs, mon orgueil, mes biens et tout moi-même ;

Qu'y jetterai-je encor pour calmer mon tourment?...
O vous qui de mon âme allumez l'incendie,
O vous qui l'attisez avec un soin jaloux,
Eteignez-le, Seigneur, ou faites que ma vie
    S'évapore enfin jusqu'à vous !

Où se cache celui que mon désir appelle?
L'avez-vous vu passer ? Mes sœurs, dites-le moi.
A mes ardents soupirs est-il sourd ou rebelle ?
Ne se hâte-t-il pas pour recevoir ma foi ?
Est-il loin ? Est-il près ? Au ciel ou sur la terre ?
Mon bien-aimé ne peut descendre que du ciel.
Mais ne craindra-t-il pas, en touchant ma poussière,
    De ternir son front immortel ?

Il vient... n'est-il pas vrai ? franchissant les abîmes,
Les torrents et les monts ; il accourt à ma voix....
J'entends déjà ses pas résonner sur les cimes
Où mes yeux fatigués l'ont cherché tant de fois.
Il vient... Je sens déjà le parfum qui s'exhale
De son blanc vêtement que frôle un vent léger,
Doux comme le parfum que l'aube matinale
    Cueille au bouton de l'oranger.

Le voilà !.. c'est bien lui. Mon cœur à sa rencontre
S'envole de lui-même et contemple ses traits.
Qui pourrait s'y tromper dès l'instant qu'il se montre?
C'est le Dieu des bontés, c'est le Roi de la paix....
Oui, je vous ai trouvé, mon Jésus de Thérèse....
Oui, je vous tiens enfin, mon éternel ami...
Je sens fondre mon âme ivre d'amour et d'aise ;
    Et mon tourment s'est endormi.

Mais pourquoi votre front est-il chargé d'épines,
Pourquoi ces yeux éteints et ces cheveux sanglants?
Et cette croix pesante entre vos mains divines,
Et ces clous dans vos pieds enfiés et chancelants?
Qui donc porta sur vous sa rage meurtrière
Dans quel affreux état, Jésus, on vous a mis !...
Quoi ! le divin amour en touchant notre terre
    A pu trouver des ennemis !...

Qu'alliez-vous faire aussi dans ce monde barbare?
Pouvaient-ils vous connaître ? Ils ne vous aimaient pas !
Il fallait foudroyer ces monstres... Je m'égare...
Du crime fraternel, je suis complice, hélas !
Oh ! laissez-moi baiser la divine blessure
Dont la lance cruelle a percé votre corps !

Laissez-moi boire aux flots de cette source pure
    D'où coule la vie sur les morts.

C'est à moi de panser vos nobles cicatrices :
J'ai composé le baume où se mêlent mes pleurs.
Coulez, larmes du cœur ! De mystiques délices
S'épanchent pour nous deux de l'urne des douleurs ;
Donnez-moi cette croix ! Sur un nouveau Calvaire,
Que ne puis-je à mon tour pour mon Jésus souffrir !
Pour l'ami qui vida sans moi la coupe amère
    Il serait si doux de mourir !...

Mourir ! — Monter aux Cieux ! — Mourir, — prendre des ailes
Pour s'abattre d'un vol sur le seuil de l'Epoux,
Et s'asseoir au festin des noces éternelles !
O mort, viens m'achever : je bénirai tes coups.
Qu'ai-je donc à laisser dans la triste vallée,
Prison de notre cœur, royaume de l'ennui ?
Ah ! n'est-ce pas mourir que de vivre exilée
    Et traîner ses jours loin de lui ?

L. RIBOLET,

Chanoine honoraire, docteur en théologie,

Curé de l'Agha, près Alger.

CANTIQUE POPULAIRE A SAINTE THÉRÈSE,

pour être chanté sur l'air de Lourdes qui a pour refrain:

Ave, Ave, Ave Maria.

REFRAIN

Louons, aimons
Thérèse et Jésus } (bis).

Toute jeune encore,
Vous partez, enfant,
Dans le pays Maure
Verser votre sang.

Mais Jésus modère
Votre sainte ardeur ;
Restez sur la terre
Servir le Seigneur.

Gardez votre vie
Pour gagner le ciel ;
Fille de Marie,
Entrez au Carmel.

Apportant la flamme,
L'ardent séraphin
Blessera votre âme
D'un trait tout divin.

Vous serez martyre
Du divin amour,
Qui vous fera dire :
Je meurs chaque jour !

Jésus, mon envie,
Jésus, mon désir,
Pour vous, ô ma vie !
Souffrir ou mourir.

Par votre prière
Gardez vos enfants ;
Comme vous, ô Mère !
Qu'ils soient innocents !

Aimant le bon Maître,
Qu'ils soient vos vrais fils !
Qu'ils méritent d'être
Dans le Paradis !

Pour aimer sans cesse,
Avec les élus,
Jésus et Thérèse,
Thérèse et Jésus.

Plain-Chant. — Une très belle messe, complète, de la fête de sainte Thérèse a été mise en plain-chant par le savant Dom Pothier, suivant les règles des mélodies Grégoriennes. Elle a été exécutée pour le centenaire au Carmel de Luçon. Mais la notation musicale exigeant des caractères différents de ceux du plain-chant ordinaire, elle a été seulement autographiée. Ce serait une bonne chose, au point de vue du culte de sainte Thérèse et de l'art religieux, de multiplier les copies de cette messe, et de la faire exécuter par les Séminaires pour la solennité du 15 octobre.

ÉPILOGUE

Le prêtre tierçaire qui a eu l'honneur de préparer l'édition de ce recueil des *Souvenirs du Centenaire* ose demander ici sa récompense aux Révérendes Mères Carmélites, en leur exprimant un vœu tout à la gloire de Celle dont le nom remplit ces pages, vœu qui ne saurait être indifférent à ses enfants et à tous ceux qui font profession de l'aimer.

Ce vœu a pour objet deux points importants concernant le culte de sainte Thérèse, c'est-à-dire l'élévation au rite double-majeur de sa fête dans le calendrier romain, et l'extension de la fête de sa Transverbération.

Dans un décret émané du Saint-Siège, en date du 24 août 1883, nous lisons :

« Sa Sainteté le Pape Léon XIII, confirmant une décision de la sacrée « Congrégation des Rites, a inséré au calendrier le nom de plusieurs Saints. « De plus, voulant préparer des places libres pour les Saints qui seraient « canonisés à l'avenir, le Souverain Pontife ordonne que désormais les « fêtes renvoyées, à part celles des Docteurs, seront purement et simple- « ment supprimées si elles sont du rite double-mineur ou semi-double : on « se contentera d'en faire mémoire. »

1° D'après cette décision, la fête de sainte Thérèse, qui est du rite double-mineur, sera supprimée toutes les fois qu'elle sera en occurence avec une fête d'un degré supérieur, ce qui arrive assez fréquemment dans certains diocèses et sera d'un effet regrettable pour le culte de sainte Thérèse

Mais le décret lui-même nous indique ce qui pourrait changer ce mal en bien : « Pour empêcher, y est-il dit, que la rigueur de la nouvelle rubrique « n'aboutît souvent à rabaisser au rite simple, ou même à supprimer com-

« plètement les offices de saint Benoît, abbé, et des confesseurs saints Do-
« minique et François, le Souverain Pontife, eu égard à l'excellence de ces
« grands Fondateurs, a élevé leur office au rite majeur, etc. » Les fondateurs des trois Ordres bénédictin, dominicain et franciscain sont donc ici
privilégiés par le Saint-Siège. Or, l'Ordre du Carmel, qui est le premier de
tous en raison de son ancienneté et parce qu'il est l'Ordre de la Vierge, n'a-
t-il pas le droit de demander que ce privilège honorifique soit également
accordé à sainte Thérèse, fondatrice excellente, illustre parmi les séraphiques et docteur en fait, sinon en titre, de l'Eglise universelle ?

Le Souverain Pontife devrait, il semble, incliner d'autant plus à agréer
cette demande, que le Bref ajoute : « Il a paru évident que, par suite du
« nombre restreint des fêtes renvoyées, le but de la réforme était dépassé :
« il y a surabondance de places libres pour les nouveaux offices, etc. »

2° Obtenir de prime abord que la fête de la Transverbération du cœur de
sainte Thérèse soit étendue à l'Eglise entière est chose trop difficile pour
qu'on le puisse tenter en ce moment avec espérance de succès. Mais ce à
quoi il faut viser persévéramment, comme étant relativement aisé à obtenir, c'est que cette fête puisse être célébrée dans chaque pays en particulier,
comme elle l'est en Espagne, à Vienne et ailleurs. Or, la France a une double raison à faire valoir en sollicitant cette faveur : Le cœur de sainte Thérèse l'ayant très spécialement aimée, notre nation a tout lieu d'espérer de
cette séraphique Vierge le secours céleste dont elle a si grand besoin pour
rentrer dans sa vocation de fille aînée de l'Eglise. De plus, en entrepre-
nant sa grande œuvre, la Réformatrice du Carmel a visé particulièrement
la France, qu'elle a en effet arrachée aux étreintes de l'hérésie ; en sorte
qu'en toute justice, elle doit y être considérée comme *Mère de la Patrie* et,
en cette qualité, être honorée chez nous, où elle a des filles en si grand nombre,
plus spécialement que dans les autres pays catholiques. La surabondance
de places libres pour de nouveaux offices plaide encore ici en notre faveur.

L'auteur de l'*Imitation* dit que « l'amour ne connaît pas d'impossibilité,
« et qu'il accomplit beaucoup de choses, où celui qui n'aime point languit
« et succombe. » C'est pourquoi il n'est pas téméraire, mais il est au contraire bien naturel de penser que les Révérendes Mères Carmélites, pleines
d'amour pour sainte Thérèse et pour les âmes, emploieront leur prière
d'abord, et aussi l'influence de toutes les personnes que les liens de l'autorité spirituelle ou de la bienveillance rattachent au Carmel, pour solliciter

de leurs Evêques respectifs une démarche en ce sens, *principalement quant au premier point*, auprès du vicaire de Jésus-Christ.

L'Epoux de Thérèse de Jésus ayant dit souvent : « Demandez et vous recevrez, frappez et il vous sera ouvert », personne ne pourra s'étonner que des filles, à la fois obéissantes et zélées, demandent et même insistent pour la gloire de leur Mère, surtout auprès de ceux pour qui elles offrent chaque jour leurs prières et leurs sacrifices sinon gratuitement, du moins avec autant d'empressement que de générosité.

Amen !

En la fête de Notre-Dame du saint Rosaire, 1883.

NOTE. — La maison PENIN et PONCET, Lyon, quai de l'Archevêché, 21, prépare pour la confrérie Thérésienne une magnifique médaille en bronze, qui sera frappée à la fin de l'année 1883.

LETTRE PASTORALE

DE MONSEIGNEUR

L'ÉVÊQUE D'ANGERS

AUX CARMÉLITES D'ANGERS

A l'occasion du Centenaire de sainte Thérèse

Angers, le 1er octobre 1882, en la Fête du saint Rosaire.

Mes chères Filles, salut et bénédiction en Notre-Seigneur Jésus-Christ.

Dans quelques jours nous allons célébrer avec vous le centenaire de sainte Thérèse, votre illustre fondatrice. Il appartenait à la catholique Espagne de prendre l'initiative d'une manifestation qui a pour objet l'une de ses gloires les plus éclatantes et les plus pures. La Vierge d'Avila ne marque-t-elle pas au premier rang des saints, des docteurs et même des écrivains de ce noble pays? Aussi l'on comprend avec quel enthousiasme la patrie de sainte Thérèse s'apprête à fêter un anniversaire qui lui rappelle l'une des grandes pages de son histoire. Mais quelque admiration que puissent réveiller de tels souvenirs au berceau même de tant de vertus, ce n'est pas aux frontières de la Vieille-Castille que doivent s'arrêter les honneurs rendus à une mémoire restée en bénédiction chez toutes les nations chrétiennes. Il faut que la louange soit universelle comme le bienfait.

La France, en particulier, ne saurait oublier tout ce qu'elle doit de grandeur morale, de force et de vie spirituelles à cette héroïque servante de Dieu. Dès l'origine de sa mission, c'est vers la Fille aînée de l'Église que sainte Thérèse porte ses regards : si elle soumet ses monastères aux règles d'une observance si rigide, c'est afin d'arracher le royaume très chrétien à l'hérésie protestante qui vient de l'envahir. « J'aurais donné volontiers mille vies, écrivait-elle, pour sauver une seule des âmes que je voyais se perdre en si grand nombre dans ce pays (1). » Faut-il s'étonner qu'après une telle marque de prédilection, le Carmel ait refleuri parmi nous, comme nulle part ailleurs, depuis le jour où, par les soins du pieux cardinal de Bérulle, la Réforme partie du couvent de Saint-Joseph d'Avila s'introduisit en France pour y renouveler une sève qui semblait épuisée ? Est-il rien de plus beau, de plus touchant dans l'histoire du XVIIe et du XVIIIe siècles que cette succession de douces et saintes figures qui vont de la Bienheureuse Marie de l'Incarnation jusqu'à Madame Louise de France, héritière de l'esprit de sainte Thérèse, et contrastant par leur pureté d'ange avec les désordres et les souillures de l'époque ? Aujourd'hui encore, après tant de changements survenus dans notre patrie, c'est en France que la sainte Réformatrice du Carmel compte le plus de vierges chrétiennes soumises à ses lois : Cent-huit monastères établis dans nos diocèses forment en ce moment le joyau le plus précieux de sa couronne terrestre.

Vous êtes, au milieu de nous, l'une des familles spirituelles qui s'honorent d'avoir sainte Thérèse pour mère. Le Carmel d'Angers est pour mon diocèse une grâce et une bénédiction. Aussi est-ce vers vous, mes chères filles, que nos regards ont dû se tourner tout d'abord, au moment où l'on se prépare dans le monde chrétien à célébrer un centenaire qui vous intéresse plus particulièrement. Avec vous, nous allons repasser dans notre esprit les merveilles que Dieu s'est plu à opérer par cet instrument privilégié de sa providence. Décrire la mission qu'il a été donné à sainte Thérèse d'accomplir au XVIe siècle, par ses œuvres et par ses écrits, c'est vous rappeler à vous-mêmes le but de votre Ordre et l'esprit qui doit l'animer pour la suite des temps, suivant cette maxime du sage : *Ne dimittas legem matris tuæ* (2).

---

(1) Œuvres de sainte Thérèse, *Chemin de la perfection*, chap. I. « Ayant appris vers ce même temps les coups portés à la foi catholique en France, les ravages qu'y faisaient les hérétiques, et combien cette secte désastreuse se fortifiait de jour en jour, j'en eus l'âme navrée de douleur. Dès ce moment, comme si j'eusse pu, ou que j'eusse été quelque chose, je répandais des larmes au pied de Notre-Seigneur, et je le suppliais de porter remède à un si grand mal. »

(2) Prov. 1, 8.

I

Dieu est admirable dans ses Saints : il les suscite à l'heure où le monde a le plus besoin de leur activité, et les revêt des dons les mieux appropriés au caractère de leur mission. Soit qu'il s'agisse de conquérir les âmes à la foi, soit qu'il faille sceller la doctrine par le témoignage du sang, soit enfin qu'il y ait nécessité de combattre l'erreur par les armes de la science, apôtres, martyrs, docteurs, les Saints ne manquent jamais à l'œuvre divine. C'est la merveille des merveilles que nous contemplons depuis dix-huit siècles dans l'histoire de l'Église ; et cette inépuisable fécondité de l'Épouse de Jésus-Christ est la marque certaine d'une origine céleste.

A l'époque où naissait dans une petite ville de la Vieille-Castille l'enfant prédestinée à remplir une si haute mission, l'humanité chrétienne traversait l'une des épreuves les plus redoutables qu'elle eût subies jusqu'alors. La renaissance païenne du xve siècle avait affaibli dans beaucoup d'âmes le sens du surnaturel, et la révolte protestante du xvie siècle était sur le point d'ébranler en tout lieu le principe d'autorité. Rien ne devenait plus nécessaire que de remettre en honneur, avec la pratique de l'obéissance, les saintes austérités de l'Évangile. Au sein même de l'Église, dans les cloîtres comme sur la scène du monde, le relâchement de la discipline appelait une réforme sérieuse. Cette réforme, qui pouvait l'opérer avec fruit, sinon l'Église elle-même, par la voix de ses pasteurs et avec l'aide de ses Saints ? Assistée de Celui qui lui a promis d'être avec elle jusqu'à la fin des temps, l'Église possède dans sa doctrine, dans sa constitution, dans sa vie propre, la force nécessaire pour réagir victorieusement contre les passions humaines. C'est faute d'avoir compris cette loi fondamentale de l'institution divine, que des novateurs, sans scrupule comme sans mission, allaient s'arroger le droit de tout bouleverser, sous prétexte de corriger des abus, esprits téméraires, impatients de tout frein, aussi incapables de remédier au mal que prompts à l'aggraver, confondant la liberté avec la licence et le pouvoir avec l'oppression, n'ayant plus pour se conduire ni règle ni guide, allant sans cesse d'un extrême à l'autre, tantôt pour exalter la grâce aux dépens de la nature, tantôt pour ériger la raison en juge suprême de la foi, impuissants à se mettre d'accord soit avec l'Église, soit entre eux, aujourd'hui incrédules, fanatiques, demain sans lumière pour les âmes qu'ils livraient à elles-mêmes, sans force contre les vices dont ils subissaient l'esclavage, serviles et factieux tour à tour suivant qu'ils trouvaient leur intérêt à flatter les princes ou à soulever les peuples, hommes de haine et de discorde qui, après avoir déchiré pour des siècles l'unité chrétienne, ne devaient laisser derrière eux, comme traces de leur passage, que des ruines, des larmes et du sang.

Pendant que s'accomplissait cette œuvre de destruction, la vraie réforme, la réforme des mœurs et de la discipline s'opérait ailleurs, dans l'Église elle-même, par les soins des pasteurs légitimes et avec la puissante coopération des Saints. Le XVIe siècle est par excellence le siècle des restaurations catholiques. Autour du Concile de Trente, centre et foyer de cet admirable mouvement de foi et de piété, soit avant, soit après la révolte protestante, hommes et institutions, tout surgit comme par enchantement. La papauté prend la tête du mouvement pour s'élever dans la personne de saint Pie V à une hauteur incomparable. Marchant sur les traces de saint Charles Borromée, les évêques rétablissent dans les rangs du clergé les saintes règles de la discipline ecclésiastique. Avec les Thomas de Villeneuve, les Pierre d'Alcantara, les Philippe de Néri, les Gaëtan de Thienne, les Jérôme Émilien, les Jean de Dieu, les Camille de Lellis, les anciens ordres religieux reviennent aux pratiques d'une observance plus rigoureuse, ou bien il s'en fonde de nouveaux pour ranimer la foi et la charité dans toutes les classes de la société chrétienne. A la voix de saint Ignace, la Compagnie de Jésus se forme, s'organise ; et tandis que des légions d'apôtres s'élancent à la conquête des âmes sur les pas de saint François Xavier, Bellarmin et Suarez se préparent à restaurer les sciences théologiques. L'élan est universel : partout, c'est un réveil complet de l'esprit chrétien, une rénovation des âmes sous l'action de la grâce, un rajeunissement de toutes les institutions du passé. Comme les nuages qui passent sur le soleil, sans lui rien ôter de son éclat, les défaillances des uns et les attaques des autres n'avaient servi qu'à manifester davantage la sainteté de l'Église et son immortelle vigueur.

C'est dans cette œuvre de réformation spirituelle et morale que sainte Thérèse était appelée à tenir une grande place. Et quelle devait être cette place, mes chères filles ? En quoi le Carmel ramené à sa ferveur primitive pouvait-il aider une restauration que la chrétienté appelait de tous ses vœux ? Il y a dans l'Église du Dieu vivant des forces bien diverses et qui contribuent chacune, pour leur part d'influence, à la réalisation du plan divin. Tout s'entr'aide dans ce corps mystique dont les membres participent à une même vie. Il y a la tête qui conçoit, le bras qui exécute, et le cœur qui donne le branle à tout le reste. Parmi les enfants de la grande famille du Christ, les uns combattent dans la plaine comme Josué, les autres prient sur la montagne à l'exemple de Moïse et d'Aaron (1) ; ceux-ci se répandent au dehors dans les luttes de la doctrine, dans les travaux de l'administration et du gouvernement, ceux-là se replient sur eux-mêmes, dans le calme du recueillement et de l'oraison. Entre des fonctions en apparence si diverses, il y a une correspondance parfaite, une réciprocité continue ; tout ce que la vie intérieure gagne en perfection profite aux œuvres de la vie extérieure. C'est la contemplation qui, toujours et partout, féconde l'action ; ce que l'enseignement commence, la prière l'achève ; et là où la parole évangélique ne pénétrerait pas toute seule, la pénitence et la mortification, bénies de Dieu, brisent la résistance et ouvrent le chemin des cœurs. Admirable concert de la force et de la pureté, qui nous montre tout ce qu'il y a de vertu surnaturelle et divine dans ces saintes solitudes du cloître où se préparent les armes invisibles à l'aide desquelles la grâce divine triomphe des âmes ! Harmonie merveilleuse, par où l'œuvre de sainte Thérèse nous apparaît dans toute sa grandeur et dans sa beauté !

Éclairée des lumières d'en haut, votre séraphique Mère avait compris quel concours efficace la réforme du Carmel apporterait à la sainte Église dans ses luttes avec l'enfer et avec le monde. Chose étonnante ! On la dirait absorbée tout entière dans les pieux exercices de la vie contemplative, et la fin principale qu'elle se propose, c'est le salut des âmes (2). Elle cherche à former une armée d'élite pour briser l'effort de l'hérésie et arrêter ses progrès (3). Cette armée d'élite, elle veut la distribuer, suivant sa belle expression, en autant de forteresses qui puissent la rendre inaccessible à l'ennemi. Là, retranchées sous la garde du divin Maître, ces milices spirituelles devront, elles aussi, du fond de leur solitude, combattre pour la cause de Dieu, aider par leurs prières les défenseurs de l'Église, rapporter à « ce but tout apostolique » leurs oraisons, leurs jeûnes et leurs mortifications. « C'est pour cette fin, dira-t-elle à ses filles selon la grâce, que le divin Maître vous a réunies

---

(1) Exode XVII, 9 et 11.
(2) *Le Chemin de la perfection*, ch. III. « Je reviens au principal, c'est-à-dire à la fin que Notre-Seigneur s'est proposée en nous réunissant dans cette maison. Cette fin, comme je l'ai dit, c'est le salut des âmes. J'ai le plus ardent désir que nous prêtions au divin Maître une petite part de concours dans une œuvre si belle.
(3) *Ibid.*, ch. III.

dans cet asile. C'est là votre vocation; ce sont là vos affaires; là doivent tendre tous vos désirs; c'est pour ce sujet que doivent couler vos larmes; enfin, c'est là ce que vous ne devez cesser de demander à Dieu (1). » Pendant que les fils de saint Ignace, de saint Dominique, de saint François d'Assise, s'en iront à travers le monde, répandre dans les âmes la semence de la parole, les Vierges du Carmel, renfermées dans leurs saintes retraites, prieront le Seigneur de bénir la moisson évangélique; elles coopèreront, par leurs pénitences et leurs austérités, au ministère des pasteurs, à la prédication des missionnaires, aux luttes et aux travaux des champions de la foi; elles auront, elles aussi, leur grande part dans les victoires de l'Église, la part du sacrifice mille fois plus puissant dans le plan divin que la science et le génie pour vaincre le mal et faire triompher le bien.

Ne vous étonnez pas dès lors qu'après avoir rendu au Carmel sa beauté primitive, sainte Thérèse ait déployé une ardeur infatigable à développer l'œuvre dont le monastère de Saint-Joseph d'Avila avait été le berceau. N'était-ce pas le salut des âmes qu'elle cherchait avec une charité tout apostolique? Dans chaque monastère qu'elle parviendrait à fonder, l'esprit de Dieu lui faisait découvrir un nouveau foyer de sainteté, une source de bénédiction plus abondante pour l'Église et pour le monde. Aussi n'est-il pas d'obstacle qui puisse arrêter son zèle, ni de contradiction assez forte pour ébranler sa constance. Quelle merveilleuse histoire que celle de ses fondations écrite par elle-même dans un livre qu'on ne se lasse pas de lire et d'admirer(2)! Quinze années durant, on la voit accablée de fatigues, exténuée par la souffrance, et poursuivant, sans se lasser ni un jour ni une heure, le cours de ses pacifiques conquêtes. Médina, Valladolid, Tolède, Salamanque, Ségovie, Séville, Burgos, dix autres villes où la Providence la conduit comme par la main, voilà autant de stations marquées d'avance pour de nouveaux établissements. Chacune de ces fondations est un drame qui s'ouvre avec les résistances du monde, ses étonnements et ses frayeurs, et qui se termine par le triomphe de la patience et de l'humilité. Et quel ensemble de qualités et de vertus dans celle que Dieu avait appelée à opérer de si grandes choses! A côté d'élans célestes, au milieu des ardeurs d'un zèle généreux et hardi, vit-on jamais rien de plus raisonnable et de mieux ordonné? Que de bon sens et de dextérité dans la conduite d'une entreprise!

---

(1) *Le Chemin de la perfection*, ch. I.
(2) Le *Livre des Fondations*, commencé en 1562 et terminé en 1582.

Quelle sûreté de coup d'œil et quel esprit de discernement dans l'appréciation des moyens et des difficultés ! A la voir en lutte avec des oppositions d'origine et de nature si diverses, on ne sait ce qu'il faut admirer davantage dans cette âme d'élite, de sa fermeté ou de sa prudence, du courage qui la rend supérieure à toute faiblesse ou du soin qu'elle met à se préserver de la moindre illusion. Ses *Lettres* sont là, immortel monument d'une sagesse qui tient du génie, trésor inépuisable d'avis appropriés à toutes les situations, de maximes et de règles où éclate avec l'art de gouverner une science consommée du cœur humain (1). C'est dans ce recueil, peut-être sans rival pour le charme du style et la profondeur de la pensée, qu'il faut chercher dans toute sa plénitude l'esprit du Carmel avec sa grâce touchante et son austère simplicité.

Cet esprit est resté le vôtre, mes chères filles ; car, à trois siècles de distance, nous vous retrouvons telles que sainte Thérèse vous a faites, coopérant au salut des âmes par la prière et par les œuvres de la pénitence chrétienne. Comme autrefois en face des révoltes et des défailllances du XVIe siècle, les monastères du Carmel se dressent devant l'impiété moderne, vraies forteresses spirituelles, « pour briser son effort et arrêter ses progrès, » ainsi que s'exprimait la Vierge d'Avila dans le transport de sa foi. Vous prolongez, au milieu de nous, le rôle d'auxiliaires du ministère pastoral et de la prédication que sainte Thérèse ne craignait pas d'assigner à son ordre. Nous prêchons la doctrine ; mais ce sont vos ferventes supplications qui appellent sur notre enseignement les bénédictions divines. Nous travaillons à convertir les âmes ; mais le coup de la grâce qui finit par triompher d'une volonté rebelle, c'est par vos mortifications que vous l'obtenez en vertu de la communion des Saints. Nous combattons l'erreur et le vice ; mais par vos exemples comme par vos mérites, vous contribuez puissamment aux victoires de la vérité et de la vertu. Nous cultivons le champ du père de famille ; mais vous l'embaumez du parfum de la piété, et cette bonne odeur du Christ attire et dilate les âmes. C'est ainsi que sainte Thérèse comprenait votre mission : elle voulait apporter à l'Église militante le concours de la prière et du sacrifice, en même temps qu'elle faisait du Carmel l'une des grandes écoles de la perfection religieuse.

(1) *Lettres de sainte Thérèse*, traduites par le P. Marcel Bouix. — 3 volumes, Paris, 1861.

II.

« Soyez parfaits comme votre Père céleste est parfait (1) » : tel est le précepte du Seigneur, et ce précepte regarde tous les chrétiens ; car chacun doit tendre à la ressemblance et à l'union avec Dieu. Il est néanmoins des âmes que Dieu destine à une perfection plus haute, et qu'il se plaît à conduire par des voies extraordinaires. Dans sa *première Épître aux Corinthiens*, saint Paul énumère ces dons merveilleux de la grâce, et il n'hésite pas à provoquer parmi les fidèles une sainte ardeur à rechercher les meilleurs et les plus utiles à l'Église : *Æmulamini autem charismata meliora* (2). L'Esprit-Saint n'était-il pas descendu sur l'Église, le jour de la Pentecôte, pour déposer en elle à tout jamais ce trésor si précieux et si varié ? N'avait-on pas vu dès lors, outre les lumières de la foi communes à tous les fidèles, des communications plus intimes devenir le partage de quelques âmes privilégiées ? Et le don des miracles ne s'était-il pas prolongé depuis le temps des apôtres, à travers l'âge héroïque du christianisme, comme une émanation visible de la puissance divine ? Quel épanouissement splendide du surnaturel dans la vie des Pères du désert, de ces hommes qu'une vertu céleste semblait avoir affranchis de tout lien terrestre ! Les mêmes faveurs spirituelles allaient se reproduire pour les martyrs qu'une charité parfaite, éprouvée par la souffrance, élevait le plus souvent au-dessus des conditions ordinaires de l'intelligence et de la volonté humaines. Puis, lorsqu'à partir de saint Benoît, l'ordre monastique se fut répandu sur la surface du monde entier, ramenant les âmes du dehors vers la vie intérieure, pour les faire participer à un commerce plus étroit avec Dieu, c'est dans la solitude des cloîtres, au milieu des exercices de la pénitence et de l'oraison, que l'on vit éclater de préférence, avec les vertus propres à la perfection religieuse, ces dons merveilleux dont l'Apôtre célébrait la grandeur à l'origine du christianisme. Lumières surnaturelles, visions prophétiques, révélations intérieures, ravissement de l'esprit en Dieu, toutes ces faveurs extraordinaires, l'histoire de l'Église nous les montre, d'âge en âge, dans des âmes d'élite en tête desquelles apparais-

---

(1) S. Matthieu, V, 48.
(2) XII, 31.

sent, pour ne parler que des servantes du Seigneur, les Hildegarde, les Gertrude, les Catherine de Sienne, les Brigitte, les Catherine de Gênes, ces glorieuses devancières de sainte Thérèse dans les voies de la grâce et de la vie spirituelle.

Non pas que le mérite et la sainteté consistent précisément dans ces dons exceptionnels dont il plaît à Dieu de favoriser quelques-unes de ses créatures. Qui l'a mieux dit et plus hautement, mes chères filles, que sainte Thérèse, cette illustre maîtresse de la vie spirituelle? « En quoi consiste, vous dit-elle quelque part, la souveraine perfection? Evidemment, ce n'est ni dans les consolations intérieures, ni dans de sublimes ravissements, ni dans les visions, ni dans le don de prophétie; mais elle consiste à rendre notre volonté si conforme et si soumise à celle de Dieu, que nous embrassions de tout notre cœur ce qu'il veut, et que nous acceptions avec la même allégresse ce qui est amer et ce qui est doux, dès que nous savons que c'est son bon plaisir (1). » Admirable maxime, qui résume tout le code de la spiritualité dont la Vierge d'Avila a été l'éloquente interprète! Ah! sans doute, elle aspirait à la souveraine perfection, dès la première enfance, lorsqu'à l'âge de sept ans, le cœur enflammé par la lecture de la Vie des Saints, elle brûlait du désir d'aller cueillir la palme du martyre aux pays des Maures; quand elle s'essayait, avec une ardeur au-dessus de ses forces, à mener la vie saintement héroïque des ermites du désert : naïve mais touchante expression d'une charité qui allait croissant de jour en jour (2)! Pour arriver au but où elle tend de toutes les forces de son âme, il lui faudra toutefois subir des épreuves de plus d'un genre. Elle traversera la vie du monde, pour en mesurer les dangers, mais sans y rien laisser d'un cœur que Dieu s'est réservé tout entier. Appelée à devenir le guide d'un si grand nombre d'âmes, elle passera par les états les plus divers, tour à tour abattue et confiante, calme et troublée; elle connaîtra les sécheresses et les aridités spirituelles, non moins que les consolations intérieures; de cruelles infirmités l'affranchiront par degrés des liens de la chair et du monde; vains jugements des hommes, persécutions, calomnies même, rien ne lui sera épargné pour achever l'œuvre de Dieu en elle; et c'est après tant de luttes et d'épreuves, apprentissage nécessaire des voies spirituelles, qu'une expérience consommée des choses de l'âme lui permettra de faire du Carmel l'une des grandes écoles de la perfection religieuse.

(1) *Livre des Fondations*, ch. V, Medina del Campo.
(2) *Vie de sainte Thérèse écrite par elle-même*, ch. I.

Car c'est avec raison que l'Église nous indique dans les écrits de sainte Thérèse une doctrine céleste dont elle souhaite que nous fassions un aliment pour nos âmes : *ita cœlestis ejus doctrinæ pabulo nutriamur* (1). Quel magnifique enchaînement de maximes et de règles spirituelles dans cette série d'ouvrages dont chacun confirme celui qui le précède et prépare celui qui le suit ! La *Vie de la Sainte écrite par elle-même* nous permet de la suivre pas à pas dans cette progression toujours croissante de lumières et de vertus, tandis que le *Livre des Fondations* nous montre la vie intérieure se manifestant par la vie extérieure et l'action succédant à la contemplation. En traçant le *Chemin de la perfection*, elle rappelle à ses filles la voie qu'elle a parcourue elle-même d'un degré à l'autre, et les *Avis spirituels* complètent ce trésor de sagesse et de science pratique. Dans la *Paraphrase du Cantique des cantiques*, comme dans les *Élévations de l'âme*, le cœur de sainte Thérèse embrasé de l'amour divin éclate en traits de feu, de même que dans le *Château intérieur*, couronnement de cette merveilleuse synthèse, son génie, éclairé par une lumière toute céleste, parcourt les sommets de la théologie mystique. Toutes ces parties d'un même édifice, reliées entre elles par une pensée commune, forment un ensemble ravissant de grâce et de beauté. Qui jamais a su analyser avec plus de finesse et de pénétration les différents états de l'âme, distinguer plus nettement les degrés de l'oraison, décrire d'une main plus sûre les mouvements de la nature et les opérations de la grâce, depuis la première conversion du cœur jusqu'à l'union parfaite avec Dieu ? Comment n'être pas frappé de cette prodigieuse sagacité dans le discernement du vrai et du faux surnaturel, des illusions et des réalités, « des batteries mises en jeu par le démon pour gagner une âme et les divins artifices du Seigneur pour la rappeler à lui (2) » ? Mais aussi quel soin extrême à prendre constamment pour règle l'enseignement de l'Église, à suivre en tout point la direction des hommes les plus autorisés par leur savoir et par leur sainteté ! Dieu, qui se plaît à rapprocher ici-bas les grandes âmes, fit à sainte Thérèse la grâce de trouver sur sa route les maîtres les plus éminents de la vie spirituelle. Saint François de Borgia, le bienheureux Alvarez, le vénérable Jean d'Avila, saint Jean de la Croix, saint Pierre d'Alcantara : quels meilleurs guides aurait-elle pu rencontrer dans le chemin de la perfection ? Il est pourtant permis de se demander si, malgré leur degré d'avan-

---

(1) Oraison pour la fête de sainte Thérèse.
(2) *Vie*, ch. VIII.

cement dans les voies intérieures, ces hommes de Dieu n'ont pas plus profité eux-mêmes d'une connaissance si haute, qu'ils n'avaient su y ajouter par leur propre expérience. Saint Jean de la Croix, « ce sublime contemplatif », comme l'appelle Bossuet, ne renonçait-il pas à traiter, après sainte Thérèse, des matières qu'il regardait comme épuisées par celle dont il se glorifiait d'être l'humble disciple (1)?

Et pourquoi sainte Thérèse s'est-elle élevée à une telle hauteur dans l'intelligence et dans l'exposition de la doctrine? Parce qu'elle a fait reposer tout l'édifice spirituel sur l'obéissance et sur l'humilité. Malgré l'assurance qu'elle puise dans les communications divines, rien n'est plus éloigné d'elle que l'attachement au sens propre ; et la défiance qu'elle a de ses forces semble croître avec les lumières dont il plaît au Ciel de la favoriser. Comme le rappelle le pape Grégoire XV dans la bulle de canonisation, plutôt que de perdre le mérite de l'obéissance, elle jettera au feu un écrit dont la disparition nous devrait être si sensible ; il n'y a pas de sacrifice si pénible qu'elle ne soit prête à faire, pour échapper au péril de tomber dans l'illusion. « La bannière de l'humilité, écrit-elle, doit toujours marcher devant nous, afin de nous faire comprendre que les forces ne viendront pas de notre fonds (2). » C'est par ce signe qu'elle vaincra et qu'elle promet aux autres de remporter la victoire après elle : « Voulez-vous avoir, mes filles, une marque sûre de votre avancement dans la vertu? Que chacune de vous examine si elle se croit la plus mauvaise de toutes, et si, pour le bien et l'utilité des autres, elle fait connaître par ses actions qu'elle pense vraiment de la sorte : là est la marque certaine du progrès spirituel, et non dans les délices de l'oraison, dans les ravissements, les visions et les autres faveurs de cette nature que Dieu accorde aux âmes quand il lui plaît. Nous ne connaîtrons la valeur de ces biens que dans l'autre monde. Il n'en est pas ainsi de l'humilité : c'est une monnaie qui a toujours cours, un fonds assuré, une rente perpétuelle ; ces faveurs extraordinaires sont un argent que l'on nous prête pour un temps, et qu'à tous les instants on peut nous redemander. Je le répète, notre vrai trésor est une humilité profonde, une grande mortification, et une obéissance qui, voyant Dieu même dans le supérieur, se soumet à tout ce qu'il commande (3). »

---

(1) S. Jean de la Croix, *Cantiques spirituels*, cant. XIII.
(2) *Vie*, ch. XIII.
(3) *Le Chemin de la perfection*, ch. XIX.

Ce beau langage vous est familier, mes chères filles, à vous qui faites des écrits de sainte Thérèse la nourriture de votre âme. Vous savez tout ce qu'il y a de gracieux dans ces pages où l'amour divin s'épanche avec tant de charme et d'abandon. La profondeur des pensées n'y a d'égale que la fraîcheur et l'éclat des images qui servent de vêtement à la doctrine. N'est-ce pas là d'ailleurs le privilège de ces écrivains au cœur aimant qui, depuis saint Denys l'Aréopagite jusqu'à saint François de Sales, ont vu dans les objets de la nature autant d'échelons pour s'élever à Dieu? Semblable à la tranquille surface d'une eau limpide, leur âme purifiée par la grâce reçoit fidèlement les rayons de la vérité divine pour les renvoyer en traits de lumière qui pénètrent sans peine dans toutes les intelligences. Veut-elle donner une idée exacte des divers degrés d'oraison auxquels le Seigneur se plaît à élever ses créatures, sainte Thérèse représentera l'âme fidèle sous l'image d'un jardin qu'il s'agit d'arroser, et dans lequel les commençants tirent péniblement de l'eau d'un puits, tandis que pour les parfaits le céleste jardinier se charge tout seul de répandre la pluie en abondance (1). Ailleurs, l'âme sera comme un château fait d'un seul diamant ou d'un cristal très pur, dans lequel il y a comme au ciel diverses demeures ; et ces demeures, les unes plus élevées que les autres, sainte Thérèse les décrira comme un séraphin qui parlerait la langue des hommes (2). Plus loin, dans une comparaison admirable de relief et de justesse, l'âme chrétienne lui apparaîtra comme le ver à soie qui, après avoir achevé son œuvre, en sort transfiguré, pour reprendre une nouvelle vie sous la forme d'un insecte ailé ; et ce rapprochement si vrai, si frappant, lui suggéra une apostrophe sublime : « Courage donc, mes filles, et à l'œuvre sans perdre un moment. Hâtons-nous de former le tissu de cette coque mystérieuse, en ôtant de nous l'amour-propre, notre volonté, tout attachement aux choses de la terre, en faisant des œuvres de mortification et de pénitence, en nous occupant à l'oraison, en pratiquant l'obéissance et toutes les autres vertus, en nous acquittant de tous les devoirs de notre état avec le même soin qu'on a mis à nous en instruire. Qu'au plus tôt notre travail s'achève, et puis, mourons, mourons, ainsi que fait le ver à soie après avoir accompli l'ouvrage pour lequel il a été créé (3). »

Ah ! combien je voudrais que des écrits si lumineux et empreints d'une grâce si ravissante fussent lus et répandus dans le monde ! Car c'est là un

---

(1) *Vie*, chap. XI et ss.
(2) *Le Château intérieur*, ch. I et ss.
(3) *Ibid*. Cinquième demeure, chap. II.

trésor de vérités où tous pourraient puiser ; et les personnes les moins familières avec ces hautes doctrines en tireraient leur profit non moins que les âmes vouées aux exercices de la vie contemplative. « Il importe, écrivait sainte Thérèse, il importe beaucoup de comprendre que Dieu ne nous conduit pas tous par un seul chemin, et que souvent celui qui est le plus petit à ses propres yeux est le plus élevé devant le Seigneur (1). » Tendre à la perfection, c'est le devoir de tous les disciples de l'Evangile. Car, ajoutait la sainte réformatrice du Carmel, « il n'est point de chrétien qui, avec l'aide de la grâce, ne puisse arriver à la véritable union, pourvu qu'il s'efforce de tout son pouvoir de renoncer à sa volonté propre, pour s'attacher uniquement à la volonté de Dieu (2) ». Le centenaire de la Vierge d'Avila deviendrait une date mémorable, s'il pouvait avoir pour résultat de ramener l'attention sur les écrits de cette Sainte « que l'Église met presque au rang des Docteurs, en célébrant la sublimité de sa céleste doctrine », pour parler le langage de Bossuet (3). Ce serait un *Sursum corda* pour nos contemporains trop attachés pour la plupart aux choses de la terre, et dont l'activité extérieure se développe de plus en plus au détriment de la vie intérieure. L'âme qui, dans son vol vers Dieu, sait s'élever au-dessus de tout le créé et d'elle-même, n'arrive-t-elle pas à réaliser les plus hautes conditions de la science, de la dignité morale et du véritable bonheur ?

Pour vous, mes chères filles, qui avez été formées à cette grande école de la perfection religieuse, vous n'oublierez pas les paroles que vous adressait votre Mère séraphique dans l'un de ses plus admirables écrits: « Nous toutes, mes Sœurs, qui portons cet habit du Carmel, nous sommes appelées à l'oraison et à la contemplation ; c'est là notre première institution, et nous sommes les filles de ces saints Pères du Mont-Carmel qui, foulant aux pieds toutes les choses du monde, cherchaient au sein de la plus profonde solitude ce riche trésor et cette perle précieuse dont parle le saint Évangile (4). » Vous êtes là, au milieu du monde, comme une éloquente protestation contre les théories matérialistes qui tendent à rabaisser la grande famille humaine, comme un rappel incessant à la vie intérieure, aux choses de l'âme, à tout ce qu'il y a de plus profond et de plus élevé dans la doctrine et dans la sain-

---

(1) *Le Chemin de la perfection*, ch. XVIII.
(2) *Le Château intérieur*, cinquième demeure, ch. III.
(3) *Multa cœlestis sapientiæ documenta conscripsit, quibus fidelium mentes ad supernæ patriæ desiderium maxime excitantur*, 5ᵉ leçon de l'office de sainte Thérèse.
(4) *Le Château intérieur*, cinquième demeure, ch. I.

teté. Par vos prières, comme par vos austérités, vous appelez la protection divine sur l'Église et sur la France. Vos monastères sont autant de forteresses spirituelles au pied desquelles viennent se briser les efforts de l'ennemi de tout bien. Pendant ces jours qui vont remplir vos âmes d'une douce et sainte allégresse, vous redoublerez de supplications pour recommander à Dieu les intérêts de la religion et de la patrie. Anges de la terre, vous ferez monter nos vœux vers le ciel, et la fête que nous allons célébrer en l'honneur de sainte Thérèse deviendra pour nous tous une source de grâces et de bénédictions.

Que la grâce de Notre-Seigneur Jésus-Christ, l'amour de Dieu et la communication de l'Esprit-Saint demeurent avec vous ! Ainsi soit-il !

† Charles-Émile, *Évêque d'Angers.*

Par Mandement de Monseigneur :

TARDIF, chanoine, Secrétaire général

TROIS DISCOURS

SUR

LES VERTUS, L'AMOUR ET L'ŒUVRE DE LA SAINTE

PRÊCHÉS PAR

Mgr Charles GAY

ÉVÊQUE D'ANTHÉDON, ANCIEN AUXILIAIRE DU CARDINAL PIE, ÉVÊQUE DE POITIERS

Supérieur des Carmélites de Poitiers, de Niort et du Dorat

PREMIER DISCOURS

LES VERTUS DE LA SAINTE

> *In memoria æterna erit justus.*
> On gardera du juste un souvenir éternel.
> (Psaume CXI.)

L'Église, qui est la dépositaire divine de tous les biens célestes, est aussi le trésor des fidèles souvenirs.

Le monde oublie. Il oublie Dieu d'abord, puis, parce qu'il oublie Dieu, il oublie vite et volontiers les hommes. Au fond, il n'aime pas plus les hommes que Dieu. L'égoïsme est toute l'âme du monde.

La nature, laissée à elle-même, est infirme en ceci comme en tout. Elle n'oublie pas, il est vrai, à la manière du monde par un parti pris d'indifférence ou d'impiété, mais elle subit l'empire du temps, incline aux distractions et cède aux circonstances.

Telle n'est point cette famille de Dieu qui est l'Église; elle se souvient, elle se souvient toujours, et aide ses fils à n'oublier jamais. Fille de l'éternité qui est sa fin comme son origine, elle lui emprunte je ne sais quelle vertu dont elle imprègne le temps. Aussi le domine-t-elle et lui arrache-t-elle ses proies. Le cycle de nos fêtes est là pour l'attester. Qu'est le calendrier catholique, sinon le souvenir des Saints triomphant des ans et des siècles et planant dans le ciel des âmes au-dessus des événements humains ? *In memoriâ œternâ erit justus* : « on gardera du juste une mémoire éternelle ». Et n'est-ce pas là pour l'Église une note absolument divine ? Cherchez dans le présent, cherchez dans le passé une société capable d'une institution pareille, capable de l'inventer, capable surtout de la maintenir !

Depuis bientôt trois cents ans, au quinzième jour d'octobre, l'Église universelle célèbre le souvenir de sainte Thérèse. Cette année ramenant pour nous le troisième centenaire de son béni trépas, l'Église est plus émue, la fête est plus splendide ; un grand mouvement, parti d'Espagne et consacré par Rome, s'étend à toute la chrétienté et se manifeste surtout en France, cette terre que la Sainte a tant aimée. Les nombreux monastères du Carmel, qui fut l'Ordre où elle vécut, s'empressent d'ouvrir toutes grandes les portes de leurs chapelles, d'y préparer des cérémonies, d'y appeler des prédicateurs, d'y inviter les foules. Nous voici au début de ces solennités : je dois, durant trois jours, vous parler chaque soir de cette admirable servante de Dieu, de cette ardente épouse du Christ, de cette femme héroïque qui non seulement a jeté dans la cité de Dieu l'éclat d'une sainteté merveilleuse, mais a fait jaillir du sol chrétien une source vive, toujours abondante et comme intarissable de lumière, de vie, d'amour, de religion, de grâce : source qui, s'élevant d'abord vers Dieu pour lui donner gloire, se répand ensuite partout en fleuves de sanctification.

Le sujet est si vaste que la difficulté sera de s'y restreindre. Toutefois, l'envisageant dans son ensemble et résumant dès ce soir ce que je devrai développer dans les jours qui suivront, je vous dirai que l'histoire de sainte Thérèse, qui est tout ce dont, pour le bien de vos âmes, nous avons dessein d'occuper vos esprits, c'est l'humilité, l'oraison et la force, fécondées par l'amour divin ; et l'amour divin rayonnant dans l'Église et dans le monde par les œuvres qu'il inspire à l'âme qu'il possède.

Ainsi donc et avant tout l'humilité, l'oraison et la force sont la base où s'appuie cet édifice divin qui est la vie de Thérèse : c'est ce que j'essaierai de vous montrer aujourd'hui. Mais ce temple vivant ne s'élève que par la vertu d'un amour prodigieux qui embrasse à la fois Dieu et les hommes, c'est ce que nous exposerons demain ; et enfin cet amour resplendit par le fait même de son ardeur ; et sa splendeur, c'est une œuvre d'une beauté inouïe, d'un prix inestimable et si vigoureuse, en même temps qu'elle est si bénie, qu'après trois siècles, et malgré tant de causes qui la pouvaient ruiner, elle est encore vivante et florissante. Elle se nomme le Carmel, et « la merveille en est sous vos yeux (1) ». Nous en parlerons le dernier jour.

I

Le premier fondement, avons-nous dit, de la sainteté de Thérèse, le premier titre de cette séraphique vierge et aux faveurs de Dieu et aux applaudissements des hommes, c'est qu'elle a été humble.

Vous avez tous présente cette grave et attirante leçon du Maître : « Apprenez de moi que je suis doux et humble de cœur (2) ». Vous connaissez aussi cette sentence du Saint-Esprit nous parlant par saint Pierre : « Dieu résiste aux superbes et donne sa grâce aux humbles (3) ». On ne peut réfléchir à la nature et au caractère du christianisme, sans voir qu'il est tout entier établi sur l'humilité. Acte d'humilité que cette incarnation du Verbe prenant la forme d'un serviteur, d'un esclave, d'un pénitent et d'un coupable : humilité si grande, abaissement si profond, que saint Paul, qui emprunte ses mots à la langue même du Verbe, ose nommer cet acte « un anéantissement » : *semetipsum exinanivit* (4). Acte d'humilité, et plus étonnant encore, que la Rédemption du monde par le sanglant et ignominieux mystère de la croix : car Jésus-Christ, dit l'Écriture, y devient « l'opprobre des hommes, l'abjection de la populace (5), un ver de terre enfin plutôt qu'un homme : *vermis et non homo* (6). Et que dire de l'Eucharistie où tout achève de disparaître et où, sous la forme d'un pain vulgaire, l'Homme-Dieu se fait lui-même notre aliment ? C'est un abîme d'humilité plus prodigieux encore que les deux autres.

De là vient que tous les saints sont humbles ; ils ne sont saints que parce qu'ils sont humbles, et plus ils sont humbles, plus ils sont saints. Le séraphin

(1) Ps. CXVII, 23.
(2) Matth. XI, 29.
(3) I. Petr. V, 5.
(4) Philipp. II, 7.
(5) Ps. XXI, 7.
(6) Ibid.

qui perça d'un javelot de feu le cœur de sainte Thérèse pourrait seul vous donner la mesure de son humilité.

Il y a une première humilité qui naît de la lumière, qui nous établit dans la vérité, qui nous en donne le goût, l'amour et le courage, qui par suite nous la fait toujours confesser à tout prix et avec délices. Cette confession consiste à reconnaître et à déclarer de cœur que Dieu est tout et que la créature n'est rien et n'a rien d'elle-même. C'est l'humilité essentielle qui non seulement persiste dans les saints glorifiés, après avoir si puissamment contribué à les sanctifier sur la terre, mais qui n'obtient qu'au ciel sa dernière perfection.

Une seconde humilité est celle qui se peut nommer relative ou accidentelle, parce qu'elle vient du péché, dont elle est tout ensemble et le fruit et l'expiation. Elle a sa source, non plus seulement dans le cœur humble et doux, mais dans le cœur humilié et navré de Jésus, portant devant son Père le fardeau honteux de nos crimes, devenu, comme dit saint Paul, « péché pour nous » (1), et « se saturant d'opprobres » (2) autant que de douleur. Cette humilité se traduit par l'amour de l'humiliation : d'où vient que, si utile et si justifiée en ce monde, elle ne subsiste plus dans l'autre.

Or, cette double humilité ne cessa pas un seul jour de remplir le cœur de Thérèse : pensées, sentiments, paroles, actions, cette vertu y inspire tout, elle y gouverne tout, elle y grave partout son empreinte. Cultivée avec cette constance et cette énergie vaillante que la Sainte mettait à toutes choses, l'humilité se développa en elle jusqu'au plus sublime héroïsme. Son esprit baignait d'ordinaire dans une lumière si vive, que jamais elle ne fut même tentée de vaine gloire. Elle jugeait l'orgueil ce qu'il est, une absurdité et une sottise. Elle ne se lasse pas de répéter qu'elle n'est rien et ne vaut rien : non qu'elle ignore les dons de Dieu ou se les dissimule ; elle les prise au contraire, elle les respecte et va jusqu'à en parler avec la candeur d'un enfant ; elle en témoigne surtout une gratitude immense : mais elle voit dans une telle évidence que ces dons sont purement de Dieu, que jamais elle ne s'en approprie même l'ombre ; elle en use comme d'un bien d'emprunt. On ne peut dire à quel excès elle pousse la pauvreté d'esprit, l'abnégation, l'oubli et le mépris d'elle-même. Tout est trop bon pour elle ; on lui rend toujours trop d'honneur ; elle s'étonne qu'on l'aime et se plaint que partout on l'aime

---

(1) II. Cor. v, 21.
(2) Thren. III, 30.

plus que de raison. Obligée par l'ordre formel d'un de ses confesseurs de raconter sa vie par écrit : « Je supplie, dit-elle en commençant, qu'on ne « m'attribue rien de tant de choses admirables qu'on lira dans ce livre. Qu'on « demande plutôt pardon à Dieu du mauvais usage que j'ai fait de tant de « grâces et que, pour me tirer plus vite des flammes du purgatoire, chacun « de mes lecteurs daigne dire pour moi un *Ave Maria*. »

Elle parle du purgatoire; que de fois elle déclare qu'elle est digne de l'enfer et ne doit qu'à une insigne miséricorde de Dieu de n'y être pas déjà tombée. Ces humbles sentiments ne la quittent pas; à tout propos ils se font jour dans ses discours et dans ses actes; c'est l'un des points où elle ne se déjuge et ne se dément jamais.

Thérèse passe outre; elle va jusqu'à l'humiliation; elle en a faim et soif. Le souvenir de la Passion de Jésus, celui de ses propres péchés, qu'elle estime si graves à cause des singulières faveurs dont elle se sent comblée, la conscience de cette misère foncière et obstinée qui tient, hélas! l'homme aux entrailles, même quand cet homme est en train de devenir un saint, tout l'y pousse. Elle est aussi ingénieuse à rechercher l'opprobre que joyeuse à la savourer quand elle l'a rencontré. L'obéissance seule la retient de crier ses péchés au monde; le faire inonderait son cœur de joie; elle le dit, et elle est si sincère! Odieusement calomniée à Séville, elle y prend de vraies délices et s'écrie : « Béni soit Dieu de ce que, au moins ici, on me connaît telle que je suis et l'on me traite en conséquence ». Une femme du peuple l'insulte publiquement dans une église et va même jusqu'à la frapper : Thérèse jubile au dedans et envoie son meilleur sourire à cette femme. Quand, forcée de reconnaître que ses couvents ne se pouvaient point passer de Sœurs converses, plus spécialement chargées de gros travaux, elle régla qu'il y en aurait dans chaque monastère, il fallut le commandement explicite de ceux qui avaient autorité sur elle pour l'empêcher de se ranger elle-même au nombre de ces Sœurs, qu'au Carmel on nomme du voile blanc.

Le mal que l'on dit d'elle à l'occasion de la réforme de son Ordre; le renom que, par une permission divine, l'aveuglement et la passion des hommes lui firent durant plusieurs années, et non seulement parmi les séculiers, mais parmi les religieux et les prêtres, c'est chose presque incroyable. Pendant environ quatre ans que durèrent l'orage et l'injure, elle garda une paix inaltérable et ressentit un bonheur qu'elle n'eût cédé pour aucun prix. Et cette humilité dura jusqu'à la mort. Allant quitter la terre, parce que l'amour la tuait, elle demandait encore pardon à toutes ses filles et les conjurait de ne point prendre modèle sur cette mauvaise religieuse qu'elle avait été. Cela vous étonne, mes frères ; ah ! vous ne savez pas, vous ne pouvez pas présentement savoir ce que voit l'âme d'un saint, quand elle se regarde au plein jour, au jour épouvantable de la sainteté de Dieu !

O Thérèse, vraie disciple du Christ, savante en la science de la croix, toute pleine de sève évangélique, obtenez à vos filles le sens et la vertu de cette humilité sans laquelle on ne peut ni plaire à Dieu ni faire ses œuvres ; et du sein de cette gloire où vous êtes justement montée, obtenez aussi que l'orgueil diminue sur la terre ; car si la terre est désolée, si les ténèbres s'y épaississent, si les ruines s'y amoncèlent, c'est que l'humilité de Jésus n'y est plus connue, ni honorée, ni pratiquée, et qu'une fièvre de superbe insensée et impie a saisi presque tous les hommes, individus et peuples, sujets gouvernés et pouvoirs gouvernants !

II

L'humilité, nous l'avons dit, naît dans l'âme d'une lumière divine qui nous découvre du même coup le tout de Dieu et le néant de la créature. Or, à cette grande clarté d'en haut l'âme voit que ce Dieu qui est tout est par là même toute beauté, toute bonté, toute puissance et toute opulence. Elle y voit, et tout ensemble elle sent dans son cœur, que si, confessant naïvement sa totale indigence, la créature prie Dieu d'y subvenir, Dieu certainement l'exaucera. De là sort l'oraison dont l'Esprit-Saint nous dit : « l'oraison de celui qui s'humilie pénétrera les cieux (1) ».

Mais parce que, pour portée qu'elle soit à implorer de Dieu tout ce dont elle a besoin, l'âme n'a pu élever son regard jusqu'à lui sans être surtout frappée de ce qu'il est en lui-même, c'est-à-dire de ses perfections et de son ineffable excellence, la demande n'est décidément pas la forme principale de la prière qu'elle lui adresse. Cette prière est d'abord et surtout un culte, c'est-à-dire un acte, une série d'actes d'adoration, d'admiration, de louange, d'actions de grâces ; elle est le désir, la recherche, l'amour enfin, l'amour ardent, l'amour affamé et actif de ce souverain bien !

Pour Thérèse, l'oraison est donc d'abord un acte ; c'est ce qu'elle est

---

(1) Eccli. xxxv, 21.

pour tous. Mais si parfaitement accomplit-elle cet acte, je veux dire avec tant de foi, de confiance, de zèle, de religion, de courage, qu'il devient pour elle et en elle une sorte d'état, et qu'elle finit par prier Dieu à peu près comme l'on respire.

Qu'est-ce que cet acte de l'oraison ? Les Pères répondent unanimement : *ascensio mentis in Deum*, « l'ascension de notre esprit en Dieu » ; et par l'esprit ici, ils entendent l'âme avec toutes ses puissances.

La Sainte elle-même explique, dans l'histoire de sa vie, qu'il y a, pour ainsi parler, quatre degrés dans cette ascension. On sait la charmante comparaison qu'elle emploie pour rendre à ses lecteurs sa pensée plus sensible. Elle dit que l'âme est un jardin, et l'oraison, l'eau qui l'arrose. Mais il y a, continue-t-elle, quatre manières différentes d'arroser un jardin : ou bien l'on puise l'eau dans un puits et on la répand ensuite peu à peu sur le sol ; ou bien l'on se sert d'une machine et, par exemple, d'une poulie ou d'une roue qui fait monter l'eau à l'orifice du puits, et l'arrosage est par là rendu plus facile. Il arrive aussi d'autres fois qu'une source vive jaillit du sol, et alors, pour arroser le jardin, c'est assez d'y creuser des rigoles ; enfin, si les nuées versent la pluie, l'arrosage se fait de lui-même, et le travail humain se trouve heureusement supprimé.

C'est à l'aide de ces images que, montrant le chemin aux autres, elle nous décrit ses rapports successifs avec Dieu et ses progrès dans la prière.

Elle s'appliqua d'abord et longtemps à méditer les mystères de la foi, les vérités évangéliques, les actes, les paroles, les vertus de Jésus-Christ, les perfections de Dieu. Elle appelle cela tirer de l'eau du puits. Elle dut, pour se tenir fidèle à ce genre de prière, surmonter mille difficultés. Sa nature proteste souvent contre la sujétion où la tient ce saint exercice. Dieu l'y éprouve d'ailleurs, et cela durant des années, par toutes sortes d'obscurités, d'aridités, de dégoûts, d'impuissances. Elle persiste et triomphe, ce qui fait que la grâce l'élève plus haut.

Elle arrive à l'oraison qu'elle nomme de quiétude, ce qui correspond pour elle à l'arrosement du jardin par l'eau que la roue fait monter. Là toute l'âme entre en Dieu qu'elle sent présent, vivant et opérant au fond d'elle-même. Elle ne travaille plus pour chercher, comme au temps où elle méditait ; elle a trouvé. Elle ramasse donc suavement ses puissances en ce Dieu qu'elle possède et qui la possède ; elle les y apaise et s'y repose elle-même dans un acte unique et très simple, où elle reçoit souvent plus de lumières, de grâce, de vie divine que son premier labeur ne lui en aurait jamais procuré.

Par là elle est conduite à l'oraison d'union, qui répond à la source s'épanchant en ruisseaux. L'âme qui en est là ne se repose plus seulement en Dieu ; elle l'étreint, elle « le scrute, comme écrit saint Paul, jusqu'en ses profondeurs (1) », par l'ardeur d'un amour où toutes ses puissances s'emploient sans que parfois elle en ait même conscience, parce que l'acte de cet amour est très principalement l'œuvre du Saint-Esprit. Et dans cette oraison elle se donne à Dieu tout entière, si bien qu'elle ne s'appartient plus et que Dieu lui peut demander et obtenir sans délai tout service et tout sacrifice. Dieu se donne à elle en échange, de sorte qu'elle est comme enivrée et que son cœur jubile. Si hautes alors sont ses délices, qu'elles l'empêchent de goûter et de désirer quoi que ce soit sur la terre, hors ce que Dieu y a mis de lui ; et en même temps sa joie est si ferme, qu'elle demeure jusque parmi les peines les plus extrêmes.

Enfin cette union monte si haut, que l'âme est comme transportée hors d'elle-même ; vivant plus là où elle *aime* que là où elle *anime*, comme disent les mystiques, elle semble quitter son corps ou l'enlève avec elle. C'est l'extase et le ravissement. Ici la pluie du ciel tombe à torrents, et le jardin de l'âme, divinement fertilisé, se couvre vite et magnifiquement des fleurs et des fruits des vertus.

Telle est l'oraison de Thérèse ; c'est ainsi qu'elle s'élève à Dieu, son premier, son unique amour. Ce qu'elle endure pour monter jusque-là, Dieu seul le sait, car ce progrès divin n'est, par un grand côté, qu'une suite de détachements, de renoncements, de sacrifices. Thérèse ne s'arrête pas néanmoins, et elle en vient à un recueillement en Dieu, à une contemplation de son être et de ses perfections, à une union avec lui, à une possession de lui qui fait qu'elle ne le quitte jamais, et c'est là justement ce que j'appelais tout à l'heure un *état*. Même en agissant au dehors, elle prie sans distraction. Vivre et prier, vivre et penser à Dieu, le louer, l'admirer, l'aimer, l'appeler, le tenir embrassé, pour Thérèse c'est une seule et même chose.

Et sur cette cime vraiment divine ne croyez pas qu'elle s'absorbe et oublie le genre humain. Non ; comme Jésus dans sa solitude au désert, et dans sa solitude plus profonde à la croix, elle emporte les âmes et traite d'elles avec Dieu. C'est avec son divin Époux une conversation incessante. La maladie ne l'interrompt pas ; c'est à peine si le sommeil a la force de la suspendre. Comme l'Épouse des Cantiques, « quand elle dort, son cœur veille en-

---

(1) I. Cor. II, 10.

core (1) ». Elle est semblable aux anges qui, « nous suivant dans toutes nos voies (2) » avec tant de sollicitude, « contemplent cependant toujours », et avec une paix imperturbable, « la sainte face du Père qui est dans les cieux (3) ». Que dire, mes frères? David, au premier de ses psaumes, parle du juste comme d'un arbre planté au bord d'un cours d'eau : telle est la sève de cet arbre, que, produisant du fruit en toute saison, il garde même son feuillage vert. Telle fut Thérèse ; et le cours d'eau qui ne cessa de baigner ses racines intérieures et d'y entretenir la sève divine, ce fut son oraison.

III

Mais, je vous l'ai dit, comme à l'humilité Thérèse joignit l'oraison, à l'oraison elle ajouta la force : c'est ce que je dois vous montrer en terminant.

L'humilité pousse l'âme à prier Dieu: Dieu prié, c'est bientôt Dieu trouvé, et Dieu trouvé par l'homme, c'est la force de l'homme. « Je puis tout », dit saint Paul, tout faire et tout souffrir : c'est être bien fort, n'est-ce pas ? D'où vient donc une telle force à cette infirmité qu'est l'apôtre? « Je puis tout en celui qui me fortifie (4) », c'est-à-dire en ce Dieu qui m'est donné et demeure en moi par le Christ.

Mes frères, Dieu veut l'homme fort ; cette volonté est déclarée à toutes les pages des Écritures. La force est commandée, elle est indispensable. La vie est un labeur, une milice, un combat (5). Le royaume de Dieu souffre violence et les seuls violents s'en emparent (6). Tout cela suppose une vraie force. « Sois robuste, dit le Seigneur, sois homme et agis virilement (7). » La femme aussi doit être virile à sa manière. Son type le plus parfait (je ne l'apprends à personne), c'est la *femme forte* des Proverbes, laquelle n'est autre en réalité que la sainte Vierge, la mère de l'*homme* par excellence, la plus vaillante, la plus constante, la plus invincible des créa-

---

(1) Cant. v, 2.
(2) Ps. xc, ii.
(3) Matth. xviii, 10.
(4) Philipp. iv, 13.
(5) Job. vii, 1
(6) Matth. xi, 12.
(7) Jos. 18. — Ps. xxx, 25. — I. Cor. xvi, 13.

tures, celle que les saints Cantiques nous montrent « terrible » en sa vigueur « comme une armée rangée en bataille », ce qui ne l'empêche point d'être la plus aimante, la plus compatissante et la plus tendre des mères.

Comme l'humilité véritable s'épanouit en oraison, l'oraison, à son tour, a pour fruit la force chrétienne. Les saints sont forts : à vrai dire, ils sont les seuls forts. Thérèse excelle en ceci, et je ne sais pas si, dans l'histoire de Saints, on en trouve qui l'y aient dépassée.

Elle fut forte en ce sens qu'elle-même se dégagea courageusement de toute faiblesse. Certes, cet adieu furtif qu'elle fit, âgée de sept ans, à sa chère maison paternelle, pour aller, avec son petit frère Rodrigue, chercher le martyre chez les Maures, dit assez la précoce et étonnante énergie dont elle était douée par nature. Cependant ne croyez point que cela l'exemptât de toute faiblesse. Elle en eut, qui sans doute ne furent jamais grièvement coupables (sa Bulle de canonisation en fait foi), mais qui furent très réelles, contre lesquelles elle dut lutter longtemps et qu'elle déplora toute sa vie. Elle sut s'en délivrer et si bien se dominer elle-même, qu'elle ne s'arrêta plus jamais de marcher dans les voies de Dieu d'un pas ferme, courageux et tranquille.

Elle était forte pour agir. Ce qu'elle dépensa de force, au cours des circonstances, est incroyable, et ce que ses œuvres en supposent est pour jeter dans la stupéfaction. Le tout était qu'une chose fût voulue de Dieu et qu'elle le sût ; il n'y avait plus dès lors pour elle ni difficulté, ni obstacle. Pour faire la volonté de Dieu, elle eût transporté ou percé des montagnes, foulé des ronces, marché sur des charbons ardents, affronté mille morts. On le vit bien au cours de ses prodigieuses fondations. Une rivière était débordée ; le seul pont qui y fût jeté menaçait ruines de toutes parts ; il faisait nuit ; la petite troupe de Sœurs et de serviteurs qu'elle avait amenée était plus qu'hésitante : « Allons, dit-elle, si quelqu'un doit se noyer ici, il est juste que ce soit moi » ; elle s'avance la première et elle passe. Elle a à lutter contre des princes, des municipalités, des cités tout entières ; des évêques lui font opposition, ses supérieurs religieux deviennent ses adversaires ; sans se départir jamais du respect, sans manquer à l'humilité, elle va, parle, insiste, défend les droits de Dieu et les fait prévaloir. — « C'est plus qu'un homme, cette femme, dit un grave religieux envoyé pour l'examiner, c'est plusieurs hommes. »

Elle est le plus souvent sans la moindre ressource humaine, et ce que Notre-Seigneur lui commande exige d'énormes frais. La croyez-vous embarrassée pour acheter une maison, un jardin et tout le matériel nécessaire à la fondation d'un couvent ? Elle n'a que trois ducats : — « Trois ducats et Thérèse, ce n'est rien, s'écrie-t-elle, mais trois ducats Thérèse et Dieu, c'est plus qu'assez »; et elle se met à l'œuvre. On peut dire que sa vie de réformatrice et de fondatrice n'est qu'une suite de triomphes remportés sur l'impossible. Semblable à ces grands anges qu'Ezéchiel nous décrit comme portant le char de Dieu, elle va droit devant elle, sans jamais revenir en arrière (1). Et tout cela, elle le fait avec une simplicité ravissante. Rien en elle qui sente ou la pose ou l'apprêt; rien de pompeux ni de dramatique. La force de Thérèse, c'est la force de Dieu dans l'âme d'une enfant de Dieu.

Et ce qu'elle souffre en agissant ainsi, sa force à soutenir l'infirmité en même temps que le travail, son courage à porter le fardeau de maladies opiniâtres et de peines intérieures cent fois plus lourdes encore, c'est comme inexprimable. Maux de tête et de cœur à peu près continuels, vomissements quotidiens, fièvres fréquentes, évanouissements répétés, langueurs que l'on dirait mortelles; membres cassés et mal remis, qui, après des opérations atroces, la laissent tout estropiée; puis les persécutions et afflictions de toutes sortes, les assauts du démon, les injustices des hommes, et enfin et par-dessus tout un feu d'amour qui la dévore et parfois la force à crier, c'est son état, son pain de chaque jour, c'est le champ vaste et opulent où sa force s'exerce. Et au milieu de ce déluge de peines, vous la verriez toujours égale, souriante, affable, joyeuse et égayant ses Sœurs.

O l'admirable, l'incomparable créature ! O la grande femme ! O l'honneur de l'Espagne et vraiment la gloire de l'Église ! Mon Dieu ! que vous êtes donc merveilleux dans vos saints (2) ! Comme ils sont bien « les cieux qui vous racontent (3) » ! Quels chefs-d'œuvre ! Quels révélateurs ! Quels docteurs ! Quels témoins ! Que sont à côté d'eux les grands hommes que le monde célèbre ? Avons-nous le droit d'être fiers, nous, les enfants de Dieu, puisque les saints sont notre famille ! Les pensées se pressent, les sentiments débordent. Ce premier jour jeté sur la vie de Thérèse nous découvre déjà des trésors de doctrine, de grâce, d'encouragements, d'attraits divins qui ravissent l'âme. Plaise à la bonté de Dieu que vous subissiez quelques-uns du moins de ces attraits, compreniez ces encouragements, receviez cette grâce et entriez dans cette sainte lumière !

Demain, selon notre promesse, nous vous dirons comment, malgré la pro-

---

(1) Ezech. I, 12.
(2) Ps. LXVII, 36.
(3) *Ibid.* XVIII, 1.

fondeur de son humilité, les splendeurs de son oraison et l'héroïsme de sa force, ce ne sont point encore ces vertus qui ont rendu Thérèse sainte, mais son immense amour pour Dieu et le prochain, comme aussi ce grand amour, en fécondant son âme, a préparé ses œuvres.

DEUXIÈME DISCOURS

L'AMOUR DE SAINTE THÉRÈSE

Plenitudo legis est dilectio.
La plénitude, l'accomplissement
parfait de la loi, c'est l'amour.
(Rom. XIII, 10.)

Nous vous disions hier que le Christianisme est avant tout une religion d'humilité : cela s'entend du fondement sur lequel Dieu le pose et de la première condition de sa vie dans nos cœurs; mais l'essence même du Christianisme, ce n'est pas l'humilité, c'est la charité. L'humilité creuse en nous un abîme, la charité seule le remplit.

« La création est faite d'amour, dit sainte Catherine de Sienne : d'amour et par amour; car cherchez dans le trésor de l'insondable le mobile qui, selon notre manière de concevoir et de dire, détermine Dieu à tirer des êtres du néant, vous n'en trouverez pas d'autre que la bonté et l'amour. L'Incarnation, la Rédemption, l'Eucharistie ne sont que des dogmes, des dons, des œuvres et des sources d'amour. La mission du Saint-Esprit, qui donne la vie à toute l'Église, n'est que la misson ici-bas de l'amour infini. » La loi, pour multiples que soient ses formes et ses injonctions, revient tout entière à l'amour. « Aimer Dieu et le prochain, dit Jésus, c'est toute la Loi et les Prophètes (1). » « La plénitude de la loi, c'est l'amour », continue saint Paul : « Qui aime a rempli toute la loi (2). » Au contraire, « qui n'aime pas, qui n'est point dans la charité, qui n'a pas pour Dieu et le prochain une dilection sincère et efficace, eût-il tout le reste, il n'a rien (3); pour vertueux qu'il pa-

---

(1) Matth., XII, 40.
(2) Rom., XIII, 12.
(3) I Cor. XIII, 1, 5.

raisse, il n'a, surnaturellement parlant, que des vertus stériles ; quelles que soient ses bonnes œuvres, elles ne lui constituent aucun titre direct au salut ». Enfin, saint Jean l'affirme, il est mort et « demeure dans la mort »: *Qui non diligit manet in morte* (1).

Ainsi l'amour seul fait les justes, l'amour seul, quand il est parfait, fait les saints ; la fécondité de leur vie en ce monde, comme là-haut la splendeur de leur gloire et la mesure de leur béatitude, c'est le degré et la perfection de leur amour. Ces doctrines si claires et si justifiées sont familières à tous les chrétiens.

Vous devez en conclure que si Thérèse est grande devant Dieu et chère à toute l'Église, si elle est un vrai prodige de grâce et de vertu, si sa sainteté paraît plus angélique qu'humaine, si enfin tout donne à penser que, comme Madeleine, saint Augustin et saint François d'Assise, elle est placée dans le ciel au rang des Séraphins, ce n'est pas parce qu'elle a été humble, forte, savante et courageuse dans l'oraison ; ce n'est pas parce qu'elle a fait les œuvres admirables dont je vous parlerai demain, c'est parce qu'elle a aimé Dieu et les hommes d'un amour vraiment héroïque, et que par là elle a donné à tout le reste qu'elle était et qu'elle faisait une sève divine et une valeur céleste.

Vous le verrez en m'écoutant parler successivement et de l'incroyable amour que Thérèse a eu pour Dieu et de celui dont son cœur a brûlé pour les hommes.

Ces considérations sont bien simples ; que voulez-vous ? Nous n'avons pas cherché, pour louer la Vierge d'Avila et pour instruire et édifier vos âmes, de grands artifices de composition, non plus que des vues sublimes et curieuses ou d'industrieux arrangements de discours. L'Esprit-Saint dit que ce qui loue les Saints, ce sont surtout leurs œuvres et leurs vertus (2). Nous nous défendons aussi d'oublier que tout orateur chrétien doit s'inspirer de l'Évangile ; et enfin ce qui éclaire et touche les cœurs dans l'ordre de la grâce, c'est ce qu'il y a de plus divin : or, ce qu'il y a de plus divin, c'est très ordinairement ce qu'il y a de plus simple.

(1) I Joan., III, 14.
(2) Prov. XXXI, 31.

I

Mes frères, la grandeur et la gloire de l'homme n'est point d'être par nature et par institution divine le roi du monde sensible, d'y exercer partout son pouvoir, d'en scruter par son génie les faits, les états et les lois, d'en exploiter les ressources, d'en imiter et d'en perfectionner les formes : non, notre grandeur et notre gloire, notre bonheur aussi, c'est d'être aimés de Dieu, de pouvoir l'aimer en retour et de lui rendre en effet l'amour qui lui est dû.

Le cœur fait notre valeur morale, et la valeur de notre cœur, c'est celle de son amour. Si notre cœur aime ce qui est au-dessous de lui, il s'abaisse et se dégrade; s'il n'aime que ce qui est à son niveau, il ne paraît pas descendre, il est vrai, mais encore moins monte-t-il; il reste par conséquent médiocre. Mais s'il aime ce qui le surpasse, et davantage ce qui surpasse tout, je veux dire le bien souverain, la beauté infinie, la bonté absolue, Dieu enfin, il emprunte quelque chose de la nature de son objet, il se divinise en quelque sorte, et c'est là sa grandeur, sa gloire et sa félicité. Toutefois, pour que l'homme aime Dieu, il est indispensable que d'abord Dieu aime l'homme. Nous ne pouvons aimer les premiers; le premier qui aime ici, c'est Dieu, dit saint Jean : *Ipse prior dilexit nos* (1). Mon Dieu ! on est si fier parfois et si heureux d'être vraiment et sincèrement aimé d'une de vos créatures, qu'est-ce donc qu'être l'objet de votre dilection ! Puis, si l'amour d'une créature fait souvent jaillir de notre cœur des flots de tendresse, de compassion, de dévouement, de sacrifice; s'il rend si facile et si doux de se dépasser soi-même et de se dépenser, que ne fera pas l'amour qu'on a pour vous ?

Cela se lit à toutes les pages de la vie de nos Saints; nulle part, je pense, plus manifestement que dans la vie de sainte Thérèse. Quel cœur ! qu'il fut bon, vaste, sensible, ardent, abondant, magnanime ! Qu'il s'attacha à Dieu par des liens forts, serrés, indissolubles ! Qu'il aima Dieu et Jésus-Christ de tous les amours possibles, et jusqu'à quel excès !

Toute sa vie d'abord Thérèse conserva dans son cœur cette charité souveraine qui, avec la grâce sanctifiante, lui avait été infuse au baptême : heureuse âme à qui l'Église rend ce beau témoignage qu'elle n'a jamais

---

(1) Joann., IV, 19.

péché mortellement et a dès lors passé dans l'amitié de Dieu les soixante-sept ans qu'elle vécut sur la terre ! Cependant, je vous l'insinuais hier, et la Sainte le raconte avec larmes, il fut un temps de sa vie où de vaines affections empêchaient cet amour de Dieu d'avoir en elle son intégrité et son essor. Dieu régnait dans son cœur, mais toutes les parties de ce royaume ne lui étaient point parfaitement soumises. Ce Saint-Esprit que Thérèse ne chassa pas, même une heure, fréquemment et longtemps elle « le contrista (1) ». Mais l'amour la voulait, il sut bien la réduire.

Mes frères, d'où vient qu'après quatre mille ans d'oubli, de peur, de trahison ou même de haine, le genre humain s'est repris tout d'un coup à aimer Dieu ? De quel moyen Dieu s'est-il servi pour nous vaincre ? Il s'est fait homme et s'est montré. *Post hæc in terris visus est et cum hominibus conversatus est :* « ensuite, après beaucoup de siècles, il a été vu sur la terre, et il a lié commerce avec les hommes (2) ». « Elle a apparu l'humanité, la bénignité, la grâce de Dieu notre Sauveur (3). » Jésus montré et surtout Jésus humble, humilié, pauvre, souffrant, pénitent, c'est ce qui a reconquis nos âmes, en orientant à nouveau nos amours égarés. « Quand je serai élevé de terre, avait dit ce doux Rédempteur, j'attirerai tout à moi (4). »

Il fit de même de Thérèse. Un jour, au temps de ses illusions et de ses partages intérieurs, il daigna lui apparaître déchiré et sanglant, tel qu'il était enfin aux heures de sa Passion. Ce fut fini ; Thérèse était prise, mais prise à ce point, que cette soudaine flamme d'amour qui sortit d'elle à cette vue, loin de jamais s'éteindre, ne cessa de s'aviver en elle, et qu'à force de brûler son cœur, elle finit par le consumer.

Dieu et son Christ, Dieu en lui-même et en Jésus fut la grande, la suprême, l'unique passion de sainte Thérèse. Ce qu'elle avait de puissance et d'ardeur pour aimer est incroyable. La nature lui en avait donné beaucoup déjà ; la grâce y apporta des accroissements immenses, et tout cela devint cette divine passion. Elle ne pensait qu'à Dieu, elle ne cherchait, elle ne voulait que Dieu ; elle n'avait son repos qu'en lui ; hors de lui elle ne goûtait aucun plaisir ; enfin l'amour la possédait, elle y vivait plongée. « Figurez-vous, disait-elle à l'un de ses confesseurs, la personne la plus éprise d'un autre, à tel point qu'il lui fût impossible de rester un moment sans elle ; cela n'approche

---

(1) Ephes., IV, 3.
(2) Baruch., III, 38.
(3) Tit., III, 4.
(4) Joan., XII, 32.

pas de ce que je ressens pour Notre-Seigneur. » Encore que, docile à la volonté de son Maître, elle se portât sans hésitation à tous ses devoirs extérieurs, néanmoins tout ce qui l'empêchait de s'entretenir avec Dieu, tout ce qui entravait son oraison, la distrayait de sa contemplation, lui était un supplice. Les servitudes de la vie, comme le manger, le boire et le dormir, lui pesaient au dedans jusqu'à lui sembler intolérables, et elle ne s'y assujettissait que par violence.

Elle aimait Dieu de ce grand et noble amour que la théologie nomme de *complaisance*. On ne peut dire la joie qu'elle avait à penser que Dieu est Dieu, c'est-à-dire un être absolument parfait, absolument heureux, éternel, immuable, inattaquable et plein de gloire. Quand, au chant du Symbole, elle entendait formuler ce dogme triomphal : *Et son règne n'aura point de fin*, ses entrailles en étaient émues et elle sentait exulter toute son âme.

Elle n'aimait pas moins Dieu de cet autre amour très saint que nous appelons amour de *bienveillance*. Si heureuse de savoir que Dieu, possédant tout par lui-même et en lui-même, n'attend rien et n'a rien à recevoir, elle lui souhaitait pourtant et ardemment ce bien qui, sans affecter son essence ou modifier son état, lui peut venir des créatures et constitue sa gloire extérieure : et, par exemple, l'honneur rendu à son nom trois fois saint, la louange, l'hommage, la soumission, l'adoration, l'amour des anges et des hommes, le succès par là même de son œuvre de Créateur et de son œuvre de Rédempteur qui, depuis le péché, est la condition du premier. Elle eût voulu, au prix de mille vies, propager la foi, convertir les pécheurs, sanctifier les justes, surtout les prêtres et les religieux, jeter enfin le plus d'âmes possible au pied du trône du Père céleste. Ses désirs la brûlaient, son zèle la dévorait ; la seule pensée de la gloire de Dieu, le seul sentiment des droits de Dieu la mettaient hors d'elle-même. Oh! quelle fut bien la fille d'Élie, et qu'elle avait de titres à lui emprunter sa devise : *Zelo zelatus sum pro Domino exercituum.* « Je suis enflammé d'un grand zèle pour le Seigneur Dieu des anges et des armées (1) ! » Jamais ni le démon ni le monde conjurés ne la firent hésiter un instant quand il s'agissait des intérêts de Jésus ici-bas ou de plaire à son divin Père. Labeurs, souffrances, rien ne comptait plus, ou plutôt tout lui devenait comme un jeu. A toute heure, en toute circonstance, on voyait réalisé en elle ce que saint Paul dit de la charité : « Elle croit tout, elle sup-

---

(1) III Reg. XIX, 10.

porte tout » ; rien n'ébranle sa confiance, rien ne la fait broncher, ni défaillir, ni mourir (1).

Et l'amour de *désir* qui s'ajoutait aux autres, la sainte convoitise qu'elle avait de voir Dieu, c'est quelque chose d'inénarrable. Tel était en elle ce besoin que, si elle n'avait pas trouvé, dans la souffrance, un refuge, un soulagement, un aliment, il l'eût tuée avant l'heure. C'est ce qui la faisait s'écrier si souvent : « Ou souffrir, ou mourir » ! Saint Paul disait : « Je désire voir mon corps aller en poudre et être avec le Christ (2) » ; ce fut le cri incessant de notre Sainte. Jusqu'à sa dernière heure elle eut le mal du pays ; la terre ne lui était qu'un lieu d'exil et le monde sensible une prison. Il faut l'entendre dans ses *Exclamations*. Comme elle gémit, comme elle aspire, comme elle meurt de ne mourir point ! Elle ne sait plus du tout ce qu'elle fait sur la terre ; souvent elle n y tient plus et demande grâce. « Je ne trouve pas, tant que je vis, de remède à mes maux, écrit-elle : aussi je conjure Dieu de délivrer mon âme. Nous sommes absents, Seigneur ; tirez-moi de cette ombre de mort ! O vie ! ô vie ! comment peux-tu subsister hors du centre de ta vraie vie ? » Ce sont là les soupirs de cette colombe blessée. Ses communions l'apaisent un moment, mais pour la rendre bientôt plus affamée encore. L'horloge ne sonne point sans lui faire battre le cœur de joie par la pensée que cela lui donne d'être moins éloignée du ciel. Un cantique qu'une de ses filles chante en récréation, et où il est question du paradis, la jette soudainement en extase.

Aussi quelle union, quel commerce entre Dieu et elle ! Quelle condescendance d'une part, quelle libre et enfantine confiance de l'autre, et des deux côtés quel amour ! « Jésus me dit souvent, raconte-t-elle : Tu es mienne et moi je suis tien. — Et je lui réponds d'ordinaire : De quoi suis-je touchée, Seigneur, excepté de vous seul ? » — « Que peux-tu me demander que je ne fasse pour toi ? lui dit le Maître un autre jour. Tu sais l'alliance qui est entre nous : cela étant, tout ce que je possède t'appartient. » — Croyez-vous que pour divinement douces que lui fussent de telles assurances, cela fît vivre Thérèse au milieu des délices ? Non ; Jésus concluait : « Je te donne donc tous les travaux et toutes les douleurs de ma vie ». Et il tenait si bien parole, que la pauvre Sainte, épuisée de peine, tentée, navrée, persécutée et surtout éperdue par l'absence sensible de Celui qui avait tout son

---

(1) I Cor., XIII, 4-8.
(2) Philipp., I, 23.

cœur, lui disait avec une tendresse de femme et une candeur d'enfant : « Faut-il que, dans les rares instants où je pourrais goûter votre présence, vous vous dérobiez à ma vue ! Comment l'amour que vous avez pour moi le peut-il tolérer ? S'il m'était possible à moi de me cacher de vous comme de moi, votre amour, j'en suis sûre, ne le souffrirait point. Tendre Maître, une telle inégalité est vraiment trop cruelle ».

Ame ravissante, parce que l'amour l'a toute ravie. Mon Dieu ! ces choses sont vraies ; de tels rapports avec vous sont possibles ; vous ne les permettez pas seulement, vous les souhaitez, vous les demandez à tous et en jetez la semence dans votre première grâce, puisqu'en vertu de cette grâce, qui est celle même du baptême, nous devenons vos vrais enfants et que nos âmes sont les épouses de votre adoré Fils. Enfin, vous êtes Dieu, toute beauté, toute bonté : beauté manifestée, quoique non dans sa plénitude ; bonté signifiée tous les jours et dans des proportions inouïes, quoique son dernier don soit ajourné encore ; et l'on a tant de peine à vous aimer, et l'on vous aime si peu, et il y en a tant sur la terre qui vous délaissent et vous haïssent ! O patience de l'amour ! ô clémente, ô miséricordieuse longanimité de l'amour ! Mais ne nous fatiguerons-nous point d'une pareille injustice ? Ne rougirons-nous pas d'une telle ingratitude ? Ne relèverons-nous pas nos cœurs de terre, et ne laisserons-nous pas votre Esprit les soulever jusqu'à vous ?

Heureux amants de Dieu qui êtes en paradis, Thérèse, Séraphins dont elle est la compagne et la sœur, faites descendre à nouveau l'amour sur cette terre. Tout s'y flétrit, tout y languit, tout y meurt faute d'amour ; et qu'au moins votre famille humaine, les vierges du Carmel, gardent et sauvent l'amour ici-bas.

II

Dieu demande le tout de l'homme parce qu'il a fait tout l'homme et qu'il l'a fait pour lui. Ce tout, il le lui demande en demandant son cœur : *Fili, præbe cor tuum mihi :* « Mon fils, donne-moi ton cœur (1) ». C'est le premier mot de sa loi : « Tu aimeras Dieu de tout ton cœur (2) ».

---

(1) Prov., XXIII, 26.
(2) Matth., XXII, 37.

Mais quand il a gagné ce cœur et qu'il l'a pris, quand, par sa grâce et pour notre bonheur, il le possède, croyez-vous que Dieu le confisque ? Dieu ne confisque rien, mes frères, et même ce qu'il consomme, il ne l'absorbe point. Est-ce qu'il y a au monde un être présentement retiré et consommé en Dieu comme cet homme qui s'appelait Jésus sur la terre, étant personnellement le Verbe incarné ? Or, cet homme tout à Dieu, tout de Dieu, tout Dieu si on peut le dire (et saint Hilaire l'a dit de lui dans son état de gloire), ce Christ, ce Jésus, le Jésus de l'Église et de l'Eucharistie, est-ce un être confisqué, est-ce un être absorbé ? Qui est un bien universel comme cet unique du Père ?

Ce qui est écrit de Dieu, qu'il est « jaloux (1) », s'entend de la préférence qu'il veut qu'on lui donne sur toutes choses et de cet amour suprême qui lui doit être réservé. Y a-t-il deux dieux, deux principes, deux fins dernières ? Qui se peut égaler à Dieu ? Quelle apparence donc qu'on demeure dans la vérité, qu'on se tienne dans la justice et qu'on ait deux amours suprêmes, ou qu'on ne garde point au bien souverain son souverain amour ? Mais, bien loin de confisquer le cœur où il règne, Dieu le perfectionne, le dilate, le fortifie, le rend capable d'amours immenses ; il le fait à l'image du sien, ouvrant en lui des sources comme infinies de dilection, de compassion, de tendresse, d'activité et d'énergie. Et pour mieux s'assurer que ces sources s'écouleront, qu'elles arroseront et féconderont le champ des âmes, il nous intime à tous un précepte formel, semblable à celui qui oblige notre cœur envers lui ; il ordonne, et cela sous peine de violer le premier commandement qui domine la loi tout entière, il ordonne à l'homme d'aimer l'homme, de l'aimer d'un amour vraiment *théologal*, c'est-à-dire d'un amour divin (2).

Je vous disais que notre honneur et notre grandeur, c'est d'être aimés de Dieu et de lui rendre l'amour qu'il réclame. Je dis maintenant que la fortune du genre humain, la condition de sa prospérité et même de sa vie, est que l'homme aime l'homme. L'humanité vit surtout de l'amour qui est en elle ; elle n'est en paix, comme c'est sa loi, elle n'a sa vraie puissance et n'accomplit fidèlement sa tâche, que si ses membres, tous ses membres sont unis par l'amour. Or, le principe, le seul principe vivant et suffisant de cet amour qui nous rend frères, c'est notre amour commun pour notre Père qui est aux cieux. C'est là-haut, et dans le sein même de ce Père à jamais béni,

---

(1) Exod., xxxiv, 14.
(2) Matth., xix, 19.

que naît la famille humaine, comme aussi c'est dans le mystère du Christ et la vertu de son sang versé, que se scelle son union. Croyez-le, mes chers frères, et ne vous laissez pas séduire par ces fraternités mensongères, ces fraternités de paroles, ces fraternités d'écriteau, qu'on essaie follement de substituer à la nôtre. Il n'y a à aimer sérieusement les hommes que ceux des hommes qui aiment Dieu ; et c'est pourquoi les grands amis, les serviteurs fidèles et dévoués de l'humanité sont les Saints : l'histoire entière est là qui en rend témoignage.

Vous avez vu avec quelle passion sainte Thérèse aima Dieu ; tirez-en cette conséquence, qu'elle aima passionnément les hommes. Elle les aimait selon qu'elle les voyait, et elle les voyait dans la lumière où Dieu même les garde : aux clartés de leur création qui les fait œuvres, chefs-d'œuvre, image vivante et ressemblante de Dieu ; aux clartés de l'Incarnation et de la Rédemption qui les font frères du Christ et membres de son corps ; aux clartés de leur prédestination qui, consommant et éternisant cette filiation de grâce, les rend participants de l'héritage du Fils aîné, et les établit tout entiers pour jamais dans sa gloire, dans sa joie, dans sa divinité.

Elle leur souhaitait, dès lors, et avant tout, ce suprême bien qui est le ciel ou la vie éternelle, la vie en Dieu, la vie de Dieu, la vie qui est Dieu. Elle les voulait tous dans l'Église, qui est la seule société dont Jésus soit le chef et dans laquelle, par suite, on puisse espérer le salut. Ah ! qu'elle l'aima plus que tout ici-bas, ce divin prochain qui est l'Église, « le tabernacle de Dieu avec les hommes (1) », le temple à pierres vivantes que s'est bâti la Sagesse incarnée (2), le sanctuaire habité et vivifié par l'Esprit-Saint, le lieu de toute vertu, le parvis de la béatitude ! Qu'elle aima cette Église pour laquelle Jésus-Christ est mort, s'estimant plus que payé de son sang, s'il la gagne, l'enrichit, l'amplifie, la rendant « toute belle et sans tache (3) » ! Pour que cette Église eût tout son lustre, pour que son règne, qui est celui de Dieu, ne subît ni diminution, ni dommage, mais s'étendît et remplît toute la terre; pour que ses pontifes fussent doctes, fermes, courageux et saints; pour que ses prêtres, sans exception, fussent dignes de leur ministère; pour que l'Évangile fût partout prêché et pratiqué; pour que les peuples de l'Europe, qui commençait, hélas ! d'apostasier, restassent fidèles à Dieu et au Saint-Siège; pour que les hérétiques, si nombreux de son temps, revinssent

---

(1) Apoc. XIX, 3.
(2) Prov., IX, 11.
(3) Ephes., V, 27.

à la foi orthodoxe et à la vraie piété, elle aurait mille fois donné sa vie. Elle l'écrit tout spécialement de ceux qui alors ravageaient la France, ce beau royaume qu'elle aimait tant! Qui ne sait que le désir de combattre le protestantisme fut sa principale raison d'entreprendre la réforme des religieuses et des religieux de son Ordre?

La liturgie, empruntant une image aux saints Livres, dit que la cœur de cette femme était « large comme les plages de sable qui bordent l'Océan (1) » : c'est la vérité. On eût dit que l'Église entière demeurait et vivait dans le cœur de Thérèse. Tout ce qui touchait l'Église la touchait : ses victoires et ses joies, ses blessures, ses opprobres, elle sentait tout, tantôt radieuse et tantôt plongée dans la peine. Comme l'héroïque apôtre des Gentils, elle eût pu dire : « Qui souffre sans que je souffre? qui est scandalisé sans que je le sois avec lui (2) »? Elle, si virile que, quand l'un de ses parents mourait, elle se permettait à peine quelques larmes, elle ne finissait point d'en verser quand elle apprenait le trépas d'un savant, d'un éloquent, d'un puissant serviteur de Dieu.

De là un zèle sans mesure pour procurer par ses prières, ses pénitences, ses travaux, ses souffrances de toute sorte, que le péché fût réparé et les pécheurs ramenés à résipiscence. Elle faisait, par ses oraisons, l'assaut des âmes coupables, s'inspirant de celui qui « laisse quatre-vingt-dix-neuf brebis fidèles dans le bercail pour courir, par monts et par vaux, à la recherche de la brebis perdue ». Comme Moïse, à genoux sur sa montagne, elle luttait contre Dieu, elle insistait, elle s'obstinait et ne quittait la place qu'après la grâce conquise et l'âme convertie. Ce qu'elle en a sauvé par l'ardeur de sa charité et la vertu de son oraison, Dieu seul le sait. « Je pourrais, écrit-elle en son naïf langage, raconter une infinité de grâces que Notre-Seigneur m'a accordées, soit en retirant des âmes du péché, soit en en faisant avancer d'autres dans les voies de la perfection, soit en en délivrant du purgatoire, soit en opérant d'autres prodiges non moins signalés. »

Pour se rendre utile à ses frères, elle usait de tous les moyens : conseils, entretiens, lettres, démarches, correction au besoin ; et tout cela, quelle que fût la personne. Dans sa charité, comme dans toutes les autres vertus, elle était d'une énergie, d'une intrépidité, je dirai d'une bravoure incroyables. Elle luttait, et non seulement contre la faiblesse, la passion ou les mauvais vouloirs des hommes, mais encore contre les puissances de l'enfer qu'elle affrontait sans sourciller et dont elle triomphait toujours.

(1) Miss. Prop. Carm.
(2) II. Cor., XI, 29.

Et en même temps qu'elle était si active, sa charité était si douce, si tendre, si compatissante, si patiente et si généreuse! Elle aimait à plein cœur tous ceux qui lui étaient unis dans la nature et dans la grâce. Elle était pour ses sœurs, qui par le fait étaient ses filles, une mère incomparable, toujours prête à tout dévouement, toujours prompte à toute indulgence, quoique visant en tout à leur sainteté et les y poussant, à l'occasion, par les moyens les plus énergiques. Elle aima d'une amitié ardente tous les saints de son temps qu'elle connut, ses pères et ses frères en religion, et ses proches, quoique toujours d'une manière haute et sainte. Mais son triomphe était son amour pour ceux qui ne l'aimaient point et, par suite, lui voulaient ou lui faisaient du mal. Jamais elle n'était plus heureuse que quand elle pouvait pardonner quelque offense ou rendre service à un ennemi. Tout le monde savait cela; aussi avait-on coutume de dire en Espagne que le plus sûr moyen de gagner les meilleures grâces de la Mère Thérèse de Jésus était de lui dire quelque injure ou de lui causer quelque tort.

Lion pour défendre et protéger le prochain, agneau pour le porter, femme pour sentir miséricordieusement ses misères et les soulager presque au delà du possible, telle était cette admirable amante du Christ; et c'est précisément parce qu'elle était cette amante, qu'elle était la servante de tout le genre humain. En tout elle voyait toujours et principalement le bien-aimé de son cœur; en tous elle l'aimait et se dépensait pour lui : cœur vraiment universel, je veux dire ayant tous les amours et les ayant pour tous, parce qu'elle n'avait qu'un seul amour suprême embrassant tous les autres.

En vérité, sa vie, surtout durant ses trente dernières années, ne fut qu'un acte d'amour perpétuel. Vertus, prières, sacrifices, tout était une forme et un fruit de sa charité envers Dieu. Notre-Seigneur lui en faisant la grâce, elle mit cette charité divine dans son âme au point de l'en remplir, et de l'en remplir jusqu'au comble; puis elle versa sur le monde entier ce cœur dont Dieu était l'âme. Je vous l'ai dit, et chacun le sait, elle finit par en mourir.

Dieu lui parlait, et ses paroles étaient de feu; Jésus-Christ lui apparaissait, et elle ne le voyait point sans que son âme fût incendiée; les anges la visitaient, et nous lisons dans les actes de sa canonisation qu'un Séraphin, armé d'un javelot qui avait pour pointe une flamme, vint un jour lui percer le cœur. La blessure se voit encore dans ce cœur virginal pieusement conservé au couvent d'Albe de Tormès. Elle languissait donc de plus en plus; la vie du dedans dévorait celle du dehors; le corps fléchissait sous l'âme, comme l'âme fléchissait sous le fardeau de l'amour. Enfin, étant à Albe, au cours d'un héroïque voyage qu'elle fit par obéissance, encore qu'elle fût déjà mourante; après avoir travaillé et pâti si longtemps; après avoir réformé le Carmel, fondé trente-deux monastères, édifié par ses vertus l'Espagne entière, en attendant que, plus connue par le fait de sa béatification, elle édifiât l'Église et jusqu'à la consommation des siècles; après avoir étonné le monde par ses miracles, car sa vie en est pleine, elle connut que son heure était proche et qu'enfin elle allait rencontrer, embrasser, posséder Celui qu'elle avait tant aimé. Ce fut un spectacle à ravir les bons anges : ayant sa pleine connaissance, mais absolument défaillante, elle se dressa néanmoins dès qu'on lui apporta son Jésus enveloppé des voiles eucharistiques. Transformée par son amour, rajeunie, radieuse, belle enfin d'une beauté céleste, elle joignit les mains, regarda fixement l'hostie et s'écria avec un accent qui fit fondre ses Sœurs en larmes : « O mon Seigneur et mon Époux, l'heure tant désirée est venue, il est temps de nous voir. Mon tendre Maître ! voici le moment du départ; soyez-en mille fois béni et que votre volonté s'accomplisse. Il est temps que je quitte cet exil et que mon âme, ne faisant qu'un avec vous, jouisse de ce qu'elle a tant désiré ». Fortifiée par le saint Viatique, elle vécut encore vingt-quatre heures, perdue en Dieu et presque toujours en extase; parfois son visage s'illuminait soudain, comme si elle apercevait tout d'un coup quelque réalité divine inconnue. Quand elle redescendait un peu de ces hauteurs, c'était pour dire, comme le commun des chrétiens qui meurent, des paroles de foi, d'humilité, d'espérance et de pénitence. Bien souvent elle s'écriait : « Enfin; mon Dieu ! je suis fille de l'Église! » C'était là, pensait-elle, avec les mérites sacrés du Sauveur, qu'elle rappelait et invoquait, tout son titre au salut et à la gloire du ciel. Quelquefois aussi, se souvenant de ses péchés, elle disait avec le Psalmiste : « Seigneur, vous ne me mépriserez point, vous ne rejetterez point un cœur contrit et humilié ». C'est ainsi que, dans l'extrême soirée du quatrième jour d'octobre de l'an de grâce mil cinq cent quatre-vingt-deux, Thérèse de Jésus rendit l'esprit.

Mes frères, reconnaissez-vous là cette « mort des Saints », qui couronne leur sainte vie et que l'Écriture nomme « précieuse devant Dieu (1) » ? Un seul trait y manque-t-il ? Je n'ai plus le temps de vous exhorter, mais que de tels récits parlent d'eux-mêmes et quelle effusion d'Esprit divin s'en échappe ! Y en a-t-il un seul parmi vous qui ce soir ne dise en son cœur : « Que

---

(1) Psalm. CXV, 15.

mon âme meure de la mort des justes (1) » ! Mais ne l'oublions pas, mes frères aimés : la loi, c'est que l'on meurt comme on a vécu. Sans doute la bonté de Dieu est infinie, et lorsque la miséricorde veut faire un coup d'état, elle l'obtient sans difficulté de la Toute-Puissance ; mais la sagesse est de ne compter point sur ces grâces qui tiennent du miracle; la loi demeure et s'exécute. Telle vie, telle mort. Ce serait peut-être une trop grande ambition que de vous souhaiter de mourir d'amour comme Thérèse; mais du moins mourez dans l'amour, puisque mourir hors de l'amour, c'est mourir pour l'éternité. Vivez donc dans la charité. Est-ce une condition dure ? J'en appelle à votre expérience et aux meilleurs jours de votre vie : non, cette condition n'est pas dure, elle est douce, et pour peu qu'on soit saint, sa douceur va jusqu'aux délices. Fasse donc la séraphique Vierge d'Avila que la charité s'établisse en vos âmes, qu'elle ne s'y éclipse jamais, qu'elle y grandisse toujours, qu'elle s'y traduise par des fruits de sainteté, et qu'enfin elle vous assure ce jugement favorable qui ouvre au delà du temps les portes du paradis.

TROISIÈME DISCOURS

L'ŒUVRE DE SAINTE THÉRÈSE, OU LE CARMEL.

> *Qui manet in me et ego in eo, hic fert fructum multum*
>
> Celui qui demeure en moi et en qui je demeure rapporte beaucoup de fruit.
>
> (JOAN. XII, 25.)

L'amour de charité féconde l'âme; il répand dans toutes ses puissances et jusque dans les vertus qui les perfectionnent cette sève divine qu'il puise lui-même au cœur de Jésus-Christ et qui, des actes que ces puissances divinisées produisent, fait autant de titres à l'héritage céleste. Mais outre cette valeur surnaturelle qu'il donne à l'âme et à sa vie morale, l'amour est par lui-même un grand principe d'action. C'est une source qui veut s'épancher, un

(1) Num., XXIII, 10.

foyer qui veut rayonner, une vie qui tend à s'épanouir. Cela est vrai même de l'amour humain ; combien plus de celui dont Dieu est l'objet, la fin et le principe ?

L'amour chrétien vient de l'union de l'âme avec le Christ ; il en vient, il en vit, et en un sens, il la fait vivre. Comment une telle union resterait-elle stérile ? Ou elle est féconde, ou elle n'est point. Jésus le déclare dans le texte que je vous ai cité : « Celui qui demeure en moi et en qui je demeure » (c'est l'état de toute âme qui aime), « celui-là porte beaucoup de fruit ». Le fruit de l'amour, ce sont les œuvres. Plus l'amour est fort et élevé, plus les œuvres sont grandes et belles. Tout acte vivifié par l'amour est une œuvre chrétienne. Mais il arrive à quelques-uns, par suite de prédestinations particulières, qu'ils ont à produire au monde, non plus seulement des œuvres personnelles, mais une œuvre spéciale et plus insigne, dépassant l'ordre de la sanctification privée, intéressant directement l'Église entière, une œuvre historique en un mot, devant s'étendre dans le monde et durer plusieurs siècles.

Telle fut la destinée de notre admirable Thérèse de Jésus : le fruit principal de son amour pour Dieu et pour les hommes, l'œuvre capitale de sa vie, ce fut la réforme du Carmel. « Ses œuvres la loueront aux lieux où se rend la justice », dit l'Écriture (1). La chaire chrétienne est l'un de ces lieux sacrés. Pour achever de louer Thérèse, il convient donc, mes frères, de vous parler du Carmel, et c'est ce que, Dieu et Thérèse aidant, nous ferons aujourd'hui.

Je ne vous raconterai point l'histoire heureuse et si glorieuse de la réforme de ce grand Ordre par l'humble Vierge d'Avila. Cette histoire est connue, et d'ailleurs chacun la peut lire incomparablement racontée dans les œuvres mêmes de la Sainte. Je crois utile et plus opportun de vous parler du Carmel lui-même, en vous disant ce qu'il est, c'est-à-dire sa raison d'être, sa nature, son caractère, sa beauté, sa portée immense et son incontestable utilité sociale.

I

Qu'est-ce donc que le Carmel ? Le Carmel est une religion où, par amour pour Jésus-Christ, on voue toute sa vie à Dieu pour lui rendre un culte parfait et servir ainsi l'Église et le monde.

(1) Prov. XXXI, 31.

Le Carmel est une religion, c'est-à-dire un Ordre religieux, et par amour pour Jésus-Christ, on y voue à Dieu toute sa vie. Vous l'entendez, je mets l'amour du Christ avant tout, parce que cet amour est le principe et l'âme de toute vocation et de toute vie carmélitaines. Il y éclaire tout, il y justifie tout; il fait que cette existence, si effrayante pour quelques-uns, si étonnante pour presque tous, est en soi la chose la plus simple et en même temps la plus douce et la plus délicieuse pour l'âme qui, sur l'appel de Dieu, l'a sérieusement embrassée.

Par suite donc de ce grand amour, pour le témoigner, le cultiver, lui donner sa dernière perfection et le pousser jusqu'à son comble, on voue sa vie à Dieu.

Il est clair que tout appartient à Celui qui a tout fait. Où finissent, je vous prie, les droits d'un créateur ? « Les cieux sont à toi, la terre est à toi (1) », s'écrie ce grand confesseur, ce chantre inspiré de la gloire de Dieu qui est David ; et non seulement la terre, mais tout ce qui l'emplit et la peuple. « *Domini est terra et plenitudo ejus* (2). Et s'il y a des degrés dans cette appartenance, il est clair que cela appartient davantage à Dieu où il a pour ainsi dire mieux travaillé, où il s'est manifesté et donné davantage, ce qui revient à dire les créatures les plus élevées, à savoir l'ange là-haut et l'homme ici-bas.

Mais, mon Dieu, qui est comme vous pour user avec discrétion de la toute-puissance, pour rester sobre et magnanime dans l'exercice de la souveraineté, pour traiter « avec révérence » (3) (c'est vous qui l'avez dit) ceux dont le premier devoir est de vous rendre hommage ? Car il y a un hommage que vous réclamez de tous et qui est indispensable. Ne l'exiger point, ce serait démentir votre propre être, et cela, vous ne le faites jamais, vous ne le pouvez point faire : *Seipsum negare non potest* (4). Être Dieu, c'est régner et commander ; être créature, c'est être sujet et tenu d'obéir. Des relations qui sont fondées sur la nature des choses ne souffrent ni exception, ni modification. Elles existent comme Dieu même existe. Mais cette première justice rendue, quel vaste champ Dieu laisse à notre liberté ! En dehors de ses préceptes, si peu nombreux et au fond si faciles, surtout quand la loi et la grâce sont, comme chez nous, si étroitement liées, qu'elles semblent

---

(1) Psalm. LXXXIII.
(2) Ibid. XXIII, 2
(3) Sap. XII, 18.
(4) II Tim. II, 14.

presque identiques, que ne pouvons-nous pas garder sans pécher? que ne pouvons-nous pas dire et faire? Tout ce qui n'est point défendu est permis, et que la défense est restreinte!

La plupart des hommes s'en tiennent là et s'estiment quittes envers leur créateur et maître quand ils vivent à peu près sans lui désobéir. O Dieu! c'est adorable, mais la vérité est qu'ils sont quittes et que leurs âmes seront sauvées. Plusieurs toutefois se rencontrent que cette justice élémentaire ne parvient point à contenter. Qu'ils se regardent eux-mêmes ou qu'ils regardent Dieu, il leur faut davantage. S'ils se regardent avec bonne foi, ils se sentent faibles et misérables; de plus, pour peu qu'ils aient vécu, ils se savent exposés, et quel péril que celui de perdre éternellement son âme! car en définitive c'est de quoi il s'agit. Ils ont donc besoin de s'abriter. Mais où est l'abri certain contre les dangers de ce monde? Évidemment hors de ce monde et plus haut que lui. De vrai, Dieu seul est cet abri fidèle. La créature se retourne donc vers lui et lui dit: Je crains, je me défie, j'ai besoin d'assistance, j'ai peur même de ma liberté; la séduction m'entoure, je trouve la tentation partout, le démon me tourmente, il me faut un abri. O Dieu, que ce soit vous, car vous nous êtes devenu à tous un refuge: *Domine, refugium factus es nobis* (1). Souffrez que je vienne à vous, que j'entre en vous et y demeure. Permettez-moi de me déposer, de m'aliéner moi-même entre vos mains, de telle sorte que je sois encore plus vôtre par ma volonté que je ne le suis par ma nature. Mon Dieu, mon Père, mon Maître, je veux non seulement être à vous, mais n'être absolument qu'à vous. A vous mes biens et le soin de mes intérêts temporels; à vous mon corps et les usages auxquels je pourrais l'employer; à vous ma volonté qui est à moi plus que tout le reste. Je jure de vous appartenir et de dépendre de vous à jamais et pour toutes choses; c'est ma sûreté en ce monde, ce sera mon salut dans l'autre.

Beaucoup ont pensé ainsi au cours des siècles; qui osera dire qu'ils n'ont point sagement pensé?

Mais d'autres, plus nombreux encore, regardent Dieu bien plus qu'eux-mêmes, Dieu, ses perfections augustes, ses droits sacrés, ses bienfaits sans mesure et dont le moindre a tant de prix. « Quoi! dès lors, par la magnificence et la libéralité de mon Dieu, je reste naturellement possesseur d'une partie de moi-même; je puis aller et venir comme il me plaît, rester riche et

---

(1) Psalm. LXXXIX, 1.

me rendre pauvre, m'abstenir ou jouir; je puis enfin donner ou ne donner point à Dieu des droits sur moi qu'il n'exercera jamais que si j'y veux bien consentir, m'imposer ou ne m'imposer point envers lui des devoirs que, hors que j'y souscrive, il ne réclamera jamais; je peux cela, mon Dieu, et je ne le ferais pas! Ah! pour m'y décider il suffit que, dans l'infaillible lumière de votre face, je contemple un instant ce que vous êtes et ce que vous m'êtes. Donc, mon unique Seigneur, que tout soit à vous et pour toujours. Il n'est point tolérable à mon cœur que vous ne soyez mon Dieu qu'à moitié. Mon tout de créature est déjà si petit; je n'en veux rien distraire ni retrancher, mais vous le livrer sans réserve. Je ne suis et ne serai jamais plus que votre domaine, votre propriété, votre chose. Je ne posséderai rien pour moi-même; je ne voudrai, je n'aimerai rien que sous votre contrôle, par l'ordre ou du moins le mouvement de votre Saint-Esprit, autant que je le pourrai connaître. Ma faim de la justice se tournerait pour moi en tourment si je ne la rassasiais pas jusque-là. »

Autre chose. Jésus-Christ est le chef et le type de la vie chrétienne. Or, lui, l'homme parfait, ne s'est nullement appartenu; il n'a pas vécu un instant, il n'a pas agi, il n'a pas parlé une seule fois de lui-même et pour lui-même (1). Il a été constamment, il a été pleinement le royaume vivant de Dieu, l'obéissant par excellence, le sujet, le serviteur, le religieux, le possédé de son Père jusqu'à être à la fin sa victime et sa proie. C'est jusque-là qu'il a poussé l'hommage, c'est jusque-là qu'il s'est livré à Dieu, qu'il a été par état voué et consacré à Dieu. Eh bien! ce qu'il a été, je veux l'être. Ruth disait à Noémi : « Là où tu iras, j'irai, là où tu demeureras, je demeurerai (2) ». Je veux le dire à Jésus; je prétends le suivre partout et l'imiter en toutes choses; le témoignage, l'honneur qu'il a rendus à Dieu, j'ai l'ambition de les lui rendre : ma vie entière sera ce témoignage et mon être entier cet honneur.

C'est là, mes frères, le fondement de la consécration religieuse, et partant de la vie du Carmel. La créature y devient, par libre choix et par vœu, l'appartenance de Dieu et passe à ses usages. C'est le comble de la religion, mais c'est aussi le comble de la moralité, de la dignité et de la liberté humaines.

Le monde n'y comprend rien; nos jours lui sont des nuits, nos actes lui

---

(1) Joan. v, 19.
(2) Ruth. I, 16.

sont à scandale. Qu'il y a de temps que cela dure et que l'esprit du monde est obstiné! « Insensés » lui semblaient les justes de l'ancienne alliance ; nous le lisons au livre de la Sagesse (1). Fous déclarait-il tous les premiers suivants de Jésus crucifié (2); saint Paul l'a entendu et le raconte. On fait mieux de nos jours : les consacrés sont des *coupables;* nous violons toutes les lois, à commencer par la naturelle ; nous nous rendons esclaves, que sais-je ? Ah! les réponses abondent, et si c'était ici le lieu, je vous en fournirais bon nombre qui sont aussi péremptoires qu'évidentes. Je me borne à celle-ci qui en vaut mille, puisqu'elle est celle du juge des sentences de qui nul n'appelle : « Celui qui me suit, dit Jésus, ne marche pas dans les ténèbres (3) ». Il marche donc dans la lumière, et parce qu'il marche dans la lumière, il marche dans l'honneur et dans la liberté. Sainte Thérèse le savait : « Qui est libre comme un roi? disait-elle. Or, celui-là est roi qui n'a besoin que de Dieu et ne demande plus rien au monde ». Elle ne disait point assez : la liberté des religieux, la liberté des Carmélites, n'est pas seulement une liberté royale ; c'est une liberté divine, « la liberté des enfants de Dieu (4) ».

Mais passons. Le Carmel est un état où, par amour pour Jésus-Christ, on voue sa vie entière à Dieu : j'ai ajouté que si l'on fait cela, c'est surtout pour lui rendre un culte parfait.

II

L'amour est une passion, mes frères, la première de toutes, et de beaucoup la plus ardente. Elle en fait naître d'autres. On le voit dans l'amour humain, et celles qui naissent de cet amour-là sont loin d'être toutes bonnes. Mais savez-vous la grande passion qu'avant toute autre l'amour allume pour Dieu dans les âmes qu'il possède ? C'est celle de la religion.

Peut-être que pour le plus grand nombre d'entre vous, la religion n'est qu'un devoir. Vous ne vous trompez point ; elle en est un et le plus sacré de tous. Mais pour qui connaît Dieu à la manière des Saints, pour qui est

---

(1) Sap. v, 4.
(2) I Cor. iv, 10.
(3) Joan. viii, 12.
(4) Rom. viii, 21.

entré de cœur dans le mystère du Christ, pour qui aime Dieu enfin d'une manière un peu digne de lui, la religion, sans cesser d'être un devoir, devient une passion véritable.

Trouvez-vous bien étrange qu'une âme soit passionnée d'adorer ce qu'elle aime? Dès qu'elle aime sincèrement, c'est son besoin si impérieux qu'elle est tentée d'adorer, hélas! même ce qu'il y a de moins adorable. Mais quand elle a cette grâce et cette vertu d'aimer l'adorable en personne, suivant alors son besoin sans scrupule, elle le veut satisfaire et le satisfait jusqu'au bout. O mon Dieu, en face de votre être, même entrevu à travers les voiles et les ombres, quelle justice et quelle joie de se prosterner jusqu'à terre, de prendre tout entier la forme d'un hommage, de se fondre et écouler dans une dilection sainte, de s'abîmer dans un respect qui aille jusqu'au tremblement, enfin de s'anéantir en quelque sorte pour mieux confesser et honorer cette plénitude d'être, d'existence, de vie, de perfection qui fait que vous vous suffisez à vous-même et que devant vous tout n'est rien!

Et ce n'est pas tout encore, car recevant d'un être tel que vous un bien quelconque, fût-ce un regard de vos yeux ou une assistance passagère de votre main, qui ne se sent affamé de cette autre et douce justice qu'on nomme la reconnaissance et qui se témoigne par l'action de grâces? Mon Dieu! vos prophètes d'autrefois, chargés de porter quelque menace ou quelque annonce terrible aux peuples incrédules, ou même à votre peuple à vous qui s'obstinait dans son péché, s'écriaient écrasés : *Onus Domini, onus Domini !* « le fardeau du Seigneur ! le fardeau du Seigneur (1) » ! Je sais un fardeau plus lourd que celui de vos menaces et même de vos châtiments, c'est celui de vos dons et de vos grâces. Ah! que Thérèse le savait, et comme elle s'en exprime! Qui peut donc contempler un instant l'histoire de sa vie en ce monde et de ce que vous y avez fait, de ce que vous y faites journellement pour lui, ô mon Dieu, sans éprouver le besoin de vous dire un merci immense? Que si même il embrasse tout l'ensemble et regarde le fond de cette vie, n'ira-t-il pas jusqu'à vouloir devenir un merci vivant, plénier, ardent, continuel et sans fin? Or cela, c'est aussi la religion, et l'action de grâces fait partie du culte.

Puis, hélas! si du côté de Dieu tout est, dans notre histoire, bonté, fidélité et grâce, l'amour ne sait que trop ce que le plus souvent l'homme rend à

---

(1) Isaï. et Jerem. *passim.*

Dieu en échange. Est-il rare, mes frères, est-il jamais rare ici-bas que Dieu soit méconnu, négligé, oublié, relégué après tout le reste dans l'ordre de nos pensées, de nos affections, de nos sollicitudes, traité en somme comme n'étant pas ? Est-il rare qu'il trouve des indociles et même des rebelles, des rebelles s'armant contre lui et usant de leurs armes ? Dieu n'est-il pas effroyablement et partout offensé, outragé, blasphémé, haï ? Ce devrait être impossible : c'est l'histoire de chaque jour. Trouvez-vous donc bien étonnant qu'une âme éprise de lui ressente d'un tel désordre une douleur, une désolation, une indignation violente ; qu'elle entre dans un zèle de feu pour cette paternité violée, pour cette majesté insultée, pour cet amour trahi, et s'efforce à tout prix et par tous les moyens possibles de réparer ce mal, de dédommager Dieu, de satisfaire à sa justice en vengeant son honneur et son cœur ? La réparation, l'expiation, c'est un troisième aspect de la religion et un nouvel acte de culte.

Joignez à cela les indigences, les détresses, les épreuves imposées, les assauts essuyés, les tentations subies, les angoisses de toutes sortes, les deuils, les gémissements, les sanglots. Est-ce que la terre n'en est pas pleine, et cela cesse-t-il un instant ? Qu'est l'humanité tout entière, sinon une indigente affamée, éplorée, effarée ? Quelle merveille, dès lors, que celui qui connaît Dieu, qui, sachant ce qu'il est, sait aussi ce qu'il peut et jusqu'où il nous aime, et que sa miséricorde est sans mesure et que ses promesses sont nombreuses, magnifiques, infaillibles, s'emploie et se dévoue à la prière d'impétration, aux supplications qui obtiennent, aux cris du cœur qui, pénétrant celui de Dieu, font que ses mains s'arrêtent quand elles allaient frapper, et que, s'ouvrant toutes larges, elles laissent, elles font pleuvoir sur le monde le pardon, la bénédiction et la paix ? Religion encore et culte que cette prière !

Eh bien ! mes frères, c'est la vérité. Si le consacré quitte tout et se quitte lui-même, s'il voue sa vie à Dieu sans réserve de forces ni de temps, s'il s'enchaîne à lui par des vœux qui reviennent tous au vœu de lui appartenir, c'est pour le mieux servir et l'aimer plus parfaitement ; c'est pour confesser pratiquement ses droits ; c'est pour l'adorer, le remercier, l'apaiser, le prier, et à la fin et par-dessus toutes choses s'immoler tout à fait soi-même comme une hostie d'adoration, d'action de grâces, d'expiation et d'impétration.

Voilà l'esprit et l'œuvre des religieux, voilà très particulièrement l'œuvre des Carmélites. Vous voyez, en les regardant, tout un appareil de clôture rigoureuse, de vêtements grossiers, de nourritures austères ; vous entendez dans leurs chapelles de longues psalmodies ; il y a chez elles des observances nombreuses, pénitentes, assujétissantes, des jeûnes fréquents des veilles, des heures d'agenouillement et de profond silence : tout cela est le dehors et la forme sensible ; le fond, c'est ce que je vous ai dit : la religion envers Dieu. Jésus-Christ n'a point fait autre chose ; sa grande et sainte vie, qui brille au sommet de notre histoire comme le soleil au firmament, cette vie qui est l'exemplaire achevé de toute vie humaine, cette vie de la sagesse faite homme, de la vérité, de la lumière, de la sainteté, de la justice faite homme, n'est, dans l'incalculable série de ses actes et la variété comme infinie de ses aspects, qu'un acte interrompu de religion et de culte ; elle n'est qu'un sacrifice à Dieu, un sacrifice plénier et ce qu'on a coutume de nommer un holocauste.

C'est donc là, je le répète, ce que sont et font les Carmélites ; et c'est à faire des Carmélites, de vraies, de saintes Carmélites, sans parler de leurs frères, qu'elle réforma aussi et sanctifia, c'est à cela, dis-je, que notre incomparable Sainte s'est employée et dépensée. Trouvez-vous que sa vie soit assez bien remplie et que son œuvre soit digne de louanges, d'autant qu'après trois siècles elle subsiste encore et presque dans tous les lieux du monde ? Et vous semble-t-il aussi que cette vie du Carmel ait besoin d'être autrement expliquée, autrement justifiée et surtout défendue ?

O mes filles, vous êtes bien heureuses ; ô mes frères, elles sont dignes d'envie. C'est une grande inintelligence que de ne les point comprendre, c'est un profond aveuglement que de ne les point admirer, et c'est aussi une vraie ingratitude que de ne les point bénir ; car, je vous l'ai dit, si elles se dévouent à Dieu dans le but de lui rendre un culte parfait, c'est finalement pour le service et le profit de l'Église entière et du monde.

III

Mes frères, l'humanité ne va point au hasard. Elle est l'empire de Dieu et les lois divines la gouvernent. Quoi que les hommes disent ou fassent, ils n'échappent pas plus à ces lois que les astres ne sortent de leur orbite. Or, la loi, la voici :

L'Église vit de sainteté et le monde vit de justice.

L'Église vit de sainteté : Dieu l'a crié avant toutes choses à l'Église de l'ancienne alliance, et surtout à ses consacrés qui en étaient la tête : « Soyez saints parce que je suis saint (1). » De la synagogue comme de notre mère la sainte Église, il est dit qu'elle est la « maison et le temple de Dieu » : *domus Dei quæ sumus nos* (2) ; or, la maison de Dieu doit être sainte : *domum tuam decet sanctitudo* (3).

Et cela est si nécessaire, qu'en vertu de la prière, des mérites, du sang versé, de la volonté formelle et de la solennelle institution de Jésus-Christ, l'Église est sainte : sainte dans sa nature même, ce qui fait qu'elle le sera toujours ; sainte dans sa doctrine, sainte dans ses sacrements, sainte dans sa hiérarchie, sainte dans son origine, dans sa loi, dans sa fin ; sainte, notoirement et splendidement sainte dans un certain nombre de ses membres : si bien (et c'est là une évidence historique), si bien, dis-je, que toute la race des saints lui appartient, et que cette race indispensable ne se trouve nulle part ailleurs.

L'Église vit de sainteté, mais le monde vit de justice. On n'effacera point du recueil des paroles de Dieu cette imprescriptible sentence : *Justitia elevat gentes, miseros autem facit populos peccatum,* « la justice élève les nations, le péché rend les peuples et malheureux et misérable (4). » La justice, vous l'entendez, c'est-à-dire la connaissance, le respect, l'amour et le maintien de tous les droits. Or, de tous les droits, vous n'oserez point nier que le premier, par la date et par l'excellence, est celui de Dieu : d'où il suit que la première justice des peuples, c'est le droit de Dieu reconnu, confessé, honoré, ce qui revient à dire la religion. Le vrai niveau d'un peuple, au jugement du Dieu de qui tout dépend et qui régit toutes choses, ce n'est ni la fertilité de son sol, ni la richesse de ses produits, ni l'ampleur de son commerce, ni le succès de son industrie, ni le lustre de ses beaux-arts : son niveau, c'est celui de sa justice et avant tout de sa religion. *Justitia elevat gentes.* Voyez, hélas ! où nous en sommes en France, et où nous descendrons bientôt, si la main justement vengeresse ou miséricordieusement paternelle de Dieu ne nous arrête !

Or, sous quelque aspect qu'on envisage la religion, cette justice suprême ; qu'on regarde l'une ou l'autre de ses quatre fins, ou des quatre œuvres ou

---

(1) Luc XI, 44.
(2) Hebr. III, 6.
(3) Psalm. XCII, 1.
(1) Prov. XIV, 34.

formes de son culte, elle implique le sacrifice, et l'on peut dire qu'elle s'y résume. Le travail vaut beaucoup, la vertu vaut bien davantage; mais rien n'a la valeur, la portée et l'efficacité du sacrifice; seul il achève et consomme tout. Et, chose incontestable autant qu'admirable ! ce même acte du sacrifice qui est le comble de la justice, étant celui de la religion, est aussi le triomphe et la source de la sainteté : sa source, parce que, en Jésus-Christ, victime universelle, il est la condition et le principe de la grâce qui nous sanctifie; son triomphe, parce que le dernier pas qu'un homme puisse faire dans la sainteté, c'est de se sacrifier lui-même.

Eh bien ! il est manifeste que le Carmel étant un lieu, une école, un sanctuaire de sacrifice, une réunion de victimes qui, en mille manières, s'offrent perpétuellement à Dieu, victimes de louange, victimes d'expiation, victimes d'amour, l'œuvre de sainte Thérèse a été de perpétuer pratiquement ici-bas, et dans son Ordre et par son Ordre, cet acte divin du sacrifice du Christ qui fonde l'Église en y incarnant la sainteté, et qui, du même coup, sauve le monde en y accomplissant toute justice : d'où il paraît assez que cette grande œuvre de notre Sainte est suréminemment ecclésiastique et suréminemment sociale, utile, divinement utile et à l'Église universelle et au genre humain tout entier.

Ah! vous ne saurez qu'en paradis, mes frères, ce que vous devez à ces hosties qui, cédant à l'appel de Dieu, vaillantes comme des guerrières et douces comme des agneaux, pures d'ailleurs comme des anges, prennent l'autel pour demeure et s'y lient à jamais, vivant sous le glaive et dans les flammes, le glaive de la justice et les flammes de l'amour divin. Après la messe qui est le sacrifice même du Christ étendu par le sacerdoce à tous les lieux et à tous les temps, ce qui fait que l'Église subsiste et que le monde dure, sachez que ce sont les sacrifiés : « Et qu'en serait-il du monde, disait Notre-Seigneur à sainte Thérèse, s'il n'y avait point de religieux ? *Quid mundo nisi ob religiosos ?* »

Le monde demande souvent de quoi servent ces saintes filles et ce qu'elles font ici-bas. Il serait peu généreux, quoique fort légitime, de retourner, avant toute réponse, la question à qui nous l'adresse; mais ce que font les filles de sainte Thérèse et toutes leurs sœurs les consacrées, c'est précisément ce qu'a fait Jésus-Christ quand, cloué sur la croix, sans éclat, sans beauté, n'ayant même plus figure humaine, il gardait le silence et n'avait plus de mouvement. Il priait, il souffrait, il aimait, il mourait. Or, par là il rachetait, il sauvait toute l'humanité; et, l'enfantant à la vie éternelle, il lui méritait et lui assurait indirectement et par surcroît toute la mesure de vie, de prospérité, de paix temporelles et terrestres qui est nécessaire pour que l'autre vie, la grande vie de la grâce et de la gloire, la vie divine enfin, se produise, se développe, se propage et se maintienne partout jusqu'à l'heure de la dernière délivrance et des consommations suprêmes. Cette *piété*, en effet, dont saint Paul a écrit qu' « elle est utile à tout, ayant les promesses de la vie présente aussi bien que de la vie future (1) », avant tout c'est cette incomparable *piété* du Fils unique de Dieu envers son Père, qui lui fait obéir filialement à ce Père « jusqu'à la mort et à la mort de la croix (2) ». Or, c'est aussi la piété, la piété dévouée, vaillante et féconde de tous ceux qui, pleins de son Esprit, marchent dans ses voies et suivent ses exemples.

Telle est votre part, ô filles de sainte Thérèse, que, depuis tant d'années, j'ai la grâce de nommer mes filles. Remerciez-en Dieu et gardez-la, continuant de vivre dans cet esprit de religion profonde, de contemplation assidue, d'humble silence, d'exacte pauvreté, de pureté exquise, de sincère obéissance, de patience généreuse, de courage *courageux*, comme disait parfois votre sainte Mère, enfin, et par dessus tout, de charité ardente envers Dieu et envers les hommes, qui vous rendent dignes de communier sans cesse, et au profit de nous tous, aux saintes et vivifiantes passions de Jésus-Christ. Amen.

(1) I Tim. IV, 8.
(2) Philipp. II, 8.

DISCOURS

PRONONCÉ

DANS LA CHAPELLE DES CARMÉLITES AU MANS

LE 15 OCTOBRE 1882

Par le T. R. P. Dom Charles COUTURIER, abbé de Solesmes.

> *Erat autem Debbora Prophetis, quæ judicabat populum in illo tempore.*
>
> Il y avait en ce temps-là une Prophétesse nommée Débora, qui jugeait le peuple. (*Liv. des Juges*, ch. IV, verset 4.)

Mes Révérendes Mères,

Ne craignez pas qu'il y ait dans le choix de ce texte une allusion plus ingénieuse que vraie. Cette allusion, je la prends telle que l'Église elle-même me l'a donnée dans la célèbre Bulle de canonisation de votre séraphique Mère. C'est le Souverain Pontife Grégoire XV qui, dans ce moment très solennel, voulant nous tracer le caractère de sainte Thérèse, l'a comparée à la Prophétesse Débora, la libératrice du peuple d'Israël.

Il m'a semblé que cette parole du texte sacré pouvait mieux que toute autre nous faire entrer dans le vrai sens de la Fête que nous célébrons et convenir aux malheurs des temps présents.

Jamais sans doute sainte Thérèse n'a été environnée de tant d'honneurs, et difficilement dans l'Église on trouverait un personnage dont le nom ait, dans un jour de fête, reçu une pareille gloire.

Mais vous reconnaîtrez, mes Frères, que les circonstances présentes rendent ces fêtes singulièrement touchantes. C'est quand la Révolution semble au milieu de nous la maîtresse souveraine, quand la haine de la sainte Église ne craint pas d'étaler au grand jour ses complots impies, et que les familles sont impuissantes à défendre leurs enfants contre l'athéisme de la loi, c'est alors que nous voyons les fidèles recourir à la femme forte que l'Église a appelée *la nouvelle Débora, la libératrice du Peuple de Dieu*, et lui crier, non plus, hélas! avec l'accent du triomphe, mais dans l'amertume de sa douleur : *Surge, surge, Debbora, surge, surge,* levez-vous, levez-vous, Débora, levez-vous, levez-vous. Il n'y a plus de forts en Israël : *Cessaverunt fortes in Israel et quieverunt;* ils demeurent dans l'inaction, frappés d'impuissance; le Seigneur nous a livrés aux mains de Jabin, le roi de Chanaan: *Tradidit illos Dominus in manus Jabin, regis Chanaan.*

Ce cri de l'Église persécutée, vous avez pensé, mes Révérendes Mères, que les enfants de saint Benoît avaient quelque droit de le redire ici au milieu de vous, et vous avez bien voulu nous appeler à partager vos fêtes qui, comme toute fête religieuse, sont en même temps une prière. C'est pourquoi nous avons accepté avec empressement et reconnaissance. Nous n'avons pas oublié d'ailleurs les liens étroits qui unissent le Carmel à l'Ordre Bénédictin. Lorsqu'au XIIIe siècle, votre grand saint Albert introduisit en Occident la règle du prophète Elie, la sainte Vierge voulut donner à ses enfants du Carmel une place à côté des enfants de notre saint Patriarche; elle leur remit le scapulaire, le vêtement propre des moines d'Occident, pour qu'il vous devînt un signe sensible de votre affiliation à l'Ordre Bénédictin.

Par là, mes Révérendes Mères, ont été créées ces relations étroites que votre charité s'est plu à resserrer ensuite de mille manières, depuis le commencement surtout de notre petite Congrégation.

Mon ambition serait aujourd'hui d'acquitter la dette de ma reconnaissance, de payer, en mon nom et au nom de tous les miens, notre tribut d'hommage à votre séraphique Mère et de mériter ses faveurs.

C'est dans ce but que je me suis proposé de faire connaître sainte Thérèse, comme il me semble qu'elle doit se présenter à nous dans son troisième centenaire, je veux dire : Comment elle a été et est encore digne d'être appelée *une nouvelle Débora, suscitée pour la délivrance du Peuple de Dieu.*

I

Sainte Thérèse naissait en 1515, au commencement de ce XVIᵉ siècle, qui fixe une des plus grandes époques dans l'histoire du monde.

En effet, sortie victorieuse après trois siècles de martyre, l'Église avait pendant douze cents ans gouverné le monde par la toute-puissance de la Croix. Elle avait converti les barbares, en avait fait des chrétiens, leur avait donné des lois et les avait tous réunis dans cette grande confédération qu'on appelait la société chrétienne, lorsqu'en 1517, deux ans après la naissance de notre grande Sainte, Luther jeta pour la première fois ce cri de Réforme, qui fut le signal de la plus longue et de la plus terrible révolution sociale qui ait jamais agité le monde. Partout l'Église fut attaquée avec fureur dans ses dogmes, dans ses rites les plus sacrés, dans son pouvoir hiérarchique surtout qu'il s'agissait d'anéantir. En peu d'années l'esprit de révolte avait soufflé sur toute l'Europe chrétienne, et soulevé une tempête qui menaçait de tout engloutir, si Dieu, pour sauver son Église, n'avait envoyé des hommes puissants qui s'opposèrent comme une muraille aux envahissements de cette mer d'iniquités et de blasphèmes. Autrefois, contre l'inondation des barbares, Dieu avait appelé les moines, et par eux, non seulement la barbarie avait été vaincue et l'hérésie avec elle, le Christ était devenu le roi du monde.

Mais au commencement du XVIᵉ siècle, les moines n'étaient plus là. Avec les usurpations des princes, avec l'avidité des grandes familles, le relâchement s'était introduit, l'Ordre avait perdu son énergie première et par conséquent son influence.

Pour les remplacer, Dieu suscita une pléiade de saints, qui, par leur nombre, l'éclat de leurs vertus, la grandeur de leurs œuvres, jetèrent sur cette époque un éclat sans pareil dans l'histoire :

Avec notre Sainte d'aujourd'hui et son illustre disciple saint Jean de la Croix, saint Ignace dont les enfants dans les chaires, les universités et les collèges combattent victorieusement l'erreur; saint François Xavier qui compense par ses conquêtes dans les Indes et au Japon les pertes de l'Église en Europe; saint Charles Borromée, le restaurateur de la discipline; saint Pie V, l'héroïque défenseur des droits de Notre-Seigneur Jésus-Christ et de son Église. Puis dans cette multitude d'ordres nouveaux, créés pour répondre à tous les besoins et porter remède à toutes les misères: l'Ordre de la Charité de saint Jean de Dieu pour les malades; les Théatins de saint Gaétan pour les clercs réguliers; les Somasques de saint Jérôme Miani pour l'éducation des enfants; les Ursulines de sainte Angèle Merici pour les jeunes filles. Avec cela encore des martyrs en grand nombre; martyrs chez les protestants, martyrs au Japon, à Alger, martyrs par les mains des pirates mahométans. Mais comment donner ici les noms de tant de saints illustres, et comment par ailleurs oser faire un choix dans cette incomparable armée?

Ainsi la lutte prit des proportions gigantesques, telles que peut-être jamais spectacle pareil ne s'était vu dans l'Église.

La victoire ne pouvait être douteuse, l'Église a les promesses de la vie. Mais dans quelle mesure a-t-elle vaincu cette fois, ou, d'une manière plus générale, quel sillon cette époque si agitée a-t-elle laissé dans l'histoire?

Quand nous aurons la réponse à cette question, alors seulement nous pourrons dire quel rôle la Providence a réservé à la grande Sainte que nous voulons célébrer aujourd'hui.

Vous comprenez maintenant, mes Frères, quel est le dessein très vaste, trop vaste peut-être que je me suis proposé. Demandez à Dieu que je ne sois pas au-dessous de l'honneur qu'il donne en ce jour à la séraphique Mère.

Le résultat final de la grande lutte du XVIe siècle a pu échapper d'abord; c'est à distance que les faits se coordonnent et qu'il peut être permis d'en voir les relations et les contrastes. Toutefois, sans beaucoup de philosophie de l'histoire, tous ont pu constater qu'à la fin du XVIe siècle l'Église avait considérablement perdu de terrain en Europe. L'erreur protestante avait conquis l'Angleterre, les États du Nord et une grande partie de l'Allemagne. Elle avait ensanglanté la France et les Pays-Bas par les guerres de religion; l'Espagne et l'Italie seules avaient échappé à son empire.

Mais en dehors de ces grands faits politiques, il devint bientôt facile à un observateur vigilant de voir que l'Église elle-même avait subi dans son sein le contre-coup d'un choc aussi terrible. Sans doute la foi est demeurée intacte, et sur plusieurs points le zèle de la doctrine et des bonnes mœurs s'est réveillé. Cependant il est évident que dans les pays même restés fidèles, des tendances nouvelles ont pénétré les âmes: la dévotion tend à s'isoler; elle se resserre et se replie sur elle-même dans la proportion qu'elle se voit.

plus menacée. L'action sur les foules devient plus difficile, et il semble que l'on trouve plus de force et de consolation à s'occuper des individus ou de soi-même. Au lieu des grandes réunions catholiques, dont l'esprit commence à se corrompre, on recherche de préférence les associations plus restreintes et qui pour cela sont plus unies et plus fortes. En un mot, la puissance de la vie sociale dans l'Église a malheureusement beaucoup diminué. Cette transformation qui ouvre une ère nouvelle dans l'histoire, l'Église semble avoir voulu elle-même nous en tracer le caractère, et cela, — chose remarquable! — dans le grand acte de la canonisation de notre Sainte. Ce sera, je l'espère, notre excuse, mes Révérendes Mères, si l'on venait à trouver que cet ordre d'idées nous écarte trop de notre sujet.

C'était en 1622, au moment de la guerre de Trente-Ans, dont la conclusion devait être d'enlever à l'Église son caractère social, sa place prépondérante à la tête de la société chrétienne, et par conséquent de rompre les liens religieux qui depuis mille ans réunissaient les peuples chrétiens. Au milieu de cette foule de saints personnages, qui, comme nous le disions tout à l'heure, ont illustré le XVIe siècle et l'ont défendu contre l'hérésie, le Souverain Pontife Grégoire XV choisit quatre noms qui devaient en résumer la gloire. Ces quatre noms étaient : saint Ignace de Loyola, le fondateur de l'illustre Compagnie de Jésus, mort en 1554; saint François Xavier, son disciple, l'apôtre des Indes, mort en 1552; saint Philippe de Néri, fondateur de l'Oratoire, mort en 1595; et enfin notre sainte Thérèse, la Réformatrice du Carmel, morte en 1582. Il leur ajouta, comme pour compléter sa pensée, saint Isidore le laboureur, mort quatre siècles auparavant, en 1190. Tous les cinq étaient présentés au monde comme des exemples éclatants de sainteté, où tous, prêtres séculiers et réguliers, simples laïques et les femmes même, allaient trouver des patrons et des modèles : *A quibus poterunt sacerdotes sæculares et regulares, laici et mulieres particularem imitationem desumere.*

N'est-ce pas dire assez clairement que l'intention de l'Église était de grouper dans un même faisceau toutes les formes de la sainteté? Ce n'est plus sous un seul nom qu'elle apparaît résumée tout entière, ainsi que saint Grégoire le Grand ne craignait pas de la montrer, lorsqu'il disait de saint Benoît, *qu'il était plein de l'esprit de tous les justes,* comme si, dans ce seul patriarche, Dieu eût voulu nous manifester la plénitude de la sainteté de son Église, l'*unam sanctam* du *Credo.* De même après lui, pendant de longs siècles, il n'y eut dans le monde qu'une seule œuvre, qui résumait toutes les autres, l'œuvre de saint Benoît, son ordre, l'ordre monastique. Ici, au contraire, chacun des cinq personnages de notre Bulle de canonisation répond à une forme spéciale de la lutte que l'Église a eue à soutenir au XVIe siècle, forme qui, par un dessein particulier de la Providence, devait persévérer jusqu'à nos jours pour exercer son influence sur la société moderne.

Ainsi l'œuvre de saint Ignace, la Compagnie de Jésus a continué sa vie glorieuse à travers les persécutions. Bien plus, la grande majorité des œuvres que l'Église a vu naître depuis trois siècles se sont formées à son image.

De même l'œuvre de saint François Xavier, les missions étrangères ont été continuées depuis trois cents ans avec un zèle admirable qui semble dépasser ce qu'avaient vu en ce genre les siècles précédents. Mais ce n'est plus l'apostolat des anciens jours comme le pratiquaient les moines. Tout ce qui s'est fait de missions depuis trois siècles a été accompli sur le modèle nouveau donné par le grand apôtre des Indes.

Quant à saint Philippe de Néri, son œuvre non plus ne s'est pas éteinte. Je veux dire que non seulement l'Oratoire subsiste encore, mais surtout il est remarquable qu'en dehors de l'ordre religieux, c'est à l'instar de saint Philippe de Néri surtout que se sont fondés pour le clergé séculier ces moyens de sanctification et de zèle répandus en grand nombre dans tous les diocèses.

Enfin, au milieu de cette action nouvelle et multiple dans l'Église, saint Isidore, patron des laboureurs, laboureur lui-même, a représenté le peuple chrétien par cette population, la plus nombreuse sans contredit, que l'Église autrefois instruisait, nourrissait et protégeait et qu'elle aura toujours mission de sanctifier et d'instruire; au souffle de la révolte luthérienne elle devait secouer tout joug et donner dès le commencement la Guerre des Paysans en Allemagne, la Guerre des Gueux dans les Flandres, comme une préparation de la question ouvrière, qui est toute la question sociale de nos jours, question insoluble parce qu'on a éloigné le seul terme qui pouvait la résoudre, l'Église.

Quant à sainte Thérèse, son œuvre du Carmel a grandi avec les années; elle s'est multipliée dans tout le monde chrétien. Mais sa grande influence est dans la diffusion de son esprit sur les âmes, qui, n'ayant plus pour se diriger et se conduire l'Église avec ses cérémonies et ses chants, ont besoin d'une instruction, d'une formation spéciale pour tendre à Dieu constamment, généreusement et sans illusion.

C'est l'idée la plus générale et la plus vraie que nous puissions émettre, après la Bulle de Grégoire XV, sur cette ère nouvelle commencée dans l'Église depuis trois cents ans.

Aujourd'hui, en effet, la lutte a grandi, mais elle ne s'est pas déplacée. L'Église a perdu du terrain, le courant n'a pu être remonté, la guerre continue autour des mêmes principes, les adversaires restent les mêmes, en devenant radicaux de plus en plus. C'est pourquoi les moyens de défense dans l'Église n'ont pas changé; il serait injuste de s'en étonner. L'Église se prête à la mesure des âmes pour essayer de les sauver; c'est son histoire et sa raison d'être.

II

Mes Révérendes Mères, cette étude, quoique très incomplète, nous permet de rechercher maintenant la part de sainte Thérèse dans cette grande époque qui est la nôtre.

L'Église s'est chargée de nous répondre elle-même, et elle l'a fait avec une splendeur de langage qu'aucun orateur ne saurait atteindre : aussi désormais notre tâche va se réduire à méditer le jugement que l'Esprit-Saint lui a dicté.

De nos jours, dit le Souverain Pontife (c'était en 1622, quarante ans après la mort de sainte Thérèse), le Seigneur a opéré d'une manière éclatante notre salut par la main d'une femme, *in diebus nostris fecit salutem magnam in manu feminæ*, car il a suscité dans son Église, comme une nouvelle Débora, la vierge Thérèse, *suscitavit enim in Ecclesia sua veluti novam Debboram Theresiam virginem*, qui, après avoir triomphé, dans une admirable victoire, de sa chair par la virginité perpétuelle, du monde par une merveilleuse humilité, et de toutes les inventions du Diable par de nombreuses et très grandes vertus, voulut tenter de plus grandes choses encore, et, dépassant par sa grandeur d'âme la faiblesse de son sexe, ceignit ses reins de la force, affermit son bras, leva des armées de forts prêts à combattre pour la maison de Dieu, et pour sa loi et pour ses commandements, avec les armes spirituelles, *quæ postquam mirabili victoria carnem suam perpetua virginitate, mundum admirabili humilitate et cunctas adinventiones diaboli mul-*

tis maximisque virtutibus superâsset, excelsiora moliens et virtutem sexûs animi magnitudine supergressa, accinxit fortitudine lumbos suos et roboravit brachium suum, et instruxit exercitus fortium qui pro domo Dei Sabaoth et pro lege ejus et pro mandatis ejus armis spiritualibus decertarent. Pour accomplir une si grande œuvre, le Seigneur la remplit abondamment de l'esprit de sagesse et d'intelligence, *quam Dominus ad tantum opus peragendum, abundanter implevit spiritu sapientiæ et intellectûs,* et la rendit tellement célèbre par les trésors de sa grâce, que sa splendeur, comme l'étoile au firmament, brille dans la maison de Dieu pour de perpétuelles éternités, *et thesauris gratiæ suæ adeo illustravit, ut splendor ejus tanquam stella in firmamento, fulgeat in domo Dei in perpetuas æternitates.*

Relisons, mes Révérendes Mères, cet éloge incomparable, qui est donné à votre séraphique Mère avec une si imposante autorité. *In diebus nostris fecit salutem magnam, in manu feminæ.* Nous savons quels sont ces jours dont parle le Souverain Pontife, jours d'impiété et de blasphème, où le souffle de l'hérésie jetait son poison sur l'Église. C'est alors, dit Grégoire XV, que le Seigneur a opéré notre salut avec grandeur par la main d'une femme. Quel est donc ce salut opéré dans l'Église, quand on sait que cette triste époque se prolonge depuis trois siècles, au milieu des ruines?

Les ruines en effet sont évidentes, mais ce qu'il nous est permis de dire, ce que l'histoire nous montre de la manière la plus incontestable, c'est que le mal eût été sans remède et que la tempête eût tout déraciné dans la vieille Europe, si une force toute puissante ne l'avait arrêtée. Et cette force, aujourd'hui l'Église nous la révèle. Oui, si l'Espagne a été préservée du fléau de l'hérésie, si beaucoup d'âmes ont pu résister à la séduction, si tant de saints personnages ont surgi partout à cette époque pour amoindrir le mal et lui opposer une puissante digue, il y a là sans doute une grande grâce de salut sur ce malheureux siècle. Or, mes Frères, cette grâce de salut, le Souverain Pontife en reporte la gloire à sainte Thérèse, *in diebus nostris fecit salutem magnam in manu feminæ.*

In manu feminæ : ce n'est, il est vrai, qu'une femme! Mais dans les opérations de la grâce surtout, l'orgueil de l'homme n'a pas le droit de se révolter; nous savons que Dieu se plaît à renverser toute hauteur qui veut s'élever contre lui, et que non seulement dans la Vierge Marie, au début de la Loi Nouvelle, mais toujours, dans la suite des siècles, il a choisi les humbles et les petits, souvent les femmes, pour communiquer à l'Église catholique ses plus grands biens. Au XVIe siècle, il a suscité dans son Église, comme une nouvelle Débora, 𝕱 vierge Thérèse, *suscitavit enim in Ecclesia sua veluti novam Debboram Theresiam virginem.*

Quand le peuple de Dieu était en paix, il n'avait besoin que du secours ordinaire de la Providence divine pour se garder et se défendre. Dieu lui donnait un Juge qui l'instruisait et le conduisait en son nom. C'est l'histoire de l'Église, dont Israël était la figure. Dans la paix il y a le juge souverain, le Pape qui la dirige infailliblement : Dieu n'a pas besoin d'intervenir d'une manière directe par les miracles, il suffit que le Souverain Pontife ait parlé. La foi à ses jugements est la règle que tous respectent, et tous y trouvent le salut.

Mais au XVIe siècle, lorsque les réformateurs jetaient le trouble dans les âmes par leurs cris de révolte et que la foi s'affaiblissait partout, Dieu, comme aux jours où son peuple était captif entre les mains du roi de Chanaan, suscita une nouvelle Débora, sainte Thérèse, *suscitavit veluti novam Debboram Theresiam virginem.* Il y a, mes Frères, dans l'Église deux voies : l'action et la contemplation; la première, de ceux qui se dépensent en œuvres extérieures pour le bien du prochain; la deuxième, de ceux qui voient et veulent voir. C'est de ces derniers qu'il est dit, *optimam partem elegit.* Les théologiens peuvent peut-être disputer sur l'excellence relative de ces deux voies, mais l'Église ici nous donne parfaitement le rôle de la contemplation dans la personne de sainte Thérèse.

Religieuse dans son monastère du Carmel, indépendamment même de toutes les illuminations divines dont il a plu à Dieu de l'éclairer, elle mérite déjà le beau nom de prophétesse, parce qu'elle a les yeux ouverts à la lumière divine, et qu'elle voit et veut voir davantage dans les mystères divins l'objet de ses continuelles contemplations.

Assise à l'ombre du cloître qui la protège contre les bruits et les passions du dehors, elle cherche à purifier son âme pour mériter de voir Dieu, *Beati mundo corde, quoniam ipsi Deum videbunt,* et, par une admirable victoire, elle triomphe de la chair, du monde et des inventions du diable, *postquam mirabili victoria carnem mundum et diaboli adinventiones superâsset.* Tout chrétien a pris l'engagement à son baptême de combattre ce triple ennemi; c'est la première condition de la vie chrétienne. Mais s'il le fait comme Thérèse, s'il triomphe comme elle, *mirabili victoria,* par une merveilleuse victoire, *admirabili humilitate,* par une admirable humilité, *multis maximisque virtutibus,* par de nombreuses et très grandes vertus, il est saint et peut mériter comme elle d'être honoré par l'Église. Mais ce n'est pas sous ce caractère de la sainteté que je dois aujourd'hui vous présenter votre séraphique Mère. Je ne m'y arrêterai pas plus longtemps que l'Église elle-même ne le fait. Je ne veux pas même entrer dans l'énumération de ces dons merveilleux qui remplissent sa vie. Ces dons sont comme l'épanouissement naturel de la sainteté ; dans les premiers jours de l'Église ils n'étaient pas une exception à la voie commune, et saint Paul devait en régler l'usage. Si plus tard ils ont été réservés à quelques âmes choisies, ils ont été à toutes les époques l'ornement de la sainte Église, et vous, mes Révérendes Mères, vous savez combien ils étaient fréquents parmi les filles de notre grande sainte, qui, elle aussi, fut obligée d'en tenir compte dans vos Règles.

Je veux surtout montrer ici sainte Thérèse, comme le fait Grégoire XV, *excelsiora moliens et virtutem sexûs animi magnitudine supergressa*, élevant toujours plus haut ses pensées et dépassant par sa grandeur d'âme la faiblesse de son sexe. A ce point de vue, sainte Thérèse est un de ces personnages qui dominent leur siècle et impriment un caractère à toute une époque.

Ces personnages ont une mission, et, quoique Dieu les choisisse ordinairement parmi les âmes dont la nature est la plus riche et la plus complète, cependant ce n'est pas une loi qu'il se soit imposée ; il les prend où il veut et comme il veut. Je n'essaierai donc pas de vous dire les qualités naturelles de sainte Thérèse, pas même sa grandeur d'âme que l'Église admire. Etudions seulement sa mission divine, comment la main de Dieu l'a choisie et préparée. Dans les temps malheureux où nous sommes on cherche quelquefois un sauveur : mais sait-on comment Dieu le choisit et le prépare ? à quels signes on peut le reconnaître ?

Quand le Seigneur voulait donner à son peuple un Juge pour le délivrer, un Roi pour le conduire, un Prophète pour l'enseigner, l'Ecriture a une expression très énergique et très mystérieuse pour nous dire comment se fait cette transformation soudaine, qui sort un homme de la vie commune et vulgaire pour l'élever au titre et à la fonction à laquelle la Providence divine l'a prédestiné de toute éternité. Qu'il s'agisse de Samson, de Saül ou d'Ezéchiel, l'Ecriture dit avec l'énergie du souffle divin : *Irruit Spiritus Sanctus super eum*, l'Esprit Saint, l'Esprit du Seigneur a fondu sur lui. C'est l'image consacrée : l'Esprit Saint fond sur cet homme comme l'aigle sur sa proie ; il le possède, et non seulement il en fait un homme nouveau, il lui communique encore cette vertu divine qui agit sur les âmes pour les adoucir, les dompter, les gouverner.

Or, sainte Thérèse, elle aussi, mes Frères, a senti cette action divine de l'Esprit Saint sur elle. C'était la veille de la Pentecôte : « J'étais tombée, « dit-elle, dans un grand ravissement; l'impétuosité de l'action de Dieu sur « moi était excessive et toute nouvelle. A ce moment, je vis au-dessus de « ma tête une colombe, dont les ailes semblaient formées d'écailles de nacre « qui jetaient une vive splendeur. Elle les agita à peu près l'espace d'un « *Ave Maria*. Mon esprit alors s'apaisa avec la présence d'un hôte si excel-« lent. Depuis ce jour, je vois en moi un bien plus haut degré d'amour de « Dieu et je me sens beaucoup plus affermie dans la vertu. »

Ne recherchons donc plus comment s'est fait dans sainte Thérèse ce changement surhumain, qui l'a détachée d'elle-même et l'a livrée entièrement à l'Esprit Saint. C'est lui qui l'a choisie, c'est lui qui maintenant va la préparer d'une manière merveilleuse à la grande œuvre qui allait lui être confiée, *ad tantum opus peragendum*.

Il y a dans l'histoire de sainte Thérèse deux grandes circonstances qui dominent sa vie et lui impriment son vrai caractère.

C'est d'abord, au milieu de tant de visions sublimes, la très sainte humanité du Sauveur qui lui est manifestée d'une manière très instante, très prolongée, et avec une magnificence qui laisse dans l'âme de la Sainte une impression que rien ne pourra jamais affaiblir, tellement, disait-elle longtemps après, que lorsque je jette les yeux de ma mémoire sur cette image que je porte gravée en moi, tout ce que je vois en dehors d'elle me paraît abominable et dégoûtant, *ex eo tempore cuncta quæ video abominabilia et fastidio esse videntur* (VITA, cap. XXXVII). Et elle ajoutait : « Tous ceux qui me connaissaient pouvaient voir de leurs yeux à chaque moment que mon âme était changée ; moi-même, je voyais plus clair qu'à la lumière du soleil en plein midi, que depuis le premier moment cette vision m'avait comme revêtue d'un être nouveau. »

Cette vision, pour que le mystère sans doute fût plus complet, s'était faite d'abord par parties, c'est-à-dire que le Seigneur avait en premier lieu manifesté ses mains, symbole de la vie active, et ensuite la face, qui est le signe de la contemplation, avant de se montrer tout entier. Ainsi Dieu avait voulu déposer dans l'âme de sainte Thérèse toute la théologie résumée dans le mystère de l'Incarnation avec ses développements et ses grandeurs.

Mais parce que la vérité ne peut être reçue froidement et avec indifférence, et qu'elle appelle l'amour, comme la lumière appelle la chaleur, sainte Thérèse reçut une autre grâce signalée, plus décisive encore que la pre-

mière, et qui semble être comme une conclusion de la précédente. Elle raconte elle-même ce fait mémorable. « La Majesté divine ayant com-
« mencé, dit-elle, à montrer évidemment que c'était bien le Seigneur qui
« se manifestait à moi, je sentis mon amour grandir sans mesure, avec le
« désir de voir davantage. Bientôt, je vis, sous une forme humaine, un
« Séraphin tenant en main une longue flèche en or, dont la pointe jetait
« une petite flamme. A plusieurs reprises, il me plongea cette flèche au
« travers du cœur ; quand il la retirait, il me semblait qu'il en arrachait jus-
« qu'aux dernières fibres. Enfin, il disparut me laissant enflammée et con-
« sumée d'un grand amour. La douleur de cette blessure demeura très vive ;
« mais cet indicible martyre me faisait goûter en même temps les plus
« suaves délices : aussi je ne pouvais ni en désirer la fin ni trouver de
« bonheur hors de mon Dieu. »

Ces deux merveilleuses visions, sur lesquelles j'ai dû m'appuyer plus longtemps, nous expliquent très bien comment la Sainte a été remplie du double esprit d'*intelligence*, qui lui faisait connaître et voir le grand mystère de l'Incarnation, et de *sagesse* qui lui faisait goûter l'amour que ce mystère inspire au cœur qui en a été blessé, *quam Dominus abundanter implevit spiritu sapientiæ et intellectûs*. De là encore, chez notre Sainte, cette clarté d'exposition et cette ardeur de zèle, auxquelles la science humaine ne pouvait résister.

C'est pourquoi, par un privilège qu'elle ne partage avec aucune autre, elle a mérité le titre de *Docteur*, non pas, il est vrai, celui que l'Église donne à plusieurs Saints dans la Liturgie; les femmes à qui saint Paul défend d'enseigner n'ont pas le droit d'y prétendre, mais celui que les Maîtres de la science dans leurs Universités décernent au talent et à la vertu. Ainsi, par toute l'Espagne, la Sainte est représentée, même dans les églises, avec tous les insignes du Doctorat ; les Docteurs de Salamanque, en particulier, lui ont donné ce titre par un décret solennel, et chaque année encore, à la fête de la Sainte, ils en célèbrent la mémoire.

C'est là, sans doute, un honneur inouï rendu, dans l'Église, à la séraphique Mère. Recueillons en quelques mots les enseignements précieux qui en découlent pour la théologie catholique. Le Doctorat se donne dans chacune des branches de cette science sacrée, le dogme, la morale, la discipline. Mais, pour le dogme, beaucoup d'autres Saints ont été plus loin que sainte Thérèse dans la science des mystères divins. D'autre part, la morale et la discipline ne font guère l'objet de ses écrits. Quelle est donc la supériorité de notre Sainte? la raison de son titre de Docteur? Sainte Thérèse a, dans l'Église, son caractère propre, elle est le Docteur de la vie mystique. Dieu l'a suscitée pour révéler et exposer cette science sublime, aujourd'hui si négligée, si inconnue, et dont l'ignorance est la cause de tant de blasphèmes de la part des savants et d'illusions chez les âmes pieuses. Avant tout, elle nous a appris que la vie mystique, au même titre que la vie chrétienne, était fondée sur le mystère de l'Incarnation ; que c'est Notre-Seigneur Jésus-Christ qu'il faut apprendre à connaître et à aimer, quel que soit le degré de perfection où la grâce divine nous ait élevés.

Cette notion fondamentale était spécialement nécessaire à la sainte Église, au commencement de cette époque fameuse où la science allait faire fausse route et attaquer les vrais mystiques ; et où, d'un autre côté, les âmes contemplatives n'auraient plus pour sauvegarde et pour guide la pratique de la sainte Liturgie, toujours si sûre et si facile, accessible à tous les chrétiens, quels que soit leur intelligence et leur degré d'ouverture dans les choses du salut.

Ajoutons encore qu'il est beau de voir les Docteurs saluer comme un collègue et un maître la Sainte qui vient surtout leur apprendre que l'amour ne peut pas se séparer de la science, la Sainte à qui Dieu a révélé les secrets de la vie mystique ; car ils proclament par là que, si la théologie a pour but de nous conduire à Dieu, la partie la plus élevée de cette science est celle qui nous révèle les mystères de l'union de Dieu avec sa créature.

Tout est prêt, Dieu a illuminé cette riche nature et allumé en elle le feu dévorant de l'amour divin. Que va-t-elle faire ? Elle a des pensées sublimes, une ambition qui dépasse les étroites limites que lui impose son sexe, *excelsiora moliens*. Ce n'est pas moi, mes Frères, qui oserai répondre; les affirmations d'un homme n'auraient pas assez d'autorité pour imposer ce que je vais dire. Ecoutez la sainte Eglise; c'est elle qui va vous résumer en deux mots l'action de sainte Thérèse, la manière dont elle a mis à profit les dons que nous venons d'admirer en elle. Nous continuons le texte de l'Église en l'honneur de notre Sainte. *Instruxit exercitus fortium qui pro domo Dei Sabaoth et pro lege ejus et pro mandatis ejus armis spiritualibus decertarent.* Elle a levé des armées de forts, prêts à combattre pour la maison de Dieu et pour ses commandements avec les armes spirituelles.

Qu'est-ce à dire ? Une armée, des ennemis, des combats? Et c'est sainte Thérèse qui a levé cette armée, qui commande? Est-ce un rêve ? Comment cela peut-il être vrai ? Le problème est étrange et difficile. Ecoutez, mes

Frères : je veux essayer un enchaînement de faits qui vous fera comprendre la pensée de la sainte Église.

Et d'abord, c'est devant l'image du Verbe incarné, *Verbum caro factum*, proposé à l'adoration des Anges ; c'est au nom de la divine théologie résumée dans le cri : *Quis ut Deus?* Qui est comme Dieu ? que saint Michel a réuni la première armée, celle des bons Anges, et vaincu Lucifer, dont l'orgueil blessé refusait sa foi et son adoration à l'Homme-Dieu.

De même, c'est encore devant l'image du Verbe Incarné proposé à Marie qu'Il s'est choisie pour Mère, au nom de la divine théologie résumée dans cette admirable parole de l'humilité : *Eia, fiat mihi secundum verbum tuum*, que Marie a terrassé le diable. Il avait séduit l'homme dans son âme par l'orgueil, dans son corps par la sensualité, dont il l'a fait l'esclave. La sainte Vierge a levé contre lui le double étendard de la virginité et de l'obéissance, ces deux vertus qui se traduisent comme d'elles-mêmes par le *Quis ut Deus?* Qui est comme Dieu? de saint Michel. A cause de cette victoire qui a commencé à réunir l'Église, la grande armée des enfants de Dieu, la Liturgie chante à la sainte Vierge : *Gaude, Maria Virgo, cunctas hæreses sola interemisti in universo mundo*. Réjouissez-vous, Vierge Marie, seule vous avez détruit dans le monde entier toutes les hérésies.

A la suite donc de la Vierge Marie, beaucoup sont venus au Christ-Roi : les Vierges d'abord, la portion privilégiée du troupeau; elles sont sans nombre. Leur blanc cortège traverse les siècles, entraînant après lui la foule immense des chrétiens, unis par une même foi et attirés par le même amour du Dieu fait homme. Ils chantent à sa louange, d'une même voix, les mêmes cantiques que l'Esprit Saint a dictés dès le commencement.

Mais au XVIe siècle, le siècle de la révolte et de l'impiété, les anneaux de cette chaîne se brisent; beaucoup de malheureux vont se jeter dans l'hérésie. Chez les autres, les cœurs faiblissent; la foi, il est vrai, reste intacte, mais n'a plus son action première sur les peuples. Ils ont perdu les accents de la prière.

C'est alors que sainte Thérèse, elle aussi, devant l'admirable vision du Verbe Incarné, au nom de la divine théologie dont elle est le Docteur insigne, a réuni l'armée des forts : *instruxit exercitus fortium*, sous le double étendard de la virginité et de l'obéissance, contre le double ennemi de l'homme, la chair et le diable.

Mais ce n'est plus l'armée de tous, c'est un corps, une armée spéciale, c'est l'armée des forts, et ces forts, dans l'armée chrétienne, ont leur caractère particulier.

Avant tout, sainte Thérèse veut des forts ; c'est le fond de sa nature, et elle ne craint pas de s'en rendre à elle-même le témoignage : « Pour me « vaincre, j'avais besoin de tout mon courage, qui, dit-on, n'est pas petit. « Dieu me l'a donné supérieur à celui d'une femme. »

Cependant elle fait peu de cas de cette vertu quand elle est purement naturelle. « Avec une nature telle que la nôtre, dit-elle, il nous est impos- « sible d'avoir le courage des grandes choses, si nous ne sentons en nous « l'assurance du secours divin. » C'est là le vrai courage chrétien dont elle a posé en principe la nécessité pour tous ceux qu'elle a appelés à sa suite dans le chemin de la perfection : « J'ose le dire, il faut plus de courage « pour parcourir ce chemin que pour se dévouer à un long martyre. »

« Dieu demande, il aime les âmes courageuses. Je n'ai jamais vu aucune « de ces nobles âmes demeurer en chemin. »

A ces âmes fortement trempées, *exercitus fortium*, elle donne des armes, *spiritualibus armis*. Nos ennemis peuvent rire de cette expression ; que peuvent-ils avoir à craindre d'une arme spirituelle ? Laissons-les à leur rire stupide ; ce n'est point à nous de chercher à leur démontrer la puissance de notre armure. Dieu nous a donné, comme chrétiens, deux armes invincibles, la foi et la prière ; ce sont les mêmes que sainte Thérèse donne à ses forts, mais elle les veut d'une trempe meilleure et plus éprouvée.

La foi d'abord, la foi qui est le bien suprême de la vie chrétienne, il faut savoir comme elle est en même temps une arme très puissante. Saint Jean nous l'a appris dans cette mémorable sentence : La foi est notre victoire contre le monde, *hæc est victoria quæ vincit mundum, fides nostra*. Ce qui veut dire que, pour se défendre, il lui suffit de s'affirmer, comme fit l'Ange qui, pour triompher, n'eut besoin que de son cri : *Quis ut Deus?* Qui est comme Dieu ?

Or, rien n'égale l'énergie et la simplicité chevaleresque de la foi que professait Thérèse, et qu'elle imprimait profondément dans l'âme de ses filles. « J'étais sûre, dit-elle, de mes dispositions intérieures pour tout ce qui « regarde la foi, et je me sentais prête à donner mille fois ma vie, non « seulement pour chacune des vérités de l'Écriture Sainte, mais encore « pour la moindre des cérémonies de l'Église. »

Aussi, décrivant ce que doit être une fille du Carmel : « Elle met, dit-elle, « un soin continuel à se conformer à tout ce qu'enseigne l'Église. Elle es « si immuablement attachée à son symbole, que toutes les révélations ima-

« ginables, vit-elle les cieux ouverts, ne seraient pas capables d'ébranler sa
« croyance sur le plus petit article enseigné par l'Église. Pour la plus petite
« des vérités que l'Église nous propose, elle se sent de force à défier et à
« confondre tous les démons. »

C'est dans la foi qu'elle puisait son courage invincible : « Pourquoi n'au-
« rais-je pas la force de combattre contre tout l'enfer ? Je prenais en main
« une croix, et Dieu m'armait d'un tel courage que je n'aurais pas eu peur
« d'attaquer tous les démons réunis. Je leur disais : Maintenant venez tous ;
« étant la servante du Seigneur, je veux voir ce que vous pouvez me faire. »

Aussi, comme récompense de sa foi, Dieu lui donnait de sentir quel caractère de grandeur l'Église imprime à tout ce qu'elle touche. Après avoir dit qu'elle ne connaissait pas de moyens plus efficace que l'Eau bénite pour chasser le diable et l'empêcher de revenir, elle ajoutait : « Je tressaille de
« joie en voyant la force mystérieuse que ces paroles communiquent à l'eau,
« et l'étonnante différence qui existe entre celle qui est bénite et celle qui
« ne l'est pas. »

Mais la foi n'est pas la seule arme du chrétien, elle appelle la prière, qui en est la conséquence naturelle. Comme la foi, elle a des degrés, et c'est à ces degrés dans la foi et dans la prière que Thérèse distingue les chrétiens plus ou moins généreux et forts, c'est-à-dire plus ou moins dignes d'entrer dans les rangs de son armée. En effet, si sainte Thérèse voulait que les siens fussent forts sous l'armure de la foi, elle les voulait de même forts à se servir des armes de la prière, car notre combat n'est plus contre des hommes toujours impuissants, quoi qu'ils fassent ; malgré leur nombre et leur malice, ils ne peuvent que ce que Dieu leur permet. C'est contre Dieu qu'il nous faut combattre : duel étrange et mystérieux, pour lequel Dieu nous confie contre lui-même une arme toute-puissante, la prière ! Si nous savons nous en servir, il s'avouera vaincu, et l'Écriture pourra dire : *Obediente Domino voci hominis et pugnante pro Israël*, Dieu obéissait à la voix d'un homme et combattait pour Israël. C'est ainsi que Jacob, après sa lutte contre l'Ange du Seigneur, a mérité le glorieux nom d'Israël : *fort contre Dieu !*

Mais, au XVIe siècle, la prière qu'enseignera sainte Thérèse ne sera plus la prière liturgique, la prière de tous, dans sa forme sociale par laquelle l'Église, la sainte Épouse du Christ, interprète les besoins de ses enfants. Cette prière publique continuera encore, parce qu'elle ne peut pas périr ; mais elle ne sera plus, hélas ! le grand instrument dans les combats et les victoires de l'Église ; presque partout elle est oubliée.

C'est pourquoi la séraphique Mère devra mettre tout son soin et son zèle à enseigner les leçons de la prière individuelle, de l'oraison. La plupart en effet de ses admirables écrits, le *Château de l'Ame*, le *Chemin de la Perfection*, n'ont pas d'autre but.

Or savez-vous, mes Frères, quelle est l'oraison de Thérèse? Le Seigneur lui en a révélé lui-même le motif, la forme et les moyens, le jour où, lui donnant sa main, il lui a dit : Désormais, comme ma véritable épouse, tu défendras avec un soin jaloux mon honneur : *Deinceps ut vera sponsa meum zelabis honorem.*

Ma gloire, le but de toutes mes œuvres en ce monde, est de faire miséricorde. Mais ce peuple, ma fille, ne veut pas de miséricorde. C'est pourquoi je cherche un homme qui élève entre moi et mon peuple une barrière, et qui, debout en face de moi, s'oppose en faveur de la terre, de peur que je ne la ruine, et je n'ai trouvé personne.

« *Quæsivi ex vobis virum qui interponeret sepem, et staret oppositus contra* « *me pro terra, ne dissiparem eam, et non inveni* (Ezéchiel, XXII, 30). » A toi, comme ma véritable épouse, de donner à mon cœur cette consolation, à mon nom cette gloire.

C'est en effet ce titre d'épouse qui inspirera les ardeurs de son zèle. C'est peu pour elle de prier, son ambition est de multiplier dans l'Église les âmes courageuses, de les réunir dans ses Monastères comme dans autant de forteresses, et avec elles de faire violence à Dieu pour la conversion des âmes, la destruction de l'hérésie et le triomphe de la sainte Église. Dans le livre si intéressant de ses *Fondations* se révèle tout entier le cœur de sainte Thérèse ; mais trois choses surtout semblent exciter son zèle : le Protestantisme, la France déchirée par les hérésies, et les infidèles sans nombre dans les pays nouvellement découverts.

Que n'ai-je le temps, mes Frères, de vous faire entendre sur ces trois sujets la séraphique Mère exprimant elle-même les sentiments qui débordent de son âme, sa douleur à la vue de tant de malheureux qui se perdent, sa tendre compassion pour la France, sa haine profonde de l'hérésie?

Mais écoutez du moins ce que son zèle lui inspire : « Alors je me résolus « de faire ce qui dépendait de moi, c'est-à-dire de suivre les conseils évan- « géliques avec toute la perfection dont j'étais capable, et de porter ce petit « nombre de religieuses réunies autour de moi à faire de même. J'espérais « qu'ainsi nous pourrions contenter Dieu en quelque chose, et qu'en nous « occupant tout entières à prier pour les défenseurs de l'Église, pour les

« prédicateurs et les savants qui combattent pour elle, nous viendrions,
« selon notre pouvoir, au secours de cet adorable maître si indignement per-
« sécuté. »

« O mes Filles, joignez-vous à moi pour demander, par les plus ardentes
« supplications, cette grâce au divin Maître. C'est pour cette fin qu'il nous
« a réunies en cet asile ; c'est là votre vocation ; ce sont là vos affaires ; là
« doivent tendre tous vos désirs ; c'est pour ce sujet que doivent couler vos
« larmes. Enfin c'est là ce que vous ne devez cesser de demander à Dieu
« (*Chemin*, ch. 1).

Et encore : « Je viens, mes Filles, de vous indiquer le but auquel vous
« devez rapporter vos oraisons, vos désirs, vos disciplines, vos jeûnes. Dès
« le jour que vous cesserez de les rapporter à ce but tout apostolique, sachez
« que vous ne faites pas ce que Jésus-Christ attend de vous, et que vous ne
« remplissez pas la fin pour laquelle il vous a réunis dans le Carmel. »

Enfin, mes Révérendes Mères, sainte Thérèse ajoute à ses filles un dernier mot, et votre dévouement respectueux et filial pour votre vénérable
Évêque me fait un devoir de vous l'adresser. Dans ces jours mauvais où la
religion est persécutée, il soutient votre courage par son énergie apostolique, et je sais qu'il est heureux de son côté de trouver dans vos ferventes
prières un appui au milieu des grandes difficultés de son ministère pastoral.
Sainte Thérèse disait donc à ses filles, et j'aime à vous redire avec elle :
« Si je ne vous exhorte pas à prier d'une manière particulière pour votre
« Évêque, c'est que je vous vois maintenant si soigneuses de le faire que
« je tiendrais ma recommandation pour superflue. »

Nous connaissons maintenant l'œuvre de sainte Thérèse, et nous savons
avec quel zèle elle a embrassé cette grande mission, *ad tantum opus peragendum*. Elle a voulu réunir des âmes fortes et courageuses pour combattre
par la foi et la prière l'hérésie et l'infidélité.

Mais quel succès Dieu a-t-il donné à ses desseins? Tant d'efforts ont-ils
été bénis ? Le Souverain Pontife a dit : *Instruxit exercitus fortium*. Elle a
levé des armées de forts, d'âmes courageuses. Qu'est-ce à dire? Dans quelle
mesure ont été accomplies ces paroles étranges?

« Un jour, dit sainte Thérèse elle-même, un jour qu'affligée de la perte
« de tant d'âmes je ne pouvais contenir ma douleur, le Seigneur m'apparut
« et me témoigna beaucoup d'amour ; il me dit comme pour me consoler :
« Attends un peu, ma Fille, et tu verras de grandes choses ». Ces paroles
« mystérieuses me consolèrent en effet, sans que je pusse en pénétrer le

« sens ». Ce fut seulement six mois après qu'elle comprit, aux encouragement donnés à ses fondations, que le Seigneur avait voulu lui en annoncer les magnifiques développements. En effet, dit le Bréviaire romain, la bénédiction toute puissante du Dieu de miséricorde a fécondé l'œuvre de sainte Thérèse. Avant sa mort, elle avait pu, seule, pauvre vierge dépourvue de tout secours humain, combattue le plus souvent par les princes du siècle, fonder trente-deux monastères, dix-sept monastères de femmes et quinze monastères d'hommes.

Ce sont là les armées des forts qu'elle a levés et à qui elle a enseigné l'art de combattre et de vaincre. Nous le disons hautement, parce que c'est ainsi que Grégoire XV qualifie les fondations de sainte Thérèse, et, pour celui qui hésiterait devant ce titre donné à des femmes enfermées dans leur cloître, je n'aurais qu'à rappeler ce que nous avons dit plus haut sur l'efficacité de la prière et la vigueur avec laquelle il faut qu'une fille de sainte Thérèse sache s'en servir.

Cette mission guerrière lui méritait ainsi le titre de *nouvelle Débora* que lui donna Grégoire XV. Mais je veux ajouter un autre point de ressemblance qui est digne de remarque. Lorsque Débora eut reçu sa mission, elle fit venir Barac, un des chefs du peuple, et lui communiqua la volonté de Dieu qui lui ordonnait de marcher contre Jabin et ses Chananéens, et lui assurait la victoire. Mais Barac répondit à Débora : « Si tu viens avec moi, j'irai ; si tu ne veux pas venir avec moi, je n'irai pas. *Si venis mecum, vadam ; si nolueris venire mecum, non pergam.* »

Thérèse devait avoir elle aussi un compagnon et un aide dans ses immenses travaux. La première fois qu'elle vit saint Jean de la Croix, Notre-Seigneur lui fit comprendre que c'était celui qui lui avait été préparé par la Providence. Un jour qu'elle était arrêtée dans une fondation importante, elle manda une de ses religieuses : « Crois, lui dit-elle, que très cer-
« tainement Dieu veut cette fondation : c'est pourquoi fais-moi venir le
« Père Jean de la Croix, afin que je lui dise ce que la Majesté divine m'a
« signifié. »

Et dès lors le saint, comme le nouveau Barac de la nouvelle Prophétesse, fut toujours dans les mains de Thérèse un instrument docile pour toutes ses fondations et ses réformes.

Enfin, mes Frères, Grégoire XV a ajouté à la gloire de notre Sainte un dernier trait, qui complète le magnifique éloge qui précède : *Et thesauris gratiæ suæ adeo illustravit, ut splendor ejus, tanquam stella in firmamento, fulgeat in Domo Dei in perpetuas œternitates.* Et il l'illustra tellement des trésors de sa grâce, que son éclat, dans la maison de Dieu, comme l'étoile au firmament, brille pour de perpétuelles éternités. *In perpetuas œternitates!* Les Saints ne meurent pas ; non seulement leurs œuvres sont continuées, leur esprit est conservé avec un soin jaloux dans la famille : nous savons que du haut du ciel, où ils jouissent dans la gloire de la récompense due à leurs vertus, ils veillent sur leurs enfants et les protègent contre l'ennemi. Aussi, pour faire comprendre la grandeur de votre Mère, telle que l'Église l'a voulu honorer, il faudrait suivre pendant ces trois siècles le développement merveilleux de sa réforme dans toutes les parties du monde, en France surtout, où nous la voyons fleurir avec tant de gloire ; il faudrait nommer les personnages célèbres, les uns par leur naissance, les autres par leurs vertus et leur science, qui ont illustré votre saint Ordre. Mais c'est une histoire à laquelle des volumes ne suffiraient pas. Contentons-nous d'affirmer que jamais Thérèse n'a été aussi puissante qu'elle ne l'est de nos jours. Elle vit dans ses enfants de plus en plus nombreux et fervents ; notre seule France, toujours si chère à sainte Thérèse, compte aujourd'hui cent huit de ses monastères. Elle vit par son esprit, qui, en dehors de la famille du Carmel, gouverne partout à cette heure la piété catholique. Elle vit dans les œuvres de réparation qui se multiplient de nos jours à l'imitation et pour le même but que le Carmel, le soutien et la défense de l'Église. Elle vit dans ces Ordres qui dès le début se sont appuyés sur elle, et qui aujourd'hui, après trois siècles, continuent à l'entourer comme une Mère, à la vénérer comme un docteur : les enfants de saint François avec saint Pierre d'Alcantara, — de saint Dominique avec le célèbre Dominique Banez et un grand nombre d'autres, — les Jésuites surtout qui, après lui avoir prêté le secours de leur expérience et de leur zèle, comme saint François de Borgia, le B. Balthasar Alvarez, se sont appliqués dans la suite des années à répandre ses ouvrages et à propager son culte et son esprit. Barac, le guerrier du Peuple de Dieu, sent toujours le besoin d'avoir pour l'aider et le conduire Débora la Prophétesse. Ils marcheront si elle est avec eux ; sinon ils ne s'engagent pas plus loin. Ainsi, comme l'étoile du firmament, Thérèse par l'éclat de ses vertus brille encore et brillera dans la maison de Dieu pour es perpétuelles éternités. Telle est, mes Révérendes Mères, la promesse de vie que nous assure la parole du souverain Pontife Grégoire XV, et dont les trois derniers siècles, comme je viens de l'indiquer, vous sont un sûr garant.

Mes Révérendes Mères, j'ai fini ma tâche. Dans ce coup d'œil jeté sur les trois siècles de votre histoire, depuis sainte Thérèse jusqu'à nos jours, nous avons dit, ou plutôt le Souverain Pontife Grégoire XV, avec la très puissante autorité de sa parole, a pu dire quelle part dans le succès a obtenu votre séraphique Mère dans le premier siècle, *suscitavit salutem magnam in manu feminæ*; c'est-à-dire que l'immense intérêt de ce combat qui commence contre le Protestantisme semble avoir été concentré sur la sainteté de Thérèse, par qui le salut a été opéré avec magnificence.

Dans les deux autres siècles, la lutte n'a pas été moins terrible; si le mal a grandi d'une manière effrayante, les armées de Thérèse d'un autre côté, ces armées de forts, *exercitus fortium*, se sont multipliées, plus ferventes que jamais.

Nous ne chercherons pas à tirer une conclusion qui paraît s'imposer d'elle-même; c'est Dieu qui juge et récompense, et c'est à la fin du combat seulement que la part de gloire peut être faite à chacun des combattants. En attendant, mes Révérendes Mères, et comme fruit de ce discours, gardez toujours les recommandations de votre Mère, et, sans vous préoccuper de savoir l'effet des coups que vous portez, méditez souvent ces conseils si essentiels qui sont la base et la raison de votre sainte vie. « Il faut, vous
« crie-t-elle, que la vérité soit prêchée à ceux qui l'ignorent, qu'elle soit
« soutenue contre ceux qui l'attaquent, qu'elle soit même défendue par le
« glaive contre ceux qui veulent la renverser par la force. Or, ne pouvant
« être par nous-mêmes, ni prédicateur, ni controversiste, ni soldat, il faut
« que par nos oraisons, nos jeûnes, nous donnions à d'autres lumière et
« force ; de sorte que nous prêchions avec le prédicateur, nous argumen-
« tions avec le docteur, nous combattions avec le soldat, et qu'ainsi nous
« étendions la foi catholique; il faut que nos monastères soient pour l'Église
« un aide perpétuel et pour les âmes des avocats et des médiateurs auprès
« de Dieu. »

De pareils conseils révèlent mieux que tout le reste quelle est la nature du bien que l'Église attend d'un monastère, comment pour elle vous valez une armée et plus qu'une armée. C'est pourquoi, si vous êtes fidèles, un jour introduites au Ciel par votre séraphique Mère, vous entendrez, non plus la voix du Souverain Pontife, simple Vicaire du Christ-Roi, mais le Pontife Suprême proclamer à la face de ses élus que vous êtes les *dignes Filles* de votre saint Prophète Elie, qui soutient d'un bras puissant son glaive de feu et répète sa brûlante devise : *Zelo zelatus sum pro Domino*

Deo excercituum ; j'ai été embrasé de zèle pour vous, Seigneur Dieu des armées; les *dignes Filles* de votre séraphique Mère, qui, à sa mort, rendait d'immenses actions de grâces au Seigneur pour l'avoir fait naître dans le sein de l'Église et lui avoir accordé d'y mourir, et qui, résumant en un mot sa vie, ses fondations, ses œuvres, répétait dans ses transports de joie: « Enfin, Seigneur mon Dieu, je suis Fille de l'Église, *Tandem, Domine, « certe sum Ecclesiæ Filia.* »

SAINTE THÉRÈSE, SA DOCTRINE, SON ŒUVRE

SERMONS
PRÊCHÉS AU CARMEL DE LONDRES
À L'OCCASION DU TROISIÈME CENTENAIRE DE LA SAINTE
PAR LE R. P. MATIGNON, DE LA COMPAGNIE DE JÉSUS

I

SAINTE THÉRÈSE (1).

> *Revertere, revertere, Sulamitis revertere ut intueamur te.*
>
> Revenez, revenez, fille de Sulam, revenez, que nous ayons la joie de vous contempler.
>
> (Cant. VI, 12.)

MES FRÈRES,

C'est l'invitation que les filles de Jérusalem adressent à l'Épouse des Cantiques. C'est également la prière que nous faisons aujourd'hui à la vierge qui a si bien reproduit en sa personne le type admirable tracé par le Saint-Esprit dans ces pages inspirées. Après trois cents ans, Thérèse ne s'est point effacée de nos souvenirs; nous voulons la revoir, rassasier nos yeux du spectacle de sa surnaturelle beauté, regarder de près cette physionomie à la fois si élevée et si sympathique, l'honneur de l'Espagne, la gloire

---

(1) Ce sermon été prêché une première fois dans la chapelle des Carmélites de Paris (avenue de Saxe, 26), le 15 octobre 1882, fête de sainte Thérèse et ouverture du *Triduum* solennel pour le centenaire.

du Carmel, l'ornement de l'Église et l'une de ses plus grandes forces dans les temps modernes; un de ces chefs-d'œuvre de grâce comme Dieu en montre de temps en temps à notre race, pour lui faire comprendre jusqu'où elle peut s'élever, quand elle ne met point d'obstacles aux desseins du Ciel.

Et voilà, en effet, cette femme auguste qui reparaît, pour ainsi dire, au milieu de nous, aussi vivante qu'elle l'était pour ses contemporains, agrandie encore par la consécration que trois siècles ont donnée à son œuvre. Rien ne nous empêche de la connaître, grâce à la double représentation qui nous en reste, et dans ses écrits, et dans ses filles. Thérèse s'y est peinte au naturel. Là elle se survit à elle-même et se révèle tout entière.

Aussi ma tâche sera bien simple pendant ce *Triduum*. Je remplirai en quelque sorte près de vous l'office de ces intermédiaires qui mettent en face l'une de l'autre deux personnes désireuses de se voir. Une fois la présentation faite, ils s'effacent et les laissent s'entretenir à l'aise. Ainsi vais-je m'efforcer de faire vis-à-vis de ce pieux auditoire. J'introduirai, pour ainsi dire, notre Sainte; puis je lui abandonnerai le soin de s'expliquer, de nous ouvrir sa grande âme. Qu'il s'agisse de sa personne, de sa doctrine, de son œuvre, elle peut désormais parler sans réticences, et nous initier au secret des merveilles opérées par elle.

Il est vrai que, vu la faiblesse de notre esprit, nous sommes bien loin de pouvoir toujours la suivre. Il est des sommets où elle nous échappe, des profondeurs que notre œil est hors d'état de sonder. N'importe; ce qu'il nous sera donné d'apercevoir suffira, je l'espère, à nourrir notre piété, peut-être à aussi faire naître un vif désir de nous purifier afin d'en saisir davantage; car, il faut bien le dire, l'intelligence que nous aurons de Thérèse sera en raison des dispositions intérieures que nous apportons à cette étude. Sainte Cécile n'assurait-elle pas à son fiancé qu'il lui fallait être régénéré dans le Christ, s'il voulait voir l'ange auquel était confiée la garde de sa personne? La grâce est de même nécessaire pour comprendre les âmes d'élite. *Heureux les cœurs purs, parce qu'ils verront Dieu*, non seulement en lui-même, mais aussi dans ses amis, dans ses temples vivants; je veux dire dans ces vies translucides où il se manifeste plus que partout ailleurs, y revêtant ses attributs d'une éclatante lumière.

Parmi les ombres que cette lumière dissipe, signalons trois grands préjugés de notre temps. Le premier consiste à croire qu'une sainteté éminente suppose une nature à part, qui n'a rien de commun avec nos faiblesses et nos passions. Le second réside dans cette opinion très répandue, que ceux qui se retirent des créatures et se consacrent à Dieu dans une existence austère perdent, en grande partie du moins, ce qu'il y avait d'aimable et d'attrayant dans leur commerce. Le troisième n'est autre que cette plainte, si souvent répétée, que la vie d'oraison et de recueillement est un détriment pour la société, à laquelle elle soustrait des forces vives, qui n'auront plus désormais ni action, ni influence sur les choses de ce monde.

Ce sont ces trois grandes erreurs que la réapparition de sainte Thérèse dans ces fêtes de son centenaire, me semble destinée à combattre et à réfuter victorieusement.

I

Combien de chrétiens s'abusent sur les conditions dans lesquelles ont vécu es élus de Dieu? Lorsqu'ils lisent ces vies prédestinées où l'on fait passer devant leurs yeux d'héroïques exemples, ils les admirent sans doute mais sans aucun souci de les imiter. Il est vrai, diront-ils, ces vertus sont dignes de tout éloge, mais c'est le fait d'âmes exceptionnelles, le partage de natures privilégiées. Nous ne sommes pas des saints, et nous ne saurions aspirer à marcher sur leurs traces.

Vous le voyez, c'est une fin de non-recevoir. On se retranche derrière cette impossibilité prétendue, qui par là-même exempte de tout effort et rend tout essai inutile. Sorte de fatalisme déguisé, d'après lequel il faudrait rapporter ce qu'il y a de meilleur en l'homme, non à la volonté, mais à la complexion ou au tempérament. Les uns naîtraient pour la sainteté, d'autres pour le vice ; ceux-ci seraient d'avance marqués du sceau de la vertu, ceux-là porteraient un stigmate originel, qui ne leur permettrait par même d'aspirer au bien.

Quel démenti l'histoire de Thérèse va jeter à ces théories insensées ! Si vous fouillez le sol, au-dessous de cet édifice de perfection incomparable, vous trouverez le même limon qui fait le fond de toute créature humaine. Cette femme, qui vous semble à juste titre un prodige de grâce, était née avec des inclinations semblables aux nôtres ; elle portait en elle-même nos petitesses d'amour-propre, nos tendances à des attachements terrestres. Ce n'est pas tout de la considérer à ces hauteurs sublimes où nous la voyons élevée ; il faut auparavant nous demander d'où elle est partie, et comment elle a pu monter jusque-là. Vous lui voyez les ailes de l'aigle; cherchez par quel moyen elle les a acquises; et puisque les infirmités auxquelles nous sommes assujettis semblent avoir fait place chez elle à une existence toute séraphique, sachez d'où vient cette transformation, ou, comme dirait l'Apôtre, cette absorption de la mort dans la vie.

Quand il s'agit de rendre compte de ce travail intime chez d'autres saints, nous sommes souvent embarrassés, parce que nous ne pouvons plonger jusqu'au fond de leur cœur. Thérèse s'est dévoilée elle-même entièrement. Sur l'ordre de ses confesseurs, elle a raconté ses luttes, ses triomphes, et aussi ses défaites momentanées. Rien de plus instructif que ce tableau pris sur le vif; rien de plus consolant pour nous que ces longues péripéties. C'est l'histoire d'une âme et de ses ascensions progressives; c'est le spectacle d'une nature, non pas plus excellente par elle-même, mais plus vigilante et plus courageuse, qui finit par s'assoupir totalement sous la discipline de l'Esprit-Saint, et par échanger ses faiblesses natives contre les forces divines qui sont mises à sa disposition. Impossible de vous présenter ce travail dans ses détails; saisissons-y seulement quelques phases principales.

La future Réformatrice du Carmel était née avec une âme ardente; tous les dons de l'intelligence, toutes les qualités de l'esprit et du cœur semblaient s'être donné rendez-vous en elle; son talent naturel en a fait un des plus grands écrivains de l'Espagne, même au point de vue purement littéraire; son ferme bon sens et son jugement sûr l'ont toujours maintenue dans la vérité, à travers les écueils où se heurtent si souvent les contemplatifs et les mystiques. Joignez à cette riche dot les grâces extérieures de la physionomie et un charme répandu dans toute sa personne. C'étaient là des avantages; c'étaient aussi des dangers.

Prévenue dès l'enfance des secours d'en haut, elle a souhaité le martyre; elle est partie un jour, pour aller le chercher, en compagnie de son frère, au pays des Maures. Mais voici que des romans de chevalerie, fort en vogue à cette époque, tombent entre ses mains; et cette coupe empoisonnée à laquelle elle boit avidement, à l'insu de son père, risque d'allumer en elle de profanes désirs. La société d'une jeune parente, toute possédée des idées du monde, lui inocule l'amour de la vanité et des parures séculières. Au lieu de songer exclusivement au regard de l'Époux céleste, elle se préoccupe de plaire à des yeux mortels, cultive avec soin certains détails de la tenue féminine, la blancheur des mains, l'élégance de la chevelure, les parfums, en un mot, tout ce décor du temple visible, qu'il serait bien mieux de sacrifier à l'ornement du sanctuaire intime où se concentre la beauté de la fille du Roi : *Omnis gloria ejus ab intus* (1).

Ne vous étonnez point de ces légères déviations. L'enfer s'effrayait d'avance et s'efforçait de conjurer un péril. Ou plutôt Dieu permettait que ces ombres passagères vinssent un instant voiler une lumière, dont l'éclat aurait déconcerté notre faiblesse. Thérèse combattra longtemps avant de s'en débarrasser tout à fait. Un séjour au pensionnat des Augustines d'Avila, avec la direction de saint Thomas de Villeneuve, n'aura pas suffi. Et quand vient l'heure solennelle où la jeune fille doit choisir sa voie, une lutte terrible s'engage dans ce cœur entre la vie du monde, qui lui sourit perfidement, et l'attrait d'une vocation céleste qui se fait sentir.

Il y eut alors pour Thérèse un jardin des Olives, où ne manqua ni le calice amer, ni la cruelle agonie. Dieu finit par être le plus fort ; elle s'était engagée à lui, et vu la trempe de son âme, nulle puissance au monde n'était capable de lui faire retirer sa parole. Mais au moment d'exécuter son dessein, toutes ses angoisses la reprennent, elle s'imagine marcher à la mort. Aussi bien on est au 2 novembre, jour de deuil et de tristesse ; et c'est pendant la nuit qu'elle se dérobe à la maison paternelle, mettant entre elle et toutes ses espérances d'ici-bas une barrière qu'aucune considération humaine ne sera jamais assez forte pour renverser.

Qui ne croirait qu'après une telle victoire, elle va jouir de la paix achetée au prix de son sacrifice ? O vierge, consolez-vous, la nef de votre âme si longtemps ballottée par ses tempêtes intérieures vient enfin de gagner un port où vous serez abritée contre leur retour. Illusion ! Le port lui-même n'est pas suffisamment défendu. Dans ce couvent de l'Incarnation, peuplé de 180 religieuses, la règle est observée sans doute ; mais cette règle est mitigée, semblable à un rempart à moitié détruit, qui ne protège plus assez contre les communications du dehors. Les religieuses ont la liberté de sortir, elles peuvent aller s'asseoir à la table des séculiers, et même prolonger leurs absences. A l'intérieur, de nombreuses visites permettent à l'esprit du monde de franchir le seuil et d'introduire au parloir sa futilité. Avec ce charme de conversation dont elle est douée, Thérèse sera bientôt recherchée plus encore que ses sœurs. A l'affection qu'on lui témoigne, son âme aimante peut-elle répondre autrement que par une franche et loyale amitié ? J'ai hâte de constater que Dieu gardait toujours sa place ; seulement il n'était

---

(1) Ps. XLIV, 14.

pas seul; le cœur de la Sainte se sentait partagé ; par suite, la distraction envahissait sa prière. Le dirai-je? y entendant de secrets reproches, elle se persuadait être indigne et abandonnait cette oraison qu'elle avait tant aimée. Une fois hors de cet élément, qui était le sien, elle n'osait y rentrer, de peur de le souiller, en quelque sorte, en s'y plongeant de nouveau; et comme Dieu ne se vengeait de ce qu'elle appelait ses infidélités que par un redoublement d'amour, elle craignait sa rencontre au delà de n'importe quelles pénitences. Là pourtant était son salut. Là s'ouvrait la seule porte par laquelle allaient lui arriver tous les bienfaits du Ciel.

Ne me reprochez pas d'insister sur cette première période. Près de vingt années s'écoulèrent dans les conflits qui la caractérisent. Que d'âmes d'ailleurs généreuses connaissent ces hésitations! C'est que, comme celle de Thérèse, elles n'ont point encore atteint le degré de dégagement où elles doivent parvenir. Un jour, en entrant dans l'oratoire, notre Sainte arrête ses yeux sur une image du Crucifié, qui représentait au vif toutes ses plaies. « Le voilà donc, se dit-elle, dans l'état où l'ont réduit mes péchés, ou plutôt sa charité infinie pour mon salut. Il n'est rien resté en lui qui soit épargné. Et moi, je fais des réserves; j'apporte des restrictions à la donation de moi-même! » C'en était fait. L'impression était définitive et son résultat allait être durable. Une fois de plus, ô Sauveur, vous aviez vaincu par votre croix; elle seule va régner désormais dans le cœur de votre servante; et le triomphe que vous remporterez en elle comptera parmi les plus complets et les plus glorieux.

Mais alors commence un autre genre de supplice. Cette oraison qui devient désormais toute sa vie, avec les consolations qui l'inondent et les faits extraordinaires dont elle est accompagnée, vient-elle de Dieu, ou ne serait-elle pas un artifice de Satan pour la perdre? A s'en rapporter à ses propres impressions, Thérèse ne balancerait pas; mais elle voit qu'autour d'elle on doute, elle manque de conseillers sûrs; et la voici livrée aux plus cruelles incertitudes. Avila possède un saint laïque, François de Salcédo. La Sainte n'ayant à qui recourir s'adresse à lui; et par une permission spéciale de la Providence, Salcédo prononce contre elle; il lui déclare qu'elle s'abuse, qu'elle est le jouet de l'Enfer. Parole cruelle! En vain le P. Padranos, puis François de Borgia, cette grande lumière de l'Espagne, puis le P. Balthasar Alvarès, dont elle dira elle-même que c'est une des âmes les plus agréables à Dieu, s'efforcent de la rassurer; d'autres, à côté d'eux, moins inexpérimentés ou moins clairvoyants, continueront à regarder cette oraison comme suspecte. On se défie de sa voie spirituelle, on persécute les hommes qui appuient celle qu'on nomme une femme exaltée; on parle de la livrer aux inquisiteurs; et un zèle amer va jusqu'à dénoncer sa conduite du haut de la chaire chrétienne.

Comprenez-vous, mes Frères, cette perplexité douloureuse? Être en butte aux attaques des ennemis de Dieu, c'est peu de chose. Mais se voir discutée, réprouvée par ceux que l'on considère à bon droit comme ses amis; par suite, craindre soi-même je ne sais quelles hallucinations dans ce dont on a fait *le tout de sa vie !* Elle-même s'écriait qu'il y aurait eu de quoi en perdre la raison; et toutes les autres tribulations qu'elle eut à essuyer ne lui paraissaient rien en comparaison de celle-là. Que faire? A quoi s'arrêter? D'une part, la lumière que Dieu lui verse est si vive qu'elle ne peut garder un doute; d'autre part, les jugements qui lui sont contraires émanent de personnages si éminents qu'elle n'ose les suspecter; c'est un combat où elle succombe, une sorte de mort continuelle qui ne la laisse plus respirer.

Je vous entends me dire : Pourquoi le Ciel permet-il ces contradictions?

O mes Frères, ne nous y trompons pas, elles sont nécessaires et pour elle, et pour nous. Pour elle, parce que sa vertu grandit dans la souffrance, *Virtus in infirmitate perficitur* (1) ; pour nous, parce que nous avions besoin d'un contrôle sévère, afin de pouvoir croire en toute sécurité. Des révélations admises d'emblée, des états surnaturels reconnus sans examen ne constitueraient point une base solide pour ceux qui devraient à son exemple y asseoir l'édifice des parfaits. Levez-vous donc, esprits sceptiques; qu'elle rencontre partout des oppositions, qu'elle se heurte à une systématique incrédulité, c'est à ce prix que notre foi pourra défier toute objection. Thérèse elle-même finira par dire qu'elle est aussi sûre d'être avec son Dieu que si elle le possédait déjà dans la gloire. Moins la jouissance pourtant; car son martyre dure toujours ; l'excès même de son bonheur ne l'adoucit pas. « Je savais bien, dit-elle, que la souffrance du corps est compatible avec la joie de l'esprit. Mais une peine spirituelle si excessive, unie à un bonheur si ravissant, voilà où ma raison se perdait.»

N'allez pas croire que ce soit une plainte. A un amour tel que le sien la douleur est un remède. La vie lui deviendrait insupportable sans elle: *Aut pati aut mori.* Ce qui veut dire : le jour où l'on ne souffrirait pas, l'existence n'a plus de charme et il ne reste qu'à mourir. Pourquoi? Parce que c'est le

---

(1) Cor., XII, 9.

seul moyen d'exprimer à son Bien-Aimé ce qu'elle a dans le cœur. Si ce témoignage se tait, il faut que la vie s'arrête avec lui. L'Époux divin, qui le sait, ne lui épargne pas les occasions. Il lui enverra des défaillances incessantes, des maladies qui sembleront à chaque instant la mettre à la porte du tombeau. C'est ainsi qu'elle *fonde;* c'est pour ainsi dire sa mort qui enfante des institutions pleines de vie.

Je le demande donc : à laquelle de nos épreuves a-t-elle été étrangère ? S'il y a une différence entre elle et nous, ce n'est point dans la nature mais dans la volonté qu'il la faut chercher. De ces faiblesses physiques et morales inhérentes à l'humanité, nous nous faisons une occasion de ruine ; elle s'en est fait autant d'échelons pour monter à ces hauteurs sublimes de l'union avec Dieu. Ses défauts, qu'elle foule et corrige, lui forment un premier degré ; ses luttes dans l'oraison et les angoisses qui l'étreignent à ce sujet deviennent comme une seconde marche qu'elle franchit de même ; enfin les souffrances de toute espèce achèvent de lui offrir un piédestal, qui l'élève au-dessus d'elle-même et de toutes choses, pour la mettre directement en communication avec le Ciel. Une faible femme qui n'a rien perdu de ses natives infirmités devient ainsi l'émule des anges et presque leur égale.

II

Un autre préjugé du monde, c'est que la sainteté détruit en grande partie cette amabilité que nous cherchons à trouver dans nos semblables. Comme si, à mesure qu'une âme s'épure, elle laissait derrière elle, avec les imperfections dont elle se dépouille, ce qu'elle pouvait avoir d'attrayant et de sympathique ; du moins ce qui était à notre portée, ce qui créait entre elle et nous un commerce agréable. Les Israélites avaient peur des messagers célestes, s'imaginant que leur apparition était un pronostic fatal. Ainsi parmi nous plusieurs redoutent le contact des amis de Dieu. Cette femme est trop pieuse ; ses habitudes de prière lui font tort dans l'esprit d'un époux dissipé et mondain. Il suffit qu'un homme soit religieux pour se voir déprécié dans certains cercles, où l'on fuit sa compagnie comme ennuyeuse et fatigante. Surtout si la vertu chrétienne se produit au milieu d'un cortège d'austérités, si elle a pris pour auxiliaires l'affliction du corps et de dures macérations, comment n'effaroucherait-elle pas tout un troupeau de chrétiens lâches et timides? La vérité est, au contraire, que rien n'est comparable en séduction à ces personnes d'élite, que la mortification a débarrassées de leurs souillures terrestres.

Thérèse en est une admirable démonstration. Vous demandez peut-être si, après ces triomphes de détachement, on la trouvait toujours aussi charmante. Cette Thérèse des premiers jours se rendant volontiers au parloir et ne craignant point d'y passer de longues heures en agréables causeries; cette jeune femme qui, sans oublier son caractère, ne se montrait pourtant pas insensible à l'hommage des cœurs qu'elle avait fascinés, n'aura-t-elle point perdu quelque chose de ses qualités attrayantes, alors qu'elle compte pour rien ce qui est mortel et ne soupire plus que pour l'Époux céleste?

Je dirai, mes Frères, qu'elle exerce un ascendant bien plus irrésistible encore. La charité qui possède exclusivement son âme répand autour d'elle un parfum si délicieux que l'on ne peut se défendre du désir de le respirer.

Mais quoi! cette Carmélite, qui ne vit que d'oraison, pourra-t-elle bien se prêter à nos sourires, à nos joies imparfaites? Écoutez ce jugement porté sur elle en pleine connaissance de cause. Nous sommes en 1567. Appelée par la princesse Jeanne, sœur de Philippe II, Thérèse vint à Madrid et passa quinze jours entiers dans le couvent des Franciscaines déchaussées. Quand elle fut partie, la supérieure de cette maison, digne sœur du duc de Gandie, François de Borgia, dit à sa communauté : « Que Dieu soit béni, mes Sœurs, de nous avoir fait voir une Sainte qui mange, dort et rit comme nous!» Voilà bien le cachet de la vertu véritable. Une âme aura beau prendre son vol, être élevée comme l'apôtre au troisième ciel, et y avoir entendu des secrets que la langue humaine est impuissante à raconter ; lorsqu'elle redescend sur la terre, on la voit s'accommoder à nos faiblesses et se faire toute à tous, pour gagner des âmes à Jésus-Christ : *Omnibus omnia factus sum, ut omnes facerem salvos* (1).

Plus elle devient séraphique, plus elle veut que ses filles soient joyeuses. « Point de personnes austères parmi vous, s'écrie-t-elle, la règle l'est assez.» Pour les égayer, elle ne craindra pas de composer des vers, dussent-ils, comme elle le prétend, *n'avoir ni pieds ni tête*. Elle les fait chanter, les envoie à son confesseur, riant d'elle-même et s'écriant : «En vérité, quelle cervelle de fondatrice ! » Elle ajoutait, avec cette connaissance profonde du cœur

---

(1) I or. IX, 22.

humain que lui donnait son expérience : « Aussi longtemps que durera la joie, aussi longtemps durera le véritable esprit. »

Pleine d'attention pour les autres, elle entre, pour leur être agréable, dans les plus infimes détails de la vie domestique. Vous représentez-vous cette grande contemplative, pour qui la Trinité elle-même semble n'offrir plus de mystères, s'occupant le plus sérieusement du monde à envoyer une truite à un religieux du voisinage, et s'inquiétant de savoir si elle arrivera pour l'heure de son dîner? En revanche, quand il s'agit de son frère, c'est un cilice qu'elle expédie, le priant de l'agréer comme remercîment de quelques douceurs qu'elle en a reçues.

Thérèse est une amante passionée de la belle nature. Elle en a le sentiment exquis ; et dans ses voyages, elle se plaît à en faire admirer les merveilles à ses compagnes. Les scènes variées que le paysage lui présente sont pour elle comme un livre où elle lit les grandeurs et la bonté de son Dieu. Un site pittoresque la transporte ; la richesse des champs lui inspire des hymnes de reconnaissance et d'amour. Aussi faut-il mettre à contribution toutes ces ressources pour louer l'Époux céleste et orner sa maison. Il est telle fondation de ce rigide Carmel, où la gravité du cérémonial religieux est tempérée par un spectacle naïf et tout de joie. On y voit une église remplie de fleurs, au milieu desquelles jaillissent des eaux parfumées, tandis que, du fond de buissons artificiels, des rossignols mêlent leurs chants variés à la mélodie un peu monotone du chœur, auquel, vous le savez, la règle ne permet que deux notes.

Est-ce là, dites-moi, cette figure sévère que plusieurs attribuent à la sainteté? L'amour de Dieu, en s'emparant de la personne de Thérèse, a-t-il atrophié en elle l'entrain, la gaieté, tout cet ensemble de ravissantes dispositions qui la rendaient si sympathique? Non, la grâce élève et ne détruit pas ; elle épure et dégage d'un alliage terrestre, mais sans toucher à l'œuvre de la nature, qui n'est au fond que celle de Dieu. Il en est comme de ces métaux précieux qui n'ont laissé dans le creuset que leurs scories. Mêlés à un minerai grossier, ils éblouissaient déjà par leur éclat ; que sera-ce lorsque les opérations préparatoires les auront séparés de ces corps étrangers, afin de leur restituer toute leur valeur? Oui, chantez, oiseaux du ciel, et vous, fleurs de nos jardins, rassemblez vos couleurs les plus vives, faites sentir vos odeurs les plus suaves et les plus délicates ; que la création entière s'unisse, que la nature devienne, aux mains de Thérèse, comme une lyre sacrée, sur laquelle elle redira la gloire de son Bien-Aimé et célèbrera l'immensité de son amour.

Et cette âme si aimante, pensez-vous que la perfection religieuse en ait éteint la flamme ou diminué les ardeurs? Loin de là, elle leur a communiqué une vivacité nouvelle.

On a remarqué avec raison que, dans toutes les entreprises de la Sainte, son cœur a toujours pesé d'un grand poids ; plus d'une fois c'est lui qui a fait pencher la balance jusque-là indécise. Ses filles, elle les chérit comme la plus tendre des mères. En est-elle séparée, leur souvenir l'obsède au point de ne lui pas permettre de penser à autre chose. Aussi bien, ne supporte-t-elle pas d'être privée de leurs nouvelles. Et parce qu'à cette époque, les communications sont encore si lentes, si incertaines, elle brigue la faveur des maîtres de poste, conclut avec eux des arrangements, emprunte leur adresse ou leur entremise, afin d'être plus promptement, plus sûrement servie. D'un couvent à l'autre on s'envoie de petits présents, prélevés d'ordinaire sur la plus extrême pauvreté. N'importe ; ils sont un gage de la mutuelle affection qui unit les cœurs; tant il est vrai que la vie religieuse, au lieu de refroidir les âmes, crée entre elles des liens de famille supérieurs à ceux de la parenté naturelle !

Le rayonnement de ce foyer brûlant ne saurait être renfermé dans les limites du cloître. Partout où Thérèse apparaît, on l'aime, on s'attache à elle. Les princesses d'Espagne la disputent à ses filles ; et plus d'une fois elle se voit obligée à faire de longs détours pour satisfaire leur pieuse avidité.

J'aurai à vous parler de ses œuvres étonnantes, si au-dessus d'une pauvre femme sans ressources, sans appui humain. Disons tout de suite que si elle a réussi, sa plus grande force, après le secours d'en haut, a été moins encore dans son génie, que dans cette amabilité douce, persuasive, à laquelle nul ne pouvait longtemps résister, parce qu'on y sentait une vertu, en quelque sorte, semblable à celle qui émane de la personne adorable du Divin Maître.

Tel est l'esprit qu'elle inspire à ses sœurs. Au dedans, point de gêne, point de crainte exagérée, même à l'endroit de Dieu. Dans leurs rapports avec le dehors, qu'elles se rendent aimables ; que leurs entretiens n'aient qu'attraits et charmes pour tous. Plus elles sont saintes, plus elles doivent montrer de bonté et de bienveillance.

O Thérèse, aviez-vous vu d'avance ce qui devait arriver de nos jours : ces préventions contre la piété, comme si elle déflorait la vie et rendait pénible la société de ceux qui s'y adonnent? Nul mieux que vous n'a montré la fausseté de ces appréciations. Nul n'a fait voir avec plus d'évidence qu'elle a, au contraire, toutes les promesses, non seulement de l'avenir, mais aussi du présent, parce qu'elle achève en nous tout ce que la nature y a pu mettre de bon, en y ajoutant ce dernier trait qu'on chercherait vainement en dehors de la charité chrétienne.

III

J'aborde la troisième erreur, non moins répandue que les précédentes, et dont les catholiques eux-mêmes ne sont pas toujours exempts.

Cette vie d'oraison, de contemplation paisible, qui se soustrait à l'action extérieure et se dérobe derrière les murs du cloître, est digne sans doute de nos respects. On a pu être heureux de la voir fleurir à d'autres époques, où la vie chrétienne coulait avec abondance. Mais aujourd'hui est-elle également à sa place? N'enlève-t-elle pas à la société religieuse des forces vives qu'on aurait pu utiliser avec plus d'avantage? Quand la lutte est partout, est-ce que tous les enfants de l'Église ne doivent pas devenir soldats? Lorsque la maison paternelle est en flammes, sera-t-il permis de se mettre à l'écart, de ne pas accourir pour éteindre l'incendie?

Telles sont les objections secrètes ou hautement exprimées. S'il arrive qu'une jeune fille, richement dotée par la nature, suive son étoile qui la conduit au Carmel: quel dommage! s'écrie-t-on; que de bien elle aurait pu faire, soit en demeurant dans le monde, soit au moins en choississant une vie plus active!

Je crois entendre ce cri odieux poussé à Béthanie contre Madeleine, au moment où elle verse une liqueur odorante sur la tête du Sauveur. *Ut quid perditio hæc* (1)? A quoi bon cette dépense inutile? Non, ce n'est point une inutile dépense que cette vie de prière et d'austérités. Laissez-la se répandre comme un parfum aux pieds de Jésus. S'il le faut, pour faire taire vos récriminations, c'est Lui-même qui prendra de nouveau en mains cette cause; il défendra encore une fois la femme qui l'écoute, en laissant sa sœur vaquer aux soins extérieurs; il déclarera qu'elle a pris pour elle la meilleure part; il publiera d'avance que sa conduite sera partout louée et

---

(1) Matt., XXVI, 8.

admiré par ceux qui auront le sens de l'Évangile : *Dicetur et quod hæc fecit in memoriam ejus* (1).

Thérèse professait un culte spécial pour Madeleine. Elle s'engageait avec elle dans une sainte émulation. Ajouterai-je que parfois elle se sentait un peu jalouse de l'intimité qui s'était établie entre Jésus et l'ancienne pécheresse ? Prise de l'ambition de marcher sur ses traces, elle venait offrir ses aromates enfermés dans un vase précieux, qu'elle brisait, elle aussi, pour oindre son céleste Époux. Le vase, c'était son cœur ; l'aromate, c'était son oraison ; le brisement qui s'opérait était celui de ses affections naturelles et de tous ses liens terrestres ; la maison entière, c'est-à-dire l'Église, était remplie des douces exhalaisons du parfum : *Domus impleta est ex odore unguenti*. On pouvait dire d'elle, comme de son émule, qu'elle rendait au Christ un hommage et un service personnel : *Prævenit ungere corpus meum in sepulturam* (2).

L'Église, vous le savez, est la maison de Dieu ; et cette maison doit être fournie de tout ce qui convient à un si grand Maître. A côté des ustensiles de bois ou d'argile, il doit s'y trouver aussi des vases d'or et d'argent : *In magna autem domo... sunt vasa aurea et argentea... sed et lignea et fictilia* (3). Voudriez-vous qu'on n'y vît qu'une vaisselle vulgaire, je veux dire des âmes médiocres, des vertus terre à terre ; ou bien seulement ce qui est d'un usage journalier, rien pour l'ornement ni pour l'honneur du palais ? En d'autres termes, allons-nous scinder l'Évangile, retrancher le rôle de Marie, et ne plus laisser sur la scène que des Marthe plus ou moins empressées ? Le spectacle serait incomplet, si nous n'avions à offrir qu'une forme de sainteté ; il manquerait au corps du Christ quelques-uns de ses membres, et ce ne serait plus cette plénitude dont parle l'Apôtre : *In mensuram plenitudinis Christi* (4). Certaines âmes, à qui Dieu a donné des ailes, ne trouveraient plus leur essor ; les appels de Dieu demeureraient sans réponse et les plus nobles aspirations sans objet ; comme dans ces sociétés travaillées par l'esprit révolutionnaire, où les carrières se ferment, où tout avenir semble se dérober devant la jeunesse.

Mes Frères, à Dieu ne plaise que nous perdions la meilleure portion de notre héritage ! Qui que nous soyons, nous avons besoin de ces exemples ; il nous faut respirer cet air plus pur et cette bonne odeur de Jésus-Christ,

---

(1) *Loc. cit.*
(2) Marc, XVI., 8.
(3) II Tim., II, 20,
(4) Ephes., IV, 13.

qui émane de ces monastères. Ce n'est point seulement à ses filles, c'est à nous tous que Thérèse a légué le Carmel; car on ne s'en approche point sans se sentir tout embaumé; on ne vient point dans son voisinage sans éprouver le bienfait de ses douces influences. Heureuses les âmes qui vivent constamment sur ces cimes bénies! mais heureuses aussi celles qui du fond de la vallée les contemplent de loin, s'excitant par leur exemple, s'appuyant sur leurs mérites et leurs prières pour gravir au moins les premiers sentiers de la sainte montagne.

De plus, il s'en faut bien que Thérèse et ses filles s'abstiennent de prendre part à la lutte. Tout au contraire, le Carmel de notre Sainte est un ordre essentiellement militant, né pour ainsi dire sur le champ de bataille, institué en vue des hostilités et des persécutions qui allaient s'élever contre le royaume du Christ. Je n'insiste pas aujourd'hui sur ce point, qui trouvera sa place dans un de nos autres entretiens. Disons seulement que la réforme de Thérèse renouvela une des scènes les plus touchantes que la tradition nous ait conservées de la Passion du Sauveur. Au moment où le mystère d'iniquité se consommait par la trahison des uns, par la haine des autres ou leur coupable connivence, lorsque Jésus reparaissait, dans notre Europe du seizième siècle, chargé de sa lourde croix, couvert d'insultes, d'ignominies, tout inondé du sang versé dans des guerres sacrilèges, une femme s'approcha, pour essuyer son adorable visage et lui offrir le tribut de ses humbles réparations. Que dis-je? elle voulut partager ses souffrances, suivre avec lui la voie douloureuse, gravir son calvaire, s'immoler au pied de sa croix. A ceux qui me diraient : Qu'y fait-elle? ou qui voudraient l'arracher de cette place d'honneur et la forcer à redescendre dans la plaine, ce n'est point moi qui répondrais, c'est le Christ lui-même qui dirait de nouveau à ses détracteurs : *Vides hanc mulierem* (1): Voyez-vous cette femme? Vous autres, vous ignorez ce que c'est que de me donner le baiser de la réparation; vous ne m'inondez pas de vos larmes, vous n'essuyez pas mes pieds meurtris au moyen de vos abaissements volontaires et de vos pratiques d'expiation. C'est elle qui fait tout cela. Ne dépréciez pas ses services. Vous dites : Elle nous laisse seuls à la besogne. Non, c'est elle qui féconde vos efforts; car lorsque vous parlez, elle vous obtient la grâce; ce champ où vous moissonnez, c'est elle qui l'a rendu fertile en l'arrosant de ses pleurs et même de son sang; soyez fiers de vos succès, à la bonne heure! mais n'ou-

---

(1) Luc, VII, 14.

bliez pas la parole du Maître: *Alii laboraverunt et vos in labores eorum introistis* (1): D'autres ont eu le labeur, vous venez ensuite et vous recueillez la récolte.

Je ne m'étonne plus de cette douce réciprocité de tendresse qui existe entre la Sainte et son Dieu. Un jour, à l'extrémité du cloître, elle apercevait un enfant d'une beauté surhumaine. Le prenant pour un autre, elle court à lui pleine de joie. Qui êtes-vous, ma sœur, lui dit l'enfant mystérieux ? — Je suis, répondit-elle, Thérèse de Jésus. — Et moi, reprend-il, je suis Jésus de Thérèse. O condescendance ineffable du Verbe incarné ! Il semble se glorifier du nom de sa servante, de même que celle-ci s'enorgueillit de porter le sien. Comme dans les alliances humaines, où les dénominations s'échangent, où les titres se communiquent; mais au lieu que c'est l'époux qui donne les siens à la femme de son choix, ici c'est lui à son tour qui emprunte le nom de l'épouse. Quand des relations si intimes sont établies entre deux cœurs, l'absence pèse à l'un et à l'autre; et l'on a hâte de faire disparaître les obstacles qui s'opposent à la réunion.

Il arriva que Thérèse étant au chevet d'une de ses filles sur le point de quitter ce monde, le Sauveur lui apparut assistant cette âme, et lui promettant de faire de même pour toutes celles qui mourraient dans ses monastères; parole consolante, qui demeura au fond de ses souvenirs comme une suprême sécurité.

Cependant la duchesse d'Albe, plongée dans une profonde perplexité, appelait la Sainte pour lui apporter quelque lumière. Thérèse déjà malade ne recule point devant un voyage pénible pour accomplir cet acte de charité; mais au lieu d'aller descendre dans le splendide palais qui lui est offert, elle s'enferme dans l'humble cellule que ses sœurs lui ouvrent. C'est là que va s'opérer sa délivrance. La mort approche, la malade en annonce d'avance le jour, et va l'accueillir en souriant. Aussi bien il y avait déjà huit années que cette date lui avait été notifiée par le Ciel. Au moment où le prêtre vient vers elle avec les secours du dernier passage : « O Seigneur, s'écrie-t-elle, voici enfin l'heure que j'ai tant désirée. Il est temps que mon âme quitte cet exil et jouisse de votre vue après laquelle elle soupire si ardemment. » Une de ses filles les plus tendrement aimées, Anne de St-Barthélemy, la tenait entre ses bras, plus morte, nous dit-elle, que la Sainte elle-même, et abîmée dans un inexprimable douleur. Le Divin Maître qui voyait sa

---

(1) Joann., IV, 38.

désolation lui ouvrit les yeux; elle l'aperçut alors dans sa majesté, accompagné des anges et des saints, venant chercher l'âme de sa servante. Cette vision, qui dura l'espace d'un *Credo*, suffit à changer en joie la tristesse de cette Sœur éplorée; si bien que pour rien au monde elle n'eût voulu retenir sa mère un instant de plus sur la terre.

Nous ferons comme elle; nous rendrons à la Sainte la liberté de son essor. Oui, Thérèse, retournez là où vous appelle votre amour, là où déjà est votre cœur. Pour nous qui n'avons pas vos ailes puissantes, nous nous contenterons de vous suivre du regard et de contempler la trace lumineuse que vous laissez après vous. Ou plutôt nous irons vérifier sur vos restes mortels la réalité de vos paroles.

Il lui avait fallu avouer que le dard du séraphin avait transpercé son cœur. Et voici que, de fait, après sa mort, on trouve dans cet organe matériel de sa vie une si large blessure que les médecins s'étonnent qu'elle ait pu vivre de la sorte.

Hélas! mes Frères, dans ce cœur de Thérèse, religieusement conservé par ses filles, poussent depuis quelque temps des épines faciles à reconnaître, et qui semblent vouloir le déchirer. Que nous pronostique ce signe? Est-ce l'annonce de nouvelles douleurs pour le Carmel ou pour l'Église? Est-ce l'image de ces autres épines que nous laissons nous-mêmes croître dans nos cœurs, sans prendre soin de les arracher?

O Dieu, à qui seul appartient le secret de l'avenir, prenez pitié de nous en considération de votre servante. Thérèse n'est pas morte entièrement; elle se survit dans ces âmes généreuses qui continuent son œuvre, et ne cessent de s'immoler pour tous, suivant la loi qu'elle leur en a tracée. Tant de soupirs, tant de sacrifices ne monteront pas en vain vers le trône de votre miséricorde. Vous pardonnerez aux coupables en faveur des victimes innocentes; et ce centenaire qui éclaircit pour nous un ciel orageux ramènera avec lui la sérénité. Puisse-t-il fixer une date qui mette un terme à nos calamités, en ouvrant pour l'Église une ère de liberté et de prospérité nouvelle!

II

SAINTE THÉRÈSE — SA DOCTRINE.

> *Introduxit me in cellaria sua. Exultabimus et lœtabimur memores uberum tuorum super vinum.*
>
> Il m'a introduit dans ses celliers. Nous serons transportés de joie au souvenir de ce lait dont vous nous abreuvez, et qui est plus enivrant que le vin.
>
> (Cant. I, 3.)

Mes Frères,

Quand on a franchi le seuil de la basilique vaticane, et qu'on a saisi d'un coup d'œil les immenses proportions de l'édifice, le regard ne tarde pas à s'arrêter sur ces statues colossales qui se dressent à chaque pilier de la grande nef, et qui semblent posées là comme pour former la garde d'honneur du prince des Apôtres. Ce sont les fondateurs des Ordres religieux, les Benoît et les Bruno, les Dominique et les François d'Assise, les François de Paule et les Ignace. Mais voilà que, parmi ces grands hommes, une femme se rencontre, aux pieds de laquelle je lis ce mot : *Mater spiritualis*. En la voyant, on se souvient que d'après une bulle octroyée par le pape Urbain VIII, elle reçut, après sa mort, le titre de Docteur de l'Université de Salamanque. On se rappelle que les Théologiens les plus éminents la consultent comme un oracle ; qu'un Bossuet s'incline devant son autorité, et que dans les questions les plus hautes comme les plus délicates, il discute le sens de ses textes, presque avec le même respect qu'il ferait pour ceux de l'Évangile. Ou plutôt, mes Frères, ce qui revient alors tout naturellement à la pensée, c'est la prière que l'Église consacre à notre Sainte, au jour de sa fête, et dans laquelle je remarque ces deux affirmations étonnantes : l'une que Thérèse est en possession d'une doctrine toute céleste ; l'autre que cette doctrine doit devenir pour nous un aliment qui fortifie notre âme et y nourrisse les affections d'une véritable piété : *Cœlestis ejus doctrinæ pabulo nutriamur, et piæ devotionis erudiamur affectu.* Ce ne sont point seulement les vierges du Carmel, ce sont tous les chrétiens que ce vœu concerne et que cet avertissement regarde.

Certes, je n'ai point la prétention de vous donner dans ce discours un résumé des sublimes enseignements que le Ciel fait entendre au monde par l'organe de sa servante. L'entreprise dépasse nos forces ; il faudrait, pour la tenter, que celui qui parle eût à son service la langue d'un séraphin, et qu'il trouvât, comme auditoire, des âmes d'une pureté et d'une science tout angéliques. Mon dessein est plus modeste. Je m'attache aux deux assertions de la sainte Église ; et pour les justifier pleinement, il me suffit, d'une part, d'indiquer la source où elle nous renvoie ; d'autre part de démontrer comment en découle pour nous le breuvage le plus sain et le plus fortifiant.

I

L'homme a besoin d'être enseigné. Laissé à lui seul et à ses propres ressources, il croupirait dans une désolante ignorance. On le sait ; et ce ne sont point les maîtres qui lui manquent, ni les doctrines qui lui font défaut. Voyez plutôt de combien de côtés on l'attire à la fois. Il n'est point d'école ni de tribune qui ne lui promette la vérité, quitte à ne lui livrer ensuite que la fausseté et le mensonge. Aujourd'hui surtout, notre génération se débat entre des systèmes contradictoires, la plupart subversifs de tout ordre, de tout principe, de toute vertu. Éclos de l'orgueil humain et des négations qu'il enfante, ils s'en vont répandant partout un poison qui donne la mort, *Multum proficium ad impietatem. et sermo eorum ut cancer serpit* (1) : C'est l'impiété qui s'en nourrit, et l'impiété à son tour devient le chancre qui nous dévore.

Heureusement à cette contagion la Providence divine ne cesse d'opposer un remède, qu'il ne tient qu'à nous de rendre efficace. Des lèvres du sacerdoce catholique découle un enseignement portant en lui la double lumière et de l'Écriture, et de la tradition ; tantôt dogmatique, lorsqu'il fixe les croyances, tantôt moral, quand il règle notre conduite et nos actes. De la bouche des saints et de leur vie nous vient une autre science, qui com-

---

1) II Tim., II, 16.

plète la première et supplée aux lacunes qu'elle pourait encore présenter, du moins à plusieurs.

Vous me direz : Si j'ai appris ce que je dois croire et ce que je suis obligé de pratiquer, que reste-t-il de plus? Il reste, mes Frères, à éclairer une route escarpée et difficile, qui n'est pas celle de tous, mais que suivent les âmes appelées à des rapports plus intimes avec leur Dieu. Car, en dehors de ce chemin ouvert à la foule, il est aussi des voies privilégiées où n'entre qu'un petit nombre ; le voyage qu'on y entreprend n'est pas sans aspérités, ni sans périls; pour échapper aux pièges, pour éviter les écueils, il importe souverainement de trouver tout d'abord un guide capable, qui connaisse ces régions inexplorées et puisse dire comme l'ange du jeune Tobie : *Novi et omnia itinere ejus frequenter ambulavi* (1); ce pays m'est familier, je l'ai parcouru dans tous les sens. Ce qui signifie qu'en ces matières, la science théorique est courte, que l'expérience doit s'y joindre ou plutôt lui servir de support ; et parce que cette expérience ne peut être qu'un don de Dieu, il faut s'adresser à ceux qui l'ont, et qui par suite deviendront nos maîtres.

De là, mes Frères, la *théologie mystique*, qui ne puise point seulement dans les sources ordinaires de l'enseignement sacré, mais qui résulte aussi d'une série de révélations et d'expérimentations toutes divines. Telle est la doctrine de Thérèse ; et c'est pour cela que l'Église l'appelle *céleste*. Quand il s'agira d'en établir les bases ou d'en discuter les principes, les génies de l'École eux-mêmes seront obligés de consulter cette faible femme, de prendre d'elle des leçons, de s'en rapporter à sa parole. Pourquoi? Parce qu'elle a vu ce qu'il ne leur a pas été donné d'apercevoir. Parce qu'elle a visité personnellement une contrée réservée et interdite, qu'ils ne connaissent que par ouï-dire. Et pourtant ce qu'elle en raconte est du plus haut intérêt pour tous. Et les intelligences élevées gagneront infiniment à être initiées à ces mystères. O mère de nos esprits, levez donc le voile qui couvre nos yeux, et contribuez pour une large part à fonder cette science, que la théologie contrôle, mais qu'elle ne saurait créer.

Cette doctrine de Thérèse se résume en un seul mot, l'*Oraison*. Ceux qui viendront à elle n'apprendront pas autre chose. Qu'ils s'en consolent, car ce mot suffit et renferme tout le reste. Suivant la Sainte, l'oraison, c'est toute notre vie intérieure, l'ensemble de nos relations avec Dieu, les communications qu'il nous fait, les sacrifices que nous lui offrons, nos peines, nos joies,

---

(1) Tobie, v, 8.

nos mérites, nos espérances : et surtout, si nous pouvons arriver jusque-là, cette union intime qui s'établit de l'âme à son Créateur, le commerce qui se noue entre l'un et l'autre, la fusion de l'homme et du Christ commencée et se consommant de jour en jour. Vous pensez peut-être qu'un tel enseignement ne s'adresse qu'à une classe toute spéciale, laquelle forme pour ainsi dire une caste fermée. Ce sera l'école de Pythagore, ouverte aux seuls initiés, et d'où la foule devra être systématiquement exclue. Détrompez-vous. « Il n'est point de chrétien, nous dit la Sainte, qui ne puisse arriver à la véritable union, pourvu qu'il s'efforce de renoncer de tout son pouvoir à sa volonté propre, pour s'attacher uniquement à la volonté de Dieu (1). »

Les Apôtres vinrent un jour faire au Sauveur cette demande : *Doce nos orare* (2) : Apprenez-nous à prier. Sa réponse fut l'admirable formule que le chrétien récite tous les jours, sans en comprendre l'immense portée. Aussi Thérèse, voulant nous former à la science de l'oraison, résume toute sa doctrine dans l'explication de ce texte divin. Les formes les plus sublimes de la prière mentale sont rattachées par elle aux diverses requêtes que contient le *Pater*. C'est d'abord le *royaume de Dieu* s'établissant dans l'âme, tantôt par le recueillement profond qui conduit à l'oraison de quiétude ; tantôt par le ravissement d'un esprit qui semble abandonner les choses d'ici-bas, pour aller se perdre dans le sein de la Divinité. Puis c'est la *volonté du Créateur*, dont l'accomplissement, demandé par nous, produit l'union divine dans l'âme qui s'y conforme. La fusion devient si complète qu'il n'y a plus deux vouloirs, mais un seul ; ce qui suffit — elle vient de nous le dire — pour acheminer l'homme à l'état si désirable de la perfection.

Le *pain quotidien* que nous attendons de la céleste libéralité est, pour Thérèse, l'aliment eucharistique, véritable soutien de notre vie, qui la féconde et y fait germer les plus belles vertus. Nourri de cette manne céleste, *défendu contre toute sorte de tentation*, le chrétien finit par voir cesser *les maux de son exil* et par prendre son essor vers le bien suprême après lequel il soupire.

Ainsi, aux mains de la Sainte, le *Pater* devient une échelle mystique semblable à celle de Jacob, dont les pieds s'appuient sur la terre, tandis que son sommet se perd dans le ciel. L'âme fidèle s'y élève de degrés en degrés, à mesure que la grâce produit en elle ces merveilleuses ascensions dont parle le

---

(1) *Château intérieur*, v° Demeure, ch. III.
(2) Luc, XI, I.

Psalmiste (1) ; si bien que la prière de tous deviendra également la prière des parfaits ; et que, sans changer de programme, ni de milieu, les aigles déploieront leur vol dans l'espace où se meuvent les timides colombes. En vérité, mes Frères, rien ne me semble mieux prouver l'inspiration de Thérèse que cette compréhension de la parole divine, si éloignée des interprétations vulgaires. C'est le regard supérieur de l'Apôtre, embrassant la longueur, la largeur, la sublimité étonnante et les profondeurs infinies de la Charité du Christ (2). Sous sa conduite, d'autres viendront à leur tour et monteront assez haut pour en avoir l'intelligence.

Mais il faut leur apprendre la beauté de ce royaume intérieur qu'il s'agit d'établir. C'est l'œuvre maîtresse de cette femme de génie, qui n'a point fréquenté l'école des philosophes, mais en a appris plus qu'eux tous à celle de l'Esprit-Saint. Écoutons-la.

Qu'est-ce que l'âme humaine? Un vaste château, formé de demeures concentriques, avec des dépendances extérieures et de larges jardins

Au centre est une salle qu'occupe l'Époux, ce qui a fait dire à saint Augustin qu'après avoir vainement cherché Dieu hors de soi, il a fini par le trouver en son propre fond. Tout l'effort de la vie intérieure consiste à se replier vers ce foyer caché où la Divinité réside. Mais le malheur, c'est qu'il y a très peu d'hommes qui arrivent jusque-là. La plupart se jettent au dehors, vivent dans les domaines d'alentour, sans entrer dans les appartements, ou du moins en s'arrêtant dans les parties de l'édifice les plus éloignées et les plus extérieures. Ils n'y viennent même guère sans apporter avec eux je ne sais combien de reptiles et de bêtes venimeuses, qui ne sont autres que les pensées terrestres et les affections mondaines ; cortège fatal, dont on a peine à se débarrasser et qui met obstacle à ce qu'on aille plus avant. Cependant qui voudra suivre la Sainte la verra marcher résolument devant lui, un flambeau à la main. Puis elle éclairera successivement chacune des demeures, qui vont se rapprochant de plus en plus du milieu de ce palais spirituel.

Ici on apercevra des âmes qui luttent péniblement contre la dispersion de leurs pensées ; plus loin celles qui s'exercent, à travers les épreuves et les sécheresses, à la parfaite soumission de leur esprit et de leur cœur. A mesure qu'on avance vers l'astre central et vers son foyer mystérieux, quelques rayons arrivent et produisent la joie ; mais cette joie, comme cette lumière,

---

(1) Ps. LXXXIII, 6.
(2) Ephes., III, 18.

est intermittente ; car les préparations sont longues, laborieuses. Pour pénétrer dans les dernières demeures, il faudra se purifier, que dis-je ? il faudra subir une transformation complète.

C'est l'humble ver à soie, éclos sur une simple feuille de mûrier, à l'action du divin soleil. Voyez-le s'enfermer dans la prison de son recueillement; se tisser lentement le tombeau où il doit disparaître; enseveli dans son oraison, il y meurt lui-même, jusqu'à ce que, la grâce lui donnant des ailes, il brise ses entraves et s'en aille chercher le lieu de son repos. L'union avec le Bien-Aimé constitue la paix qu'il réclame. Mais qu'il ne se fasse point illusion, cette paix devra s'acheter au prix des plus cruelles souffrances. La fiancée spirituelle doit s'attendre à être transpercée d'un trait douloureux. Elle connaîtra les langueurs de l'exil, le martyre de l'attente. Les visites même de l'Époux redoubleront ses angoisses, au lieu de l'arracher à ce purgatoire anticipé.

Trop heureuse toutefois si, fidèle jusqu'à la fin, elle peut parvenir à ce cénacle béni, où se consomme le mariage mystique avec Celui qu'elle aime sans partage !

Nous sommes ici bien loin de la région des sens et de la nature. Cette septième demeure est la salle du festin, où sont admises les vierges qui n'ont point laissé éteindre leur lampe. Elles y reçoivent ce chaste baiser à laquelle l'Épouse aspire, au début des cantiques. Elles y prennent part au banquet nuptial ; mais la porte demeure close, et les profanes ne sauraient dire ce qui se passe dans ses ineffables communications de l'âme avec son Dieu.

Telles sont, mes Frères, les étapes de ce voyage sacré. Tels sont les cercles mystérieux où l'immortelle Thérèse s'offre à conduire ceux que la grâce appelle et qui voudront se mettre à sa suite. Guide plus sûr et plus éclairé que celui qui figure dans l'admirable épopée du treizième siècle; car ici rien n'est fiction, tout est pure vérité. Et voilà que, sans payer aucun tribut à l'invention humaine, le poème renfermé dans les écrits de la Sainte n'en est que plus sublime et plus divin. Son véritable auteur est l'Esprit-Saint lui-même car c'est lui qui a pris Thérèse comme interprète, pour chanter avec elle ces merveilles de la grâce et faire entendre au monde quelque écho lointain des hymnes du Ciel.

A quoi bon, dirait-on peut-être, découvrir de pareils secrets, au risque de les jeter en pâture à une curiosité profane ou sceptique ? Il est vrai, Chrétiens, les écrits de Thérèse ne sont point le livre de tous. Il faut craindre d'exposer ces pierres précieuses aux regards des esprits immondes, qui les fouleraient aux pieds sans en soupçonner le prix. Mais il importait à l'Église de connaître à fond ces voies supérieures. Et lorsque la Providence allumait ainsi un phare lumineux, c'était en prévision des naufrages où un grand nombre était exposé à périr.

Les temps approchaient où l'on allait voir se creuser, en face l'un de l'autre, deux abîmes également funestes, et qui, bien qu'opposés, s'appellent mutuellement : l'exagération du surnaturel et sa négation, le quiétisme et le rationalisme.

Le quiétisme, sorti avec Molinos de la patrie même de Thérèse, ne tarda pas à envahir la France, où il avait recruté d'illustres disciples. Qui ne sait qu'il séduisit même un instant ce génie pieux et doux en qui l'Église gallicane aimait à voir une de ses plus pures lumières ? Sous prétexte d'états passifs produits par la grâce, cette doctrine tendait à détruire l'activité de l'homme dans ses rapports avec Dieu. Elle interdisait non seulement toute opération discursive, mais même l'acte de simple adhésion ; faisant consister la perfection dans une suspension des puissances, ou, comme elle disait, dans une *ligature des facultés intérieures*, qui rend impossible tout exercice actif et personnel. De là à la négation de la liberté, de la responsabilité humaine, il n'y avait plus qu'un pas ; et ce n'est pas une fois franchi, c'était la porte ouverte à tous les désordres. La logique de Bossuet s'émut. Il s'élança dans la lutte avec l'âpreté d'un jouteur qui ne voit que le but et ne connaît plus les personnes. Du reste, pour faire triompher la vérité, il n'eut besoin que de commenter les vrais mystiques, Thérèse et Jean de la Croix, Balthazar Alvarez et François de Sales.

Plût à Dieu que nous n'eussions à combattre de nos jours que ceux qui surfont le surnaturel ! Ce qui prévaut, c'est la tendance opposée. On a nié le miracle et la révélation ; comment ne nierait-on pas la grâce et les communications divines ? Écoutez les sceptiques contemporains ; ils vous diront que ces visions de nos saints ne sont qu'hallucinations et délire. Ce que vous appelez extase, ravissement, se réduira en réalité à certains états pathologiques fréquents chez les organisations nerveuses et maladives. Thérèse, comme les autres, était un de ces sujets curieux, que la science contemporaine étudierait avec intérêt, dont l'observation pourrait étendre le champ de ses expériences, mais où elle ne constaterait à coup sûr que des phénomènes de l'ordre naturel.

Je rougis de faire entendre ici un pareil langage. Certes, s'il émane de ces prétendus savants qui ne croient qu'à la matière, je le trouve logique dans leur bouche, et mon intention n'est point en ce moment de les convaincre. Mais à quiconque n'est pas décidément matérialiste je dirai : Pouvez-vous détruire l'histoire, faire taire les témoignages si nombreux, si explicites de ceux qui ont vécu avec notre Sainte ? Les oppositions mêmes de tant d'hommes doctes, impartiaux, qui combattaient Thérèse, vous sont une nouvelle garantie ; car, tout en niant l'origine divine de ces états, ils n'en contestaient pas le caractère surnaturel.

Mais soit ; n'en tenez aucun compte. Ouvrez seulement ce livre, parcourez ces pages, et dites-moi si elles ne présentent pas partout l'accent inimitable de la vérité ? Est-ce le ton d'une illuminée, d'une voyante victime de ses illusions, qui court après la prophétie ou les voies extraordinaires ? Quelle fermeté, au contraire, et quel bon sens ! Quelle énergie de raison ! quelle sage modération en toutes choses ! Quand elle demande à ses filles du Carmel d'être *aussi peu femmes que possible*, il faut bien avouer qu'elle a commencé par leur donner l'exemple. Ni pour elle, ni pour les autres elle ne provoque ce qui sort de l'ordre commun ; elle y résiste, bien plutôt, et ne le subit que par nécessité. Jusque dans ces passages où elle nous étonne par la sublimité de ses révélations, on sent un écrivain maître de lui-même, en garde contre l'erreur, mesurant sa parole à la matière, sachant plus qu'il ne raconte, donnant d'ailleurs des règles sûres pour discerner ce qui vient de Dieu et ce qui vient de l'imagination ; le tout avec un calme, une précision, qui, comme le dit de Maistre, rappelle saint Paul énumérant les dons de la primitive Église et réglementant leur usage, afin qu'on les manifeste utilement pour tous.

D'ailleurs, le signe le moins équivoque, c'est l'événement lui-même. Quand les paroles entendues se confirment ensuite par les faits ; quand les appels se vérifient contre toute attente, en dépit d'oppositions de mille natures et avec des circonstances qui tiennent du prodige, force est bien aux esprits les plus incrédules de se déclarer vaincus. Encore une fois, leur dirai-je, lisez ces écrits, prenez connaissance de ces fondations ; si vous persévérez à dire que le surnaturel y fait défaut, l'œuvre thérésienne dans son ensemble deviendra encore un bien plus grand miracle, ou plutôt présentera une énigme absolument inextricable.

C'est donc l'Église qui a raison, Thérèse est divinement éclairée ; elle a pris rang parmi les maîtres de la vie spirituelle, et elle est en possession d'une doctrine toute céleste. Reste à voir à qui cette doctrine est offerte et quels sont ceux qui en doivent profiter.

II

On pourrait croire qu'un enseignement aussi sublime que celui de Thérèse ne doit guère franchir l'étroite enceinte du cloître. Puisque cette école est celle de la plus haute spiritualité, ne sera-t-elle point réservée, comme celle des sciences spéciales, et inaccessible à tout autre qu'aux parfaits ? L'Église ne pense pas ainsi. Dans la *collecte* qui m'a fourni la division de ce discours, elle présente cette doctrine à tous fidèles comme *un aliment qui doit nourrir leurs âmes*. Il est vrai que son origine n'est point terrestre ; mais la manne aussi descendait du ciel, et cependant tous les Israélites la venaient recueillir. Parmi eux, tous ne la goûtaient pas également, mais il n'était personne qui n'en dût profiter. Ainsi en sera-t-il de ce pain substantiel, que la sainte Réformatrice ne demande qu'à rompre.

Vous êtes-vous quelquefois demandé de quelles denrées s'alimentent les âmes ? N'ayant par elles-mêmes rien de commun avec la matière, elles ont besoin d'une nourriture en rapport avec leur essence. Ouvrez-leur une source de lumière, une source de chaleur; mais non de cette lumière qui éclaire nos yeux corporels; non de cette chaleur qui ranime nos membres et nos organes. La lumière qu'il leur faut, c'est la vérité limpide, radieuse ; la chaleur qui leur fera du bien, c'est celle d'un saint amour. Et voilà précisément le double rayon qui émane du cœur et des écrits de Thérèse.

Quelle que soit la hauteur de son enseignement, on ne saurait lui refuser le don de rester toujours claire et intelligible. Les sujets qu'elle traite sont de l'ordre le plus relevé. Elle se place, pour les envisager, à un point de vue supérieur, qu'il nous est souvent bien difficile, pour ne pas dire impossible, d'atteindre. Et néanmoins il n'y a rien de ténébreux ni d'énigmatique dans ses assertions. Si nous ne pouvons pas toujours en contrôler directement la vérité, parce que l'expérience de ces faits surnaturels nous manque, nous en saisirons habituellement le sens, nous en constaterons l'harmonie; impuissants à l'accompagner dans les régions éthérées où elle plane, nous suivrons son vol du regard, et nous pourrions presque dessiner les courbes qu'elle décrit à travers l'espace.

C'est que ce style translucide traduit les phénomènes les plus divins dans une langue appropriée à notre faiblesse. Des comparaisons expressives mettent à notre portée ce qui semblait le plus au-dessus de nous. Des définitions pleines de justesse éclairent d'un mot d'immenses horizons, qui restaient encore ensevelis dans leurs ombres.

En voulez-vous quelques exemples? Demandez à Thérèse ce que c'est que la vie. Elle vous répondra avec tristesse : « La vie est une mauvaise nuit, passée dans une mauvaise auberge; un songe qui, bon ou mauvais, se prolonge rarement. » Demandez-lui de vous définir Satan. « C'est, répond-elle, celui qui ne peut plus aimer. L'enfer, c'est la haine; l'amour, c'est le Ciel. » Impossible de dire plus et mieux en moins de paroles.

La Sainte a beau revenir sans cesse sur son ignorance, se comparer à ces oiseaux qui ne savent qu'un air qu'on leur a appris, et qui redisent perpétuellement la même chose; nous admirons son humilité, mais nous trouvons que de là vient précisément pour nous le prix de son enseignement. Comme le Sauveur, elle peut dire : Ma doctrine n'est pas de moi : *Doctrina mea non est mea* (1). Et encore : Comme j'entends, je juge : *Sicut audio judico* (2). Plus elle s'efface, plus Dieu se manifeste en elle; moins elle emprunte aux vues naturelles et aux appréciations terrestres, plus ses écrits sont pleins de cette onction divine, qui nous oblige à nous écrier : *Diffusa est gratia in labiis tuis. Propterea benedixit te Deus in œternum* (3) : La grâce est répandue sur vos lèvres, et chaque leçon qui sort de votre bouche porte en elle une bénédiction qui ne tarit jamais.

La doctrine de Thérèse est lumière, parce qu'elle est sûre. Un grand nombre d'auteurs mystiques ne doivent être lus qu'avec précaution. Bien qu'ils n'aient point abandonné la droite voie, ils pourraient aisément égarer ceux qui voudraient imprudemment se lancer sur leurs traces. Telle expression équivoque est propre à jeter dans le faux. Tel principe facile à exagérer ferait ou des exaltés, ou des dupes. Aussi les directeurs les plus sages ne permettent qu'avec circonspection d'aborder ces ouvrages périlleux ; ils les déconseillent souvent, ou du moins ne les remettent qu'en des mains éprouvées, exigeant que les âmes soient solidement établies sur les bases de la vie chrétienne avant de consulter ces livres.

Encore une fois, mon intention n'est pas d'affirmer que les écrits de Thérèse soient une lecture à proposer sans discernement, car plusieurs

---

(1) Joann., VII, 16.
(2) Joan., v. 30.
(3) Ps. XLIV. 3.

apparemment n'en auraient pas l'intelligence. Ce que je veux dire, c'est qu'elle ne peut guère abuser personne, tant elle met en garde contre toute sorte de déception ; tant elle ramène tout à la pratique des vertus sérieuses et à l'accomplissement du devoir ! Ce n'est point chez elle qu'on prendra le goût de je ne sais quelles communications imaginaires avec le Ciel. Ce n'est point elle qui poussera à chercher les visions ou les états extraordinaires. L'oraison qu'elle enseigne est fondée sur ses véritables assises, je veux dire le détachement et l'humilité, la mortification de l'amour-propre et le désir des souffrances. Nous y apprenons à nous contenter de ce que Dieu nous accorde, craignant ce qui sort de l'ordre commun, bien loin de le souhaiter. Car elle est de l'école de ces contemplatifs qui, suivant la parole du Maître, aiment mieux donner que de recevoir : *L'or dont ils ont soif, les pierreries qu'ils estiment, ce son,*tnous dit-elle, *les tribulations et les croix*. Quand on a porté ses affections de ce côté et qu'on y a mis son trésor, il n'est pas beaucoup à redouter qu'on s'égare dans les nuages d'une mystique obscure et chimérique.

En même temps qu'elle dissipe les ombres et fait la lumière dans l'âme, la doctrine thérésienne y produit une salutaire chaleur. Semblable à ces eaux qui sortent bouillantes du rocher, avec le pouvoir de ranimer et de guérir des membres atteints de paralysie. Venez à elle, pauvres infirmes, qui vous traînez avec peine dans la route du salut et de la perfection. A ce contact, vous allez sentir se réveiller en vous une vigueur inaccoutumée. Thérèse vous communiquera la science par excellence, celle qui est supérieure à toutes les autres et peut au besoin les suppléer; elle vous apprendra à aimer, car la charité qui remplit son cœur déborde de toute part et reflue sur ses disciples. Elle nous subjugue, nous entraîne, comme par un mouvement irrésistible. Laissons-nous faire, et courons après elle dans ce chemin tout embaumé de l'arome de ses vertus : *Trahe nos post te, curremus in odorem unguentorum tuorum* (1).

Le propre de sa sainteté, c'est d'être contagieuse. Son langage est une flamme, son style une sorte de torrent impétueux, qui nous emporte avec lui vers Dieu et vers les choses éternelles. On ne peut presque l'approcher sans se sentir meilleur : et quiconque vit habituellement dans sa compagnie finit par se faire à son image.

Mais je vous entends. Cet aliment, me dites-vous, est trop fort. Nous

(1) Cant. i, 3.

sommes de ceux dont parlait l'Apôtre, qui ont besoin de lait, et ne sauraient supporter une nourriture aussi substantielle. — J'avoue, mes Frères, que celle-ci est destinée aux âmes qui veulent grandir, à celles qui ne se contentent point de se traîner éternellement dans l'ornière de leurs défauts et de leurs tristes habitudes. Un rhéteur fameux de l'ancienne Rome regardait déjà comme un signe de progrès, de se plaire à la lecture du prince des orateurs (1). Ne pourrions-nous dire ici la même chose ? C'est déjà une preuve de force que de prendre goût à cette doctrine de la Sainte. La langue de la Sagesse, disait le grand Paul, nous la parlons seulement aux parfaits : *Sapientiam loquimur inter perfectos* (2). Ceux qui viendront l'entendre de la bouche de Thérèse, c'est qu'ils sont asssez avancés dans l'étude des choses divines pour que cet idiome ne leur soit point étranger. On peut dire qu'ils ont franchi les premiers degrés et se disposent à affronter de nouvelles épreuves.

Du reste, qu'on n'exagère point le nombre des faibles, pour lesquels ce haut enseignement serait inabordable. Les invités du festin évangélique avaient tous des prétextes pour n'y point venir. Ils s'infligèrent à eux-mêmes le plus rude châtiment, en s'excluant de la table préparée avec tant de générosité par le Père de famille. Qui dira combien d'entre nous imitent leur folie !

— Je m'en tiens à ma médiocrité. Je n'éprouve pas le besoin de monter plus haut. — O âme, c'est là précisément que je vois votre malheur. L'ambition spirituelle vous manque. Vos désirs ne sont point assez vastes, ni vos aspirations assez audacieuses. Avec cette large envergure que la grâce vous permet, vous auriez pu vous élancer vers les cimes bénies qui rapprochent du Ciel ; et voilà que vous aimez mieux ramper dans la vallée, où vous luttez peut-être sans profit comme sans honneur. Sur ce sol humide et glacé le mystique papillon ne se formera pas ; le ver qui devait le produire continuera à se traîner et ne prendra pas ses ailes. Or, vous le savez, dans cette voie spirituelle quiconque n'avance point recule ; et vouloir demeurer stationnaire, c'est s'exposer singulièrement à être en peu de temps emporté loin du but.

Thérèse aurait appris à ces chrétiens pusillanimes à ne pas se contenter de si peu. Au lieu de cette nourriture fade et sans vertu, qu'ils s'en vont

---

(1) *Ille se profecisse sciat cui Cicero valde placebit.* (Quintilien.)
(2) I Cor., II, 6.

cherchant dans je ne sais quels livres d'une spiritualité douteuse, elle leur aurait servi ces viandes de choix qui font les constitutions robustes et mettent en état d'affronter toutes les fatigues.

Ce qui importe le plus, en effet, c'est de se faire à soi-même ce que j'appelle le vrai tempérament chrétien. La piété en forme le fond : *Piæ devotionis erudiamur affectu* ; mais non cette piété de pure surface, qui se perd dans une sentimentalité vague et vaporeuse. Celle dont il s'agit ici est une piété profonde, fortement établie dans l'âme, s'emparant de ses puissances et leur inspirant un dévoûment sincère à la cause de Dieu; sorte de foyer intérieur dont la chaleur se communique à tous les actes de la vie; il en jaillit une flamme qui est celle du zèle pour la sanctification propre, en même temps que pour le salut du prochain. Et ce zèle lui-même est prudent autant qu'actif ; c'est celui que l'Apôtre appelle selon la science, *secundum scientiam* (1), ce qui veut dire qu'il est dirigé non par les vues humaines, mais par les lumières mêmes de l'Esprit d'amour.

Faut-il l'avouer, mes Frères ? cette disposition se fait rare, même parmi les chrétiens. Qui ne gémit de leur froideur, de l'indifférence du grand nombre; ou encore, de ces apparences trompeuses de religion, de piété, qui ne recouvrent aucune réalité vivante, *Speciem habentes pietatis, virtutem autem ejus abnegantes* (2) ?

Si vous me demandez d'où viennent ces diminutions de la vie surnaturelle, je réponds que la question du tempérament moral est essentiellement liée à une autre, à savoir la question de l'alimentation spirituelle, puisque c'est celle-ci qui doit le former ou l'entretenir. Quand la nutrition ne se fait pas, ou quand elle s'accomplit d'une manière défectueuse, il est impossible que l'organisme entier ne soit pas atteint ; et cela dans l'ordre religieux aussi bien que dans l'ordre physique.

Or, je le demande, de quoi se repaissent actuellement les esprits? Nous vivons de l'incident du moment, des faits vrais ou controvés que la presse nous apporte; semblables à ces Athéniens oisifs et curieux que stigmatisait Démosthène, nous passons tout le jour sur ce *forum* de la publicité, uniquement occupés d'apprendre ce qui s'y produit de nouveau. A défaut d'événements, l'anecdote privée, la chronique locale et souvent scandaleuse défrayera une avidité à qui il faut à tout prix sa ration quotidienne. Pour en

---

(1) Rom., x, 2.
(2) II Tim., III, 5.

faire les frais, le roman spécule sur son obscénité, le théâtre sur ses attaques passionnées contre toutes les idées saines et morales qui pourraient encore rester debout ; les conversations journalières sur cette frivolité satirique et pleine de venin, d'où naît l'opinion antireligieuse aujourd'hui maîtresse du monde. Ainsi alimentées, comment les intelligences ne s'abaisseraient-elles pas graduellement ? Comment, pour se refaire, n'auraient-elles pas besoin d'un traitement énergique ?

Ce traitement, il le faut demander aux véritables maîtres de l'ascétisme chrétien. Ignace et François de Sales, Thérèse et Jean de la Croix, voilà des docteurs à qui on peut s'adresser sans crainte. Ils ne se tromperont point sur la nature de notre mal ; ils n'y appliqueront point ces remèdes équivoques, qui l'augmenteraient au lieu de le guérir, ou encore, qui ne nous rendraient qu'une santé artificielle et des forces factices, bonnes pour faire illusion au dehors, non pour tenir ferme dans les rudes combats auxquels nous devons nous attendre.

Le disciple de Thérèse n'est point de ceux qui mesurent l'amour de Dieu aux faveurs temporelles obtenues, ni aux chagrins évités. Il a été prévenu d'avance : « Les âmes les plus chéries du Père Céleste sont celles à qui il envoie le plus d'épreuves ; la grandeur des croix est précisément la mesure de son amour. » De même, il n'estimera pas sa piété d'après l'abondance des consolations qu'il goûte, ni même d'après les grâces insolites que Dieu pourrait lui accorder. Fût-il élevé jusqu'à ces états surnaturels qui font l'admiration de tous, la Sainte le prémunit contre l'erreur qui consiste à s'en prévaloir, comme si c'était là toujours le cachet de la perfection. Pour se juger lui-même, elle le renvoie à un autre signe et lui fournit un moyen tout différent. « Voulez-vous, dit-elle à ses filles, avoir une marque sûre de votre avancement dans la vertu ? Que chacune examine si elle se croit la plus mauvaise de toutes, et si elle fait connaître par ses actes qu'elle pense vraiment de la sorte. Là est la marque certaine du progrès spirituel, et non dans les délices de l'oraison, dans les visions ou les ravissements (1). »

Oh ! que voilà bien le langage de la sagesse chrétienne ! et qu'il est loin des erreurs que propagent trop souvent de faux mystiques ! Pour Thérèse, l'oraison, si élevée qu'on la suppose, se juge par les œuvres. Autant elle pousse à la prière, autant elle exige que cette prière ait un caractère pratique et exerce sa bénite influence sur la vie tout entière. En outre, elle ne

---

(1) *Chemin de la perfection*, ch. XVII.

veut pas qu'on s'attache tellement à ce repos aux pieds de Dieu, qu'on ne soit prêt à le sacrifier quand le service des âmes l'exige, ou qu'un intérêt supérieur en fait une nécessité. L'obéissance a-t-elle parlé, il faut tout quitter pour courir où elle nous appelle. L'obéissance aura la vertu d'opérer des transformations. Il y aura des moments où chaque monastère deviendra la maison de Marthe ; non que celles qui l'habitent aient renoncé au partage de Marie, mais parce qu'elles exercent les deux offices à la fois, et que, tout en priant, elles déploient leur activité dans les œuvres extérieures.

Admirez ici la souplesse de ces règles et la facilité avec laquelle l'Institut se plie aux exigences des temps et des lieux. Ce n'est pas que le but soit changé ; mais les moyens de l'atteindre subissent certaines variations.

Vous le voyez, ce n'est point à cette école qu'on risque de se perdre dans je ne sais quelles régions ténébreuses, ni de rêver d'un idéal sans rapport avec la vie de tous les jours. Avez vous un poste militant; Thérèse ne vous permettra point de le déserter pour aller vous ensevelir dans la douce quiétude d'une existence vouée uniquement à l'oraison ; et quand le devoir vous appelle au champ de bataille, ce n'est point l'heure de vous livrer au sommeil d'une contemplation paisible et inerte.

Femme pratique, esprit positif autant qu'élevé, la Sainte ne confond rien, elle laisse chaque chose à sa place. Les communications sublimes qu'elle a reçues ne lui ont point fait perdre de vue les nécessités qui s'imposent à notre condition mortelle ; et, somme toute, elle met le bien où il est ; je veux dire dans l'accomplissement fidèle de la volonté divine. Quant au reste, c'est un surcroît, une sorte de superflu dans notre avoir spirituel. Si le Ciel nous l'accorde, nous nous garderons de le repousser, et nous aurons soin de le faire servir à l'œuvre principale. Car le jour où on l'emploierait à autre chose, ce serait un détriment bien plus qu'un avantage.

La conclusion de tout ce que nous avons dit, c'est que Thérèse mérite réellement ce nom de *Mater spiritualis*, la mère des âmes, celle qui les engendre à la vie surnaturelle, et les nourrit des plus pures doctrines. Sortie depuis longtemps de ce monde, elle y parle, elle y instruit encore ; ses écrits sont pour l'Église une mine féconde ; sa spiritualité fait les délices des véritables contemplatifs. Aussi je ne m'étonne point de l'honneur que la catholique Espagne avait voulu faire à ses manuscrits. Philippe II, qui avait connu la Sainte, les fit enfermer dans un meuble magnifique d'ébène incrusté et les plaça dans la bibliothèque de l'Escurial. Lui seul se réservait la clef de ce qu'il regardait comme un de ses plus précieux trésors. Cette clef, mes Frères, il ne tient qu'à nous de l'avoir ; le trésor nous est ouvert et nous pouvons y puiser largement. Ne nous refusons pas à nous-mêmes ce bonheur, et n'envions pas à notre vie spirituelle cette incomparable ressource.

Et vous, Sainte admirable, qui possédez les secrets de la divine sagesse, ne nous excluez pas de votre école ; ne nous fermez pas l'accès à vos doctes leçons. Il est vrai que nos esprits sont trop grossiers pour en saisir toute l'étendue ; mais s'il ne nous est pas donné de nous asseoir à la table des enfants, nous demanderons, comme la Chananéenne, la faveur de ramasser quelques miettes du festin, d'en recueillir quelques restes. Si peu que vous nous accordiez de ce pain des forts, nous y trouverons de quoi ranimer notre vie ; et bien qu'il ne nous soit point possible de gravir l'âpre sentier du Carmel, nous nous consolerons en pensant que nous ne sommes pas absolument étrangers à votre esprit ni à votre famille.

III

SAINTE THÉRÈSE — SON ŒUVRE.

> *Opus consummavi quod dedisti mihi ut faciam.*
> J'ai achevé l'œuvre que vous m'aviez donné à faire.
> (Joan., XVIII, 4.)

MES FRÈRES,

Lorsque Dieu suscite dans le monde une de ces âmes supérieures à la foule par la vertu autant que par le génie, ce n'est point d'ordinaire pour qu'elle se contente d'arriver elle-même à la sainteté ; il lui confie une mission, il la charge d'accomplir une œuvre de grâce et de salut. Et cette œuvre entre dans le plan providentiel et contribue pour une large part au bien de l'humanité chrétienne.

Ne demandons pas pourquoi elle vient seulement à cette heure. La main qui tient le fil de nos destinées règle tout avec poids et mesure ; l'œil qui est ouvert sur l'Église se rend compte de ses besoins particuliers à chaque époque ; et dans les trésors de sa sagesse infinie, le Verbe divin puise des moyens variés, qu'il proportionne aux circonstances et aux nécessités diverses. C'est ce qui fait que le cadre restant immuable, il y a néanmoins progrès et développement. L'Évangile ne saurait se modifier ; mais chaque siècle nous en apporte des interprétations pratiques d'une forme différente, qui ont chacune leur grâce, leur beauté, ainsi que leur raison d'être spéciale dans les exigences du temps où elles sont venues à la lumière.

C'est ainsi que la grande Réformatrice du Carmel s'harmonise merveilleusement avec le milieu d'où elle sort ; non qu'elle en soit un produit spontané et naturel, suivant une doctrine aujourd'hui à la mode ; mais tout au contraire, parce qu'elle s'y lève comme une réaction, et qu'elle y jouera le rôle d'un puissant antidote.

Essayons de comprendre l'initiative prise par elle au seizième siècle.

Il me semble voir un vaste champ de bataille, celui-là même que saint Ignace a dessiné d'un trait si vigoureux dans la méditation des deux étendards. Deux chefs, deux drapeaux, deux armées se disputent le monde. D'un côté, Satan avec la multitude qui est animée de son esprit ; d'autre part, le Christ, avec le petit nombre d'hommes qui lui restent fidèles, après que le schisme et l'hérésie ont semé la désolation dans leurs rangs. Tout à coup voici venir à eux une héroïne portant en main un drapeau immaculé ; c'est la fille de ces croisés qui ont arraché l'Espagne à la domination du croissant ; c'est une nouvelle Jeanne d'Arc, envoyée cette fois non à une seule nation, mais à l'Église catholique entière ; elle vient combattre, elle vient aider les soldats du Christ ; et pour y arriver plus sûrement, elle commence par rassembler autour d'elle une double phalange de femmes intrépides, d'hommes déterminés, âmes d'élite, dont la vaillance et le courage ne contribuera pas peu à ramener la victoire dans leur camp.

Tel est le tableau que j'ai à vous présenter en raccourci. Pour le saisir dans son ensemble, ce n'est pas l'entreprise seulement qu'il nous faudra considérer, mais aussi les obstacles qui se dressent contre elle de toute part, et en dépit desquels nous la verrons s'accomplir.

I

Après une lutte huit fois séculaire, la catholique Espagne venait enfin de rentrer eu possession de l'intégrité de son territoire. Depuis les jours où Pélage, refoulé dans un coin des Asturies, défendait péniblement un lambeau de terre, seul reste de l'antique indépendance, les chrétiens s'étaient comptés, ils s'étaient raffermis. A travers une longue série de revers et d'avantages, tantôt vaincus et écrasés, tantôt vainqueurs et conquérants de leur propre pays, on les avait vus regagner pied à pied le terrain perdu, ajouter province à province, chaque pas étant marqué par de rudes combats, chaque accroissement devant être payé de durs sacrifices. Mais dans ces héroïques assauts, l'âme de la nation s'était trempée; régénérée une seconde fois et baptisée dans son propre sang, elle avait pour sa foi un attachement que tous les efforts de ce siècle pervers n'allaient pouvoir entamer. Je ne sais quelle ardeur chevaleresque était entrée dans la nature de ces fiers Castillans; et les femmes mêmes sentaient brûler dans leurs veines un feu sacré, qui ne leur permettait point de rester inactives.

Mais pour peu que l'on jetât un regard sur ce qui se passait au dehors, quelles scènes d'horreur et quel affreux spectacle! Le royaume du Christ était divisé; sa robe sans couture lacérée par les morsures de l'hérésie; la France en feu; l'Allemagne dévorée par le poison des doctrines mensongères; l'Angleterre brisant, comme de gaieté de cœur, le lien séculaire qui l'attachait au centre de l'Église; la moitié de l'Europe déjà acquise à l'esprit de révolte; partout le scandale, la désunion, les sanctuaires profanés ou abattus, les corps des Saints livrés aux flammes, l'Eucharistie foulée sous des pieds sacrilèges; la guerre civile promenant ses ravages sur de vastes contrées, et le sang chrétien coulant à flots dans des luttes fratricides, plus meurtrières, plus inhumaines que celles que l'on soutenait autrefois contre les musulmans et les infidèles.

C'est cette vue qui inspire à Thérèse le dessein de rendre au Carmel toute la ferveur des premiers temps. Peut-être en des jours plus calmes, se serait-elle contentée de la vie religieuse, telle que l'avaient faite les mitigations successivement introduites pour condescendre à la commune faiblesse; mitigations régulières, après tout, puisqu'elles avaient été approuvées par l'Église et ratifiées dans les bulles des Pontifes. Ou si la Sainte avait visé plus haut, du moins elle n'aurait pas poussé jusqu'aux dernières extrémités les exigences de la pauvreté dans ses monastères. Mais lorsqu'elle apprend les outrages qui sont faits à Dieu et à son Christ, lorsqu'elle est témoin de cette ruine des fidèles, abusés par l'hérésie et entraînés hors du devoir, son âme navrée n'y tient plus; la douleur qu'elle conçoit s'épanche en un torrent de larmes. Comme l'apôtre saint Paul à Athènes, son esprit s'agite et n'a plus de repos devant cette nouvelle espèce d'idolâtrie : *Incitabatur spiritus ejus... videns idololatriæ deditam civitatem* (1).

Que faire ? Comment porter secours à un édifice qui semble crouler ? Elle faible femme, sans ressources et sans crédit; liée d'ailleurs à sa règle et enchaînée, en quelque sorte, à l'observance adoucie qu'elle a embrassée ?

Peu à peu, Dieu aidant, la lumière se fait dans son intelligence. A une Réforme hypocrite et désastreuse, il faut opposer une Réforme vraie et salutaire; la réforme du zèle, de la ferveur, à celle de la lâcheté et de la dégradation morale; le réveil de l'esprit primitif, à ces envahissements de l'esprit d'innovation, qui menacent toute l'œuvre de la Rédemption divine.

On corrompt l'Évangile par des interprétations arbitraires; on le dépouille de sa vertu par l'examen privé, de sa sève par ce sens humain qu'on lui inocule; plus de fruits de pénitence, plus de chaste floraison de virginité religieuse et de continence sacerdotale; l'observation des conseils est supprimée, l'idéal de la vie chrétienne descend au niveau des passions et des attraits naturels. La réponse à faire entendre, n'est-ce pas de relever plus haut que jamais toutes ces grandes créations de la grâce qu'on prétend abattre ? Que la bannière de la vie parfaite se redresse, qu'elle apparaisse tenue par une main ferme, et qu'elle rassemble sous ses plis victorieux une foule d'âmes généreuses, décidées à la suivre. C'est le cri de Thérèse : *Si quis est Domini, jungatur mihi* (2). A moi les âmes qui veulent être à Dieu sans partage ! Nous irons et nous vaincrons par les austérités, par la prière; ces armes en valent bien d'autres; et ce sont les seules capables de restaurer parmi nous la royauté de Jésus-Christ.

Voilà ce que j'appelle la levée des boucliers de notre Sainte : où il faut admirer à la fois et l'esprit qui l'anime, et le choix des instruments qu'elle emploie. L'esprit, c'est celui qui souffle à ses heures et suscite,

---

(1) Act., XVII, 16.
(2) Exod., XXXII, 26.

suivant les temps, des compagnies d'élite pour les nouveaux assauts à livrer. C'est lui qui, au treizième siècle, avait évoqué des armées de prêcheurs et de pénitents, sous la conduite de Dominique et de François d'Assise; c'est lui qui venait de lever, par l'intermédiaire d'Ignace, des recrues formées tout exprès pour les luttes des temps modernes. A son appel et sous sa direction, le Carmel surgit à son tour. En dépit de sa sévère clôture et des doubles barrières qui se ferment sur ses membres, il sera, lui aussi, un ordre militant, un institut de combat et une phalange apostolique.

« Ceux que Dieu y rassemble, dit la Sainte, ne devront pas envisager seulement leur cellule, mais aider le prochain et brûler du désir de l'assister. »

« Eh quoi! s'écrie-t-elle, quand toute la chrétienté est en feu, lorsque les hérétiques veulent condamner encore une fois Notre-Seigneur et renverser son empire, nous pourrions nous croiser les bras et demeurer lâchement dans le repos! » C'est un signal belliqueux qu'elle donne. Il faut soutenir les capitaines qui se battent au dehors. L'Église est une enceinte fortifiée, d'où l'Apostolat s'élance à l'extérieur et opère des sorties triomphantes. C'est à ceux qui demeurent derrière les remparts qu'il appartient de secourir ceux qui vont en avant, d'aider, de soulager ceux qui s'exposent pour la défense commune.

Rien de plus ordinaire que ces exhortations adressées à ses compagnes. Elles reviennent à tout instant sur ses lèvres et sous sa plume. On sent qu'elle est possédée de ce besoin et qu'il a été l'âme de toute son entreprise.

Mais alors, pourquoi imposer à ces sœurs une solitude si profonde; et pourquoi les reléguer dans un cloître impénétrable ?

O mes Frères, considérez, je vous prie, la tactique de Thérèse; comprenez la stratégie qu'elle met en œuvre. Jamais général d'armée n'a frappé plus juste; jamais homme de guerre n'a marché plus droit à l'ennemi.

En effet, toute l'œuvre des Pseudo-Réformateurs, à quoi se réduit-elle? A faire un triage parmi les paroles de Jésus-Christ. Ils y prennent ce qui leur plaît, ils retranchent selon leur fantaisie. A force d'éliminations systématiques et d'explications personnelles, chacun se fait son évangile à sa convenance; ils réduisent la vie chrétienne à un *minimum*, qui pourra encore sembler honnête, mais auquel on a enlevé tout caractère d'héroïsme et de véritable grandeur.

Or, voilà de simples femmes, élevées pour la plupart dans la mollesse et le luxe, qui vont faire voir à ces orgueilleux sectaires ce que peut la grâce divine dans les natures les plus faibles. Ces moines déserteurs courent au mariage; elles vont se dresser devant eux avec l'auréole d'une inaltérable pureté. Ces lâches chrétiens ont aboli le jeûne et les pratiques de la pénitence; ils les verront vouer leur vie aux macérations, la sanctifier par de sévères abstinences et de sanglantes disciplines. La réforme des Novateurs est un retour à la vie de la chair; celle de Thérèse est un retour à la vie de l'esprit, c'est-à-dire à cette vie angélique, qui ne laisse en quelque sorte plus rien à la portion matérielle de notre être, qu'elle consume tout entière dans l'exercice d'une vie d'oraison et dans les ardeurs d'une sainte charité.

Cette manière de lutter contre l'erreur est-elle efficace? Permettez que j'appelle ici en témoignage un des plus célèbres incrédules de notre temps (1) : « Thérèse, s'écrie-t-il, fut le véritable adversaire de la Réforme. Elle fonda un Ordre pour la combattre par la prière, les larmes et l'amour. » Il ajoute immédiatement : « On n'avait point entendu de pareils gémissements depuis la descente du Golgotha ».

D'ailleurs, ce n'est point seulement à nos frères égarés qu'il s'agit de donner une leçon; c'est au monde chrétien tout entier qu'il faut fournir un secours. Le devoir impérieux de l'Apostolat, n'est-ce pas de retirer d'une mer orageuse ces perles d'un grand prix, qui s'y noient et s'y perdent, si on n'a soin de les recueillir? Faute d'une main hardie et saintement ambitieuse qui les retire, elles resteront ensevelies dans leur limon; on ne les verra point acquérir cette admirable beauté, qui les aurait rendues dignes de figurer dans la parure de l'Époux. Dieu les cherche avec empressement, au témoignage de l'Évangile; mais il faut un écrin pour les lui garder; et le Carmel n'est pas autre chose. Thérèse se propose de le remplir de diamants; ne soyez point étonnés qu'elle se montre sévère sur le choix, rejetant sans pitié les pierres médiocres, qui ne lui paraissent pas pouvoir être taillées avec avantage. Le commerce qu'elle entreprend est celui de joyaux précieux qui, étant travaillés par la grâce et enchâssés dans l'or de la charité, seront achetés chèrement par le Maître du Ciel.

Le monde lui-même en sera ébloui. Car il admire souvent alors même qu'il ne comprend pas. D'ailleurs ces vierges auront beau se cacher; leur vertu les trahira et en attirera d'autres à leur suite. On pourra dire de ces monastères, qu'ils sont comme autant de florissantes oasis, disséminées dans l'immensité du désert. Quand le pèlerin haletant et brûlé par les ardeurs

---

(1) Edg. Quinet, *De la Renaissance, de l'Europe méridionale* (cours au Collège de France).

du soleil les apercevra de loin, il y viendra peut-être respirer un moment la fraîcheur, et chercher le repos à ses longues fatigues. Quiconque en approche ne tarde pas à ressentir ces bienfaisantes influences. Les brises embaumées qui lui en arrivent contrastent avec les souffles contagieux et pestilentiels qui exercent ailleurs leurs ravages. Aussi dès l'origine, en Espagne, en France, en Italie, partout où le Carmel avait planté sa tente, on voyait les personnes du monde briguer le bonheur de vivre dans son voisinage. Les grands de la terre laissaient la cour et ses plaisirs, pour venir converser avec quelqu'une de ces humbles filles. Des princesses du plus haut rang sollicitaient la grâce de prendre le voile; et la fille des rois, après avoir obtenu cet honneur, se montrait plus fière de cette nouvelle parenté que de la première. D'autres du moins choisissaient leur demeure aussi près que possible de l'enceinte bénie, espérant que les douces émanations qui s'en exhalaient formeraient autour d'eux une atmosphère de paix et de sécurité.

Ainsi pensaient nos pères; la proximité d'un de ces couvents leur semblait un bonheur qu'on ne pouvait acheter trop cher. Le pays qui n'aurait pas eu son Carmel leur aurait paru manquer d'un des éléments principaux de la vie catholique. Et parce que l'Espagne en avait été dotée la première, c'était à elle qu'on recourait. Les autres nations profitaient de son abondance, tout comme on fait venir de loin, et souvent à grands frais, les eaux dont une cité était dépourvue. Ces eaux, du reste, en s'éloignant de leur source, ne perdaient rien de leur limpidité ni de leur pureté primitive. Heureux emprunts, qui n'appauvrissent point ceux qui donnent, qui enrichissent ceux qui reçoivent!

Le Carmel où je parle est un de ces essaims, formé de longue main et tout exprès, pour venir s'implanter sur la terre anglaise. Dieu avait ménagé des vocations; il avait préparé les premières ressources dans la générosité d'une famille qui porte le plus grand nom de ce pays (1). La pauvreté a fait le reste; car c'est sur les privations de toute espèce que ces maisons se fondent. Et certes, si c'est là le signe qui distingue les œuvres de Dieu, aucune ne peut le revendiquer plus justement que celle où nous sommes rassemblés.

N'oublions pas, en outre, que l'exemple de Thérèse entraîna bientôt plu-

---

(1) La famille Norfolk. Une des sœurs du duc de ce nom est religieuse au Carmel de Londres. (Notting Hill, St Charle's sq.)

sieurs religieux de son Ordre à reprendre, eux aussi, les anciennes traditions. Elle devient ainsi la mère d'une double famille, l'une renfermée dans les murs du cloître, l'autre exerçant en même temps l'apostolat du dehors; seconde réforme, qui complète la première et l'aide à porter tous ses fruits. Mais ce sera la gloire de ces femmes courageuses d'avoir osé les premières ce que les hommes n'entreprennent qu'après elles. Antoine de Jésus, Jean de la Croix et leurs dignes compagnons n'auraient jamais ressuscité l'observance primitive, s'ils n'y avaient été amenés par la puissante initiative de notre Sainte. Fils de son zèle, fruits de ses larmes et de sa féconde prière, ils vinrent à leur tour lutter de renoncement et d'abnégation avec les vierges qui les avaient devancés dans cette voie; montrant par là qu'à ce foyer de l'amour divin, il y a place pour tous, sans différence de sexe ni de conditions, les âmes étant égales devant le Créateur, et le prix devant être à celle qui aura le mieux répondu aux avances de la libéralité divine.

J'ai nommé Jean de la Croix. Thérèse n'aurait-elle d'autre mérite que d'avoir contribué à donner à l'Église ce vigoureux ascète, cet admirable théologien de la vie mystique, c'en serait assez pour illustrer son nom devant les hommes, et même devant Dieu. Comme la femme de l'Évangile, nous pourrions nous écrier: *Beatus venter qui te portavit et ubera quæ suxisti* (1)! Bienheureux le sein qui a porté un si grand homme; bienheureuses les mamelles qui l'ont allaité! Disons plutôt: Le fils est digne de la mère; le jour que l'une répand sur les choses surnaturelles ne pâlit point devant l'éclat qu'y jette l'autre. Leurs écrits à tous deux, pleins d'une onction céleste, éclairent les sentiers les plus ardus de la vie intérieure. Ce sont deux lampes qui marient leurs clartés, deux flambeaux qui confondent leurs lueurs, inondant de lumière les avenues par lesquelles les âmes d'élite arrivent à Dieu: *Hi sunt duæ olivæ et duo candelabra lucentia ante Dominum* (2).

L'œuvre de Thérèse était donc de la plus haute portée. Voyons maintenant de quelle manière elle l'a accomplie.

(1) Luc, XI, 27.
(2) Apoc., XI, 4.

II

La gloire de Dieu consiste à se servir, pour les plus grandes choses, des instruments les plus faibles et les plus impuissants : *Infirma mundi elegit Deus* (1). Et le motif de cette conduite de la Providence est facile à reconnaître ; car il faut que sa main paraisse toute seule ; il faut qu'on ne puisse douter de son intervention, ni rapporter le succès à aucune cause qui semble devoir en partager avec lui l'honneur.

En vérité, mes Frères, c'est cette intervention divine qui éclate à chaque page de l'admirable livre où Thérèse a consigné le souvenir de ses fondations. Le surnaturel y déborde de toute part ; tout s'y fait en dehors du cours régulier des choses ; si bien que chaque nouvelle érection de monastère ressemble à un miracle opéré par la puissance d'en haut.

Que d'obstacles, en effet, ou plutôt que d'impossibilités, au point de vue humain !

Thérèse n'a pas conçu la première l'idée de fonder un monastère de la Réforme. Cette idée lui est suggérée par une pieuse dame d'Avila, qui va devenir l'un des instruments providentiels employés à la grande œuvre. Mais à peine le projet a-t-il pris corps dans leur esprit, que tout se tourne en oppositions pour le rendre impossible.

C'est d'abord le couvent même où la Sainte a fait profession. Thérèse est accusée de ne pas l'aimer, de ne rien faire pour ses intérêts, ou plutôt de les compromettre. Quelle prétention, à elle, de mener en dehors de ses sœurs une vie plus parfaite ! N'a-t-elle pas une règle qu'il ne tient qu'à elle d'observer, des moyens de sanctification qu'elle a le devoir de mettre à profit ? Chercher autre chose, c'est faire injure à ce qui existe ; c'est dégoûter les âmes d'embrasser un genre de vie qu'elle semble dédaigner pour elle-même ; ce qui équivaut à tarir tout ensemble et la source des aumônes, et celle des vocations.

En même temps, la religieuse cité d'Avila se révolte. La perspective d'avoir une maison nouvelle à soutenir, surtout une maison sans revenus, comme la Sainte l'exige, soulève une tempête dans l'esprit des habitants.

---

(1) I Cor., I, 27.

Aussi le P. Provincial, qui d'abord semblait gagné à ce dessein, non seulement se hâte de retirer son approbation, mais la remplace par une interdiction absolue. La sentence du for extérieur est confirmée au for intérieur, car le confesseur de Thérèse lui commande l'abstention, lui défend même, pour un temps, de nourrir à ce sujet une simple pensée.

Le dirai-je ? le parti de l'opposition trouve de secrètes intelligences dans l'esprit de la Sainte elle-même. A peine son frère a-t-il acheté une maison, qu'une voix intérieure, dont elle ne démêle pas bien l'origine, lui fait entendre que c'est folie; que les sœurs ne pourront vivre dans ce local, et que toute son entreprise est d'avance frappée de stérilité.

Ce n'est pas tout. Bien qu'elle ait toujours agi en pleine conformité avec l'obéissance, ses supérieurs immédiats jettent sur elle un blâme sévère. On la force à rentrer au monastère de l'Incarnation, à s'accuser en plein chapitre, pour y être soumise à une dure pénitence. Mais, ô merveille ! voici que le Provincial lui permettant de s'expliquer, elle le fait avec tant de netteté et de précision que lui-même l'autorise à achever son œuvre.

Quelques jours après, le premier couvent des Carmélites déchaussées existe; et, suivant la promesse qu'elle a reçue du Ciel, saint Joseph veille à une porte et la divine Vierge à l'autre; tandis qu'au centre, c'est le Sauveur lui-même qui a établi sa demeure. Telle est la petite semence qui va germer et se multiplier avec une rapidité prodigieuse ; non toutefois sans se heurter à des difficultés de toute espèce, qui sembleraient devoir l'étouffer dès l'origine.

Quelles ressources pensez-vous que la fondatrice ait en mains ? Rien, ou tout au plus une somme insignifiante. « Quatre ducats et Thérèse, disait-elle, c'est peu. Mais quatre ducats, Thérèse et Dieu, c'est beaucoup. Pour fonder un monastère il ne faut qu'une clochette et une maison louée. »

La clochette est facile à acquérir ; encore le mauvais vouloir qui s'acharne à ses pas l'empêche-t-il parfois de pouvoir la sonner. Quant à la maison louée, si petite qu'elle soit, si dénuée qu'on la suppose, il faut d'ordinaire chercher longtemps; et quand on l'a trouvée, on ne l'occupe pas toujours sans conteste. Ici les religieuses à peine installées s'aperçoivent qu'elle tombe en ruines, que ses murs sont impuissants à préserver des malfaiteurs; ailleurs elles doivent s'y glisser furtivement de nuit, pour échapper aux oppositions qui leur barrent le passage. Les chicanes des propriétaires les obligent à plaider et leur font craindre l'éviction ; les exigences de certaines autorités leur disputent leur place au soleil et menacent leur existence. Parfois, après une ouverture régulière, on leur retire le Saint-Sacrement, ce qui est leur prendre la moitié de leur vie. N'importe ; le courage de ces filles héroïques ne faiblit jamais ; à travers toute espèce de souffrances et de contradictions, l'œuvre de Dieu se poursuit et s'achève.

« Nous devons, dit la Sainte, nous réjouir d'habiter une maison qui ne nous appartient pas, de pouvoir en être expulsées. Qu'elle soit commode ou incommode, ce n'est pas la question. Nous y demeurons avec le même plaisir. »

A Séville, pendant les premiers jours, les sœurs meurent de faim. Elles n'ont pas même un verre d'eau ; et personne ne leur en donne, bien qu'il n'en manque pas dans le Guadalquivir. Cette extrême pauvreté ne leur enlève rien de la sérénité qui les caractérise. « J'ai plus de peine, s'écrie Thérèse, quand les aumônes vont au delà du nécessaire, que quand elles nous laissent manquer de ce qui semble indispensable à la vie. » D'ailleurs, elle a un fonds sur lequel elle compte uniquement et qui ne peut jamais lui faire défaut.

« Rappelez-vous, disait-elle, vers la fin de sa carrière, que, dans la plupart des fondations, le concours des hommes a été nul, et que la puissante main de Dieu a tout fait (1). »

Faut-il vous parler de ces voyages entrepris au milieu des montagnes, dans des contrées inconnues et souvent sans routes tracées ? C'est plus d'une fois au cœur de l'hiver, à travers les neiges et les glaces, lorsque les fleuves débordés couvrent au loin la campagne, si bien qu'on ne sait où trouver un passage ; ou c'est pendant les chaleurs brûlantes de l'été, dans des chariots fermés comme pour continuer le cloître ; on y respire une atmosphère de feu, qui redouble dans la Sainte les ardeurs de la fièvre. Les auberges où l'on s'arrête n'offrent que dénûment ; c'est à peine si l'on peut s'y procurer quelques herbes insalubres. Thérèse est constamment défaillante ; la douleur poussée jusqu'au paroxysme lui enlève toute possibilité de se mouvoir. Joignez à ces souffrances des dangers imminents. Un jour, dans les gorges de la Sierra Morena, où l'on s'était imprudemment engagé, une voix mystérieuse retentit tout à coup : Arrêtez, encore un pas, vous êtes perdus. Il était temps en effet ; car on s'aperçoit que la voiture est au bord d'un affreux précipice ; et comme aucun être humain n'apparaît, c'est à saint Joseph que la Fondatrice se plaît à faire remonter le tribut de sa reconnaissance.

Mais qu'étaient ces périls ou ces privations comparés aux peines intérieures dont la Sainte était assiégée ? Leur intensité allait parfois jusqu'à la con-

---

(1) *Fondations*, p. 376, édit. Bouix.

duire aux portes de la mort. C'est en cet état qu'elle court à de nouvelles conquêtes. La verra-t-on s'arrêter en chemin, renoncer à des projets conçus pour la gloire de Dieu; du moins en suspendre l'exécution jusqu'à ce qu'elle ait recouvré de nouvelles forces ? Ce serait peu connaître Thérèse que d'attendre d'elle ces délais. « Je ne suis jamais plus contente, écrit-elle, que quand l'établissement d'un monastère m'a coûté beaucoup de persécutions et de souffrances. »

Et pourquoi ? C'est qu'elle reconnaît ici comme le cachet de Dieu. Si cette œuvre n'était de lui, on ne la verrait ni combattue, ni entravée. Plus le démon se rue contre elle, plus nous avons la preuve qu'il la redoute, et par conséquent plus elle est destinée à être féconde. Aussi, à la suite de ces laborieux enfantements, quand un nouveau Carmel est enfin établi, Thérèse éprouve des tressaillements qu'elle ne sait plus comment exprimer. Le poisson retiré du filet et rejeté dans la mer; la Samaritaine et son eau vive, qui étanche la soif sans lui permettre de renaître, sont des comparaisons trop faibles pour rendre son allégresse. Semblable à la femme de l'Évangile, elle a oublié ses douleurs et ne sait plus que s'écrier : « Toutes les peines de cette vie ne sont rien, au prix du bonheur que le Divin Maître accorde à ses épouses (1). »

De fait, elle voyait de toute part accourir à elle des âmes affamées de prière et de perfection. Elle-même a tracé l'histoire de quelques-unes, et cette histoire est toute céleste. On ne sait qui admirer davantage, de la mère qui suscite autour d'elle de si éminentes vertus, ou des filles qui prennent un pareil essor sous la conduite de leur mère. Pas une de ces maisons où ne se trouvassent des religieuses élevées aux plus hauts degrés de l'oraison, tandis que leurs sœurs, pour n'atteindre pas les mêmes sommets, n'en étaient ni moins dévouées, ni moins régulières.

Aussi, plus d'une fois de pieuses bienfaitrices virent d'avance le monastère qu'elles voulaient fonder, sous la figure d'une vaste prairie tout émaillée de fleurs, mais de fleurs blanches comme la neige et d'une beauté vraiment surnaturelle. Jamais peut-être l'Espagne, qu'on a appelée justement la terre des Saints, ne produisit une semblable germination de vertus et de chasteté. Partout où allait Thérèse, ces fleurs merveilleuses naissaient sous ses pas. Comme si l'Esprit-Saint avait entendu sa présence pour les semer, ou du moins pour les faire épanouir.

---

(1) *Fondations*, p. 518.

Nous l'avons entendu prononcer le mot de *persécution*. Son récit est sobre sur ce point; la discrétion et la charité retiennent sa plume. Elle aime à ensevelir dans le silence toute une série de procédés odieux, excusant les intentions, supposant que le zèle, — un zèle aveuglé mais sincère, — inspirait ceux qui déployèrent contre elle tant de violence. Pourtant un cri lui échappe : « Depuis plus de vingt-cinq ans, ma vie n'a été qu'un enchaînement de peines, de persécutions, de douleurs endurées pour la cause de l'Ordre (1). »

Inutile de rappeler ces faits affligeants. Je n'en ferais pas même mention, s'ils n'avaient constitué, en quelque sorte, le calvaire de notre Sainte. Être en butte aux calomnies des ennemis de Dieu; souffrir dans son corps par la maladie, les fatigues, les privations; dans son âme, par les épreuves intérieures et la soustraction de toute grâce sensible, ce sont des tristesses qui peuvent encore passer pour tolérables. Mais se voir désavoué par les siens, poursuivi dans sa propre famille religieuse, comme si on avait trahi les intérêts de sa maison et, pour ainsi dire, renié sa mère : voilà un supplice que ne pourront comprendre que ceux qui y ont été soumis. Thérèse et Jean de la Croix ont connu ce martyre.

La première, après mille contradictions de détail, est tout à coup arrêtée au milieu de son entreprise; ordre lui est donné de se retirer dans un monastère et de n'en plus sortir; deux accusations des plus graves pèsent sur sa personne. Le second, saisi comme un criminel, est enfermé dans une étroite prison, où il subit des traitements si cruels, si ignominieux, qu'il peut, comme il le dit lui-même, énumérer plus d'outrages et de flagellations que saint Paul. Mais, de même aussi que l'Apôtre, ces deux grandes âmes surabondent de joie au milieu de leurs tribulations. L'une y ressent une allégresse extraordinaire, se disant que si les créatures lui payent ainsi son salaire, c'est que Dieu est content d'elle et de ses services. L'autre a un goût tellement prononcé pour les affronts et la douleur, que si on les lui épargne par hasard, il s'en plaint comme d'un détriment qu'on lui cause. J'ai hâte d'ajouter que cette double poursuite ne porte que sur de fausses imputations. Les deux Saints sont irréprochables; ils sont demeurés dans les limites de la soumission et ont agi avec les intentions les plus pures. Aussi l'œuvre de la Réforme, un instant entravée, va reprendre un nouvel élan; d'autant plus chère aux amis de Dieu que l'enfer a déchaîné plus d'animosités contre son berceau.

(1) *Fondations*, ch. XXIX.

D'Espagne, où la Sainte aura fondé quatorze monastères (1), le Carmel ne tardera pas à passer en France; et l'arrivée de quelques pauvres filles qui en apportent la règle y sera saluée comme un événement. Le clergé, la cour, la ville de Paris tout entière se féliciteront de ce succès comme on le ferait d'une conquête. Le couvent de l'Incarnation, fondé par les premières compagnes de la Sainte, a subsisté depuis lors, sans modification dans son esprit, sans interruption dans son existence, même aux jours de la tourmente révolutionnaire. C'est de là que vous êtes sorties, mes Sœurs, avec vos usages, avec vos traditions; car il n'est rien, dans tout ce que vous faites, qui ne se rattache à vos glorieuses origines.

Il convenait à la vaillante Thérèse de tomber sur la brèche, comme un soldat qui combat jusqu'à la mort, et rend sous les armes son dernier soupir. Elle venait de mener à bonne fin une fondation difficile, importante, celle de Burgos. Sur le point de retourner à Avila, où semblait l'attendre un peu de repos, elle reçoit, nous l'avons dit, l'ordre de se rendre à Albe de Tormès: la pieuse duchesse de ce nom voulant la voir et la consulter. Ordre importun, s'il en fût, au point de vue de la nature, car son corps est épuisé, elle se sent déjà presque mourante. Mais qu'importe? si c'est l'appel de l'Époux, comment ne serait-elle pas prête à y répondre?

Depuis longtemps, toutes les fois qu'elle entendait sonner l'horloge, elle tressaillait vivement, se disant à elle-même que c'était encore une heure de moins à passer dans son exil. En outre elle avait reçu du Ciel cette douce certitude que Dieu appelle à lui les âmes à l'heure où elles sont le mieux préparées (2).

En vain le P. Antoine de Jésus veut la retenir. « Mon fils, lui dit-elle, je ne suis plus nécessaire en ce monde. »

O Thérèse, vous dites vrai, votre œuvre est désormais affermie et inébranlable. Dans toutes vos fondations règne la ferveur de l'esprit primitif; sur les instances de Philippe II, le Carmel réformé vient d'être érigé en province à part, et n'a plus à craindre l'ingérance de supérieurs étrangers; tout ce qui vous enchaînait encore ici-bas disparaît; vos liens sont rompus; et vous avez la liberté d'aller rejoindre le Bien-Aimé après lequel votre cœur soupire avec tant d'impatience.

Je ne raconterai pas de nouveau l'admirable dénoûment d'une si belle

---

(1) Ses filles en établirent quelques autres. On comptait vingt maisons de la Réforme à la mort de sainte Thérèse.
(2) Lettre à Diego de Gusman.

vie. Je dirai seulement que, jusque dans les bras de la mort, la Sainte se révèle encore fondatrice, soit par l'exemple qu'elle donne à ses sœurs, soit par les exhortations qu'elle leur adresse. Son dernier mot est celui-ci : *Mes filles, gardez vos règles et vos constitutions, et obéissez à vos supérieures*. C'est son testament spirituel. Pouvait-elle laisser à celles qu'elle aimait un trésor plus magnifique ?

Mais sa dépouille mortelle, héritage si désirable pour toutes, à qui va-t-elle la léguer ? On l'interroge. Veut-elle que son corps demeure à Albe ou qu'il soit reporté à Avila, berceau de la Réforme aussi bien que de sa vie religieuse ? Elle se contente de répondre : *Dois-je avoir une volonté propre ?* Modèle d'abnégation et d'obéissance, dont le souvenir sera plus précieux encore que la possession de ses reliques virginales.

Pendant de longues années, elle a embaumé ses monastères du parfum de ses vertus ; lorsqu'elle a cessé de vivre, Dieu permet que cette bonne odeur du Christ, qui émanait de sa personne, devienne sensible. Tout ce qui a touché son corps en est imprégné ; la cellule, le couvent tout entier en sont remplis. On a beau creuser profondément la terre pour l'ensevelir, puis jeter sur elle une masse de matériaux, même y bâtir un mur épais, de peur qu'on ne l'enlève ; l'arome mystérieux traverse l'énorme construction. Neuf mois après, au jour de l'exhumation, il se fera sentir aussi bien qu'au premier moment ; et de nombreux témoins seront présents pour constater le miracle.

Que dis-je, mes Frères ! le même fait ne se reproduit-il pas encore ; et ces suaves exhalaisons ne sont-elles pas venues jusqu'à nous ?

S'il fallait mettre une inscription à la porte des monastères où se continue l'œuvre de sainte Thérèse, je n'en proposerais point d'autre que celle-ci : *Christi bonus odor sumus* (1). Vous demandez qui nous sommes et ce que nous faisons ici ; voici la réponse toute simple : Nous cherchons à répandre autour de nous la bonne odeur de Notre-Seigneur Jésus-Christ. N'y a-t-il point ailleurs assez de scandales, assez d'occasions de chute ? Les hommes sont les uns pour les autres une odeur de mort, qui propage la mort : *Odor mortis in mortem*. Nous autres, nous voulons être pour qui nous approche une odeur de vie, qui engendre la vie : *Odor vitæ in vitam* (2).

Voilà tout le secret du Carmel. Les âmes y sont cachées ; mais la fleur

---

(1) II Cor., II, 15.
(2) *Loc. cit.*

est-elle obligée de paraître pour nous faire respirer son parfum? Les vents ne se chargent-ils pas de le transporter au loin, en même temps que ce pollen fécondant, sans lequel plusieurs tiges resteraient stériles ? Plus les miasmes de la corruption empoisonnent les multitudes, plus nous avons besoin de cet antidote, que le Ciel ne nous offre pas sans motif.

O vierges, soyez dans nos sociétés en proie à la contagion cette essence parfumée qui purifie l'atmosphère. Jamais le monde n'a eu plus besoin de vous. Vous suppléerez à notre mollesse par vos austérités; à notre indifférence pour Dieu par votre continuelle prière ; à nos dissipations par votre silence; à notre insensibilité par votre saint amour. Il faut que vous nous aidiez à combler l'immense lacune qu'a laissée parmi les chrétiens le dépérissement de la foi. Si Thérèse a été de son temps un rempart, que ses filles soient pour nous une protection et une défense! Si sa vie a été un grand apostolat, que son œuvre devienne par vous une force vive, qui nous assiste dans nos luttes et nous permette encore d'espérer le triomphe !

OBJETS A PROPAGER

Il a été publié en France, à l'occasion du troisième centenaire de la mort de sainte Thérèse :

1° *La Vie populaire de la Grande Sainte Thérèse de Jésus*, avec portrait gravé à l'eau-forte, ouvrage approuvé par Mgr Gay, auxiliaire du cardinal Pie, évêque de Poitiers. 1882.

2° *Les Merveilles anciennes et nouvelles du cœur de Sainte Thérèse*, avec double gravure index, traduit de l'italien. (Oudin, éditeur.)

3° *Un excellent portrait de sainte Thérèse*, que les autorités compétentes d'Espagne, d'Italie et de France ont déclaré être préférable à tous les autres. 1881.

4° *Le groupe de la Transverbération*, modelé en deux grandeurs : 1 mètre 45 et 60 centimètres, et polychromé. 1882.

5° *Plusieurs images et photographies.*

6° *Histoire de Sainte Thérèse*, 2 vol. in-8°, chez Mazeau, Nantes. 1883.

7° Les *Annales du Carmel*, revue mensuelle fondée en 1878, ont travaillé avec succès à préparer le centenaire et à procurer à l'Œuvre nationale du Sacré-Cœur les aumônes nécessaires pour assurer l'érection de la chapelle de sainte Thérèse dans la basilique de Montmartre.

ERRATA

Page 353 : présenter ses hommages, *ligne 26.*

Dans la relation du Carmel d'Alger, la rédaction a omis de rappeler que Tunis, ville désignée pour y fonder un des nouveaux Carmels d'Afrique, vit souffrir le P. Gratien de la Mère de Dieu, et que le saint ami de la Réformatrice fut sur le point de cueillir la palme du martyre chez ces Maures à qui Thérèse enfant la voulait demander.

AMOUR A JÉSUS !

TABLE DES MATIÈRES.

	Pages
Aux très Révérendes Mères Carmélites de France, de Belgique, etc.	5
Brefs du Saint-Père relatifs au troisième centenaire de la mort de sainte Thérèse.	7
Lettre-circulaire du Très Révérend Père Commissaire Général des Carmes déchaussés.	10
Armoiries de la famille de sainte Thérèse, légendes et gravure.	12 et 13 *bis*

CHAPITRE PREMIER. — Espagne.

Prologue. 13
§ Ier. — Triduum solennel pour l'ouverture du Jubilé du centenaire à Albe de Tormès. — Pèlerinages au tombeau de sainte Thérèse. 14
§ II. - Grandes fêtes du centenaire à Albe de Tormès et à Salamanque. — Lettres du Carmel de Madrid et du Carmel de Jaën. 27

CHAPITRE DEUXIÈME. — Italie.

Prologue. 47
§ 1. — Quelques particularités du centenaire Thérésien. 47
  2. — Le comité italien des fêtes du centenaire de sainte Thérèse. . . . 50
  3. — Monuments du centenaire. 52
  4. — La médaille commémorative du centenaire. 53
  5. — Bibliographie du centenaire. 54
  6. — Les Agapes Thérésiennes. 56
  7. — Les fêtes Thérésiennes dans les métropoles de la chrétienté. . . . 57
  8. — Ferrare, Tropéa, Bari dans la Pouille. 61
  9. — Fêtes Thérésiennes en Toscane. 65
  10. — Fêtes Thérésiennes dans plusieurs autres villes de l'Italie. . . . 68

CHAPITRE TROISIÈME. — France.

Prologue. 73
Fêtes du centenaire au Carmel * d'Abbeville (1). 245

(1) Les différents Carmels, rangés dans le corps de l'ouvrage d'après la date de leur fondation, sont placés par ordre alphabétique dans la présente table pour la commodité du lecteur. — L'astérisque désigne ceux des récits français qui relatent quelque trait plus particulier de la dévotion populaire envers sainte Thérèse.

			Pages
Fêtes du centenaire au Carmel * d'Aire.			312
—	—	Albi.	301
—	—	Amiens.	92
—	—	Arles.	227
—	—	Auch.	213
—	—	Avignon.	117
—	—	Bayonne.	321
—	—	* Blois.	207
—	—	Bourges.	135
—	—	* Brest.	326
—	—	Castres.	347
—	—	Chalon-sur-Saône.	110
—	—	* Chambéry.	233
—	—	Chartres.	176
—	—	Dijon.	86
—	—	Dorat (Le).	319
—	—	Draguignan.	336
—	—	Figeac.	272
—	—	* Lectoure.	199
—	—	Le Mans.	265
—	—	Les Vans.	288
—	—	Lille.	342
—	—	* Limoges.	150
—	—	Lisieux.	282
—	—	Luçon.	308
—	—	Lyon.	127
—	—	Marseille.	185
—	—	Metz.	195
—	—	Montélimar.	333
—	—	Montpellier.	280
—	—	Morlaix.	204
—	—	Nantes.	159
—	—	Nevers.	166
—	—	Orléans.	140
—	—	Pamiers.	251
—	—	Paris (Avenue de Saxe).	258
—	—	Poitiers.	220
—	—	Pontoise.	77
—	—	Rennes.	293
—	—	Rouen.	106
—	—	Rodez.	264
—	—	Toulouse.	123
—	—	Tours.	101

		Pages
Fêtes du centenaire au Carmel de Trévoux.		262
— —	Tronche (La).	296
— —	Tulle.	277
— —	Uzès.	357
— —	Vannes.	355
— —	Vinça.	345

CHAPITRE QUATRIÈME. — Belgique.

	Pages
Prologue. — Fêtes chez les RR. Pères Carmes de Bruxelles.	363
Fêtes du centenaire au Carmel d'Alost	382
— — Anvers.	375
— — Audenarde.	394
— — Bruges.	379
— — Bruxelles.	368
— — Lokeren.	400
— — Mons.	370
— — Saint-Nicolas.	391
— — Termonde.	388

CHAPITRE CINQUIÈME. — Hollande, Pologne, Angleterre.

	Pages
Fêtes du centenaire au Carmel de Bois-le-Duc.	403
— au 1er Carmel de Cracovie (Wesota).	406
— au 2e Carmel de Cracovie (Lobzowska).	408
— au Carmel de Wieliczka.	412
— au Carmel de Londres (Saint-Charles'Square).	418

CHAPITRE SIXIÈME. — Asie.

	Pages
Prologue.	421
Fêtes du centenaire au Carmel du Mont-des-Oliviers (Jérusalem).	422
— — Pondichéry (Indes-Orientales).	425
— — Mangalore (Indes-Orientales).	427
— — Saïgon (Cochinchine).	437
— — Tou-sé-Wé, près Shang-Haï (Chine).	441

CHAPITRE SEPTIÈME. — Afrique.

	Pages
Prologue.	447
Fêtes du centenaire au Carmel d'Alger.	448

CHAPITRE HUITIÈME. — Amérique.

	Pages
Prologue.	457
Fêtes du centenaire au Carmel de Montréal (Canada).	458

	Page
Poésies et Chants en l'honneur de sainte Thérèse.	461
Epilogue.	471

SERMONS.

Lettre pastorale de Monseigneur l'Evêque d'Angers aux Carmélites d'Angers.	474
Lettre de S. E. le cardinal archevêque de Malines aux communautés religieuses des Carmes et des Carmélites de son diocèse.	377
Allocution de Monseigneur l'Evêque de Nevers.	171
Trois discours de Monseigneur Gay, évêque d'Anthédon. . . . 488, 499,	511
Discours de Dom Couturier, Révérendissime abbé de Solesmes.	523
Trois sermons du Révérend Père Matignon, de la Compagnie de Jésus. 545, 561,	576

Fragments de sermons. Pages 82, 91, 97, 102, 131, 144, 192, 211, 229, 262, 275, 279, 304, 323, 331, 338.

Autres poésies. Pages 111, 168, 381, 390.

Faits particuliers à remarquer pour la France. Pèlerinage de Paris à Pontoise, p. 80. — La *Glose* de Sainte Thérèse et l'art musical, p. 105. — Pénitents Carmelins, p. 187. — Groupe de la Transverbération, p. 222. — Bouquet de fleurs savoisiennes, p. 242. — Messe Grégorienne de sainte Thérèse, p. 469.

— Rite de la fête de sainte Thérèse. Fête de la Transverbération, p. 471.

ÉLÉVATIONS

SUR LA

VIE ET LA DOCTRINE DE N.-S. JÉSUS-CHRIST

PAR MGR CHARLES GAY, ÉVÊQUE D'ANTHÉDON

(Librairie Oudin) à *Paris, rue Bonaparte, 51 et à Poitiers.*

Cet ouvrage remarquable est, au jugement même de son auteur, le meilleur de ceux qui soient sortis de sa plume, et le plus capable de faire du bien aux âmes qui désirent avancer dans la connaissance et dans l'amour de Notre-Seigneur. Nous croyons faire acte de piété en le recommandant ici spécialement aux Révérendes Mères Carmélites et en les priant de le recommander aux personnes pieuses qui, cherchant à se procurer de bons livres, en trouveront peu d'aussi excellents que celui-ci.

Note de la rédaction.

Pour *la* Vie populaire de Sainte-Thérèse, *les* Merveilles du Cœur de sainte Thérèse, *le meilleur portrait, les médailles et le groupe de sainte Thérèse, on peut toujours s'adresser à* Madame Merle, *libraire à Loudun, ou à* M. le Curé de Beuxes, *par Loudun.*

VIE POPULAIRE

DE LA

GRANDE SAINTE THÉRÈSE DE JÉSUS

AVEC PORTRAIT DE LA SAINTE

GRAVÉ A L'EAU FORTE

Ouvrage approuvé par Monseigneur GAY (250 pages).. . **1 »**

MERVEILLES DU CŒUR DE SAINTE THÉRÈSE

OPUSCULE HISTORICO-CRITIQUE

Traduit de l'Italien et publié sous la direction de Monseigneur Vaccari

PRÉSIDENT DU COMITÉ DES FÊTES DU CENTENAIRE

Avec deux gravures index accompagnées d'une feuille explicative. **1 30**

Poitiers. — Typographie OUDIN.

www.ingramcontent.com/pod-product-compliance
Lightning Source LLC
Chambersburg PA
CBHW060304230426
43663CB00009B/1579